AF522716

Fabian Pius Huber

# »Mut zu prächtigen Dingen«

## Die Theatinerkirche in München

Kunstverlag Josef Fink

„Eine wesentliche Aufgabe der wahren Schönheit besteht darin, … dass sie im Menschen eine heilsame Erschütterung bewirkt, ihn aus sich selbst herausholt, ihn der Resignation und der Gewöhnung an das Alltägliche entreißt …, indem sie ihm die Augen des Herzens und des Geistes neu öffnet, ihm Flügel verleiht und ihn emporzieht.“

*Papst Benedikt XVI.*

Aus der Ansprache bei der Begegnung mit den Künstlern in der Sixtinischen Kapelle am 21. November 2009

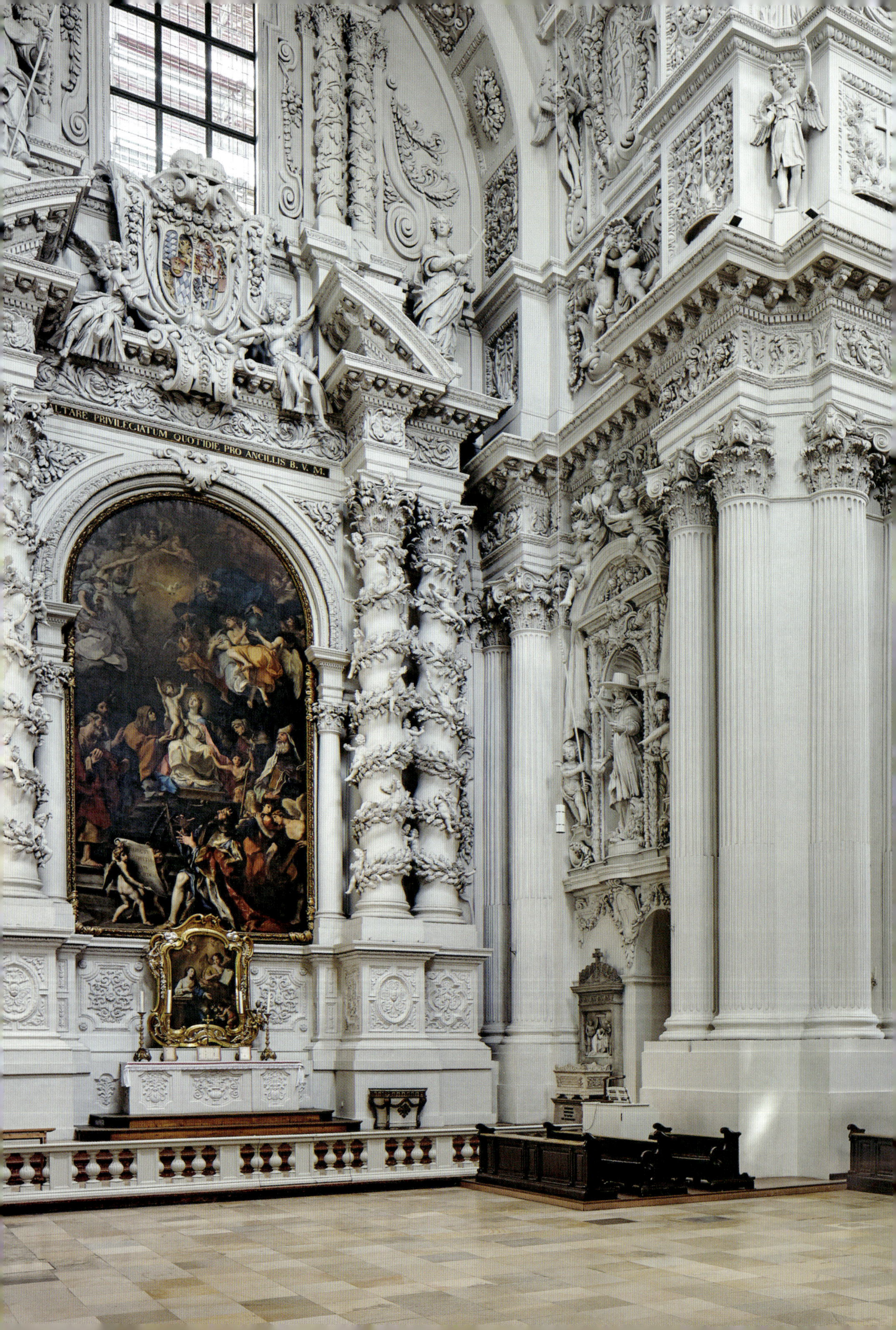
LTARE PRIVILEGIATUM QUOTIDIE PRO ANCILLIS B. V. M.

MAXIM
PROTEC
FERD
H.M.
ÆTERN

Einbandvorderseite: François Cuvilliés d. J., Fassadenaufriss und Fassadengrundriss der Theatinerkirche nach François Cuvilliés d. Ä., 1768.
Einbandrückseite: Theatinerkirche St. Kajetan und Adelheid, München – Innenansicht nach Osten.
Vorsatz: Theatinerkirche St. Kajetan und Adelheid, München – Südliche Kirchenschiffwand.
Nachsatz: Theatinerkirche St. Kajetan und Adelheid, München – Nördliche Kirchenschiffwand.
S. 2: Theatinerkirche St. Kajetan und Adelheid, München – Blick nach Süden über den Odeonsplatz auf die Fassade.
S. 6/7: Theatinerkirche St. Kajetan und Adelheid, München – Blick nach Nordosten in das Schiff.
S. 8: Theatinerkirche St. Kajetan und Adelheid, München – Detail des Stucks am nördlichen Vierungspfeiler.
S. 9: Theatinerkirche St. Kajetan und Adelheid, München – Figur der Ecclesia an der Fassadenrückseite.

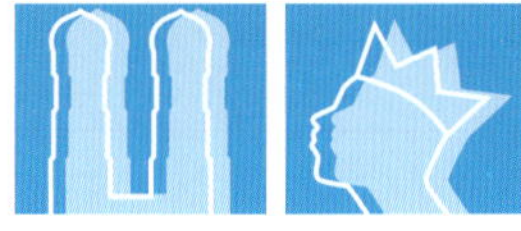

ERZDIÖZESE MÜNCHEN
UND FREISING

Bibliografische Information der Deutschen Nationalbibliothek.
Die Deutsche Bibliothek verzeichnet diese Publikation in der Deutschen Nationalbibliografie; detaillierte bibliografische Daten sind im Internet unter
http://dnb.d-nb.de abrufbar.



Kunstverlag Josef Fink
Hauptstraße 102 b
88161 Lindenberg i. Allgäu
Telefon (0 83 81) 8 37 21
Telefax (0 83 81) 8 37 49
Internet: www.kunstverlag-fink.de
E-Mail: info@kunstverlag-fink.de

1. Auflage 2019
ISBN 978-3-95976-133-8

Lektorat: Dr. Lothar Altmann, Gilching
Bildbearbeitung: Holger Reckziegel, Bad Wörishofen
Layout: Georg Mader, Weiler im Allgäu

# Inhaltsverzeichnis

# Vorwort des Verfassers

Das vorliegende Buch ist die überarbeitete und ergänzte Fassung meiner Dissertationsschrift, die im Sommersemester 2016 von der Philosophischen Fakultät der Albert-Ludwigs-Universität in Freiburg im Breisgau im Fach Kunstgeschichte angenommen wurde.

Als ich im Jahr 2010 nach München zog, war es unter den vielen schönen Kirchen der Stadt die Theatinerkirche, die mich mit ihrer eleganten Architektur und ihrem prächtigen Stuck in ihren Bann zog. Daher danke ich an erster Stelle dem damaligen Kirchenrektor Hw. Johannes Weise, dessen Frage nach einer aus kunsthistorischer Sicht sinnvollen Lösung für den erst nach dem Zweiten Weltkrieg zerstörten Hochaltar den Ausgangspunkt meiner Forschungen darstellte.

Mein Dank gilt sodann meinem Doktorvater Prof. Dr. Hans W. Hubert, der meine Arbeit stets wohlwollend betreut und mit guten Ratschlägen begleitet hat. Ebenso sei meinem Zweitgutachter Prof. Dr. Peter Stephan für seine hilfreichen Hinweise gedankt. Mit Rat und Tat stand mir auch meine Historikerkollegin Prof. Dr. Britta Kägler zur Seite. Gleichermaßen danke ich Prof. Dr. Thomas Raff, Dr. Gabriele Greindl, Dr. Kathrin Müller und Dr. Maria Felicia Nicoletti für ihre zahlreichen Anregungen. Ein herzliches „Vergelt's Gott" möchte ich auch dem Provinzial der Süddeutsch-Österreichischen Dominikanerprovinz vom Hl. Albert P. Thomas Brogl für sein erbauliches Vorwort sagen. Darüber hinaus sei dem heutigen Kirchenrektor P. Dr. Paul Hellmeier sowie seinem Vorgänger P. Dr. Klaus Obermaier für den Zugang zur Kirche und dem Archiv sowie die Erlaubnis zum Photographieren gedankt. Zu besonderem Dank bin ich dem Bayerischen Hauptstaatsarchiv verpflichtet, dessen Leiter für die Älteren Bestände Dr. Gerhard Immler und seine Mitarbeiter mich stets mit großer Hilfsbereitschaft unterstützt haben. Für den Zugang zum Geheimen Hausarchiv der Wittelsbacher sei S.K.H. Franz Herzog von Bayern gedankt. Damit ist die Hoffnung verbunden, dass dieses Buch dem Erbe seiner Familie – dessen beredtes Zeugnis die Theatinerkirche als ehemalige Hofkirche ist – gerecht wird. Ebenso danke ich dem Archivio di Stato in Bologna und dem Bayerischen Landesamt für Denkmalpflege für die Einsicht in ihre Archivbestände sowie dem Staatlichen Bauamt München 1 für das Einverständnis zu meiner Dissertation.

Großen Dank möchte ich nicht zuletzt all meinen Freunden und Kollegen aussprechen, die mich über die gesamte Zeit der Dissertation und darüber hinaus begleitet haben. Für anregende theologische Diskussionen danke ich Thomas Maria Nonnenmacher, für tiefgehende historische Einblicke Ignacio García Lascurain Bernstorff und für das erste Lektorat Jochen Simko-Zoffer. Ein besonderer Dank gilt Renate Demmlmair für ihre großherzige Unterstützung und Sebastian Muth für seine wertvollen Ratschläge zur Gestaltung des Buches.

Auch dem Kunstverlag Josef Fink danke ich für die geduldige Betreuung und das schöne Buch, das erst durch den großen Einsatz von Josef Fink, Mathias Baumgartner, dem Graphiker Georg Mader und dem Photographen Siegfried Wameser entstehen konnte. Besonders bedanken möchte ich mich bei meinem Lektor Dr. Lothar Altmann, der dem Manuskript nicht nur in formaler Hinsicht, sondern auch inhaltlich den letzten Schliff verliehen hat. Die Drucklegung des Buches konnte nur durch die großzügige Unterstützung der Bauer'schen Barockstiftung sowie durch die freundliche Zuwendung der Erzdiözese München und Freising gelingen.

Den größten Dank aber zolle ich meinen Eltern Ilse und Johannes, ohne deren bedingungslose Liebe, blindes Vertrauen und selbstlose Unterstützung diese Arbeit niemals hätte entstehen können. Ihnen sei dieses Buch von ganzem Herzen gewidmet.

München, am 6. Januar 2019, dem Hochfest der Erscheinung des Herrn

*Fabian Pius Huber*

# Vorwort des Provinzials der Dominikanerprovinz vom Hl. Albert

Bereits seit über sechzig Jahren liegt die Seelsorge an der Theatinerkirche in München in den Händen des Dominikanerordens. Aus ihrer bedeutungsvollen, über 350-jährigen Geschichte als Hofkirche und Grablege der Wittelsbacher erwächst für uns dabei eine große Verantwortung. Dieser gilt es, durch die sorgfältige Bewahrung einer der frühesten Kirchenbauten des nordalpinen Barock und durch ein lebendiges Glaubensleben gerecht zu werden. Wir möchten es den unzähligen Besuchern aus München und der ganzen Welt ermöglichen, an diesem Ort Gott zu begegnen. Diese Begegnung wird auch maßgeblich durch die lichtvolle Architektur, den vielgestaltigen Stuck und die geschichtenreichen Gemälde geprägt.

Dabei suchen die Menschen oft mehr als nur ein bloßes „Besichtigungserlebnis". In unserer „Beschleunigungsgesellschaft" (Hartmut Rosa) gibt es ein großes Bedürfnis nach Ruhe und Stille. Durch die vielen Reize und Anforderungen des Alltags sind wir oft satt und stumpf geworden, so dass auch von einer „Müdigkeitsgesellschaft" (Byung-Chul Han) gesprochen wird. Was die Soziologen und Philosophen heute beschreiben, ist für die ersten Mönche, die Wüstenväter, ein Kennzeichen der sogenannten Akedia gewesen: Missmut, Überdruss und Unzufriedenheit mit dem Alten sowie ein ständiges Ausschauhalten nach immer Neuem, scheinbar Interessanterem. Dies findet seinen Ausdruck in einem ruhelosen Aktivismus oder einer übersättigten Teilnahmslosigkeit. Als Heilmittel empfehlen die Wüstenväter innezuhalten, zu sich zu kommen und nicht wegzulaufen; aber auch nicht im Eigenen zu versinken, sondern sich neu nach außen zu richten, zum Beispiel in der Begegnung mit den Nöten der Anderen oder den schönen Dingen. Dies führe den Menschen dann in eine neue Lebendigkeit.

Kirchenräume wie St. Kajetan, die den Menschen überwältigen und über sich hinausführen, sind Orte, an denen der Mensch genau dies erfahren kann. Fabian Pius Huber zeigt in seinem Buch eindrücklich, wie in diesem Meisterwerk des Barock Auftraggeber, Künstler und Geistliche gemeinsam auf ein alle Gattungen umfassendes Ganzes hinwirkten, um der Intention der kurfürstlichen Erbauer – Selbstdarstellung, dynastische Erwägungen und das Selbstverständnis ihres Glaubens in einem Bau zu vereinen – Ausdruck zu verleihen. Genau dies ist eine wesentliche Aufgabe der Kunsthistoriker: uns an die Hand zu nehmen und uns die Geheimnisse, die Botschaften und Geschichten vergangener Zeiten, die sich in der Kunst niedergeschlagen haben, wieder vor Augen zu führen und verständlich zu machen. Dazu bedarf es wesentlich auch einer Auseinandersetzung mit den Quellen der Zeit. Durch die intensive Aufarbeitung der Quellen des Theatinerklosters gelingt es Fabian Pius Huber hier auf eine feinsinnige Weise, über die kunsthistorischen Aspekte der Planungs-, Bau- und Ausstattungsgeschichte hinaus auch die hochkomplexe Entstehungsgeschichte dieses außerordentlichen Ensembles wieder lebendig werden zu lassen und dessen Bedeutung für den Glauben und die Menschen zu ergründen.

Damit trägt das Buch neben den umfangreichen Restaurierungsmaßnahmen der letzten Jahre dazu bei, die Schönheit dieses Gotteshauses in seiner Ursprünglichkeit mit allen Facetten und in seiner ganzen Tiefe neu erstrahlen zu lassen, damit die Menschen durch diese Begegnung tiefer geführt werden; ganz im Sinne der Väter des Zweiten Vatikanischen Konzils, die zu dessen Abschluss vor 53 Jahren diese Worte an die Künstler richteten: „Diese Welt, in der wir leben, hat Schönheit nötig, um nicht in Verzweiflung zu verfallen. Die Schönheit legt, wie die Wahrheit, die Freude in das Herz des Menschen und ist eine kostbare Frucht, die dem zeitlichen Verschleiß widersteht, die Generationen verbindet und sie in der Bewunderung miteinander in Kommunikation treten lässt!"

Wien, am 15. November 2018, dem Gedenktag Alberts des Großen

*P. Thomas G. Brogl OP*

Provinzial der Süddeutsch-Österreichischen Dominikanerprovinz vom Hl. Albert

# Einleitung

Das vorliegende Buch widmet sich einer Kirche, die wie kaum eine andere im deutschsprachigen Raum die Rezeption des italienischen Barock nördlich der Alpen verkörpert, nämlich der ehemaligen Wittelsbacher-Hofkirche St. Kajetan und Adelheid in München.[1] Noch heute wird diese im Volksmund nach dem dort bis 1801 ansässigen Theatinerorden „Theatinerkirche" genannt.[2]

In Altbayern entwickelte sich der Barock aufgrund seiner ausgeprägten Unabhängigkeit von den zeitgenössischen architekturtheoretischen Diskursen in Italien oder Frankreich und dem Variantenreichtum der einzelnen Bauwerke weitgehend eigenständig.[3] Diese Besonderheit des bayerischen Barock hatte aber auch zur Folge, dass der komplexe Entstehungsprozess bisher in der kunsthistorischen Forschung meist nur am Rande Beachtung fand. Die Theatinerkirche stellt dabei aufgrund ihrer relativ frühen Grundsteinlegung im Jahre 1663 und der Prominenz ihrer Stifter, des bayerischen Kurfürsten Ferdinand Maria und seiner aus Savoyen stammenden Gemahlin Henriette Adelaide, einen exemplarischen Markstein für das Verständnis der Entwicklung dieser Epoche dar.[4]

Naturgemäß war die Kunst zu dieser Zeit auch auf das Engste mit den politischen, religiösen und gesellschaftlichen Prozessen verbunden.[5] So urteilte die Historikerin Dora Herzog bereits in Bezug auf die dem Kirchenbau vorausgehende Ansiedlung des Theatinerordens in München im Jahre 1662 und die darauf folgende Heiligsprechung des Ordensgründers Kajetan 1671 sowie seine Erhebung zum Landespatron Bayerns 1672, dass es „in der modernen Geschichte ... kein vergleichbares Beispiel [gibt], das so markante Züge eines fürstlichen Eingriffes in das religiöse Leben eines Volkes [trug, und damit] die echteste Verschmelzung des fürstlichen und konfessionellen"[6] Herrschaftsanspruchs darstellte. Diese Verbindung eines fürstlichen Herrschaftsanspruchs mit einer „Kunst, die sich als Ausdruck des Reformkatholizismus erweist"[7], wie es der Kunsthistoriker Werner Weisbach formulierte, muss als ein zentrales Movens für die Kunst des Barock gesehen werden. Dabei betonte der Theatinerhistoriker Julian Adrover, dass die Niederlassung der Theatiner in München als die bedeutendste hinsichtlich „der Traditionen, der Geschichte der frühen Gründung, der Güte der Mitglieder und der Kunstschätze [in ganz] Mitteleuropa"[8] gelten muss. Diesen Anspruch fasste Kurfürst Ferdinand Maria in dem prägnanten Satz zusammen, der diesem Buch auch als Titel dient: „Man müsse Mut zu prächtigen Dingen haben"[9]. Die Theatinerkirche in München ist also nicht nur von entscheidender Bedeutung für die Entwicklung des bayerischen Barock, sondern kann auch zum Verständnis des Barock an sich beitragen, gerade auch im Kontext des Theatinerordens als erstem Reformorden, noch vor den Jesuiten. Die Frage des Kultur- und Kunsttransfers, vor allem zwischen Italien und Bayern, muss dabei als Hintergrundfolie gesehen werden, vor der sich die Untersuchungen dieses Buches entfalten.

Viele architekturgeschichtliche Studien gehen heute von abstrakten Fragestellungen oder stilgeschichtlichen Eigenheiten aus, die sie dann anhand verschiedener Beispiele erläutern.[10] Dabei wird ein zentraler Aspekt oft nur nebenbei angesprochen, der eigentlich als Grundlage für jede weiterführende Analyse oder Deutung gelten muss: der Entstehungsprozess eines Bauwerks. Wie bereits angeklungen, ist gerade dieser im vielgestaltigen bayerischen Barock von großer Bedeutung. Der Grund hierfür ist die Tatsache, dass meist kein einheitlicher, von vorneherein feststehender Entwurf vorlag, den man dann „nur" umzusetzen oder manchmal den baulichen beziehungsweise finanziellen Bedingungen anzupassen hatte, sondern dass der Entwurf während des Bauens durch das Eingreifen der Auftraggeber, der Architekten, der Bauleute und der Nutzer einer steten Veränderung und Entwicklung unterlag.[11] Es erscheint also geradezu unerlässlich, dem Prinzip des Wiener Kunsthistorikers Hans Sedlmayr zu folgen und zunächst das einzelne Bauwerk als

„ein Ganzes" zu begreifen, das innerhalb seines historischen Bezugssystems vielschichtige Bedeutungsebenen besitzt.[12] Diesen Ansatz aufgreifend, bemüht sich zum Beispiel Hellmut Lorenz bereits seit den 1980er-Jahren darum, anhand der österreichischen Barockbauten aufzuzeigen, dass Architektur stets „das Produkt einer komplexen Planungs- und Baugeschichte [ist und] all jene Elemente [untersucht werden müssen], die erst in ihrer Gesamtheit das Bild eines barocken Bauwerks prägen"[13]. Auch der Münchner Kunsthistoriker Ulrich Fürst sieht in seiner 2002 veröffentlichten Abhandlung über *Die lebendige und sichtbahre Histori. Programmatische Themen in der Sakralarchitektur des Barock* in diesem Ansatz einen wertvollen Beitrag „für eine inhaltliche Deutung der Bauformen".[14] Erst durch die umfassende Kontextualisierung eines Bauwerks kann also dessen Planungs- und Baugeschichte im Detail nachgezeichnet, verstanden und gedeutet werden.[15] Ist dieses Fundament gelegt, kann man in einem weiteren Schritt durch stil- und formengeschichtliche Vergleiche den Bau in ein Verhältnis zu anderen Bauwerken setzen und sich so schlussendlich auch dessen kunsthistorischer Bedeutung nähern.

Im Fall der Theatinerkirche wird diese umfassende Kontextualisierung erst durch die ungewöhnlich geschlossene Quellenlage zur Niederlassung des Theatinerordens in München im Bestand des Bayerischen Hauptstaatsarchivs möglich, die für dieses Buch zum ersten Mal zur Gänze aufgearbeitet und ausgewertet wurde. Ulrich Fürst bemerkt jedoch auch in seiner Analyse dieses Ansatzes, dass bisher gerade die kirchlichen Bauten häufig unbeachtet blieben. Das vorliegende Buch soll deswegen nicht nur das Desiderat[16] einer konsequent entwickelten und geschlossenen Planungs- und Baugeschichte für die Theatinerkirche und das angeschlossene Kloster liefern, sondern auch einen Baustein zum Verständnis der Entstehung eines Kirchenbaus im Allgemeinen. Die umfassende Kontextualisierung ermöglicht es darüber hinaus, den Entstehungsprozess auch für andere historische Disziplinen wie die Politik-, Kirchen-, Sozial- oder Wirtschaftsgeschichte fruchtbar zu machen.[17] Damit ist die Hoffnung verbunden, dass weiterführende Studien über die Grenzen der eigenen Disziplin hinaus aus dem reichen Quellenfundus dieser Arbeit schöpfen können.

Fasst man also die aufgezeigten Eigenheiten des bayerischen Barock zusammen und nimmt die Aspekte einer umfassenden Kontextualisierung mit in den Blick, muss die Leitfrage für die hier angestrebte Aufarbeitung des Entstehungsprozesses der Theatinerkirche lauten:

> Wie lassen sich die Verhältnisse und Absichten der an der Planung und dem Bau der Theatinerkirche sowie des Klosters beteiligten Personen klären und bewerten?

Bei der Beantwortung dieser Frage stehen die Jahre der aktiven Bautätigkeit im Vordergrund, sprich die Zeit von 1663 bis 1692[18] für den Bau der Kirche und des Klosters sowie von 1765 bis 1768 für den Bau der Kirchenfassade. Das Schicksal des Baukomplexes nach der Ordensaufhebung im Jahre 1801[19], als neu eingerichtetes Hof- und Kollegiatstift unter König Ludwig I. ab 1839[20] und als Wirkungsort des Dominikanerordens ab 1954[21] muss hierbei aus Gründen des Umfangs außen vor bleiben. Auf die teilweise Zerstörung der Kirche während des Zweiten Weltkrieges, vor allem durch den schweren Luftangriff am 7. Januar 1945[22], sowie den Wiederaufbau nach dem Krieg wird hingegen an den entsprechenden Stellen in gemessenem Umfang eingegangen werden.

Die Gliederung des Buches folgt größtenteils dem chronologischen Ablauf des Entstehungsprozesses der Theatinerkirche. Der dadurch bedingte „lineare Charakter" wird vom Verfasser in Kauf genommen, da dieser nicht nur dem fachfremden Leser einen klareren und leichter verständlichen Nachvollzug ermöglicht, sondern auch den kundigen Fachmann schnell zu den Stellen gelangen lässt, die für ihn von besonderem Interesse sind.

Im 1. Kapitel werden die Stifter der Kirche und des Klosters, Kurfürst Ferdinand Maria von Bayern und seine Gemahlin Henriette Adelaide von Savoyen, in den Blick genommen. Die Untersuchung ihrer Herkunft und Erziehung eröffnet dabei nicht nur neue Perspektiven auf die Kurfürstin, die häufig aufgrund ihrer Herkunft aus dem italienischsprachigen Savoyen als Begründerin der italienischen Kunst und Kultur in Altbayern gesehen wird[23], sondern auch auf den Kurfürsten, dessen Person bis heute selbst in der landesgeschichtlichen Forschung kaum Beachtung findet. Als gemeinsame und bisher nur unzureichend untersuchte Momente im Leben des Kurfürstenpaares müssen ihr ausgeprägtes Glaubensleben, ihr Wunsch nach dem Fortbestand des Hauses Bayern durch die Geburt eines Thronfolgers, ihre Gelübde zum Bau der Theatinerkirche und des Klosters sowie schließlich ihre Kinder selbst gesehen werden. Ein Exkurs zur Politik Ferdinand Marias erlaubt es dann, die nationalen, internationalen und religiösen Dimensionen seines Wirkens besser verstehen zu können.

Die kirchliche Seite der Stiftung berücksichtigend, behandelt das 2. Kapitel die komplexe Geschichte der Niederlassung des Theatinerordens in München.[24] Ausgehend vom Leben und Wirken des Ordensgründers Kajetan von Thiene wird der Theatinerorden zunächst im Kontext der Katholischen Reform vorgestellt. Danach werden die Vorgeschichte der Niederlassung, die Ankunft der ersten Patres in München, die Ansiedlung des Ordens 1662 und die ersten Stationen in der Residenzstadt bis 1675 behandelt. Die Sicht auf die damaligen Ordenseintritte und die anderen, von München ausgehenden Niederlassungen in Prag und Salzburg unterstreicht dabei die religionsgeschichtliche Bedeutung der Münchner Theatiner. Ein Blick auf ihre seelsorgerische Tätigkeit und die von ihnen initiierten geistlichen Gemeinschaften, unter denen die bis heute existierenden Adeligen Dienerinnen Mariens die bedeutendste Stellung einnehmen, verweist auch auf die kulturelle und soziale Funktion der Theatinerkirche am Münchner Hof und in der Residenzstadt.

Als kunsthistorische Voraussetzung für die Stiftung wird im 3. Kapitel die italienische Kunst und Architektur des 16. und 17. Jahrhunderts bis zum Bau der Theatinerkirche betrachtet. So wird eingangs die Funktion und Rezeption der italienischen Kunst am Hofe der Wittelsbacher vom 16. Jahrhundert bis zum Dreißigjährigen Krieg dargestellt. Die Architektur in den Fokus stellend, wird dann das Bauschema der Theatinerkirche als überkuppelte Saalkirche mit Abseiten über kreuzförmigem Grundriss aus dem Zusammenhang der Katholischen Reform und des Konzils von Trient hergeleitet. Anhand von Vorgängerbauten wie den Jesuitenkirchen Il Gesù in Rom und St. Michael in München oder dem Dom St. Rupert und Virgil in Salzburg wird dieses italienische Bauschema dann exemplifiziert und deutlich von den sich teilweise aus der nordalpinen Gotik ableitenden Wandpfeilerkirchen unterschieden. Im Anschluss wird die Frage nach den thematisch verwandten Vorbildbauten als Votivstiftungen für den Fortbestand eines Fürstenhauses anhand von vier Beispielen im Umfeld des bayerischen Kurfürstenpaares beantwortet und damit auch in das Stiftungsverhalten der Zeit eingeordnet. Schließlich bereitet die Darstellung der allgemeinen Kunstförderung Ferdinand Marias und Henriette Adelaides sowie zweier profaner Bauprojekte des Herrscherpaares, nämlich des Umbaus der kurfürstlichen Residenz in München ab 1666 und der Errichtung des Lustschlosses Nymphenburg ab 1664, den Boden für eine spätere inhaltliche Deutung der Theatinerkirche.

Mit diesen vier Schritten ist der umfassende Kontext für den eigentlichen Entstehungsprozess der Theatinerkirche geschaffen. Deshalb wird zu Beginn der Planungs- und Baugeschichte der Kirchenbau im 4. Kapitel durch eine kurze Beschreibung in seinen architektonischen Grundzügen für den Leser erschlossen.

Der eigentliche Entstehungsprozess setzt im 5. Kapitel mit der Frage nach dem Kirchenpatronat, dem Standort der Stiftung, dem Ankauf der hierfür notwendigen Grundstücke und der damit gegebenen örtlichen Situation gegenüber der Residenz und innerhalb der Stadt ein. Dabei wird auch die Behauptung einer Anfrage der Kurfürstin bei dem Theatinerpater und Architekten Guarino Guarini für den Bau der Kirche kritisch hinterfragt. Die Planungs- und Baugeschichte wird dann nach den jeweils leitenden Architekten aufgeteilt: Im 6. Kapitel können nun zu dem aus Bologna stammenden Hauptarchitekten Agostino Barelli, der im Zeitraum von 1661 bis 1674 in München wirkte, anhand verschiedener Archivalien im Archivio di Stato in Bologna auch nähere biographische und künstlerische Angaben gemacht werden. Die Bedeutung des von 1674 bis 1692 amtierenden Architekten Enrico Zuccalli kann im 7. Kapitel aufgrund der in diesem Zusammenhang erstmals aufgeworfenen Frage seiner tatsächlichen Ankunft und Bewerbung am Münchner Hof gänzlich neu bewertet werden. Ähnliches gilt für den erst 1692 mit einbezogenen Giovanni Antonio Viscardi und seine Funktion als Baumeister. Auch die erst einhundert Jahre nach Baubeginn unter François de Cuvilliés d. Ä. und seinem Sohn von 1765 bis 1768 erbaute Fassade wird hier im 8. Kapitel erstmals ausführlich behandelt.

Im Zusammenhang mit der Planungs- und Baugeschichte wird das umfangreiche Planmaterial zur Theatinerkirche im Bestand des Bayerischen Hauptstaatsarchivs zum ersten Mal aufgearbeitet. Die Verortung der einzelnen Pläne wird dabei innerhalb des jeweiligen Abschnitts der Baugeschichte geleistet, die detaillierte Analyse folgt hingegen – der Übersichtlichkeit halber – in einem darauffolgenden Unterpunkt. Entsprechend der eingangs gestellten Leitfrage nach den Verhältnissen und Absichten der verschiedenen an der Planung und dem Bau der Theatinerkirche beteiligten Personen sollen bei der Analyse, von einer stilgeschichtlichen und architekturtheoretischen Einordnung ausgehend, besonders die bewusste Wahl und Veränderung der künstlerischen Form durch die Auftraggeber, die Architekten, die Bauleute und die Geistlichkeit Beachtung finden.

Damit wird bereits auf die Frage nach der Deutung, dem Sinn der künstlerischen Formen vorausgewiesen. Für die Deutung ist neben der Architektur vor allem die Ausstattung der Kirche als direkter Bedeutungsträger entscheidend. Hierbei werden aber aufgrund des Umfangs nur die fest zur Raumschale gehörenden Ausstattungselemente wie etwa der Stuckdekor und die Altäre berücksichtigt. Bewegliche Ausstattungsstücke wie einzelne Bildwerke, Altargeräte oder Festdekorationen müssen außen vor bleiben.[25] Im 9. Kapitel also, das sich mit dem für die Theatinerkirche so bedeutsamen Stuckdekor auseinandersetzt, geht es zunächst um die bisher nur im Ansatz geleistete Bestimmung und Scheidung der verschiedenen Meister und ihrer Kompanien sowie um die differenzierte Deutung der reichen Motivik und damit des Kirchenbaus selbst. Zur festen Ausstattung gehören auch die Altäre, die im 10. Kapitel untersucht werden. Dabei steht zu Beginn die ordensspezifische Lösung eines Hochaltars im Vordergrund, der aus einem Altar an einer Chorschranke und einem durch einen Psallierchor abgetrennten Altarretabel im Apsisrund besteht. Dieser kann gegenüber einem spekulativen Kugeltabernakel des Theatinerpaters Antonio Spinelli aus der Bauzeit der Kirche sowie gegenüber einem um 1717 vermuteten Tabernakelneubau als original verifiziert werden. Vom Hochaltar der Theatinerkirche ausgehend, entfalten die größtenteils gemauerten und stuckierten Altarretabel der Apsis und der Querhausarme ein eigenes Bedeutungsfeld. Sie werden in den Seitenkapellen durch einfachere Altäre ergänzt, deren kunsthistorische Bedeutung vor allem in ihren Gemälden zu suchen ist.

Um die Gesamtheit der Stiftung erschließen zu können, werden daraufhin im 11. Kapitel auch die der Theatinerkirche angegliederten Räume wie die beiden Sakristeien im Südwesten, die verschiedenen Begräbnisstätten und Grüfte unterhalb der Kirche sowie die Gnadenorte der Loretokapelle und der Heiligen Stiege im Norden sowie der Heiliggrabkapelle im Süden behandelt. Sie werfen auch ein neues Licht auf die Bedeutung der Theatinerkirche als Gnadenort für den Münchner Hof und die Bevölkerung bis hinein ins 20. Jahrhundert.

Zum ersten Mal wird dann im 12. Kapitel auch das bisher gänzlich vernachlässigte Theatinerkloster Gegenstand einer eingehenden Untersuchung sein. Neben der Einordnung in die Tradition der Klosterbauten der Reformorden, besonders der Jesuiten, kann für das Kloster sogar ein gänzlich neuer Zeitpunkt als Baubeginn belegt werden.

Eine architekturhistorische Einordnung der Theatinerkirche wird dann im 13. Kapitel unternommen. Dabei steht auf der einen Seite die Frage nach den Nachfolgebauten und der Rezeption der Architektur und ihrer Ausstattung im Vordergrund, auf der anderen Seite soll ein Vergleich mit anderen, von italienischen Baumeistern errichteten Kirchenbauten der Zeit im altbayerischen Raum die Eigenständigkeit der Theatinerkirche unterstreichen. Mit der sich aus der Planungs- und Baugeschichte ergebenden Antwort auf die Frage nach dem Grund dieser Eigenständigkeit kann diese schließlich neu bewertet und als ein Anstoß für die weitere Entwicklung des bayerischen Barock gesehen werden.

Im abschließenden 14. Kapitel soll dann, um mit Erich Hubala zu sprechen, in einer Synthese der erbrachten Ergebnisse das Verständnis für die Bedeutung der Theatinerkirche als Architektur und als „historisches Ganzes“ geschaffen werden.[26]

# Forschungsstand und Quellenbericht

Die umfangreiche Literatur zu Kurfürstin Henriette Adelaide setzt bereits mit Johann Christian Götzes *Die durchlauchtigsten Churfürstinnen von Bayern* im Jahre 1747 ein. Das erste quellenhistorische Werk, Carlo Merkels *Adelaide di Savoia. Elettrice di Baviera* von 1892, erschließt die Bestände im Archivio di Stato in Turin. Roswitha von Barys populäre Biographie *Henriette Adelaide von Savoyen. Kurfürstin von Bayern* von 1980 schildert schließlich, vor allem auf den Quellen des Geheimen Hausarchivs der Wittelsbacher fußend, das Leben der Savoyardin in erzählerischer Leichtigkeit. Wie bereits erwähnt, finden sich hingegen zu Kurfürst Ferdinand Maria lediglich das ohne Quellenbelege auskommende Werk von Felix Joseph Lipowsky *Des Ferdinand Maria ... Lebens- und Regierungs-Geschichte* von 1831 sowie wenige, breiter angelegte Untersuchungen wie beispielsweise Michael Doeberls *Bayern und Frankreich. Vornehmlich unter Kurfürst Ferdinand Maria* von 1900 oder Harro Georg Rasters *Der kurbayerische Hofrat unter Kurfürst Ferdinand Maria 1651–1679* von 1995. In der angeführten Literatur zum Kurfürstenpaar wurden aber gerade die Aspekte ihrer Erziehung und Religiosität sowie das Gelübde zum Bau der Theatinerkirche und des Klosters kaum beachtet. Zentrale Quellen hierfür sind die Korrespondenzakten[27] und die Hofhaushaltsakten[28] im Geheimen Hausarchiv der Wittelsbacher sowie der Bestand der Fürstensachen[29] im Bayerischen Hauptstaatsarchiv.

Für die Geschichte des Theatinerordens in Bayern stellt neben dem kurzen Eintrag von Romuald Bauerreis im siebten Band seiner *Kirchengeschichte Bayerns* aus dem Jahr 1970 vor allem Max Joseph Hufnagel in seinem 1992 erschienenen Büchlein *St. Cajetan, ein wenig bekannter Schutzpatron Bayerns* die grundlegenden Informationen zusammen. Hufnagel tendiert jedoch dazu, die Verehrung Kajetans lediglich auf die Münchner Niederlassung und die Zeit ihrer Stiftung zu beschränken. Als einzige Monographie über die Münchner Theatiner muss Joseph Koegels Werk *Geschichte der St. Kajetans-Hofkirche, der Theatiner und des königlichen Hof- und Kollegiatstiftes* von 1899 gelten. Schon allein aufgrund der Zueignung an Prinzregent Luitpold hat dieses aber einen Schwerpunkt im 19. Jahrhundert und auf der Geschichte des Hof- und Kollegiatstiftes. Hinsichtlich der Gründung der Niederlassung muss noch immer der Artikel des Theatinerhistorikers Julian Adrover *I Teatini in Monaco di Baviera* aus dem Jahre 1954 als wichtigster Beitrag gelten. Der Mangel dieses Artikels liegt jedoch darin, dass Adrover lediglich aus den Quellen im römischen Ordensarchiv schöpfte. Die Münchner Quellen finden sich hingegen in den bereits erwähnten Korrespondenzakten des Geheimen Hausarchivs der Wittelsbacher und werden im Rahmen dieses Buches zum ersten Mal umfassend ediert und ausgewertet.[30]

Über die italienische Kunst unter den Wittelsbachern ist bereits viel geschrieben worden. Neuere Forschungen wie Karl Bosls *Italienisch-deutsche Kulturbeziehungen im 17. Jahrhundert. Vornehmlich in dessen zweiter Hälfte* von 1967 oder Eva-Bettina Krems' *Die Wittelsbacher und Europa. Kulturtransfer am frühneuzeitlichen Hof* von 2012 beachten dabei vor allem die Aspekte des Kulturtransfers. Für die Architektur der ersten Hälfte des 17. Jahrhunderts liefert Georg Skalecki in seinem Buch *Deutsche Architektur zur Zeit des Dreissigjährigen Krieges* von 1989 einen hilfreichen Überblick. Die kirchliche Barockarchitektur Süddeutschlands wurde bereits 1921 umfassend in Max Hauttmanns *Geschichte der kirchlichen Baukunst in Bayern, Schwaben und Franken 1550–1780* bearbeitet und auf methodisch hervorragendem Niveau von Bernhard Schütz 2000 in seinem Band *Die kirchliche Barockarchitektur in Bayern und Oberschwaben 1580–1780* erneut dargestellt. Hinsichtlich ihrer Kunstförderung muss die Regierungszeit Ferdinand Marias – von wenigen, leider sehr unspezifischen Artikeln wie Ludwig Schiedermairs *Künstlerische Bestrebungen am Hofe des Kurfürsten Ferdinand Maria von Bayern* von 1902 oder Elisabeth Jeanette Luins *Das künstlerische Erbe der Kurfürstin Adelaide in ihren Kindern, Enkeln und Urenkeln* von 1953 abgesehen – als nur unzureichend erforscht gelten. Lediglich der zweibändige, von Hubert Glaser herausgegebene Ausstellungskatalog *Kurfürst Max Emanuel: Bayern und Europa um 1700* von 1976 gewährt, von der Person des Kurfürsten Max II. Emanuel ausgehend, wertvolle Einblicke in die Hofkunst seiner Eltern.

Die Theatinerkirche selbst war schon von Anfang an Gegenstand kurzer Beschreibungen: Solche finden sich zum ersten Mal in Anton Wilhelm Ertls erstem Band des *Chur-bayerischen Atlantis* von 1690 oder in Johann Georg Keysslers *Neueste Reise durch Teutschland, Böhmen, Ungarn, die Schweitz, Italien und Lothringen* von 1740. Wichtige Details über die künstlerische Ausstattung der Kirche lieferte nach Joseph Sebastian Rittershausens Beschreibung *Die vornehmsten Merkwürdigkeiten der Residenzstadt München für Liebhaber der bildenden Künste* von 1788 vor allem der Theatinerpater Kajetan Maria von Reisach in seinem 1789 erschienenen Büchlein *Die Merkwürdigkeiten der Kurfürstlichen Hofkirche der P.P. Theatiner in München.* Mit diesem wollte Reisach gegen die „verwüstende Unreinlichkeit, welche in einer Zeit von mehr als hundert Jahren [hinterlassen wurde], ... dem andächtigen Publikum ... diese kurfürstliche Hofkirche, ein wahres Meisterstück der Kunst, so viel wie möglich, in seinem ursprünglichen Glanze wieder nahe [bringen]“[31]. Die wissenschaftliche Auseinandersetzung mit der Theatinerkirche fand in Richard Paulus' Dissertation von 1912 mit dem Titel *Der Baumeister Henrico Zuccalli am kurbayerischen Hofe zu München (geb. ca. 1642, gest. 8. März 1724). Ein kunstgeschichtlicher Beitrag zur Entwicklung des Münchener Barock und beginnenden Rokoko* unter dem eingeengten Blick auf die Leistungen Zuccallis[32] sowohl ihren Anfangs- wie auch Höhepunkt. Die Dissertation von Paulus dient in dem vorliegenden Buch, vor allem aufgrund der gründlichen, aber leider unzureichend belegten Quellenrecherche, als Hauptbezugspunkt für die Aufarbeitung der Planungs- und Baugeschichte der Theatinerkirche. Zur Person Enrico Zuccallis trug Sabine Heym in ihrem Band *Henrico Zuccalli (um 1642–1724). Der kurbayerische Hofbaumeister* 1984 noch neuere Forschungen zusammen. Agostino Barellis Werk wurde hingegen zum ersten Mal 1958 durch Adriano Peronis Artikel *L' architetto della Theatinerkirche di Monaco, Agostino Barelli (1627–1687?) e la tradizione architettonica bolognese* in der Architekturgeschichte verortet. Wesentliche biographische Informationen lieferte dann erst wieder Maria Felicia Nicoletti in ihrem Beitrag *Sacro e profano: l'opera di Agostino Barelli nella Bologna del Seicento* von 2012. Beide Autoren behandelten jedoch Barellis Zeit in München nur als Ausgangspunkt für ihre auf Bologna bezogenen Betrachtungen. Für die Entwürfe der Theatinerkirche lieferte Frank Purrmann in seinem Artikel *Agostino Barellis Doppelturmplanung für die Fassade der Theatinerkirche in München. Zu einem neu entdeckten Kupferstich des Jean Sauvé* 2011 eine gute Beschreibung und Einordnung von Barellis drittem Fassadenplan aus dem Jahre 1671. Verschiedene andere Beiträge zur Theatinerkirche wie der häufig zitierte Artikel von Dorith Riedl in dem von Norbert Lieb und Heinz Jürgen Sauermost herausgegebenen Band *Münchens Kirchen* von 1973, der entsprechende Abschnitt in Hermann und Anna Bauers Überblickswerk *Klöster in Bayern* von 1985 oder Thomas Ino Hermanns Beitrag in dem von Andreas Hildmann und Norbert Jocher herausgegebenen Buch *Die Münchner Kirchen. Architektur – Kunst – Liturgie* von 2008 leisten hingegen kaum noch wesentliche Beiträge. Gleiches gilt für die drei gleich in mehrfacher Auflage erschienenen Kunstführer von Simon Geiger ab 1930, Otto Auer ab 1955 und Alfred Kaiser ab 1992. Für die Deutung der Architektur ist schließlich nur der aufschlussreiche Artikel Lothar Altmanns *St. Kajetan in München* von 1978 zu nennen.

Für die Vita Agostino Barellis können nun, auf der Grundlage von Recherchen im Archivio di Stato in Bologna, in diesem Buch auch neue biographische und künstlerische Aspekte geklärt werden. Über alle anderen beteiligten Künstler liefern vor allem die Personalakten der Hofamtsregistratur[33] im Bayerischen Hauptstaatsarchiv wichtige und oftmals auch noch neue Informationen. Für die Geschichte der Niederlassung der Theatiner in München sowie für die Planungs- und Baugeschichte müssen die ursprünglich neunzehn Diarien[34] in den Faszikeln der Klosterliteralien des Bayerischen Hauptstaatsarchivs als wichtigste Quellen gelten. Sie dokumentieren den Alltag des Ordens vom Tag der Ankunft der ersten Patres in München im Februar 1661 bis zur Auflösung des Konvents im Jahre 1801. Sie wurden im Rahmen der Recherchen zu diesem Buch, zusammen mit allen anderen Faszikeln der Klosterliteralien zur Theatinerkirche[35], zum ersten Mal vollständig gesichtet und ausgewertet. Dabei sind in den Diarien die Zeiträume von August bis Dezember 1669 und die Jahre 1671–1673 jedoch nur ansatzweise belegt. Die Jahre 1706–1733[36], 1744–1746 und 1778–1794 fehlen hingegen gänzlich. Die wichtigsten Bände sind das von Girolamo Meazza verfasste *Diarium Italicum* für die Zeit von Februar 1661 bis Dezember 1671 (Lit. A), das von Joseph Kajetan Khuen verfasste *Diarium Latinum* für den Zeitraum von 1661 bis 1717 (Lit. B) sowie das von dem Beichtvater und Vertrauten der Kurfürstin Antonio Spinelli verfasste *Libro Originale* für den Zeitraum von Dezember 1673 bis Dezember 1700 (Lit. E, Abb. 1). Als direkte Quelle für die Baugeschichte dienen die von dem Bauschreiber Konrad Schwindl für das kurfürstliche Rechnungskomissarium erstellten Baurechnungsbücher der Theatinerkirche und des Klosters. Sie umfassen die Jahre 1663 bis 1669[37], die Jahre 1677 bis 1789[38] jeweils mit einer Leistungsübersicht, die Jahre 1696 bis 1704[39] sowie das von unbekannter Hand verfasste Jahr 1768[40]. Leider fehlten bereits 1752 die so entscheidenden Jahre der Fertigstellung des Rohbaus und der Ausstattung von 1670 bis 1676.[41] Ergänzt werden die Baurechnungsbücher durch die nur teilweise erhaltenen Belegsammlungen des Hofzahlamtes für die Zeit ab 1670. Aus diesen können für die wichtigen Jahre aufschlussreiche Hinweise auf einige Künstler wie Agostino Barelli, Lorenzo Perti oder Balthasar Ableitner sowie auf die Finanzierungs- und Zahlungsmodalitäten[42] der Stiftung nach dem Tod der Kurfürstin 1676 gewonnen werden.[43] In den Faszikeln der Klosterliteralien finden sich darüber hinaus auch die jährlich gebündelten Belege zu den Baurechnungsbüchern der Jahre 1680 bis 1695[44]. Sie können jedoch für diesen Zeitraum aufgrund des schon weit fortgeschrittenen Baus und nach dem letzten erhaltenen Baurechnungsbuch von 1689 nur noch wenig relevante Informationen liefern. Darüber hinaus sind weitere Anträge, Anweisungen und Belege innerhalb der Klosterliteralien für die Jahre 1674–1724[45] und für die Jahre 1763–1770 mit einem Schwerpunkt auf Sanierungsarbeiten gerade an der Kuppel in den Archivalien der Hofkammer erhalten[46]. Die allgemeinen Rechnungsbücher des Hofbauamtes wurden hingegen im 19. Jahrhundert auf das jeweils zehnte Jahr dezimiert, so zum Beispiel auf 1700, 1710, 1720[47] und so weiter, so dass diese im Falle der Theatinerkirche und des Klosters keine Erkenntnisse liefern.

Die entscheidenden Quellen zur Planungsgeschichte sind die 27 erhaltenen Pläne zur Theatinerkirche und zum Kloster in der Plansammlung des Bayerischen Hauptstaatsarchivs.[48] Über den Planbestand im Jahre 1752 gibt der vom Theatinerpater Johannes Edlweckh verfasste erste

Inventarband des Archivs des Theatinerklosters unter der Rubrik III. *Gründ- und Abriß, item Wasser-Riß zum Theatiner-Haus und Kürchen zu München gehörig* Auskunft.[49] Leider ist darin neben dem damaligen Standort und der Art des Plans nur eine kurze Bezeichnung ohne weitere Jahres- oder Architektenangabe aufgeführt. So heißt es zum Beispiel zu dem Stiftungsplan von 1675 (Kap. 7.3, Abb. 115): „Ein auf Papier mit der Feder gezeichneter Elln langer Grund-Riß, worauf das ganze Haus und Kürchen mit welschen Noten abgezeichnet. Ist hinterher mit Leinwanth aufgezogen, und verwahrt."[50] Im Vergleich mit dem heutigen Bestand muss jedoch davon ausgegangen werden, dass Edlweckhs Inventar unvollständig ist. So führt er für die Fassade, für die heute drei gezeichnete und zwei gestochene Pläne vorliegen, nur einen „großen und langen auf Papier gezeichneten Riß der ganzen Kürchen Facciata"[51] an. Die noch heute erhaltenen Pläne sind in Gabriele Dischingers zweibändigem Werk *Zeichnungen zu kirchlichen Bauten bis 1803 im Bayerischen Hauptstaatsarchiv* aus dem Jahre 1988 publiziert, geordnet und mit hilfreichen Kommentaren versehen. Dischingers Datierungen der Pläne galten bislang als maßgeblich und werden bei der Neudatierung und Verortung in diesem Buch stets als Referenzen angegeben.

**Abb. 1. Antonio Spinelli, Tagebuch des Theatinerklosters in München *Libro Originale* (Lit. E), 1673–1700.**

Zu den Stuckaturen der Theatinerkirche finden sich außer in Norbert Jochers Überblick *Die Graubündner Stukkatoren in Süddeutschland* von 1997 wertvolle Hinweise auf die Viten der Gebrüder Prospero und Giovanni Battista II Brenni auch in Werner Heunoskes leider bisher nur als Mikrofilm veröffentlichter Dissertation aus dem Jahr 1999 mit dem Titel *Die Brenni. Tessiner Barockstukkatoren in Süddeutschland und Österreich (1670–1710).* Die Ausstattung der Theatinerkirche war hingegen außer wenigen Artikeln wie Reinhold Baumstarks *Antonio Zanchis Hochaltar der Theatinerkirche. Zur Ikonographie des fürstlichen Votivbildes* von 1977 oder Thomas Reisers *St. Kajetan's of Munich "Main Altar of 1675" in the Year 1675* aus dem Jahr 2012 noch nicht Gegenstand einer eigenen Untersuchung. Dies gilt auch für das Theatinerkloster, das hier zum ersten Mal überhaupt als solches thematisiert wird.

# 1

# Henriette Adelaide und Ferdinand Maria

## 1.1 Erziehung und Heirat

Henriette Adelaide wurde am 6. November 1636 in Turin als Tochter des Herzogs Victor Amadeus I. von Savoyen und seiner Gemahlin Christine Marie von Frankreich[1] geboren (Abb. 2). Schon mit fünf Jahren wurde die kleine Prinzessin in die Obhut des Klosters der Annuntiatinnen bei Chambéry[2] gegeben, um dort die französische Sprache[3] und Kultur[4] zu erlernen. Bereits der frühe Biograph Carlo Merkel bemerkte hierzu, dass Henriette Adelaide in ihrer Jugend, weitab von der Residenzstadt Turin[5], nur wenig mit der italienischen Kultur und Kunst in Berührung kam und diese somit auch später nicht bewusst nach Bayern exportieren konnte, wie dies bis heute behauptet wird[6]:

**Abb. 2. Philibert Tourret, gen. Narciso, Herzogin Christine Marie von Savoyen mit ihren Kindern Karl Emanuel, Margarete Jolande und Henriette Adelaide, 1644.**

> „Die Jugendliche [Henriette Adelaide] wußte recht wenig über das Italienische ... und auch später hatte sie für unsere Literatur und Kunst nicht die Begeisterung, die ihr viele zuschreiben."[7]

Die junge Prinzessin fühlte sich den Ordensschwestern von Chambéry so innig verbunden, dass sie sich sogar den Eintritt in die Gemeinschaft wünschte, wie ein überlieferter Brief der damals Achtjährigen in anrührender Weise belegt.[8] Henriette Adelaides offensichtlich religiöse Natur[9] ging mit einer innerlichen und freudvollen Frömmigkeit einher, wie sie am Turiner Hof nach dem Vorbild des Genfer Heiligen Franz von Sales[10] gepflegt wurde. So schrieb Henriette Adelaide 1652 an ihre Mutter, dass ihr das 1608 erschienene Hauptwerk des Heiligen, die *Philothea*, „zur Nachahmung sehr dienlich sei"[11]. In diesem Werk versucht Franz von Sales den Zwiespalt zwischen einem geistlichen und einem weltlichen Leben zu überwinden. So soll der christgläubige Mensch, im Bewusstsein seiner Aufgabe in der Welt und gestärkt durch die Segnungen der Kirche, vor allem ein sinnerfülltes und freudvolles Leben führen. Oberstes Prinzip dieses Lebens sollte dabei sein, dass alles, was man tut, aus Liebe getan wird, wie es auch das berühmt gewordene Motto des Heiligen besagt: „Alles aus Liebe tun und nichts aus Zwang."[12]

Die von Franz von Sales und Franziska von Chantal geründete Kongregation der Heimsuchung Mariä wurde auf Geheiß Herzogin Christine Maries bereits am 21. November 1638 in Turin eingeführt.[13] Die Aufgabe der sogenannten Visitantinnen bestand zunächst in der Pflege von Armen und Kranken. Aber bereits zur Ordenserhebung durch Papst Paul V. 1618 wurde diese Aufgabe durch die Erziehung junger Mädchen erweitert. Mit diesem Ziel führte später

**S. 26: Theatinerkirche St. Kajetan und Adelheid, München – Wetterfahne des Nordturms.**

auch Henriette Adelaide den Orden mit vier Schwestern aus dem savoyardischen Vercelli[14] am 21. November 1667 in München ein.[15] In Ermangelung eines salesianischen Männerordens[16] wählte ihre Mutter Christine Marie damals jedoch für die geistliche Erziehung ihrer Kinder den von ihrem Gemahl Victor Amadeus I. 1634 in Turin angesiedelten Theatinerorden.[17] Von den in Turin lebenden Theatinern pflegte die junge Henriette Adelaide eine besonders intensive Beziehung zu dem einfühlsamen und vielseitig begabten Pater Stefano Pepe aus Messina.[18] Erst durch seine Vermittlung erwählte sie sich den am 8. Oktober 1629 durch Papst Urban VIII. seliggesprochenen Kajetan von Thiene zu ihrem persönlichen Schutzpatron. So schrieb sie in einem 1662 in Italienisch und erst 1763 in Deutsch gedruckten, durchaus missionarisch motivierten Brief an „ihren" Pater Pepe:[19]

> „Von meiner Kindheit an ..., als Euer Ehrwürden zu Turin geprediget: Von dort an hatte ich den Seligen in meinem Herzen zu meinem besondern Schutz-Patron, und Euer Ehrwürden zum Führer meiner Seele genommen."[20]

Nachdem das Herzogtum Savoyen und die anderen italienischen Fürstentümer im Laufe des 16. Jahrhunderts in eine starke Abhängigkeit von Spanien geraten waren, suchte man nach dem Ende der Glaubenskriege vermehrt den Anschluss an das unter Ludwig XIII. erstarkte Frankreich.[21] So verwundert es nicht, dass Henriette Adelaides ehrgeizige Mutter Christine Marie sich zunächst eine Heirat ihrer Tochter mit dem französischen Dauphin Louis wünschte, der nach dem Tod seines Vaters bereits 1643 als Ludwig XIV. den Lilienthron besteigen sollte. Mit der Aussicht auf diese hohe Verbindung wurde die Erziehung Henriette Adelaides vor allem an den Sitten und Gebräuchen des französischen Hofes ausgerichtet. Der regierende Minister Frankreichs, Jules Kardinal Mazarin, begeisterte sich jedoch schon früh für die Heirat einer savoyardischen Prinzessin mit dem bayerischen Thronfolger Ferdinand Maria. Mit diesem Schachzug wollte der umtriebige Kardinal das strategisch geschickt gelegene Bayern zu einem Bollwerk Frankreichs gegenüber der Hegemonie Habsburgs machen.

Abb. 3. Nikolaus Prugger, Kurfürst Maximilian I. mit seinem Sohn Ferdinand Maria, um 1674.

Wie seine spätere Gemahlin wurde Ferdinand Maria im Jahr 1636 geboren, und zwar am 31. Oktober als Sohn des Kurfürsten Maximilian I. von Bayern und dessen Gemahlin Maria Anna von Österreich in München (Abb. 3). Dabei führte man die Geburt des Thronfolgers, ähnlich wie später auch

**Abb. 4. Karl Nikolaus Pfleger (?), Votivbild zur Geburt des Kurprinzen Ferdinand Maria, um 1636.**

bei Max Emanuel, in besonderer Weise auf die Fürsprache der Gottesmutter Maria und des Karmelitenorden zurück. Dies belegt ein kleines, bisher unbekanntes Votivbild im Bestand des Bayerischen Nationalmuseums, auf dem neben dem Kurfürstenpaar auch Kaiser Ferdinand II. und Maria Anna von Bayern zu sehen sind, die der mystischen Niederkunft des von einem Gnadenstrahl aus dem Herzen der Muttergottes geleiteten Ferdinand Maria beiwohnen (Abb. 4). Schon in seiner Jugend galt der Prinz als ruhig, bedacht und sogar ein wenig zur Melancholie neigend.[22] Seine Eltern ließen ihm durch seine jesuitischen Hauslehrer eine umfassende Erziehung mit streng religiöser Ausrichtung angedeihen. Die besondere Wertschätzung der Jesuiten am Münchner Hof wurde jedoch nicht erst durch Maximilian I. begründet, der bereits in ihrer Obhut erzogen worden war.[23] Schon die Herzöge Wilhelm IV. und Ludwig X. hatten mit dem Ziel einer Erneuerung der Volksreligiosität 1549 den Reformorden an die Landesuniversität in Ingolstadt berufen.[24] Nach anfänglichen Problemen hatte dann Albrecht V. 1556 ein Kolleg in Ingolstadt und schließlich 1559 eines in München einrichten lassen.[25] Die Erziehungsideale Maximilians I. sind in seinen berühmten, in der Tradition höfischer Fürstenspiegel[26] stehenden *Monita Paterna*, den *Väterlichen Ermahnungen*, festgehalten.[27] Wahrscheinlich von seinem jesuitischen Beichtvater Jean Vervaux mit verfasst, können diese als Quintessenz des Denkens und Handelns Maximilians I. und als „Richtschnur des Lebens“[28] für Ferdinand Maria gesehen werden. Als oberste Maxime galt dem Kurfürsten, dass „Gott ... der alleinige Herrscher [ist und von der] Frömmigkeit ... des Fürsten sein eigenes Wohl, die sittliche Bildung seiner Unterthanen, sowie das Schicksal [beider] abhängt.“[29] Orientierung sollte der Fürst dabei allein an der Wahrheit finden, deren Hüter die katholische Kirche und der Papst sind.[30] Das Ziel menschlichen Daseins sah Maximilian I. in dessen religiöser Erhebung zur Seligkeit.[31] Dies war zwar zunächst die Aufgabe der Religion, doch sollte die Religion ebenso vom Staat gefördert und vom Herrscher geschützt werden, da nur so ein sinnvolles und gerechtes Gemeinwesen entstehen könne. Diese Ideale fanden auch in Maximilians bekannten Worten „ailiis lucendo consumor“[32], zu Deutsch „indem ich anderen leuchte, verzehre ich mich“, ihre vielsagende Maxime. Dies war ein Welt- und Politikverständnis, dem sich auch Ferdinand Maria zeitlebens verpflichtet fühlte und das nicht nur zu einem beständigen Frieden und ausgeglichenen Finanzen, sondern auch zur Blüte von Kunst und Kultur führen sollte.

Entscheidend vorangetrieben wurde der Plan einer Heirat Ferdinand Marias mit Henriette Adelaide dann durch den Waffenstillstand von Ulm, den Maximilian I. im Jahre 1647, gegen

Ende des Dreißigjährigen Krieges, angesichts der Übermacht der einfallenden Truppen mit Frankreich und Schweden schloss. Die Verhandlungen zu diesem Waffenstillstand nutzte Kardinal Mazarin, um Maximilian I. den Vorschlag zu unterbreiten, Bayern durch die Heirat Ferdinand Marias mit einer Cousine Ludwigs XIV. aus Savoyen stärker an Frankreich zu binden.[33] So schrieb der Kurfürst am 10. September 1649 an Kaiser Ferdinand III. in Wien:

> „Meine Botschafter am französischen Hof schlagen auf Anraten Kardinal Mazarins vor, den Prinzen Ferdinand Maria, meinen Erstgeborenen, mit einer Prinzessin von Savoyen zu verheiraten, ... denn im Deutschland unserer Tagen gibt es keine katholische Prinzessin mehr, die nicht nur von ihrer Person, sondern auch von ihrem Haus her besser geeignet wäre, um das Ansehen [des Hauses Bayern] zu erhöhen."[34]

Übereinstimmend urteilte auch Herzogin Christine Marie von Savoyen über die Vorteile einer Heirat mit dem Kurhaus Bayern:

> „Wir glauben, dass dieses eheliche Band am stärksten die Herzen des ganzen kurfürstlichen Hauses mit dem Dienst an Frankreich verbindet und vereint."[35]

Am Turiner Hof dachte man aber nur daran, Henriette Adelaides ältere Schwester Margarete Jolande mit dem bayerischen Kurprinzen zu verheiraten, da man Henriette Adelaide noch immer für Ludwig XIV. aufsparen wollte.[36] Kurfürst Maximilian I. entsandte noch 1649 den geheimen Gesandten Ferdinand Egarter nach Turin, um sich ein Bild von den savoyardischen Prinzessinnen machen zu können.[37] In Egarters Bericht wird Margarete Jolande als klein gewachsen und von bescheidenem, aber angenehmem Charakter beschrieben, Henriette Adelaide hingegen als schön, höflich, ausgesprochen intelligent, aber von schwacher Gesundheit.[38] Maximilian I. entschied sich für Henriette Adelaide und äußerte diesen Wunsch auch freimütig gegenüber Herzogin Christine Marie und Kardinal Mazarin.[39] Nach langwierigen Beratungen und der Absage Frankreichs bezüglich einer Heirat Ludwigs XIV. mit der savoyardischen Prinzessin[40] willigten schließlich alle Parteien in die Heirat von Ferdinand Maria mit Henriette Adelaide ein; die Heiratsurkunde wurde am 14. Mai 1650 gleichzeitig in München und Turin unterzeichnet.[41] Neben der Vereinbarung, dass Henriette Adelaide die deutsche Sprache zu erlernen habe und nur ein kleines Gefolge[42] mit nach München nehmen dürfe, beinhaltete der Ehevertrag auch die Zusage einer stattlichen Mitgift von 200 000 Goldscudi[43], die bis ins Jahr 1669 in Raten abbezahlt werden sollte.[44] Im Beisein einer achtzigköpfigen Delegation aus München unter der Leitung des Obersthofmeisters Maximilian Graf Kurz von Senftenau fand am 11. Dezember 1650[45] die Prokura-Trauung[46] der Prinzessin mit ihrem Bruder, dem sechzehnjährigen Thronfolger Karl Emanuel, statt.[47] Die Übersiedlung Henriette Adelaides nach München wurde jedoch zunächst ausgesetzt, da man das erst vierzehnjährige Paar noch für zu jung hielt, um ihren ehelichen Pflichten nachzukommen. Erst nachdem Maximilian I. am 27. September 1651 in Ingolstadt verstorben war, siedelte Henriette Adelaide im Mai 1652 mit einem stattlicheren Gefolge als zunächst zugedacht nach München über.[48] Auf ausdrücklichen Wunsch des kurbayerischen Hofes gehörte zu diesem Gefolge auch ein eigener Beichtvater für Henriette Adelaide, zu dem Christine Marie den Jesuiten Giovanni Luigi Montonaro[49] bestimmte. Pater Montonaro sollte zudem regelmäßig Berichte nach Turin schicken, um die Herzogin über das Münchner Hofleben und den Alltag ihrer Tochter auf dem Laufenden zu halten. Am 25. Juni wurde das Eheversprechen dann vor dem Allerheiligsten und unter der Offizianz des Jesuiten Jean Vervaux, des Beichtvaters Ferdinand Marias, erneuert (Abb. 5).[50] Doch das ungewohnte, am spanischen Hofzeremoniell des Wiener Kaiserhofes orientierte Hofleben[51] bereitete der jungen Prinzessin zunächst nur wenig Freude.[52] So schrieb der im Jahre 1657 am Münchner Hof weilende Abbé de Coulanges über ihre Situation:

**Abb. 5. Wolfgang Leutner (?), Kurfürst Ferdinand Maria und Kurfürstin Henriette Adelaide (nach einem Gemälde von Sebastiano Bombelli), nach 1666.**

„Auch in keinem Kloster wird man mit mehr Regelmäßigkeit und mehr Ernst leben als an diesem Hof ... . Hier also verbringt die schöne Adelaide ihr Leben, was für sie sehr schwer sein muss, nachdem sie am Hof von Savoyen aufgewachsen ist, dem angenehmsten und unterhaltsamsten aller Höfe.“[53]

Lediglich ihr persönlicher Hofstaat bot der jungen Prinzessin einen überschaubaren Rahmen zur Pflege privater Kontakte. Zu diesen zählten neben der ihr von der Kurfürstin-Regentin Maria Anna aufgrund ihrer Italienischkenntnisse zugedachten[54] Obersthofmeisterin Felicitas Gräfin Wolkenstein[55] der Hofmeister Maximilian Graf Portia, ihr Leibarzt Stefano Baron Simeoni, vier piemontesische Hoffräulein und einige Kammerdienerinnen. Damit waren die italienischen Mitglieder des Hofstaates zunächst in der Überzahl.[56] Als Henriette Adelaide später als regierende Kurfürstin Anspruch auf acht Hoffräulein haben sollte, wurden diese jedoch nur aus den Reihen des bayerischen Adels ergänzt.[57] Über die anderen Münchner Hofangehörigen und ihren Gemahl schrieb Henriette Adelaide enttäuscht an ihre Mutter:

> „Sie sind sehr unzivilisiert, ... sogar die Fürstlichkeiten. ... Keinen Schritt darf er [Ferdinand Maria] tun, ohne dass es seine Mutter weiß. Er fürchtet sie wie das Feuer, den Grafen Kurz aber fast noch mehr. Er hat eine so große Autorität über alles, dass man es nicht auszudrücken vermag.“[58]

Diese Einschätzung Henriette Adelaides war sicherlich noch vom Feuer ihrer Jugend geprägt, doch lassen sich die Schwierigkeiten erahnen, mit denen sich die junge Prinzessin am Münchner Hof konfrontiert sah. Gerade wegen ihrer französischen Erziehung und der zu Beginn noch großen Sprachbarriere war sie zunächst dazu gezwungen, sich auf den Kreis ihres Hofstaates und ihrer Landsleute zu beschränken sowie die Opposition der gestrengen und bodenständigen habsburgischen Kurfürstin-Regentin Maria Anna als umso schmerzlicher zu empfinden. Eine der wenigen Gemeinsamkeiten, die sie mit ihrem Gemahl in dieser Zeit teilen konnte, war das gemeinsame Glaubensleben, dem sowohl am Hof in Turin wie auch in München ein hoher Stellenwert eingeräumt wurde.

# 1.2 Kinderwunsch, Gelübde und Geburt Max Emanuels

Als Ferdinand Maria am 31. Oktober 1654 volljährig wurde, erlosch die Vormundschaft seiner Mutter Maria Anna und er konnte die Regierungsgeschäfte von seinem Onkel Herzog Albrecht VI. von Bayern-Leuchtenberg übernehmen.[59] Trotz verlockender finanzieller Angebote seitens Frankreichs und der Unterstützung durch die drei geistlichen Kurfürsten von Mainz, Köln und Trier schlug der junge Kurfürst am 12. Januar 1658 die Kaiserwürde des Heiligen Römischen Reiches Deutscher Nation aufgrund der kaum zu übersehenden Kosten mit dem Vertrag von Waldmünchen aus und sagte, sich des Dankes sicher, dem Haus Habsburg seine Unterstützung bei der anstehenden Kaiserwahl zu.[60] So wurde am 18. Juli 1658 der erst achtzehnjährige Leopold I. in Frankfurt zum Kaiser gewählt und gekrönt. Henriette Adelaide hatte sich jedoch von einer Wittelsbacher-Kaiserwürde neben dem Prestigegewinn für das Kurhaus Bayern auch die Lösung mehrerer savoyardischer Begehrlichkeiten erhofft, wie der Zugehörigkeit Savoyens zum Kaiserreich, der Kurwürde für das Haus Savoyen und der 1648 im Westfälischen Frieden von Kaiser Ferdinand III. zugesicherten Angliederung des Reichslehens Montferrat, das 1533 dem Herzogtum Mantua zugeschlagen worden war. Angesichts dieser Möglichkeiten erhielt nach mehr als sechs Jahren gelebter Ehe auch die schon lange anstehende und in aller Öffentlichkeit diskutierte „Hoffnung auf Nachkommen“[61] neue Dringlichkeit.

Bereits im Januar 1657 hatte der offensichtlich besorgte Ferdinand Maria bei Papst Alexander VII. vorgefühlt, ob die Möglichkeit bestünde, im Falle einer dauerhaften Kinderlosigkeit seinen Onkel, den seit 1652 regierenden, aber noch nicht zum Priester geweihten Fürstbischof von Freising Albrecht Sigismund von Bayern-Leuchtenberg[62], von seinem Amt zu entbinden, um damit den Fortbestand des Hauses zu sichern.[63] Wahrscheinlich lag in diesem dynastisch motivierten Vorgehen Ferdinand Marias ohne Rücksicht auf die Befindlichkeiten seines Onkels ein Grund für das später schwierige Verhältnis der beiden. Schon kurz nach ihrer Hochzeit waren Ferdinand Maria und Henriette Adelaide im August 1652 nach Altötting gepilgert, um sich dort den Segen der Gottesmutter Maria für ihre Ehe zu erbitten.[64] Am 2. Dezember 1658 weihte sich Henriette Adelaide sogar selbst, wie zuvor schon ihr Schwiegervater Maximilian I. und ihr Gemahl Ferdinand Maria[65], in einer mit ihrem eigenen Blut geschriebenen Urkunde der Gottesmutter[66]. Über dieses schon unter Maximilian I. intensiv geförderte Vertrauen auf Maria, das sich ja auch bei der Geburt Ferdinand Marias bewährt hatte, setzte Henriette Adelaide ihre besondere Hoffnung nun jedoch auf ihren persönlichen Schutzpatron, den seligen Kajetan. Der Bericht Pater Meazzas in seinem *Diarium Italicum* über die Worte der Kurfürstin am Tag nach der Übereignung der Stiftung an die Theatiner am 9. April 1669 belegt, dass der Wunsch, die Ordensgemeinschaft des seligen Kajetan nach München zu holen, schon seit ihrer Ankunft in der Residenzstadt 1652 bestand:

> „seitdem ich Turin verlassen habe, hatte ich mir von Herzen nichts sehnlicher gewünscht, als den heiligen Orden [in München] zu gründen.“[67]

Mitverantwortlich für diesen Wunsch war sicherlich auch das schlechte Verhältnis Henriette Adelaides zu ihrem jesuitischen Beichtvater Giovanni Luigi Montonaro, durch dessen Berichte nach Turin sich die junge Kurfürstin immer stärker eingeengt und fremdbestimmt fühlte. So klagte sie noch 1658 in einem Brief an ihre Mutter:

> „Er [Montonaro] maßt sich eine Herrschaft über mich an, die mich das Vertrauen verlieren lässt, das man in seinen Beichtvater haben sollte.“[68]

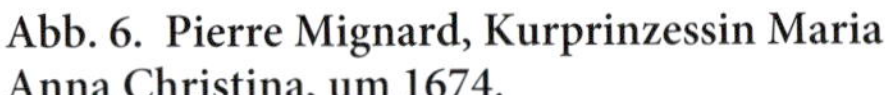

Abb. 6. Pierre Mignard, Kurprinzessin Maria Anna Christina, um 1674.

Abb. 7. Pierre Mignard, Kurprinz Max Emanuel, um 1674.

Der genaue Zeitpunkt der Gelübde zur Stiftung der Theatinerkirche und des Klosters lässt sich in Ermangelung direkter Quellen jedoch nur anhand Henriette Adelaides eigener Beschreibung in dem schon erwähnten, an Pater Pepe gerichteten Brief aus dem Jahre 1662 rekonstruieren. In diesem heißt es zunächst ganz allgemein, dass sie mit Zustimmung ihres Gemahls dem Seligen gelobt habe, seinen Orden nach München zu holen, wenn sie fruchtbar würde.[69] Dieses Gelübde wurde also noch vor der Geburt der Prinzessin Maria Anna Christina am 7. November 1660 abgelegt, denn Henriette Adelaide schrieb weiter:

> „sintemahlen ich der Vorbitt des Seligen Cajetans lediglich zuschreibe, daß ich fruchtbar worden bin. Dann ich machte [„a cui feci", ital. Ausg. 1662] demselben ein Gelübd, seinen Orden in allhiesiger Stadt mit Bewilligung des Durchlauchtigsten Churfürstens, meines Herrns, zu stiften."[70]

Dieses erste Gelübde lässt sich wahrscheinlich in das Jahr 1658 datieren, in dem sich Henriette Adelaide auch der Gottesmutter in Altötting weihte und sich so bitterlich über ihren jesuitischen Beichtvater beklagte.[71] Da mit der Planung der Theatinerkirche, wie im Anschluss noch gezeigt werden kann, bereits vor der Geburt des Kurprinzen im Laufe des Jahres 1661 begonnen wurde, muss schon dieses erste Gelübde hinsichtlich eines allgemeinen Kindersegens, entgegen der bisherigen Deutung als Gelübde, das ausschließlich einen männlichen Nachkommen betraf[72], auch den Bau der Kirche und des Klosters mit eingeschlossen haben!

Im Vertrauen auf ihr Gelübde und nach einer fiebrigen Erkrankung unternahm Henriette Adelaide danach auf Anraten ihres Leibarztes Baron Simeoni vom 4. Juni bis 12. Juli 1659[73] eine Badekur in Heilbrunn bei Bad Tölz.[74] Dieser Kurort war ihr von dem befreundeten Abt Philipp Feischel von Benediktbeuern empfohlen worden, zu dessen Abtei Heilbrunn gehörte.[75] In dem von Karl Meichelbeck verfassten *Chronicon Benedictoburanum* aus dem Jahre 1753 wird denn auch explizit erwähnt, dass die Kurfürstin ihre Gebete „an den Himmel und die Heiligen, besonders den heiligen Kajetan richtete“[76]. Bereits am 17. November 1660[77] erblickte dann die nach ihren beiden Großmüttern benannte Kurprinzessin Maria Anna Christina Victoria das Licht der Welt (Abb. 6).[78] Beglückt von dieser offensichtlichen Erhörung ihrer Bitte und voller Hoffnung auf eine Verbesserung ihrer Situation am kurbayerischen Hof schrieb Henriette Adelaide danach an ihre Mutter:

> „Ich habe selbst in Erfahrung gebracht, dass aller Anfang sehr schwer ist, aber schlussendlich, nach und nach, regeln sich alle Dinge.“[79]

Ein zweites, gemeinsam und öffentlich in der Frauenkirche abgelegtes Gelübde zur Geburt eines Thronfolgers muss hingegen nach der Geburt der Kurprinzessin 1660 stattgefunden haben, wahrscheinlich noch im selben Jahr. So schrieb Henriette Adelaide in ihrem Brief weiter:

> „Danach in eben diesem Jahr 1662, den 11. Juli wurde der so söhnlich gewunschene, und auf offentlich in Löbllicher unser lieben Frau Chor-Stifft-Kirchen abgelegt- und verkündigtes Gelübd erhaltene Chur-Prinz Maximilian Emanuel zur Welt geboren.“[80]

Dieses zweite Gelübde an den seligen Kajetan erfüllte sich also am 11. Juli 1662[81] mit der Geburt des Kurprinzen Maximilian Emanuel, kurz Max Emanuel (Abb. 7).[82] Wie man sich die Erhörung dieses Gelübdes „bildlich“ vorzustellen hat, zeigt eine zu Max Emanuels Geburt in Auftrag gegebene Gedenkmedaille (Abb. 8).[83] Auf deren Vorderseite ist die Kurfürstin beim Gebet in ihrer Kammer zu sehen. Schräg über ihr kniet der selige Kajetan auf einer Wolke und richtet die Bitte der Kurfürstin mit folgenden Worten an Gottvater:

> „Erhöre Sie, die sich an mich wendet.“[84]

Auf der Rückseite überreicht der Selige von einer Wolke aus der Kurfürstin ihren Sohn Max Emanuel mit den Worten:

> „Oh Weib! Dein Glaube ist groß,
> es geschehe, wie du es willst.“[85]

**Abb. 8. Gedenkmedaille zur Geburt des Kurprinzen Max Emanuel, 1663.**

Diese Medaille kann als Beleg für die tiefe Überzeugung des Kurfürstenpaares gesehen werden, dass die Geburt des Thronfolgers der Fürsprache Kajetans und der göttlichen Gnade zu verdanken war.[86] Als literarisches Zeugnis mag ein Zitat aus der Totenrede des Theatinerpaters Gaetano Felice Verani für Ferdinand Maria aus dem Jahre 1679 dienen, in der Max Emanuel als derjenige beschrieben wurde,

> „Von dem geglaubt wird, dass er nicht ohne ein Wunder in die Welt gekommen sei.“[87]

Kurfürst Ferdinand Maria selbst kommentierte das glückliche Ereignis der Geburt seines lang ersehnten Sohnes mit den Worten:

> „Eine große Wohltat habe ich und dieses ganze kurfürstliche Haus vom seligen Kajetan empfangen. Wir haben ihn um einen Jungen gebeten ... und vertrauensvoll haben wir ihn auch erhalten. Der Selige Kajetan hat unsere Bitte schon erfüllt, so ist es an uns, unser Versprechen einzulösen.“[88]

Dass die bereits seit der Geburt der Kurprinzessin Maria Anna Christina in Planung befindliche Kirche nach der glücklichen Erfüllung dieses zweiten, für den Erhalt des Kurhauses so bedeutsamen Gelübdes nun im besonderen Maße auf den Thronfolger Max Emanuel zugeschnitten wurde, erscheint dabei nur als logische Konsequenz. Um auch der von der Geburt noch geschwächten Henriette Adelaide die Freuden der Taufe Max Emanuels zu ermöglichen, fand diese erst im Herbst des Jahres 1662 statt.[89] Als Taufpaten wurden der Onkel Ferdinand Marias, Maximilian Heinrich von Bayern, Kurfürst und Erzbischof von Köln, sowie Henriette Adelaides Bruder, Karl Emanuel, erwählt. In festlichem Zug begab sich der Hofstaat am 21. September 1662 von der Residenz zur Frauenkirche, in welcher der Fürsterzbischof von Salzburg, Guidobald von Thun und Hohenstein, die Taufe spendete.[90] Bei dieser Gelegenheit versicherte der Salzburger Fürstbischof dem Kurfürsten, die Verehrung Kajetans auch in Salzburg einzuführen und dem Seligen sogar eine Kapelle in seiner Kathedrale zu weihen.[91]

**Abb. 9. Frontispiz: Idea Futuri, aus: *Fama Prognostica ad cunas Serenissimi Principis Maximiliani Emmanuelis*, München 1662.**

Zu Max Emanuels Ehren wurden auch mehrere Druckschriften herausgegeben, welche die Geburt des Kurprinzen verherrlichen und dem Ruhm des Kurhauses Bayern dienen sollten. Darunter befindet sich zum Beispiel das mit reichen Kupferstichen von Matthäus und Melchior Küsel versehene *Churfürstlich Bayrische Frewden-Fest* von 1662, in dem die von dem italienischen Grafen Pietro Paolo Bissari[92] erdachte Festtrilogie aus Oper, Ritterspiel und Herrscherapotheose verewigt wurde.[93] Dabei griff man auch auf die Erfahrungen mit dem Festumzug zu Ehren Kaiser Leopolds I. 1658 zurück und orientierte sich möglicherweise an den Planungen, die 1660 der Geburt Maria Anna Christinas vorausgingen.[94] Einen Ausblick auf die glorreiche Zukunft Max Emanuels gewährt die ebenfalls 1662 von den Münchner Jesuiten herausgegebene Emblemschrift *Fama Prognostica ad cunas Serenissimi Principis Maximiliani Emmanuelis*, in welcher die Herrschertugenden Max Emanuels in sieben Emblemen dargestellt sind. Dem Text vorangestellt ist das von Kaspar Amort d. J. entworfene Titelblatt, auf dem das zukünftige Siegestor von Max Emanuels Herrschaft, als „Idea futuri" bezeichnet, von der „Fama prognostica", der weissagenden Ruhmesgöttin, auf einem Plan emporgehalten wird (Abb. 9).[95] Dieses Siegestor wird gerade durch eine Heerschar von Putten auf den Postamenten des Tores mit den Portraits Ferdinand Marias und seines Vaters Maximilians I. zur Linken sowie Henriette Adelaides und deren Mutter Christine Maries zur Rechten errichtet. Von besonderem Interesse ist aber das fünfte Emblem, in dem Max Emanuel als Hermes zwischen der göttlichen und der menschlichen Weisheit, „cernit utrinque", vermittelt (Abb. 10). Veranschaulicht werden diese beiden

**Abb. 10. 5. Emblem: Sapientia divina et humana, aus: *Fama Prognostica ad cunas Serenissimi Principis Maximiliani Emmanuelis*, München 1662, S. 31.**

Sphären nämlich durch einen kubischen Schlossbau, der dem späteren Entwurf Barellis für das Lustschloss Nymphenburg stark ähnelt (Abb. 44), sowie durch eine Kirche mit Tambourkuppel und einer dreigeschossigen Fassade, die von zwei Fassadentürmen gerahmt wird. Möglicherweise war also die später noch ausführlich besprochene und meist erst um 1670 angesetzte Idee einer Zweiturmfassade für die Theatinerkirche bereits zu dieser Zeit präsent (Kap. 6.6)!

## 1.3 Politik Ferdinand Marias

Mit der Geburt Max Emanuels bewegten sich nun die familiären Angelegenheiten der jungen kurfürstlichen Familie in geordneten Bahnen. Nach dem Rückzug der Kurfürstin-Witwe Maria Anna aus den Amtsgeschäften und ihrem Dahinscheiden am 25. September 1665 gelang es sowohl Henriette Adelaide als auch Ferdinand Maria ihren Wirkungskreis am Hof auszudehnen und zu festigen.[96] Ferdinand Maria entwickelte sich in dieser Zeit zu einem eigenständigen Fürsten, der seine Entscheidungen mit großem Bedacht und nach intensiver Rücksprache sowohl mit seinen engsten Beratern als auch mit seiner Gemahlin fällte.

Bereits sein Vater Maximilian I. hatte nach dem Vorbild Heinrichs IV. von Frankreich die Macht der Stände weitestgehend eingeschränkt und die Regierungsgeschäfte, soweit es möglich war, selbst übernommen. Das setzte sich nun fort: So trat der bayerische Landtag in der Regierungszeit Ferdinand Marias nur einmal zusammen, nämlich 1669. Ferdinand Marias Politik war dabei stets auf die Wahrung der Unabhängigkeit und des Friedens seines Landes ausgerichtet. Unter dem frankophilen Kanzler Caspar von Schmid wurde 1670 ein auf zehn Jahre befristetes Bündnis mit Frankreich geschlossen.[97] Ferdinand Marias Bemühungen, den Bündnisfall mit dem neuen Partner Frankreich nicht eintreten zu lassen, müssen dabei als wichtigster Grund für seine außenpolitische Zurückhaltung und seine Konzentration auf die inneren Angelegenheiten Bayerns in den darauffolgenden Jahren gesehen werden.[98] Eine dieser inneren Angelegenheiten war die Konsolidierung des noch immer durch die Folgen des Dreißigjährigen Krieges stark geschwächten Staatshaushaltes durch die Förderung des Handels und der Landwirtschaft nach französischem Vorbild. Hierfür sollte der 1664 an den kurbayerischen Hof berufene Gelehrte Dr. Johann Joachim Becher ein detailliertes Programm ausarbeiten. Dieses beinhaltete den Aufbau von Manufakturen, die Einrichtung einer Handelsgesellschaft, das Verbot des Imports ausländischer Industrieprodukte und die Errichtung einer Landesbank.[99] Erst nach der erfolgreichen Konsolidierung des bayerischen Staatshaushaltes konnten wieder größere Ausgaben gemacht werden, die schließlich auch den Bau der Theatinerkirche und des angeschlossenen Klosters ermöglichten.

Bei seiner Kirchenpolitik hielt sich Ferdinand Maria ganz an die Linie seines Vaters. So wies er zum Beispiel seine Rentmeister in der Instruktion vom 24. Dezember 1669 an, bei ihren Visitationen ein besonderes Augenmerk auf die Rechtgläubigkeit der Untertanen zu legen. Sie sollten stets darauf „bedacht seyn, auf Laster und Untugend sowohl bey geistlichen als weltlichen, insonderheit auf die Gotteslästerung [und] Ketzerey“[100] zu achten, und diese unverzüglich den zuständigen Behörden melden. Der italienische Söldner, Historiker, Geograph und Diplomat Galeazzo Gualdo Priorato charakterisierte in seiner Beschreibung des kurfürstlichen Hofes von 1668 die Regierung Ferdinand Marias zusammenfassend wie folgt:

> „[Ferdinand Maria war] bewußter Erbe des Mitgefühls seines großen Vaters. Eine der ersten Bemühungen nachdem Seine Kurfürstliche Hoheit die Regierung übernommen hatte, war es seinen Unterthanen die Freude des ererbten Friedens zu erhalten, und durch seine beispielhafte Milde eine allgemeine Zuneigung zu erfahren.“[101]

1 Vgl. Sven Extenbrink, Christine von Frankreich und der savoyische Hof. Regentschaft und höfische Klientel im Dreißigjährigen Krieg, in: Klaus Malettke und Chantal Grell (Hrsg.), *Hofgesellschaft und Höflinge an europäischen Fürstenhöfen in der Frühen Neuzeit. 15.–18. Jahrhundert*, Münster 2001, S. 231–243.

2 Der kontemplative Ordo de Annuntiatione Beatae Mariae Virginis wurde 1501 von Johanna von Frankreich gegründet und 1502 durch Papst Alexander VI. bestätigt. Die sogenannten Annuntiatinnen sind bis heute vor allem im sozialen Bereich tätig und eifern dabei den zehn Tugenden Marias nach.

3 Merkel 1892, S. 337.

4 Strich 1927, S. 66.

5 Straub 1969, S. 174.

6 So z. B. Bosl 1967, S. 52; Knobling 2014, S. 221; Erdmann 2016, S. 18.

7 Merkel 1892, S. 337: „la giovinetta d'italiano ne sapeva ben poco, e nè allora, nè poi ebbe per la letteratura e le arti nostre quell'entusiasmo, che molti le attribuirono."

8 Brief Henriette Adelaides an die Priorin Giovanna Maria della Croce vom 30. März 1644: „Ma chere ame je vous prie de prier Dieu pour moy affin qu'il me face la grace de pouvoir estre Religiuse de la anonsiacion à Chanberi", BayHStA, GHA, Korr. Akt. 666 a.

9 Ihre religiöse Natur bestätigte auch der Theatinerpater Amadeus Hamilton in seiner Totenrede auf die Kurfürstin vom 30. März 1676: „Die größte Maxim Adelaidis ware auff die Gottesforcht und Frombkeit gegründet", Hamilton 1676, S. 19.

10 Die Heiligsprechung des Franz von Sales erfolgte am 19. April 1665 durch Papst Alexander VII. Hierzu findet sich eine ausführliche Beschreibung der Feierlichkeiten am Münchner Hof in BayHStA, KL, Fasz. 471, Lit. A, fol. 152r.

11 Brief Henriette Adelaides an ihre Mutter vom 28. September 1652: „me sert beaucoup a la esecuter", zit. nach Merkel 1892, S. 336.

12 Sales V,1 1990, S. 62.

13 Muggenthaler 1894, S. 85.

14 Der handschriftliche Reisebericht der Schwestern von Vercelli nach München findet sich in BayHStA, KL, Fasz. 466, Nr. 1. Eine Nacherzählung dieser Quelle findet sich: *Pastoral-Blatt für die Erzdiöcese München Freising* 4, München 1863, S. 3–12.

15 BayHStA, KL, Fasz. 471, Lit. A, fol. 189r: „[Agosto 1667] Poiche seco portava la Serenissima Elettrice quattro madri dell'ordine ... della Visitatione ... con intenzione di fondare un Monastero in Monaco." Vgl. auch Muggenthaler 1894, S. 73.

16 Der Orden der Salesianer Don Boscos, der sich auf die Lehre des Heiligen Franz von Sales beruft, wurde erst 1859 durch Johannes Bosco gegründet. Vgl. Morand Wirth, *Da Don Bosco ai nostri giorni. Tra storia e nuove sfide (1815–2000)*, Rom 2000.

17 Andreu 1964, S. 165.

18 Stefano Pepe wurde in Reggio Calabria als Sohn von Giovanni Battista und Feliciana Logoteta Pepe geboren. Seine Profess legte er am 28. Juli 1613 in Messina ab. Er starb am 19. April 1665 in München. Vgl. Vezzosi II, S. 169 ff.; BayHStA, KL, Fasz. 471, Lit. B, S. 123 ff.

19 BayHStA, KL, Fasz. 471, Lit. A, fol. 59v: „fingendo scriverne una lettera al Padre Pepe la qual lettera come che è famosa, et è passata à gli ochhi di tutti, anzi, voltata in Germano, e stata mandata in istampa per consolatione di molti."

20 Henriette Adelaide 1763, S. 5.

21 Vgl. Bohner 1941, S. 121 ff.

22 So schrieb Herzogin Christine Marie an ihren Vertrauten Lullin: „On dit qu'il est fort faible, et qui a des incommodités notables en sa personne, quelque sorte de mélancolie et de stupidité d'esprit", zit. nach Claretta 1877, S. 41.

23 Albrecht 1998, S. 94 ff., 101 ff., 322 ff.

24 Der heilige Ignatius selbst schrieb in einem Begleitbrief an die ersten drei nach Ingolstadt entsandten Jesuiten: „Das Ziel, das vor allem vor Augen stehen muß, ist jenes, das der Papst, der gesandt hat, anzielt: nämlich der Ingolstädter Universität und, soweit es möglich ist, Deutschland in dem zu helfen, was die Richtigkeit des Glaubens, den Gehorsam gegenüber der Kirche und schließlich die solide und gesunde Lehre und Lebensweise betrifft. Zweitziel soll sein, die Dinge der Gesellschaft in Deutschland zu fördern, indem vor allem dafür gesorgt wird, daß in Ingolstadt und an anderen Orten Kollegien der Gesellschaft zum gemeinsamen Wohl und zu Gottes Ehre errichtet werden", zit. nach Ignatius I 1993, S. 294. Vgl. auch Unterburger 2010, S. 153 ff.

25 Immenkötter 1997, S. 50 f.

26 Vgl. z. B. die edierten und kommentierten Fürstenspiegel aus der Zeit von 1595 bis 1812 bei Hans-Otto Mühleisen, *Fürstenspiegel der frühen Neuzeit*, Frankfurt am Main 1997.

27 Das Originalmanuskript mit dem Titel *Treuherzige Vätterliche Lehrstücke* findet sich in BayHStA, GHA, Korr. Akt. 639. Erste gedruckte Ausgabe: Hieronymus Cronacher, *Monita Paterna Maximiliani*, München (?) um 1650. Erste Übersetzung: Georg von Oettel, *Maximilian I. des Großen Väterliche Ermahnungen an seinen Sohn Ferdinand Maria*, München 1826.

28 Oettl 1827, S. 2.

83 Vgl. Beierlein 1897, Nr. 1432; Ausst.-Kat. Max Emanuel II 1976, Nr. 19.

84 Im lateinischen Original: „Dimitte eam quia clamat post me."

85 Im lateinischen Original: „O mulier! Magna est fides tua fiat tibi sicut vis."

86 Vgl. z. B. Hamilton 1676, S. 25: „Eben durch die Andacht aber ist Adelaide mit Leibsfrüchten beseliget worden; durch die Andacht, sprich ich, zu meinem glorwürdigen Patriarchen [d.i. Kajetan]."

87 Verani 1679, S. 25: „Qui non creditur, sine miraculo in mundum venisse."

88 BayHStA, KL, Fasz. 471, Lit. A, fol. 97r: „Gran beneficio hò ricevuto io, e tutta questa Casa Elettorale dal Beato Gaetano. Ne hà dato un Maschio ... confidenti, l'habbiam havuto. ... Il Beato Gaetano già hà adempito le nostre domande, resta che noi osserviamo le nostre promesse."

89 Vgl. auch Susan Tipton, Das „Tagebuch" des Frederico Pallavicino. Die Taufe des Kurprinzen Max Emanuel und der Bayerische Kurfürstenhof im Jahr 1662, in: *Münchner Jahrbuch der Bildenden Kunst*, Dritte Folge 59, München 2008, S. 159–223.

90 Eine ausführliche Beschreibung der Feierlichkeiten mit Nennung der teilnehmenden Personen findet sich bei Priorato 1668, S. 47–58. Vgl. auch BayHStA, KL, Fasz. 471, Lit. A, fol. 106r et seq.

91 BayHStA, KL, Fasz. 471, Lit. A, fol. 108r: „[Di] fare una capella nella sua Chiesa Cattedrale, del Beato Gaetano."

92 Vgl. Schiedermair 1902, S. 96 f.

93 Ausführliche Beschreibung der Festivitäten bei Straub 1969, S. 217 ff. Vgl. auch Helen Watanabe-O'Kelly, From Italy to Versailles via Bavaria: The Munich *Applausi* of 1662 and *Les Plaisirs de l'Isle Enchantée*, in: James R. Mulryne und Margaret Shewring (Hrsg.), Italian Renaissance Festivals and their European Influence, Lewiston 1992, S. 197–216.

94 Vgl. Epp 2012, S. 103 ff.

95 Vgl. Ausst.-Kat. Max Emanuel II 1976, Nr. 6.

96 BayHStA, KL, Fasz. 471, Lit. A, fol. 161r: „Adi 25. [Settembre 1665] tra le cinque e le sei hore doppo il pranzo ... passò all'altra vita munita di tutti i sanctissimi sagramenti ... la Serenissima Elettrice vedova Maria Anna."

97 In diesem Vertrag sicherte Ferdinand Maria dem Sonnenkönig seine Hilfe bei der Erlangung des spanischen Erbes von dessen Gemahlin Maria Theresia zu. Im Gegenzug versprach Ludwig XIV. die Heirat seines erstgeborenen Sohns Louis mit der erstgeborenen Tochter Ferdinand Marias, Maria Anna Christina, die aber erst 1680 eingegangen werden konnte. Vgl. Heigel 1890, S. 33.

98 Raster 1995, S. 5 ff. Vgl. zum Verhältnis von Bayern und Frankreich unter Ludwig XIV: Michael Strich, *Das Kurhaus Bayern im Zeitalter Ludwigs XIV. und die europäischen Mächte*, Bd. 2: Bayern und die Mächte, München 1933.

99 Vgl. Doeberl 1900, S. 269.

100 Zit. nach Kreittmayr 1771, S. 547.

101 Priorato 1668, S. 10.

# 2 Theatiner in München

## 2.1 Kajetan von Thiene und der Theatinerorden

Kajetan von Thiene wurde im Oktober 1480 als Sohn von Gaspare und Maria da Porto in Vicenza geboren (Abb. 11).[1] Seine Eltern erhofften sich eine geistliche Laufbahn für ihren Zweitgeborenen, der sich aber zunächst für die Juristerei entschied. Nach seinem Studium an der Universität zu Padua wurde er 1505 zum Doktor beider Rechte promoviert und von Papst Julius II. 1508 als Apostolischer Protonotar an die Römische Kurie berufen.[2] Erst mit 36 Jahren wurde er in Rom zum Priester geweiht. Dort trat er auch 1517 in das von reformorientierten Prälaten unter Papst Leo X. gegründete „Oratorium der göttlichen Liebe ... wider das einreissende Gifft der Irr-Lehre des Luthers“[3] ein. Ziel dieser Gemeinschaft aus Geistlichen und Laien war eine religiöse und sittliche Erneuerung der Gesellschaft durch ein intensives Glaubensleben und tätige Nächstenliebe.[4] Dort lernte er auch seinen späteren Weggefährten Gian Pietro Carafa kennen, der als Erzbischof von Teate (heute Chieti) von Papst Clemens VII. damit beauftragt worden war, die Reform der Priesterweihe voranzutreiben, und der später als Paul IV. 1555 selbst den Stuhl Petri besteigen sollte.[5] Schon damals erkannte Kajetan die Probleme seiner Zeit in dem „ausgelassenen Leben deren Welt-Leuten; dem freye Wandl der Priesterschaft; der Verachtung geistlicher Dinge; und [der] Wuth der Ketzerey“[6]. Als Kajetan wegen seiner schwerkranken Mutter nach Vicenza zurückkehren musste[7], gründete er dort die Bruderschaft des Heiligen Hieronymus[8] und nach ihrem Tod in Venedig ein weiteres Oratorium der göttlichen Liebe[9]. Als er schließlich 1523 wieder nach Rom kam, stand sein Entschluss fest, einen rein geistlichen Orden mit festen Regeln und in klösterlicher Gemeinschaft ins Leben zu rufen.[10] Nach der Bestätigung dieses Wunsches durch Papst Clemens VII. in seinem Breve *Exponi nobis* vom 24. Juni 1524[11] wurde der Theatinerorden[12] (lat. Ordinis Clerici Regulares) am 14. September[13] mit der feierlichen Profess der ersten Ordensmitglieder vor dem Delegaten des Papstes Giovanni Battista Bonciani, Bischof von Caserta, am Papstaltar in St. Peter gegründet.[14] Das Hauptziel des Ordens sollte eine innerkirchliche Reform[15] sein, welche durch die Erneuerung des apostolischen Lebens in Armut, Gehorsam und Keuschheit, die Verbesserung und Kontrolle der Ausbildung[16] der Priester sowie den Kampf gegen den sich ausbreitenden Protestantismus[17] erreicht werden sollte. Die Kernaufgaben des Ordens beschrieb der Odensbruder Gaetano Maria Bergamo 1754 mit den Worten:

**Abb. 11. Jean Sauvé, Kajetan von Thiene, 1671.**

> „[Die Theatiner sollen] vermög des Priesterlichen Stands, und obhabender Pflicht ihr ganzes Leben zum fremden Seelen-Heyl anwenden, und dem Nächsten die Heiligen Sacramenten mittheilen, das Wort Gottes predigen, die Geheimnisse des Glaubens erklären, gut zu sterben die Hand bieten; ja, dergleichen Werck der Christlichen Liebe noch mehr üben.“[18]

Im Unterschied zur monastischen Tradition seit Benedikt von Nursia waren die Theatiner aber von einer strengen Klausur befreit und pflegten nur wenige gemeinsame Gebetszeiten, um dadurch stärker in die Welt hinaus wirken und den Menschen ein Vorbild sein zu können.[19] Ebenso wurde der Orden später von der Kontrolle der jeweiligen Diözesanbischöfe befreit und direkt dem Papst unterstellt.[20] Damit eröffneten die Theatiner den Reigen der Reformorden der sogenannten Regularkleriker, zu denen sich unter anderem 1530 die Barnabiten und 1534 die Jesuiten gesellten.

Unter den „evangelischen Räten", den Ratschlägen Jesu zur christlichen Vollkommenheit (Mt 19,16), räumte Kajetan vor allem der Armut einen neuen, besonders hohen Stellenwert ein. Im Vertrauen auf die Göttliche Vorsehung nach dem Herrenwort der Bergpredigt „Wenn ihr für ihn [Gott] lebt und das Reich Gottes zu eurem wichtigsten Anliegen macht, wird er euch jeden Tag geben, was ihr braucht" (Mt 6,33) wurde diese, unter dem Verbot jegliche Art von Almosen zu erbitten, als „Höchste, Apostolische, und Wundervolle Armuth"[21] verstanden. Kajetans Befürchtung war es nämlich, dass die Sorge um das tägliche Brot den Priester von seinen seelsorgerischen Aufgaben abhalten könnte.[22] Durch diese „neue Armut" gelangte der Orden aber auch in eine starke Abhängigkeit von seinen Wohltätern, was ihn in Folge für das freigiebige höfische Umfeld besonders attraktiv machte.[23] So sah sich Kajetan vice versa auch der Sorge um den Adel verpflichtet, den er zu einem vorbildlichen Lebenswandel und dem täglichen Messbesuch anhielt.[24] Gerade die würdige Feier der Heiligen Messe[25] und die Verehrung der Eucharistie[26] wurden bei den Theatinern besonders gefördert. Dies lässt sich am Bau der von Francesco Grimaldi geplanten Ordenskirche San Paolo Maggiore in Neapel zwischen 1583 und 1603 nachweisen, bei dem über Kajetans Bemühungen berichtet wird:

> „Der Aufbutz aber, bis Säubrigkeit, und Zierd deren Kirchen [sind] durch Cajetans Eyfer verbessert worden ... : Er hat den Glanz deren Gottes-Häuseren widerum hergestellet ... damit ihre Herrlichkeit desto besser hervorglantzen möchte. Welches sodann dem Volck desto grösseren Antrib geben sollte, eine mehrere Ehrenbietigkeit und Andacht zu zeigen."[27]

So ließ Kajetan zum Beispiel das Presbyterium[28] in zwei Bereiche aufteilen, einen für die Feier der Heiligen Messe und einen anderen, den sogenannten Psallierchor hinter dem Altar, für das Stundengebet der Geistlichen.[29] Kajetan wird neben der Erneuerung des andächtigen Schweigens in den Kirchen auch die Regel zugesprochen, dass sich Frauen auf die linke Seite und Männer auf die rechte setzen sollten.[30] In diesem Zusammenhang gilt es festzuhalten, dass der Theatinerorden mit der Reform des Glaubenslebens nicht nur eine innerliche Erneuerung anstrebte, sondern diese auch in äußeren Zeichen zu verwirklichen suchte. Gerade deshalb muss der Architektur des Ordens entgegen ihrer bisherigen Vernachlässigung in der Forschung ein besonderer Stellenwert innerhalb der Reformorden und allgemein in der Zeit nach dem Konzil von Trient zuerkannt werden.

## 2.2 Vorgeschichte und Ankunft in München

Wie bereits im Zusammenhang mit den Gelübden des Kurfürstenpaares in den Jahren 1658 und 1660 gezeigt werden konnte (Kap. 1.2), hegte Henriette Adelaide schon seit ihrer ersten Ankunft in München den Wunsch, den ihr aus ihrer Kindheit so vertrauten Theatinerorden nach München zu holen. Wie ein Brief der Kurfürstin vom 25. April 1659 an ihren römischen Vertrauten Bernardino Bianchi belegt, stand sie deshalb in intensivem Kontakt mit dem Ordensgeneral der Theatiner Agostino Bozomo und wegen der Entlassung ihres ungeliebten Beichtvaters Montonaro auch mit dem Generaloberen der Jesuiten.[31] Bereits am 14. Oktober 1659 wurde Montonaro dann aufgrund mehrerer Intrigen nach Italien zurückgeschickt.[32] So soll er zum Beispiel behauptet haben, die Kurfürstin habe eine amouröse Korrespondenz mit dem englischen Höfling Francis Ropert von Taynham unterhalten.[33] Der Weg war damit frei geworden, die vakante Stelle, die noch vorübergehend der jesuitische Beichtvater des Kurfürsten Jean Vervaux innehatte[34], endlich mit einem Theatiner zu besetzen. So verhandelte die Kurfürstin mit Bozomo auch über die Entsendung eines neuen Beichtvaters, nämlich ihres früheren Seelenführers Pater Stefano Pepe.[35] Nach der Geburt der Prinzessin Maria Anna Christina im Herbst 1660 und dem damit erfüllten Kinderwunsch sah sich das Kurfürstenpaar nun, wie bereits dargelegt, im besonderen Maße dazu verpflichtet, sein Gelübde mit der Ansiedlung des Ordens sowie dem Bau der Kirche und des Klosters einzulösen.

Tatsächlich kam Pater Pepe zur Fastenzeit des Jahres 1661 nach München, um in der Residenzkapelle seine Predigten zu halten.[36] Mit ihm besprach die Kurfürstin auch erstmals die Einzelheiten einer Ordensniederlassung in München.[37] Unter seiner Anleitung verfasste sie am 29. April 1661 einen Brief an Papst Alexander VII., in dem sie nicht nur den seligen Kajetan als ihren besonderen Schutzpatron auswies, sondern den Heiligen Vater auch darum bat, dem Seligen eine Kapelle errichten und einen Altar weihen lassen zu dürfen:

> „Den seligen Kajetan ... habe ich für mich zum besonderen Patron erwählt ... [Ich möchte] zu seiner Ehre eine Kapelle, mit einem Altar der sein Abbild zeigt, errichten ... [zum] größten Trost sowie künftiger Gelübde.“[38]

Mit ihrer Formulierung „sowie künftiger Gelübde“ schloss die Kurfürstin in weiser Voraussicht auch die Weihe der Theatinerkirche mit ein, die neben der heiligen Adelheid auch den seligen Kajetan als Patron erhalten sollte. Als Pater Pepe im Juni 1661 München wieder in Richtung Rom verließ, führte er wahrscheinlich schon konkrete Pläne für die Errichtung der Ordensniederlassung in München mit sich. Im Empfehlungsschreiben der Kurfürstin an den Generaloberen vom 13. Juni sprach diese aber lediglich von „einigen Einzelheiten“, die Pater Pepe „mündlich“ vorbringen sollte.[39] Diesen „Einzelheiten“ stimmte Pater Bozomo in seinem Antwortschreiben vom 16. Juli zu und versicherte der Kurfürstin seinen besonderen Einsatz für ihr Anliegen.[40] Am 16. September erteilte Papst Alexander VII. schließlich die Erlaubnis, dem Seligen eine Kapelle erbauen und ihm einen Altar weihen sowie, die Zustimmung des örtlichen Bischofs vorausgesetzt, auch Messen zu seinen Ehren lesen zu lassen:

> „nachdem du Uns neulich dargelegt hast, dass du wegen dem [von dir] hochgeschätzten Orden und dem seligen Kajetan von Thiene von Uns die Erlaubnis zu erhalten wünschst Altäre und Kapellen zu Ehren dieses Seligen in der Stadt München der Diözese Freising zu errichten, erteilen Wir dir die Erlaubnis einen Altar oder eine Kapelle in erwähnter Kirche der Stadt München zu errichten, die gut erreichbar ist, wo man auch zur Verehrung das Bild dieses seligen Kajetan öffentlich aufstellen und, die Zustimmung des verehrten Bruders im Bischofsamt von Freising vorausgesetzt, sogar Messen dieses Seligen lesen darf.“[41]

Damit schien nun der Weg für die baldige Ansiedlung des Ordens frei zu sein. Und das Kurfürstenpaar erwartete schon voll Vorfreude die Rückkehr „ihrer“ Theatiner.[42]

Bereits am 22. Januar 1662 verfasste die Kurfürstin daher einen ausführlichen Brief wegen der Entsendung der ersten Theatiner an Pater Pepe, der zu dieser Zeit in Venedig weilte. Der als Kurier entsandte Höfling Andrea sollte sich dort der auserwählten Patres annehmen und ihre Reise gen Norden so angenehm wie möglich gestalten. In ihrem Brief entschuldigte sich Henriette Adelaide auch ausdrücklich dafür, dass die Patres nun das angenehme Klima Italiens mit dem rauen und kalten Klima Münchens tauschen mussten.[43] Am 4. Februar 1662 brach die Gruppe zu ihrer Reise auf.[44] Dazu gehörten neben dem Höfling Andrea und Pater Pepe auch Pater Carlo di Palma[45], der gerade erst zum Diakon[46] geweihte Girolamo Meazza[47] und drei Laienbrüdern namens Pietro Romano, Andrea Valletti und Pietro Paolo da Polo di Chiaia[48]. Nach zwölftägiger Reise erreichten die Theatiner am 15. Februar die Residenzstadt München.[49] Über den herzlichen Empfang und die große Aufmerksamkeit, die ihnen von allen Seiten zuteilwurde, berichtete Girolamo Meazza als erster Chronist der Münchner Theatiner ausführlich in seinem *Diarium Italicum*.[50]

## 2.3 Ansiedlung des Ordens in München

Nach ihrer Reise waren die Patres so erschöpft, dass sie sich in der ersten Audienz bei der Kurfürstin am Tag ihrer Ankunft entschuldigen ließen und nur Pater Pepe zu ihr geführt wurde.[51] Am Tag darauf fand dann der gemeinsame Empfang in der Residenz statt. Zunächst wurden Pater Pepe und seine Mitbrüder dem Kurfürsten vorgestellt[52], bevor sie zur Kurfürstin weitergelassen wurden. Der Kurfürst sprach den Patres seinen Dank für ihr Kommen aus und versicherte sie seiner Zuneigung und steten Unterstützung.[53]Auch die Kurfürstin stimmte in diese Worte mit ein und beschwor dabei:

> „Ich habe angeordnet, dass sie im Haus mit allem versorgt sind. Ich möchte nicht ihre Gefährtin werden, nein, sondern ihnen mit meinen Händen dienen. Denn ich bin nicht Tochter ihres Ordens, sondern Dienerin und deshalb auch die ihrige."[54]

Die Patres zeigten sich in den darauffolgenden Tagen über die große Hingabe und Zuneigung des Kurfürstenpaares und des ganzen Hofes erstaunt.[55] Die vielen Geschenke und das höfische Pläsir sorgten aber auch für Verwirrungen und Diskussionen unter den Geistlichen, vor allem wegen ihres Armutsgelübdes, dem sie sich durchaus verpflichtet fühlten.[56] Nach einiger Zeit fand sich jedoch ein „Modus Vivendi"[57] und jeder Pater erhielt seine feste Aufgabe in der Gemeinschaft: Stefano Pepe wurde als „Gründer"[58] der Niederlassung Hofprediger[59], Beichtvater[60] und Berater Henriette Adelaides; Carlo de Palma wurde ebenso Hofprediger[61], und Girolamo Meazza erhielt neben der Aufgabe des Chronisten die Aufsicht über die Haushaltung und die Finanzen[62].

In einem vertraulichen Gespräch am 17. Februar zwischen der Kurfürstin und Pater Pepe wurde dann zum ersten Mal offiziell über die anstehende Gründung der Niederlassung gesprochen:

> „Am 17. Februar 1662 wurde Pater Pepe von der Kurfürstin zu sich gerufen und sie versicherte von Neuem, dass der Kurfürst in uns und in unseren Orden ganz vernarrt sei. Deswegen wolle sie bald, wenn Pater Palma dorthin [nach Freising] geht um seine Predigterlaubnis einzuholen, Seine hochwürdigste Hoheit, [den Fürstbischof] in Freising, [wegen der Gründung] anfragen. Einer ihrer Berater [wird diesen] mit einem vertraulichen Brief [begleiten], um die Erlaubnis für die förmliche Gründung des Ordens einzuholen."[63]

Schon am darauffolgenden Tag brachen Pater Palma, Pater Meazza und der Geheime Sekretär Ferdinand Egarter mit einer Anfrage des Generaloberen wegen der diesjährigen Fastenpredigten[64] sowie mit den persönlichen Schreiben des Kurfürstenpaares zum Fürstbischof von Freising, Albrecht Sigismund von Bayern-Leuchtenberg, auf.[65] Ferdinand Maria bat darin seinen Onkel in sachlichem Ton darum, den in Italien und Frankreich so hochgeschätzten Orden in seiner Diözese wohlwollend aufzunehmen.[66] Seine Gemahlin hingegen führte dieses Ansinnen weiter aus:

„Durchlauchtigster Herr Cousin, Pater Carlo di Palma ist auf mein Bitten mit anderen, mir teuren Patres des gleichen Ordens hierhergekommen, um in dieser Fastenzeit zu predigen. Ich begehre sie hier zu behalten und ihren Orden zu errichten, zu dem ich eine einzigartige Zuneigung hege. Obwohl ich die Zustimmung des Durchlauchtigsten Kurfürsten meines Herrn und Gemahls habe, kann ich diesen, meinen sehnlichsten Wunsch nicht ohne die [Zustimmung] Eurer Hoheit erreichen. Ich hoffe, dass Eure Hoheit mir ein solch gutes Werk nicht verweigern, da dieser Orden zu den heiligsten und meist geschätzten gehört ... . Deshalb bitte ich Eure Hoheit von ganzem Herzen mir zu erlauben, dass ich diesen Orden in München gründen darf ... .“[67]

Doch erst am Tag darauf[68] wurde die Delegation aus München vom Bischof empfangen. Ferdinand Egarter überreichte die Schreiben des Kurfürstenpaares mit der Anmerkung, dass die Theatiner kein anderes Ziel hätten, als sich auch hier in Kurbayern um das Heil der Seelen zu kümmern.[69] Pater Bozomo fügte konziliant hinzu, dass sie zwar den Auftrag hätten, den Wunsch der kurfürstlichen Durchlauchten vorzutragen, man sich aber in allen Entscheidungen dem Bischof unterwerfen würde.[70] In seinem Antwortschreiben vom 20. Februar versicherte Albrecht Sigismund der Kurfürstin dann zwar seinen guten Willen in diesem frommen Ansinnen, doch bat er sich noch etwas Zeit aus, um das Vorhaben mit seinen Beratern besprechen zu können.[71] Verärgert über diese Verzögerung und die offensichtlich vernachlässigte Antwort schrieb der Kurfürst am 25. Februar 1662 in deutlichen Worten zurück:

„Euer Durchlaucht werden sich erinnern, was bei deroselben nit allein Pater Carolus Palma Theatiner Ordensbruder und Mein ihme zugeordneter Rhat und Gehaimer Secretarius Ferdinandt Egarter wegen introduction und fundierung gemelten heyligen Ordens alhir iungsthin mündtlich angebracht haben. Derweil aber die ihre fundation halber vertröste Erklärung auf dato nit aingelangt, und Ich jedoch selbigen und auf in ihr Haubtsach ehist ein ganzes zumachen hechstens verlange. Als hab Ich nit underlassen khünden, Euer Durchlaucht hirmit nochmahlen Freundt-Vetterlich zuersuchen, Sie wollen belieben, Mich nit weniger über gemachte fundatino mit ihro wilfehrigen Consens fürderlich zuerfreien, und sich hiervon durch widerwertige information, an deren es nit ermangeln würdt, nit divertiren zulassen. Gleich Wir nun solche verhoffenden wilfehrigkeit zuvorderist zu Verehrung und Ehr Gottes, dann Mir und Meiner geliebsten Gemahlin zu so hochverlangtem christlich Trost geraichen würdt, selbst will ich solches auch gegen Euer Durchlaucht in anderweg dankbarlich erwidern ... .“[72]

Albrecht Sigismund reagierte auf diese harschen Worte gelassen und unterstrich erneut die Notwendigkeit einer eingehenden Beratung aufgrund der Tatsache, dass mehrere Bettelorden in einer Stadt eigentlich nicht erlaubt seien.[73] In einem Gespräch mit Pater Pepe am 3. März führte die Kurfürstin hierzu aus, dass die Berater des Bischofs vor allem Bedenken hinsichtlich der Privilegien des Ordens hätten, die dem Bischof durch Pater Palma im Vertrauen mitgeteilten worden seien.[74] Sie vermute sogar, dass der jesuitische Beichtvater des Bischofs das Feuer der Vorbehalte entflammt haben könnte.[75] Um sich in dieser brenzligen Situation der Unterstützung von höchster Stelle zu versichern, setzte Henriette Adelaide sogleich ein Bittschreiben an den savoyardischen Botschafter in Rom auf, der sich beim Generaloberen der Jesuiten und dem Heiligen Vater für die Sache verwenden sollte. [76] Ferdinand Maria schrieb darüber hinaus an Flavio Kardinal Chigi[77], den Nepoten Papst Alexanders VII., und an Felice Kardinal Rospigliosi, den Neffen des späteren Papstes Clemens IX. Als praktikablen Weg zur Gründung dieser Ordensniederlassung strebte man die Zustimmung der anderen in München ansässigen Orden an. Trotz anfänglicher Vorbehalte der Jesuiten[78] konnte diese am 10. März[79] durch die persönliche Intervention des Kurfürsten erreicht werden. Mit einer ausführlichen Instruktion[80] versehen, wurde der kurfürstliche Berater Franziskus Mayr dann am 24. März[81] erneut nach Freising geschickt[82]. Dort wurde er jedoch unter Anführung von sieben Punkten, die gegen die Ansiedlung der Theatiner sprächen, wiederum abgespeist:[83]

1. Die Theatiner würden übermäßig viele Privilegien genießen und der bischöflichen Autorität kritisch gegenüberstehen.
2. Sie könnten Beisetzungen vornehmen, die bisher den Pfarreien vorbehalten waren, die wiederum von diesen Einnahmen abhängig seien.
3. Sie könnten durch Verkäufe, Verpachtungen und ähnliches Einnahmen erwirtschaften.
4. Sie könnten durch Testamentsverfügungen weitere Einnahmen haben.
5. Sie könnten den anderen Geistlichen die Almosen der Gläubigen wegnehmen, die diese aber für ihre frommen Werke benötigten.
6. Sie müssten nicht nur die Zustimmung der Ordensoberen, sondern jedes einzelnen Ordensgeistlichen einholen.
7. Sie müssten auch die Zustimmung des gesamten weltlichen Klerus einholen, da dieser im Besonderen für die Spendung der Sakramente verantwortlich sei.

Angesichts der Vielzahl von Auflagen war es wiederum Pater Pepe, der sich als geschickter Vermittler zeigte und in einem ausführlichen Brief[84] an das Kurfürstenpaar die passenden Gegenargumente lieferte: Zunächst sei der Theatinerorden ja „nur dazu da zu dienen und sich unter allen [Orden] als der geringste zu achten“[85]. Daneben gäbe es aber auch mehrere päpstliche Bullen, wie *Quoniam ad institutam* von Clemens VIII. oder *Romanus Pontifex* von Urban VIII.[86], die sich ausdrücklich für die Neugründung von Niederlassungen, gerade von Bettelorden, aussprächen. Da die Theatiner aber noch nicht einmal ein Bettelorden seien, sondern „ohne zu betteln, mit freiwillig gegebenen Almosen“[87] zurechtkämen, könne man ihnen diesbezüglich auch keinen Vorwurf machen. Hinsichtlich der sieben Punkte führte Pater Pepe weiter aus:

1. Den Theatinern seien ihre Privilegien durch den Heiligen Stuhl zugestanden worden, von dem auch der Bischof seine Rechte erhalten habe, die somit gar nicht im Widerspruch stehen könnten.[88] Auch würde der Theatinerorden als besonders gehorsam gegenüber der jeweiligen bischöflichen Obrigkeit gelten.[89]
2. Für die Theatiner sei es nicht üblich, besondere Begräbnisrechte in Anspruch zu nehmen.[90] Es würde ihnen also nie einfallen, sich in die Rechte und Pflichten der ansässigen Pfarreien oder Orden einzumischen.[91]
3. Die Patres könnten, wenn sie in den Orden eingetreten sind, gar nichts verkaufen oder verpachten, da sie ja dem Armutsgelübde verpflichtet seien und zuvor alles veräußert hätten.[92]
4. Niemandem könne es verweigert werden, ein Erbe anzutreten. Dies stünde in keinerlei Widerspruch zu irgendeinem Kirchengesetz.[93]
5. Was ihnen durch die göttliche Vorsehung zukäme, würde ihnen auch zustehen.[94]
6. Alle Ordensangehörigen seien dem Gehorsam gegenüber ihrem Oberen verpflichtet; deshalb sei das Einholen der Zustimmung eines jeden von ihnen eine Beleidigung für den Oberen.[95]
7. Die Zustimmung des weltlichen Klerus sei zwar überflüssig, denn das Spenden der Sakramente, gerade der Beichte und der Eucharistie, gehöre zur Pflicht jedes Priesters[96], doch um des lieben Friedens willen sei man bereit, die Zustimmung der regulierten Orden und weltlichen Kleriker einzuholen[97].

Deshalb lud das Kurfürstenpaar den säkularen Klerus am 4. April ins Pfarrhaus der Frauenkirche ein.[98] Dort wurde dann am 21. April 1662[99] das gemeinsame Dokument *Conventiones Reverendi Patris Clericorum Regularium cum Reverendi Parochis Civitatis Monacensis*[100] unterzeichnet. Darin sagten die Theatiner zu, den umliegenden Pfarreien keinerlei Rechte streitig zu machen und in friedlicher Koexistenz mit diesen leben zu wollen. Das Dokument gipfelt in der Formulierung:

„Ein für alle Mal stellen wir [Theatiner] fest, dass sie [die Weltgeistlichen] die Einrichtung unsers Ordens gestatten und nichts gegen die Privilegien haben und so wünschen wir, dass mit der weltlichen Geistlichkeit eine tiefe Freundschaft und immer gute Gesinnung herrsche ... ."[101]

Dieses Dokument wurde zwar auch dem Bischof in Freising vorgelegt, doch fand dieser in seinem Brief vom 2. Mai[102] an den Kurfürsten erneut verschiedene Ausflüchte und forderte nun, wie Meazza in seinem *Diarium Italicum* berichtet, noch die Zusicherung des Ordensgenerals und des Generalkapitels, dass die Ordensregeln auch für die Niederlassung in München verbindlich sind[103]. Pater Pepe schrieb sogleich nach Rom. Die Bescheinigung des Ordens erreichte[104] zusammen mit einem Empfehlungsschreiben Kardinal Chigis[105] am 25. Mai[106] München. Mit allen notwendigen Dokumenten und der Versicherung ausgestattet, dass auch der Heilige Vater von der Sache Kenntnis habe[107], setzte Pater Pepe am 26. Mai ein Schreiben auf, in dem er dem Bischof von Freising „die letztmalige Aufforderung für die Zustimmung zur Gründung"[108] und die Regeln[109] für die Gründung mitteilte. In diesem Sinne argumentierte auch der Kurfürst in einem am gleichen Tag verfassten Brief an seinen Onkel.[110] Selbst der Kurfürst war sich nun sicher, dass man „in wenigen Tagen die völlige Zustimmung aus Freising"[111] erhalten werde. Und tatsächlich erklärte der Bischof angesichts der Übermacht an Unterstützern und der Erfüllung all seiner Forderungen am 28. Mai, „dass es nun keine Hindernisse für die Gründung mehr gäbe und dass man die Erlaubnis zu dieser, in feierlicher Form, gleich nach dem Pfingstfeste übersenden werde"[112]. Die Erlaubnis erging am 1. Juni 1662 mit folgendem Wortlaut:

„Wir Albrecht Sigismund, von Gottes und des Heiligen Stuhles Gnaden, Bischof von Freising ... stellen fest und bezeugen, gleichwie der Durchlauchtigste Fürst und Herr Ferdinand Maria ... zusammen mit der durchlauchtigsten Fürstin Henriette Adelaide ... uns inständig gebeten haben, nicht nur zur Erhöhung des göttlichen Kultes, sondern und im Speziellen [nach einem] von beiden abgelegten Gelübde und aus inniger, leidenschaftlicher Liebe, dass also der vom seligen Kajetan gegründete Orden, genannt Theatinerregularkleriker ..., nicht nur in Unserer Freisinger Diözese und der Stadt München bereitwillig zugelassen und aufgenommen werde, sondern darüber hinaus, nach dem Ansinnen und Willen der durchlauchtigsten Kurfürsten, die Gründung erlaubt [sowie] in der folgenden Zeit eine entsprechende Wohnung zu errichten, [und] eine Kirche zu erbauen ... sei."[113]

Besonders beachtenswert an diesem Dokument ist neben der Erlaubnis der Ansiedlung des Ordens der Hinweis des Fürstbischofs auf ein gemeinsam abgelegtes Gelübde des Kurfürstenpaares, mit dem nach der Geburt Maria Anna Christinas nur das zweite Gelübde zur Geburt eines Thronfolgers gemeint sein kann. Das Dokument erreichte am 2. Juni[114] die Kurfürstin in München zusammen mit einem versöhnlichen Brief[115] Albrecht Sigismunds, in dem er sogar in die Fürbitte an den seligen Kajetan um die baldige Geburt eines Thronfolgers mit einstimmte. Am 8. Juni erhielten die Patres schließlich die Erlaubnis aus Rom, auch Novizen aufzunehmen zu dürfen.[116]

Endlich konnte am 11. Juni[117] die Gründung der neuen Niederlassung in der Rochuskapelle, der ersten Kirche der Theatiner in München, gefeiert werden. Zu diesem Anlass wurde ein Altar zu Ehren des seligen Kajetan eingerichtet, die Bestuhlung aus der Kirche entfernt[118] und der Blumenschmuck von der Kurfürstin selbst, unter Mithilfe ihrer Hofdamen, angebracht.[119] Nach dem Ende der Messe rief der Kurfürst freudig aus:

„Nun haben wir die von mir so glühend ersehnte Gründung vollzogen, darüber freue ich mich mit ihnen aus ganzer Seele. Nun muss man an den Bau der neuen Kirche und des Hauses denken. Wir wollen große Dinge vollbringen".[120]

Abb. 12. St. Rochus mit Pilgerspital, München (Zeichnung um 1868).

## 2.4 Erste Stationen: St. Rochus, Palazzo Wahl und Palazzo Kurz

Noch am Tag ihrer Ankunft, dem 15. Februar 1662, wurde den Theatinern als ihre erste Wirkungsstätte die Kapelle des heiligen Rochus (heute Maximiliansplatz 18)[121] und ein dazugehöriges Wohnhaus[122] direkt an der Stadtmauer zugewiesen (Abb. 12).[123] Seit ihrer Gründung war die Kapelle den Augustiner-Eremiten anvertraut, die dort wöchentlich zwei Messen lasen.[124] Die Theatiner sollten nun in St. Rochus täglich ihr Konventamt halten und drei Messen zelebrieren.[125] Dabei sollten die Vorrechte der Augustiner jedoch unberührt bleiben, was die Theatiner naturgemäß als störend empfanden.[126] Dies war sicherlich einer der Gründe, warum sie ihre dortige Wohnsituation später als „von Anfang an in großer Ungemütlichkeit, durch die Enge, Feuchtigkeit und unerträgliche Kälte [bestimmt]“[127] beschrieben. Ein weiterer Grund mag auch der Vergleich mit den bereits etablierten Jesuiten an St. Michael gewesen sein, über die Meazza mit etwas neidischem Unterton schrieb: „Wir im Gegensatz haben keine Kirche und kein ordentliches Kloster. Wir sind also in vielerlei Hinsichten arm.“[128] Am 10. August unterbreitete Pater Pepe dem Kurfürstenpaar nicht ganz uneigennutzig noch einen Entwurf zur Erweiterung der Kirche und des Wohnhauses, um sich damit für den erhofften Zustrom von Gläubigen zu wappnen.[129] Doch der Kurfürst verweigerte in Anbetracht des geplanten Neubaus diesen Wunsch.[130] Trotzdem scheinen die Patres in St. Rochus merklichen Zuspruch gefunden zu haben, wie Meazza berichtet.[131]

Angesichts der misslichen Umstände in St. Rochus schlug die Kurfürstin am 16. März 1662[132] den Theatinern vor, in den Palazzo des Grafen Wahl[133] in der Vorderen Schwabinger Gasse (heute Residenzstraße 6) umzuziehen. Als die Patres am Tag darauf den Palazzo besichtigten, stellten sie jedoch fest, dass dieser zwar „sehr bequem und schön [ist], aber große Probleme bereitet, da man ihn nicht mit dem kurfürstlichen Palast verbinden kann“[134]. Die Kurfurstin wünschte sich nämlich ausdrücklich, dass sie möglichst einfach und ungesehen zu ihren Theatinern gelangen könne und umgekehrt.[135] Sie bedauerte darüber hinaus sogar, dass sie den Theatinern keine Räumlichkeiten in ihrer eigenen Unterkunft, also in der Residenz, zur Verfügung stellen konnte.[136] Auf eine anonyme kritische Bemerkung am Hofe hin, dass so arme Patres doch nicht in einen solch prächtigen Palazzo ziehen könnten, sah sich Henriette Adelaide dann zur Verteidigung ihrer Patres und ihrer Stif-

**Abb. 13. Jakob Sandtner, Stadtmodell München, 1570 – Vordere Schwabinger Gasse und Franziskanerplatz.**

tung herausgefordert und gab zu bedenken:

> „dass es nicht im Widerstreit mit der großen Armut ihres Ordens stehe, eine angemessene Unterkunft zu haben, die nicht nur ... die Bedürfnisse befriedige, sondern auch angenehm sei. Darüber hinaus würden sich die [hierfür gemachten] Ausgaben nicht nach der Armut der Patres richten, sondern nach der Großzügigkeit der Fürsten, die sie bezahlen.“[137]

Im Zusammenhang mit der angeführten Großzügigkeit bezifferte die Kurfürstin auch die Höhe der Summe, die sie für die Patres, deren Kirche und ein angemessenes Kloster auszugeben gedachte, nämlich mindestens 100 000, aber keinesfalls mehr als 600 000 Gulden, was nach heutiger Kaufkraft ca. 30 000 000 Euro entspricht![138] Als am 5. Dezember 1662 der Laienbruder Pietro Romano aufgrund der schon erwähnten widrigen Umstände im Wohnhaus bei St. Rochus erkrankte[139], schlug auch der Kurfürst den Patres vor, vorübergehend in die Residenz zu ziehen. Doch diese lehnten das großzügige Angebot mit dem Hinweis auf ihr Armutsgelübde dankend ab.[140] Die zur Audienz hinzutretende Kurfürstin brachte nun den Palazzo des Obersthofmeisters Graf Kurz ins Spiel, der am 10. Juli[141] jenes Jahres verstorben war.[142] Dieser aus mehreren Gebäuden bestehende Komplex lag an der Ecke Vordere Schwabinger Gasse (heute Residenzstraße 2) zum Franziskanerplatz (heute Max-Joseph-Platz) (Abb. 13).[143] Von der Residenz aus war der Palazzo also nur durch das Franziskanerkloster und das Ridler-Regelhaus getrennt.[144] Spinelli beschrieb den Palazzo später als „größten und schönsten Palast Münchens, unweit, wenn nicht angrenzend an den Hof, in der Hauptstraße. Zu seinem Besitz gehören ein Garten, ein Hof, große Säle und auch ein Grundstück.“[145]

Der Kurfürst war mit dem Vorschlag seiner Gattin einverstanden und wollte den Palazzo baldmöglichst für die Theatiner ankaufen.[146] Als er bei der Witwe des Grafen Kurz, der Gräfin Haunsperg-Kurz, anfragen ließ, erhoben jedoch zunächst die Jesuiten Einspruch, da ihnen der Palazzo offenbar vom Grafen zuvor versprochen worden war. Doch überließen sie es der Gräfin, darüber zu verfügen.[147] Als diese nun 50 000 Gulden verlangte, eine eigens eingerichtete Kommission den Palazzo aber auf lediglich 25 000 Gulden schätzte, geriet das Vorhaben ins Stocken.[148] Am 12. Januar 1663 wurde der Palazzo dann doch für die geforderten 50 000 Gulden gekauft.[149] Um mit dem Umbau so schnell wie möglich beginnen zu können, wurde die Gräfin kurzerhand ausquartiert.[150] So konnte der Umzug der Theatiner in ihre neue Behausung schon am 20. Januar stattfinden.[151] Mit dem Ausbau der bereits vorhandenen Kapelle[152] wurde am 17. Februar begonnen.[153] Die Kirche wurde später von Pater Spinelli als „wunderschöne Kapelle, in Form einer wirklichen Kirche und mit fünf reichverzierten Altären“[154] beschrieben. Schon einen Tag später wurden der Hauptaltar der heiligen Kaiserin Adelheid[155], der rechte Seitenaltar dem seligen Kajetan und der linke dem seligen Andreas Avellinus geweiht.[156] Später wurde noch ein vierter Altar zu Ehren des am 19. April 1665 heiliggesprochenen Franz von Sales errichtet.[157] Selbst eine Grablege für die Theatiner wurde am 23. März 1663 in der Kapelle angelegt. Offenbar stellte man sich damals auf einen längeren Verbleib der Patres im Palazzo Kurz ein.[158]

## 2.5 Antonio Spinelli, Ordenseintritte in München, Niederlassungen in Prag und Salzburg

Nachdem der Ordensgeneral Pater Agostino Bozomo nach den Fastenpredigten 1662 wieder nach Rom zurückgekehrt war, kam auf Verlangen der Kurfürstin am 15. Juni 1662 der aus Padua stammende und von Pater Meazza in seinem *Diarium Italicum* hochgelobte Doktor beider Rechte Antonio Spinelli[159] nach München. Zuvor war Pater Spinelli als Novizenmeister in Venedig tätig gewesen und sollte diese Aufgabe auch in München übernehmen.[160] Als er kurz darauf von Pater Pepe der Kurfürstin vorgestellt wurde, soll diese zu der anwesenden Baronin Simeoni gesagt haben: „Violanta, dies ist mein wahrer Beichtvater."[161] Und tatsächlich sollte Pater Spinelli nach dem Dahinscheiden Pater Pepes im April 1665 nicht nur Henriette Adelaides Beichtvater, sondern auch der Erzieher ihrer Kinder werden.[162] Zu den Fastenpredigten 1663 reiste wiederum der zum Jahreswechsel aus seinem Amt als Ordensgeneral geschiedene Pater Bozomo an. Seine Predigtkünste begeisterten den Kurfürsten so sehr, dass er sich ihn als ersten Propst der Theatiner in München wünschte.[163] Bozomo seinerseits war offenbar von der Frömmigkeit des Kurfürstenpaares angetan, denn er schrieb der Kurfürstin am 19. Mai 1663 aus Bologna: „Ich habe in Italien keinen anderen Trost als die Hoffnung, bald nach Deutschland zurückkehren zu können."[164] Pater Bozomo kehrte am 21. Juni 1664 nach München zurück, um hier seinen Dienst als Hofprediger und erster Propst der Theatiner anzutreten.[165] In den darauffolgenden Jahren erfuhren die Theatiner in München regen Zulauf; ungewöhnlicherweise auch seitens vieler bayerischer Adeliger.[166] Unter anderem befanden sich darunter 1663 Ferdinand Maria Freiherr Pelkoven, der zuvor bei Henriette Adelaide als Page gedient hatte, 1664 Heinrich Franziskus Baron Closen[167], der aus Österreich stammende Paul Graf Tilly und 1670 Wolfgang Graf Törring.[168] So konnte Pater Spinelli bereits im Jahre 1674 von 23 Münchner Ordensmitgliedern nach Rom berichten.[169]

Abb. 14 St. Kajetan, Prag – Innenansicht.

In den ersten Jahren fanden von München aus weitere Gründungen von Ordensniederlassungen statt. So reiste Pater Pepe am 20. März 1664 nach Prag, um dort mit Erzbischof Ernst Adalbert Kardinal Harrach über eine Niederlassung mit dem Namen Heilige Maria Mutter der Vorsehung zu verhandeln und die Verbreitung des Ordens im Osten Europas voranzutreiben.[170] Auch diese Niederlassung wurde vom bayerischen Kurfürstenpaar gefördert, das beim Reichstag in Regensburg im selben Jahr zudem Kaiser Leopold I. für dieses Projekt gewinnen konnte.[171] Nach dessen Zusage einer Genehmigung[172] bedankte sich Ferdinand Maria am 26. Juni bei diesem seinem Vetter für dessen Engagement.[173] Die Erlaubnis des Kaisers zur

Ansiedlung erging am 9. Juli 1664.[174] In seinem *Diarium Italicum* berichtet Meazza ausführlich über seinen eigenen Besuch in Prag im Juli 1665, bei dem er der Ansiedlung des Ordens und der ersten Planung des Klosters und der Kirche beiwohnte.[175] Bereits ein Jahr später stiftete der kaiserliche Oberstburggraf Bernhard Ignaz Martinitz 52 000 Gulden zur Ansiedlung sowie ein Grundstück an der Prager Kleinseite, wo sich die Theatiner nun niederließen.[176] Trotz eines Entwurfes des Ordensarchitekten Guarino Guarini aus dem Jahre 1679 wurde die dem heiligen Kajetan geweihte Kirche über dem Grundriss eines griechischen Kreuzes erst 1691–1717, wahrscheinlich unter der Leitung Giovanni Santinis, errichtet (Abb. 14).

Wie bereits erwähnt, hatte der Fürsterzbischof von Salzburg, Guidobald von Thun und Hohenstein, bei der Taufe Max Emanuels versichert, die Verehrung des seligen Kajetan auch in Salzburg zu fördern und ihm eine Kapelle in seiner Kathedrale zu weihen.[177] Über die Gründung der Niederlassung der Theatiner in Salzburg berichtet Pater Spinelli in seinem *Libro Originale*, dass diese auf Betreiben des Theatiners Johann Baptist Lerchenfeld geschah, dessen Familie aus dem Salzburger Land stammte. So habe Lerchenfeld bei seiner Rückkehr aus Venedig über Salzburg im Jahre 1684 bei dem neuen Fürstbischof Max Gandolf von Kuenburg wegen der Gründung einer Niederlassung in der dortigen Residenzstadt nachgefragt.[178] In dieser sollten zunächst sechs Geistliche auf Kosten der Familie Lerchenfeld installiert und mit 30 000 Gulden finanziert werden.[179] Mit dem Ziel, so ein weiteres Priesterseminar in der Stadt errichten zu können, stimmte Max Gandolf am 22. Dezember 1684 dem Projekt zu. Im Februar des darauffolgenden Jahres bezogen sechs aus München angereiste Patres ihr vorläufiges Quartier im St.-Anna-Spital. Nach seiner Umsiedlung in die Kaigasse unweit der Nikolauskirche wurde der Orden dann am 16. Oktober 1686 in Salzburg offiziell eingeführt und jährlich mit einer Summe von 400 Gulden für das Priesterseminar bedacht. Der dazugehörige Kirchen- und Klosterbau wurde bereits am 2. April 1685 anstelle der niedergelegten St. Lorenzkirche auf dem Habermarkt von Giovanni Gaspare Zuccalli in Angriff genommen.[180] Auf Ersuchen Pater Marimonts hin bewilligte Max Gandolf am 22. Juni 1685 den Auftrag für die „Erpauung ainer Khürchen, Klosters, Seminary und Priesterhauses im Khay alhier zu Salzburg“[181]. Der Rohbau der Kirche war wohl bereits 1686 vollendet, denn am 20. November wurde ein Vertrag zur Ausstattung der Kirche mit Francesco und Carlo Antonio Brenni sowie Antonio Carabelli geschlossen.[182] Mit der Wahl von Johann Ernst von Thun und Hohenstein zum Nachfolger Max Gandolfs im Jahre 1687 kam der Weiterbau jedoch aufgrund des verletzten Vorrechts der Benediktiner zur alleinigen Priesterausbildung zum Erliegen. Erst nachdem Papst Innozenz XII. die Ansiedlung der Theatiner am 17. Oktober 1693 bestätigt hatte, konnte der Kirchenbau auf Kosten des Ordens bis zum 31. Oktober 1700 vollendet werden.

**Abb. 15. St. Kajetan (Kajetanerkirche), Salzburg – Innenansicht.**

Der Zentralbau der sogenannten Kajetanerkirche erhebt sich mit seiner niedrigen Tambourkuppel über einem Queroval mit vier daran anschließenden, kurzen Kreuzarmen und einer halbrunden Chorapsis im Norden (Abb. 15).[183] Damit folgt er Gian Lorenzo Berninis Projekt für die Cappella dei Re Magi des Jesuitenkollegs der Propaganda Fide in Rom aus dem Jahre 1634.[184] Der westliche und östliche Kreuzarm der Kirche ist dabei jeweils als Seitenkapelle ausgebaut und der Chor besitzt einen ordenstypischen Hochaltar an einer Chorschranke mit einem durch einen Psallierchor getrennten Altarretabel (Kap. 10.1). Der Außenbau wird von den leicht risaltierten Schmalseiten des West- und Osttraktes des Klosters eingefasst, wobei die Kirche lediglich durch eine monumentale Ädikula in der Flucht der Gesamtfassade des Baukomplexes gekennzeichnet wird. Eine Heilige Stiege nach dem Münchner Vorbild wurde erst im Jahre 1712 auf Anregung des Fürsterzbischofs Franz Anton von Harrach im Westtrakt des Klosters eingerichtet (Abb. 239).[185] Im Zuge der Napoleonischen Kriege wurde das Kloster im Mai 1809 aufgelöst und als Militärhospital genutzt.[186]

Anhand der illustren Ordenseintritte seitens des bayerischen Adels und den von München ausgehenden Neugründungen in Prag und Salzburg wird deutlich, dass entsprechend der zu Beginn angeführten Behauptung Julian Adrovers die Münchner Niederlassung tatsächlich als die bedeutendste nördlich der Alpen gelten muss.[187]

## 2.6 Seelsorge und Gemeinschaft der Adeligen Dienerinnen Mariens

Nach einer Andachtsordnung der Stadt München aus dem Jahre 1773 begann der tägliche Dienst der Theatiner mit dem gemeinsamen Stundengebet der Prim um 4.15 Uhr. Darauf folgten die Terz und Sext um 7.45 Uhr sowie die Non um 11.15 Uhr. Die anderen Stundengebete wurden, wie bereits im Zusammenhang mit der Spiritualität der Theatiner erwähnt (Kap. 2.1), von den Patres privat verrichtet. Heilige Messen wurden von 5.30 Uhr bis 11.00 Uhr an den verschiedenen Altären der Kirche gelesen. An Werktagen wurde jeweils um 14.00 Uhr eine Vesper in der Loretokapelle gehalten und an den Sonn- und Festtagen ein Choralhochamt um 10.00 Uhr gefeiert. An Hochfesten wurden die Gottesdienste von den Musikern der königlichen Hofkapelle mitgestaltet.[188]

Neben den Festen des Kirchenjahres wurden bis zur Auflösung des Konvents 1801 auch zahlreiche eigene Gedenk- und Festtage begangen: am 21. Januar das Totengedenken für Kaiser Karl VII. (gest. 1745), am 18. März jenes für Henriette Adelaide, am 25. März das Titularfest der Adeligen Dienerinnen Mariens, am 26. Mai das Totengedächtnis für Ferdinand Maria, am 17. Juni das Fest des seligen Paolo Burali d'Arezzo, am 13. Juli das Kirchweihfest, am 7. August das Kajetansfest[189], am 10. November das Fest des heiligen Andreas Avellinus, am 22. November das Titularfest der 1719 gegründeten Cäcilien-Bruderschaft[190], am 11. Dezember das Totengedenken für Kaiserin Maria Amalia (gest. 1756) und am 16. Dezember das Patronatsfest der heiligen Adelheid[191]. Der Münchner Historiker Felix Lipowsky berichtet über die Teilnahme des Hofes an den Gottesdiensten in der Theatinerkirche:

> „Die Kirche, welche Ferdinand Maria zu einer Hofkirche erhoben, und worin er und seine Gemahlin und in der Folge seine Thronfolger, von Maximilian Emanuel bis zum Maximilian III. einschlüßig, an hohen Kirchenfesten, als Weihnachten, heilig drei Könige, Ostern, Pfingsten, Christus Himmelfahrt, dann Peter und Paul dem feierlichen Gottesdienste, nämlich einer Predigt, dem Hochamte, und der Vesper beigewohnt haben ... ."[192]

Jede Anwesenheit der kurfürstlichen Familie bei einem Gottesdienst außerhalb der Residenz hatte einen dezidiert öffentlichen Charakter und sollte dabei nicht nur der Repräsentation dienen, sondern auch den gemeinsam mit dem Volk getragenen Glauben zeigen. Die Häufigkeit der kurfürstlichen Kirchenbesuche unter Henriette Adelaide und Ferdinand Maria lässt sich aber für spätere Zeiten nicht mehr nachweisen.[193] Vor allem im Laufe des 18. Jahrhunderts nahmen diese immer mehr zugunsten privater Andachten ab, wie der *Chur-Fürstlich-Bayerischen Hofkalender* verrät. In der Theatinerkirche wurden während des 18. Jahrhunderts auch viele der großen Trauerfeierlichkeiten des Hauses Wittelsbach mitsamt den dazugehörigen Exequien und Trauergerüsten begangen, so 1676 für Henriette Adelaide, 1679 für Ferdinand Maria, 1726 für Max II. Emanuel, 1745 für Kaiser Karl VII., 1756 für Kaiserin Maria Amalia, 1763 für Johann Theodor von Bayern, Bischof von Regensburg, und 1778 für Max III. Joseph, der die Fassade stiftete.[194]

Als ein anderer wichtiger Aspekt der seelsorgerischen Tätigkeit und der Verbundenheit der Theatiner mit dem Hof müssen auch die geistlichen Gemeinschaften gelten, die an der Kirche ihre Heimat gefunden hatten und teilweise bis heute haben. Als bedeutendste unter ihnen muss die Congregatione delle Schiave della Beata Vergine, die Gemeinschaft der Sklavinnen der Seligen Jungfrau oder auch Gemeinschaft der Sklavinnen Mariens, gelten. Die Gründung dieser Gemeinschaft hochadeliger Hofdamen, welche die Frömmigkeitshaltung der Kurfürstin nicht nur teilen, sondern auch weitertragen sollten, beschloss Henriette Adelaide am 10. März 1663.[195] Zu Beginn ihres Vorhabens hegte die Kurfürstin jedoch noch Zweifel am Erfolg der Gemeinschaft und bekannte ihrer Mutter offen:

> „Nachdem jetzt Fastenzeit ist, beginne ich morgen mit einer Anzahl von Damen die Andacht der Sklavinnen Mariens. Da dies in diesem Land etwas Unbekanntes ist, will jedermann daran teilnehmen, ob dies aus Frömmigkeit oder Neugier geschieht, weiß ich nicht."[196]

Am 12. März bat Henriette Adelaide Fürstbischof Albrecht Sigismund, er möge doch „die mit Ihrem vorwissen negst verschiner Tagen alhier aufgerichte ... congregation under dem Titul unser lieben Frauen Sclavin, [zusammen] mit einer offentlich procession contestieren"[197]. Doch der Bischof antwortete drei Tage später verärgert:

> „Wegen der in einführung begriffenen Neuen Congregation ... ohne Unser gndägistes vorwissen, sich dergleichen Vermessenheit werden understandten haben. Auf den fall aber, wiewohl wider verhoffen von dem Unserigen ain solches beschehen sein soll, so wollen Euer Durchlaucht wir umb nachrichtliche comunication Wann? oder zu waß Zeiten? solches beschehen sein mechte."[198]

Henriette reagierte natürlich zutiefst betroffen und klagte, dass „ein solch gottselig werk und vorhaben von Euch als Ordinario, wohlangeht und gehört, auch dadurch in noch eines mehreren animiert zu werden"[199]. Albrecht Sigismund rechtfertigte sich damit, dass er als Ortsordinarius vor der Einführung einer solchen Gemeinschaft genau über deren Statuten und Ziele hätte informiert werden müssen.[200] Ferdinand Maria ergriff daraufhin am 19. März Partei für seine Gemahlin und versicherte seinem Onkel, „die verlangte mehrere Information zuertheilen"[201]. Dieser stimmte am 21. März unter Vorbehalt dem Projekt zu und erklärte: „also haben Wir in dem vorgebrachten werckh das ienige, was die khurze zeit zuegelassen, und Uns verantwortlich sein khan, vorgekhert, und verwilliget"[202]. Über die endgültige Genehmigung durch den Fürstbischof wurde die Kurfürstin in einem Schreiben vom 27. März mit dem Wunsch in Kenntnis gesetzt, die Gemeinschaft möge dem „gesambten hohen Haus, mehrern wolstandt"[203] bringen. Die entsprechende Urkunde wurde am 4. April 1663 von Albrecht Sigsmund unterzeichnet.[204] Eine Gemeinschaft adeliger Herren, um deren Gründung Ferdinand Maria am 21. April 1663[205] ersuchte und die am 30. Mai[206] gegründet wurde, hatte nur kurzen Bestand.

Ein Vorbild für die Sklavinnen Mariens führte der ebenfalls involvierte Fürstbischof von Salzburg an, indem er feststellte, „dass dergleichen Congregationes nicht nur in Italia, sondern auch sonderbar in der keyserlischen residenz statt hierin gleichfalls eingeführt worden ist"[207]. Damit war der von der Kaiserinwitwe Eleonora Gonzaga 1662 in Wien gegründete Orden der Sklavinnen der Tugend gemeint.[208] Höchstwahrscheinlich war auch Henriette Adelaide Mitglied dieser Gemeinschaft, da sich deren Statuten als prachtvolles Manuskript im Geheimen Hausarchiv der Wittelsbacher in München befinden.[209] Trotz eines religiösen Bezuges hinsichtlich des Ursprungs aller Tugenden in Gott handelte es sich bei den Sklavinnen der Tugend jedoch weniger um eine religiöse als vielmehr um eine moralisch-sittliche Gemeinschaft, deren Ziel vor allem in der „Bezaumung der Gemüts Bewegungen"[210] bestand.[211] Eine marianische Gebetsgemeinschaft mit dezidiert religiösem Anspruch hatte hingegen Henriette Adelaides Großvater Karl Emanuel I. in Turin gegründet und der dortigen Theatinerniederlassung von San Lorenzo angegliedert.[212] So zeugen auch die 1844 gedruckten Statuten der seit 1764 zurückhaltender als Hochadelige Versammlung der Dienerinnen Mariä[213] bezeichneten Gemeinschaft vom religiösen Anspruch ihrer Gründerin Henriette Adelaide:

Abb. 16. Franz Oefele, Kurfürstin Henriette Adelaide als Sklavin Mariens, um 1670 (Kriegsverlust).

> „Gottesfurcht, Frömmigkeit und christliche Nächstenliebe zu befördern, den frommen Eifer für die Verehrung der seligsten Jungfrau Maria in den Herzen der Mitglieder zu bewahren, neu zu beleben, und so durch Verehrung, und vorzüglich durch Nachahmung der seligsten Jungfrau, und ihrer herrlichen Tugenden selbst reich an Tugend, ihrer mächtigen Fürbitte hier würdig, und ihrer Herrlichkeit im Himmel einst teilhaftig zu werden."[214]

Ein gedrucktes Mitgliederverzeichnis von 1763 weist dabei für dieses Jahr über 250 eingeschriebene „Sklavinnen" aus aller Herren Länder auf.[215] Ihre Kleidung, so hielt Meazza in seinem *Diarium Italicum* fest, bestand aus einer weißen Albe; darüber wurde ein tiefblaues, großes Skapulier getragen. Das dazugehörige Zingulum war aus Eisen und trug an seinem Ende einen Totenkopf aus Elfenbein. Der Schleier musste nicht nur das Gesicht, sondern auch den Oberkörper bedecken. Hinzu kam ein seidenes Ordensband mit einem daran befestigten Breverl.[216] In dieser Ordenstracht wurde Henriette Adelaide auf einem (im Zweiten Weltkrieg zerstörten) Gemälde von Hofmaler Franz Ignaz Oefele verewigt; es hing in der großen Sommersakristei der Theatinerkirche (Abb. 16; vgl. auch Kap. 11.1). Mit ihrer rechten Hand wies die Kurfürstin darin auf den Grundriss der von ihr gestifteten Theatinerkirche hin, der neben ihr auf einem Tisch lag. Die Kirche wurde damit nicht nur als Stiftung der Kurfürstin ausgewiesen, sondern auch der geistlichen Gemeinschaft der Adeligen Dienerinnen Mariens zum fürbittenden Gebet um den Erhalt des Hauses Bayern und der Kirche anvertraut.

Von Anfang an spielte die Theatinerkirche also eine entscheidende Rolle für die kurfürstliche Repräsentation und bot dem hofnahen Adel und Bürgertum eine Möglichkeit über Stiftungen oder Begräbnisse ihre Verbundenheit mit dem regierenden Haus zum Ausdruck zu bringen. Dies belegen bis in unsere Zeit eindrücklich die verschiedenen Grabstätten, die in der Theatinerkirche eingerichtet wurden (Kap. 11.2). Neben den großen Innenstadtkirchen wie der Frauenkirche, St. Peter und St. Michael wurde die Theatinerkirche durch ihre Präsens im höfischen Alltag aber auch zu einem gemeinschaftsstiftenden Ort für die Bevölkerung, die durch die Teilnahme an den Gottesdiensten und das fürbittende Gebet das Ihrige für den Erhalt der Wittelsbacher und die Wohlfahrt ihres Landes beitragen konnten.

1 Vgl. zur Biographie Kajetans von Thiene: Wilhelm Lüben, *Der heilige Cajetan von Tiene, der Heilige der göttlichen Vorsehung. Ein Lebensbild aus dem sechszehnten Jahrhundert*, Regensburg 1883; Piero Chiminelli, *San Gaetano Thiene. Cuore della riforma cattolica*, Rom 1948.

2 Paschini 1926, S. 9 f.

3 Bergamo 1754, S. 66.

4 Vgl. Alfredo Bianconi, *L'opera delle compagnie del Divino Amore nella Riforma cattolica*, Città di Castello 1914; Daniela Solfaroli Camillocci, *I devoti della caritá. Le confraternite del Divino Amore nell'Italia dell primo Cinquecento*, Neapel 2002, bes. S. 228–236.

5 Vgl. Vanni 2010, S. 81 ff.

6 Bergamo 1754, S. 144.

7 Paschini 1926, S. 25 f.

8 Vgl. Giovanni Mantese, S. Gaetano Thiene e l'Oratorio del Divino Amore di Vicenza, in: *Regnum Dei* 37, Rom 1981, S. 33–47.

9 Vgl. Silvio Tramontin, I Teatini a l'Oratorio del Divino Amore a Venezia, in: *Regnum Dei* 29, Rom 1973, S. 53–76.

10 Paschini 1926, S. 41 ff.

11 Ediert bei: Paschini 1926, S. 155 ff.: Dokument IV.

12 Auch genannt Cajetaner, Pauliner oder Apostolische Kleriker von der göttlichen Providenz. Die Geschichte des Theatinerordens findet sich bei: Giovanni Battista del Tufo, *Historia Della Religione de Padri Cherici Regolari*, 2 Bde., Rom 1609; Giuseppe Silos, *Historia clericorum regularium*, 3 Bde., Rom 1650–66; Pio Paschini, *San Gaetano Thiene, Gian Pietro Carafa e le origini dei chierici regolari teatini*, Rom 1926. Zur Rolle Gian Pietro Carafas und der Religiosität des Ordens: Andrea Vanni, *„Fare diligente inquisitione". Gian Pietro Carafa e le origini dei chierici regolari teatini*, Rom 2010. Über die Zeit der Festigung des Ordens: Andrea Vanni, Die „zweite" Gründung des Theatinerordens, in: *Quellen und Forschungen aus italienischen Archiven und Bibliotheken* 93, Berlin 2014, S. 226–150.

13 Vanni 2010, S. 90.

14 DIP II 1975, Sp. 979.

15 Bergamo 1754, S. 423: „und die Kirchen=Gebräuch in die geziemende Ordnung wiederum zu bringen."

16 Bergamo 1754, S. 150 f.: „so hoffe ich mittels ihrer Unschuld, Armuth, Zucht, und Heiligkeit die Sach dahin zu bringen, daß [sie] das Laster verlassen, und sich auf die Tugend ... und auf die Wissenschaften [begeben]."

17 Bergamo 1754, S. 157: „Der heilige Cajetan stiftet den Orden regulierter Priesteren haubtsächlich, um sich dem Luther entgegen zu setzen."

18 Bergamo 1754, S. 260.

19 So hieß es im Breve *Exponi nobis* Papst Clemens VII.: „Es werde dem Cajetan und seinen Mit-Gesellen Erlaub ertheilet, die feyerliche Ablegung deren Gelübderen machen, und sich in der Kirchen Gottes denen schon gestifteten Orden deren Bettel- und nichtbettelnden Mönchen beygesellen zu därffen, als einen neuen Orden deren Priesteren, welche zwar clösterlich, aber arm, und ohne bettlen leben. Sie sollen mit einem schwartzen Kleid auf Priesterliche Art daher gehen, und regulierte Priester eigentlich genennet werden. Sollen gleichfalls befugt seyn, Gesätz und Regl dem Priesterlichen Stand gemeß vorschreiben, und selbe andern: die Göttliche Tag-Zeiten, und die Meß nach Belieben einrichten, und verwechslen zu können .... Seyen ihnen ... auf ewig noch darzu alle Freyheiten, Abläß, Exemtionen, Gewalt, und sowohl geistlichals zeitlich Gnaden verlyhen, welche vom Päbstlichen Stuhl denen regulierten Chor-Herrn von der Lateran-Kirchen schon ertheilet worden .... Daß der eue Orden ... unmittelbar dem heilig-Apostolischen Stuhl unterworffen seyn solle", zit. nach Bergamo 1754, S. 209.

20 Vanni 2014, S. 228.

21 Bergamo 1754, S. 228: „das ist, einen neu- ungewöhnlich- und wunderseltsamen Grad bey, in dem er [Kajetan] einen Orden so arm gestiftet, daß er nicht allein keine Einkünften, Felder, Gülten, oder sonst gewisse Güter besitzen, sondern auch sogar nicht bettlen ... könne."

22 Kajetan schrieb in einem Brief an seine Mitbrüder 1524: „Seine Güte treibet mich heftig an, daß ich mir einen Theil in disem seinem Reich durch seine unendliche Barmherzigkeit wünsche, und alle Täg macht er mich

mehr begreiffen ... : Daß wir nicht zweyen Herren dienen können. Ich sihe Christum arm, und ich bin reich ...", zit. nach Bergamo 1754, S. 210.

23 Aretin 2010, S. 17.

24 Lüben 1883, S. 194.

25 Bergamo 1754, S. 422: „den Gottes-Dienst zu seinen vorigen Glantz und Ansehen widerum zu bringen."

26 Bergamo 1754, S. 583: „Die unvergleichliche Liebe, wormit unser Heilige [Kajetan] die wesentliche Gegenwart Christi des Herrns im heiligsten Sacrament von innenher hat angebetet ... ware eben Ursach, warum er allzeit so beflissen gewesen, auch von aussenher die gezimende Ehr-Bezeugung dargegen zu befördern."

27 Bergamo 1754, S. 584 f.

28 Der Begriff des Presbyteriums wird im Folgenden gegenüber dem in der Kunstgeschichte inflationär gebrauchten Begriff des Chors (sächlich!) als Bezeichnung für den Altarraum bevorzugt. Im engeren Sinne bezeichnet der Chor nämlich nur den Ort für die Verrichtung der Konventualgottesdienste sowie des Stundengebetes in Stifts- und Klosterkirchen. Vgl. Braun 1924, S. 62 f.

29 Vgl. Frascarelli 2003, S. 237 ff.

30 Lüben 1883, S. 193.

31 So schrieb Henriette Adelaide in ihrem Brief vom 25. April 1659: „la risposta de'Patri Generali si de'Gesuiti come de Teatini", zit. nach Strich 1927, S. 85, Nr. 1.

32 Vgl. Merkel 1892, S. 82 f.; Kägler 2011, S. 245.

33 So Claretta 1877, S. 98; Merkel 1892, S. 63; Strich 1927, S. 82, Anm. 94/95; Bary 1980, S. 44, 109 ff.; Epp 2012, S. 8.

34 Duhr 1918, S. 102.

35 BayHStA, KL, Fasz. 471, Lit. A, fol. 50r: „Dopo molte lettere, con le quali così la Serenissima Elettrice, come il Serenissimo Elettore addimandarono i nostri Patri, non solo in generale, mà anco in particolare, fu permesso dal Molto Reverendissimo Padre Generale Don Agostino Bozomo che venissimo, per sodisafre à queste Serenissime Elettorali Altezze, tutti noi infrascritti."

36 BayHStA, KL, Fasz. 471, Lit. A, fol. 50r: „Il Padre Don Stefano Pepe Messinese (che l'anno innanti, cioè del 1661 haveva ... predicato nella Capella Ducale di Palazzo un eloquentissimo, e fruttuosissimo Quaresimale ... ." Die Genehmigung zu den Fastenpredigten durch den Fürstbischof von Freising, Albrecht Sigismund, erging am 20. März 1661: BayHStA, KL, Fasz. 478, Nr. 13/20. Von Stefano Pepes Predigttalent zeugt ein bereits 1658 veröffentliches Werk mit seinen Fastenpredigten: Francesco Storti (Hrsg.), *Quaresimale del Padre Don Stefano Pepe*, Venedig 1658.

37 Adrover 1954, S. 3.

38 BayHStA, GHA, Korr. Akt. 666 ½, fol. 5: „Beatus Caietanus ... a me in Patronum specialem ellectus est ... . [Volo] in eius honorem Sacellum, cum Altari ipsius effigiem repraesentante erigere ..., [per] summo mihi solatio ac devotioni futurum."

39 BayHStA, GHA, Korr. Akt. 666 ½, fol. 7: „di rappresentar a Vostro Patre [Generale] in voce certi particolari, la prego compiacersi non solo d'ascoltarlo volentieri, mà di dargli anche piena credessa in tutto quello, se esporrà in mio nome."

40 BayHStA, GHA, Korr. Akt. 666 ½, fol. 9: „Havendo in questo la mira maggiore di guadagnarmi appresso di Vostra Altezza il titolo di prontissimo servitore, e col titolo ossequioso l'essercitio de' suoi riveritissimi Comandandi."

41 BayHStA, KL, Fasz. 477, Nr. 12a, fol. 2r: „Cum itaque sicut Nobis nuper exponi fecisti, tu ob praecipuam religionem quam in Beatum Caetanum Thiennaeum geris, facultatem erigendi altaria, et exstruendi cappellas in honorem eiusdem Beati in Oppido Monachii Frisingensis Dioecesis tibi a Nobis concedi plurimum desideres. ... facultatem tibi facimus erigendi unicum Altare, seu Capellam in Ecclesia memorati Oppidi Monachii Tibi magis bene visa, ubi publicae venerationi exponi possit imago eiusdem Beati Caetani, necnon praevia Venerabilis Fratris Episcopi Frisingensis approbatione, Missa etiam de eodem Beato celebrari valeat ... ."

42 BayHStA, KL, Fasz. 471, Lit. A, fol. 50v: „Già si sono spianate le difficoltà, e lavati via tutti quei ostacoli, che potevano impedire l'essecutione d'un opera tanto pia, e tanto salutare, come senza dubbio credo debba essere l'introduttione della sua Religione in questi miei stati. Vengansene adunque allegramente co'i suoi che è aspettata, e della Serenissima Elettrice, e da me con impatienza ... ."

43 BayHStA, KL, Fasz. 471, Lit. A, fol. 51r: „Accompagno Andrea con queste poche righe, con le quali partirà domani per venire à servire Vostro Reverendo, e li altri Padri, che veranno à fondare, chiedendo loro mille perdoni, perche per amor mio faccio loro cangiar un clima cosi benigno, come l'Italia, per venir in questi cosi ruvido, et algente. mà la lor bonità compartirà il Paese, mentre voglio io stessa serivir loro, e procurar di moderarne in tutto quel, che sarà possibile la rigiderra. In tanto con impatientissima impatienza lì attendo, havendo ordinato al sin quà nominato di servir loro come se fossero la mia propria Persona. Hò rimesso cento Ongari; se non saranno sofficienti per le spese hò dato altri ordini per pigliarne di piu ... . Li 22. Genaro 1662."

44 BayHStA, KL, Fasz. 471, Lit. A, fol. 51r: „à quarto dell istesso mese [Febraro] ... partimmo noi tutti sudetti Padri, e Fratelli per Monaco da Venetia."

45 Carlo De Palma wurde in Nola bei Neapel geboren und legte seine Ordensgelübde am 11. März 1631 in Neapel ab. Bevor er nach München kam, unterrichtet er Philosophie in Neapel und Rom. Bereits 1675 wurde er von

del Signore li operaii. Sesto: Che era più che necesario il Consenso de'Religiosi ne solo de superiori: mà omnium, et singulorum, e questo sub sigillo Confessioni, havendolo ottenuto il Serenissimo Elettore cum precibus armatis da Religiosi. Settimo: Che doveasi pur haver quello del Clero secolare, senza di cui assolutamente non poteva il Serenissimo et Reverendissimo Vescovo admettere i Padri impero che coll'aministratione de Sagramenti sarebbon à quelli stati nocivi."

84 Original: BayHStA, GHA, Korr. Akt. 666 ½, fol. 293r–297r. Abschriften: BayHStA, KL, Fasz. 471, Lit. A, fol. 11v–16v; BayHStA, KL, Fasz. 477, Nr. 11b, fol. 5r–12r.

85 BayHStA, KL, Fasz. 471, Lit. A, fol. 11v: „[essere] solo per servire, e riverir tutti come minimi frà tutti."

86 BayHStA, KL, Fasz. 471, Lit. A, fol. 12r.

87 BayHStA, KL, Fasz. 471, Lit. A, fol. 12r: „senza mendicare, et ex elemosinis sponte oblatis … ."

88 BayHStA, KL, Fasz. 471, Lit. A, fol. 65v: „mà di ciò ne dovessero incolare la Santa Sede Romana, da cui la Episcopale pur riceveva il suo Jus, che cosà il limitava."

89 BayHStA, KL, Fasz. 471, Lit. A, fol. 65v: „Che però nella Religione nostra vi fù sempre tal discretezza, e raverenza à Vescovo … ."

90 BayHStA, KL, Fasz. 471, Lit. A, fol. 65v: „Che non haveva bisogno di risposta perche non fù mai in usi à Padri andar Processionalmente à sepellire i morti … ."

91 BayHStA, KL, Fasz. 471, Lit. A, fol. 13r: „Dunque li nostri Privilegii saranno nulli nel favorirci, e validi per esserci contro."

92 BayHStA, KL, Fasz. 471, Lit. A, fol. 65v: „quando ne veniva fatto qualche dono, o legato il quale se haveva specie di entrata si vendeva … ."

93 BayHStA, KL, Fasz. 471, Lit. A, fol. 65v: „Che non mai fù contro il nostri Instituto l'esser heredi à Testamento … ne proibito da Sacri Canoni … ."

94 BayHStA, KL, Fasz. 471, Lit. A, fol. 16r: „Non è tanto povera la Divina Providenza, ne tanto angusti li Granai del Signore, che se pasce l'ucello dell'aria non possa sostentare ancor noi."

95 BayHStA, KL, Fasz. 471, Lit. A, fol. 66r: „di nuovo ricercar … il consenso de Regolari: mà non già con quei modi insoliti … ."

96 BayHStA, KL, Fasz. 471, Lit. A, fol. 66v: „Sagramenti non si aministravano da noi fuor della Penitenza, et Eucharestie … [è di] estreme necessità."

97 BayHStA, KL, Fasz. 471, Lit. A, fol. 14v. „il consenso non solo da Regolari; mà anco da Preti secolari … ."

98 BayHStA, KL, Fasz. 471, Lit. A, fol. 74r: „Adi 4. [Aprile 1662] fù il Padre Pepe à ritrovare i Signori Decani di Santa Maria, e di San Pietro, e li altri Ecclesiastici … ."

99 BayHStA, KL, Fasz. 471, Lit. A, fol. 79r: „Adi 21. [Aprile 1662] Trattato co'Parochi … in Casa del Signore Decano di Santa Maria … ."

100 BayHStA, KL, Fasz. 477, Nr. 11b, fol. 1r.

101 BayHStA, KL, Fasz. 477, Nr. 11b, fol. 1r: „Haec omnia et singula, eó quód nostrae Religionis instituta non concedant, nihilq[ue] habeant adversús privilegia (et ad hoc cum Clero saeculari cupiamus amicitia convinctissimi bonoque semper animo esse) … non solum omnimode [approbationes] servaturum, sed insuper Patris Generalis approbationes exhibiturum."

102 BayHStA, GHA, Korr. Akt. 666 ½, fol. 64r: „das zur wirklicher ausfertigung, als zu dis orths ordinarien ersuchten consens, ain mehrers nit als bemelter Theatiner, sowohl alhier als zu München veranlasste schrifftliche renuntiation und versicherung in etlich wenigen puncten (so wir in negsten tagen zu übersenten gedenken) übrig seien … ."

103 BayHStA, KL, Fasz. 471, Lit. A, fol. 83v: „Adi 4. [Maggio 1662] … perche aggiunsero di nuova difficoltà alle prime … la promessa ferme della osservatione del tutto, ratificata dal Molto Reverendissimo Padre nostro Generale, e dal Capitolo Generale insieme."

104 BayHStA, GHA, Korr. Akt. 666 ½, fol. 66r: „In Conto di che habbiamo stabilito in questo Capitolo Generale d'attestargliene le più divote dimostrationi nelle forme che più precise le saranno rapportate dalla Serenissima Elettrice sua Consorte."

105 BayHStA, GHA, Korr. Akt. 666 ½, fol. 72r: „Io assicuro all'occasioni l'Altezza Vostraa della mia incomparabile devotione [e] che possa dependere dal poter mio."

106 BayHStA, KL, Fasz. 471, Lit. A, fol. 88r et v: „Adi 25. [Maggio 1662] colle Lettere di Roma mandò il Padre Generale un ordine, che pure mandò à tutte altre Case per preghiere particolari da farsi … era stato detto ordine determinato in genere dal Capitolo … ."

107 BayHStA, KL, Fasz. 471, Lit. A, fol. 39r: „perche era la cosa che più desiderava [il Santo Padre]."

108 BayHStA, KL, Fasz. 471, Lit. A, fol. 88v: „che desiderava Sua Altezza Reverendissima di Frisinga per l'ultima dispositione alla concessione della fondatione."

109 BayHStA, KL, Fasz. 471, Lit. A, fol. 89r: „I punti che si sottoscrissero dal Padre Pepe, doppo haverli ridotti à forma honorevole per la nostra Religione, senza variarne l'essenza, benche non senza difficoltà del Consigliero del Serenissimo, e Reverendissimo Vescovo per questo venuto à Monaco."

110 BayHStA, GHA, Korr. Akt. 666 ½, fol. 78r: „nachdem nurmehr die sach mit den von gedachten Patris Theatinis nacher desiderierten versicherung [des Ordensgenerals und des Generalkapitels], wie uns von Pater Pepe nachricht geben worden, laut des ime von seines Pater Generalis gethanen befelhs und gewalts, … das ja aneinst

hin erfindliche raisonable difficultet, des so lang angehenden ordinariatconsens halben mehr übrig sei ... weil ainzt bloß von deselben depentiert, ... uns des consenso gnädgist geben.“

111 Briefentwurf des Kurfürsten an Pater Palma vom 26. Mai 1662: „in pocchi giorni il total’ aggiustamento da Frisinga“, BayHStA, GHA, Korr. Akt. 666 ½, fol. 76r.

112 BayHStA, KL, Fasz. 471, Lit. A, fol. 89r: „che già non v’era più ostacolo alla fondatione e che, subito fosser passare le feste di Pentecoste, si sarebbe trasmessa la licenza di quella in amplissima forma.“

113 Originalurkunde: BayHStA, Urkunden, München Theatiner, 1. Juni 1662: „Nos Albertus Sigismundus Dei et Apostolicae Sedis Gratia Episcopus Frisingensis ... facimus et siginficamus, qualiter Serenissimus Princeps ac Dominus Ferdinandus Maria ... una cum Serenissima Coniuge Principe Henrietta Adelhaide ... Nos instantissimè requisivere, quatenus non solum ad augendum cultum Divinum, sed et particulari utriusque voto ardentique amoris affectui, quo erga Beatum Caietanum Fundatorem ordinis Clericorum Regularium Theatinorum nuncupatorum ... non solum in hanc Diocesin Nostram Frisingensem et in Urbem Monacensem benignè admittimus et recipimus, sed insuper ut iuxta mentem et intentionem Serenissimi Electoris fundationem acceptare successa temporis congruam habitationem extruere, templum edificare ... .Quae datae sunt Frisingae in Castro Episcopalis Nostrae Residentiae. Calendis Junii Anno a Parta Virginis MDCLXII.“ Abschrift: BayHStA, KL, Fasz. 471, Lit. A, fol. 42r–43v.

114 BayHStA, KL, Fasz. 471, Lit. A, fol. 90v: „Adi 2. [Giugno 1662] arrivò il consenso Episcopale della fondatione in ampia forma ... .“

115 BayHStA, GHA, Korr. Akt. 666 ½, fol. 79v: „bey Gott dem Allmächtigen ain sonderbahren verdingt verlangen, auch untweislich dergleichen durch des seligen Caietani fürbitt, ain werkh solcher gestalten erfahren, daß mit Euer Durchlaucht Wür uns neben unsren ganzen hochlöblichen Gruß, und zwar ob Gott will in khürze, noch mehreres werden zuerfreyen ... .“

116 BayHStA, KL, Fasz. 471, Lit. A, fol. 44r: „[Il] Padre Generale Don Angelo Pistachio ... concedevagli licenza di prender Novitii.“

117 Eine ausführliche Beschreibung findet sich in BayHStA, KL, Fasz. 471, Lit. A, fol. 91r et seq.

118 BayHStA, KL, Fasz. 471, Lit. A, fol. 91v: „Si levaron tutti i banchi per renderla più capace, si aggiustò luogo per la Musica, si tolsero i cancelli, so pinse in varie parti, si alzò l’Altare del Beato Gateano che fù il secondo nella chiesa, si ornaron di richissimi broccati le mura, e si fece quanto parve necessario per darla tosto omninamente abellita.“

119 BayHStA, KL, Fasz. 471, Lit. A, fol. 91v: „[La Serenissima Elettrice] tornò da noi con tutte le sue Dame per ornare gli Altari, ponere i pallii, aggiustare i fiori.“

120 BayHStA, KL, Fasz. 471, Lit. A, fol. 93r: „Habbiam una volta fatta la fondatione cosi ardentemente da me bramata: me ne rallegro con loro, con tutto l’animo, adesso bisgona pensar alla fabrica di nuova chiesa, e casa: vogliam fare cose grandi.“

121 Der dazugehörige Friedhof wurde – wie alle innerstädtischen Friedhöfe Münchens – 1789 aufgelöst, die Kirche selbst 1803 geschliffen. Vgl. Häuserbuch II 1960, S. 254.

122 Ein Nachweis für das mehrfach in der Literatur erwähnte „Haus eines Schmieds“ als erste Wohnung der Theatiner konnte archivalisch nicht gefunden werden. Vgl. Bary 1980, S. 195; Hufnagel 1992, S. 37.

123 Diese kleine Kapelle des Pestpatrons aus Montpellier war 1603 auf Veranlassung Herzog Wilhelms V. in Ergänzung eines bereits seit 1589 existierenden Pilgerspitals erbaut worden. Vgl. Lipowsky 1815, S. 236; Mayer 1868, S. 231; Forster 1895, S. 423.

124 BayHStA, KL, Fasz. 471, Lit. A, fol. 90v: „Questa [chiesa] era già stata data agli Padri Agostiniani.“

125 Adrover 1954, S. 25.

126 BayHStA, KL, Fasz. 471, Lit. A, fol. 90v: „i quali [Agostiniani] due volte la settimana vi celebravan la Messa: fù concessa à noi senza turbar quegli: ma però non lasciarne ogni padronanza e dispositione cosi di.“

127 BayHStA, KL, Fasz. 471, Lit. E, fol. 70r et seq.: „Fù in tanto trovata per noi la Casa a San Rocco, vicina alla Rochetta. Ivi habitammo con grande incommodità in que’principii, per l’angustia, umidita, freddo intolerabile, et altre ragioni rimarcabili.“

128 BayHStA, KL, Fasz. 471, Lit. A, fol. 101r: „Già quei Padri [Gesuiti] hanno bello Collegio, bella Chiesa magnifizo il tutto. Noi per lo contrario non habbiam Chiesa, e casa formata, e siam poveri di molto.“

129 BayHStA, KL, Fasz. 471, Lit. A, fol. 101v: „Adi 10. [Agosto 1662] Padre Pepe propose ... il disegno nostro di allargar la Chiesa e renderla più capace à divoti del Beato.“

130 BayHStA, KL, Fasz. 471, Lit. A, fol. 101v: „questo farlo con cinque cento fiorini, che Sua Altezza haveva a noi donati, si stupi di quest’atto il Serenissimo, e fece molte obiettioni ... .“

131 BayHStA, KL, Fasz. 471, Lit. A, fol. 102r: „la moltitudine de divoti di frequentare la Chiesa, e porger tributi di humilità al Beato; onde si fecer molte Communioni, e si riceveron più voti.“

132 BayHStA, KL, Fasz. 471, Lit. A, fol. 63r: „Adi 16. [Marzo 1662] la Serenissima mandò à dire, che andasse à vedere certo Palazzo del Signore Conte Wahl sito per contro a quello del Signore Conte Curtio ... per noi.“

133 Erwerb des Hauses 1649 durch einen Sohn des verdienten, bayerischen Feldmarschalls Joachim Christian von Wahl. Vgl. Häuserbuch I 1958, S. 285 f.

134 BayHStA, KL, Fasz. 471, Lit. A, fol. 63r: „Adi 17. [Marzo 1662] s’andò vedere il Palazzo sodetto molto ampio, e bello mà che ametteva gran difficoltà per non poter comunicare col Palazzo Elettorale.“

135 BayHStA, KL, Fasz. 471, Lit. A, fol. 63r: „[La Serenissima Elettrice] voleva in ogni maniera poter à noi venire senza esser veduta, e con facilià."

136 BayHStA, KL, Fasz. 471, Lit. A, fol. 63r: „giunse a dire, che a lio spiaceva di haver moglie solo per non poter togliersi egli fuor Casa, e donar l'habitatione sua à Padri Theatini."

137 BayHStA, KL, Fasz. 471, Lit. A, fol. 63v: „che non pugnava colla povertà estrema del loro Instituto havere commoda Casa, e non sol necessaria mà amena al bisogno: e che la spesa non dovevasi regolar secondo la povertà dei Padri mà secondo le legi della Magnificenza de'Principi che la facevano."

138 BayHStA, KL, Fasz. 471, Lit. A, fol. 63v: „che eran troppo pochi cento milla fiorini per estinguer le brame che haveva di aggiustar à Padri, e ricca Chiesa, e delicioso allogio; onde per lo meno voleva che se ne impiegassero seicento milla."

139 BayHStA, KL, Fasz. 471, Lit. A, fol. 111v: „Adi 5. [Decembre 1662] il Serenissimo Elettore indendendo, che il Fratello Pietro Romano s'era alquanto infermato, per cagion dell'aria, decevan i Medici, tosto pensò che il sito, nel quale stavam, non era buono per noi."

140 BayHStA, KL, Fasz. 471, Lit. A, fol. 111v: „propose il Serenissimo un Appartemento nel Palazzo suo Elettorale ... poiche non era decense habitasser, Padri nostri, servi de'Serenissimi nelle loro Residenze ... ."

141 BayHStA, KL, Fasz. 471, Lit. A, fol. 96v: „Adi 10. [Luglio 1662] Morte del Conte Curzio."

142 BayHStA, KL, Fasz. 471, Lit. A, fol. 111v et seq.: „La Serenissima Elettrice, la quale proponendo il Palazzo del Conte Curtio ... novi esser luogho per noi più oportuno, e dicevole."

143 Zu diesem Komplex gehörten insgesamt fünf Häuser, die sich nach Süden hin entlang der heutigen Residenzstraße erstrecken. Von 1747 bis 1756 entstand hier der von Ignaz Anton Gunetzrhainer für den Grafen Törring geplante Palazzo, dem um 1820 von Leo von Klenze eine florentinische Säulenvorhalle nach dem Vorbild des Ospedale degli Innocenti von Filippo Brunelleschi vorgeblendet wurde. Vgl. Häuserbuch I 1958, S. 277 ff.

144 Vgl. Häuserbuch I 1958, S. 271.

145 BayHStA, KL, Fasz. 471, Lit. E, fol. 70r: „più grande e più bello Palazzo di Monaco non lontano, mà quasi contiguo alla Corte, nella Strada principale; di sua proprietà, con giardino, corte, sale grandi, et anco una terrena."

146 BayHStA, KL, Fasz. 471, Lit. A, fol. 112r: „Il Serenissimo Elettore il comperasse e à noi lodesse fin tanto; che la nuova fabrica di chiesa, e casa rimanesse finita."

147 BayHStA, KL, Fasz. 471, Lit. A, fol. 112r: „I Padri Gesuiti eredi Testamentarii non l'havrebbon potuto vendere, essendo questo contario al volere del Testatore. [La] Consorte di valersi à piacer suo di tutto il lascito."

148 BayHStA, KL, Fasz. 471, Lit. A, fol. 112r: „[Ella] non dare per meno il Palazzo di cinquanta mille fiorini ... . I Consiglieri [dicevano che] la casa non doveva tanto valere [che] venti cinque mille fiorini."

149 BayHStA, KL, Fasz. 471, Lit. A, fol. 113v: „Adi 12. [Gennaro 1662] dopo lunghi trattati ... si stabili il trattato della compera del Palazzo del Egrede Signore Conte Curtio Primo Ministro gia di queste Altezze à grossa soma di denaro, che tutto fù speso dagli Serernissimi Elettore, et Elettrice, per darne luogo (dicevan essi) degna della nostra Religione ... volevano, che havesse il più bello, e gran Plazzo della Citta sua Elettorale."

150 BayHStA, KL, Fasz. 471, Lit. A, fol. 114r: „La Contessa Curzia vien allogiata nella Casa degl'Ambassatori."

151 BayHStA, KL, Fasz. 471, Lit. A, fol. 114v: „Adi 20. [Genaro 1663] ... si trasferissimo tutti al Palazzo del Signore Conte Curtio ... ."

152 Diese war offenbar schon zuvor vorhanden: „Allogiava nel più grande più bello Palazzo di Monaco ... , propriissima ad'una Chiesa mediocre", BayHStA, KL, Fasz. 471, Lit. E, fol. 70r.

153 BayHStA, KL, Fasz. 471, Lit. A, fol. 115v: „Adi 17 [Febraro 1663] aggiustata del tutto la sala del nostro Palazzo, e mutata in Chiesa con tutte le commodità opportune al servitio, e culto divino venne la Serenissima in persona ad adobbare lo Altari."

154 BayHStA, KL, Fasz. 471, Lit. E, fol. 70v: „quella bellissima Capella, in vera forma di Chiesa, e con 5 ornatissimi altari."

155 BayHStA, KL, Fasz. 471, Lit. A, fol. 115v: „Adi 17. [Febraro 1663] aperta la Chiesa ... stavono in detta Chiesa due Altari: il maggiore consagratp à Santa Adelaide, che sarà Patrona della Chiesa nostra nuova, e l'altro à mano diritta del Beato Gaetano. Non si potè fare il terzo per all'hora dell Beato Andrea."

156 BayHStA, KL, Fasz. 471, Lit. A, fol. 121v: „Adi 22. [Aprile 1663] Restò eretto nella nostra Chiesa il terzo Altare del Beato Andrea Avellino ... l'imagine del Beato ... con quella di Santo Nicolò Taumaturgo con la Suora che hebbe la visione dell'equalità fra di quelli col motto sotto: Andreas mihi par est in gloria. accennati da Santo Nicolò."

157 BayHStA, KL, Fasz. 471, Lit. A, fol. 152v: „Si facesse il quarto Altare nella Chiesa ad honore di San Francesco di Sales tanto suo Prottettore; e in cui haveva confidenza sodissima."

158 BayHStA, KL, Fasz. 471, Lit. A, fol. 119r: „Adi 23. [Marzo 1663] du buon mattino restò perfettionato il nostro sepulcro nella Chiesa di Santa Adelaide."

159 Antonio Spinelli wurde um 1630 in Padua geboren. Seine Profess legte er am 13. August 1654 in Venedig ab und siedelte am 15. Juni 1662 nach München über. Zunächst diente er hier als Novizenmeister, wurde aber am 15. Mai 1665 zum Beichtvater und Berater Henriettes Adelaides sowie zum geistlichen Erzieher ihrer Kinder ernannt. Als Propst stand er der Münchner Niederlassung vom 23. August 1668 bis 1671 und vom 10. Mai 1674 bis 1677 vor. Als Beichtvater Max Emanuels wurde er 1690 zum Geheimen Rat ernannt und starb in München am 23. März 1706 (irrtümlich „23. Mai" bei: Paulus 1912, Anm. 44). Vgl. Adrover 1954, S. 16, Anm. 25.

160 BayHStA, KL, Fasz. 471, Lit. A, fol. 46v: „Adi 15. [Giugno 1662] la mattinò à Monaco da Venetia il Padre Don

Antonio Spinelli Padvoano (però professo di Venezia) sogetto di rarissime qualità ... il fecer meritevole d'amaestare Novizii alla Religione per molto tempo in Italia, fin tanto, che fù chiamato in Germania pure per l'effetto medesimo, con grandissimo dispiacere dell'Italia."

161 BayHStA, KL, Fasz. 471, Lit. E, fol. 68v: „Violanta questo è il mio vero Confessore."

162 BayHStA, KL, Fasz. 471, Lit. A, fol. 152r: „Adi 19. [Aprile 1665] ... la Serenissima Elettrice ... havrebbe ricevuto per condottere dell'anima sua il Padre Spinelli, à cui in mancanza del Padre Pepe quando si trasferi a raga, s'era pur confessata."

163 Briefentwurf des Kurfürsten an Agostino Bozomo vom 25. Mai 1663: „onde s'aumenta in me maggiormente la speranza e il desiderio di revederla in breve", BayHStA, GHA, Korr. Akt. 674, Fasz. 1.

164 BayHStA, GHA, Korr. Akt. 674, Fasz. 1: „Io non havrò in Italia altra consolatione che la speranza de ritornare presto in Germania."

165 BayHStA, KL, Fasz. 471, Lit. A, fol. 141r: „21. [Giugno 1664] ... arrivo à Monaco il Padre Don Agostino Bozomo ... con titolo di Predicatore ordinario de Serenissimi."

166 Vgl. das *Liber Professorum ex Clreicis Regularibus Domus Monacensis* ad annum 1742: BayHStA, KL, Fasz. 476, Nr. 7.

167 Vgl. BayHStA, KL, Fasz. 471, Lit. A, fol. 71v: „Era questo giovine paggio della Serenissima Elettrice ... ."

168 Vgl. BayHStA, KL, Fasz. 476, Nr. 7/1, fol. 3r–4r.

169 Vgl. Adrover 1954, S. 49.

170 Die entsprechende Korrespondenz zur Niederlassung in Prag, unter anderem mit dem Domherrn Ferdinand Graf Martiniz oder dem Erzbischof von Prag Kardinal Ernst Adalbert von Harrach, findet sich in BayHStA, KL, Fasz. 476, Nr. 5/2. Die Dokumente zur Stiftung und der späteren Geschichte bis ca. 1678: BayHStA, KL, Fasz. 476, Nr. 5/1.

171 BayHStA, KL, Fasz. 471, Lit. A, fol. 137v: „Si portasse à Praga per trattare più strettamente la fondatione nostra in quella Città promossa della Serenissima Elettrice Adelaide di Savoia ... e sollecitata presso l'Imperatore ... ." Vgl. auch Vezzosi II 1780, S. 170.

172 BayHStA, KL, Fasz, 476, Nr. 5/2: „Havendo io molta inclinatione a questa Santa Religione cosi ancora sapendo che la Signora Elettrice Adelaide di Baviera lo desidera molto per incontrare in questi la sua sodisfattione lo faccio con la presente commandandovi caldissimente che mediate in ogni modo possibile di stabilirli et agiutarli al meglio che potra esser ... ."

173 BayHStA, GR, Fasz. 680, Nr. 30, fol. 1r: „die fundierung eines Closters der Vätter Theatiner in dero königliche Statt Prag, ... verwilliget, ... ich mich hiermit underthenigist bedankhen ... . [München], den 26. Junii Anno 1665."

174 BayHStA, GHA, Korr. Akt. 666 ½, fol. 130r et seq.: „Der Römischen Kaiserlichen ... Majestät ... dem Pater Angelo Pistocchio, Generalen deren Theatiner ..., daß dessen anderen Patribus eine Kirchen in dero Königliche Prager Stätten, eingräumbet werden möchten. ... Vienna die 9. Julii Anno 1664."

175 Vgl. BayHStA, KL, Fasz. 471, Lit. A, fol. 174v–179v.

176 Koegel 1899, S. 102.

177 BayHStA, KL, Fasz. 471, Lit. A, fol. 108r: „[Di] fare una capella nella sua Chiesa Catedrale, del Beato Gaetano."

178 Vgl. Moy 1978, S. 103 ff.

179 BayHStA, KL, Fasz. 471, Lit. E, fol. 108r: „progettandoli un Seminario di sei Sacerdoti secolari da fondarsi dal Signore Corrado di Lerchenfeld suo Padre col capitale di 30 milla Fiorini ... ."

180 Giovanni Caspare Zuccalli wurde 1637 als Sohn eines Cristoforo Zuccalli geboren und ist nicht mit Enrico verwandt. Vgl. Zumpf 1992, S. 33. Ein Auflistung seiner Werke, jedoch unter falschen Lebensdaten, findet sich in ThB XXXVI 1947, S. 569.

181 Zit. nach Tietze 1912, S. 109 f.

182 Vgl. Tietze 1912, S. 111.

183 Ebhardt 1975, S. 72 ff.

184 Vgl. Sedlmayr 1973, S. 42 f.

185 Tietze 1912, S. 112.

186 Moy 1978 S. 106

187 Adrover 1954, S. 1.

188 So beispielsweise im Jahre 1759 an den fünf Montagen der Fastenzeit, am Karsamstag, an den Festen der Kirchenpatrone und am Oktavtag von Allerseelen. Die Entlohnung betrug insgesamt 50 Gulden pro Jahr, plus weiteren 5 Gulden für die „Miserere". Vgl. Adrover 1954, S. 57.

189 Entgegen der Behauptung Hufnagels, dass das Kajetansfest lediglich im Jahr 1774 Erwähnung gefunden habe, taucht es in den ab 1727 erschienenen *Churbayerischen Hofkalendern* ab 1729 jährlich auf: Hufnagel 1992, S. 86. Vgl. *Churbayrischer Hof-Calender und Schematismus. auf das Jahr 1728*, Augustus, Hof und Kirchen Fest in disem Monat.

190 Die auf Wunsch der Kaiserinwitwe Maria Amalia durch Max III. Joseph am 22. November 1749 gegründete Gemeinschaft sollte nach der Aussage des Fürstbischofs von Freising, Johann Theodor Kardinal Bayern, das Ziel haben, die „vorbitt der heiligen Jungfrauen und Maretyrin Caeciliae für die einverleibte Mitglieder zuerhalten, eine besonder Christliche liebe und neigung zwischen diser Music-libenden gesellschaft einzupflanzen, und diesen daraus verstorbenen gottselig beyzustehen", BayHStA, KL, Fasz. 478, Nr. 13/5. Vgl. auch Mayer 1880, S. 208; Koegel 1899, S. 229 ff.; Ursprung 1927, S. 171 f.

191 Vgl. *Münchenerische Andachts-Ordnung* 1773, Kap. Das Jahr nach Christi Geburt.
192 Lipwosky 1831, S. 134.
193 Die täglichen Heiligen Messen für den Hof wurden naturgemäß in der Hofkirche der Residenz gelesen. Die Messen außerhalb der Residenz fanden außer in der Theatinerkirche, in fast gleicher Verteilung, in der Jesuitenkirche St. Michael, bei den Karmelitern, Augustinern und Franziskanern sowie in den Stadtpfarrkirchen Unserer Lieben Frau und St. Peter statt.
194 Vgl. Besch 1983, S. 136 ff.
195 BayHStA, KL, Fasz. 471, Lit. A, fol. 117r et v: „Adi 10. [Marzo 1663] determinato la Serernissima di fondare la Congregatione delle Schiave della Beata Vergine che sarebbono state le Dame più principali della Città ... ." Vgl. auch: Grassl 1940, S. 41 f.
196 „Puis que cest le tamps des devotions, demain avec cantite de Dame ie comencerey celle des esclave de Notre Dame: come cest uns chose inouie en ces pais, tout le monde le desire; ie ne scais, si cest plus par devotion, ou par curiositè", zit. nach: Merkel 1892, S. 368, Anm. 3.
197 BayHStA, KL, Fasz. 478, Nr. 13/1.
198 Brief Albrecht Sigismunds vom 15. März 1662: BayHStA, KL, Fasz. 478, Nr. 13/1.
199 Brief Henriette Adelaides vom 17. März 1662: BayHStA, KL, Fasz. 478, Nr. 13/1.
200 Brief Albrecht Sigismunds vom 18. März 1662: „Wür aber von obgedachte verhabenter Neuen Bruderschafft, die nothwendige information, so wohlen deren statuten, ... alß andere particular obligenhaiten erhalten ...", BayHStA, KL, Fasz. 478, Nr. 13/1.
201 BayHStA, KL, Fasz. 478, Nr. 13/1.
202 BayHStA, KL, Fasz. 478, Nr. 13/1.
203 BayHStA, KL, Fasz. 478, Nr. 13/1.
204 Abschrift der Urkdunde: BayHStA, KL, Fasz. 478, Nr. 13/1: „Henrica Adelhaide ... instanter fuerimus requisiti, quatenus pro ipsius desiderio, et singulari devotionis affectui, quo erga Beatissimam Dei Matrem Virginem Mariam fertur, benigne favere, et Congregationem pro sexu femineo, sub titulo Manicipatarum Beatae Mariae Virginis per eandem Suam Serenitatem Monachii erigendam, athoritate Nostra ordinaria approbare, atque confirmare dignaremur. ... non solum institui valeat, sed et institutam iam atque defacto introductam hiusmodo Congregationem, cum Indulgentiis à Sede Apostolica benignissime impertitis, Authoritate Nostra ordinaria approbamus, atque vigore praesentium in Domino confirmamus. ... Frisinga IV. Aprilis Anno Partus Virginei MDCLXIII."
205 BayHStA, KL, Fasz. 478, Nr. 13/1: „solche Congregation ... auch under den Mansbildern zu introduzieren ... ."
206 Vgl. BayHStA, KL., Fasz. 471, fol. 124r: „Nello stesso giorno [30. Maggio 1663] il Serenissimo Elettore ne mandò la licenza del Serenissimo, e Reverendissimo Vescovo per poter fare altra Congregatione, conforme quella della Serenissima Elettrice: ma di maschile acciò anch'egli venisse ad esser, e chiamarsi, non meno che la Serenissima sua Consorte, Schiavo della Beata Vergine i tanto può l'essempio."
207 Brief von Guidobald von Thun und Hohenstein vom 21. März 1662: BayHStA, KL, Fasz. 478, Nr. 13/1.
208 Koloch 1999, S. 29–31; Keller 2005, S. 173.
209 BayHStA, GHA, Handschriften, Nr. 91.
210 BayHStA, GHA, Handschriften, Nr. 91, fol. 11r.
211 Vgl. zum Begriff der Tugendhaftigkeit im Adel: Straub 1969, S. 7 f.
212 Vgl. Silos II 1655, S. 119 f.; Andreu 1952, S. 14.
213 Nach der Aufhebung sämtlicher Marienkongregationen durch Papst Clemens X. wurde die Gemeinschaft am 12. Dezember 1764 als Congregatio Ancillarum Beatae Mariae Virginis wiedererrichtet. Vgl. Mayer 1880, S. 208.
214 *Geist und Gesetze der hochadeligen Versammlung der Dienerinnen Mariä. In der königlichen Hofkirche zum heiligen Kajetan in München. Errichtet im Jahre 1663*, München 1844, S. 4.
215 *Neu-gedrucktes Register aller Einverleibten einer hochadelichen Versammlung derer Leibeigenen Dienerinnen, oder insgemein Sclavinnen Mariae in der Churfürstlichen Hof-Kirchen Sancti Adelhaidis et Cajetani bey denen Regulirten Priestern, sogenannten Patres Theatinern in München*, München 1763.
216 BayHStA, KL, Fasz. 471, Lit. A, fol. 117v: „un, quasi camice di tela bianca, sopra cui d'avvanti, e di dietro pendea nel mezzo una larga benda di saia vulgarmente detta patienza, di color turchino, la cinta, da cui però non veniva stretta la sudetta benda, era una cattenella di ferro, a cui era per termine una testa di morto, d'avorio. Oltre di ciò ci era il Capuccio, da cui veniva coperta non sol la faccia: mà il corpo fin quasi alla cintura. et una Nunciata fatta in forma di picciol habitimo stava apesa al petto con una fettucia di sata, che attorniava il collo, e scendeva d'avanti."

# 3

# Italienische Kunst und Architektur vor der Theatinerkirche

# 3.1 Funktion und Rezeption italienischer Kunst

Wie bereits im Vorwort erwähnt, findet sich bis heute die Behauptung, dass die italienische Kunst erst mit Henriette Adelaide wirklich Einzug in Bayern gehalten hätte.[1] Hingegen stellten die Lehr- und Wanderjahre deutscher Künstler in Italien, dem Land der Antike und deren Wiedergeburt in der Epoche der Renaissance, schon spätestens seit der zweiten Hälfte des 15. Jahrhunderts ein Einfallstor für die Kunst des Südens in die Länder nördlich der Alpen dar.[2] Der Weg italienischer Künstler in den Norden war jedoch ungemein seltener und stets von fürstlichen oder kirchlichen Aufträgen abhängig. So fanden zum Beispiel am Münchner Hof vor 1520 kaum ausländische Künstler eine Anstellung.[3] Gerade die bayerischen Herzöge sollten aber, neben den freien Reichsstädten wie Augsburg oder Nürnberg, eine entscheidende Rolle bei der Rezeption italienischer Kunst im Norden spielen.[4] Denn im 16. Jahrhundert galten die italienischen Fürstenhöfe der Renaissance, vor allem seit dem epochalen Werk *Il Libro del Cortegiano* von Baldassare Castiglione aus dem Jahre 1528, als nachahmenswerte Vorbilder eines neuen, von Wissenschaft und Kunst geprägten Herrscherideals.[5] Mit diesen Höfen, allen voran dem der Medici in Florenz[6], galt es in einen fruchtbaren Wettstreit zu treten. Man versuchte den eigenen Herrschaftsanspruch im Sinne einer „Repraesentatio Maiestatis“[7] durch Zeremonien, Feste und natürlich auch in den Schönen Künsten nach dem Vorbild Italiens darzustellen und sich damit zu verewigen.[8] So schrieb der Augsburger Kunstagent Philipp Hainhofer bereits 1611 über den Münchner Hof:

> „Es ist alles auf der italianischen gaist- und weltlichen fürsten art gerichtet.“[9]

Der Prozess der Repraesentatio Maiestatis trug dabei, als symbolische Kommunikation verstanden, maßgeblich zur Festigung der politisch-sozialen Ordnung bei.[10] Dabei ging es weniger um eine prunksüchtige Selbstinszenierung, wie man es später dieser und auch den nachfolgenden Epochen oft irrtümlich unterstellte[11], als vielmehr um eine notwendige[12] Selbstvergewisserung des historisch gewachsenen Gesellschaftssystems.[13] Ziel war es nicht nur, das seit dem Mittelalter propagierte Gottesgnadentum[14] darzustellen[15], sondern durch die (Selbst-)Verpflichtung auf die

**Abb. 17. Palazzo del Te, Manuta – Hofansicht.**

Herrschertugenden (z. B. Gerechtigkeit, Barmherzigkeit, Demut, Milde oder Frömmigkeit[16]) sowie durch das Verständnis des Fürstenamtes als Dienst vor Gott[17] auch das gesamte Ordnungs- und Wertesystem der Gesellschaft.[18] So fasste Franz Caspar von Schmid, der Sohn des gleichnamigen Ratskanzlers unter Ferdinand Maria, den repräsentativen Anspruch seiner Zeit treffend in seinem *Mundus Christiano-Bavaro-Politicus* wie folgt zusammen:

> „Magnifizenz und Pracht ... ist solches das einzige Mittl, so die Fürsten berüembt machet bei denen außländern und auch einen mehrern gehorsamb und respect bei denen Underthanen verursacht."[19]

Von den Wittelsbacher-Herzögen machte der von Landshut aus über die Rentämter Straubing und Landshut regierende Ludwig X. auf seiner Italienreise nach Mantua im Jahre 1536 die ersten persönlichen Erfahrungen mit der italienischen Hofkultur der Renaissance. Am Hof Herzog Federicos II. Gonzagas sah er den berühmten, von Giulio Romano ab 1524 erbauten Palazzo del Te (Abb. 17) und berichtete darüber in einem Brief vom 18. April 1536 an seinen Bruder Wilhelm IV. in München:

> „In dem neuen palast, so er paud, der geleichen glaub ich, daß kain sollicher gesehen worden an köstlichen gemachten und gepei auch gemäll."[20]

**Abb. 18. Stadtresidenz Landshut – Innenhofansicht des Italienischen Baus.**

Begeistert von der Repräsentationskraft dieser Architektur ließ der Herzog nach seiner Rückkehr nach Landshut den von Bernhard Zwitzel errichteten „Deutschen Bau" seiner Residenz 1536–1542 möglicherweise nach Plänen Giulio Romanos[21] um einen „Italienischen Bau" erweitern.[22] Das italienische Vorbild wird dabei besonders im Innenhof der Vierflügelanlage deutlich (Abb. 18). Dort wird über dem offenen, mit dorischen Säulen versehenen Arkadengang im Untergeschoss das Piano Nobile mit dem darüber befindlichen Mezzaningeschoss durch eine Kolossalordnung korinthischer Pilaster harmonisch zusammengefasst.

Ludwigs Neffe Albrecht V. sammelte wiederum antike Bildwerke und Münzen. Durch den auch in kaiserlichem Auftrag tätigen Mantuaner Antiquar Jacobo Strada und den Venezianer Niccolò Stoppio ließ er unter anderem 1567 die bedeutende Antikensammlung Loredan in Venedig ankaufen und für diese im zweiten Obergeschoss des zwischen 1563 und 1567 erbauten Marstalls, der späteren Münze und des heutigen Bayerischen Landesamts für Denkmalpflege, in München eine herzogliche Kunstkammer einrichten.[23] Für seine Skulpturensammlung wurde nach den Entwürfen Stradas und unter Leitung des Augsburger Baumeisters Simon Zwitzel das Antiquarium der Münchner Residenz errichtet.[24] Albrechts Sohn Wilhelm V. ließ dieses später durch den in Italien geborenen Friedrich Sustris[25] und den Florentiner Bildhauer und Stuckator Carlo di Cesare del Palagio ab 1581 im Stil der Medici umbauen (Abb. 19).[26] Die Ausstattung folgt mit ihrer Groteskenmalerei und den Darstellungen der Herrschertugenden dem Vorbild des von Michelozzo entworfenen und von Vasari

**Abb. 19. Residenz München – Antiquarium.**

ausgestalteten Innenhofes des Palazzo Vecchio in Florenz. Im Schwarzen Saal der Residenz wurde darüber hinaus durch Hans Werl im Jahr 1602 zum ersten Mal in München die sogenannte Quadraturmalerei angewandt, welche die illusionistische Erweiterung eines Raumes durch die Malerei zum Ziel hat. Ab 1581 wurde auch der Grottenhof der Residenz durch Sustris und Palagio gestaltet und erhielt über dem zentralen Wandbrunnen in der Brunnenhalle eine Kopie des herabschwebenden Merkurs von Giovanni da Bologna durch die Hand seines Schülers Palagio (Abb. 20).
Die Begeisterung für die italienische Renaissance fand schließlich unter Wilhelms Sohn Maximilian I. ihren Höhe- und durch den Dreißigjährigen Krieg auch ihren Endpunkt. Als Hauptwerk dieser letzten Phase muss die Maximilianische Residenz gelten, die von 1611 bis 1619 unter Hans Reiffenstuel und Heinrich Schön als Vierflügelbau errichtet wurde (Abb. 21).[27] Vom Kunstsinn und Einfluss des Kurfürsten auf die Gestaltung seiner Residenz zeugt die Antwort eines Kammerdieners auf die Frage des Schwedenkönigs Gustav II. Adolf, wer denn das ikonographische Programm der Fassade und der Zimmer entworfen habe: „Kein anderer als der Kurfürst selbst."[28] Durch den aus Italien stammenden Sänger Baldassare Pistorini erfuhr die Residenz 1644 auch eine detailreiche Beschreibung in dessen *Descrittione compendiosa del palagio sede de' Serenissimi di Baviera situato nella elettorale città di Monaco*.[29] Pistorini charakterisierte den Residenzbau in Anspielung auf die von Maximilian 1623 errungene Kurwürde der Pfalz „eher als kaiserlich[e] denn als herzogliche Wohnung"[30]. Auch die Sammlungsinteressen Maximilians I. wurden durch den bereits erwähnten Augsburger Kunstagenten Philipp Hainhofer wahrgenommen, der in seinen Memoiren ein reiches Zeugnis vom Kunstgeschmack der Wittelsbacher-Herzöge ablegte.[31]
Mit dem Einfall Gustavs II. Adolfs von Schweden 1632 in Bayern erlebten die künstlerischen Anstrengungen jedoch eine tiefgreifende Zäsur.[32] So schrieb der

**Abb. 20. Residenz München – Brunnenhalle im Grottenhof.**

Maler und Kunsthagiograph Joachim von Sandrart in seiner *Teutschen Academie der Edlen Bau-, Bild- und Mahlerey-Künste* von 1675 über jene Zeit:

> „Die Königin Germania sahe ihre mit herrlichen Gemälden gezierte Paläste und Kirchen hin und wieder in der Lohe auffliegen, und ihre Augen wurden von Rauch und Weinen dermaßen verdunkelt, dass ihr keine Begierde oder Kraft übrig bleiben konnte, nach dieser Kunst zu sehen: von welcher nun schiene, dass sie in eine lange und ewige Nacht wollte schlaffen gehen."[33]

Die Anstrengungen Kurfürst Maximilians I. nach dem Dreißigjährigen Krieg mussten sich daher zunächst auf die Wiederherstellung der politischen Stabilität und die Konsolidierung des hoch verschuldeten Staatshaushalts konzentrieren. Wie bereits erwähnt, konnte es erst sein Sohn Ferdinand Maria durch seine umsichtige Regierung gegen Ende der Fünfzigerjahre wieder wagen, an den „stile moderno"[34] Italiens und die Tradition seiner Vorfahren Anschluss zu suchen, dieses Mal jedoch unter den Vorzeichen des Barock.[35] So schrieb Sandrart über die Jahre nach dem Dreißigjährigen Krieg:

> „Das gnädige Schicksel erbarmete sich dieser Finsternis, und ließe der Teutschen Kunst-Welt eine neue Sonne aufgehen: die die schlummernde Freulin Pictura wieder aufweckte, die Nacht zertriebe und ihr den Tag anbrechen machte."[36]

Aufgrund des kriegsbedingten Mangels an einheimischen Künstlern, allein in München wurde die Einwohnerzahl von 24 000 auf 9 000 dezimiert[37], und deren geringer Erfahrung mit der gewünschten Stilsprache war man bei der Verwirklichung der angestrebten Vorhaben vor allem auf ausländische, sprich italienische Künstler angewiesen.[38] Dabei ging es also weniger um deren gezielte Bevorzugung, wie im 19. Jahrhundert gerne unterstellt wurde, als vielmehr um eine schlichte Notwendigkeit. So urteilte auch schon Johann Christian Götze in seiner 1747 erschienenen Monographie über *Die Durchlauchtigsten Churfürstinnen von Bayern*:

Abb. 21. Johann Balthasar Wening, Eigentliche Abbildung deß Churfüstlichen Baierischen Palatii oder Residentz zu München, 1718.

> „Der Vorwurf, daß sie die vielen Ausländer gerne gesehen, und dieselbe die Würkung ihrer fast königlichen Freygibigkeit spüren lassen, rühret von Leuten her, die niederträchtig denken. Große Herrschaften breiten nicht nur ihren Ruhm in der ganzen Welt aus, sondern befördern auch das Aufnehmen ihrer Länder, wenn sie, ohne Unterschied der Völker, geschickte und wohlverdiente Personen in ihre Dienste nehmen, und ihre Tugenden und Künste reichlich belohnen."[39]

# 3.2 Architektur, Bauschemata und Vorgängerbauten

Im Gegensatz zu Malerei, Skulptur und Profanbau konnte sich nördlich der Alpen nach dem Dreißigjährigen Krieg der aus Italien kommende „stile moderno“ des Barock im Kirchenbau nur langsam durchsetzen. Sicherlich war dieser Umstand vor allem dem hohen Kostenaufwand geschuldet, weshalb nach Jahren der Konsolidierung zunächst nur fürstliche Auftraggeber in Erscheinung traten. Ein anderer Grund war aber auch die ausgeprägte Bautätigkeit während der langen Epoche der Gotik, die vom dreizehnten bis ins sechzehnte Jahrhundert den Bedarf an Kirchenbauten in Städten und Dörfern weitestgehend gedeckt hatte.[40] Außer durch die zuvor erwähnte Vermittlung durch italienische Künstler nach dem Dreißigjährigen Krieg verbreitete sich das barocke Formengut auch über Vorlagenbücher wie Wendel Dietterlins *Architectura* von 1598 oder Gabriel Krammers *Architectura* von 1600.[41] Joseph Furttenbach d. Ä. bezog sich in seiner *Architectura civilis* aus dem Jahre 1628 – wohl auch auf Grundlage eines mehrjährigen Italienaufenthaltes – zwar auf Theoretiker wie Sebastiano Serlio oder Vincenzo Scamozzi, versah seine Ausführungen jedoch nur mit recht schematischen Illustrationen (Abb. 22). Man musste hier also auch auf die Erfahrung der aus Italien angeworbenen Architekten und Bauleute zurückgreifen.

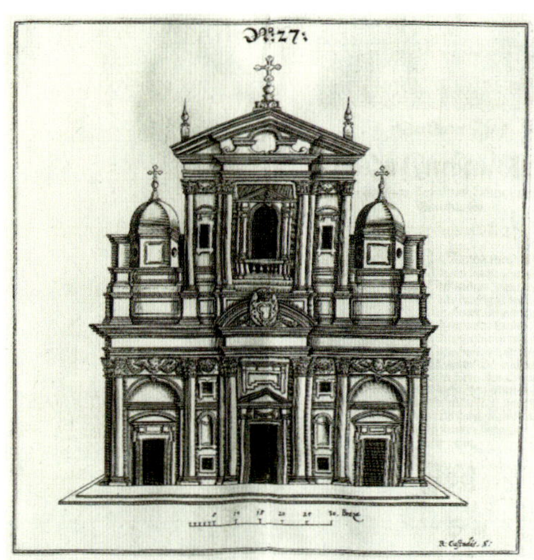

**Abb. 22. Aufriss einer Kirchenfassade, aus: Joseph Furttenbach, *Architectura civilis*, 1628, Tafel 27.**

Als vornehmstes und repräsentativstes Bauschema[42] für Kirchen galt bereits seit der Antike und über nahezu alle Epochen hinweg der Longitudinalbau. Eine gezielte Förderung erfuhr dieser durch die Katholische Reform und das Konzil von Trient in der zweiten Hälfte des 16. Jahrhunderts.[43] Dieses bedeutende Konzil war nicht nur eine Reaktion auf die Herausforderungen der Reformation, sondern sollte vor allem der Festigung des tradierten Glaubensgutes und der Wiederherstellung der kirchlichen Einheit dienen.[44] Dabei wurde auch der Kunst eine wichtige Rolle in der Vermittlung des Glaubens zuerkannt. So äußerte sich das Konzil im Beschluss *De invocatione, veneratione et reliquiis sanctorum, et sacris imaginibus* (1562/63) hinsichtlich der Malerei, dass durch diese das gläubige Volk

> „an die Wohltaten und Geschenke erinnert wird, die es von Christus empfangen hat, und den Gläubigen durch die Heiligen andererseits Gottes Wunder und segensreiche Beispiele vor Augen gestellt werden, so dass sie Gott dafür danken, ihr Leben und ihre Sitten auf die Nachahmung der Heiligen ausrichten und zur Anbetung und Liebe Gottes sowie zur Pflege der Frömmigkeit angeregt werden.“[45]

Die Definition und praxisbezogene Formulierung dieses Anspruchs für die Kunst leisteten jedoch erst verschiedene italienische Bischöfe gegen Ende des 16. Jahrhunderts mit ihren zunächst nur regional bedeutsamen Kunsttraktaten.[46] In diesen spiegelten sich aber auch, wie bereits James Ackerman feststellte, die ganz allgemeinen liturgischen Bedürfnisse und theologischen Positionen der Zeit, die in den Jahrzehnten zuvor vor allem von den neuen Reformorden wie den Theatinern, Barnabiten oder Jesuiten wahrgenommen[47] und durch das Konzil „nur" in theoretischer Hinsicht rezipiert und gebündelt worden waren[48].

Für den Kirchenbau wurde besonders das Traktat *Instructiones fabricae et supellectilis ecclesiasticae* des Mailänder Erzbischofs Carlo Kardinal Borromeo aus dem Jahre 1577 wegweisend. So legte Borromeo im ersten Buch der *Instructiones* fest, dass eine Kirche, wie es schon in der Zeit der Apostel üblich gewesen sei, über einem kreuzförmigen Grundriss erbaut werden sollte.[49] Der idealerweise exponiert gelegene Sakralbau sollte vorzugsweise einschiffig sein, also eine Saalkirche.[50] Als gerichteter Longitudinalbau sollte er dabei nach Osten hin auf den Hochaltar[51] mit dem Tabernakel[52] ausgerichtet werden. Der Hochaltar selbst sollte möglichst groß und – auf mehreren Stufen erhöht – gut vom Kirchenschiff aus sichtbar sein.[53] Das Schiff[54] sollte geräumig und frei von jeglichen störenden Gegenständen wie Stützen oder Gräbern geplant werden.[55] Die Arme des Querhauses sollten mit großen Altären für besondere Messen versehen sein.[56] Da Borromeo in seinem Traktat sowohl von einem Langhaus und einem Querhaus als auch von einer Wölbung spricht, legt dies das stillschweigend vorausgesetzte Vorhandensein einer Vierung und einer Vierungskuppel nahe. Die Kapellen sollten sich hingegen, den Jochen der Wölbung entsprechend, direkt an das Schiff anschließen, aber auch genügend von diesem und voneinander getrennt sein, damit die Priester an den Altären in angemessener Abgeschiedenheit ihre tägliche Messe lesen und die Gläubigen diese vom Schiff aus andächtig verfolgen könnten.[57] Diese Art von begleitenden, quergerichteten Kapellen, deren Arkaden sich in das Schiff erst unterhalb eines umlaufenden Gebälks öffnen, werden als „Abseiten" bezeichnet.

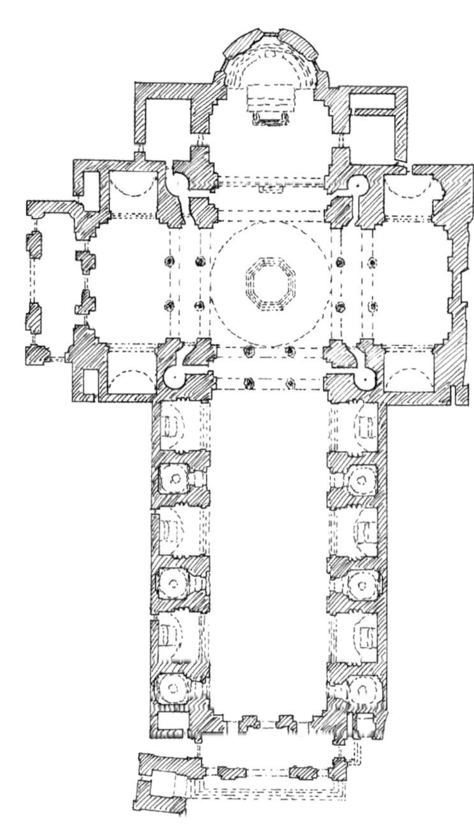
Abb. 23. Grundriss von Sant'Andrea, Mantua

Ausgangspunkt für die Entwicklung dieses so bedeutsamen Bauschemas einer Saalkirche mit Abseiten[58] war die von Leon Battista Alberti entworfene und um 1470 vollendete Kirche Sant'Andrea[59] in Mantua (Abb. 23).[60] Alberti ging bei seinem Entwurf von einem „Etruscum Sacrum"[61] aus, einem antiken Tempelbau, bei dem anstelle von Seitenschiffen quergerichtete, von Tonnen überwölbte Kapellen den Hauptraum begleiten. Dieses Bauschema entsprach der von vielen Reformorden geforderten „chiesa ad aula"[62]. Diese sollte nach den Wirren der Reformation in ihrer von Kapellen begleiteten, meist flachgedeckten Einschiffigkeit und dem herausgehobenen, überwölbten Presbyterium die Rückkehr zu einer idealisierten „ecclesia primitiva"[63], einer Art ursprünglichen Kirchenbau, verkörpern.[64] In Rom, dem Zentrum der christlichen Welt, wurde dieses Bauschema in bescheideneren Ausmaßen zum ersten Mal in der von Antonio da Sangallo d. J. geplanten und zwischen 1537 und 1545 errichteten Hospitalkirche Santo Spirito in Sassia verwirklicht.[65]

Die Bevorzugung des gerichteten Longitudinalbaus nach dem Konzil von Trient hatte aber nicht automatisch zur Folge, dass das antikisch motivierte Idealbauschema der Renaissance, näm-

**Abb. 24. Donato Bramante, Achsensymmetrisch ergänzter Grundrissplan für St. Peter in Rom, 1506.**

lich der Zentralbau, wie er sich idealtypisch in Donato Bramantes achsensymmetrisch zu ergänzendem Entwurf für St. Peter von 1506 findet, gänzlich verbannt wurde (Abb. 24).[66] Vielmehr wurde der Zentralbau in den Longitudinalbau integriert. Der Zentralbau der Renaissance kann als Monument der Wiederentdeckung der schöpferischen Kraft des Menschen gesehen werden, die in den Mittelpunkt der vorherrschenden Geisteshaltung des Humanismus gerückt war.[67] Diese erneut hervorgehobene Würde des Menschen wurde nun in den zielgerichteten, durch das Konzil von Trient erneut ins Bewusstsein gerufenen Heilsplan Gottes und seiner Kirche, verkörpert eben durch den gerichteten Longitudinalbau, integriert. Der Mensch sah sich nicht vom Reich Gottes getrennt, sondern feierte den Himmel auf Erden: das zentrale Credo des Barock. So verschmolzen Zentralbau und Longitudinalbau zum Bauschema der überkuppelten Saalkirche mit Abseiten auf kreuzförmigem Grundriss, wie man es, gerade auch in seiner planungsgeschichtlichen Entwicklung, mustergültig in der unter Giacomo Barozzi da Vignola und Giacomo della Porta ab 1564 erbauten Papstkirche von St. Peter (Abb. 25) oder auch in der von Vignola entworfenen Mutterkirche des Jesuitenordens Il Gesù ab 1568 verwirklicht findet.[68]

In Il Gesù wird das breite, tonnengewölbte Schiff von einem nur wenig ausladenden Querhaus durchdrungen, es erhebt sich also über dem Grundriss eines lateinischen Kreuzes (Abb. 26). Die ausgeschiedene Vierung wird dabei von einer mächtigen Pendentifkuppel mit Tambour überfangen.[69] Im Presbyterium folgt auf ein Vorchorjoch die große, halbrunde Apsis. Das Schiff wird seitlich von drei untereinander verbundenen Kapellen begleitet, über denen Emporenhalbgeschosse[70] eingefügt sind. Aufgrund der großen Schubkraft der schweren Kuppel[71] wurde das Langhaus zur Vie-

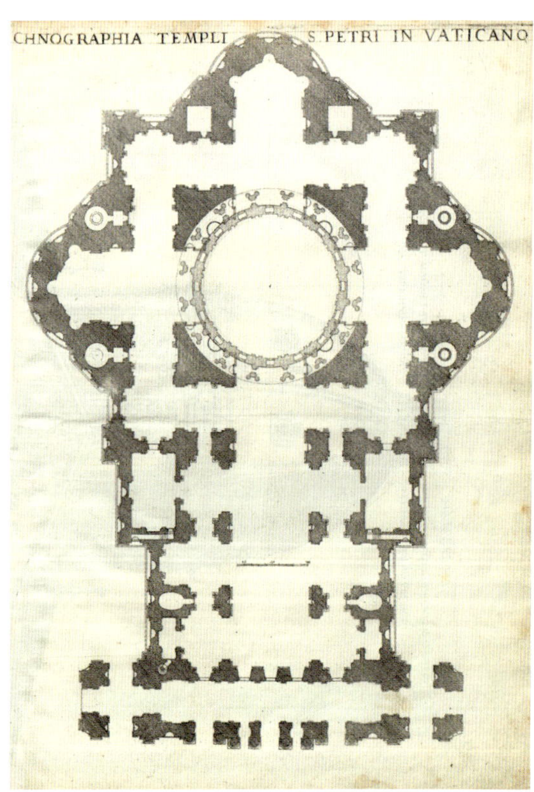


**Abb. 25. Giacomo Barozzi da Vignola und Giacomo della Porta, Grundriss von St. Peter in Rom.**

rung hin durch ein massives Halbjoch mit beidseits je einem niedrigen Anraum verlängert. Dem entspricht jenseits der Vierung das Vorchorjoch mit seinen beiden Anräumen.

Bei Il Gesù brachte vor allem der Mäzen und Finanzier des Vorhabens Alessandro Kardinal Farnese seine Ideen und Vorstellungen mit in „seinen"[72] Bau ein, was Gauvin Alexander Bailey urteilen lässt, dass in Il Gesù „vielmehr der Stil der Farnese als jener der Jesuiten"[73] verwirklicht wurde. Zu diesen Ideen zählen unter anderem die exponierte Stellung der Kirche mit einer repräsentativen Fassade hin zu einem freien Vorplatz, die Einschiffigkeit und, entgegen einer von den Jesuiten präferierten hölzernen Flachdecke, das Tonnengewölbe samt der Vierungskuppel.[74] Da die *Instructiones* von Carlo Borromeo noch vor der Vollendung von Il Gesù im Druck erschienen sind und dieser Kirchenbau die Forderungen des Traktates nahezu in allen Punkten erfüllt, liegt die Vermutung nahe, dass Alessandro Farnese in regem Austausch mit seinem Kardinalskollegen Carlo Borromeo stand.[75] In den darauffolgenden Jahrzehnten wurde Il Gesù, in der Strenge seiner Raumordnung und der Klarheit seiner Gliederungselemente eigentlich noch dem Ideal der Renaissance verhaftet, zum Idealtypus des nachtridentinischen Kirchenbaus.[76] Klaus Schwager zeigte dabei auf, dass die Rezeption des Baus und der darin verwirklichten Ideen der tridentinischen Glaubenserneuerung nach 1600 vor allem durch die Verbreitung von Stichwerken wie Valérian Regnards *Praecipua urbis Romanae templa* aus dem Jahre 1650 ermöglicht wurde.[77] Es muss jedoch betont werden, dass es sich bei Il Gesù nicht um einen expliziten „Jesuitenstil"[78] handelt, sondern vielmehr um einen Raumtypus, der durchaus den jeweiligen örtlichen und zeitlichen Gegebenheiten angepasst werden konnte.[79] So legte beispielsweise die erste Generalversammlung der Jesuiten im Jahre 1558 hinsichtlich der Architektur der Kollegienbauten fest, dass diese „nutzbar, vernünftig und kraftvoll sein [sollten], jedoch [sollte] in ihnen eine Erinnerung an unsere Armut sichtbar [sein]. Deshalb [sollten] sie weder verschwenderisch noch außergewöhnlich [sein]. Über den Kirchenbau ist jedoch nichts vorgeschrieben."[80] Es wurden also

**Abb. 26. Giacomo Barozzi da Vignola, Grundriss von Il Gesù in Rom.**

vonseiten des Ordens zunächst eher funktionalistische denn ästhetische Vorgaben gemacht, die damit auch genügend Raum für notwendige Anpassungen und Interpretationen ließen.

Dass dieser Interpretationsspielraum hinsichtlich der Gestaltung eines jesuitischen Kirchenbaus auch nördlich der Alpen genutzt wurde, zeigt das epochale, erste große nachmittelalterliche Kirchenbauprojekt der Wittelsbacher-Herzöge, nämlich St. Michael in München. Wie bereits erwähnt, siedelte Herzog Albrecht V. den aus Italien stammenden Reformorden 1559 in München an (Kap. 1.1).[81] Entgegen dem Beispiel anderer deutscher Niederlassungen wie etwa jener in Köln, bei deren Kirchenneubau man sich noch an der lokalen Tradition der gotischen Hallenkirche orientierte[82], und wider einem ersten, ordenseigenen Entwurf einer überkuppelten Basilika aus dem Jahre 1582[83], war es wahrscheinlich Herzog Wilhelm V. selbst, der sich einen lichten, weiten Neubau wünschte, um damit ein Manifest für die gerade unter seiner Regierung erstarkte Katholische Reform abzulegen (Abb. 27).[84] Gleiches galt auch für das angeschlossene Kolleg, das Philipp Hainhofer als „nach dem Escurial in Spagna [als] das fürnembste Collegium in gantz Europa"[85] beschrieb. Mit dem Vergleich zu dieser größten Schlossanlage der Renaissance, in der sich Herrscherresidenz und Kloster unter einem Dach vereinten, wird auch der von Wilhelm V. vertretene Anspruch bei seinem Bauvorhaben deutlich. Am 18. April 1583 legte er den Grundstein für die Kirche, deren Rohbau bis 1587 durch den in Italien geborenen Friedrich Sustris[86] und den Augsburger Schreiner Wendel Dietrich durchgeführt und deren Erstausstattung bis 1589 vollendet wurde.[87] Die Weihe im Jahr darauf wurde jedoch durch den Einsturz des Chorflankenturmes am 10. Mai 1590 verhindert. Daraufhin wurde die Kirche von 1593 bis 1597 mit einem Pseudoquerhaus und einem um acht Meter längeren Chor mit Emporenumgang vollendet.[88] Nicht verwirklicht wurde hingegen die Vierungskuppel[89] mit dem darunter befindlichen Grabmal für den Herzog und seine Gemahlin[90]. Die ab 1584 von Sustris geplante Fassade behielt trotz oder gerade wegen ihres unausgereiften Schemas einer Schaufassade[91] den hier zum ersten Mal nördlich der Alpen ausformulierten Charakter eines Herrscherlobs. Mit den Ahnherren des Hauses Wittelsbach bevölkert, stellt sie eine „Successio Christianorum Bavariae Principium"[92] dar, die später auch für die Fassade der Theatinerkirche von Bedeutung sein sollte (Kap. 6.4.1).

**Abb. 27. Jesuitenkirche St. Michael, München – Innenansicht.**

Die von einer über 20 Meter breiten Tonne mit Gurtbögen überspannte Michaelskirche erstreckt sich, wie Il Gesù, über einem kreuzförmigen Grundriss (Abb. 28). Um diese enorme Spannweite des Gewölbes erreichen zu können, wurden massive Widerlager notwendig, die sich hier nicht als Pfeiler, sondern als das Schiff umgebende Mauermassen zeigen. In diese fügen sich an den beiden Flanken je drei zweigeschossige Abseiten mit Kapellen und Emporen ein, die weit über den Wölbungsfuß hinausreichen. Durch die Planänderung nach dem Einsturz des Chorflankenturmes bedingt, fehlt jedoch eine Vierung mit einer Kuppel. Stattdessen entstand in Ergänzung der Abseiten ein Pseudoquerhaus, das weder über die Flucht der Kapellenaußenwände hinausgeht, noch die Wölbungshöhe des Schiffs erreicht. Es handelt sich also bei St. Michael um eine Variation der oben beschriebenen Saalkirche mit Abseiten, die dabei mit ihren ungewöhnlichen Mauermassen an antike Massebauten wie die Maxentiusbasilika in Rom erinnert.[93] Die Gravitas des Innenraumes von St. Michael offenbart sich aber auch in der kleinteiligen Gliederung durch die weit auseinander stehenden Doppelpilaster, die sich bei der Attika in Emporenhöhe wiederholen. Ebenso ordnen sich die flachen Quadraturstuckaturen dem dominierenden Raumschema unter. Über den Einfluss der Gotik auf St. Michael sowie dessen Nachfolge und Rezeption wird gleich noch im Zusammenhang mit dem Bauschema der Wandpfeilerkirchen gesprochen werden.

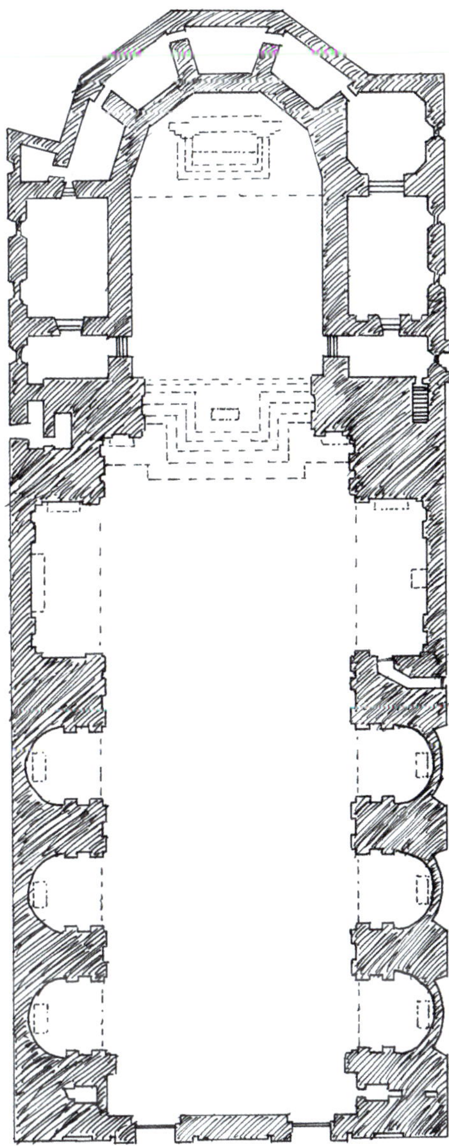

**Abb. 28. Grundriss der Jesuitenkirche St. Michael, München.**

Der „reinste italienische Monumentalbau"[94] nördlich der Alpen wurde nur wenige Jahre später im neuen Dom St. Rupert und Virgil zu Salzburg verwirklicht (Abb. 29). Aufgrund seines Status als unabhängiges Fürsterzbistum blieb die Stadt an der Salzach weitestgehend von den Wirren des Dreißigjährigen Krieges verschont, was eine Kontinuität der künstlerischen Entwicklung ermöglichte.[95] Nachdem 1598 der spätromanische Bau des Salzburger Doms durch eine Feuersbrunst zerstört worden war, beauftragte Fürsterzbischof Wolf Dietrich von Raitenau zunächst den in Venedig tätigen Vincenzo Scamozzi[96] mit der Planung eines Neubaus, wie Scamozzi selbst für das Jahr 1604 im ersten Buch seiner *L'idea dell'architettura universale* von 1615 berichtet.[97] Trotz der Ausarbeitung von noch erhaltenen Entwürfen durch Scamozzi, die dieser dann im leider nie erschienenen fünften Buch über Kirchenbauten veröffentlichen wollte[98], wurde nach der Niederlegung des alten Domes 1606 der aus dem Val d'Intelvi stam-

**Abb. 29. Dom St. Rupert und Virgil, Salzburg – Innenansicht.**

mende Santino Solari[99] mit dem Neubau betraut.[100] Eine erste Grundsteinlegung erfolgte 1610. Doch wurde das daraufhin gelegte Fundament nach dem Sturz des Fürsterzbischofs 1611 wieder abgetragen und der Bau 1614 unter Markus Sittikus von Hohenems erneut begonnen. Unter dessen Nachnachfolger Guidobald von Thun und Hohenstein konnte der Dom 1628, innen noch unvollendet, geweiht werden.

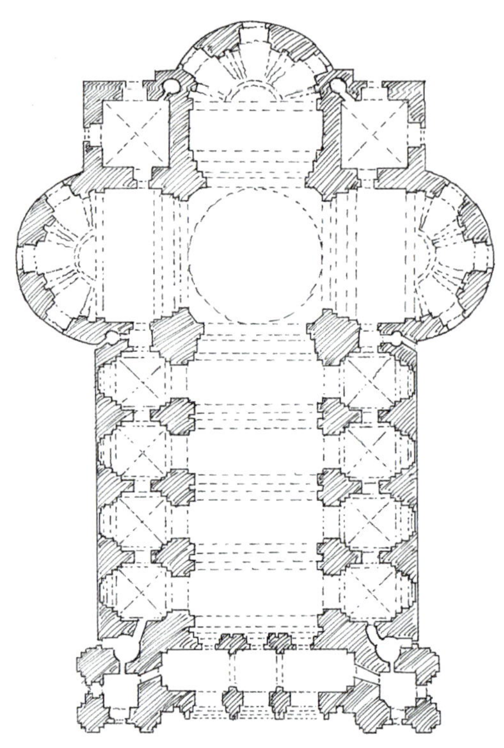

Abb. 30. Grundriss des Doms St. Rupert und Virgil, Salzburg.

Der Dom erhebt sich als Saalkirche mit Abseiten über einem kreuzförmigen Grundriss, wobei das Querhaus und das Presbyterium als Dreikonchenanlage ausgeformt ist und die Vierung von einer achteckigen Tambourkuppel überfangen wird (Abb. 30). Mit Recht wurde bei dem sogenannten Trikonchos außer auf die 1506 von Bramante begonnene und von Michelangelo umgestaltete Kreuzanlage von St. Peter in Rom[101] auch auf den Dom Santa Maria Assunta in Como als Vorbild verwiesen, der von 1513 bis 1519 durch Tommaso Modari und Cristoforo Solari erbaut worden ist.[102] Der Wandaufriss des Salzburger Schiffs mit den Doppelpilastern, den kompositen Kapitellen und den halbhohen Arkaden lässt sich hingegen klar von Il Gesù ableiten. Die darüber befindlichen geschlossenen Emporen deuten auf eine venezianische Tradition hin, die möglicherweise durch Scamozzi eingeführt wurde.[103] Die gekuppelten Pilaster, das kräftige, verkröpfte Gebälk und der mit Akanthusranken gefüllte Fries sind Elemente der lombardischen Baukunst, wie sie sich zum Beispiel in der 1605 von Giovanni Ambrogio Magenta begonnenen Bologneser Kathedrale San Pietro zeigen (Abb. 31).[104] Gleiches gilt für das Fehlen eines Licht-

Abb. 31. Kathedrale San Pietro, Bologna – Innenansicht.

gadens, was dem Gewölbe eine archaische Schwere verleiht, und das Tonnengewölbe ohne Einschnitte, was beides auch schon in Albertis Sant'Andrea in Mantua zu finden ist. Trotz der Variation des Bauschemas von Il Gesù durch norditalienische Einflüsse entstand also im Dom zu Salzburg zum ersten Mal nördlich der Alpen eine überkuppelte Saalkirche mit Abseiten auf kreuzförmigem Grundriss, wie sie dann auch in der Theatinerkirche verwirklicht werden sollte.

Deutlich zu unterscheiden ist dieses italienische Bauschema einer Saalkirche mit Abseiten, das bereits Martin Wackernagel 1915 als „Anlagetyp mit basilikaler Überhöhung des Mittelschiffs"[105] charakterisierte, von den „Typen von hallenmäßigem Querschnitt"[106], zu denen auch das heute inflationär und leider wenig differenziert verwendete Bauschema der „Wandpfeilerkirchen"[107] gehört.[108] Im süddeutschen Raum weit verbreitet, kann dieses Bauschema zum Teil von den spätgotischen Hallenkirchen abgeleitet werden, bei denen die Strebepfeiler als Mauerzungen in die Seitenschiffe hineinreichen, die wiederum mit dem Mittelschiff eine einheitliche Gewölbezone ausformen.[109] Ebenfalls aus der Gotik stammt die kulissenartige Anordnung der Seitenaltäre an den Quermauern in Richtung Presbyterium. Ein Beispiel für eine solche gotische Kirche ist die kleine, um 1480 erbaute ehemalige Pfarrkirche Mariä Himmelfahrt in Elsenbach bei Neumarkt-Sankt Veit (Abb. 32).[110] Die für die basilikale Staffelung konstitutiven Arkadenwände, die den Saal von den niedrigeren Abseiten trennen, fallen bei diesem Bauschema jedoch weg. Dies hat vor allem Auswirkungen auf die Lichtführung des Raumes. Während beim basilikalen Bauschema das Licht maßgeblich

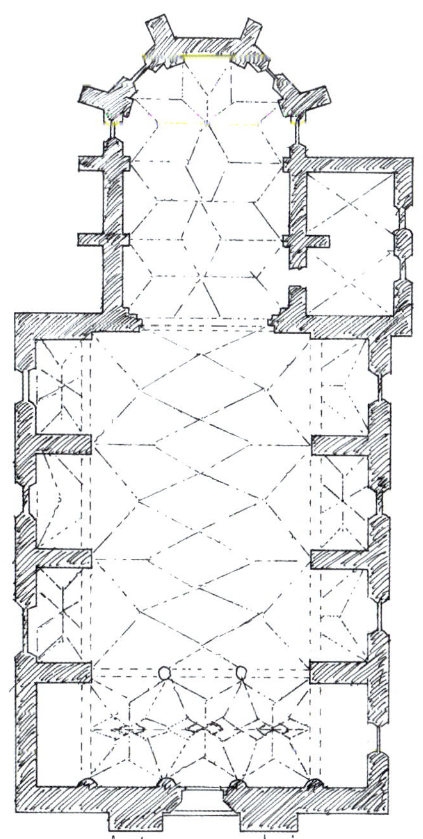

**Abb. 32. Grundriss der Filialkirche Mariä Himmelfahrt, Elsenbach bei Neumarkt St. Veit.**

**Abb. 33. Stadtpfarrkirche Mariä Himmelfahrt, Weilheim – Innenansicht.**

**Abb. 34. Jesuitenkirche Mariä Himmelfahrt (Studienkirche), Dillingen – Innenansicht.**

durch den Obergaden in den Saal fällt, werden die Wandpfeilerkirchen durch die Fenster in den Außenwänden der Abseiten beleuchtet. Notwendigerweise treten diese dadurch optisch stärker hervor und werden für die Raumwirkung bestimmend.

Diese Eigenschaften einer Wandpfeilerkirche treffen mit Ausnahme der aus der Antike abgeleiteten Massehaftigkeit des Mauerwerks auch auf St. Michael in München zu (Abb. 28). Dieser jesuitische Monumentalbau wurde damit zum bestimmenden Urtypus der weit verbreiteten Wandpfeilerkirchen im süddeutschen Barock.[111] Bei seinen Nachfolgebauten tritt jedoch der spätgotische Charakter wieder stärker in den Vordergrund, ohne jedoch die gleichmäßige Wölbungshöhe einer Hallenkirche zu übernehmen. Ein Beispiel hierfür ist die von Hans Krumpper entworfene und von 1624 bis 1628 erbaute Pfarrkirche Mariä Himmelfahrt in Weilheim (Abb. 33).[112]

Wichtigster und das Bauschema der Wandpfeilerkirche eigentlich definierender Nachfolgebau ist jedoch die Jesuitenkirche Mariä Himmelfahrt in Dillingen an der Donau (Abb. 34).[113] Wahrscheinlich von dem aus München stammenden Matthias Kager entworfen, wurde sie von 1610 bis 1617 unter Johann Alberthal errichtet und um 1750 mit einer Rokokoausstattung überformt.[114] Die hohen Abseiten schneiden mit ihren Quertonnen in die nahezu gleichhohe Tonnenwölbung des Saales ein. Auf diesen folgt ein eingezogener Chor mit Emporen zwischen den Freipfeilern und abgemauerten Anräumen. Die Quertonnen und die Gurtbögen der Längstonne sitzen direkt auf dem verkröpften, umlaufenden Gebälk der Wandpfeiler auf. Diese sind zum Hauptraum hin auf drei Seiten mit korinthischen Pilastern besetzt. Somit erweisen sich die Wandpfeiler als die den Raum gliedernden Elemente. Sie unterstützen in ihrer gleichmäßigen Abfolge und den vom Vorraum aus sichtbaren Seitenaltären die Wirkung des Raums als „Theatrum Sacrum“[115].

Ihren Höhepunkt erreichte diese Entwicklung in Altbayern über ein Jahrhundert später in Johann Michael Fischers Augustiner-Chorherrenstiftskirche Mariä Himmelfahrt in Dießen am Ammersee, die zwischen 1732 und 1739 erbaut wurde (Abb. 267).[116] Dort erhält die regelmäßige Abfolge der Wandpfeiler durch die balusterförmigen Attikalisenen und die zum Saal hin ausschwingenden Scheidbögen eine Dynamik, die ihr Ende in dem überkuppelten, von Querarmen begleiteten und durch Säulen nobilitierten Presbyterium findet.

Trotz der Tatsache also, dass es sich bei beiden Bauschemata im Kern um Saalkirchen mit Abseiten handelt, sind sie in ihrer Genese, im Verhältnis der Abseiten zum Saal, hinsichtlich der Arkadenwände und in ihrer Raumwirkung grundsätzlich verschieden. Diese Differenzierung ist notwendig, da die Theatinerkirche sowohl dem einen wie auch dem anderen Bauschema zugeordnet wurde, de facto aber nur in der Tradition der italienischen Saalkirchen mit Abseiten und basilikaler Staffelung gesehen werden kann (Kap. 6.3.1). Dieser Aspekt ist wiederum für den späteren Vergleich mit zeitgleichen Kirchenbauten und die Frage der Nachfolge entscheidend (Kap. 13.1).

## 3.3 Thematische Vorbildbauten

Für eine Votivstiftung im Anliegen fürstlicher Nachkommen lassen sich im Umfeld Ferdinand Marias und Henriette Adelaides vier thematisch verwandte Vorbildbauten finden, die einerseits als Anstoß für die Theatinerkirche gesehen werden können und andererseits auch die Aktualität dieser Stiftungsidee über die Grenzen Altbayerns hinaus bezeugen.[117]

Als frühester Vorbildbau innerhalb der Familie der Wittelsbacher muss eine Stiftung Herzog Albrechts V. von Bayern gelten, der bei der Geburt seines scheintot zur Welt gekommenen Sohnes Johann Karl am 7. September 1547 das Gelübde[118] ablegte, eine Kirche erbauen zu lassen, wenn sein Sohn nicht ungetauft stürbe.[119] Tatsächlich entschlief Johann Karl erst am 7. Dezember desselben Jahres.[120] Nach dem Tod des Herzogs 1579 erfüllte sein Sohn Wilhelm V. das Gelübde seines Vaters und ließ ab 1621, möglicherweise durch Wendel Dietrich, dem heiligen Carlo Borromeo in der damaligen Vorstadt Au eine Kirche erbauen, die am 29. Oktober 1623[121] durch den Fürstbischof von Freising, Veit Adam von Gepeckh, geweiht wurde.[122] Die Wahl des erst 1610 heiliggesprochenen Konzilskardinals zum Kirchenpatron ist dabei sicherlich auch im Zusammenhang mit dem damaligen Kampf der bayerischen Herzöge gegen den Protestantismus zu sehen. Noch im gleichen Jahr wurden in dem angeschlossenen kleinen Kloster Basilianer angesiedelt, ein römisch-katholischer Männerorden mit byzantinischem Ritus.[123] Die einfache Saalkirche mit hölzerner Flachdecke und gewölbtem Chor war nach der Beschreibung Josef Freudenbergers mit Quadraturstuck „nach Art der Jesuitenkirche St. Michael“[124] geschmückt und barg drei Altäre mit Gemälden der bedeutenden Münchner Hofmaler Peter Candid und Johannes Rottenhammer.

Bereits Maximilian I., der Sohn Wilhelms V. und Vater Ferdinand Marias, nahm das Vorbild seines Großvaters wieder auf und gelobte im Jahre 1620, im Falle seiner unversehrten Heimkehr aus dem Krieg gegen die Protestantische Union in Böhmen dem von ihm hochgeschätzten und durch die Reformation stark geschwächten Karmelitenorden eine Kirche und ein Kloster in München zu erbauen.[125] Nachdem die Schlacht am Weißen Berg am 8. November 1620 mit der geistlichen Unterstützung des Karmelitenordens für die Katholische Liga glücklich entschieden worden war, erfüllte er sein Gelübde und holte die Karmeliten am 12. Mai 1629 nach München.[126] Wiederum ließ erst sein Sohn Ferdinand Maria nach Entwürfen[127] des 1654 zum Hofbaumeister ernannten Marx Schinnagl[128] durch Konrad Asper[129] von 1654 bis 1657 den Konventbau und ab dem 22. Juli 1657 die Kirche errichten.[130] Die Kirche wurde dann am 5. September 1660 durch den Freisinger Weihbischof Johannes Fiernhammer dem heiligen Nikolaus von Myra geweiht.[131] Von der Theatinerkirche und dem Dom in Salzburg abgesehen, stellt die Münchner Karmelitenkirche das einzige Beispiel einer Saalkirche mit Absei-

Abb. 35. Karmelitenkirche St. Nikolaus, München – Innenansicht.

Abb. 36. Karmelitenkirche St. Nikolaus, München – Sakristei.

Abb. 37. Karl Nikolaus Pfleger, Kurfürst Maximilian I. empfiehlt sich vor der Schlacht am Weißen Berg dem Schutz der Gottesmutter, um 1600.

ten im altbayerischen Raum dar (Abb. 35).[132] Auch hier öffnen sich die Arkadenwände unterhalb eines verkröpften Gebälks und einer umlaufenden Attikazone zu den tonnengewölbten Abseitenkapellen. Ihr Innenraum erstreckt sich jedoch entsprechend dem strengen Karmelitenschema auf kreuzförmigem Grundriss ohne Vierung. Das Langhaus besteht nur aus zwei kreuzgratgewölbten Jochen.[133] Auf das nur wenig ausladende Querhaus folgt ein Vorchorjoch mit seitlichen Kapellenanräumen und Emporenoratorien sowie ein tiefer, ordenstypisch rechteckig schließender Chor. Mit ihrem einfachen Quadraturstuck gemahnt die Karmelitenkirche noch der unweit gelegenen Jesuitenkirche St. Michael. In der Sakristei, die sich an das Chorhaupt anschließt und über einer Mittelsäule ebenso kreuzgratgewölbt ist, findet sich zum ersten Mal im Münchner Raum ein feines Ranken- und Akanthuswerk als Stuckdekor, das bereits auf die Arbeiten in der Theatinerkirche vorausweist (Abb. 36). Das bisher verloren geglaubte Hochaltargemälde von der Hand des in Italien geschulten Hofmalers Karl Nikolaus Pfleger[134] konnte vom Verfasser im Bestand der Bayerischen Staatsgemäldesammlungen wiedergefunden werden und zeigt Kurfürst Maximilian I., seinen Sohn Ferdinand Maria und den Ordensgeneral Dominicus a Jesu Maria Ruzola, wie sie sich bei der Schlacht am Weißen Berg im Jahre 1620 dem Schutz der Gottesmutter Maria, der Heiligen Dreifaltigkeit und allen Heiligen anempfehlen (Abb. 37).[135]

Durch das Gelübde im Anliegen der Geburt eines Thronfolgers thematisch am engsten verwandt ist jedoch die Stiftung der Benediktinerabtei Val-de-Grâce in Paris durch die Tante Henriette Adelaides, die französische Königin Anna von Österreich.[136] Als Spross der spanischen Habsburger war auch Anna von einer tiefen Frömmigkeit geprägt und verbrachte ihre Jugend weitab von Madrid in der Schloss- und Klosteranlage des Escorial. Mit der Äbtissin des unweit von

Paris gelegenen Benediktinerinnenklosters von Val-de-Grâce, Marguerite de Veny d'Arbouse, pflegte die Königin über Jahre eine intensive Freundschaft. Nach ebenfalls sechs Jahren gelebter Ehe mit König Ludwig XIII. und mehreren Fehlgeburten holte die Königin 1621 eben diese Benediktinerinnen in die Hauptstadt Paris, damit sie dort für die Geburt eines Thronfolgers beten.[137] Ähnlich wie Henriette Adelaide gelobte sie dabei den Bau einer Kirche und eines Klosters falls ihr ein Thronfolger geschenkt würde.[138]

Mit dem Entwurf für den Bau wurde der königliche Hofarchitekt François Mansard beauftragt, der für die Königin eine besonders „prachtvolle Kirche"[139] errichten sollte. Dies ist eine Forderung, die später Henriette Adelaide mit denselben Worten für ihre Stiftung wiederholen sollte und die für den Anspruch der fürstlichen Stiftungen zur damaligen Zeit typisch ist. Der Grundstein des Klosters wurde bereits 1624 gelegt. Erst 1638 erblickte dann in einer „wundersamen Geburt"[140] der spätere Sonnenkönig Ludwig XIV. das Licht der Welt. Durch die Unruhen des Französisch-Spanischen Krieges ab 1639 geriet der Weiterbau des Klosters jedoch ins Stocken. Erst am 1. April 1645 konnte der bereits siebenjährige Ludwig selbst den Grundstein für den Kirchenbau legen.[141] Im Oktober 1646 übernahm – möglicherweise aufgrund der Weigerung Mansarts, aus Kostengründen Veränderungen an seinen Entwürfen vorzunehmen – Jacques Lemercier den bis zur Höhe des ersten Gebälks aufgeführten Bau. Nach dessen Dahinscheiden im Jahr 1654 vollendeten Pierre Le Muet und Gabriel Leduc den Rohbau bis 1667.[142]

Der erste Entwurf Mansarts aus der Zeit vor 1645 zeigt im Grundriss eine Saalkirche mit Abseiten auf kreuzförmigem Grundriss, die sich wie auch die Karmelitenkirche in München noch stark an Il Gesù orientiert (Abb. 38). Diesen Vorbildbau kombinierte Mansart im Vierungsbereich mit halbrunden Querhausarmen, wie sie auch in Andrea Palladios Kirche Il Redentore in Venedig zu finden sind, sowie mit einer Chorlösung mit freistehendem Altar, wie sie in Palladios San Giorgio Maggiore errichtet wurde. Dieser erste Entwurf sollte später vor allem noch im Vierungsbereich verändert werden.[143] Von besonderem Interesse aber ist Mansarts Fassadenentwurf, der auf der Gedenkmedaille zur Grundsteinlegung von 1645 überliefert ist (Abb. 39). In der zweigeschossigen, fünfachsigen Fassade ist eine starke Verwandtschaft zu der schlanken Fassade von Santa Susanna in Rom zu erkennen, die 1603 unter Carlo Maderno erbaut wurde (Abb. 40).[144] Die entscheidende Veränderung gegenüber Mansarts Grundriss von 1645 findet sich in dem zuvor in dieser Weise unbekannten[145], weit auskragenden Portikus mit gekuppelten, korinthischen Säulen, der im zweiten Geschoss durch das Zurückspringen des Mittelteils mit einer ein-

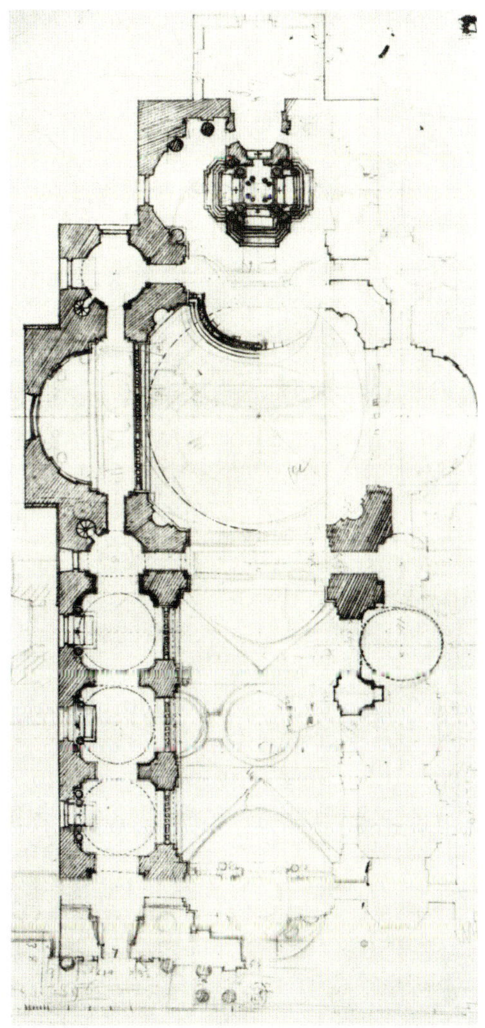

**Abb. 38. François Mansard, Grundrissplan für Val-de-Grâce, um 1645.**

**Abb. 39. Gedenkmedaille zur Grundsteinlegung von Val-de-Grâce in Paris, 1645.**

fachen Pilasterrahmung einen kontrastreichen Gegenpart erhält. Dieses eigenwillige Gestaltungsmittel sollte auch Barelli bei seinem dritten und letzten Fassadenentwurf für die Theatinerkirche verwenden. Ebenso sah Mansart zwei schmale, zweigeschossige Glockentürme vor, die jedoch hinter der Fassade an den Seiten des Schiffes ihren Platz finden sollten, sowie eine mächtige Vierungskuppel mit Laterne und einem säulenumkränzten Tambour. Ob der Entwurf Mansarts Barelli bekannt war, muss jedoch offenbleiben.

Ein deutlich späteres Beispiel einer Stiftung in ähnlichem Anliegen zeigt schließlich, dass diese Art der Votivstiftung auch bei der zweiten Hegemonialmacht dieser Epoche neben Frankreich, nämlich Österreich, durchaus präsent war und somit als zeittypisch angesehen werden muss. Nach dem verheerenden Brand des Leopoldinischen Traktes der Wiener Hofburg im Jahre 1668 wurde die dortige Kammerkapelle 1671 auf Geheiß Kaiser Leopolds I. und seiner Stiefmutter, der Kaiserinwitwe und Vertrauten Henriette Adelaides Eleonora Gonzaga, neu ausgestattet. Geweiht wurde die Kammerkapelle zu Ehren des heiligen Joseph, des Nährvaters Jesu und Schutzpatrons der Familien.[146] Deshalb wurden in der Kapelle ab 1672 feierliche Andachten und Votivmessen abgehalten, die nach dem frühen Tod Ferdinand Wenzels 1668 und Johann Leopolds 1670 der Geburt eines Thronfolgers zuträglich sein sollten.[147] Bereits 1675 stellte dann Leopold I., wie Ferdinand Maria wenige Jahre zuvor Bayern dem Schutz des heiligen Kajetan anempfohlen hatte, die habsburgischen Erblande unter das Patronat des heiligen Joseph. Tatsächlich wurde am 26. Juli 1678 der nach dem Schutzpatron benannte Thronfolger Joseph geboren, der auch in der Kammerkapelle getauft wurde. Bereits Mitte des 18. Jahrhunderts wurde die Kapelle jedoch abgebrochen und erst auf Geheiß Kaiserin Maria Theresias 1772 an gleicher Stelle, nach Südosten hin erweitert, wieder als die bis heute bestehende Josephskapelle errichtet.[148]

Es konnte also gezeigt werden, dass die Votivstiftung einer Kirche im Anliegen fürstlicher Nachkommen bei den Wittelsbachern bereits seit der Mitte des 16. Jahrhunderts präsent war und über Generationen hinweg bis zu Ferdinand Maria häufig erst durch den nachfolgenden Fürsten verwirklicht wurde. Gerade diese Eigenheit kann damit auch als ein einheits- und glaubensstiftendes Moment zwischen den verschiedenen Generationen des Hauses Bayern gesehen werden.

**Abb. 40. Carlo Maderno, Fassade von Santa Susanna, Rom.**

# 3.4 Hofkunst unter Ferdinand Maria und Henriette Adelaide

In den Jahren nach der Geburt des Kurprinzen Max Emanuel verbesserte sich die Situation am Hof und innerhalb der Familie für Henriette Adelaide spürbar und sie bemühte sich zusehends um die Etablierung eines kunstsinnigen Musenhofes nach italienischem Vorbild. So urteilte bereits der französische Gesandte Samuel Chappuzeau über Henriette Adelaide 1673:

> „Sie ist eine Fürstin von großem Format, die Weltläufigkeit und Würde besitzt. Sie hat Herz, Verstand und Großzügigkeit in einem Maß, das nur wenige andere erreichen und bei unseren Begegnungen machte sie zahlreiche kluge Kommentare.“[149]

Als Beleg für ihr ausgeprägtes Mäzenatentum mag die Zueignung der ersten kunsttheoretischen Schrift in deutscher Sprache, der *Teutschen Academie* von Joachim von Sandrart, an die Kurfürstin gelten.[150]

Einen entscheidenden Beitrag zu Henriette Adelaides Vorliebe für die italienische Kunst leistete der aus Orvieto stammende Geistliche Gian Battista Maccioni, der sie auch in der Kunst des Harfen- und Gitarrenspiels unterwies.[151] Maccioni war wohl bereits um 1652 aus Rom nach München gekommen und wurde von der Kurfürstin zum Hofkaplan und Hofharfenisten ernannt. Unter seiner Leitung wurde zum Beispiel 1657 sein Werk *Li quattro Elementi* im Herkulessaal der Residenz uraufgeführt.[152] Als Maccioni zu Beginn der 1660er Jahre wieder nach Rom zurückkehrte und dort später sogar zum Kardinal erhoben wurde, setzte er sich besonders für die Belange „seiner“ Kurfürstin ein.[153]

Schon unter Kurfürst Maximilian I. war die Hofkapelle zu mehr als der Hälfte mit italienischen Musikern besetzt worden.[154] Daher gelangten in München bereits seit den frühen 1650er Jahren italienische Opern, Ballette und Ritterspiele zur Aufführung.[155] Noch im letzten Lebensjahr Maximilians I. 1651 begann der Umbau des herzoglichen Kornkastens nördlich der Friedhofskapelle St. Salvator (heute Salvatorplatz)[156] zu einem Opernhaus, das dann von seinem Sohn Ferdinand Maria unter der Leitung des Architekten Francesco Santurini von 1658 bis 1662 „nach dem Opern-Theater zu Vicenza“[157] vollendet werden konnte. Mit dem in Venedig und Rom ausgebildeten Hofmusikmeister Johann Caspar von Kerll erblühte hier die italienische Musiktradition in all ihren Facetten und mit ihrer illusionistischen Kulissengestaltung, bei deren Aufführungen sogar die Kurfürstin samt ihren Kinder mitwirkte.[158]

Wichtige Impulse für die italienischsprachige Dichtkunst am Münchner Hof brachte die vom 18. April[159] bis 25. Juli 1667[160] aus gesundheitlichen Gründen unternommene Reise des Kurfürstenpaares nach Italien.[161] Auf Empfehlung Antonio Spinellis, der aus Padua stammte und die Reise begleitete[162], besuchte man in dessen Heimatstadt zunächst die Basilika des heiligen Antonius.[163] Als man daraufhin in Richtung Venedig aufbrach, eilte dem kurfürstlichen Hof bereits der Ruf eines künftigen Hortes der Schönen Künste voraus. So strömten zahlreiche Dichter und andere Künstler zu den abendlichen Festgelagen, um dort ihr Können unter Beweis zu stellen. Ein sprechendes Beispiel hierfür ist das Huldigungsgedicht auf die Kurfürstin *La Perla* des venezianischen Dichters Matteo Noris. Darin beschreibt er Henriette Adelaide als „Perle der Isar“, in deren Glanz Kunst und Kultur erblühen:

> „Non più vadin tastosi Ermo, et Idaspe,
> Perch'han di margarite il grembo pieno
> PERLA vaga assai più l'Isar ha in seno Una
> lagrima questa è di colei,
> Che fu scherno a Tesei;
> Se pur nel sostener l'Orbe rotante
> Non la stillò mentre sudava Atlante.“[164]

**Abb. 41. Medaille der Kurfürstin Henriette Adelaide, um 1670.**

Die Perle wurde so zum Symbol Henriette Adelaides, wie es auch Pater Amadeus Hamilton in seiner Totenrede auf die verstorbene Kurfürstin im Jahre 1676 festhielt: „[...] ihr Symbolum oder Kennzeichen, nemblich die Perl".[165] Auch die selbstbewusste Inschrift ihrer damit gezierten Petschaft, mit der sie vor allem ihre privaten Briefe versiegelte, lautete in Anspielung auf diese Symbolik: „Nec undas, nec scopulos", zu Deutsch „mir geben noch die Wellen, noch die Felsen zu schaffen" (Abb. 41).[166] Zwei weitere Dichter, nämlich die Geistlichen Domenico Gisberti und Giorgio Francesco Diani, beeindruckten bei ihren Auftritten in Italien so sehr, dass sie später sogar an den Münchner Hof berufen wurden.[167] Die von den Ärzten verordnete Badekur verlebte das Kurfürstenpaar in Battaglia nahe Padua.[168] Dort empfing es der Kunstmäzen Pio Enea II. Marchese degli Obizzi auf seinem prächtigen Schloss Catajo, wo es mit höfischer Kunst unterhalten wurde.[169] Zurück in München erlebte die italienische Dichtkunst in den darauffolgenden Jahren eine regelrechte Blüte[170] und die Kurfürstin verpflichtete Schriftsteller wie Pietro Paolo Bissari oder Francesco Sbarra, die zuvor schon am Hofe Kaiser Leopolds I. in Wien gewirkt hatten.[171]

Hinsichtlich der Malkunst hegte die Kurfürstin schon früh Vorbehalte gegenüber den am Münchner Hof etablierten deutschen Malern wie Nikolaus Prugger, Kaspar Amort d. Ä. oder Michael Gumpp (Abb. 4). Offensichtlich dem Anspruch des Naturalismus verpflichtet, beklagte Henriette Adelaide sich 1654 über Nikolaus Prugger:

> „Dieser Maler taugt nichts und er kann mich nicht darstellen, wie ich wirklich bin."[172]

So wurde 1666 der Portraitmaler Sebastiano Bombelli aus Venedig nach München berufen, wo er bis 1670 die repräsentativen, aber wenig einfühlsamen Portraits der kurfürstlichen Familie schuf (Abb. 5).[173] Der zuvor in Bologna tätige Antonio Triva kam 1669[174] nach München und fand am 13. Januar 1670[175] Anstellung als Hofmaler, zunächst auf ein Jahr[176] befristet. Aber erst der im französischen Troyes geborene Pierre Mignard, der zuvor knapp 22 Jahre in Italien gelebt hatte und 1670 nach München kam, vermoch-

**Abb. 42. Pierre Mignard, Kurfürstin Henriette Adelaide, um 1670.**

te „mein Portrait zu machen, wie ich wirklich auf der Welt bin“[177], wie die Kurfürstin anerkennend feststellte (Abb. 12). Mignard sollte mit seiner feinsinnigen Portraitkunst zu ihrem „Apollus“ aufsteigen, als der er sich auf einem in Schloss Schleißheim befindlichen Selbstportrait bezeichnen durfte.[178] Ähnlich verhielt es sich auch mit dem in Paris geborenen Jean Delamonce, der zunächst in Turin wirkte und von 1672 bis 1684 als Maler in kurfürstlichen Diensten in München stand.[179]

Beide Künstler können auch als Beleg für die bereits zu Beginn konstatierte französische Prägung der Kurfürstin in ihren Kindertagen gesehen werden. Nichtsdestominder bevorzugte das Kurfürstenpaar offensichtlich in vielen künstlerischen Bereichen die maßgeblich durch Gian Battista Maccioni vermittelte und auf seiner Reise mit eigenen Sinnen erlebte italienische Kunst und Kultur. Wie es dabei um die Architektur bestellt war, mögen nun zwei Beispiele aus dem Profanbau zeigen.

# 3.5 Profane Bauprojekte des Kurfürstenpaares

## 3.5.1 Umbau der Münchner Residenz

Dem Anspruch der Repraesentatio Maiestatis verpflichtet, zeigte sich der Wille zur Selbstdarstellung bei vielen Fürsten jener Zeit in der Architektur naturgemäß zuerst in den Regierungs- und Wohnbauten.[180] Als Henriette Adelaide nach ihrer Heirat mit Ferdinand Maria 1652 zum ersten Mal nach München kam, durfte sie auf Geheiß ihrer neuen Schwiegermutter, der Kurfürstin-Regentin Maria Anna, nur wenige Tage in den prächtigen Kaiserappartements[181] verbringen, bevor sie in die kleinen und dunklen Zimmer über dem Antiquarium umziehen musste.[182] Daher machte sich Henriette Adelaide nach der Geburt Max Emanuels sogleich an die Umplanung ihrer Appartements in der Residenz. Dabei sollten verschiedene Empfangsräume und ein besonders repräsentatives Schlafgemach entstehen. Den Entwurf für die historisch und symbolisch aufgeladenen Deckengemälde sollte der piemontesische Gelehrte Emanuele Tesauro liefern, der eine vergleichbare Ikonographie bereits für die Turiner Residenz erdacht und 1667 in seinem Werk *Inscriptiones* ausführlich beschrieben hatte.[183] So bat die Kurfürstin 1664 ihren Bruder Karl Emanuel II., ihr Skizzen Tesauros für die Deckengemälde und den Entwurf eines Alkovens zuzuschicken.[184] Die Planungen für den Umbau einiger Zimmer im Nordwesten des Renaissancetraktes begannen noch im gleichen Jahr unter der Leitung von Agostino Barelli und Antonio Pistorini. Nach dem Tod Maria Annas 1665 wurde die Planung jedoch auch auf die südlich anschließenden Zimmer ausgeweitet, um eine durchgehende Enfilade zu schaffen. Der Umbau wurde am 8. Mai 1666 begonnen und bis auf wenige Malereien im September 1667 vollendet.[185] Wie schon der Renaissancebau Maximilians I., erfuhren auch diese neuen, durch einen Brand im Jahre 1674 zum Großteil wieder zerstörten Gemächer eine detailreiche Beschreibung durch den seit 1666 am Münchner Hof weilenden, italienischen Schriftsteller Ranuccio Pallavicino[186] in seinem 1667 gedruckten Werk *I Trionfi dell'Architettura nella sontuosa Residenza di Monaco*.[187] Pallavicino berichtet beispielsweise darin über das erste Vorzimmer, das „Heldinnenzimmer“[188], mit den 1669 von Antonio Zanchi[189] gemalten Darstellungen weiblicher Helden der römischen Antike.[190] Das sich daran anschließende zweite Vorzimmer mit der Darstellung antiker Liebespaare wurde von Johann

**Abb. 43. Residenz München – Alkovenzimmer, um 1900.**

Heinrich Schönfeld ausgestaltet und mit reichen Schnitzereien aus Akanthuswerk, Blumen- und Fruchtfestons, Muscheln und Karyatiden verziert.[191] An das eigentliche Audienzzimmer, den „Goldenen Saal"[192], schloss sich im Stock darüber die Galerie der Kurfürstin mit zwei flankierenden Kabinetten an. Dort ließ sie sich neben den Gemälden ihrer bayerischen und savoyardischen Ahnen durch Antonio Triva im Deckenspiegel als Mittlerin zwischen den beiden Fürstenhäusern darstellen.[193] Vom Audienzzimmer aus gelangte man dann in die Privatgemächer der Kurfürstin: Nach einem mit Scaglioarbeiten ausgestatteten Grottenzimmer, dem „Großen Kabinett"[194], betrat man ihr noch bis 1944 erhaltenes Schlafgemach, das von Barelli in einen Vorraum und einen bühnenartig angelegten, französisch inspirierten Alkoven unterteilt war (Abb. 43).[195] Wie Eva-Bettina Krems feststellte, wurde dieses Schlafgemach aber nie, wie lange vermutet[196], für ein Zeremoniell des „Lever" und „Coucher" nach dem Vorbild Ludwigs XIV. genutzt[197]. Die Deckengemälde stammten wiederum von Antonio Triva und zeigten im vorderen Bereich die allegorische Vereinigung der beiden Fürstenhäuser.[198] Das einzige noch heute erhaltene Zimmer, das sogenannte Herzkabinett, stellte den persönlichsten Raum der Kurfürstin dar, den sie der gezierten französischen Romanliteratur des 17. Jahrhunderts um die Pariser Gruppe „Les Précieuses" und Madeleine de Scudéry zueignete und von Stefano Catani ausmalen ließ.[199]

Sowohl die neu eingerichtete Enfilade als auch deren prächtige Ausstattung waren also an einer Repraesentatio Maiestatis ausgerichtet, die ihr Vorbild außer in Turin vor allem am französischen Hof Ludwigs XIV. suchte.[200] Bei einer Audienz warteten dabei die geladenen Besucher ihrem Stand entsprechend zunächst in einem der beiden Vorzimmer, bevor sie in den Goldenen Saal vorgelassen wurden. Private Empfänge ermöglichte das Große Kabinett. In der ausschließlich von Italienern geschaffenen Ausstattung wurde die Kurfürstin als liebevolle und selbstbewusste Herrscherin dargestellt, deren erstes Interesse dem Ruhm und Erhalt ihres Hauses galt.

### 3.5.2 Lustschloss Nymphenburg

Zur Geburt des Thronfolgers Max Emanuel schenkte Ferdinand Maria seiner Gemahlin im Sommer 1663 die Hofmarken Menzing, Ober- und Unterkemathen, um darauf ein Lustschloss mit großer Gartenanlage errichten zu lassen.[201] Bereits am 15. Dezember 1662 schrieb der ehemalige Turiner Hofmeister Henriette Adelaides, Pietro Luigi Broglio, nach seinem Besuch in München an Ferdinand Maria, dass er „nach seiner Ankunft in Turin nicht vergessen habe die Entwürfe für das königliche [Lustschloss] Venaria und andere Lustorte zu besorgen"[202]. Ferdinand Maria muss also Broglio bereits zuvor um Pläne des seit 1660 im Auftrag Herzog Karl Emanuels II. durch Amedeo di Castellamonte errichteten Jagd- und Lustschlosses Venaria Reale gebeten haben.[203]

Auch Henriette Adelaide wandte sich am 10. August 1663 mit der Bitte an ihre Mutter, ihr bei der anspruchsvollen Planung der „Vier Appartements Nobles"[204] zu helfen. Nachdem der erste

**Abb. 44. Michael Wening, Die Churfürstliche Schwaig und Lusthauß Nymphenburg, 1701.**

Entwurf Castellamontes offenbar die Zustimmung der Kurfürstin erhalten hatte, konnten die nach Turin zurückgesandten Verbesserungsvorschläge jedoch aufgrund des Heimgangs Marie Christines nicht mehr beantwortet werden.[205] Die Planung wurde an Agostino Barelli übergeben.[206] Einen Nachweis seiner Beschäftigung zusammen mit dem Baumeister Lorenzo Perti liefert ein Vermerk im Baurechnungsbuch der Theatinerkirche für das Jahres 1663, in dem es heißt: „Den 20. August als die Pau- und Maurmaister [Barelli und Perti] drei tag nacheinander wegen abmessung des Platzes nach Mentzing geriten."[207] Da die Planung unter Barelli offenbar zügig voranging, wurde mit dem bereits als „Nymphenburg"[208] betitelten Bau noch 1664[209] begonnen und der Rohbau bis 1674 abgeschlossen. Die Ausstattung war beim Regierungsantritt Max Emanuels 1680 weitgehend vollendet. Das Schloss wurde jedoch bis 1701 nicht genutzt und unter Enrico Zuccalli und Giovanni Antonio Viscardi von 1702 bis 1704 sowie unter Joseph Effner ab 1716 umgebaut und erweitert (Abb. 44).[210]

Zu Zeiten Henriette Adelaides war Nymphenburg ein einfacher, kubischer Bau mit Walmdach, Arkatur und einer großen Freitreppe nach dem Vorbild einer italienischen Villa Suburbana. Ein prominentes Beispiel dieses Bauschemas lässt sich in dem savoyardischen Schloss von Agliè bei Turin finden, das von Castellamonte ab 1667 errichtet wurde (Abb. 45). Die Ausstattung Nymphenburgs wurde wie die der Münchner Residenz von Emanuele Tesauro geplant und sollte nun vor allem der Verherrlichung der Geburt des Thronfolgers Max Emanuel dienen. So zeigte das von Antonio Triva gemalte Deckengemälde des Hauptsaales, das bereits von Max Emanuel wieder entfernt wurde, Apollo auf seinem Sonnenwagen bei Anbruch des Tages. Der dabei auf das Wappen des Kurhauses fallende Lichtstrahl kann als Allegorie für ein leuchtendes Zeitalter gedeutet werden, das mit Max Emanuel anbrechen sollte.[211]

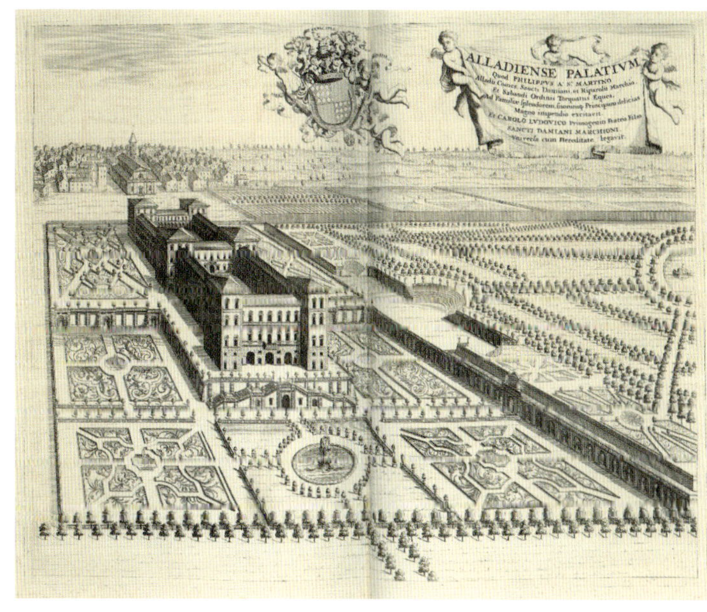


**Abb. 45. Willem Janszoon Blaeu, Alladiense Palatium (Schloss Agliè bei Turin), 1682.**

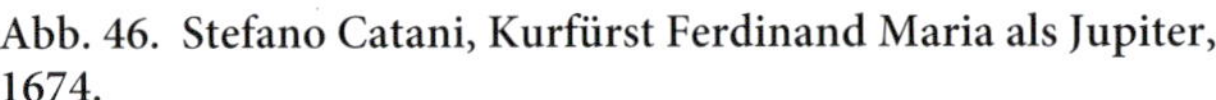
Abb. 46. Stefano Catani, Kurfürst Ferdinand Maria als Jupiter, 1674.

Abb. 47. Emblematischer Stich zum Regierungsantritt von Kurfürst Max Emanuel, um 1680.

Daneben befanden sich zwei noch heute erhaltene großformatige Gemälde des römischen Malers Stefano Catani, die um 1674 entstanden.[212] Das erste zeigt Ferdinand Maria als ernsten und melancholischen Götterkönig Jupiter in rauer Felslandschaft (Abb. 46).[213] Interessant erscheint dabei, neben dem Verweis auf Max Emanuels Geburtssternzeichen Krebs auf dem vor Ferdinand Maria liegenden Globus, vor allem der geflügelte Amor hinter dem Kurfürsten, der eine Perle fest in der Hand hält, das bereits bekannte Symbol Henriette Adelaides.[214] Diese Symbolik kann aber auch auf Max Emanuel als Perle der Liebe zwischen Ferdinand Maria und seiner Gemahlin übertragen werden. Diese Deutung findet sich auf einem emblematischen Stich zum Regierungsantritt Max Emanuels, auf dem der in der oberen Muschelschale dargestellte Max Emanuel einer Perle in der unteren Schale mit der Umschrift „Ad summos crescit honores“, zu Deutsch „zu größten Ehren herangewachsen“, gleichgesetzt wird (Abb. 47).[215]

Das zweite Gemälde zeigt Henriette Adelaide als Diana mit Speer, Hunden und Mondsichel in Begleitung ihrer Kinder und einiger Nymphen (Abb. 48).[216] Ihr Haupt ist von Perlen umkränzt, und auch ihre Fibel, die Sandalen und die Mondsichel sind mit Perlschnüren verziert.[217] Das Buch und die Theatermaske am rechten Bildrand stehen für die von ihr geförderten Schönen Künste. Max Emanuel ist als junger Herkules voller Tatendrang in der Mitte des Bildes dargestellt und bekommt gerade ein Schwert als Zeichen seiner zukünftigen Herrschaft überreicht.[218] In diese fürstliche Symbolik stimmt der riesige Reichsapfel als Zeichen seiner kommenden Kurwürde mit ein. Im Hintergrund steht Jupiter, der höchste römische Gott, mit einem Füllhorn in seinen Händen. Er verkörpert Max Emanuels Vater Ferdinand Maria, der seinem Sohn den von ihm geschaffenen Wohl-

**Abb. 48. Stefano Catani, Kurfürstin Henriette Adelaide als Diana mit ihren Kindern, 1674.**

stand und Frieden hinterlässt. Es oblag nun also Max Emanuel, beschenkt mit dem Kunstsinn seiner Mutter und der Herrschaft seines Vaters, die Kurfürstenwürde und das Mäzenatentum seines Hauses weiterzutragen.
In diese Ikonographie um die kurfürstliche Familie wird später auch die Theatinerkirche einstimmen. Sie wird jedoch den Akzent auf die religiöse Dimension der Repraesentatio Maiestatis hin verlagern und sich dabei als einer der wichtigsten Repräsentationsbauten des Kurhauses Bayern über Generationen hinweg erweisen (Kap. 9.2).

1 So z. B. Krins 2001, S. 76 f.
2 Vgl. Friedrich Noack, *Deutsches Leben in Rom seit dem Ausgang des Mittelalters*, 2 Bde., Stuttgart 1927; Stephan Füssel und Klaus A. Vogel (Hrsg.), *Deutsche Handwerker, Künstler und Gelehrte im Rom der Renaissance*, Wiesbaden 2001.
3 Vgl. Hartig 1926, S. 274 ff.
4 Vgl. z. B. Alois Schmid, Der Hof als Mäzen, in: Venanz Schubert (Hrsg.), *Wissenschaft und Philosophie*, Bd. 5: Rationalität und Sentiment, St. Ottilien 1987, S. 185–268.
5 Schmid 2010, S. 51 f.
6 Vgl. grundlegend: Marcello Fantoni, *La Corte del Granduca. Forma e simboli del potere mediceo fra Cinque- e Seicento*, Rom 1994.
7 Vgl. Eberhard Straub, *Repraesentatio Maiestatis oder churbayerische Freudenfeste. Die höfischen Feste in der Münchener Residenz vom 16. bis zum Ende des 18. Jahrhunderts*, München 1969. Vgl. Schmid 1987, S. 207 ff.
8 Vgl. Krems 2012, S. 57 ff.
9 Häutle 1881, S. 77.
10 Schmid 1987, S. 219 ff.; Stollberg-Rilinger 2003, S. 11 ff.
11 So vor allem aus der moralisierenden Sicht des preußisch geprägten 19. Jahrhunderts. Vgl. hierfür z. B. Riezler 1914, S. 696; Doeberl 1928, S. 290.
12 Vor allem aufgrund der kaum vorhandenen schriftlichen Fixierung und Kommunizierung der politisch-sozialen Ordnung. Vgl. Holenstein 1991, S. 516.
13 Stollberg-Rilinger 2003, S. 9.
14 Vgl. grundlegend: Fritz Kern, *Gottesgnadentum und Widerstandsrecht im früheren Mittelalter. Zur Entwicklungsgeschichte der Monarchie*, Leipzig 1914.
15 Vgl. zur vermehrten apotheotischen Darstellung der Wittelsbacher-Herrscher im Kirchenraum: Edgar Krausen, Das Herrscherbild im christlichen Kultraum. Dargestellt am Hause Bayern, in: *Beiträge zur Altbayerischen Kirchengeschichte* 33, München 1981, S. 164–171.

16 Grundlegend für diesen Tugendkanon waren die staatstheoretischen Darlegungen des heiligen Augustinus in seinem epochalen Werk *De civitate Dei* mit den zentralen Kategorien „Frieden, Ordnung und Gerechtigkeit". Vgl. Rösener 2008, S. 24 f.

17 Dieses Verständnis setzte sich vor allem seit Papst Gregor dem Großen durch. Vgl. Eugen Ewig, Zum christlichen Königsgedanken im Frühmittelalter, in: Leopold Genicot (Hrsg.), *Das Königtum. Seine geistigen und rechtlichen Grundlagen*, Sigmaringen 1956, S. 61.

18 Stollberg-Rilinger 2004, S. 507.

19 BSB, Handschriften, Cgm. 3009, fol. 81r. Vgl. auch Josef Burglechner, *Der höfische Absolutismus in Bayern. Vornehmlich im Lichte des „Mundus Christiano Bavaro Politicus"*, München 1920.

20 BayHStA, Kasten schwarz, Nr. 148/1, fol. 3r.

21 Endemann 1998, S. 40.

22 Vgl. Frommel 1998, S. 77 ff.

23 Vgl. Michael Petzet, Das ehemalige Marstall- und Kunstkammergebäude in München und sein Ausbau zur königlichen Münze, in: *Jahrbuch der bayerischen Denkmalpflege* 40, Berlin/München 1989, S. 15–100. Vgl. auch: Stockbauer 1874, S. 25 f.; Ott 2010, S. 200 f.

24 Vgl. Dorothea und Peter Diemer, Das Antiquarium Herzog Albrechts V. von Bayern. Schicksale einer fürstlichen Antikensammlung der Spätrenaissance, in: *Zeitschrift für Kunstgeschichte* 58, Berlin/München 1995, S. 55–104.

25 ThB XXXII 1938, S. 306 ff. Vgl. auch Susan Maxwell, *The Court Art of Friedrich Sustris. Patronage in Late Renaissance Bavaria*, Farnham 2011.

26 Diemer 1995, S. 80 ff

27 Vgl. Herbert Brunner, Gerhard Hojer und Lorenz Seelig, *Residenz München*, München 1990. Zur Deutung: Samuel John Klingensmith, *The Utility of Splendor. Ceremony, Social Life, and Architecture at the Court of Bavaria, 1600–1800*, Chicago und London 1993.

28 Zit. nach Hartig 1948, S. 11.

29 Vgl. Pistorini 2006, S. 22* ff.

30 Pistorini 2006, S. 10 f.: „albergo imperiale più che ducale ... ."

31 Christian Häutle, Die Reisen des Augsburgers Philipp Hainhofer nach Eichstädt, München und Regensburg 1611, 1612 und 1636, in: *Zeitschrift des Historischen Vereins für Schwaben und Neuburg* 8, Augsburg 1881, S. 1–316.

32 Grundlegend zum Dreißigjährigen Krieg: Herbert Langer, *Kulturgeschichte des Dreißigjährigen Krieges*, Stuttgart 1978. Zur Situation Kurbayerns: Doeberl 1898, S. 162 ff.

33 Sandrart 1675, Lebenslauf, S. 3.

34 Der Begriff des „stile moderno" kann als neutraler Stilbegriff gesehen werden, der auf den jeweils als zeitgemäß empfundenen Geschmack bezogen wurde. In diesem Sinn wurde der Begriff auch von dem piemontesische Gelehrten und Freund der Kurfürstin Emanuele Tesauro im Zusammenhang seiner modernen Übersetzung von Senecas *Hyppolytus* verwendet: Emanuele Tesauro, *L'Ippolito. Tragedia di Seneca tradotta in verso volgare ... e ridotta ... a potersi recitare giusto lo stile moderno*, Turin 1661.

35 Schmid 1987, S. 229 f.

36 Sandrart 1675, Lebenslauf, S. 3.

37 Raster 1995, S. 6.

38 Vgl. Hempel 1965, S. 62 ff.; Montesano 2000, S. 8.

39 Götze 1747, S. 51.

40 Vgl. Schütz 2000, S. 14 ff.

41 Kruft 1985, S. 188 ff.

42 Bei der Unterscheidung eines allgemeinen Bauschemas, wie z. B. des Longitudinalbaus, der Basilika oder der Saalkirche, von einem einzelnen, vorbildhaften Bautypus, wie zum Beispiel Il Gesù, folgt der Verfasser der Definition von Erich Hubala. Vgl. Hubala 1968, S. 12 f. Siehe auch Fürst 2002, S. 146, Anm. 19.

43 Vgl. Ackerman 1972, S. 19; Noehles 1995, S. 331.

44 Wohlmuth 2002, S. 657 f.

45 „non solum quia admonetur populus beneficiorum et munerum, quae a Christo sibi collata sunt sed etiam, quia Dei per sanctos miracula et salutaria exempla oculis fidelium sibiiciuntur, et pro iis Deo gratias agant, ad sanctorumque imitationem vitam moresque suos componat, excitenturque ad adorandum ac diligendum Deum, et ad pietatem colendam", zit. nach Wohlmuth 2002, S. 775.

46 Johlen 2000, S. 31.Vgl. auch Christian Hecht, *Katholische Bildertheologie der Frühen Neuzeit. Studien zu Traktaten von Johannes Molanus, Gabriele Paleotti und anderen Autoren*, Berlin 2012.

47 Ackerman 1972, S. 19 f.

48 Ackerman 1972, S. 20.

49 Borromeo 2000, S. 12: „At vero illa huius aedificii ratio iam inde ab Apostolicis fere usque temporibus ducta, potior est, quae crucis formam exhibet ... ."

50 Borromeo 2000, S. 14: „Haecque ipsa Ecclesia, sive unam tantum, ... navis habitura est ... ."

51 Borromeo 2000, S. 28: „Situs igitur huius cappellae in capite ecclesiae loco eminentiori, e cuius regione ianua primaria sit deligi, debet: eius pars posterior in orientem omnino vergat."

52 Borromeo 2000, S. 36: „Quoniam vero ex decreto Provinciali tabernaculum sanctissimae Eucharestiae in altari maiori collocari oportet ... ."

53 Borromeo 2000, S. 30: „Altare maius cappelae suae loco ita constitui potest, ut ab ipsius altaris gradu infirmo usque ad cancellos, quibus illa septa, sepiendave est ... ."

54 Trotz der Tatsache, dass es sich bei diesem Bauschema um eine Saalkirche handelt, wird der Begriff des Schiffs im Folgenden verwendet, um den Hauptraum der Kirche ohne Kapellen zu beschreiben. Ist hingegen der gesamte Baukörper inklusive der Seitenkapellen gemeint, wird der Begriff des Langhauses bevorzugt.

55 Borromeo 2000, S. 20: „In pavimento, quale quale illud sit, neque pictura, neque sculptura crux exprimatur; nec vero praeterea alia sacri imago, historiae, ac ne alia item, quae sacri mysterii typum gerat."

56 Borromeo 2000, S. 42: „Quae vero tamen sunt in capite brachiorum ecclesiae crucis formam exhibentis, eae pro ratone situs, ut caeteris aliquanto ampliores, sic formam illustriori etiam esse poterunt ... ."

57 Borromeo 2000, S. 44: „Neque maior item; ut ne populus, qui in Missae sacro praesens adest, cappellarum lateribus impediatur, quominus ab omni fere ecclesiae parte sacerdotem celebrantem conspiciat."

58 Vgl. Schütz 2000, S. 67.

59 Vgl. Eugene J. Johnson, *S. Andrea in Mantua. The Building History*, University Park/London 1975.

60 Thierse 1989, S. 78 f.

61 Alberti selbst spricht in seinem Brief an Ludovico Gonzaga vom 20./21. Oktober 1470 von einem „Etruskischen Typus". Vgl. Johnson 1975, S. 8.

62 O'Malley 2005, S. 31.

63 Vgl. Johlen 2000, S. 15.

64 Ackerman 1972, S. 16.

65 Vgl. Emilio Lavagnino, *La chiesa di Santo Spirito in Sassia e il mutare del gusto a Roma al tempo del Concilio di Trento*, Rom 1962.

66 Borromeo schloss den Zentralbau als heidnisches Bauschema grundsätzlich für den Kirchenbau aus: „Illa porro edificii rotundi species, olim idolorum templis in usu fuit; sed minus usitata in populo Christiano", Borromeo 2000, S. 12. Aus liturgischer Sicht vertrat diese Position sogar noch Rudolf Wittkower: „Kirchen mit zentralisiertem Grundriss erscheinen unbefriedigend vom Gesichtspunkt der Liturgie, denn die Stellung des Hauptaltars und die Abgrenzung des Klerus von der Gemeinde sind schwer zu bestimmen ...", Wittkower 1969, S. 12.

67 Wittkower 1962, S. I.

68 Vgl. Wölfflin 1961, S. 74; Thierse 1989, S. 89 f.

69 Die Pendentifkuppel geht wohl auf eine Veränderung Giacomo della Portas im Entwurf Vignolas zurück. Diese führte zu einer Stelzung des Tonnengewölbes um 3,70 m. Dadurch wurde das Schiff in seiner Bedeutung gegenüber dem Vierungsbereich deutlich geschmälert und der merkliche Höhenzug des Innenraums verursacht. Vgl. Schlimme 2007, S. 258.

70 Die hinter einer Balustrade verborgenen „Coretti" sollten den Jesuiten, den Schülern des Kollegs und hochgestellten Persönlichkeiten die unbemerkte Teilnahme an den Liturgien ermöglichen

71 Wölfflin 1961, S. 128.

72 Alessandro Farnese wurde 1589 in Il Gesù vor dem Hochaltar beigesetzt. Sein Familienwappen prangt an prominentester Stelle unterhalb der Kuppel und die Fassadeninschrift weißt ihn allein als Stifter der Kirche aus.

73 Ackerman 1972, S. 18; Bailey 2003, S. 191.

74 Ackerman 1972, S. 23.

75 Vgl. Christophers 2010, S. 47.

76 Vgl. Wölfflin 1961, S. 74.

77 Schwager 1977, S. 306.

78 So z. B. Carlo Galassi Paluzzi, *Storia segreta dello stile dei Gesuiti*, Rom 1951.

79 Bösel 1989, S. 242.

80 „sint ... utilia, sana et fortia, in quibus tamen pauperitatis nostrae memores esse videamur. Unde nec sumptuosa sint, nec curiosa. De ecclesiis tamen nihil dictum est.", zit. nach Vallery-Radot 1960, S. 6, Anm. 1.

81 Immenkötter 1997, S. 51.

82 Vgl. Braun 1908, S. 64 ff.

83 Vgl. den ersten Entwurf in der Bibliothèque nationale de France. Zu finden bei Braun 1910, S. 51.

84 Braun 1910, S. 50; Altmann 1976, S. 33 ff.; Dischinger 1980, S. 152 ff.

85 Zit. nach Altmann 1987, S. 73.

86 ThB XXXII 1938, S. 306 ff. Vgl. auch Susan Maxwell, *The Court Art of Friedrich Sustris. Patronage in Late Renaissance Bavaria*, Farnham 2011.

87 Braun 1910, S. 53; Maxwell 2011, S. 110 f.

88 Die z. B. von Johannes Terhalle vermutete Berufung des römischen Jesuitenarchitekten Giuseppe Valeriano zur Verlängerung der Kirche nach Norden erscheint eher unwahrscheinlich, da das neue Projekt außer dem Fehlen einer Kuppel, dem neu entstandenen Pseudoquerhaus sowie dem verlängerten Chor keine wesentlichen Neuerungen gegenüber der vorherigen Planung von Sustris aufweist. Vgl. Therhalle 1997, S. 134 f. Vielmehr scheint es so, als resultierten diese Änderungen schlicht aus der Reduzierung des Grabmalprojektes für Wilhelm V. und wären somit auch Sustris zuzuschreiben. Vgl. Jahn 1999, S. 156, Anm. 187.

89 Entwurf hierzu bei Braun 1910, S. 54.

90 Vgl. hierzu Dorothea Diemer, Quellen und Untersuchungen zum Stiftergrab Herzog Wilhelms V. von Bayern und der Renata von Lothringen in der Münchner Jesuitenkirche St. Michael, in: Hubert Glaser (Hrsg.), *Quellen und Studien zur Kunstpolitik der Wittelsbacher vom 16. bis zum 18. Jahrhundert*, München 1980, S. 7–82.

91 Hierüber urteilt treffend schon Hauttmann 1921, S. 236.

92 Ausgehend von Christus im Giebel setzt sich diese über den ersten Bayernherzog Otto I. (Magnus) und andere Ahnherren der Familie wie Albrecht den Weisen oder Kaiser Ludwig den Bayern sowie bedeutende christliche Kaiser wie Karl den Großen oder Karl V. bis zu Wilhelm V. selbst fort. Letzterer hält dabei schützend seine Hand über das Modell der Kirche zu seiner Rechten. Die Fassade verkörpert damit den idealisierten Kampf um Bayern und den wahren Glauben, der sich in der von Hubert Gerhard geschaffenen, überlebensgroßen Bronzestatue des Erzengels Michael im Kampfe mit Luzifer symbolhaft manifestiert. Vgl. zuerst und grundlegend: Schade 1960, S. 238 ff.; ebenso Altmann 1976, S. 13 ff.

93 Vgl. Hauttmann 1921, S. 110 ff.; Schütz 2000, S. 33.

94 Riegl 1929, S. 126.

95 Vgl. DaCosta Kaufmann 1998, S. 257 ff.

96 Zu Vincenzo Scamozzi: Rainald Franz, *Vincenzo Scamozzi (1548–1616). Der Nachfolger und Vollender Palladios*, Petersberg 1999.

97 Scamozzi 1615, S. 251.

98 Vgl. Wladimir Timofiewitsch, Die Grundrisszeichnungen Vincenzo Scamozzis im Salzburger Museum Carolino-Augusteum, in: Hans Sedlmayr (Hrsg.), *Festschrift Karl Oettinger*, Erlangen 1967, S. 411–432.

99 Zu Santino Solari: Ingeborg Wallentin, Der Salzburger Hofbaumeister Santino Solari (1576–1646). Leben und Werk aufgrund der historischen Quellen, in: *Mitteilungen der Gesellschaft für Salzburger Landeskunde* 134, Salzburg 1994, S. 191–310.

100 Lippmann 1999, S. 115.

101 Fuhrmann 1974, S. 102.

102 Lippmann 1999, S. 169 ff.; Bircher 2015, S. 53.

103 Fuhrmann 1974, S. 113 ff.; Wallentin 1994, S. 21 ff.

104 Dies sah auch schon Fuhrmann 1974, S. 114 f.

105 Vgl. Wackernagel 1915, S. 123.

106 Ibid.

107 Eingeführt wurde dieser Begriff von Max Hauttmann in seiner bis heute rezipierten *Geschichte der kirchlichen Baukunst in Bayern, Schwaben und Franken* von 1921. Vgl. Hauttmann 1921, S. 114.

108 Vgl. Ulrich Fürst, „Wandpfeilerkirche" – über eine Verwirrung in der Fachterminologie der Architekturgeschichte und über ein konfessionelles cross-over in der Etablierung einer neuzeitlichen Bautypologie, in: Jan Harasimowicz (Hrsg.), *Protestantischer Kirchenbau der Frühen Neuzeit in Europa*, Regensburg 2015, S. 147–160.

109 Fürst 2015, S. 147 ff.

110 Büchner 1964, S. 90 ff.

111 Zur architekturhistorischen Bedeutung von St. Michael vgl. z. B. Deppen 1957, S. 6 ff.; Hubala 1980, S. 141 ff.; Schütz 2000, S. 97.

112 Vgl. Hauttmann 1921, S. 37. Ausführlich zur Planungsgeschichte: Gabriele Dischinger, Quellen zur Planung und Ausführung der Weilheimer Stadtpfarrkirche, in: *Ars Bavarica* 33/34, München 1984, S. 103–122.

113 Einen guten Überblick bietet noch immer Gisela Deppen, *Die Wandpfeilerkirchen des deutschen Barock unter besonderer Berücksichtigung der baukünstlerischen Nachfolge von St. Michael in München*, maschinenschriftliche Diss., München 1953.

114 Skalecki 1989, S. 72 f.; Schütz 2000, S. 35 ff. Vgl. zu Matthias Kager: Bernd Roeck, Matthias Kager und die süddeutsche Architektur des frühen 17. Jahrhunderts, in: *Oberbayerisches Archiv* 111, München 1986, S. 47–63.

115 Vgl. Ursula Brossette, *Die Inszenierung des Sakralen. Das theatralische Raum- und Ausstattungsprogramm süddeutscher Barockkirchen in seinem liturgischen und zeremoniellen Kontext*, Weimar 2002.

116 Hauttmann 1921, S. 169 ff.; Wundram 1989, S. 303 f.

117 Vgl. allgemein: Johann Michael Söltl, *Die frommen und milden Stiftungen der Wittelsbacher über einen großen Theil von Deutschland aus archivalischen und anderen Schriften geschöpft*, Landshut 1858.

118 Mit welchem Heiligen Herzog Albrecht V. sein Gelübde verband, bleibt unklar. Dem Bericht Felix Lipowskys nach soll es Carlo Borromeo gewesen sein, was aber unmöglich ist, da dieser damals erst neun Jahre alt war und nach seinem Tod 1584 erst im Jahre 1610 durch Papst Paul V. heiliggesprochen wurde. Vgl. Lipowsky 1816, S. 27.

119 Krausen 1958, S. 81, Anm. 3.

120 Lipowsky 1816, S. 27.

121 Lipowsky 1816, S. 33.

122 Vgl. Bezold 1902B, S. 1021 f.

123 Bereits 1629 folgten die Paulaner. Im Jahre 1904 wurde die Kirche schließlich niedergelegt. Vgl. Freudenberger 1927, S. 104 ff.

124 Freudenberger 1927, S. 98.

125 Krausen 1958, S. 74.

126 Paulus 1913B (29), S. 1.

127 Entwürfe sind zu finden bei Dischinger 1988 Bd. I, S. 173–181; Bd. II, Nr. 422–444; Dischinger schreibt Schinnagl vor allem die Detailpläne zum Wandaufriss der Kirche zu: Nr. 435–37.

128 Vgl. Lieb 1941, S. 47 ff.

129 Vgl. Lieb 1941, S. 46 f.

130 Lipowsky 1831, S. 51; Guggenberger 1921, S. 5; Paulus 1913B (31), S. 3; Lieb 1941, S. 49.

131 Forster 1895, S. 274. Im Zuge der Säkularisierung wurden Kirche und Kloster dann 1801 zu einem Erziehungsinstitut umgewandelt und ab 1811 unter Nikolaus Schedel von Greiffenstein umgebaut. Vgl. Bezold 1902B, S. 1069 f. Heute ist die Karmelitenkirche profaniert und dient als Ausstellungs- und Veranstaltungsraum des Erzbistums München und Freising.

132 Vgl. Lieb 1941, S. 49.

133 Vgl. Lietzmann 1954, S. 35 f.

134 ThB XXVI 1932, S. 534.

135 Bruckbräu 1855, S. 31; Guggenberger 1921, S. 9 f.

136 Vgl. allgemein zu Anna von Österreich: Chantal Grell (Hrsg.), *Anne d'Autriche. Infante d'Espagne et reine de France*, Paris 2009. Zur Patronagepolitik: Oliver Mallick, *„Spiritus intus agit". Die Patronagepolitik der Anna von Österreich 1643–1666. Inszenierungsstrategie, Hofhaltungspraxis, Freundschaftsrhetorik*, Berlin 2016.

137 Smith 1964, S. 112.

138 Mignot 1994, S. 24 f.

139 „temple magnifique", zit. nach Theillou 2008, S. 90.

140 „naissance miraculeuse", zit. nach Theillou 2008, S. 91.

141 Theillou 2008, S. 97.

142 Braham/Smith I 1973, S. 57 f. Einen zeitliche Übersicht bietet Smith 1964, S. 112 ff.

143 Vgl. Braham/Smith I 1973, S. 58 f.

144 Hibbard 2001, S. 121 ff.

145 Vgl. Braham/Smith I 1973, S. 59.

146 Karner 2014, S. 394 f.

147 Wolfsgruber 1905, S. 149.

148 Vgl. Dahm 2016, S. 15 ff.

149 Chappuzeau 1673, S. 74: „C'est une Princesse de la riche taille, qui a un grand air et beaucoup de Majesté. Elle a du coeur, de l'esprit et de la generosité dans un degré que peu de personnes peuvent atteindre, et elle en a donné de bonnes marques en quelches rencontres."

150 Vgl. Karl Trautmann, Joachim von Sandrart und Kurfürstin Adelheid von Bayern, in: *Monatsschrift des Historischen Vereins von Oberbayern* 3, München 1894, S. 21–25.

151 Luin 1953, S. 155.

152 Rudhart 1865, S. 41.

153 Eine ganze Reihe seiner Briefe aus Rom findet sich im Nachlassakt der Kurfürstin. So vermittelte Maccioni

1673/74 den Kapellmeister der Sixtina, Ercole Bernabei, nach München: „Hora invio il nuovo conto cioè per mesata di Luglio 1675 dati al Signore Gioseppe Antonio Bernabei suo maestro“ BayHStA, GHA, Korr. Akt. 668 III, Nr. 323. Vgl. auch: Schiedermair 1902, S. 92 f.; Strich 1927, S. 75 ff.

154 Kurze biographische Abrisse verschiedenster Zuwanderer aus Italien während des 17. Jahrhunderts liefert: Ernst Ritter, Welcher Zuzug in München (1600–1700), in: *Archiv für Sippenforschung* 29/30, Limburg 1963–64, S. 391–396 und 487–493.

155 Vgl. ausführlich bei Otto Ursprung, *Münchens musikalische Vergangenheit*, München 1927.

156 Häuserbuch II 1960, S. 257.

157 Lipowsky 1831, S. 147.

158 Luin 1953, S. 155 f.

159 BayHStA, KL, Fasz. 471, Lit. A, fol. 185r: „Adi 18. [Aprile 1667] il Serenissimo Elettore e Serenissima Elettrice Adelaide partano per l'Italia, persando la Serenissima pigliar i bagni di Padova.“

160 BayHStA, KL, Fasz. 471, Lit. A, fol. 188v: „Adi 25. [Giugno] 1667 ... ritorno de' Serenissimi Regnanti dall'Italia.“

161 Die Korrespondenz anlässlich der Reise findet sich in BayHStA, GHA, Korr. Akt. 666.

162 BayHStA, KL, Fasz. 471, Lit. A, fol. 185r: „Il Padre Spinelli Confessor della Serenissima l'accompagna.“

163 Ein nur wenig später entstandenes Lobgedicht von Pietro Saviolo preist die Weltgewandheit des Kurfürstenpaares und deren Stiftungen an die Basilika. Vgl. Pietro Saviolo, *Le prodigiose glorie del Santo di Padova. Alle Serenissime Elettorali Altezze di Ferdinando Maria et Adelaide* ..., Padua 1669.

164 Das der Kurfürstin von Matteo Noris in Venedig am 14. Juni 1667 zugeeignete Gedicht hat zwanzig Strophen. Darin wird ein Lob auf die Kurfürstin, ihre Herkunft, Schönheit und Fähigkeiten angestimmt. Darüber hinaus findet sich dort auch eine zweiseitige Widmung des Verfassers, in der er der Kurfürstin seinen Dank für ihre Bekanntschaft ausspricht: BSB, Handschriften, Cod. ital. 410.

165 Hamilton 1676, S. 15.

166 Zit. nach Hamilton 1676, S. 15. Vgl. auch Beierlein 1897, Nr. 1432.

167 Bary 1980, S. 214. Domenico Gisberti verfasste im Jahre 1670 die Beschreibung der Reise des Kurfürstenpaares 1670 nach Salzburg: Domenico Gisberti, *Il viaggo dell'Altezze Serenissime Elettore di Baviera a Salzburgo* ..., München 1670. Vgl. auch die von Irene Schrattenecker übersetzte und kommentierte Ausgabe: Domenico Gisberti, *Die Reise der durchlauchtigsten kurfürstlichen Familie von Bayern nach Salzburg anno 1670*, Salzburg 2008.

168 Über den Erfolg der Badekur berichtete die Hofdame der Kurfürstin Violante Simeoni an Gräfin Wolkenstein am 9. Juni 1667: „Farli sapere che hora iddio (il Dio) gratia si trova in perfetta salute“, BayHStA, GHA, Korr. Akt. 666 a.

169 Zeitgenössische Beschreibung bei Francesco Conte di Berni, *Descrizione del Catajo. Luogo del Marchese Pio Enea degli Obizzi*, Ferrara 1669.

170 Grundlegend: Karl von Reinhardstöttner, Über die Beziehungen der italienischen Literatur zum bayerischen Hofe und ihre Pflege an demselben, in: *Jahrbuch für Münchener Geschichte* 1, München 1887, S. 93–160.

171 Reinhardstöttner 1887, S. 167.

172 „car ce pintre ne vaeut rien, et il ne me serèt pas feire come ie suis“, zit. nach Merkel 1892, S. 371.

173 BayHStA, HR I, Fasz. 281, Nr. 77. fol. 1r: „auf gnädigstes anbefehlen [des] Graffen von Fürstenberg, hab ich nacher Venedig an Herrn Sebastian Bombelli Mallern remetiert, ... den 28 Martii Anno 1670 ... 660 Gulden.“ Vgl. Ausst.-Kat. Max Emanuel II 1976, Nr. 2.

174 Nach einer Eingabe Trivas beim Kurfürsten aus dem Jahre 1675: „Dell'anno 1669 io Antonio Triva ... hebbi l'honore d'esser chiamato a quest Elettoral Servitio [dal] Venetia mia Patria ...“, BayHStA, HR I, Fasz. 282, Nr. 155, fol. 16. Vgl. Longo 2008, S. 29. Nicht wie Paulus annimmt bereits „1661“: Paulus 1912, S. 70, Anm. 97.

175 BayHStA, HR I, Fasz. 282, Nr. 155, fol. 2r: „Antonio Triva Mahler in dero diensten auf ein Jahr gnädigst an und aufgenommen, und ihme zum soldt sechshundert gulden ... bewilliget ... und mit ain so anderes den anfang von ersten octrobris iungstgehnin jars gemacht werd den 13. Jener Anno 1670.“

176 Dieser Sold wurde am 20. September 1670 bestätigt: „so lange biß solche getane arbeit völlig bezahlt sein würde ... . Den 20. Septembris 1670“, BayHStA, HR I, Fasz. 282, Nr. 155, fol. 3r.

177 „et enfin le seul e unique, qui à faict mon pourtrait depuis que ie suis au monde ...“, zit. nach Merkel 1892, S. 391.

178 Ausst.-Kat. Max Emanuel II 1976, Nr. 27.

179 Longo 2008, S. 33.

180 Krems 2012, S. 151 ff.

181 Den Kaisersaal würdigten die Theatiner bei ihrer Ankunft in München im Jahre 1662 mit den Worten: „non c'e una simile in Italia, e anche probabilmente nell'Europa“, BayHStA, KL, Fasz. 471, Lit. A, fol. 42r.

182 Haeutle 1883, S. 77; Heym 2002, S. 35.

183 Tesauro 1667, S. 129 ff. Vgl. auch Leonore Berghoff, *Tesauro und seine Concetti. Unter besonderer Berücksichtigung von Schloss Nymphenburg*, Diss. München, München 1979. Der Concetto geht nicht, wie Graf irrtümlich bemerkte, auf Ranuccio Pallavicino zurück, der die Räumlichkeiten lediglich beschrieb: Graf 2002, S. 30.

184 Brief Karl Emanuels vom 23. Mai 1664 an Henriette Adelaide: „Je vai rend graces ancore de ce gran presant et apres que vais m'ayes enuoie les desing des sofites et des alcoues que ce vais enuoire bien tout vais priant que grand il secont imprime de me faire l'honeur de me les enuoier et ie vais manderey apres lesquelle la plane de ma chambre haurat perims de faire le pandant ce me proteste a toute eternitè tout vostre acquire ...", zit. nach Berghoff 1979, S. 31.

185 Graf 2002, S. 29.

186 Biographische Angaben zu Ranuccio Marchese Pallavicino bei: Pallavicino 1997, S. XXXIV ff.

187 Die Beschreibung Pallavicinos fand auch im *Diarium Italicum* Pater Meazzas eine Erwähnung: „Adi 16. [aprile 1667] il Pallavicino uomo secolare stampa la descrizione del Palazzo Elettorale colla revisione del Padre Meazza", BayHStA, KL, Fasz. 471, Lit. A, fol. 185r.

188 Pallavicino 1997, S. 48.

189 Vgl. Riccoboni 1966, S. 59.

190 Vgl. Graf 2002, S. 31 f.

191 Pallavicino 1997, S. 50 ff.; Pée 1971, S. 54; Graf 2002, S. 31 ff.

192 Graf 2002, S. 33 f.

193 Haeutle 1883, S. 82; Graf 2002, S. 39 ff.

194 Graf 2002, S. 41 ff.

195 Graf 2002, S. 51 ff.

196 Bary 1984, S. 241.

197 Krems 2014, S. 28.

198 Graf 2002, S. 54.

199 Vgl. Cornelia Kemp, Das Herzkabinett der Kurfürstin Henriette Adelaide in der Münchner Residenz, in: *Münchner Jahrbuch der bildenden Kunst* 33, München 1982, S. 131–154. Ebenso Graf 2002, S. 59 ff.

200 Krems 2012, S. 194 f.

201 Schenkungsbrief vom 1. Juli 1663: BayHStA, GHA, HU 1655. Vgl. auch Bauer-Wild 1986, S. 7 ff.

202 BayHStA, Kasten schwarz, Nr. 6688: „Non mancai al mio arivo in Torino di procurar li disegni della Venaria Reale et altri luoghi di Piacere ... ."

203 Vgl. Amedeo Castellamonte, *La Venaria Reale* ..., Turin 1672.

204 „Je prand la libertè d'envoier a Votre Altesse Royale le plan de Mezin cet à elle avoir la bontè de faire un desing il y và 4 apartement noble et que chaque aparement ayet trois antichambre chambre et cabinet et d'autre petit cabinet et garderobbe et les Galeries. Votre Altesse Royale sait plus mieux que moy come il le faut ...", zit. nach Bauer-Wild 1986, S. 11.

205 Berghoff 1979, S. 33 f.

206 Vgl. Ausst.-Kat Max Emanuel 1976, S. 159; Bauer-Wild 1986, S. 55 f.

207 BayHStA, KL, Fasz. 474, Nr. 2/1, fol. 21r.

208 Der Name geht auf ein unter Emanuele Tesauro um 1663 renoviertes Nymphäum im Garten des savoyardischen Herrschaftssitzes zurück. Eine Beschreibung findet sich bei Tesauro 1667, S. 175.

209 Bauer-Wild 1986, S. 17 ff.

210 Bauer-Wild 1986, S. 32.

211 Vgl. Berghoff 1979, S. 38 ff.

212 Bauer-Wild 1986, S. 74.

213 Wichmann 1957, S. 4 ff.

214 Berghoff 1979, S. 42 f.

215 Seelig 1976, S. 8.

216 Berghoff 1979, S. 44 f.

217 Berghoff 1979, S. 52.

218 Berghoff 1979, S. 50 f.

Abb. 49. Theatinerkirche St. Kajetan und Adelheid, München – Fassade.

# 4

# Kurze Baubeschreibung der Theatinerkirche

# 4. Kurze Baubeschreibung der Theatinerkirche

Die nach Westen gerichtete Theatinerkirche St. Kajetan und Adelheid liegt am heutigen Odeonsplatz im Zentrum Münchens. Ihre Fassade wird von zwei 64,6 m hohen, viergeschossigen Türmen auf rechteckigem Grundriss gerahmt, deren achteckige Turmobergeschosse sich durch ihre markanten Volutenklammern auszeichnen (Abb. 49). Die gegenüber den Türmen leicht risaltierte zweigeschossige Mittelfassade gliedert sich im unteren Geschoss in fünf und im oberen

**Abb. 50. Theatinerkirche St. Kajetan und Adelheid, München – Kuppel.**

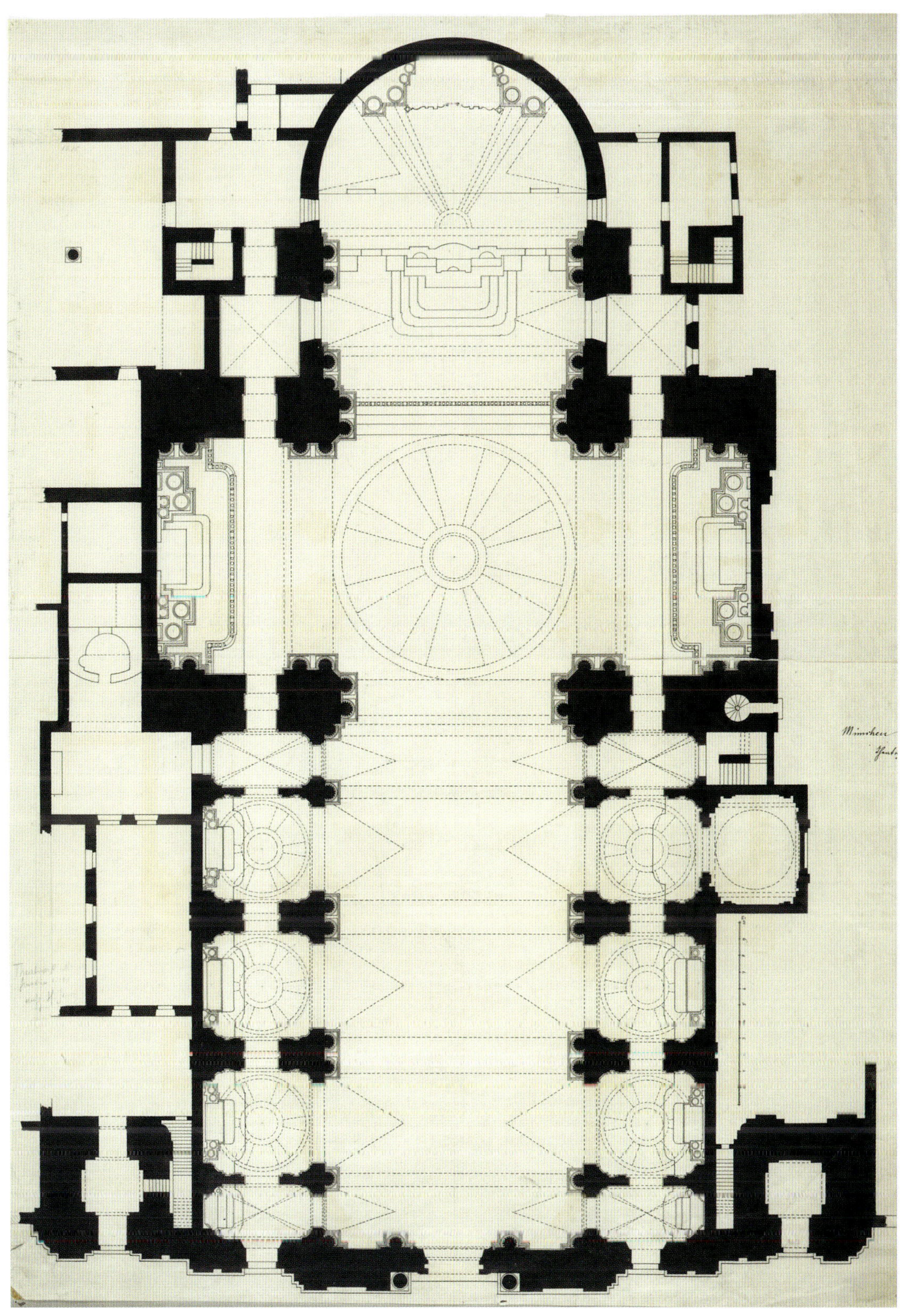

Abb. 51. Grundriss der Theatinerkirche St. Kajetan und Adelheid, München.

Seite 102/103: Abb. 52. Längsschnitt der Theatinerkirche St. Kajetan und Adelheid, München.

PLANARCHIV NR.
BAYER. LANDESAMT FÜR
DENKMALPFLEGE
PL 3065

in drei Achsen. Die seitlichen Travéen werden von flachen Pilastern mit dorischen Kapitellen im ersten und ionischen im zweiten Geschoss sowie von einem kräftigen, verkröpften Gebälk begrenzt. Die mittlere Travée springt gegenüber den beiden rahmenden Travéen zurück, so dass in ihren Ecken Vollsäulen Platz finden. Die Zurücksetzung der Mitteltravée setzt sich im Tympanon fort, das, unten gesprengt, ein großes Allianzwappen umfängt. Unter diesem befindet sich ein großes, von korinthischen Säulen gerahmtes Fenster und entsprechend im Untergeschoss das große Mittelportal. In den Nischen der beiden die Mitteltravée flankierenden Travéen finden sich im ersten Geschoss die Figuren der Heiligen Kajetan und Maximilian sowie im zweiten Geschoss der Heiligen Adelheid und Ferdinand. Die darauf nach außen folgenden Travéen besitzen über den seitlichen Portalen je eine Blendädikula und darüber Portraitmedaillons der Heiligen Petrus und Paulus.

Die 70,2 m hohe Vierungskuppel erhebt sich über einem achteckigen Tambour, an dessen Äußerem sich gekuppelte ionische Säulen mit großen, hochrechteckigen Fenstern abwechseln (Abb. 50). Sie werden von einem kräftigen, verkröpften Gebälk überfangen, von dem aus die von breiten Gurten mit einfachen Rücklagen gegliederte Kuppelwölbung aufsteigt. Durchbrochen von achteckigen Fenstern mit Ädikularahmung am Wölbungsfuß, gipfelt die Kuppel in einer durchfensterten Laterne mit Kuppelwölbung.

Der Kirchenbau erhebt sich über dem Grundriss eines lateinischen Kreuzes (Abb. 51). Der 72,5 m lange und 15,7 m breite Innenraum wird dabei von kannelierten und verstabten Dreiviertelsäulen kompositer[1] Ordnung gegliedert, die auf hohen, zweifach gestuften Postamenten ruhen (Abb. 52). Die beidseits jeweils drei hohen Arkaden des Schiffs werden von Säulen in gekuppelter Stellung voneinander geschieden und öffnen sich in die überkuppelten und durch Rundbogenöffnungen miteinander verbundenen Abseitenkapellen. Diese werden durch hohe, schmale Fenster in den Auszügen ihrer Ädikula-Altäre an den Außenwänden beleuchtet. Die drei Hauptjoche einer Langhauswand werden im Osten und im Westen um ein Halbjoch ergänzt, das von den hohen Arkaden nur durch eine Säule pro Seite abgeschieden ist. Zudem weisen diese beiden Halbjoche jeweils zwei übereinandergestellte, halbhohe Arkaden auf. Hinter diesen befindet sich jeweils unten ein kreuzgratgewölbter Anraum und oben ein mit einer Balustrade versehenes Emporenoratorium. Die Dreiviertelsäulen tragen das kräftige, verkröpfte Gebälk aus Dreifaszienarchitrav, Fries und ausladendem Konsolgesims sowie die ausgesprochen hohe, ebenfalls verkröpfte Attika. Die Bogenzwickel über den Arkaden und der Fries des Gebälks werden dabei von plastischem, formenreichem Akanthus- und Rankenwerk geziert. Über der Attika setzt die 28,2 m hohe Tonnenwölbung an, die von großen, hochrechteckigen Stichkappenfenstern durchdrungen und von breiten, kassettierten und mit Laub- und Fruchtwerk besetzten Gurten gegliedert wird.[2] Figurale Elemente finden sich neben den vollplastischen Engeln auf den Bogenscheiteln der hohen Arkaden vor allem in der Attika, in der Paare von großen Engeln, von Trompetenfanfaren begleitet, die Herrschaftsinsignien des Reichsapfels und des Fürstenhutes herbeitragen.

Das nur wenig über die Kapellenaußenwände ausladende Querhaus durchdringt das Langhaus in einer stark ausgeschiedenen, durch gekuppelte Doppelsäulen vor tiefen Pilasterrücklagen gekennzeichneten Vierung. Neben den großen stuckierten Querhausaltären mit gestuft gekuppelten und gewundenen Säulen sowie gesprengten Segmentbogengiebeln stehen in den Nischen der Querhausarme die Figuren der lateinischen Kirchenväter Augustinus, Gregor des Großen, Ambrosius und Hieronymus. Über der Vierung erhebt sich die innen von breiten Gurten mit

**Abb. 54. Theatinerkirche St. Kajetan und Adelheid, München – Presbyterium.**

**Seite 104/105: Abb. 53. Theatinerkirche St. Kajetan und Adelheid, München – Innenansicht der Kuppel.**

Knospenwerk gegliederte Vierungskuppel (Abb. 53). Die dazwischenliegenden, mit Rankenwerk besetzten, gelblich getünchten Stuckreliefs weisen über den achteckigen Fenstern am Wölbungsfuß blinde Okulifenster auf. Der Tambour der Vierungskuppel wird von flachen und gekuppelten korinthischen Pilastern mit verkröpftem Gebälk gegliedert. Unterhalb der dazwischenliegenden hochrechteckigen Fenster befinden sich große Nischen mit den vollplastischen Figuren der acht Seligpreisungen.

Von der Vierung aus gelangt man über vier Stufen in das Presbyterium (Abb. 54). Das Vorchorjoch wird von gekuppelten Doppelsäulen mit einfachen Pilasterrücklagen gerahmt sowie von kreuzgratgewölbten Anräumen und darüber befindlichen Emporenoratorien begleitet. Auf den heute nur noch rudimentär angedeuteten Hochaltar in Form des Tabernakels des Kajetansaltars auf einem modernen Sockel an einer provisorischen Chorschranke folgt der Psallierchor mit einer halbrunden, durch eine einfache Stufung verbreiterten Apsis. Das mächtige, ebenfalls stuckierte und aus gestuft gekuppelten, gewundenen Säulen gebildete Hochaltarretabel mit dem gesprengten, geschwungenen Giebel wird von zwei überaus plastischen, mit Rankenwerk gefüllten und von Engeln gehaltenen Stuckreliefs an der Apsiswand eingefasst, in denen Christus als Weltenherrscher und seine Mutter Maria als Himmelskönigin dargestellt sind.

1 Nicht „korinthisch" wie Forssman 1961, S. 96; Habel 2009, S. 1126.

2 Die Angaben, wenn nicht anders vermerkt, nach Messungen des Verfassers.

# 5

# Voraussetzungen zur Planungs- und Baugeschichte der Theatinerkirche

# 5.1 Patronat, Standort und Grundstücke für den Kirchenbau

Über die Details des geplanten Kirchenbaus sprach Henriette Adelaide mit Pater Pepe zum ersten Mal während einer Audienz am 15. März 1662.[1] Hierbei wünschte sich die Kurfürstin, dass die Kirche zu Ehren ihrer Namenspatronin, der heiligen Kaiserin Adelheid, geweiht werde, damit die Theatiner immer an ihre Stifterin erinnert würden und für sie beten könnten. Erneut erwähnte sie auch das Breve Papst Alexanders VII. vom 16. September 1661, das ihr erlaubte, eine Kapelle zu Ehren des seligen Kajetan errichten und einen Altar weihen zu lassen (Kap. 2.2).[2] Damit wird deutlich, dass sich schon ihre damalige Anfrage auch auf eine neu zu erbauende Kirche bezog. So findet sich hierzu auch kein zweites Indult; denn nach kanonischem Recht ist die Weihe einer Kirche auf einen Seligen nicht erlaubt.[3] Um aber möglichen Problemen aus dem Weg zu gehen, wurde beim Patrozinium Kajetan nach der heiligen Adelheid an die zweite Stelle gesetzt.

In einer weiteren Audienz am 5. April 1662 wandte sich nun der Kurfürst mit der Frage nach dem gewünschten Standort für den Neubau der Kirche und des Klosters an Pater Pepe.[4] Da sich Pater Pepe aber nach eigener Auskunft nicht besonders gut in der Stadt auskannte, schlug der Kurfürst den Friedhof der Frauenkirche mit der dazugehörigen St. Salvatorkirche vor (Abb. 55). Nachdem die Patres aber einige Tage später das Areal in Augenschein genommen hatten, mussten sie feststellen, dass die Kirche zwar recht schön und für den vorübergehenden Gebrauch sicherlich auch geeignet sei, der Ort aber aufgrund der Entfernung zur Residenz und der „störenden" Beerdigungen für sie nicht in Betracht käme. Die endgültige Entscheidung über den Ort des Neubaus teilte die Kurfürstin Pater Pepe am 21. April mit, dem Tag der Übereinkunft über die Ansiedlung der Theatiner mit dem säkularen Klerus (Kap. 2.3).[5] Auf den Vorschlag eines Achille Paverchi hin hatte sie sich dazu entschlossen, dass die Niederlassung möglichst nahe bei der Residenz im Kreuzviertel erbaut werden sollte. Dabei wollte sie aber nicht, wie offenbar zuerst geplant, mit dem Bau des Klosters beginnen, sondern aufgrund der Vorrangigkeit des seelsorgerischen Dienstes und gemäß dem Brauch des Ordens mit der Kirche. Da mit dieser Entscheidung ihrer Meinung nach die letzten Hindernisse aus dem Weg geräumt waren, hatte sie bereits ihren Obersthofmeister Maximilian Graf Portia angewiesen, sich nach passenden Häusern umzusehen. Am 3. Juni erklärte sich auch der Kurfürst mit dem Vorschlag seiner Gemahlin einverstanden und präzisierte den Standort der Niederlassung, der nun unweit der vorläufigen Unterkunft von St. Rochus zu liegen hatte.[6] Um eine möglichst schnelle und diskrete Verbindung zwischen Kloster und Residenz zu haben, wurde später über die Stadtmauer und das Schwabin-

**Abb. 55. Jakob Sandtner, Stadtmodell München, 1570 – St. Salvator.**

ger Tor hinweg der teilweise noch heute erhaltene „Theatinergang" angelegt. Einen Tag nach der Gründung der Niederlassung am 12. Juni 1662 erteilte die Kurfürstin mit Einverständnis ihres Gemahls ihrem Obersthofmeister Graf Portia[7] den Befehl, die Häuser „nahe bei der Residenz"[8] in der damaligen Hinteren Schwabinger Gasse[9] (heute Theatinerstraße) für den Kirchenbau und die „gegenüberliegenden" Häuser für das Kloster anzukaufen (Abb. 56). Nachdem sich aber die Besitzer der anvisierten Häuser renitenter als erwartet erwiesen, versicherte der Kurfürst Pater Pepe persönlich, diese, wenn nötig, auch zum Verkauf zu zwingen.[10] Ohne diese Zwangsmaßnahme gebrauchen zu müssen, erreichte Graf Portia am 26. Juni den Verkauf des ersten Gebäudes.[11] Nach Meinung des Chronisten Meazza war es damit keine Frage mehr, dass auch die anderen Eigentümer ihre Häuser veräußern würden.[12]

**Abb. 56. Jakob Sandtner, Stadtmodell München, 1570 – Hintere Schwabinger Gasse (heute Theatinerstraße).**

Bei diesem ersten, nördlichen Eckhaus handelte es sich um das „Haus des kurfürstlichen Kammerdieners Mayr"[13] (Abb. 57, Haus A). Matthäus Mayr war Kammerdiener und Zahlmeister von Ferdinand Marias Bruder, Herzog Maximilian Philipp von Bayern-Leuchtenberg. Mayr war durch die Heirat mit Katharina Seidl, der Witwe des kurfürstlichen Falkenmeisteramtsverwalters und Kammerdieners Hanns Georg Seidl, in den Besitz des aus zwei Häusern bestehenden Baukomplexes gelangt.[14] Der Kauf wurde im Auftrag der Kurfürstin am 25. August 1662 für 7 000 Gulden vollzogen.[15] Bereits am 16. Oktober wurde dann mit der Niederlegung des Hauses begonnen. Pater Meazza vermerkte bei dieser Gelegenheit in seinem *Diarium Italicum*, dass man zeitweise aufgrund der Bedrohung durch die Türken schon befürchtet habe, das Bauvorhaben könnte eingestellt und den Theatinern eine bereits vorhandene Kirche in München zugesprochen werden:

> „Am 16. Oktober begann man die für unseren Bau gekauften Häuser dem Erdboden gleichzumachen. Dies brachte nicht wenige zum Schweigen, die fest behauptet hatten, dass die Sterne nicht gut stünden und man vor den Türken Angst haben müsse und dass die Durchlauchtigsten uns deshalb einen anderen Ort zuweisen und die Kirche und das Haus nicht von Grund auf neu bauen könnten."[16]

Das auf das Mayr'sche Anwesen gen Süden folgende Gebäude (Haus B) wurde am 10. Oktober 1662 für 3 150 Gulden von der Witwe des Bäckers Hanns Sedlmayr gekauft, der inzwischen wieder verheirateten Maria Deininger.[17] Dieses Haus wurde am 22. November niedergerissen.[18] Das darauffolgende Haus (Haus C) des Bierbrauers Kaspar Hazi wurde dann am 4. April 1663 für

U
H

**Abb. 59. Residenz München – Festsaalbau und Hofgartenarkaden, um 1900.**

tigungsgürtel hinaus, erwuchs erst gegen Ende des 18. Jahrhunderts, als München an einer starken Überbevölkerung und unter schwierigen hygienischen Verhältnissen litt.[27] So begann man unter Kurfürst Karl Theodor auf Anraten des aus England stammenden Benjamin Thompson Reichsgraf Rumford 1791 mit der Entfestigung der Stadt.[28] Aber erst nach dem Regierungsantritt von Max IV. Joseph und mit der Erhebung Bayerns 1806 zum Königreich wuchs auch das Bedürfnis nach einer zeitgemäßen städtebaulichen Repräsentation. Einen ersten Entwurf für die Umgestaltung des Platzes vor der Theatinerkirche entwickelte Andreas Gärtner, der Vater Friedrich von Gärtners, im Rahmen seines Projektes „Neues Schwabinger Tor" um 1804/07 (Abb. 58).[29] Der Stadtplaner Friedrich Ludwig von Sckell sah in seinem ersten Generalplan Münchens von 1811 zusätzlich noch den Abbruch des Bauerngirgls vor.

Erst mit Leo von Klenzes zweitem Generalplan von 1816 wurde jedoch eine umfassende Neugestaltung des Areals in Angriff genommen: Die von ihm geplante Ludwigstraße sollte die Residenz und die Theatinerkirche mit einbeziehen, um damit beiden Bauten eines neues Gewicht in der Stadtlandschaft zu verleihen.[30] Hierfür wurde zunächst ab Februar 1817 das Schwabinger Tor abgetragen[31] und als erstes Bauwerk Klenzes in München der halboffene Arkadengang mit dem Hofgartentor als Verbindung zwischen Residenz und Komödienhaus[32] errichtet (Abb. 59). Der sich südlich daran anschließende Festsaalbau der Residenz, der sich mit seiner Fassade über das Nordende der Maximilianischen Residenz stülpt, wurde zwar schon 1820 geplant, aber erst zwölf Jahre später ausgeführt.[33] Dem Hofgartentor gegenüber entstanden bis 1819, direkt im Anschluss an die Theatinerkirche, zwei Wohnhäuser, eines für den Juwelier Franz Xaver Trautmann und eines für den Schönfärber Anton Gsellhofer, die sich in ihrer einheitlichen Gestaltung an die Fassade des Theatinerklosters anlehnen (Abb. 60).[34]

Die Idee zum Bau der Feldherrnhalle als südlichem Abschluss der Ludwigstraße entwickelte Klenze erst nach 1833 und bezog sich dabei auf einen Entwurf Georg Friedrich Zieblands für eine Residenzwache von 1828.[35] Der Auftrag erging aber 1835 an Friedrich von Gärtner, der sich in seinem Entwurf an der von Benci di Cione und Francesco Talenti erbauten Loggia dei Lanzi in Florenz orientierte. Zu diesem Zeitpunkt wurde auch das erwähnte Gasthaus Bauerngirgl niedergelegt. Der Grundstein zur Feldherrnhalle wurde am Jahrestag der Schlacht von Waterloo, dem 18. Juni 1841, gelegt und der Bau im Oktober 1844 vollendet.[36] Damals war also erst das bis heute so wirkungsvolle Ensemble von Theatinerkirche, Feldherrnhalle und Residenz als südlicher Abschluss von Odeonsplatz und Ludwigstraße entstanden.

**S. 114/115: Abb. 60. Odeonsplatz, München – Ansicht nach Südwesten.**

## 5.3 Guarino Guarini?

Die häufig im Zusammenhang mit dem Bau der Theatinerkirche geäußerte Behauptung, der Theatinerpater Guarino Guarini sei zunächst als Architekt für die Theatinerkirche angefragt worden[37] oder habe sie sogar erbaut[38], geht auf einen Eintrag in Pater Meazzas *Diarium Italicum* vom 9. September 1662 zurück. Dort schreibt Meazza:

> „Am 9. September vernahm die durchlauchtigste Kurfürstin, dass unser Pater Guarino Guarini auf dem Weg nach Frankreich sei. So bat sie Pater Pepe, ihm zu schreiben, ob jener den Weg über München nehmen könnte, da sie sich wünsche, dass er den Entwurf für unsere neue Kirche mache. Wenn er käme, würde man auch auf keinerlei Kosten achten und ihn gut bezahlen. Auch würde man ihm ein entsprechendes Reisegeld aushändigen, wenn er nach Paris weiterführe, wohin er ja müsse. So schrieb man ihm. Jedoch vergeblich, denn er war schon auf der Reise und erhielt den Brief nicht mehr rechtzeitig. Dies geschah zu ihrer Durchlaucht und unserem merklichsten Bedauern, die wir gehofft hatten, auch Deutschland mit seinen Fähigkeiten und zu unserem rühmlichen Vorteil beglücken zu können.“[39]

Drei Aspekte lassen den Bericht Meazzas aber in einem kritischen Licht erscheinen:
Erstens war der 1624 geborene Guarini, der im September 1639 in den Theatinerorden eingetreten war, nach der bisherigen Forschungsmeinung vor 1657 nicht als Architekt tätig.[40] Da von ihm für die Jahre zwischen 1657 und 1660 so gut wie nichts bekannt ist, werden sie auch gerne als „blank years“[41] bezeichnet. Erst für den Zeitraum zwischen 1660 und 1662 sind Aufenthalte Guarinis in Modena, Messina und Paris nachweisbar.[42] Da er damals aber lediglich an Bauten mitarbeitete, sind diese Jahre wohl eher als Lehr- und Wanderzeit anzusehen.

Zweitens waren bei der von Kardinal Mazarin in Auftrag gegebenen Theatinerkirche Sainte-Anne-la-Royale in Paris die Fundamente bereits vor Guarinis Eintreffen im Jahre 1662 nach einem Plan Antonio Maurizio Valpergas gelegt worden.[43] So konnte Guarini den Bau lediglich auf dieser Grundlage zu Ende führen. Die Charakterisierung Guarinis durch Richard Paulus als „des Theatinerordens bester und berühmtester Baumeister“[44] muss also, zumindest zu diesem Zeitpunkt, als unzutreffend gelten. Ebenso falsch ist die These Julian Adrovers, Guarini sei damals bereits in Turin und daher der Kurfürstin persönlich bekannt gewesen.[45] Guarini war nachweislich erst ab 1666 in Turin und für das Haus Savoyen tätig.[46]

Drittens war, wie noch gezeigt werden kann, Barelli schon 1661 mit dem Kirchenneubau beschäftigt und hielt sich wahrscheinlich zu jener Zeit bereits auch kurzfristig in München auf (Kap. 6.2).

Doch wie lässt sich dann der Bericht Meazzas einordnen? Zunächst legt er nahe, dass Guarini entgegen bisheriger Vermutungen bereits vor 1662 als Architekt für den Orden tätig war. Womöglich wollte man von Guarini in München einen Alternativentwurf zu dem vorliegenden Plan Barellis, der damals noch nicht als Architekt für die Ausführung des Baus verpflichtet war. Denn die Architekten wurden zu jener Zeit häufig nicht für ihre entwerfende, sondern erst für ihre ausführende Tätigkeit unter Vertrag genommen und entlohnt.[47] Da es aber außer Meazzas Bericht keine anderen schriftlichen Belege zur Einbindung Guarinis gibt und dieser dem kurfürstlichen Wunsch nach München zu kommen erst gar nicht entsprochen hat, kann die Behauptung nicht weiter erhärtet werden. Es scheint auch durchaus möglich, dass diese in einer Art Geschichtsklitterung den Ruhm des noch wenig bekannten Ordensarchitekten Guarini, des Ordens der Theatiner selbst oder auch des Kurfürstenpaares befördern sollte.

1 BayHStA, KL, Fasz. 471, Lit. A, fol. 62r: „Addi 15. Marzo [1662] fece la Serenissima andar à se il Padre Pepe, col quale parlò molto circa le difficoltà che potesser di nuovo opporsi alla fondatione; circa la fabrica della chiesa come desiderava, che si intitolasse Santa Adelaide, perche, portando ella il nome, e la discendenza del Sangue, dove i Padri officiassero la chiesa, e havesser avanti li occhi detta Santa, venisser insieme à ricordarsi della fondatrice, e di porgere preghiere per lei al Cielo."

2 BayHStA, KL, Fasz. 471, Lit. A, fol. 62r: „un Breve Pontificio da lei chiesto à sua Santià [per] erger Capella, celebrar Messe, e cosi simili [al Beato]."

3 So heißt es im *Codex Iuris Canonici* von 1917 unter Can. 1168 § 3: „Ecclesiae dedicari Beatis nequeunt sine Sedis Apostolicae indulto." Vgl. auch Eichmann 1958, S. 300, Anm. 6.

4 BayHStA, KL, Fasz. 471, Lit. A, fol. 74v: „Dimandò al Padre Pepe qual luogo sarebbe stato à proposito per effettuare la fondatione, e rispondendo il Padre non poter egli ciò ben sapere, per non havere prattica della Città, offeri da se il Serenissimo più siti, e particolarmente vicini ad una Chiesetta, che hà à lato un gran Cimitero di Santa Maria, acciò in essa potessimo fare i nostri ufficii; sopra di questo lasciò al Padre, che visitasse detta Chiesetta; e ne sapesse dire i suoi sentimenti. Piacque ... il sito, e la Chiesa, e ne pareva molto atto il tutto per il nostro bisogno; solo vi si trovava difficoltà nella communicatione con Palazzo [e] perche quasi ogni giorno vi si portevano cadaveri à sepellire (cosa che sarebbe a noi stata di molto incommodo) non si fece altro: e si pensò à nuovo partito."

5 BayHStA, KL, Fasz. 471, Lit. A, fol. 80r: „Nel giorno sudetto di 21. Aprile [1662] fu chiamato il Padre Pepe della Serenissima Elettrice a Corte per intender ciò, che s'era fatto co'Signori Decani, e dar tosto ordine della compera delle Case, che sarebbon state mestieri alla fabrica della Chiesa, e Casa nostra nel miglior sito, che si fosse mai potuto eleger; cioè per contro la Residenza; essendo le stato proposto dal Signore Achille Paverchi cui habbiam sopra fatta memoria, come affettionatissimo nostro ... . Udì il buon successo del Congresso, da cui argomentando non poter rimaner altro intoppo, diede immantinente comissione al Signore Conte di Portia suo Maggiordomo Maggiore, che trattasse la compera delle Case, nel luogho delle quali disegnava far la Chiesa. Non si pensò prima al luogo della Casa, come havrebbe voluto la Serenissima, imperoche le fù da noi suggerito, questo esser il nostro antico costume, cominciar dalla Chiesa le fabriche delle nostre Case, essendo pur troppo vero non sol che non si comincia ben se non dal Cielo: mà che la Casa è fatta per servire alla Chiesa, non questa à quella; onde quella deve esser accassario, la Chiesa principale."

6 BayHStA, KL, Fasz. 471, Lit. A, fol. 90v: „Adi 3. [Giugno 1662] il Serenissimo Elettore ... pensava di già al luogo per la fabrica della Chiesa, e Casa nuova: che in tanto havressimo officinato la Chiesetta à noi vicina detta di San Rocco ... ."

7 Adrover nennt hierfür – Meazza zitierend – irrtümlich den Obersthofmeister des Kurfürsten, nämlich Hermann Egon Graf zu Fürstenberg-Heiligenberg: „Ordine al maggiordomo di Palazzo, Conde di Fürstemberg di fare le gestioni necessarie per l'acquisto", Adrover 1954, S. 31.

8 BayHStA, KL, Fasz. 471, Lit. A, fol. 93v: „Adi 12. [Giugno 1662] la Serenissima Elettrice di consenso del Serenissimo Elettore impose al Signore Conte di Portia suo Maggiordomo maggiore che principiasse à comperar le case vicine al palazzo Elettorale anzi a quello di rimpetto perchi ivi haveva determinato piantarvi l'habitatione de Patri Teatini: d'onde si vede che non volle perder in giorno dal metter mano all'opera."

9 Dieser Name ist spätestens ab 1352 zur Unterscheidung von der parallel verlaufenden Vorderen Schwabinger Gasse (seit 1683 Residenzstraße) belegt.

10 BayHStA, KL, Fasz. 471, Lit. A, fol. 95r: „Adi 20. [Giugno 1662] fu'il Padre Pepe dal Serenissimo Elettore, il quale stava alquanto alterato per havere inteso esser tantino renitenti i Padroni delle Case nel luogo delle quali voleva si egresse la fabbria per noi, onde era risoluto se quei stavan duri più, far loro estimare le Case, e volere in ogni modo, trattandosi d'interesse di Chiesa, e fabrica sagra."

11 Kaufdatum aus einer späteren Auflistung der für den Kirchenbau benötigten Häuser: „...das Eck, oder Mayr Hochfürstlich Max Philipps Cammerdiener Haus ... wurde Anno 1662 den 26. Junii erkauft", BayHStA, KL, Fasz. 474, Nr. 3.

12 BayHStA, KL, Fasz. 471, Lit. A, fol. 95v: „Adi 26. [Giugno 1662] s'hebbe nuova come il Signore Conte di Portia ... haveva già concertato il prezzo della prima Casa per la Chiesa, il quale ascendeva à sette milla fiorini, perilche non sarebbe stato più cosi difficile ridurre gli altri vicini alla vendita delle lor Case, si per il compimento della Chiesa, come anche della Casa."

13 BayHStA, KL, Fasz. 471, Lit. A, fol. 95v: „Casa del ajutante di Camera Kurfürstlichen Camerdiener Mayr."

14 Das Eckhaus, das an der Gasse lag, die von der Residenzwache am Schwabinger Tor zum Zeughaus entlang der Stadtmauer verlief, war von Hanns Georg Seidl am 26. September 1647 für 700 Gulden gekauft worden; vgl. Häuserbuch II 1960, S. 345 f.: Haus 9. Das sich daran gegen Süden anschließende Gebäude war von ihm am 16. Dezember 1649 für 2 150 Gulden erworben worden; vgl. Häuserbuch II 1960, S. 344 f.: Haus 8.

15 Originalurkunde: BayHStA, Urkunden, München Theatinerkloster, 25. August 1662: „mir Principalin ex tes-

tamento erblich angestallne zwo aneinander stossend behausungen ... umb siben tausent gulden bedingte khaufsumma ... übergeben ... ." Ebenso BayHStA, KL, Fasz. 474, Nr. 1/6, fol. 2r: „Des Mayers behausung ist vermeg des aufgerichten kaufbriefs den 25. augusti anno 1662 umb 7 000 Gulden bekhaufft worden."

16 BayHStA, KL, Fasz. 471, Lit. A, fol. 108v: „Adi 16. [Ottobre 1662] si principiò à buttar à terra le case comperate per la fabrica nostra, il che fece tacere non pochi, i quali apertemenze affermavano, che stanti le congiunture delle guerre; che si temevan del Turconé havrebbon; Serenissimi dato altri luoghi si: mà non edificato chiesa, e casa da fondamenti."

17 Originalurkunde: BayHStA, GU, München Theatiner, 10. Oktober 1662: „mir Principalin von meinem vorigen Ehewürth weilandt Hannsen Sedlmayr ... Prekhen [Brücken] behausung ... umb drey tausent ein hunter fünffzig gulden bedingte khaufsumma ... übergeben ... ." Vgl. Häuserbuch II 1960, S. 344: Haus 7.

18 BayHStA, KL, Fasz. 471, Lit. A, fol. 111r: „Adi 22. [di Novembre 1662] si principiò à gettar à terra la seconda casa per la fabrica nuova vicino alla Residenza Elettorale."

19 Originalurkunde: BayHStA, Urkunden, München Theatinerkloster, 4. April 1663: „gehorsam verkhaufft, ... nemblich unser aigenthomblich behausung an der hündern Schwabinger gasssen ... umb vier tausend gulden." Vgl. auch Häuserbuch II 1960, S. 343: Haus 6.

20 BayHStA, KL, Fasz. 471, Lit. A, fol. 127r: „Adi 20. [Settembre 1663] il maggiordomo della Serenissima Elettrice stabili il prezzo d'un Palazzo di certo gentil huomo, il quale si mostrava alquanto renitente in far tale vendita cedendo in suo discommodo, mà non si potendo senza d'esso tirar avanti la fabrica della Chiesa nuova alla fine condescese pagandosegli quello à prezzo altissimo, di che non si curo la Serenissima purche ottenesse l'intento suo."

21 Originalkaufvertrag: BayHStA, KL, Fasz. 474, Nr. 3: „[Für die] Nidermaierschen behausung ... sechs tausent Gulden, ... bezahlen zu lassen." Vgl. auch Häuserbuch II 1960, S. 342: Haus 5.

22 Nach Westen hin zwei Gebäude (Haus I und J), die am 19. Oktober 1598 von Herzog Maximilian I. für 1 200 Gulden vom fürstlichen Förster Michael Mader erworben worden waren, und zwei weitere Häuser (Haus K und L), die bereits von Herzog Albrecht V. 1575 angekauft worden waren. Vgl. Häuserbuch II 1960, S. 346: Haus 10, 11, 12 und 13.

23 BayHStA, KL, Fasz. 471, Lit. E, fol. 71r: „Nel primo anno della nostra venuta, dalla Serenissima Fondatrice farono comprate quatre Case, le ultime di questa contrada dove siama, con la quarta attaccata alle mura della Cità ... . Tutti pensavano che fossero sufficienti dette case alla fabbrica della Chiesa e Convento. Mà perche la bontà, divotione, e munificenza di questa Gran Signora sempre eresceva anco al erescare del numero de Principi Figli ...: pertanto venuta in risolutione di fabbricargli un tempio di tutto sontuosità; e fattone fare il dissegno dal Barella Architetto; e misuratolo nella pianta sul piano del luogo, cosi ché il Tempio solo occupava tutto lo spatio delle quatro Case sudette, co'loro giardini che al di dietro havevanto. ... Benche questo sito fosse bastante alla desiderata grandezza del Tempio, niente pero di spatio lasciava alla necessaria struttura della Sacristia e del Convento ... ."

24 So zuletzt Hermann 2014, S. 326.

25 Der Odeonsplatz ist nach dem dort 1826–1828 von Leo von Klenze erbauten Odeon (heute Bayerisches Staatsministerium des Innern) benannt.

26 Trautmann 1895, S. 128; Braunfels 1938, S. 64

27 Grobe 1970, S. 13 ff.

28 Grobe 1970, S. 23.

29 Lehmbruch 1980, S. 134.

30 Lehmbruch 1980, S. 140; Hederer 1981, S. 128 ff.; Buttlar 1999, S. 168.

31 Grobe 1970, S. 38 f.

32 Erbaut wurde das Komödienhaus unter Marx Schinnagl in den Jahren 1660/61. Nach der Vollendung der Hofreitschule (heute Marschallplatz 5) unter Andreas Gärtner, Carl von Fischer und Leo von Klenze im Jahre 1822 verfiel das Komödienhaus mit dem im Süden um 1784/85 angebauten italienischen Caféhaus Tambosi zusehends und wurde 1825/26 durch ein Bazargebäude nach Entwürfen Leo von Klenzes ersetzt. Vgl. zu Marx Schinnagl: Lieb 1941, S. 49. Zu Klenze: Hederer 1981, S. 228.

33 Hederer 1981, S. 274 ff.; Buttlar 1999, S. 209 ff.

34 Hederer 1981, S. 213 ff.

35 Buttlar 1999, S. 188.

36 Hederer 1942, S. 66 f.

37 So z. B.: Peroni 1958, S. 23; Hempel 1965, S. 76; Riedl 1973, S. 115; Bauer 1985, S. 130; AKL VII 1993, S. 47; Montesano 2000, S. 18; Schütz 2000, S. 67; Aretin 2001, S. 17; Knobling 2014, S. 222.

38 So z. B. Bohner 1941, S. 131: „Die Theatinerkirche baute Guarino Guarini, der große Architekt ihres [Henriette Adelaides] Bruders [Karl Emanuel II.]."

39 BayHStA, KL, Fasz. 471, Lit. A, fol. 104r et v: „Adi 9. [Settembre 1662] la Serenissima Elettrice intendendo che

il nostro Padre Guarino Guarini passar dovena in Francia, pregò il Padre Pepe a scrivere, che facesse la strada di Monaco perche volena che desse il disgeno della nuova chiesa a farsi per noi. Che non guardasse à spesa veruna perche essa havrebbegli mandata quantità di denaro per venire, e per poi andare alla casa di Parigi, a cui era destinato, l'havrebbe non abbondantissima provosione accompagnato. Si scrisse: ma in vano perche di già stava in viaggio, ne recevè in tempo le lettere con dispiacere sensibilissimo della Serenissima e nostro che speravamo ilustrasse ancor la Germania con sua vitrtù in nostro profitto honorevole."

40 Meek 1988, S. 11.

41 Meek 1988, S. 12.

42 Meek 1988, S. 19 ff.

43 Wittkower 1973, S. 275 ff.; Meek 1988, S. 27 f.

44 Paulus 1912, S. 38.

45 Adrover 1954, S. 32: „Scrisse senz'altro il Padre Pepe, ma allorchè la lettera guingeva a Torino, il Guarini era già in viaggio per la capitale della Francia."

46 Meek 1988, S. 41 ff.

47 Vgl. Pest 1937, S. 19.

# 6 Erste Bauphase unter Agostino Barelli

# 6.1 Agostino Barelli und die Bologneser Theatinerkirche

Agostino Barelli[1] wurde am 26. Oktober 1626[2] als Sohn des Maurermeisters Giovanni Battista Barelli[3] und seiner Frau Francesca di Zechi in Bologna geboren. Hier kann zum ersten Mal auch ein leider im Krieg verloren gegangenes Portrait Barellis gezeigt werden, das bisher als Bildnis Enrico Zuccallis galt (Abb. 61).[4] Der dargestellte Baumeister weist aber eindeutig auf die „berühmte kurfürstliche Baustelle von St. Adelheid und Kajetan" als sein Werk hin. Barellis Vater Giovanni Battista stammte aber nicht aus Bologna, sondern aus Rovenna (heute Teil Cernobbios) am Comer See. Dass Agostino Barelli durch seine Geburt deshalb zunächst nicht das Bürgerrecht von Bologna erlangt hatte, belegt sein Antrag auf die „Habilitatio ab originis paterna" am 29. Dezember 1686.[5] Sie sollte es ihm später ermöglichen, auch städtische Aufträge seiner Heimatstadt entgegenzunehmen. Agostino Barelli erlernte gleich seinem jüngeren Bruder Pellegrino[6] das Maurerhandwerk beim Vater, wie die gemeinsame Rechnung für Arbeiten im Auftrag von Alessandro di Orsi vom 22. bis 27. November 1649 zeigt.[7] Schon für das Jahr 1650 ist die Teilnahme Barellis an einem Architekturwettbewerb für den Stadtpalast des Bologneser Mäzens Girolamo Albergati nachweisbar. Den Zuschlag erhielt allerdings Barellis Konkurrent Gian Giacomo Monti.[8] Seinen ersten eigenständigen Auftrag bekam Barelli mit dem Bau der Bologneser Theatinerkirche Santi Bartolomeo e Gaetano ab 1653. Interessanterweise bezeichnete er sich dort in einem Quittungsbeleg des Jahres 1659 immer noch als „Agostino Barella Muratore"[9], und das nur drei Jahre vor seiner Berufung nach München. Doch die doppelte Begabung als Maurer und Architekt stand ganz in der Tradition der Comascener Baumeister, in der durch seinen Vater auch Barelli gesehen werden muss.[10] Im Rahmen seiner Bewerbung als städtischer Architekt am 20. März 1677 wurden seine Fähigkeiten wie folgt beschrieben:

Abb. 61. Antonio Triva (?), Agostino Barelli, um 1674 (Kriegsverlust).

> „Agostino Barelli, ein Mann von gefälliger Erscheinung und gesellschaftlichem Rang, hat den durchlauchtigsten Hoheiten von Bayern ungefähr dreizehn Jahre lang als Architekt gedient, wie die vorgelegten Empfehlungsschreiben belegen. In diesen wird sein guter Dienst gänzlich bestätigt, den er den Hoheiten auf verschiedensten Baustellen geleistet hat. Dies bezeugen [auch] die anderen Empfehlungsschreiben der Hochwürdigen Herren Theatiner für eine ihrer Kirchen, die auf einen Entwurf desselben Barelli hin von

Grund auf zu größter Zufriedenheit der durchlauchtigsten Hoheiten errichtet wurde. Dies schließt auch die Versicherung des Pater Bauleiters [Spinelli] mit ein, dass dieser Barelli große Summen mit [großer] Behutsamkeit verwaltete [und] eine genaue und gewissenhafte Buchführung vorlegen konnte. Heute wurden der Versammlung auch einige seiner Entwürfe zu den letzten von ihm errichteten Bauten hier in Bologna vorgelegt, die sehr gut ausgearbeitet sind. Man muss noch hinzufügen, dass er nicht nur die Fertigkeit des Entwerfens besitzt, sondern auch fähig ist, das erforderliche Maurerhandwerk wie eh und je mit eigenen Händen auszuführen."[11]

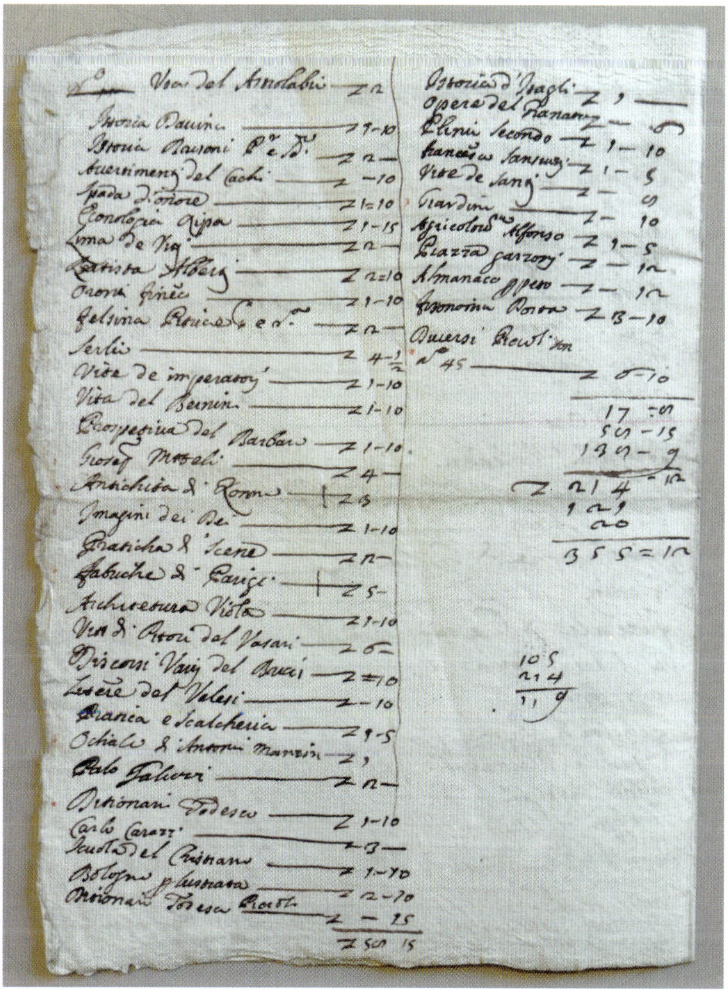

Abb. 62. Liste der Bücher im Nachlass Agostino Barellis, um 1696.

Die ausdrückliche Betonung, dass Barelli nicht nur als entwerfender Architekt, sondern auch als Maurer praktisch gearbeitet hat, bestätigt die Wertschätzung, die man diesem wohl nicht alltäglichen Umstand noch zu dieser Zeit entgegenbrachte.

Doch woher hatte Barelli seine „Fertigkeit im Zeichnen", also sein planerisches Können? Dass er darin tatsächlich auf dem Niveau eines gebildeten Architekten arbeitete, belegen verschiedene technische Messgeräte in einem Verzeichnis seines Nachlasses im Archivio di Stato zu Bologna. Darin finden sich unter anderem Kompasse und Zeichendreiecke sowie für die praktische Arbeit auf dem Bau Wasserwagen, Winkelmaße und andere Instrumente aufgelistet.[12]

Von seinem theoretischen Wissen zeugt auch eine bisher unpublizierte Inventarliste seiner Bibliothek, die insgesamt 93 Bücher verzeichnet (Abb. 62).[13] Darunter finden sich mit Bezug auf seine praktische Tätigkeit auch Anleitungen zum Gebrauch der verschiedenen Instrumente wie *L'uso della Squadra mobile* von Ottavio Fabri aus dem Jahre 1598 oder Werke zur Mathematik und Geometrie wie die *Pratica d'arithemtica e geometria* von Lorenzo Forestani von 1603. Besonders aufschlussreich sind aber die theoretischen Werke, die seine Auseinandersetzung sowohl mit antiken wie auch zeitgenössischen Architekten belegen. So sind vertreten: der Urvater der Architekturtheorie Vitruv mit seinen *De Architectura libri decem*, der frühe Meister der Renaissancearchitektur Leon Battista Alberti mit seinem Werk *De re aedificatoria* von 1443–1452, Sebastiano Serlio mit seinen *Sette Libri d'architettura*, worunter gerade das vierte Buch mit den *Regole generali di architettura ... sopra le cinque maniere degli edifici* von 1537 bekanntermaßen eine besonders große Rezeption erfuhr, Giacomo Barozzi da Vignola mit seiner *Prospectiva* von 1538 oder Viola Zanini mit *Della Architettura* von 1629. Barelli besaß aber auch praktisch orientierte Werke großer Architekten wie Domenico Fontanas *Della trasportatione dell'obelisco Vaticano et delle fabriche di nostro Signore Papa Sisto V.* von 1590, Carlo Fontanas *Tempio Vaticano* von 1694, in dem dieser unter anderem auch Berninis Arbeiten am Petersdom beschreibt, Filippo Balduccinis *Vita del Cavaliere Giovanni Battista Bernini* von 1682, Luigi Contarinis *Antiquità di Roma* von 1575, Giovanni Agnolo Ruffinellis *Grandeze di Roma* von 1600 oder Peter Paul Rubens' *Palazzi di Genova* von 1622. Von großer Bedeutung ist dabei auch Giovanni Battista Montanos ikonographisch interpretierendes Werk über die antike Ornamentik, das *Libro d'Architettura con diversi ornamenti cavati dall'antico* von 1624, das 1684 postum als erstes Buch in seine *Cinque Libri di architettura* eingeordnet wurde. Ohne Zweifel übte gerade Montanos Aufarbeitung antiker Formen- und Ornamentsprache anhand verschiedener römischer Bauten einen großen Einfluss auf Borromini und Bernini aus. Darüber hinaus sind auch „kunsthistorische" Standardwerke wie Giorgio Vasaris *Vite* von 1550/68 oder Cesare Ripas *Iconologia* von 1593 aufgeführt. Die Vielfalt und sachliche Ausrichtung der Bücherauswahl in Barellis Bibliothek belegen also nicht nur dessen Auseinandersetzung mit den relevanten Architekten seiner Zeit und ihren historischen Vorbildern, sondern auch den hohen Grad seiner Bildung. Als Hinweis auf seinen Aufenthalt in Deutschland und seine Bemühungen um eine Kommunikation in der hiesigen Landessprache finden sich in seiner Bibliothek schließlich auch ein *Libro Todesco di Architettura* sowie ein *Dizionario Todesco*.

Wie bereits erwähnt, erhielt Agostino Barelli seinen ersten eigenständigen Auftrag beim Bau der Bologneser Theatinerkirche Santi Bartolomeo e Gaetano (vormals San Bartolomeo di Porta Ravegnana). An diesem Ort unweit der berühmten schiefen Geschlechtertürme der Familien Garisenda und Asinelli stand schon seit dem fünften Jahrhundert eine kleine Kirche, die dann zwischen 1512 und 1515 im Auftrag des Kardinallegaten Giovanni Gozzadini durch einen einschiffigen Kirchenbau ersetzt wurde.[14] Als die Kirche 1599 den Theatinern übergeben wurde, stellte Theatinerpater Gaetano Spinola fest, dass

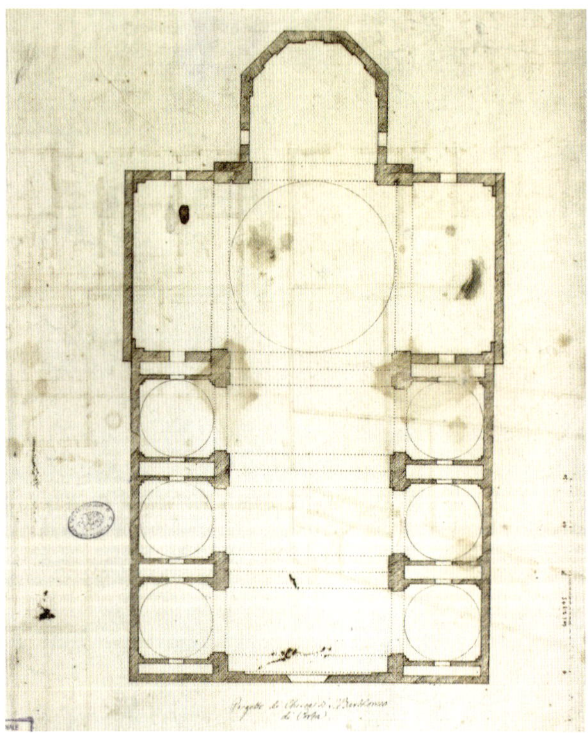

**Abb. 63. Giovanni Battista Natali, gen. Falzetta,, Grundrissplan für SS. Bartolomeo e Gaetano in Bologna, 1627.**

> „die Kirche, die an die Patres übergeben wurde, von keiner guten Architektur war und nur aus einem langen, aber nicht besonders breiten Schiff bestand."[15]

Ein erster Entwurf für den Neubau der Kirche unter den Theatinern ist von Giovanni Battista Natali, gen. Falzetta[16], aus dem Jahre 1627 überliefert (Abb. 63).[17] Dieser plante eine bescheidene einschiffige, dreijochige und tonnengewölbte Kirche mit Pilastergliederung, untereinander verbundenen und überkuppelten Seitenkapellen, einem kaum ausladenden Querhaus, einer Vierungskuppel und einem direkt an die Vierung anschließenden Apsispolygon.

Die Tätigkeit Barellis an diesem Projekt ist mit dem Baubeginn am 22. Juni 1653 belegt.[18] Es wurde vermutet, dass Barelli diesen Auftrag durch Vermittlung seines in den Theatinerorden eingetretenen Bruders Pellegrino bekommen haben könnte.[19] Pellegrino wurde aber tatsächlich erst 1663 als Laienbruder in den Orden aufgenommen und dann 1667 zum Priester geweiht. Barelli stützte sich zwar bei seinen Planungen auf den Entwurf Falzettas[20], doch erweiterte er diesen zu einer dreischiffigen, vierjochigen Basilika mit ionischen Freisäulen und kreuzförmigem Grundriss[21] (Abb. 64). Um den Seitenaltären genügend Platz zu bieten, gliederte er an die Seitenschiffe jochweise rechteckige Abseiten an. Das Querhaus lädt nun weiter aus. Auf dieses folgt ein neu eingefügtes Vorchorjoch, das von je einer überkuppelten Seitenkapelle flankiert wird. Der Chor mündet nun in eine halbrunde Apsis. Barelli machte also aus dem engen, geschlossenen Baukörper Falzettas eine weite und helle Anlage (Abb. 65). Mit dem kreuzförmigen Grundriss, dem tonnengewölbten Schiff, den an die Seitenschiffe angefügten Abseiten, dem ausladendem Querhaus, der Vierungskuppel, dem von Kapellen flankierten Vorchorjoch und der halbrunden Apsis folgte Barelli dem oben beschriebenen Schema einer Reformordenskirche, wie es in Il Gesù, aber auch in der Mutterkirche des Theatinerordens Sant'Andrea della Valle in Rom verwirklicht wurde. In Bologna kombinierte Barelli dieses Vorbild jedoch mit dem spezifisch theatinischen Bauschema einer Basilika, bei der die Arkadenwände von Freisäulen getragenen werden. Dieses Bauschema findet sich bei mehreren Theatinerkirchen des frühen 17. Jahrhunderts,[22] so zum Beispiel bei der ausgesprochen schlanken und lichten Kirche San Siro in Genua 1584–1619[23] oder bei der von Pietro Caracciolo erbauten Kirche San Vincenzo in Piacenza 1595–1612[24] (Abb. 66).

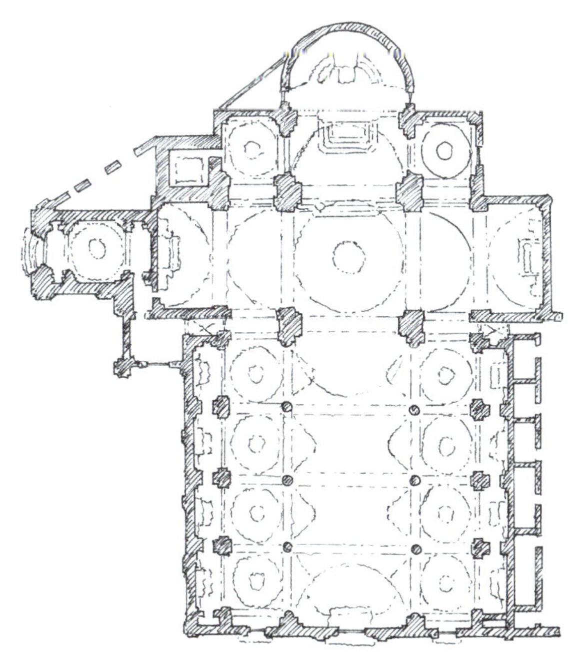
Abb. 64. Grundriss von SS. Bartolomeo e Gaetano, Bologna.

Abb. 65. SS. Bartolomeo e Gaetano, Bologna – Innenansicht.

Dass San Vincenzo direktes Vorbild für Barelli war, wird

Abb. 66. San Vincenzo, Piacenza – Innenansicht.

Abb. 67. Santa Maria degli Angeli a Pizzofalcone, Neapel – Innenansicht.

anhand eines handschriftlichen Zettels in den Archivalien der Bologneser Theatiner mit dem Titel *Misura della chiesa di San Vincenzo di Piacenza* deutlich.[25] Dieser Kirchenbau ist auch deswegen so wichtig, da sich dort wie dann in Santi Bartolomeo e Gaetano und später in der Münchner Theatinerkirche (Kap. 6.2.2) über den seitlichen Kuppeln jeweils eine Laterne befindet, durch die Tageslicht in den Raum darunter dringt und so eine eigene Lichtsituation entsteht. Für diese Lösung muss die von dem Theatinerarchitekten Francesco Grimaldi, dem Lehrmeister Caracciolos, entworfene und zwischen 1600 und 1610 erbaute Theatinerkirche Santa Maria degli Angeli a Pizzofalcone in Neapel als Quelle gelten (Abb. 67).[26] Als überkuppelte Saalkirche mit Abseiten und kreuzförmigem Grundriss ähnelt diese trotz des geraden Chorschlusses wiederum stärker der Theatinerkirche in München. Aufgrund ihrer vier gleichförmigen Langhausjoche, der einfach gestuften korinthischen Pilaster, des schmucklosen Gebälks und der gänzlich fehlenden Attikazone kommt sie jedoch als direktes Vorbild für München nicht in Frage.

Noch während der Bau von Santi Bartolomeo e Gaetano in vollem Gange war, verließ Barelli Bologna in Richtung München. Bis zum 14. Oktober 1664 wurde das Bologneser Langhaus zu Ende gebaut und vorläufig zur Kirche geweiht.[27] Da dieser Kirchenbau aber bei Barellis Abreise noch nicht vollendet war und andere eigenständige Bauten von ihm bis dahin nicht nachweisbar sind, muss der Einschätzung von Richard Paulus widersprochen werden, der junge Barelli sei vor seiner Ankunft in München bereits „in der Kurfürstin Heimat [sic!] wohlbekannt"[28] gewesen.

## 6.2 1661–1664: Vorgabe, Beauftragung, erste Pläne und Grundsteinlegung

Am 20. Juni 1662 konfrontierte Kurfürst Ferdinand Maria Pater Pepe während einer Audienz mit einem Plan der Mutterkirche des Theatinerordens Sant'Andrea della Valle in Rom und gab an, dass er sich diese als Vorbild für seine Kirche in München wünsche. Auf eine kritische Rückfrage Pater Pepes hinsichtlich der Größe und der Kosten des Baus hin äußerte sich der Kurfürst zum ersten Mal explizit über den Anspruch, den er an das Kirchengebäude stellte und der später von seiner Gattin gegenüber Agostino Barelli in ähnlicher Weise wiederholt werden sollte:

> „[Es] ... legte der Kurfürst hinsichtlich des Aussehens, das ihm [für den neuen Kirchenbau] am besten gefiel, einen Plan von Sant'Andrea della Valle in Rom vor. Darauf sagte Pater Pepe zu ihm, dass ein solcher Bau zu groß und zu teuer sei. Er antwortete jedoch, dass man den Mut zu prächtigen Dingen haben müsse und dabei auf keinerlei Kosten achten dürfe."[29]

Der Vorschlag, Sant'Andrea della Valle zum Vorbild zu nehmen, ging also nicht, wie weithin angenommen, von der Kurfürstin, sondern vom Kurfürsten aus.[30] Auf diese Idee konnte er jedoch nicht von Pater Pepe gebracht worden sein, wie dessen kritische Rückfrage zeigt. Vielmehr könnte Agostino Barelli diese ihm sicherlich gut vertraute Kirche ins Spiel gebracht haben.

Ausschlaggebend für diese These ist die Frage, wann Barelli mit dem Entwurf für die Münchner Theatinerkirche beauftragt wurde. Wie bereits angeführt, wird im Rahmen seiner Bewerbung als städtischer Architekt in Bologna im Jahre 1676 von einer dreizehnjährigen Tätigkeit im Dienst des bayerischen Kurfürsten gesprochen. Dieser Zeitraum deckt sich auch mit den Angaben in den Empfehlungsschreiben der kurfürstlichen Durchlauchten aus dem Jahre 1674 (Kap. 6.8) sowie mit einem Eintrag Pater Spinellis in seinem *Libro Originale* vom April 1677[31]. Barellis Ausscheiden aus der Bautätigkeit an der Theatinerkirche kann mithilfe des Entlastungsschreibens für die Kontoführung der Baustelle, das Pater Spinelli am 13. Juni 1674 ausstellte, genau datiert werden.[32] Rechnet man von diesem Datum zurück, kann man entgegen der bisherigen Annahme[33] davon ausgehen, dass Barelli bereits 1661 mit den Entwürfen für die Theatinerkirche betraut wurde. Anhand eines Eintrages im Ausgabenbuch des Hofzahlamtes für das Jahres 1661 über eine nicht näher spezifizierte „abferttigung [eines] welschen Paumaisters"[34] lässt sich sogar vermuten, dass Barelli sich bereits damals ein erstes Mal in München aufhielt, um sich über die Vorstellungen der kurfürstlichen Auftraggeber zu informieren und möglicherweise erste Ideen sowie einen Plan von Sant'Andrea della Valle vorzulegen. Unterstützt wird diese Annahme durch die Tatsache, dass Barelli, nun namentlich genannt, der Kurfürstin am 7. Oktober 1662 bereits erste Pläne vorlegte. Der ebenfalls bei dieser Audienz anwesende Pater Pepe könnte wiederum derjenige gewesen sein, der Barelli nach München vermittelt hatte. Da Pater Pepe im Auftrag des Ordens unter anderem in Turin, Genua und Florenz tätig gewesen war, kannte er mit Sicherheit auch die Niederlassung der Theatiner in Bologna, deren Kirchenneubau ja bekanntlich ab 1653 unter Barellis Leitung ausgeführt wurde.[35] Über diese entscheidende Audienz berichtet Pater Meazza in seinem *Diarium Italicum* wie folgt:

> „Am 7. Oktober 1662 wurde der Architekt Herr Agostino Barelli zur Audienz bei der Kurfürstin geführt, der für den Entwurf unserer Kirche und unseres Hauses eigens aus Italien geholt worden war. Er legte einen Entwurf vor, von dem er dachte, ihn ins Werk setzen zu können. Daraufhin wurde er von der Durchlauchtigsten gefragt, wie viel die Kirche kosten würde und ob eine Million reiche. Der Architekt antwortete: Nicht

so viel! Über diese Antwort wenig erfreut sagte sie: Glaube er denn, man müsse auf irgendwelche Kosten achten? Dies müsse man nicht, sondern es sei lediglich darauf zu achten, dass diese Kirche die schönste und kostbarste der Stadt werde, einschließlich jener der Jesuiten, die von Pater Pepe so bewundert werde. Letzterer, der ebenfalls anwesend war, brachte den Einwand: Man sollte nicht so sehr auf die Person achten, die diese [Kirche] bauen ließe, Eure durchlauchtigste, kurfürstliche Hoheit, sondern auf uns, die wir arme Geistliche sind. Darauf erwiderte die Durchlauchtigste sogleich: Euer Hochwürden nehme niemals mehr solche Worte in den Mund. Die Kirche solle seines Ordens würdig sein, welcher der erstrangige auf der Welt sei, und dann müsse man auch bedenken, wer sie bauen ließe und aus welchem Grund sie errichtet werde."[36]

Die Kurfürstin versicherte also, wie zuvor schon ihr Gemahl, dass weder Kosten noch Mühen gescheut würden, damit die neue Kirche die schönste und prächtigste Münchens werde, die Jesuitenkirche St. Michael mit eingeschlossen.[37] Auch unterstrich sie erneut die Bedeutung ihrer eigenen Auftraggeberschaft und berief sich auf das Gelübde, aufgrund dessen die Kirche erbaut werden sollte.

Die bisher aus dieser Textstelle abgeleitete Annahme[38], dass die von Barelli zu diesem Zeitpunkt vorgelegte erste Planserie von der Kurfürstin aufgrund der „Kostenfrage" verworfen worden und deswegen nicht überliefert sei, lässt sich nach Meinung des Verfassers nicht halten. Wie hätte Barelli auf die Frage nach den Kosten, ganz unabhängig von seinem Entwurf, auch anders antworten sollen? Womöglich war die Aussage der Kurfürstin, man solle keinerlei Kosten und Mühen scheuen, auch auf die zu verwendenden Materialien und die Ausstattung bezogen und nicht nur auf die Größe und Gestalt des Baus (Kap. 7.3). Darüber hinaus hätte es die Kurfürstin bei ihrem Temperament wahrscheinlich expressis verbis angesprochen, wenn ihr der Entwurf tatsächlich nicht gefallen hätte. Auch hätte der Chronist ein solch furioses Scheitern sicherlich in seinem Bericht erwähnt.

Für den 15. Dezember 1662 ist ein weiterer Besuch des Architekten bei der Kurfürstin belegt, bei dem er ihr erneut Pläne vorlegte. Anstatt aber, wie offenbar von Barelli erwartet, auf künstlerische Details einzugehen, interessierte sich die Kurfürstin lediglich für den vorgesehenen Standort ihres Grabes in der Kirche:

> „Am 15. Dezember 1662 kam der Architekt, um seinen Entwurf der Kirche vorzulegen. Sie [die Kurfürstin] nahm ihn [den Entwurf] kaum wahr. Anstatt auf irgendwelche künstlerischen Feinheiten einzugehen, fragte sie, an welchem Ort in dieser Kirche man das Grab für sie geplant habe."[39]

Das Desinteresse sowohl am vorgelegten Entwurf wie auch an den Details der Planung lässt den Schluss zu, dass der Unterschied zu den im Oktober vorgelegten Plänen nicht besonders groß gewesen sein kann. Wahrscheinlich waren diese also nur noch im Detail verändert worden. Für diese Annahme spricht auch die baldige Heimreise Barellis, deren Antritt dank des wiederaufgefundenen kurfürstlichen Begleitschreibens für „unseren Architekten" auf den 26. Januar 1663 datiert werden kann.[40] Ziel dieser Italienreise war auch die Anwerbung eines Bauleiters und anderer geeigneter Bauleute zum geplanten Kirchenbau. Folglich muss der Entwurf damals schon baureif gewesen sein! Über die Rückkehr Barellis nach München erfahren wir in Meazzas *Diarium Italicum*:

> „Am 14. April 1663 kamen der Architekt, der aus Bologna angereist war, ein Parlier, der große Erfahrung im Bauen hatte, und andere in dieser Kunst Bewanderte [in München] an. Sie waren von Pater Don Agostino Castano, einem Lektor in jener Stadt [Bologna], auf Wunsch der Durchlauchtigsten angeheuert worden. Denn sie hatte hierfür keine Deutschen beauftragen wollen, da sie diese für unfähiger [ital. più idioti] im Errichten eines Baus von solch großer Wichtigkeit hielt, wie sie sich ihn vorstellte."[41]

Bei dem angeführten Parlier handelte es sich um den aus Rovenna[42] stammenden Lorenzo Perti[43], der nach einer Hofzahlamtsrechnung aus dem Jahre 1666 ab dem 15. April 1663[44] als Baumeister an der Theatinerkirche angestellt war und diese Position bis zu seinem Tod am 2. Januar 1692[45] behalten sollte. Anhand des Baurechnungsbuches des Jahres 1663 können auch die anderen Bauleute identifiziert werden: Antonio Pedroti, Francesco Fontana, Bonifacio Perti und Rocco della Porta.[46]

Von besonderer Bedeutung ist in Meazzas Bericht die bisher irrtümlich abwertend interpretierte Aussage der Kurfürstin, sie wolle keine Deutschen mit dem Bau eines so wichtigen Bauwerks beauftragen, da sie „più idioti" seien.[47] Diese Einschätzung klärt sich mit einem Blick in das *Diarium Latinum* Pater Khuens, in dem es heißt:

> „So wollte die Kurfürstin freilich ihren Italienern beim erdachten Bauwerk mehr vertrauen als den Deutschen, die sie für unkundig hielt, obwohl die Deutschen in Belangen der Ausführung und Konstruktion bestimmter Bauwerke nicht unerfahren sind.[48]

Die Kurfürstin hielt also die Deutschen keineswegs für gänzlich unfähig, einen solchen Bau zu errichten, sondern lediglich, wie bereits im Zusammenhang mit der „Bevorzugung"[49] ausländischer Bauleute angemerkt (Kapl 3.1) und die Komparativform des Adjektivs unterstreicht, für unkundig oder ungebildet, was den künstlerischen Entwurf im „stile moderno" des Barock anbetrifft. Hingegen gestand sie auch ein, dass die Deutschen in der praktischen Ausführung durchaus erfahren waren. Diese Wertschätzung bestätigen auch die Belege zu den Baurechnungsbüchern der Jahre ab 1680, nach denen die namentlich aufgeführten Handwerker, wie Maurer, Zimmerer und Tagwerker, meist aus dem deutschsprachigen Raum stammten.[50] Nichtsdestominder ist zu Beginn der Bautätigkeiten, und zwar für den 9. März 1663, eine Eingabe der in München ansässigen Steinmetze und Maurer beim Magistrat der Stadt überliefert, in der diese bezweifelten, dass die italienischen Bauleute, mit denen sie ja zusammenarbeiten mussten, ihr Handwerk zunftgemäß erlernt hatten.[51] Der Magistrat wies die Eingabe jedoch ab und warnte davor, sich mit diesen Bedenken an den Kurfürsten zu wenden und dadurch „grössern schaden und ungelegenheit"[52] zu verursachen.[53]

Die These der ersten Planserie wird dadurch bestätigt, dass die bisher angenommene Vorlage einer zweiten Planserie nach Barellis Rückkehr am 14. April 1663 anhand der Quellen nicht belegt werden kann.[54] Gegen eine zweite Planserie spricht auch der kurze Zeitraum von nur zwei Wochen zwischen der Rückkehr Barellis und der Grundsteinlegung. Innerhalb dieses schmalen Zeitfensters und vor allem auch zu diesem Zeitpunkt waren eine grundsätzliche Umplanung, die Vorlage einer neuen Planserie und die Zustimmung hierzu kaum möglich. Vielmehr wurde bereits am 21. April 1663, eine Woche nach Ankunft Barellis, im Beisein des Kurfürstenpaares und der Theatiner der Grundriss der Kirche endgültig festgelegt. So berichtet wiederum Meazza:

> „Am 21. April 1663 kamen der durchlauchtigste Kurfürst und die durchlauchtigste Kurfürstin persönlich, um bei der Festlegung des Grundrisses der Kirche anwesend zu sein, die sie für uns stifteten. Es waren auch Pater Pepe und Pater Bozomo anwesend, die glaubten, am nächsten Tag nach Rom abreisen zu können. Sie wurden jedoch durch die Durchlauchtigsten dazu gebracht, bis zu dem Tag zu bleiben, an dem der erste Stein gelegt werde, da Pater [Bozomo] die Predigt halten sollte."[55]

Auf die Festlegung des Grundrisses sollte alsbald auch die Grundsteinlegung für den Kirchenbau folgen. Wie bereits erwähnt, hatte man schon am 22. Oktober 1662 mit der Niederlegung der hierfür angekauften Häuser und mit der Aushebung der Baugrube begonnen. Pater Meazza merkt jedoch auch an, dass man aufgrund alter Fundamente nur langsam vorankam[56] und daher am 18. Januar 1663[57] Herrman Egon Graf Fürstenberg-Heiligenberg, dem Obersthofmeister des

Kurfürsten, die Generalaufsicht über die Baustelle übertragen wurde. Dies war aber keineswegs ungewöhnlich, sondern lag durchaus im Verantwortungsbereich eines Obersthofmeisters. Eine Woche später, am 29. April 1663[58], wurden feierlich die beiden Grundsteine zur Theatinerkirche gelegt. Darüber ist in Meazzas *Diarium Italicum* zu lesen:

> „Am 29. April 1663 wurde die feierliche Grundsteinlegung ... am Ort des Baus begangen ... . Die durchlauchtigste Kurfürstin stieg mit zwei Steinen, welche ... eine große Platte aus vergoldetem Silber mit eingravierter Inschrift [umschlossen], in die Grube hinab. Die bischöflichen Zeremonien wurden vom hochwürdigsten Abt des Heiligen Berges [Andechs], einem Benediktiner, gehalten, der von der Kurfürstin als Prälat von großen Talenten sehr geschätzt wurde. Sie ließ diesen hierzu durch den durchlauchtigsten hochwürdigsten Bischof [von Freising] [da dieser noch kein Priester war] vor allen anderen damit beauftragen, weil sie wusste, dass er auch uns der Liebste war. Nachdem diese Zeremonien beendet waren, begaben sich alle in unsere Kirche der heiligen Adelheid [im Palazzo Kurz] zur Predigt von Pater Bozomo ... sowie zu einer Messe mit der Hofkapelle ... ."[59]

Die beiden Grundsteine wurden also von der Kurfürstin selbst in die Baugrube hinabgetragen und dort feierlich eingelassen.[60] Durch den Umstand, dass der Fürstbischof von Freising Albrecht Sigismund, der Onkel Ferdinand Marias, zu diesem Zeitpunkt noch keine Priesterweihe empfangen hatte, konnte das Kurfürstenpaar mit seiner Erlaubnis[61] den befreundeten Benediktinerabt von Andechs, Cölestin Propst, mit der ehrenvollen Aufgabe betrauen. Auf den Grundsteinen war zu lesen:

„Dem gnädigsten und erhabensten Gott, dem Herrn,
zu Ehren der heiligen Kaiserin Adelheid
und des seligen Kajetan von Thiene
haben Ferdinand Maria, Kurfürst und Herzog von Bayern,
und seine Gemahlin Henriette Adelaide,
königliche Prinzessin
von Savoyen, aufgrund eines Gelübdes
diese Kirche mit dem angeschlossenen Haus der
regulierten Kleriker gestiftet und den ersten Stein gelegt
im Jahre nach der Erlösung der Welt 1663
am 29. April."[62]

Besonders hervorzuheben ist hierbei wiederum, dass die Kirche und das angeschlossene Kloster „aufgrund eines Gelübdes" erbaut werden sollten.

Das für jenes Jahr vorhandene Baurechnungsbuch verzeichnet seinen ersten Eintrag am 23. Juni, als die vier bereits genannten italienischen Meister sowie ein deutscher Maurer und 40 Tagelöhner für die erste Arbeitswoche entlohnt wurden.[63] Es muss also von einem Baubeginn am Montag, dem 18. Juni 1663 ausgegangen werden. Die Arbeiten am Fundament gingen in Folge so gut voran, dass sie bereits am 17. Dezember abgeschlossen werden konnten, wie unser Chronist Pater Meazza berichtet:

> „An jenem Tag, dem 17. Dezember 1663, wurden die Fundamente unserer Kirche vollendet. Da man beschlossen hatte, die Baustelle ruhen zu lassen, um dann im nächsten Jahr mit größerer Sicherheit fortzufahren, hatte man es in diesem Jahr nicht mehr besonders eilig. Man brannte jedoch unzählige weitere Bausteine aus Ton, da man wegen der großen Ausdehnung der Kirche allein schon für die Fundamente viele benötigt hatte."[64]

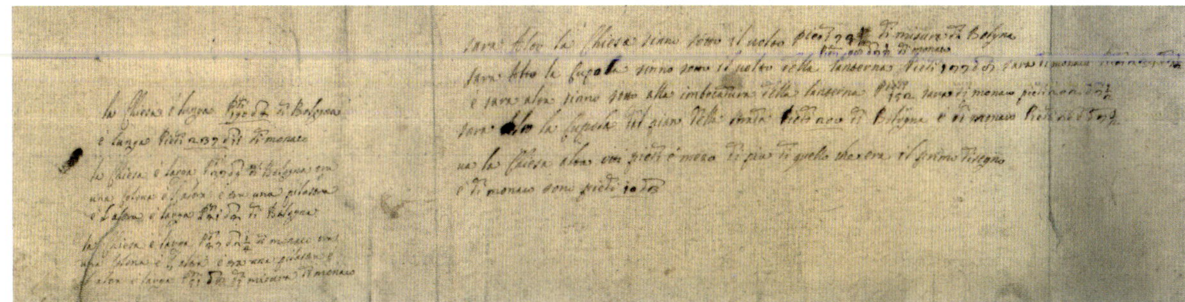

Abb. 68. Ausschnitt aus: Agostino Barelli, Querschnittsplan (PlSlg. 7807b), 1662.

Man ließ den Bau also, wie üblich, über den Winter ruhen, um den Problemen mit dem Frost aus dem Weg zu gehen. Während dieser Phase schuf man große Mengen Baumaterial, vor allem Ziegelsteine[65] aus Brennereien in München, Egmating und (Markt) Schwaben[66], herbei und bearbeitete größere Steine[67]. Im Allgemeinen muss man davon ausgehen, dass die Arbeiten auf den Großbaustellen jener Zeit meist zu St. Gallus am 16. oder zu St. Simon und Judas Thaddäus am 28. Oktober beendet und Mitte März des nächsten Jahres wieder aufgenommen wurden.[68] So wurde am 3. März 1664 mit der Aufmauerung der Theatinerkirche begonnen.[69] Dies belegt auch die Anstellung von weiteren italienischen Maurern am 28. April[70], nämlich von Battista Vanoti, Giovanni Beltamaz und Bartolomeo della Torre[71].

Fasst man die dargelegten Argumente zusammen, den fehlenden Hinweis auf ein Scheitern des ersten Entwurfs, das Desinteresse der Kurfürstin an den künstlerischen Details bei der zweiten Vorlage, die eher sekundäre Frage nach ihrer Grabstätte sowie die kurze Zeitspanne zwischen der zweiten Vorlage der Pläne, der Anwerbung der Bauleute und der Grundsteinlegung, ist es wahrscheinlich, dass der bisher zur zweiten Planserie gezählte Fassadenplan (PlSlg. 7807a, Abb. 69)[72] und der Querschnitt durch das Schiff und die Kapellen (PlSlg. 7807b, Abb. 75)[73] der ersten Planserie angehören und damit spätestens in das Jahr 1662 datiert werden müssen.

Für diese Annahme findet sich auch auf den Plänen selbst ein bisher falsch gedeuteter Hinweis[74]: Zunächst können aufgrund der Übereinstimmung in Maßstab, Maßskala und Zeichenstil beide Pläne als zusammengehörig betrachtet werden.[75] Auf dem Querschnitt ist zudem eine ausführliche handschriftliche Angabe Barellis zu den Maßen des Kirchenbaus in Bologneser (1 BF = 0,379 m)[76] und Münchner Fuß (1 MF = 0,292 m) zu lesen (Abb. 68):

| | | | |
|---|---|---|---|
| Länge: | 190,4 BF | 237,11 MF | ca. 72,2 m |
| Breite zwischen den Säulen: | 37,9 BF | 47,21/4 MF | ca. 14,4 m |
| Lichte Breite: | 41,4 BF | 51,8 MF | ca. 15,7 m |
| Gewölbehöhe: | 74,0 BF | 98,71/2 MF | ca. 28,0 m |
| Laternenansatzhöhe: | 152,0 BF | 202,21/2 MF | ca. 57,6 m |
| Laternengewölbehöhe: | 177,8 BF | 234,71/2 MF | ca. 67,4 m |
| Länge bis zur Straße: | 200,0 BF | 266,71/2 MF | ca. 75,8 m |

Diese Angaben stimmen mit den Maßen der ausgeführten Kirche völlig überein! Da aber, wie im folgenden Kapitel (Kap. 6.3) gezeigt werden kann, noch eine „Korrektur" am Grundriss vorgenommen wurde und man normalerweise die Maße vom Plan selbst abnahm und hierzu keine Legenden benötigte, liegt die Vermutung nahe, dass diese Angaben erst später hinzugefügt wurden. Diese These bestätigt ein Vergleich der realen Proportionen mit den am Querschnitt abge-

Abb. 69. Agostino Barelli, Erster Fassadenplan (PlSlg. 7807a), 1662.

nommenen Maßen: Sowohl im ausgeführten Bau als auch im Plan ergibt sich für das Schiff ein Verhältnis der Breite zur Höhe von ca. 1:1,8. Das Verhältnis der lichten Breite des Schiffes zur lichten Tiefe der Kapellen weicht jedoch von real 2,1:1 zu planerisch 1,9:1 ab. Das Schiff muss also nachträglich unter Beibehaltung des bisherigen Verhältnisses von Breite zu Höhe erweitert worden sein. Die korrigierten Maße wurden demnach mit Sicherheit erst später hinzugefügt. Hiermit relativiert sich auch die bisher als Beleg für eine zweite Entwurfsserie interpretierte Angabe: „Die Kirche wird achteinhalb [Bologneser] Fuß höher als jene, die der erste Entwurf vorsah, in Münchner [Fuß] sind das 10,3.“[77]

Um die vorgesehenen Proportionen des Schiffs bei der nachträglichen Erweiterung beibehalten zu können, musste die Höhe der Wölbung vergrößert werden, nämlich um die genannten achteinhalb Bologneser Fuß. Der Passus „als jene, die der erste Entwurf vorsah“ bezieht sich also auf den vorliegenden ersten Entwurf, der noch die alten Maßverhältnisse aufweist.

### 6.2.1 Erster Fassadenplan

In seinem ersten Fassadenplan von 1662 zeigt Barelli eine klassische „reliefierte Kirchenfront“[78] ohne Fassadentürme, wie sie zu jener Zeit in Rom durchaus typisch war (Abb. 69). Die reliefierte Kirchenfront definiert sich dabei als eine nicht auf Raumbildung abzielende Kombination aus Wand und Gliederung. Sie beschränkt sich daher im Entwurf allein auf den Aufriss. Typologisch gliedert sie sich in ein Untergeschoss mit fünf und ein Obergeschoss mit drei Achsen. Die Geschosse werden durch kräftige Schneckenvoluten zuseiten des zweiten Geschosses miteinander verklammert. Den oberen Abschluss bildet ein Dreiecksgiebel.[79]

**Abb. 70. Konstruktionsentwurf für eine Kirchenfassade, aus: Sebastiano Serlio, *Regole generali di architettura*, 1537, fol. 54r.**

Als erster und einziger Theoretiker stellte Sebastiano Serlio in seinen 1537 in Venedig gedruckten *Regole generali di architettura ... sopra le cinque maniere degli edifici* zu dieser Bauaufgabe ein allgemeingültiges Konstruktionsprinzip samt Illustration auf (Abb. 70).[80] Alberti betonte hingegen den engen Zusammenhang der Fassade mit dem Querschnitt des Kirchenraums, der sich vor allem in der achsengerechten Zuordnung der Portale zu den Schiffen zeigt und daher auch als „Querschnittsfassade“[81] bezeichnet wird.

In seinen Detailformen kann Barellis Fassadenplan auf zwei Vorbilder zurückgeführt werden: zum einen auf den kurfürstlich verordneten Vorbildbau der Mutterkirche des Theatinerordens,

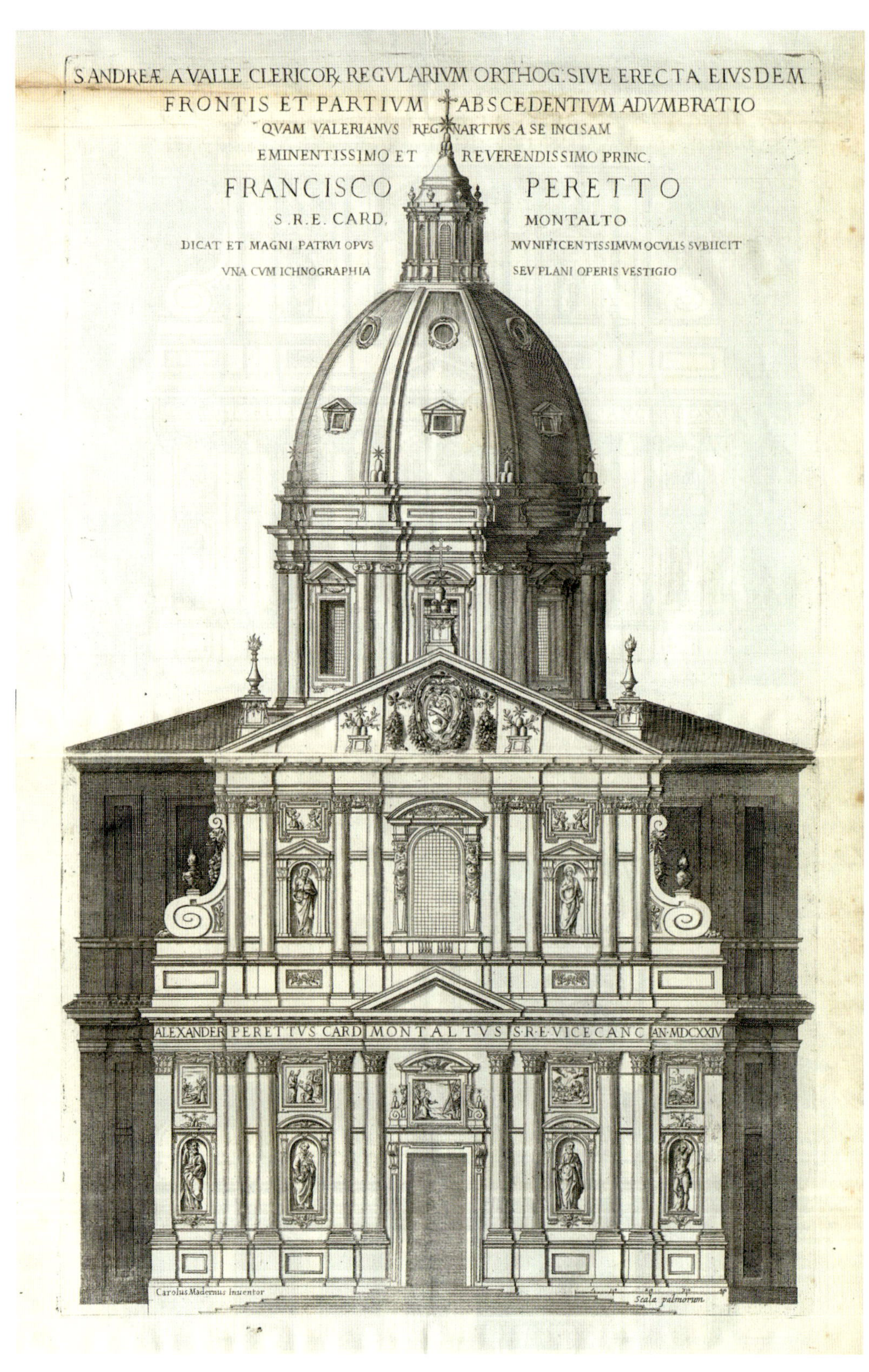


Abb. 71. Carlo Maderno, Fassade von Sant‘Andrea della Valle in Rom.

Abb. 72. Alessandro Algardi, Fassade von Sant'Ignazio di Loyola in Campo Marzio in Rom.

**Abb. 73. Guidetto Guidetti, Fassade von Santa Caterina dei Funari in Rom.**

Sant'Andrea della Valle, und deren ersten, von Carlo Maderno stammenden Fassadenentwurf von 1624[82] (Abb. 71), zum anderen auf den Fassadenentwurf Alessandro Algardis für die zweite große Jesuitenkirche in Rom neben Il Gesù, Sant'Ignazio di Loyola in Campo Marzio, die 1649/50 erbaut wurde (Abb. 72). Wie bereits mehrfach erwähnt, fanden beide Fassadenentwürfe durch Valérian Regnards *Praecipua urbis Romanae templa* große Verbreitung.[83] So übernahm Barelli von Sant'Andrea della Valle die durchgehende Verwendung von Dreiviertelsäulen[84] als Gliederungselemente der mittleren drei Travéen[85] sowie die Pilaster der beiden äußeren Travéen des ersten Geschosses, jedoch in umgekehrter Ordnung, das heißt mit kompositen Kapitellen im ersten und mit korinthischen im zweiten Geschoss.[86] In der Gestaltung der Wandflächen mit dem von einem Relieffeld überfangenen Hauptportal, dem großen Fenster mit Segmentbogengiebel im zweiten Geschoss sowie den Figurennischen mit den darüber befindlichen Relieffeldern kopiert er sogar nahezu das Vorbild.[87] Von Sant'Ignazio di Loyola in Campo Marzio stammen hingegen die zwei die Mitteltravée rahmenden Säulen ohne Pilasterrücklagen, die gekuppelten Gliederungselemente[88] der beiden flankierenden Travéen mit Pilasterrücklagen und verkröpftem Gesims[89], die raumachsengerechten Seitenportale[90], die Säulenrahmung des Fensters im zweiten Geschoss und die dominanten Schneckenvoluten.[91]

Barelli nahm allerdings in seinem Plan gegenüber den Vorbildern verschiedene Veränderungen vor. So stufte er die Fassade unterschiedlich: Bei den mittleren drei Travéen gibt es zwei senkrechte Ebenen, die der Säulen mit dem verkröpften Gesims und die der Rückwand; bei den beiden äußersten Travéen aber drei: die Ebene der inneren und die der äußeren Pilaster sowie die der Wand bzw. Voluten. Dies führt zu einer plastischeren Wirkung der Fassade und betont vor allem die drei mittleren Achsen. Ungewöhnlicherweise verwendete Barelli in beiden Geschossen keine so hohe, gestufte und gefelderte Postamentzone wie bei seinen Vorbildern. Ein Beispiel für eine solche „vereinfachte" Postamentzone im oberen Geschoss ist die mit Pilastern instrumentierte Fassade von Santa Caterina dei Funari von Guidetto Guidetti 1560–1564, die auch bei Regnard gezeigt wird (Abb. 73). Barelli zog die Fassade also in die Breite und verlieh ihr damit einen etwas gedrungeneren Charakter. Eine Erklärung hierfür könnte sich daraus ergeben, dass Barelli damit versuchte, den Höhenzug der möglicherweise von Beginn an geplanten Vierungskuppel auszugleichen.[92]

Barellis Fassade ist mit acht vollplastischen Figuren ausgestattet: Wie Carlo Borromeo es in seinen *Instructiones* forderte, wird der Kirchenpatron Kajetan im ersten Geschoss rechts dargestellt, in diesem Fall in Anspielung auf seine Weihnachtsvision von 1517 sowohl mit der Muttergottes als auch dem Jesuskind im Arm. Das Pendant zu ihm bildet der selige Andreas Avellinus mit Bibel und Märtyrerzweig. Beiden Figuren entsprechen im zweiten Geschoss die Standbilder der Heiligen Paulus (rechts) und Petrus (links). Statuen dieser vier finden sich auch an der von Carlo Rainaldi realisierten Fassade von Sant'Andrea della Valle (Abb. 74). Neben den Voluten stehen bei Barelli die im Plan bezeichneten Personifikationen der Hoffnung („Speranza") und der Nächstenliebe („Caritas") sowie auf dem Giebel die des katholischen Glaubens („Fede cattolica") und der göttlichen Weisheit („Sapienza Divina"). Die drei genannten Tugenden gelten als Maßstab sowohl allgemein für alle Christen als auch im Besonderen für die Stifter und deren Herrschaft. Interessanterweise sind die Reliefs über den Figuren von Petrus und Paulus laut Regnards Stich identisch mit denen an entsprechender Stelle im Entwurf Madernos. Sie beziehen sich jeweils szenisch auf den darunter stehenden Heiligen: So ist über Petrus die Übertragung der Schlüsselgewalt für Himmel und Erde durch Christus dargestellt (Mt 16,19) und über Paulus dessen Bekehrung vor Damaskus (Apg 9,3–29). Im Relief über Kajetan ist dieser bei der Befreiung Neapels vom schwarzen Tod gezeigt (Kap. 10.4.2) und über Andreas Avellinus ist dessen Bekehrung durch den spanischen Jesuiten Lainez zu sehen. Die Deutung der drei übrigen Reliefs im ersten Geschoss muss hingegen im Kontext der Herrschaft

**Abb. 74. Sant'Andrea della Valle, Rom – Fassadenansicht.**

Abb. 75. Agostino Barelli, Querschnittsplan (PlSlg. 7807b), 1662.

der Wittelsbacher erfolgen. Auf dem linken sieht man eine kniende Person mit bloßem Haupt, die ehrerbietig einem Gekrönten die Hand küsst. Möglicherweise ist dies ein Hinweis für die Untertanen, ihrem Herrscher den nötigen Respekt zu zollen. In der Mitte kniet ein Fürst vor dem Thron eines Kaisers. Womöglich handelt es sich hierbei um eine Darstellung der Übergabe der Kurwürde an Maximilian I. Auf dem rechten Relief übergibt schließlich ein im Bett darniederliegender Fürst etwas an eine neben ihm kniende Person. Vielleicht wird damit die Weitergabe der Herrschaft an den Sohn, in diesem Fall an Ferdinand Maria, dargestellt. Diese Deutung bestärken die Bekrönungen der Relieffelder: Reichsapfel, Fürstenkrone und Löwen als Schildhalter stehen für das Haus Bayern, Kleeblattkreuz, Krone und Pferde als Schildhalter für das Haus Savoyen. Die Friesinschrift weist Henriette Adelaide im ersten und Ferdinand Maria im zweiten Geschoss mit all ihren Titeln als Stifter der Kirche aus. Das Theatinerkreuz findet schlussendlich über Hauptportal und Giebel seinen Platz. Neben dem allgemein katholischen und auf den Theatinerorden bezogenen Bildprogramm wird also in den Relieffeldern auch auf die Herrschaft der Wittelsbacher Bezug genommen. Dabei kann das Fehlen der Kirchenpatronin Adelheid als Hinweis auf eine Entstehung dieses Fassadenplans vor dem 15. März 1662 gelesen werden, als Henriette Adelaide ihrem Beichtvater Pater Pepe den Wunsch dieses Patronats eröffnete.

### 6.2.2 Querschnittsplan

Barellis Querschnittsplan aus dem Jahre 1662 gibt anhand der tiefen Pilasterrücklagen der Säulen das Schiff in Höhe der beiden dritten Seitenkapellen von Westen wieder (Abb. 75). Wie bereits erwähnt, zeigt dieser Entwurf noch ein im Verhältnis zur Tiefe der Kapellen schmäleres Schiff, als es später tatsächlich gebaut wurde (Kap. 6.3.1).

Bereits in dieser frühen Phase lässt sich für das Schiff eine Gliederung mit kompositen Dreiviertelsäulen konstatieren, die hier allerdings noch unkanneliert sind. Auch bleiben Fries- und Attikazone undekoriert, was den Konstruktionscharakter dieses Plans unterstreicht. Die Tonnenwölbung des Schiffes wird als dünne Schalung zwischen massiveren Gurtbögen gezeigt. Den Seitenschub der Tonne auffangend, befinden sich außen am Lichtgaden des Schiffs umgedrehte Strebebögen, die aber in einer massiveren Weise und ohne die bekrönenden Obelisken zur Ausführung kommen sollten. Die beiden Kapellen weisen eine einfache Gliederung ihrer von rundbogigen Durchgängen durchbrochenen Westwände mittels einfach gestufter Eckpilaster auf. Entsprechend dem frühen Entwurfsstadium sind die Wände noch gänzlich ungegliedert. In einem Bogenfeld der Außenmauern öffnet sich je ein kleines Fenster. Auch die Kuppelwölbung der Kapellen ist noch schmucklos, besitzt jedoch schon als Bekrönung eine in den Kapellenraum geöffnete Laterne. Einen ersten Hinweis auf die tatsächliche Realisierung solcher Laternen in der Münchner Theatinerkirche lieferte bereits

**Abb. 76. Theatinerkirche St. Kajetan und Adelheid, München – Aufmauerung auf der nördlichen Seite über der dritten Kapelle von Osten.**

Anton Wilhelm Ertls Beschreibung der Kirche im ersten Band seines *Chur-bayerischen Atlas* von 1690:

> „[Die Kirche] hat auf jeder Seiten drey kleine Thuern [bei Ertl sowohl für „Türen“ wie auch „Türme“ gebraucht], mit Fenstern über den Capellen … .“[93]

Tatsächlich konnten bei einer Ortsbegehung unter den Satteldächern der Kapellen Reste einer entsprechenden Aufmauerung und Bruchstellen an ursprünglich größeren Mauersteinen gefunden werden (Abb. 76). Diese Aufmauerungen bildeten den unteren, mit der Wölbung verbundenen Mauerring, auf dem die Laternen ursprünglich saßen. Damit entsprach diese Konstruktion jener in der zuvor von Barelli gebauten Bologneser Theatinerkirche Santi Bartolomeo e Gaetano (Abb. 65), die sich ihrerseits auf die vom Theatinerarchitekten Francesco Grimaldi entworfene Theatinerkirche Santa Maria degli Angeli a Pizzofalcone in Neapel zurückführen lässt (Kap. 6.1) (Abb. 67).[94] Der Abbruch der Laternen in München erfolgte wahrscheinlich im Zuge einer Generalsanierung der Kuppeln und Dachungen der Kapellen im Jahre 1735. Denn in diesem Zusammenhang heißt es in einem Kostenvoranschlag vom 4. Mai 1735:

> „Über die einige Kossten, welche wegen weitern reparíern und veränderung [!] der übrigen Küppeln, Schnirkheln, und Tachung ober denen seithen Capellen bei der Herrn Patres Theatinern Closter Kirchen allhier [angezeigt werden].“[95]

Das ursprüngliche Vorhandensein dieser Laternen muss also einen völlig anderen, lichteren und vor allem weiteren Raumeindruck als heute bewirkt haben.

Von besonderer Bedeutung ist bei diesem Querschnittsplan auch die Darstellung eines stehenden Dachstuhls nach italienischem Vorbild, der, wie Clemens Knobling nachweisen konnte, der erste seiner Art im nordalpinen Barock ist.[96] Diese Bauweise ermöglichte eine sehr flache Neigung des Daches (ca. 21°), so dass der Tambour der Kuppel nicht verdeckt wurde, wie dies zum Beispiel bei Mansarts Entwurf für Val-de-Grâce der Fall ist (Abb. 39). Das im Querschnittsplan dargestellte Schema eines sogenannten Palladiana-Dachstuhls (auch Pfettendach[97] genannt) ohne Untersparren erscheint jedoch angesichts der großen Spannweite von 14 m eher als Ideallösung. Wie eine Bauaufnahme des späten 19. Jahrhunderts von August von Voit belegt, wurde jedoch nur ein einfacher Hängewerkdachstuhl realisiert.[98] Die Errichtungszeit des ersten Dachstuhles lässt sich, wie bereits gezeigt, anhand der Baurechnungsbücher auf September bis Dezember 1668 eingrenzen.[99] Die Position der beim Wiederaufbau nach den Beschädigungen im Zweiten Weltkrieg ab 1945 teilweise abgebrochenen Pfeiler der Sargwände, auf denen die zwölf Zerrbalken mit den um 26° geneigten Sparren des Schiffs zu liegen kamen, ist heute noch ersichtlich. Eine ähnliche Dachstuhllösung liegt interessanterweise auch in Sant‘Andrea della Valle vor.[100] Wahrscheinlich wurde also auch der Dachstuhl unter Anleitung von Barelli, entgegen seinem ersten Entwurf, entsprechend dem Vorbildbau realisiert. Am Beispiel des Dachstuhles zeigt sich erneut, dass Barelli seinen Kirchenbau „von der Sohle bis zum Scheitel“ nach italienischen Vorbildern geplant und ausgeführt hat.

## 6.3 1664–1668: „Probleme" mit dem Grundriss, Grundrissplan

Mit einer zeitlichen Distanz von fast zwanzig Jahren berichtet Pater Spinelli 1683 in seinem *Libro Originale* über einen Vorfall, der sich im Jahre 1664 zugetragen haben soll. Ihn offensichtlich rezipierend, berichtet dies auch Joseph Kajetan Khuen in seinem *Diarium Latinum*.[101] Spinelli schrieb also:

> „Ich, Pater Spinelli, trug Sorge für die Novizen. So kam ich kaum [aus dem Kloster] heraus, es sei denn, ich begleitete diese an die frische Luft. Eines Tages gab mir der Herrgott ein, einen Blick auf die Baustelle unserer neuen Kirche zu werfen, die ich noch nie zuvor besichtigt hatte. Ich trat durch das Hauptportal ein, das sehr breit war, und es schien mir, als ob die Pfeiler [des Schiffs] bei den drei Kapellen zur Rechten, die allein bereits bis zu ihrer Wölbung angelangt waren, meinen Blick irritierten, je mehr ich mich ihnen näherte, wobei die Länge der Kirche bereits so [festgelegt] war wie heute. So stellte ich genauere Untersuchungen an und machte alle nötigen Messungen bis in jedes einzelne Detail. Dabei fand ich einen schweren, entscheidenden Fehler in den Ausmaßen des Schiffes. Ganze fünf Fuß musste ich als Abweichung von den geforderten Maßen feststellen, wo doch schon wenige Zoll Abweichung in der Breite größte Veränderungen [in den Proportionen] verursachen, was bei der Länge so nicht der Fall ist. Also sprach ich zum einen mit dem Architekten Agostino Barelli und zum andern mit dem Baumeister Lorenzo Perti. Diese hatten jedoch keine Antworten bereit und lieferten nur wenige [fadenscheinige] Begründungen, die mich kaum befriedigten und damit meine Befürchtungen noch mehr förderten.
>
> Ich erkannte also das Problem genau und die Unmöglichkeit eines weiteren Aufschubs, wo doch die Fundamente der ganzen Kirche, der Kapellen und des Chors bald vollendet sein würden. Indes gab mir der heilige Kajetan ein, mich an die durchlauchtigsten Stifter zu wenden … . Nach wenigen, aber ergebensten Komplimenten und Worten berichtete ich also von dem durch mich im Grundriss der Kirche entdeckten Fehler. Und ich überzeugte sie, dass er von solcher Tragweite sei, dass all die großen geplanten Ausgaben der kurfürstlichen Durchlauchten in die Isar geworfen wären, wenn man ihn nicht behöbe. … Also sollte ich bald in Gegenwart der kurfürstlichen Hoheiten, des Architekten und anderer Anwesender das genannte Fehlen von fünf Fuß in der Breite des Schiffes … vor Ort aufzeigen und nachweisen. Man bewilligte mir dazu, in kurfürstlichem Namen alles anzuordnen, was ich dafür benötigte. Die zwei Genannten, also der Architekt und der Baumeister, staunten nicht schlecht, als ich sie in kurfürstlichem Namen dazu aufforderte, an der den besagten Pfeilern gegenüberliegenden Seite einen der anderen [Schiff-]Mauer entsprechenden Aufbau aufzurichten, und zwar in der größtmöglichen Länge, und mir darüber hinaus auch die Entwürfe zu überlassen.
>
> Am vereinbarten Tag und zur vereinbarten Stunde kamen die kurfürstlichen Hoheiten auf die Baustelle mit all ihren Granden, Beratern und Edelleuten sowie schlussendlich auch der Baumeister und der Architekt. Die Baustelle war trotz ihrer Größe überfüllt. Nachdem die kurfürstlichen Hoheiten eingetreten waren, versammelten sie sich um ein Tischchen, das in der Mitte aufgestellt war und auf dem zwei Zeichnungen offen bereitlagen, ein Grundriss unserer Kirche und einer von Sant'Andrea della Valle [dem Vorbildbau].

Auch der Architekt Barelli war anwesend. Ihm sagten die Durchlauchtigsten mit großer Würde, dass ich ihm einen Fehler im Grundriss aufzeigen würde. Er antwortete, dass, wenn in diesem Grundriss ein Fehler wäre, dieser auch in dem der so berühmten Kirche Sant'Andrea della Valle sein müsse, deren Proportionen er gefolgt sei, obgleich nicht in derselben Größe.

Und worin bestehen diese Proportionen, fragte ich. Er antwortete: Darin, dass die Breite des Schiffs das Doppelte der Kapellentiefe beträgt, das heißt bezogen auf den bloßen Raum, ohne die Außenmauern miteinzuschließen [d. i. die lichte Weite]. Ich sagte: Obwohl die wahre Regel besagt, dass die Breite der Kirche von ihrer Länge abhängig sein muss und nicht von den Maßen der Kapellen, deren Breite und Tiefe sich wiederum an der Länge der Kirche misst, möchte ich dennoch auf Grundlage der von euch angegebenen Proportionen mit eigener Hand den Fehler nachweisen und euch dazu bringen, ihn einzugestehen. So wartete der Architekt auf meine Ausführungen, und ich fragte ihn mit erhobener Stimme: Welche Gliederungselemente bestimmen das Schiff von Sant'Andrea della Valle? Er antwortete: Pilaster. So fragte ich: Von welcher Tiefe? Er antwortete: Einer kleinen Römischen Spanne. Aber welche architektonische Gliederung, erwiderte ich, haben wir in dieser Kirche? Säulen, sagte er. [Und ich] Von welcher Tiefe? [Er] Von gut zweieinhalb [Bologneser] Fuß, da sie zu zwei Dritteln aus der Wand ragen. ... Nun war er überführt! Aber ich wollte von ihm, der nun zitterte, noch wissen, ob der Architekt von Sant'Andrea della Valle seine weniger starken Wandvorlagen bei den Binnenmaßen des Schiffs ... mit einbezogen oder ausgeschlossen habe und ob wir die unseren, viel voluminöseren als jene von einer kleinen Römischen Spanne, nämlich von zweieinhalb Bologneser Fuß, mit einberechnet hätten. ... So wendete ich mich an die Durchlauchtigsten und sagte: Darin besteht nun der Fehler. Daraufhin nahm ich einen Zirkel und zeigte ihnen, dass in unserem Grundriss die Säulen den Raum wegnähmen, der hätte frei bleiben sollen, wohingegen der Architekt von Sant'Andrea della Valle es unternommen habe, die viel dünneren Pilaster von einer kleinen Römischen Spanne zu verwenden, wie man auf der Zeichnung genau nachvollziehen könne. Ich fügte noch hinzu, dass die Säulen von beiden Seiten die Breite des Schiffs so sehr einschnüren und schmälern würden, dass ... es enger wirke, und zwar um so viel wie zwei Säulen [messen]. Von diesen rage jede zweieinhalb Bologneser Fuß aus der Mauer, und dieser doppelte Raumverlust mache den Fehlbetrag im gesamten Breitenmaß aus, das seien die fünf Fuß, die ich vorher berechnet hätte. Gänzlich überzeugt, stimmten mir die Durchlauchtigsten und alle Umherstehenden zu.

Niemand machte mehr gegenteilige Bemerkungen. Man verfügte, dass die Fundamente, die schon auf der linken Seite ausgeführt waren, um diese fünf Bologneser Fuß zurückverlegt werden sollen, was sehr viel Geld kostete."[102]

Spinelli bestätigt also zunächst, dass die Fundamente der Kirche bereits im Frühjahr 1664 gelegt waren. Darüber hinaus waren auch die nördlichen Kapellen des Langhauses bis zu ihrem Wölbungsansatz, das heißt bis zur Höhe der Arkadenbögen, errichtet, was für einen zeitlichen Abstand zum Baubeginn nach der Winterpause am erwähnten 3. März des Jahres spricht. Da im Baurechnungsbuch jenes Jahres die Entlohnung eines Zimmermanns für den 26. Mai vermerkt ist, der fähig war, „Pögn und Schrägen"[103] für die Gerüste der Arkadenbögen und Kapellenwölbungen anzufertigen, lässt sich vermuten, dass sich der von Spinelli geschilderte Vorfall ebenfalls im Mai 1664 zugetragen hat.

Die Kuppelwölbungen der Kapellen wurden dann im Frühjahr 1665 begonnen, wie im Baurechnungsbuch zu lesen ist: „Rocco della Porta die zu der Khuplen gehörige Stain ... bereits angefangen [hat], und ist den 28. Februar ... bezahlt worden."[104] Die von Pater Spinelli am Ende seines Berichts erwähnten erforderlichen Umbaumaßnahmen an den Fundamenten müssen also in der zweiten Hälfte des Jahres 1664 vorgenommen worden sein.

Zurück zum eigentlichen Ereignis: Spinelli stellte also bei einer ersten Inaugenscheinnahme der Baustelle der Theatinerkirche bei der Breite des Schiffs ein Minus von ganzen fünf Bologneser Fuß, also circa 1,9 m, fest, was sich seiner Meinung nach nachteilig auf die Proportionen auswirkte. Nach einer gescheiterten Intervention bei den Verantwortlichen am Bau trug er seine Entdeckung den kurfürstlichen Stiftern vor. Auf seine Mahnung hin, dass ihr vieles Geld hinausgeworfen wäre, wenn man den Fehler nicht sofort behöbe, räumten diese ihm für den Nachweis des Fehlers alle hierzu nötigen Kompetenzen ein. So ließ Spinelli im Süden des Schiffs eine dem an der Nordseite bereits aufgeführten Mauerwerk entsprechende Attrappe aufstellen, die einen Eindruck von der Länge und Breite des künftigen Langhauses vermitteln sollte. Einige Tage später kamen die kurfürstlichen Durchlauchten mit ihrem Hofstaat auf die Baustelle, wo bereits auf einem Tischchen die Grundrisspläne der Theatinerkirche und ihres Vorbildbaus Sant'Andrea della Valle ausgebreitet waren. Als Spinelli nun Barelli nach seinem Konstruktionsprinzip für den Grundriss der Kirche fragte, antwortete dieser, dass die Breite des umbauten Raumes, also die lichte Weite des Schiffs, der Summe der Tiefen von beiden Seitenkapellen entsprechen solle.

Barelli gab damit ein seit der Antike tradiertes Konstruktionsprinzip für den Grundriss eines basilikalen Longitudinalbaus umgekehrt wieder, wonach die Breite der Kapellen von der des Schiffs abgeleitet wurde.[105] In der Romanik wurde dieses Konstruktionsprinzip in der Aneinanderreihung einer quadratischen Grundeinheit, die sich aus den Maßen der Vierung ableitete, auf den ganzen Kirchenbau übertragen (Quadratischer Schematismus). Auch in der Renaissance fand dieses Konstruktionsprinzip seine Anwendung, zum Beispiel bei der von Filippo Brunelleschi in den Jahren 1444–1482 erbauten Kirche Santo Spirito in Florenz. Spinellis Einwand, die Breite des Schiffs würde normalerweise von deren Länge her berechnet und erst daraus würde die Größe der Kapellen abgeleitet, ist also nur zum Teil berechtigt, zumal im Falle der Theatinerkirche die Proportionen von Sant'Andrea della Valle übernommen werden sollten.[106] Entscheidend bei der Konstruktion eines Grundrisses nach diesem Schema ist die quadratische Grundeinheit, die, einfach genommen, die Größe der Kapellen, doppelt die Breite und, beliebig aneinandergereiht, die Länge des Schiffes ergibt. Als Grund für das Missverhältnis der Länge zur Breite des Schiffes führte Spinelli nun an, dass der Architekt von Sant'Andrea della Valle die lichte Weite des Schif-

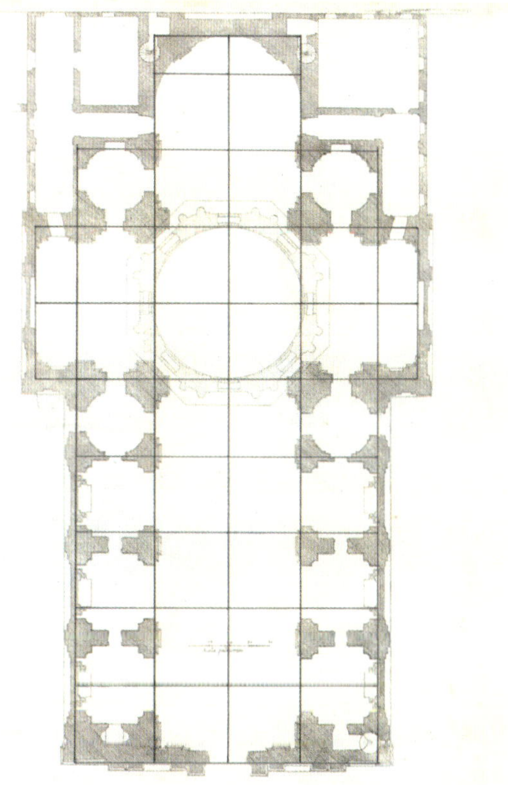

**Abb. 77. Konstruktionsschema des Grundrisses von Sant'Andrea della Valle, Rom (Konstruktionslinien durch Verfasser).**

Abb. 79. Agostino Barelli, Grundrissplan (PlSlg. 8293), 1664.

tro Paolo Olivieri entworfenen Theatinerkirche in Rom wurde am 12. März 1591 von dem Patron des Baus, Alfonso Kardinal Gesualdo, gelegt.[118] Als 1608 der Theatiner Alessandro Peretti-Montalto Kardinalprotektor des Ordens wurde, berief er Carlo Maderno zum leitenden Architekten.[119] Nach dem Tod Madernos 1629 wurde Carlo Rainaldi zu seinem Nachfolger bestimmt, der zusammen mit seinem Schüler Carlo Fontana die Kirche mit ihrer Fassade bis 1667 vollendete.[120]

Das Schiff von Sant'Andrea della Valle wird beidseits von je drei untereinander verbundenen und in der Außenmauer durchfensterten Kapellen begleitet (Abb. 80). Zur ausgeschiedenen Vierung hin folgt ein viertes Joch, das als Auflager für die schwere Vierungskuppel dient. Dieses massivere Joch wiederholt sich jenseits der Vierung als Vorchorjoch, bevor das Presbyterium in einer halbrunden Apsis endet. Vergleicht man den Vorbildbau Sant'Andrea della Valle mit der Theatinerkirche in München, wird zunächst erneut deutlich, dass sich Barelli bei der Konstruktion des Schiffs, der Kapellen und des Querhauses an die Proportionen des Vorbilds gehalten hat.

Es werden aber auch drei entscheidende Unterschiede deutlich:

Erstens: In München ist der von Kajetan geforderte Hochaltar an einer Chorschranke mit dem darauffolgenden Psallierchor im Presbyterium eingefügt, der den Chor deutlich verlängert und dadurch dazu beiträgt, dass das Schiff verhältnismäßig schmal erscheint (Kap. 10.1).

Zweitens: Diese Wirkung wird primär durch die von Barelli als Gliederungselemente gewählten gekuppelten Dreiviertelsäulen hervorgerufen; diese ballen sich besonders im Bereich der ausgeschiedenen Vierung (Kap. 9.3).

Drittens: Zudem ist in München auch zu Beginn des Langhauses ein schmäleres Joch eingefügt. So rahmen hier die Travéen der beiden Halbjoche mit ihren jeweils zwei übereinandergestellten, halbhohen Arkaden die drei großen Arkaden der beiden Schiffsseiten.

Das entscheidende Vorbild für Letzteres ist aber nicht, wie bisher behauptet, in barnabitischen Bauten[121] wie San Paolo Maggiore in Bologna zu suchen[122], sondern in der Bologneser Jesuitenkirche Santa Lucia[123]. Nach einer Angabe des Bologneser Historiographen Carlo Cesare Malvasia

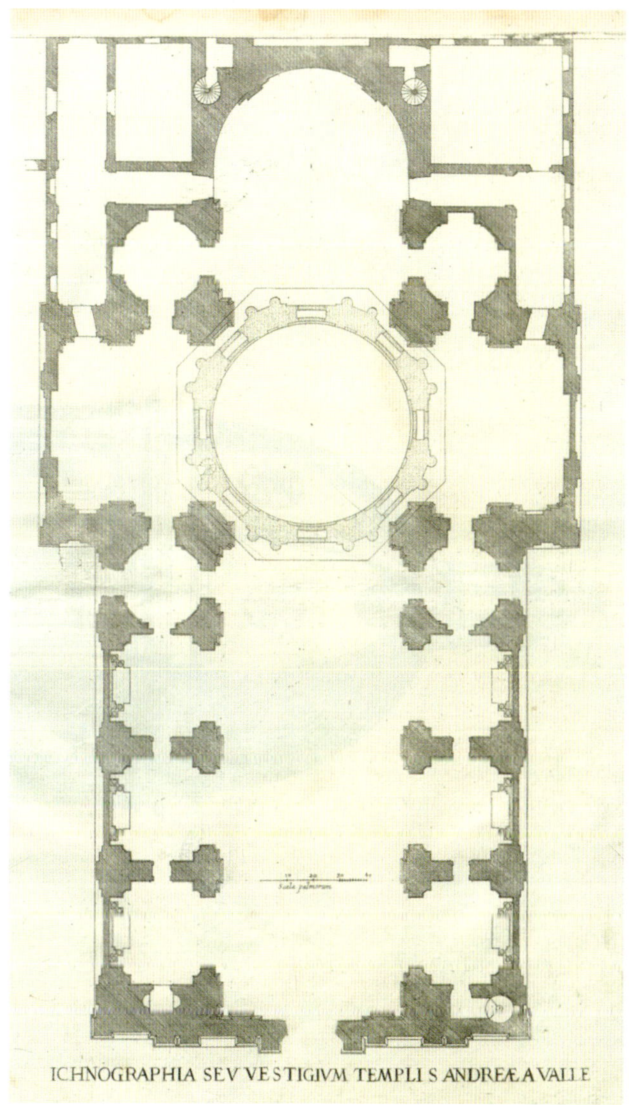


**Abb. 80. Giacomo della Porta und Francesco Grimaldi, Grundriss von Sant'Andrea della Valle in Rom.**

schuf Barelli sogar den Portikus der bis heute unvollendeten Fassade dieser Kirche.[124] Barelli war also wahrscheinlich nicht nur mit dem Bau, sondern auch mit dessen Entwürfen vertraut. Santa Lucia wurde ab 1621 von dem Ferrareser Giovan Battista Aleotti[125] entworfen.[126] Ab 1623 wurde sie jedoch in reduzierter Weise bis 1659 von Girolamo Rainaldi entgegen Aleottis Plan ohne Querhaus und Vierungskuppel, dafür aber mit ovalen, von je einer durchfensterten Tambourkuppel überfangenen Kapellen ausgeführt (Abb. 81).[127] Nach einer Äußerung des Bologneser Jesuitenpaters Fabrizio Franceschi gegenüber dem Stifter der Jesuitenkirche in Reggio Emilia wurde bei Santa Lucia das Vorbild von Il Gesù nicht nur rezipiert, sondern sogar übertroffen. So gab Franceschi an:

> „Unserer Kirche in Bologna fehlt es nicht an Kapellen, im Gegensatz zu jener in Rom, bei der die beiden ersten, kleinen Kapellen bei den Eingangstüren aus Platzgründen [fehlen]. Sie müssen wissen, dass unsere zuvor genannte [Kirche Santa Lucia] der verbesserte Il Gesù ist."[128]

Zwar ist die Begründung des Paters für das Fehlen eines einleitenden Halbjochs in Rom frei erfunden, doch zeigt die Bemerkung deutlich, was man fünfzig Jahre nach der Fertigstellung von Il Gesù dort als verbesserungswürdig empfand. Mit dieser Veränderung zielte man vor allem auf eine in sich geschlossene und symmetrische Gliederung der Seitenwände des Schiffes, wie sie auch Barelli in der Theatinerkirche in München verwirklichte. Die Einfügung der beiden Halbjoche hat jedoch in der Theatinerkirche auch eine Stauchung der Raumelemente zur Folge, die das Schiff noch schmäler erscheinen lässt (Abb. 82).[129]

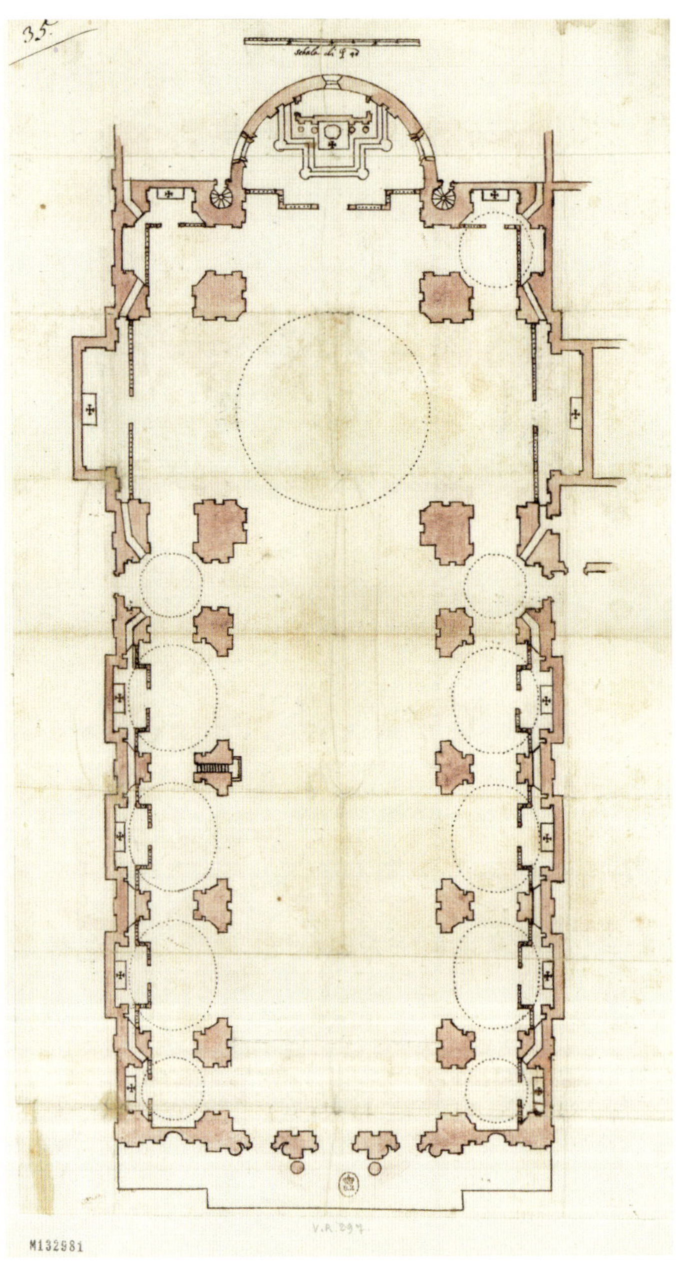

**Abb. 81. Girolamo Rainaldi, Grundrissplan für Santa Lucia in Bologna, 1623.**

**Seite 148/149: Abb. 82. Theatinerkirche St. Kajetan und Adelheid, München – Innenansicht.**

## 6.4 1666–1669: Wölbung, zweiter Fassadenplan und Längsschnittsplan

Für das Frühjahr 1666 kann anhand der Baurechnungsbücher eine Vielzahl von neuen Maurern benannt werden: etwa Giovanni Giorgio Poro, Alberto Calligeri, Bartolomeo Quadri[130], Giovanni Battista Brentano[131] oder Andrea Fontana[132]. Zu ihnen gesellten sich aber auch zahlreiche Meister aus dem deutschsprachigen Raum wie Albrecht Wölkhl[133], Sebastian Säbler[134], Stephan Dinstl[135] oder Caspar Schnabl[136]. Dieser Umstand kann als Zeichen einer intensivierten Bautätigkeit gedeutet werden.

Wie bereits erwähnt, wurden die Wölbungsarbeiten an den Kapellenkuppeln im Frühjahr 1665 begonnen und Ende August 1668 abgeschlossen, da „am 1. Septembris ... fünf Zimerleith ... die zu der Khürchen gehörigen Dachstuel auszuarbeiten angefangen“[137] haben. Die Wölbung des Schiffes wurde hingegen erst Anfang März 1669[138] begonnen. Denn im Baurechnungsbuch ist vermerkt, dass „den 9. Martii ... die eingehende Woche hat man bei dem Pau die grossen Paumb, daß Khürchengwölb zuundterpilzen [abzustützen] einzumauern angefangen“[139].

Zu jener Zeit stellte sich also notwendigerweise auch die Frage nach der endgültigen Gestaltung der Fassade und des Innenraums. Überlegungen hierzu sind uns in dem von Agostino Barelli gezeichneten Fassaden- und Längsschnittsplan überliefert, der über dem Hauptportal „In honorem S. Adelaidis“ auf das Jahr 1667 datiert ist (PlSlg. 7859, Abb. 83/84)[140]. Im Folgenden werden Fassade und Längsschnitt dieses Planes getrennt behandelt.

### 6.4.1 Zweiter Fassadenplan

Der Fassadenplan Barellis von 1667 (Abb. 83) übernimmt die Grunddisposition des ersten Planes von 1662 (Abb. 69). Anhand des veränderten Verhältnisses der Höhe zur Breite von 1:1,1 im ersten zu 1:1,0 im zweiten Plan zeigt sich, dass die Erhöhung des Schiffs und damit der Fassade um die bekannten acht Fuß bereits stattgefunden haben muss (Kap. 6.3). Dies ist wohl auch der Grund dafür, dass Barelli im zweiten Geschoss die Postamentzone stark erhöhte und hierfür sogar die Höhe der Gliederungselemente verringerte. Barelli setzte nun auch bei den Ädikularahmungen der Figurennischen Säulen ein. Die von Sant'Andrea della Valle übernommenen Relieffelder formte er im ersten Geschoss entsprechend des Innenraumdekors des Längsschnittsplanes ins Hochoval um und umgab sie mit Engeln und Rankenwerk. Im zweiten Geschoss wurden die runden Relieffelder unter die Figurennischen verlegt. Für diese Relieffelder findet sich in der damaligen Fassadenarchitektur keine Entsprechung. Sie müssen daher als eigene Erfindung Barellis gelten. Beim Mittelfenster verzichtete Barelli auf die Ballustrade und zog das Fenster bis zur Postamentzone der rahmenden Säulen herunter. Die seitlichen Voluten wurden verkleinert und mit Rankenwerk gefüllt. Barellis zweiter Fassadenplan wirkt durch seine schlankere Proportionierung und den neuen Dekor nun klarer, geordneter und weniger gedrängt. Er stellt also gegenüber dem ersten Fassadenplan eine durchaus reifere und repräsentativere Lösung dar.

Das figurale Programm der Fassade erfährt hingegen eine radikale Erweiterung: Die Statuen der Seligen Andreas Avellinus und Kajetan bleiben zwar an ihren angestammten Plätzen, aber Petrus und Paulus werden gegen Jesus und Maria ausgetauscht und den anderen Aposteln im Tambour der Kuppel hinzugesellt. Die Personifikationen des Glaubens und der guten Herrschaft verschwinden gänzlich. An den Voluten erscheinen nun zwei savoyardische Ordensfrauen: die selige Klarissin Ludovica von Savoyen[141] und die selige Dominikanerin Margareta von Savoyen[142],

Abb. 83. Agostino Barelli, Zweiter Fassadenplan (PlSlg. 7859), 1667.

und an den Ecken des Giebels zwei Herrscher: der heilige König Ludwig IX. von Frankreich, „der in Turin angesichts der engen Verflechtungen mit dem bourbonischen Haus nahezu familiäre Verehrung genoß"[143], und Herzog Amadeus IX. von Savoyen[144], der erst 1677, also zehn Jahre nach dem Fassadenplan, durch Papst Innozenz XI. seliggesprochen wurde. Abschließend zeigt sich auf der Giebelspitze die heilige Kaiserin Adelheid in fürstlichem Gewand mit Krone, Zepter[145] sowie einer vierschwänzigen Geißel als Symbol ihrer irdischen Prüfungen[146]. Das Fassadenprogramm wird also von einer allgemein katholisch-herrschaftlichen auf eine dezidiert savoyardisch-religiöse Ausrichtung hin verändert. Die Fassade der Theatinerkirche steht damit, wie die Kurfürstin es ausdrücklich gegenüber Barelli wünschte, in Konkurrenz zur Jesuitenkirche St. Michael, deren Figuren eine „Genealogia politica" des Hauses Wittelsbach bis zurück zu Herzog Theodo I. oder Kaiser Karl dem Großen darstellen (Kap. 3.2).[147]

### 6.4.2 Längsschnittsplan und Säulenordnung

Der Längsschnittsplan Barellis aus dem Jahre 1667 bildet den ersten und einzigen umfassenden Aufrissentwurf zum Innenraum der Münchner Theatinerkirche (Abb. 84). Wie bereits anhand von Barellis Grundrissplan aus dem Jahre 1664 gezeigt werden konnte (Kap. 6.3.1), lässt sich die Seitenwanddisposition des Schiffes mit den drei zentralen Arkaden und den rahmenden schmalen Travéen auf die Bologneser Jesuitenkirche Santa Lucia zurückführen (Abb. 85). Bei Santa Lucia muss nun auch das Vorbild für die Gliederung der Seitenwände mit gekuppelten Vorlagen, den überaus hohen Postamenten, dem kräftigen Gebälk und der hohen Attika sowie für die Gliederung der Tonnenwölbung mit den breiten Gurten und den großen Stichkappenfenstern gesucht werden. Spannenderweise ist von dem für den Bau in Bologna mit verantwortlichen Jesuitenpater Niccolò Cabeo eine Liste mit den an den Architekten Aleotti gerichteten Ansprüchen hinsichtlich des Kirchenbaus überliefert. In dieser heißt es:

Abb. 85. Santa Lucia, Bologna – Innenansicht.

„zweifellos ist die Ausschmückung [der Kirche] mit Rundsäulen die edelste und anmutigste [Variante]. Diese verursachen mit ihren Basen oder Piedestalen aber häufig eine nicht geringe [Sicht-]Behinderung im Schiff. Jedoch könnte man ... Halbsäulen ... in Erwägung ziehen ... oder man bleibt bei den rechteckigen, doppelten Pilastern, wie es der Entwurf des Architekten vorsieht.“[148]

Zwar konnte sich Pater Cabeo nicht gegen den Entwurf des nachfolgenden Architekten Rainaldi durchsetzen, doch offenbart sein Wunsch klar den Anspruch, den er mit der Gliederung des Innenraums durch Ganz- oder Halbsäulen zum Ausdruck bringen wollte, nämlich die „edelste und anmutigste“ Lösung zu erzielen. Anhand der offensichtlich äußerst engen Verwandtschaft des Innenraumaufrisses von Santa Lucia mit dem der Münchner Theatinerkirche kann zunächst die mehrfach konstatierte Vorbildhaftigkeit der nahegelegenen Jesuitenkirche St. Michael gänzlich ausgeschlossen werden.[149] Denn bei dieser handelt es sich um einen aus der Antike abgeleiteten Massebau (Kap. 3.2) und nicht um eine überkuppelte Saalkirche mit Abseiten auf kreuzförmigem Grundriss. Ebenso muss auch die Vorbildhaftigkeit der Bautradition des Barnabitenordens mit ihren häufig gekuppelt vorkommenden Freisäulen eingeschränkt werden (Kap. 6.1).[150] Die barnabitischen Gotteshäuser folgen meist dem Kreuzkuppelkirchen-Schema in Form des sogenannten Quincunx wie zum Beispiel die ab 1602 von dem Ordensarchitekten Lorenzo Binago erbaute Ordenskirche Sant’Alessandro in Zebedia in Mailand.[151] Bei diesen Bauten steht damit der Zentralraumgedanke im Vordergrund, weshalb sie erst gar keine eigentliche Schiffgliederung ausbilden können.

Allerdings lässt sich bei den von Barelli in München verwendeten kompositen Dreiviertelsäulen durchaus eine Anregung durch die Bologneser Kathedrale San Pietro, die ab 1605[152] von dem zehn Jahre jüngeren barnabitischen Mitbruder Binagos, Giovanni Ambrogio Mazenta[153], umgestaltet wurde, sowie durch die zwischen 1606 und 1623 entstan-

**Abb. 84. Agostino Barelli, Längsschnittsplan (PlSlg. 7859), 1667.**

**Abb. 86. Santissimo Salvatore, Bologna – Innenansicht.**

dene Kirche Santissimo Salvatore[154] vermuten (Abb. 86).[155] In Letzterer zeigen sich die entsprechenden Gliederungselemente jedoch als Freisäulen mit korinthischen Kapitellen.[156] Ihre optische Wirkung in der Flucht des Schiffs und besonders im Vierungsbereich ist aber durchaus ähnlich.

Die kanonische Festlegung der aus der antiken Architektur und Vitruvs zweitem Kapitel des ersten Buches seiner *De architectura libri decem* abgeleiteten Säulenordnungen wurde vor allem in der Traktatliteratur der Renaissance geleistet. Schon der große Architekturtheoretiker der Frührenaissance Leon Battista Alberti sah in seinem 1485 veröffentlichten Werk *De re aedificatoria* in den Säulen „den vorzüglichsten Schmuck der ganzen Baukunst."[157]

Alberti war es auch, der zum ersten Mal die römische Komposita als eigene Ordnung anerkannte und definierte.[158] Zwar galt die Korinthia seit Vitruv als reichste und schönste Ordnung und wurde daher auch im Kirchenbau bevorzugt, aber schon der letzte große Renaissancetheoretiker Vincenzo Scamozzi führte im zweiten Teil seiner 1615 veröffentlichten *Idea della architettura universale* zur Komposita aus:

> „Die römische [d. i. komposite] Ordnung wird sehr geschätzt und ist daher für die großen Helden gedacht … . Diese Ordnung entspricht besonders denjenigen sakralen oder weltlichen Gebäuden, die von größtem Ansehen oder Wichtigkeit sind, wie den gefeiertsten und berühmtesten Kirchen, die zur Ehre Gottes errichtet werden … und bei den weltlichen [Bauten] dem Palast eines Fürsten … und jenen Gebäuden, die zum Gedenken an Dinge, die zum Wohl und zur Ehre dieser vollbracht wurden, erbaut werden."[159]

In dieser kurzen Charakterisierung des Rangs der kompositen Ordnung durch Scamozzi können tatsächlich alle Anforderungen wiedergefunden werden, die auch an die Theatinerkirche in München gestellt wurden: Sie wurde von Fürsten aus Dankbarkeit, also mit einem memorialen Charakter, als schönste und bedeutendste Kirche Münchens zu Ehren des hochverehrten seligen und später heiligen Kajetan erbaut.

Darüber hinaus erlaubte die komposite Ordnung in dem ihr entsprechenden Gebälk und dem übrigen Dekor gegenüber dem strengen Akanthuswerk der Korinthia auch größere gestalterische Freiheiten[160], die Barelli und die Stuckatoren der Theatinerkirche durchaus zu nutzen wussten (Kap. 9). So lässt sich in Santa Lucia sogar eine ähnliche Grunddisposition bei den dekorativen Elementen wie den großen Kartuschen über den Arkadenbögen, bei den figurativen Elementen im Fries oder bei der Kassettierung der Gurtbögen des Tonnengewölbes erkennen. Die Bologneser Jesuitenkirche hatte also in vielerlei Hinsicht Vorbildcharakter für die Münchner Theatinerkirche.

## 6.5 1669/70: Erstes Testament, Stiftung, Bauleitung und Finanzierung

Wie bereits im ersten Kapitel erwähnt, litt Henriette Adelaide schon seit ihrer Kindheit an einer fragilen Gesundheit. Auch außerhalb ihrer zahlreichen Kuren musste sie oft das Bett hüten und nahm von dort aus ihre repräsentativen Aufgaben wahr. Zudem hinterließ die Geburt von acht Kindern, von denen vier nach nur wenigen Jahren verstarben, nicht nur körperliche, sondern auch tiefe seelische Wunden. Bereits einen Tag nach dem Auftrag an Graf Portia, die ersten Gebäude für die Stiftung anzukaufen, versicherte sie Pater Pepe am 13. Juni 1662, dass sie aufgrund ihrer angeschlagenen Gesundheit in ihrem Testament verfügt habe, dass der Bau und die Stiftung auch im Falle ihres Ablebens vollendet werden müssten.[161] Dieses frühe Testament konnte allerdings bis heute nicht nachgewiesen werden. Ein weiteres Testament setzte die Kurfürstin am 12. März 1669 auf.[162] Dieses sollte dann noch am 26. Oktober 1671[163] und am 1. Dezember 1672[164] ergänzt werden. In diesem endgültigen Testament heißt es:

> „Ich möchte, mit dem Habit der Sklavinnen der Seligsten Jungfrau bekleidet und nur von den Schwestern dieser Gemeinschaft begleitet, ohne jeden Prunk zu Grabe getragen werden. Ich möchte vorläufig in der Pfarrkirche der heiligen Maria [Frauenkirche] beigesetzt werden, wobei ich wünsche, dass auch meine lieben verstorbenen Kinder dorthin übertragen werden. Aber der letzte Ruheort soll, sobald sie beendet sein wird, die der heiligen Adelheid geweihte Kirche der Theatiner sein, die von mir gegründet wurde, um für alle mit mir in die dortige Gruft Überführten, deren Bau unter dem Hauptaltar dieser Kirche ich hiermit anordne, die letzte Ruhestätte zu sein. ...
>
> Ebenso werden in die Hand meines Beichtvaters [Antonio Spinelli] dreitausend Gulden übergeben mit der Verantwortung und der Verpflichtung, sie für wirklich fromme Werke zu verwenden. Damit soll etwa Nonnen oder Verheirateten, armen Jungfrauen und anderen armen Sündern geholfen werden. ...
>
> Ich verlange und wünsche, dass man die begonnene Kirche der heiligen Adelheid nach dem [vorliegenden] Modell vollendet und sie den Patres Theatinern schenkt, für die man auch ein angemessenes Haus an dieser Kirche zu erbauen hat, damit die Stiftung [voll] ausgestattet und gut gefestigt sein wird, wie es im Gelöbnis festgelegt ist (was man aus den Schenkungsurkunden ersehen kann, die vom durchlauchtigsten Kurfürst, meinem Herrn, unterschrieben wurden). Dieses beinhaltet auch, wie ich gesagt habe, den Hauptaltar, von dem ich wünsche, dass er der heiligen Adelheid [geweiht] sei, und die zwei Seitenaltäre, der eine der Heiligen Familie, der andere dem heiligen Kajetan [geweiht]. Die anderen seien die des seligen Amadeus von Savoyen, des seligen Andreas

Avellinus, der heiligen Apollonia, der heiligen Maria Magdalena, der Schutzengel und der Toten [Allerseelen]. ... Den Patres Theatinern, die durch mich in dieser Stadt eingeführt wurden, hinterlasse ich zehntausend Gulden, damit sie ihre Dienste verrichten können, sowie für die Kirche, das Haus [Kloster] und ihre Bedürfnisse, sofern sie nicht den Unterhalt des Baus betreffen. ... Außerdem ordne ich an und wünsche ich, dass man in der Kirche dieser Patres Theatiner ein Haus von Loreto nach den wahren Maßen baut und dieses der Gemeinschaft der Sklavinnen der allerseligsten Jungfrau vorbehält und dass man an der anderen Ecke das Heilige Grab nach den Originalmaßen errichtet, und zwar für die Bruderschaft für die Sterbenden."[165]

In ihrem Testament verfügte Henriette Adelaide also zunächst die Anlage einer Gruft, dann den Weiterbau und die Vollendung der Kirche und des Klosters, die Übereignung derselben später an die Theatiner, die Sicherung des Unterhalts der Theatiner sowie den Bau einer Loreto- und Heiliggrabkapelle. Hinsichtlich des Kirchenbaus interessierte sie zu diesem Zeitpunkt, neben ihrer Gruft, lediglich die Weihe der Altäre auf für sie besonders bedeutsame Selige und Heilige, die größtenteils auch in einem engen Verhältnis zum Haus Savoyen standen. Ihr Vertrauen in diese Heiligen unterstrich sie nochmals in der ersten Ergänzung des Testaments im Jahre 1671, in der sie im Zusammenhang mit der seligen Margarete von Savoyen betonte:

„In diese Heiligen setze ich mein ganzes Vertrauen und darüber habe ich meinen Beichtvater Pater Spinelli informiert, der über meinen Willen vollkommen unterrichtet ist."[166]

Hier wird zum ersten Mal ganz deutlich, dass die Kurfürstin beim Bau der Theatinerkirche und des angeschlossenen Klosters vor allem ihren Beichtvater Antonio Spinelli ins Vertrauen zog und diesen damit indirekt beauftragte, ihren Willen auch durchzusetzen.

Über die genauen Umstände, die kurz darauf zur Übereignung der Kirche und des Klosters an die Theatiner und damit auch zu deren Verantwortung für das Baugeschehen führten, berichtet Pater Spinelli wiederum rückblickend im Jahre 1683 in seinem *Libro Originale*: Demnach hatte sich die Kurfürstin auf einer Veranstaltung zu Beginn des Jahres 1669[167] bei Pater Spinelli über den Fortschritt der Bauarbeiten erkundigen wollen. Darauf habe er ihr antworten müssen, dass er das nicht wisse, da die dortige Bauleitung ihn als „Pfaffen" beschimpft und des Platzes verwiesen habe.[168] Entsetzt über diesen Umgang mit „ihren Theatinern"[169] habe die Kurfürstin daraufhin den Entschluss gefasst, den Theatinern die Kirche und das Kloster sofort zu übereignen.[170] Gegen Mitte April 1669[171] seien dann der Kurfürst und die Kurfürstin im Palazzo Kurz erschienen und hätten den erstaunten Patres die Schenkungsurkunde mit folgenden Worten überreicht:

„Auf dass die Welt nicht mehr glaube, dass mein durchlauchtigster Kurfürst und ich das Gelübde dieser Stiftung zu Ehren des heiligen Kajetan gemacht, aber es versäumt hätten, sie den Theatinern zu übergeben, und damit die Bauleute sehen, dass die Patres hier durchaus etwas zu sagen haben und in Zukunft als Herren empfangen werden. Deswegen machen der durchlauchtigste Kurfürst und ich dem Orden der Theatiner das äußerst umfangreiche Geschenk der Kirche und des Klosters, die wir gänzlich auf unsere Kosten errichten lassen."[172]

Der Chronist Meazza zitiert hierzu ergänzend am Tag nach der Übergabe in seinem *Diarium Italicum* die bereits bekannten Worte, welche die Kurfürstin an Pater Spinelli gerichtet hatte:

„seitdem ich Turin verlassen habe, habe ich mir von Herzen nichts sehnlicher gewünscht, als den heiligen Orden [in München] zu gründen, und der Herrgott, er sei gepriesen, hat mir die Gnade geschenkt, dies tun zu können, und so besteht noch die

Pflicht, den Orden hier fest zu verankern. Es gilt die Versicherung, dass ich Theatinerin bin, immer bleiben und als solche auch sterben werde.[173]

Mehr noch als eine mögliche Zurücksetzung der Patres durch die Bauleute mag ihre angeschlagene Gesundheit, wie bereits einen Monat zuvor in ihrem Testament angeklungen, der eigentliche Grund für die rasche Übereignung des Baukomplexes an die Theatiner gewesen sein. Interessanterweise findet sich ein italienischsprachiger Entwurf zur Schenkungsurkunde bereits am 8. März 1668, also nahezu ein Jahr zuvor.[174] Die Kurfürstin muss sich also schon länger mit dem Gedanken der Schenkung getragen haben. Pater Spinellis recht literarischer Bericht über deren Anlass wird damit zumindest etwas relativiert.

Der entsprechende Passus des genannten Entwurfs von 1668 findet sich dann nahezu identisch in der deutschen Ausfertigung der eigentlichen Schenkungsurkunde vom 9. April[175] 1669:

„Ferdinand Maria und Henrieta Adelheit … . Demnach Wir die Vorsehung zuthuen gnädigst verlagen, daß die ienige fundation, welche von Uns in dieser Unserer Haubt und Residenzstatt München durch würdigen Patris Clericis regularibus Theatinis (so von Uns mit eiferigem begeren aus Italia berueffen und mit sonderbarer freud und affectionsbezeugung darumb angenommen worden, dieweill Sie einer solchen religion sind, in welcher die Gottliche providenz mit auserwöhlung viller ansenhlich adelicher persohnen der katholischen Kürchen das heil der Seelen und viller völckher grossen nutz, ohne aintziges auch das geringste interesse wunderbarlich gedeyen last) aufgerichtet worden, auf die allerbeste weiß und formb als sein khan stabiliert und befestiget werde, als wollen Wir zur volziehung des gepris der ienigen kürchen, womit man bereiths im werckh begrüffen wie auch unseren gethanen particular und zu Ehren des heiligen Caietani Ihres Fundatoris ratificierten gelübts, so dann auch der ienigen hochberuembten gnad welche Wir von der Göttlichen Maiesthät erhalten haben, in deme dieselbe Uns zu stabilisierung Unseres Churfürstlichen Hauses den gewinschten Erben verlihen, und gegeben, genueg gethuen, daß zu erfühlung Unserer gefasten resolution obbesagte Patres neben gedachter kürchen auch ain ehrliche behausung, auf form und weiß, wie es zu heiligem institutum zuelast, haben sollen, in welchem Sie mit ruehigem gemieth Ihren geistlichen exercitis zu mehrer Ehr und dienst Gottes beharlich abwarten khünen, so alles auf unsere Cossten erpauth und vollendet werden soll.

Under dessen und zu volziehung dieses Unseres so annemblichen vorhabens, haben Wir unsererwehnt würdigen Patres Theatinis von aigener und allgemainer macht volkhomentlich und mit Unserem gemessenen gnädigsten Willen krafft dieses mit Unserer aignen handt unterzaichnet und geförtigten briefs, geschenkht den ienigen ganzen platz auf welchem der mallen das gebei der neuen kürchen steht, neben dem ienigen so gegen aufgang der Sonnen zwischen besagter kürchen und des Pauschreibers Haus ligt, und in die 144 schuech Münchner maß lang ist, dan weither von eben selbigem orth an, 90 schuech bis an des Schmidts garten, und eben in selbiger lini an der Klossterfrauen garten anstosst und 150 schuech lang ist. Gegen Niedergang der Sonnen von dem Thor der kürchen an 199 schuech und 4 zoll lang gegen dem Comedihaus solle alles darfür gehörig sein was zwischen erstbesagtem Comedihaus und der Stattmaur ligt so 50 schuech lang ist, auf der Mitnachtseiten von der Stattmaur an gegen Mittag bis zu obermanter Klossterfrauen garten 102 schuech in die leng, gleich wie es in dem von Unserem Paumaister Augustin Barella absonderlichem gemachtem abris specifizirt und enworffen auch Innen Patris Theatinern eingeben worden ist.

Was den fahl aber und da Unser zu erweitherung der Statt tragentes vorhaben werckhstöllig gemacht werden soll, ehe und bevor an besagter gebei der Patres Theatiner Wohnung die handt wirklich angelegt würde, wollen Wir daß Innen anstatt des ob aufgezaigten platzes ein anderer an die kürchen an stossenter situs über den Stattgraben und noch weither hinauß, wie man den abris besagter behausung (welche sovil meglich groß und gelegentlich genueg sein auch der gresse des hauss nach einen durchgehent proportionierten garten haben soll) seiner zeit zumachen für guet befünden würd, welchen grund gleich Wir er oben beschriben oder der Innen an dessen statt ein geraumbt würd, Wir wollen das für offterwehnten Patris mit dem eigenthumb und dominio zu ewigen zeit als ein ohrtt dem allmechtigen consecrirtes guet verbleibe, auch von Innen und Iren successorn ruehig ohne alle hinderung und von meingklich wer es auch sein mecht frei und von allen real und personal purthen befreith sein und verblaiben soll.

Zu welchem ende Wir dan denselben befreiet haben, auch in allen und durchgehent als Unser aigenes guet hiermit befreien, in begebung dessen Wir solchen platz Innen Patern Theatinern völlig und gültig auch sowoll von Uns als Unseren successori zu ewigen Zeiten unwiderruflich schenkhen und geben. Ordern und befehlen soliches noch allen Unseren bestelten obrigkeithen Ministern und Officiren, auch sonstig manniglich, dass Wir obbesagte Patris Theatiner und Ihr successores, sovil diser gegenwertige brief in sich hat, unangesehen all anderen ordnung und widerigen gewohnheit, welche Wir ungültig gemacht und hirmit nochmahls machen in eracht dieser Unserer gethanen donation endlich beseyen und geniessen lassen, diss ist Unser gnädigster will und befelh, gegeben zu München den 9. April anno 1669."[176]

Die kurfürstlichen Stifter betonen also zunächst, dass sie es waren, die den verdienten Orden der Theatiner nach München geholt und hier angesiedelt haben. Dann erwähnen sie das Gelübde an den seligen Kajetan und dass zu seinen Ehren und zum Dank für die Geburt des Thronfolgers die bereits begonnene Kirche vollendet und auch das dazugehörige Kloster auf ihre Kosten erbaut werde. Da man aber auf dem von Barelli festgelegten Areal, obwohl es nun auch einen Teil des ehemaligen Falkenhofes umfasse, immer noch nicht genügend Platz für den Bau des Klosters habe, erwäge man auch die Möglichkeit eines Klosterbaus im Norden der Kirche, über den Stadtgraben hinaus.[177] Diese Idee wurde in der Folge jedoch aufgrund der Sumpfigkeit des Gebietes und der dadurch zu erwartenden hohen Kosten aufgegeben (Abb. 87).[178]

**Abb. 87. Unbekannt, Stadtgraben und Stadtmauer mit Blick auf St. Salvator und Theatinerkirche, um 1800.**

Als Begleitumstand der Schenkung vom 9. April 1669 muss die Entlassung der Bauleitung am 5. April durch den bereits seit 1663 mit der Generalaufsicht betrauten Obersthofmeister Graf Fürstenberg-Heiligenberg gesehen werden.[179] Zur Bauleitung zählten zu jenem Zeitpunkt Antonio Pistorini als Verwalter und Zahlmeister, Agostino Barelli als Architekt und Lorenzo Perti als Baumeister.[180] Über ihre Wiedereinstellung konnten nun als neue Bauherren die Theatiner und de facto ihr Propst Pater Antonio Spinelli entscheiden.[181] Dieser verschaffte Pistorini eine Stelle als Kammerdiener beim Kurprinzen[182] und stellte Barelli sowie Perti unter seiner Weisungsbefugnis wieder ein[183]. Auch unser Chronist Meazza bestätigt diesen Umstand mit der Hinzufügung, dass nur diejenigen wieder eingestellt wurden, „die wir für notwendig erachtet haben"[184]. Der sachliche Pater Khuen führt in seinem *Diarium Latinum* weiter aus, dass es „für den Fortschritt der Gründung vorteilhaft [gewesen sei], den so berühmten Architekten ... wieder einzustellen"[185] und dass selbst ein fähiger Bauleiter wie Perti nur „angeleitet durch den erfahrenen Architekten"[186] ein künstlerisches Ganzes erzielen konnte. Für den darauffolgenden Zeitraum sind für Barelli nur von Januar 1672[187] bis zu seinem Weggang im Juli 1674 die Lohnquittungen in Höhe von monatlich 60 Gulden erhalten.[188] Perti erhielt bis November 1677 sogar monatlich 72 Gulden.[189] Dieser finanzielle Unterschied ist besonders aufschlussreich, da er für die Barockzeit – anders als in den mittelalterlichen Bauhütten – eine Trennung zwischen entwerfendem Architekten und ausführendem Baumeister belegt.[190] Die höhere Entlohnung Pertis unterstreicht dabei seine Bedeutung für den eigentlichen Bauprozess.

Die bis heute gängige These[191], Barelli sei zwischen 1668 und 1672 von der Baustelle abwesend gewesen und Spinelli habe aus diesem Grund die künstlerische Bauleitung übernommen, geht wohl auf Cornelius Gurlitt zurück. Denn dieser behauptete, dass Barelli 1668 einem Ruf nach Vicenza gefolgt sei, um dort bis 1671 das Santuario della Madonna di Monte Berico zu erbauen.[192] Dieser Behauptung widersprach schon Adriano Peroni, der feststellte, dass es hierbei zu einer Namensverwechslung kam und die Wallfahrtskirche von der Vicentiner Architektenfamilie Borella errichtet wurde.[193]

Als Grund für die kurzzeitige Entlassung der Bauleitung führt Spinelli in seinem *Libro Originale* die undurchsichtige Finanzverwaltung auf der Baustelle an, die aufgrund der fehlenden Fachkenntnis Pistorinis[194] in Schwierigkeiten geraten sei[195]. Die Finanzen und nicht Streitfälle in künstlerischen Fragen galt es also damals zu bereinigen. Auch Meazza bestätigt dies unter dem 29. Juni 1669[196] und merkt dazu an, dass man das ungewöhnliche „Vorgehen auf unserer Baustelle aufgedeckt [habe], mit dem die Bauleitung verfuhr. Das heißt, warum die [Auszahlungen der] Gehälter so lange brauchten und warum so wenig Umsicht herrschte"[197]. So sei zum Beispiel aufgrund der Unübersichtlichkeit der Zahlungen[198] der für die Beschaffung der Materialien verantwortliche Herr Villani längere Zeit nicht bezahlt worden[199]. Zur Lösung des Finanzproblems wurde dann beschlossen, dass Pater Spinelli zu Beginn eines jeden Jahres einen Kostenplan vorlegen sollte, der eine Übersicht über die notwendigen Ausgaben und damit eine genaue Planung der Arbeiter und Materialien ermöglichte.[200] Erst durch dieses Vorgehen und die Pünktlichkeit der Zahlungen[201], so behauptete zumindest Spinelli, sei in Folge der schnelle Fortschritt des Baus erreicht worden[202]

In diesem Zusammenhang werden erstmals konkrete Summen für den Weiterbau der Kirche genannt: im Jahr der Schenkung 1669 circa 10 000 Gulden[203] und ab 1670 jährlich circa 12 000 Gulden[204], die jeweils quartalsmäßig ausbezahlt werden sollten[205]. Dabei hielt es Pater Spinelli für wichtig, dass die Theatiner nicht selbst mit dem Geld umgingen. So erfolgte zunächst vom Kurfürsten beziehungsweise dessen Bevollmächtigten an das Hofzahlamt die Anweisung zur Auszahlung der jeweiligen Summe. Diese konnte dann von Barelli in Empfang genommen werden. Dies musste quittiert[206] und die Quittung danach Pater Spinelli für das Ausgabenbuch übergeben werden.[207] Spinelli betont hierzu, dass Barelli die Verwaltung des Geldes bis zu seiner Entlassung alleine innehatte, was das Entlastungsschreiben aus dem Jahr 1674 bestätigt.[208] Nun konnten die Arbeiter ihre Ansprüche auf einem Lohnzettel bei Barelli geltend machen[209], der diese dann durch den Propst der Theatiner und zwei dem Propst unterstellte Kontrolleure überprüfen ließ.[210] Erst wenn der Zettel von allen vier unterschrieben worden war, durfte Barelli das Geld auszahlen.[211] Spinelli behauptete des Weiteren, dass die Entlohnung der Arbeiter erst jetzt wöchentlich geschehen sei, was zu einer größeren Leistungsbereitschaft und besseren Ergebnissen geführt habe.[212] Anhand der Baurechnungsbücher der Theatinerkirche konnte dies jedoch, zumindest für die namentlich erwähnten Arbeiter, nicht nachgewiesen werden.[213] Dieses System, so bemerkte Spinelli, habe von April 1669 bis zum Ende des Jahres 1676, als die Kurfürstin verstarb, bestanden.[214] Nach dem Ausscheiden Barellis im Mai 1674 wurden die Geldsummen dann an Lorenzo Perti ausgezahlt[215] und nicht, wie man vermuten könnte, an den nun verantwortlichen Architekten Enrico Zuccalli. Jedoch wurden die „Zettel" notwendigerweise von Zuccalli mit unterschrieben.[216]

## 6.6 1670/71: Heiligsprechung Kajetans und Doppelturmfassade

Die ersten belegbaren Bemühungen um die Heiligsprechung Kajetans lassen sich in das Jahr 1655 datieren[217], als Henriette Adelaide am 19. Juli einen Brief an Kaiser Ferdinand III. verfasste, in dem sie ihn „auf Bitten des Ordens" für die Sache einnehmen wollte:

> „von Religiosen selbigen Ordens gepetten ..., mein Intercession bei Eurer Majestät dahin einzuwenden, ob Sie bei Päbstlicher Heyligkeit umb dessen [Kajetans] Canonization, ... gnedigist geruhen wolten ... ."[218]

Dieser Anfrage folgte am 28. Juli 1655 ein eigenhändiger Brief der Kurfürstin an Papst Alexander VII., in dem sie ihn direkt um die Heiligsprechung Kajetans bat.[219] Ein Dokument, das auch die öffentliche Förderung der Verehrung des Seligen belegt, ist ein Einblattdruck, der gegen Ende der 1650er Jahre in München erschienen sein muss. Er gibt die Bittschrift neapolitanischer Bürger an Papst Alexander VII. vom 19. Juni 1656 wieder, in der diese den Heiligen Vater aufgrund mehrerer Wunder, die der Selige bei der Befreiung der Stadt von der Pest bewirkt haben soll, um dessen Heiligsprechung ersuchen. Diese Wunder sollten nun auch „allhier in München in Vorstreichung der Wunder eines Heiligens öffters und in underschidlichen Tagen offentlich und mit allem Fleiß auff der Canzel vermeldet"[220] werden. Am 28. November 1664 stimmten auch der Kurfürst[221] und sogar die Kurfürstin-Witwe Maria Anna[222] in den Chor derjenigen mit ein, welche die Heiligsprechung des seligen Kajetans forderten. Und selbst der seit 1658 regierende Kaiser Leopold I. unterstützte nun das Vorhaben des Kurfürstenpaares.[223] Doch der Heilige Stuhl schien von den Bittgesuchen nur wenig beeindruckt gewesen zu sein. Erst nach dem Tod Alexanders VII. 1667 sah man mit dem neuen Papst Clemens IX. auch eine neue Chance für die Heiligsprechung heraufziehen und setzte am 16. September ein erneutes Bittgesuch auf.[224] Über die Erfolgsaussichten des Vorhabens unter dem neuen Papst berichtete der Theatinergeneral Giuseppe Maria Maraviglia am 15. November 1667 nach München:

> „Das, was ich immer mehr als alles andere im Herzen trug, war die Angelegenheit der Heiligsprechung unseres seligen Vaters, besonders in dieser Zeit des glücklichen Pontifikats von Papst Clemens, ... der unserem Orden besonders zugetan ist."[225]

Pater Maraviglia bemühte sich im Januar 1668 auch noch bei anderen deutschen Fürsten um Empfehlungsschreiben in dieser Angelegenheit.[226] Doch auch unter Papst Clemens IX., dessen Pontifikat nur etwas mehr als zwei Jahre dauerte, war dem Vorhaben kein Erfolg beschieden. So wandte man sich nun am 29. April 1670 an den neu gewählten Papst Clemens X.[227] Erst jetzt ist in den Archivalien des Geheimen Hausarchives der Wittelsbacher ein römischer Einblattdruck vom 11. November 1670 nachzuweisen, der das offizielle Schreiben des Titularbischofs von Portuense Masco Kardinal Ginetta an den Sekretär der Ritenkongregation Bernardo Casalio wiedergibt, in dem die für eine Heiligsprechung nötigen Wunder „sieben plus eins" einzeln aufgeführt und bestätigt werden.[228] So konnte bereits am 15. November 1670 der neue Theatinergeneral Pietro Paolo Nobilioni der Kurfürstin berichten:

> „Der Fall Ihrer so herbeigesehnten Heiligsprechung ist abgeschlossen und Sie haben viel dazu beigetragen."[229]

Der Beitrag der Kurfürstin hierzu wird auch in den Akten des Generalkapitels der Theatiner aus dem Jahre 1671 in San Silvestro auf dem Quirinal eigens betont.[230]

Beglückt von dieser Mitteilung sandte die Kurfürstin in Erwartung des Dekretes über den Abschluss des Verfahrens am 22. November sogleich 4 000 Gulden nach Rom.[231] Das Dekret selbst traf am 26. November in München ein, und der Kurfürst beschloss daraufhin, 8 000 Gulden für das Fest der Heiligsprechung bereitzustellen.[232] Am 29. April 1671 erreichte endlich auch die offizielle Verlautbarung der am 12. April durch Papst Clemens X. vollzogenen Heiligsprechung München und man entschied, dies am 12. Mai groß zu feiern:

> „Am 29. April 1671 ist die Verlautbarung der über alles ersehnten Kanonisierung unseres seligen Patriarchen Kajetan angekommen, die am 12. des Folgenden [Monats] mit dem größten Prunk und der größten Würde gefeiert werden wird. Die Freude [darüber], die man in der ganzen Stadt sieht, ist unbeschreiblich, besonders die der fürstlichen Herrschaften und des Adels, der an der unendlichen Dankbarkeit für den Schutz desselbigen Anteil nimmt."[233]

Sofort machte man sich an die prachtvolle Ausstattung der Kapelle im Palazzo Kurz, die dann am 7. Mai abgeschlossen war. Zudem wurden vierzig Darstellungen mit den Wundern des Heiligen in der Vorderen Schwabinger Gasse (heute Residenzstraße) angebracht. Darüber hinaus wurden zwei monumentale, beidseitig bemalte Triumphbögen mit emblematischen Darstellungen zu den Tugenden des Heiligen am südlichen Ende der Straße und ein weiterer Triumphbogen, der mit den Wappen der kurfürstlichen Familie bekrönt war, bei der Residenz aufgestellt. In diesem Triumphbogen fügte man das von Sandrart bereits für die Theatinerkirche gemalte Altargemälde des heiligen Kajetan ein, das die Erhörung der Fürbitte Kajetans bei Gott während der Pest in Neapel im Jahre 1656 darstellt (Kap. 10.4.2, Abb. 219).[234] Nachträglich zu den Münchner Feierlichkeiten erschien 1672 noch die von dem Theatiner Giorgio Francesco Diani verfasste Lobschrift *I Voti Della Baviera Portati a San Gaetano*, in der die am Triumphbogen unter dem Sandrart-Gemälde befindliche Imprese überliefert wird:

> „Dem Heiligen Kajetan von Thiene, der an ebendiesem heiligen Tag Neapel von der Pest befreit hat."[235]

Auf diese öffentliche Propaganda für den neuen Heiligen reagierte der Jesuitenpater Wilhelm Gumppenberg noch am selben Abend in seiner Predigt in St. Michael mit der Behauptung, nicht Kajetan, sondern Franz Xaver hätte damals Neapel von der Pest befreit. Die gekränkten Theatiner ließen daraufhin an den Kirchentüren der Stadt eine feurige Gegendarstellung anschlagen. Als der Fürstbischof von Freising die Theatiner dafür abmahnte, schaltete sich der Kurfürst ein und nahm die Theatiner in einem Brief vom 16. Januar 1672 gegenüber seinem Onkel in Schutz, dem er vorwarf:

> „daß Ihr Scriptum für füreilends, eingriffig und unbedachtsamb gehalten [und es feststehe, dass] vorgedachten Anno 1656 in Napoli, durch ihen Heiligen Caietanum, von

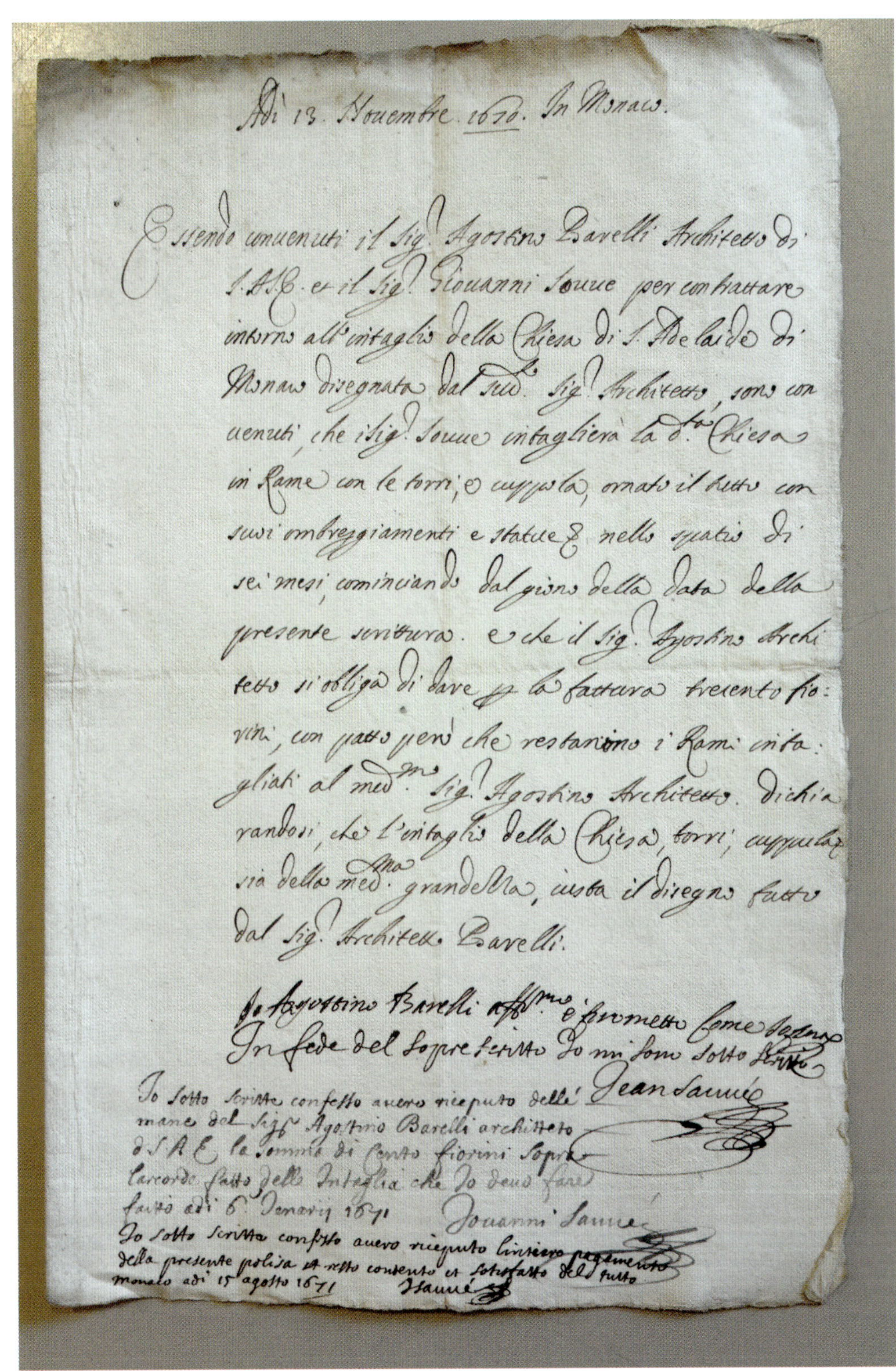

Adì 13. Nouembre 1670. In Monaco.

Essendo conuenuti il Sig.r Agostino Barelli Architetto di S.A.S.E. e il Sig.r Giouanni Souue per contrattare intorno all'intaglio della Chiesa di S. Adelaide di Monaco disegnata dal sud.o Sig.r Architetto, sono conuenuti, che il Sig.r Souue intaglierà la d.ta Chiesa in Rame con le torri, e cuppola, ornato il tutto con suoi ombreggiamenti e statue &. nello spatio di sei mesi, cominciando dal giorno della data della presente scrittura. e che il Sig.r Agostino Architetto si obliga di dare per la fattura trecento fiorini, con patto però che restarànno i Rami intagliati al med.mo Sig.r Agostino Architetto. dichiarandosi, che l'intaglio della Chiesa, torri, cuppula sia della med.ma grandezza, uista il disegno fatto dal Sig.r Architetto Barelli.

Io Agostino Barelli aff.mo e prometto come sopra

In fede del sopre scritto Io mi sono sotto scritto

Jean Sauvé

Io sotto scritto confesso auero riceputo delle mane del Sig.r Agostino Barelli architetto d S.A.E. la somma di cento fiorini sopra l'arcordo fatto dell'intaglia che Io deuo fare fatto adi 6 Genarij 1671

Jouanni Sauvé

Io sotto scritto confesso auero riceputo l'intiero pagamento della presente polisa et resto contento et sotisfatto del tutto Monaco adi 15 agosto 1671

Sauvé

Abb. 88. Vertrag zwischen Agostino Barelli und Jean Sauvé über den Stich des dritten Fassadenplanes, 13. November 1670.

Gott erhaltene völlige befreiiung von der peste demselben fürnemblich zueigen [ist].“[236]

Schließlich zeigte sich Albrecht Sigismund salomonisch und erteilte beiden Parteien am 9. Februar 1672 ein Redeverbot zu diesem Thema.[237]

Das Heiligenfest ist in München schon am 7. August 1671, dem Todestag Kajetans, erstmals begangen worden, wozu am 4. August durch den Heiligen Stuhl die Erlangung eines Vollkommenen Ablasses in den Kirchen des Theatinerordens gewährt worden war.[238]

Im Kontext der Heiligsprechung Kajetans und der dazu stattfindenden Feierlichkeiten muss auch der dritte Fassadenplan Barellis gesehen werden, der uns in einem großformatigen Stich von der Hand des französischen Kupferstechers Jean Sauvé[239] überliefert ist (Abb. 89). Seine Druckmaße von ca. 130 x 70 cm deuten darauf hin, dass er als eine Art Idealplan wahrscheinlich auch öffentlich bei den Münchner Feierlichkeiten zur Heiligsprechung gezeigt wurde.[240] Dieser Stich wird zwar schon in Joseph Sebastian Rittershausens *Vornehmsten Merkwürdigkeiten der Residenz-Stadt München* von 1788 erwähnt[241] und ist stark beschädigt im Bestand des Münchner Stadtmuseums (Inv.-Nr. 53/357) nachgewiesen[242], fand aber erst im Rahmen einer Versteigerung in einem Münchner Auktionshaus im Jahre 2010 wissenschaftliche Beachtung[243]. Dank des Spruchbandes lässt sich der Stich nicht nur in das Jahr der Heiligsprechung des „Sancti Caietani“ 1671 datieren, sondern weist sich auch eindeutig als Entwurf Barellis aus:

„Die Kirche der Heiligen Adelheid und Kajetan, die Kurfürst Ferdinand Maria ... wie auch die Kurfürstin Henriette Maria Adelaide ..., die nach einem Gelübde an den Heiligen Kajetan den kurfürstlichen Prinzen empfingen, dem Theatinerorden in München errichten ließen. Ein Werk, dessen Gestalt gleich der kurfürstlichen Freigiebigkeit in den Himmel ragt, wie der Bologneser Architekt Agostino Barelli bescheiden sagt.“[244]

Darüber hinaus konnte im Archivio di Stato von Bologna nun auch der handschriftliche Vertrag Barellis mit Sauvé wiederentdeckt werden, der am 13. November 1670 in München aufgesetzt wurde (Abb. 88):

„Am 13. November 1670. In München. Es sind zusammengekommen Herr Agostino Barelli, Architekt Ihrer kurfürstlichen Hoheiten, und Herr Jean Sauvé, um den Kupferstich der Kirche der heiligen Adelheid in München, entworfen von dem obengenannten Herrn Architekten, vertraglich festzulegen. Wir sind übereingekommen, dass Herr Sauvé die genannte Kirche in Kupfer stechen wird, mit den Türmen, der Kuppel, dem Dach, versehen mit seinen Schatten und Statuen, und dies im Zeitraum von sechs Monaten, beginnend mit dem Tag des Datums des vorliegenden Schreibens. Und dass Herr Agostino Architekt sich verpflichtet, den Lohn von 300 Florin zu zahlen, unter der Voraussetzung jedoch, dass die gestochenen Kupferplatten bei ebendiesem Herrn Agostino Architekt verbleiben. Es sei festgehalten, dass der Stich der Kirche, der Türme und der Kuppel von derselben Erhabenheit sein solle, wie der Entwurf des Herrn Architekten Barelli.“[245]

Sauvé quittierte am 6. Januar 1671 für diesen Auftrag den Erhalt von 100 Gulden, am 15. August 1671 bekam er dann die restlichen 200 Gulden ausbezahlt.[246] Der lange Diskurs über die Urheberschaft der Doppelturmfassade, die zunächst Enrico Zuccalli zugeschrieben wurde[247], muss damit endgültig als beendet gelten. Auf der richtigen Spur war schon Gerhard Ewald 1960, als er auf einer Rötelzeichnung aus dem Jahre 1672 zu dem im Krieg zerstörten Hochaltargemälde Antonio Zanchis in der Collection of Drawings im Victoria and Albert Museum in London zwei sechsgeschossige Türme ausmachte und diese einem „sonst nicht bekannten Entwurf Barellis“[248] zuschrieb (Abb. 213). Diese beiden hohen Türme sind aber bereits auf einer Rötelzeichnung Joa-

Abb. 89. Jean Sauvé, Dritter Fassadenplan von Agostino Barelli für die Theatinerkirche St. Kajetan und Adelheid in München, 1671.

chim von Sandrarts für das Hochaltargemälde im Kupferstichkabinett des Basler Kunstmuseums aus dem Jahre 1669 zu erkennen (Abb. 211). Die Darstellung einer Kirche mit Doppelturmfassade in der jesuitischen Festschrift *Fama Prognostica* zur Geburt Max Emanuels aus dem Jahre 1662 legt jedoch nahe, dass die Idee einer Doppelturmfassade schon zu dieser frühen Zeit virulent war. Die tatsächliche Planung muss hingegen im Zeitraum nach dem zweiten Fassadenplan ohne Türme, 1667, und vor Sandrarts Rötelzeichnung mit Türmen, 1669, angesetzt werden.

### 6.6.1 Dritter Fassadenplan

Wie bereits erwähnt, handelt es sich bei dem dritten Fassadenenplan Barellis von 1671, der in dem großformatigen Stich von Jean Sauvé überliefert ist, um einen im Kontext der Heiligsprechung Kajetans entstandenen Idealentwurf, der mit seinem Anspruch der „Erhabenheit" den Ruhm seiner Auftraggeber verkünden sollte (Abb. 89). Außer an der überaus plastischen und figurenreichen Gestaltung der Fassade lässt sich dies vor allem an den hohen Türmen ablesen, die mit ihren überdimensionierten Patriarchenkreuzen eine Höhe von ca. 98,5 m erreicht hätten.[249] Mit dieser Höhe der Fassadentürme war eine Konkurrenz zu der unweit entfernt stehenden Frauenkirche angestrebt, deren erst 1525 mit dem Aufsetzen der „welschen Hauben"[250] vollendete Türme exakt dieselbe Höhe aufweisen! Bereits unter Kaiser Ludwig dem Bayern war die Kirche nach dem Tod seiner Gemahlin Beatrix von Schlesien-Schweidnitz 1322 zur Grablege der Wittelsbacher ausgebaut und dann von 1468 bis 1494 durch die Herzöge Sigismund und Albrecht IV., in der Hoffnung auf die Errichtung eines Hofbistums gegenüber dem mächtigen Fürstbistum Freising, in Form einer großen, spätgotischen Backsteinkirche als Monument der Kaiserwürde des Hauses neu errichtet worden.[251] Ihr zur Seite wird nun, in der Zeit der Katholischen Reform, eine eigene Hofkirche und neue Grablege in Gestalt einer italienischen Saalkirche mit Abseiten nach römischem Vorbild gestellt.[252] Der damit zum Ausdruck gebrachte Anspruch ist auch deutlich auf dem Hochaltargemälde Zanchis zu erkennen, in dessen Hintergrund die Türme der Frauenkirche zur Rechten von Kurfürst Ferdinand Maria dargestellt sind (Kap. 10.4.1, Abb. 212). Als Beispiel einer respektablen Doppelturmfassade im nordalpinen

Abb. 90. Dom St. Rupert und Virgil, Salzburg – Fassadenansicht.

**Abb. 91. Augustiner-Chorherrenstiftskirche Mariä Himmelfahrt und St. Radegundis, Gars am Inn – Fassadenansicht.**

Raum ist zu jener Zeit an erster Stelle die des Domes St. Rupert und Virgil in Salzburg zu nennen (Abb. 90, vgl. Kap. 3.2). Als zeitgleiches bayerisches Beispiel verwandter Kräfte kann die Fassade der von dem Schwager Enrico Zuccallis Gaspare I und dessen Vetter Domenico Cristoforo erbauten Augustiner-Chorherrenstiftskirche Mariä Himmelfahrt und St. Radegundis in Gars am Inn ab 1661[253] gelten (Abb. 91).[254] Beide Beispiele weisen eine starke Anbindung der Türme an die einfach ausgestaltete, leicht zurückversetzte Mittelfront auf. Südlich der Alpen ist die Doppelturmfassade hingegen wenig verbreitet. Sie findet sich jedoch in nahezu allen Stadien der Planung der Papstkirche St. Peter in Rom, so zunächst bei dem Entwurf Donato Bramantes von 1505 (Abb. 92) oder später in monumentaler Weise bei dem Projekt Antonio da Sangallos d. J. von 1546. Bei Bramante und Sangallo d. J. erscheinen die Türme jedoch als eigenständige Bauglieder, die einmal durch überkuppelte Zwischenbauten, das andere Mal durch tief zurückspringende Travéen von der eigentlichen Fassade abgetrennt werden. Vorbild könnte hingegen der 1613 von Matthäus Greuter gestochene und dadurch weit verbreitete Fassadenentwurf Carlo Madernos für St. Peter gewesen sein (Abb. 93).[255] Madernos Fassade wurde zwar bis 1615 ohne Glockentürme erbaut, jedoch ergänzte Bernini diese dann 1638 auf Wunsch Papst Urbans VIII.; 1646 wurden sie dann wieder abgetragen.[256] Zwar wirken die Glockentürme bei Maderno so, als ob sie der durch die hohe Attikazone sehr breit gelagerten

**Abb. 92. Caradosso (eig. Cristoforo Foppa), Entwurf von Donato Bramante für die Ostfassade (?) von St. Peter in Rom, 1506.**

Fassade nur aufgesetzt wären, doch zeigen sie in dem Serlianamotiv eine nahe Verwandtschaft zu dem Entwurf Barellis. Als Vorbild für dieses Motiv und damit sowohl für die Lösung Madernos wie die Barellis muss der Idealentwurf einer Doppelturmfassade in Sebastiano Serlios 1547 in Paris verlegtem *Quinto libro d'archittura ... ne quale se tratta de diverse forme de tempii sacri secondo il costume christiano e al modo antico* gelten (Abb. 94).[257] Wie Serlio verwendet auch Barelli durchgehend Säulen als Gliederungselemente, versieht sie jedoch gleich dem Fassadenmittelteil im ersten Geschoss mit kompositen und in den darauffolgenden mit korinthischen Kapitellen. In den Turmgeschossen verändert Barelli das Verhältnis der Säulen zur Postamentzone entsprechend dem Aufbau des Fassadenmittelteils und der Kuppel. Wie bei Maderno wird die Serliana des vierten Turmgeschosses von einem Dreiecksgiebel überfangen. Dieser leitet in das fünfte Geschoss auf kreuzförmigem Grundriss über, das gleich der Kuppel mit gekuppelten Säulen versehen ist. Das sechste, von einer Balustrade umgebene Geschoss stellt dann eine Wiederholung des fünften dar und endet über einer kräftigen Attika in einer stark gegliederten Kuppel. So werden die Fassadentürme mit Hilfe der sich entsprechenden Gliederung mit dem Fassadenmittelteil und der Kuppel verschränkt. Dabei bleibt jedoch das Missverhältnis zwischen den enorm hohen Fassadentürmen und den beiden anderen Baugliedern bestehen. Aus konstruktiver wie ästhetischer Hinsicht ist dies ein Hinweis darauf, dass es sich hierbei um einen Idealentwurf handelt, der so nie umgesetzt werden sollte.

Um die Dominanz der Fassadentürme zu mildern, reliefierte Barelli zum Ausgleich die Travéen des Fassadenmittelteils stärker und führte eine negative Betonung der zentralen Travée ein:

**Abb. 93. Matthäus Greuter, Fassadenentwurf von Carlo Maderno für St. Peter in Rom, 1613.**

**Abb. 94. Konstruktionsentwurf für eine Doppelturmfassade, aus: Sebastiano Serlio, *Quinto libro d'architettura ... ne quale se tratta de diverse forme de tempii sacri secondo il costume christiano e al modo antico*, 1547, fol. 27r.**

Diese ist nun zweifach zurückversetzt, was im ersten Geschoss an dem zweifach gebrochenen Dreiecksgiebel und in beiden Geschossen an den in die Ecken eingestellten Säulen abzulesen ist. Die darauf nach außen folgende Doppelsäulenstellung ist über die einzelne Verkröpfung sowohl der mittleren Travée als auch den ganz äußeren Seitentravéen zugeordnet und erzeugt damit einen dynamischen Kontrast. Ein Vorbild hierfür findet sich in Madernos Fassadenentwurf für Sant'Andrea della Valle (Abb. 71). Möglicherweise war für diese Lösung der Fassadenentwurf Mansarts für Val-de-Grâce ausschlaggebend, dessen zweites Geschoss einen in gleicher Weise zurückspringenden Mittelteil aufweist (Kap. 3.3, Abb. 39).[258] Folgerichtig werden die beiderseits an den Mittelteil anschließenden Travéen von Barelli außen nur durch eine einfache Säulenstellung abgeschlossen. Die zweifache Stufung der drei inneren Kompartimente zeigt sich auch an den zwei zu den beiden äußersten Fassadenteilen vermittelnden Eckpilastern. Diese so zurückgesetzten äußersten Travéen sind selbst nochmals in sich gestuft, wie die außen gegeneinander versetzten zwei Pilaster zeigen. Diese fünffache Stufung der Fassade führt sowohl zu einer enormen Plastizität als auch zu einer starken Abtrennung der Fassadentürme. Hierin ähneln die Fassadentürme denen der Entwürfe Bramantes und Sangallos d. J. für St. Peter. Mit großer Wahrscheinlichkeit bezog sich Joseph Sebastian Rittershausen mit seiner Einschätzung: „Wäre diese Kirche ... der ersten Kupferplatte [entsprechend gebaut worden], möchte sie wohl alle Kirchen Teutschlands weit [übertroffen haben]“[259], auf diesen dritten Fassadenplan Barellis. In dieses Loblied einstimmend und dabei die Disharmonie der überhöhten Fassadentürme außen vor lassend, muss der harmonische und überaus dynamische Fassadenmitteltrakt als eigenständigste und reifste Leistung Barellis bezeichnet werden.

Dieser architektonischen Vielschichtigkeit entgegenwirkend, vereinfachte Barelli die dekorativen Elemente der Fassade gegenüber seinem zweiten Fassadenplan von 1667 (Abb. 83). Die Figurennischen stellen sich nun als gelängte Ädikulen dar, unter denen im ersten Geschoss einfache Felder und über denen im zweiten Geschoss kleine Putten angebracht sind. Auf erzählende Relieffelder verzichtete Barelli nun gänzlich. Es gibt lediglich die von Putten mit Palmzweigen flankierte Inschriftentafel über dem Hauptportal; sie nennt neben den Kirchenpatronen und den beiden Stiftern das Jahr des Entwurfes „1671“. Die Anzahl der Figuren hat sich hingegen nochmals vergrößert: Zu den Heiligen des zweiten Planes gesellen sich nun wieder Petrus und Paulus im ersten Geschoss, die Kajetan und Andreas Avellinus eine Achse nach außen verdrängt haben. Auf dem Giebel sitzen nun noch zwei Seraphim zwischen der prominenten Kaiserin Adelheid auf der Spitze und den beiden Herrschern Ludwig IX. von Frankreich und Amadeus IX. von Savoyen an den Seiten. An den Türmen finden sich, im Einzelnen aufgrund fehlender Attribute nicht näher identifizierbar, im ersten Geschoss Märtyrer, darüber weibliche Heilige und im fünften Geschoss Posaunenengel. Mit insgesamt 43 vollplastischen Figuren überflügelt der dritte Fassadenentwurf Barellis nun sogar die Fassade der Jesuitenkirche St. Michael mit 17 Statuen und kann so auch in direkter Konkurrenz zu diesem Monument der Katholischen Reform unter Herzog Wilhelm V. gesehen werden (Kap. 3.2).

# Exkurs: Erhebung Kajetans zum Landespatron und seine Verehrung

Veranlasst durch die glückliche Geburt des Kurprinzen Joseph Clemens, des späteren Erzbischofs und Kurfürsten von Köln, am 5. Dezember 1671[260] verfasste Ferdinand Maria am 12. Januar 1672 ein Schreiben an seinen Onkel Albrecht Sigismund, den Fürstbischof von Freising. Darin bat er diesen, den heiligen Kajetan aufgrund der Verdienste um die „weitere Succession“[261] des Kurhauses zum Patron desselben und des ganzen Landes zu erheben.

Ein solches Ansinnen stellte kein Novum, sondern eine Eigenheit der wittelsbachischen Hauspolitik und Frömmigkeitshaltung seit dem 12. Jahrhundert dar.[262] In Anlehnung an die „Pietas Austriaca“ wurde diese auch als „Pietas Bavarica“ beschrieben.[263] So erwählte schon Kaiser Ludwig IV., gen. der Bayer, den heiligen Petrus nach der Rückkehr von seinem Romfeldzug 1330 auf einer Gedenkmedaille zum „Patronus Bavariae“.[264] Herzog Wilhelm V. erklärte hingegen den heiligen Benno, Bischof von Meißen im Zeitalter des Investiturstreites, nach der Überführung seiner Gebeine aus dem protestantisch gewordenen Sachsen 1580 zum Landespatron Bayerns.[265] Schließlich ließ Maximilian I. im Jahre 1610 eine Medaille mit der Darstellung der apokalyptischen Muttergottes auf der Mondsichel als Patronin der Stadt München prägen.[266] Zur „Patrona Boiariae“ wurde sie erst 1616, als Maximilian I. die von Hans Krumpper geschaffene Bronzeplastik an der Fassade des neu erbauten Residenztraktes mit der Umschrift „Sub tuum praesidium confugimus“ („Unter deinen Schutz fliehen wir“) aufstellen ließ.[267] Die Proklamation all dieser Patrone wurde jedoch stets nur „einseitig“, nämlich von den Wittelsbacher-Landesherren, betrieben. Eine vorherige Anfrage, die Einholung der Zustimmung des Ortsbischofs oder gar der Kurie in Rom, wie es spätestens die 1630 durch Papst Urban VIII. verfügte Neuordnung der Heiligenverehrung forderte, wurde dabei stets unterlassen.[268] In Anbetracht dessen erfolgte die Ausrufung des heiligen Kajetan zum Landespatron Bayerns zumindest halbwegs ordnungsgemäß.

Anders als bei den langwierigen Auseinandersetzungen um die Einführung des Theatinerordens in München folgte schon am 14. Januar 1672 die zustimmende Antwort[269] des Fürstbischofs mit dem kritischen Hinweis, dass er hoffe, dass die Theatiner

> „konfftig mit ainer mehrern auferpaulichkheit, alß unlengsten in ainem fireillentunbedachtsamben offentlichen Scripto beschechen, zu propagirn, und respective zu conservirn ihnen werden angelegen sein lassen.“[270]

Das offizielle Dekret zur Erhebung des Heiligen zum Landespatron Bayerns wurde am 20. Januar 1672 ausgefertigt[271] und am 22. Januar verkündet[272].

Im selben Jahr erschien in München eine von der Kurfürstin persönlich mit verfasste und von Giorgio Francesco Diani herausgegebene Lobschrift samt Beschreibung der Feierlichkeiten zur Heiligsprechung Kajetans unter dem Titel *I voti della Baviera portati a S. Gaetano primo fondatore dell'Ordine de'Chierici Regolari, ... dall'Altezze Serenissime Elettorali di Ferdinando Maria, ... e di Enrietta Adelaide.* Henriette Adelaide führte darin erneut die Gründe für die Erwählung Kajetans zum Haus- und Landespatron an. Unter diesen ragt natürlich die Geburt ihrer Kinder auf die Fürsprache des Heiligen und das Gelübde zur Einführung des Ordens sowie dem Bau der Kirche und des Klosters besonders hervor. Über ihre Kirche urteilte sie dabei, dass diese

> „in ihrer Größe und Erhabenheit einer [Kirche] von königlicher Pracht in nichts nachsteht.“[273]

Die Einschätzung Max Joseph Hufnagels in seinem zuerst 1966 veröffentlichten Artikel *St. Cajetan, ein wenig bekannter Schutzpatrons Bayerns*[274], dass der Heilige in Bayern nur wenig populär gewesen sei und in die Frömmigkeitskultur des Landes, außer in der Theatinerkirche selbst[275], keinen Eingang gefunden habe, muss aus heutiger Sicht korrigiert werden.[276] Entsprechend seiner Vita wurde der heilige Kajetan vor allem in der Bedrängnis durch die Schwarze Pest angerufen: So wurden in der Zeit zwischen 1679 und 1681[277] wöchentlich in der Theatinerkirche Bittgottesdienste am Kajetansaltar und feierliche Prozessionen abgehalten.[278] Der Heilige soll aber auch bei Problemen mit Gallensteinen und anderen körperlichen Leiden geholfen haben[279], wie der Akt mit den Gebetserhörungen für den Zeitraum von 1660 bis 1760(!) hundertfach nachweist[280].

Abb. 95. St. Margaret, Altkirchen (Gem. Sauerlach) – Votivbild S. Caietanus, um 1790.

Ebenso scheint Kajetan als Viehpatron gute Dienste geleistet zu haben, wie ein Votivild aus dem Jahre 1670 in der Kirche St. Margaret in Altkirchen (Gem. Sauerlach) belegt (Abb. 95).[281] Eine sehr frühe Darstellung Kajetans ließ sich einst bereits für den September 1662 auf einem heute leider verschollenen Gnadenbild am Sebastiansaltar in der Karmelitenkirche in Straubing nachweisen.[282]

In der gotischen Pfarrkirche St. Jakob in Burghausen wurde 1664 ein Altar zu Ehren Kajetans errichtet, der leider beim Einsturz der Kirche im 19. Jahrhundert zerstört wurde.[283] Nach seiner Heiligsprechung 1671 wurde in einer Seitenkapelle von St. Leonhard am Buchat (Lkr. Wasserburg am Inn) dem Heiligen ebenfalls ein Altar geweiht, der heute allerdings mit einem Kajetansbild aus dem 19. Jahrhundert versehen ist.[284] Außerdem stand ab 1672/76 in einer im 19. Jahrhundert niedergelegten Kapelle auf dem Friedhof von Obertaufkirchen (Lkr. Mühldorf am Inn) ein Kajetansaltar.[285] Sein Altargemälde hängt heute in der dortigen Pfarrkirche St. Martin und Magdalena. Auch in der 1683 von Michael Kajetan von Helsperger erbauten Kirche St. Salvator in Ecksberg (Lkr. Mühldorf am Inn) wurde der noch heute erhaltene rech-

Abb. 96. St. Salvator, Ecksberg (Lkr. Mühldorf am Inn) – Kajetansaltar.

te Seitenaltar dem heiligen Kajetan zugeeignet (Abb. 96).[286] Auf dem zugehörigen Altargemälde ist, möglicherweise auch in Anspielung auf die Geburt des Kurprinzen Max Emanuel, die Weihnachtsvision des Heiligen aus dem Jahre 1517 dargestellt, in der die Muttergottes Kajetan den Jesusknaben in die Arme legte.[287]

Abb. 97. Gebrüder Klauber, Andachtsbild des hl. Kajetan, 1754.

Eine lebensgroße Figur des Heiligen findet sich in der Klosterkirche der Karmeliten in Reisach bei Oberaudorf. Sie fand dort 1751, also nahezu 100 Jahre nach den ersten Bemühungen der Kurfürstin um einen Kajetankult in ihrer neuen Heimat, als Stiftung des Joseph Anton Edlen von Kern ihren Platz.[288] Auch lassen sich zahlreiche Andachtsbildchen des 17. und 18. Jahrhunderts als Beleg für eine allgemeine Verehrung dieses Heiligen anführen. Aufgrund ihrer guten Reproduzierbarkeit fanden sie eine weite Verbreitung in Bayern. Ein Beispiel hierfür ist ein Stich aus dem Verlag der Gebrüder Joseph Sebastian und Johann Baptist Klauber in Augsburg um 1755 (Abb. 97). Es zeigt sich also, dass die Verehrung des heiligen Kajetan bis weit ins 18. Jahrhundert hinein anhielt und bis heute ihre Spuren in weiten Teilen Altbayerns hinterlassen hat.

## 6.7 1671–1674: Bau der Tambourkuppel und Pläne Zuccallis

Nachdem am 4. März 1669 mit der Wölbung des Schiffs der Theatinerkirche begonnen worden war, kam es am 27. Mai 1671 zu einem Besuch des Kurfürsten Ferdinand Maria auf der Baustelle, bei dem er „hinaufstieg bis zum höchsten Punkt [des Baus], um die Kuppel zu betrachten, die [gerade] mit großer Sorgfalt errichtet wurde“[289]. Diese gesonderte Erwähnung kann als Beleg für den Abschluss der Wölbungen des Langhauses und den Beginn der Arbeiten an der Kuppel im Frühjahr 1671 gedeutet werden.[290] Pater Khuen berichtet in seinem *Diarium Latinum* bezüglich des Kuppelbaus von zwei Problemen[291], zu denen sich Zuccalli gegenüber seinem Vertrauten Graf Berchem wie folgt geäußert haben soll:

> „Zuccalli wollte sich nicht zurückhalten, als er bemerkte, welche Unfähigkeit bei jenen Dingen herrschte, die sie [die Werkleute] nicht gelernt hatten. So mischte er sich zurückhaltend, wie es sein mit ihm vertrauter Minister [Graf Berchem] war, der die Lei-

tung innehatte, ein und zeigte diesem, dass an der Kuppel der Kirche bereits zweimal gepfuscht wurde, weil man die Regeln nicht beachtet hatte. Einmal brach nämlich ein Bogen, auf dem [die Kuppel] lasten sollte, zusammen, und das andere Mal wollte man die kleine Kuppel [Laterne] aus Stein über der großen errichten, wobei er [Zuccalli] noch rechtzeitig bemerkte, dass die Kuppel das Gewicht [der Laterne] gar nicht tragen könne und zerstört würde, wenn man sie nicht mit Ketten verstärkte. So war man gezwungen, sie [die Laterne] aus Holz zu machen, was die Kosten nicht unbedeutend erhöhte."[292]

Laut der von Pater Khuen überlieferten Aussage Zuccallis war zunächst ein Vierungsbogen[293], wahrscheinlich aufgrund des zu hohen Gewichts bzw. einer zu geringen Mauerdicke, in sich zusammengebrochen. Bereits im zweiten Fassadenplan von 1667 (Abb. 83) sind zur Verstärkung Stützmauern an den Querhausarmen eingeplant, die im Grundrissplan von 1664 (Abb. 79) in zwei Alternativlösungen nachgetragen wurden. Man befürchtete also schon 1667, dass das Gewicht der geplanten Kuppel möglicherweise zu groß sein könnte. Konkrete Vorschläge zur richtigen Aufmauerung des Vierungsbogens finden sich in einem Plan (PlSlg. 7815, Abb. 99)[294], der hierzu drei Alternativen aufzeigt. Er kann anhand von Zeichenstil sowie Beschriftung Barelli zugeordnet und in Zeit um 1671 datiert werden.

Als Reaktion auf den Einsturz eines Vierungsbogens und das Bewusstsein um ein hohes Kuppelgewicht muss auch der Querschnitts- und Aufrissplan der Kuppel (PlSlg. 7812, Abb. 101)[295] gesehen werden. Dieser Plan weist gegenüber dem ersten Kuppelentwurf Barellis auf dem zweiten Fassadenplan von 1667 und gegenüber dem dritten Fassadenplan von 1671 (Abb. 89) eine deutlich niedrigere Attikazone und eine flachere Wölbung auf. Aufgrund des Zeichenstils und der Beschriftung kann auch dieser weitere Plan Barelli zugeschrieben werden.[296] Da darauf der Tambour jedoch lediglich in einer Bleistiftvorzeichnung angedeutet ist und dieser zudem in einem Quittungsbeleg vom 10. Oktober 1672 als „bis zu den fenstern aufgangen"[297] bezeichnet wird, ist dieser Entwurf in die Zeit zu Beginn der Kuppelwölbung, also um 1672 zu datieren. Für den 20. März 1674 berichtet Pater Spinelli in seinem *Libro Originale* dann über den Anfang der Stuckierungen in der Kuppel.[298] Deren Rohbau muss also unter der Leitung Barellis Ende 1673 abgeschlossen worden sein. Noch 1674 wurde das Dach mit Kupfer eingedeckt[299] und am 2. April 1674 der erste Stein für die Kuppellaterne gesetzt[300].

Pater Khuen berichtet weiter, dass man gerade noch rechtzeitig bemerkt habe, dass die steinerne Kuppellaterne zu schwer für die Kuppelwölbung sei und man sie deshalb durch eine hölzerne ersetzt habe.[301] Dies bestätigt auch Pater Spinelli, der jedoch darüber hinaus ausführt, dass eine bereits begonnene Laterne am 3. Mai 1674 auf seine Anweisung hin abgetragen und durch eine kleinere Lösung aus Holz nach seinem Entwurf ersetzt worden sei.[302] Eine solche, gegenüber der Laterne auf Barellis Kuppelentwürfen deutlich kleinere und einfachere Laterne begegnet uns nun in einem Querschnittsplan (PlSlg. 8294, Abb. 103)[303] und einem Kuppelaufrissplan (PlSlg. 8295, Abb.104)[304] mit einem jeweils darunter angesetzten, halben Grundriss des Tambours. Durch die Signatur auf dem Kuppelaufrissplan „Johannis Trubilii. Delineatio", den Zeichenstil und die identischen Maßangaben können beide Blätter Giovanni Andrea Trubillio[305] zugeschrieben werden. Dieser war ein enger Mitarbeiter[306] Enrico Zuccallis und wurde 1695 sogar zum Unterhofbaumeister ernannt.[307]

Als entwerfender Architekt muss jedoch Zuccalli angenommen werden. Beide Blätter fallen zunächst durch ihr deutlich kleineres, schon fast skizzenhaftes Format von lediglich 26,5 cm Kuppelhöhe gegenüber 55 cm bei Barellis Querschnittsplan sowie dem Aufrissplan von 1672 ins Auge. Zuccalli verringerte die Höhe des Tambours und verkleinerte dessen Fenster deutlich. Auch die Attikazone wurde stark verkleinert und vereinfacht. Zuccalli zog darüber hinaus die

Außenlinie der Kuppelwölbung ohne Ausbuchtung von den Säulen des Tambours hoch, wodurch die Kuppel stärker gewölbt und gegenüber der Lösung Barellis geradezu plump erscheint.[308] Diese konstruktiven Veränderungen Zuccallis wären jedoch nur dann sinnvoll gewesen, wenn sie vor Beginn des gesamten Kuppelbaus vorgeschlagen worden wären. Die Ausführung der Kuppel belegt hingegen, dass man sich in nahezu allen konstruktiven Details an den Querschnitts- und Aufrissplan Barellis von 1672 gehalten hat. Es liegt also nahe, Zuccallis Pläne vor den Beginn des Kuppelbaus, spätestens aber in das Jahr 1672 und nicht wie bisher angenommen um 1674[309] oder später zu datieren. Beachtet man hierzu noch die Anmerkung Pater Khuens, dass sich Zuccalli nur zurückhaltend eingemischt habe, sowie Zuccallis eigene Äußerungen über eine unzureichende fachliche Leitung der damals aktuellen Baustelle in seinem Bewerbungsschreiben von 1672, können diese beiden Pläne als auftragsungebundene Arbeitsproben Zuccallis im Zusammenhang mit seiner Bewerbung gesehen werden (Kap. 7.1).

Dies hat auch direkte Folgen für die Einordnung von Zuccallis Fassadenplan (PlSlg. 8299, Abb. 106)[310], der zwei Alternativen für das Gliederungssystem und die Obergeschossgestaltung der Fassadentürme zeigt. Dieser Entwurf wurde bisher aufgrund der recte in Bleistift vermerkten Jahreszahl „a[nn]o 1677" zwischen 1676[311] und 1678[312] datiert. Aufgrund der Feinheit der Zeichnung und der Lavierung ist aber auch hier Trubillio als Zeichner zu vermuten.[313] Dieser Fassadenentwurf zeigt aber eine Kuppellösung, die ganz Barellis erstem Kuppelentwurf von 1667/71 entspricht und damit Zuccallis eigenen Kuppelplänen von 1672 entgegensteht! Es liegt also nahe, auch den Fassadenplan Zuccallis spätestens 1672 und in den Zusammenhang seiner Bewerbung einzuordnen.

## 6.7.1 Erster Kuppelentwurf

Mit seinem ersten Kuppelentwurf auf dem Fassadenplan von 1667 (Abb. 83) und dem Sauvé-Stich von 1671 (Abb. 89) folgt Barelli wie auch zuvor mit seinem ersten Fassadenplan von 1662 dem Entwurf Madernos für Sant'Andrea della Valle aus dem Jahre 1624, der dann in Regnards *Praecipua urbis Romanae templa* publiziert wurde (Abb. 98): Der außen oktogonale Tambour mit großen Fenstern wird von ionischen Doppelsäulen gegliedert. Über einer kräftigen, verkröpften Gebälkzone folgen eine Attika und die von Gurtbögen gegliederte Kuppelwölbung sowie abschließend eine die Gliederung des Tambours wiederholende Laterne. Damit erfüllte Barelli erneut die Forderung des Kurfürsten, die Mutterkirche des Theatinerordens zum Vorbild zu nehmen. Die Tam-

**Abb. 98. Vergleich der Kuppelentwürfe von Agostino Barelli 1667 und Carlo Maderno 1650 (Montage durch Verfasser).**

**Abb. 99. Agostino Barelli, Vierungsbogenplan (PlSlg. 7815), 1671.**

bourkuppel von Sant'Andrea della Valle gilt ihrerseits allerdings als verkleinerte Kopie der von Michelangelo 1547 entworfenen Kuppel von St. Peter.[314] Auf diese Tatsache bezieht sich wohl auch Joseph Sebastian Rittershausen in seinen *Vornehmsten Merkwürdigkeiten* von 1788, wenn er über den Kirchenbau in München sagt, er sei „nach Art des Römischen Vatikans"[315] errichtet.

Barelli veränderte das Vorbild von Sant'Andrea della Valle aber an entscheidenden Stellen: So übernahm er die Breite des zweiten Fassadengeschosses für die Kuppel und erhöhte den Tambour durch eine hohe, mit Spiegelfeldern versehene Postamentzone. Dadurch ragt der Tambour nun gänzlich über den Giebel der Fassade hinaus. Die ionischen Säulen des Tambours hinterfing Barelli mit einer Pilasterrücklage und fügte dazwischen Nischen mit Statuen verschiedener, nicht näher identifizierbarer Märtyrer ein. Darauf folgt eine sehr hohe Attikazone mit Spiegelfeldern, die der Kuppel eine schlankere Wirkung verleiht. Die Kuppelwölbung erhält erst im Entwurf von 1671 die übereinander angeordneten Rechteck- und Okulifenster von Sant'Andrea della Valle. Vor den Rippen der Kuppelwölbung finden sich bei Barelli mächtige Wappenakroterien, die im Wechsel den bayerischen Löwen mit den Initialen Ferdinand Marias sowie einem Fürstenhut und die savoyardischen Einhörner mit den Initialen Henriette Adelaides sowie einer einfachen Krone zeigen. Bekrönt wird die Laterne von dem theatinischen Dreiberg, einer Kugel mit dem bayerischen Löwen als Wetterfahne und dem Patriarchenkreuz. Die Kuppellösung entspricht also durchaus dem römischen Vorbild von St. Peter bzw. Sant'Andrea della Valle, erscheint

**Abb. 100. Theatinerkirche St. Kajetan und Adelheid, München – Vierungsbogenmauerung.**

Abb. 101. Agostino Barelli, Querschnitts- und Aufrissplan der Kuppel (PlSlg. 7812), 1672.

jedoch in ihrer Proportionierung leichter und graziler. Durch die Aufnahme der Breite der Fassade wirkt die Kuppel in München wie eine Fortsetzung, ja Überhöhung der Fassade. Aber erst im Kontext der beiden Fassadentürme des dritten Fassadenplanes von 1671 (Abb. 89) erhält diese Kuppellösung ihren eigentlichen Sinn. Die Gleichförmigkeit der Kuppelentwürfe von 1667 und 1671 legt daher die Vermutung nahe, dass Barelli die Türme bereits früher geplant haben könnte.

### 6.7.2 Vierungsbogenplan

Wie gezeigt werden konnte, wurde mit dem Bau der Kuppel im Jahre 1671 begonnen. Dass man sich aber bereits zu einem früheren Zeitpunkt des möglichen Problems mit dem hohen Kuppelgewicht bewusst war, zeigen die zwei schon erwähnten, nachgetragenen Alternativen für Stützmauern an beiden Querhausenden auf Barellis Grundrissplan von 1664 (Abb. 79): eine wandpfeilerartige Lösung im Süden und eine breite, über die Ecken des Querhauses hinausgreifende und zur Mitte hin mehrfach gestufte Verstärkung im Norden. Die elegantere südliche Variante wurde in den zweiten Fassadenplan von 1667 aufgenommen und mit einer Felderung, einem umlaufenden Gebälk und großen Voluten im zweiten Geschoss versehen (Abb. 83). Dass diese Stützmauern nicht zur Ausführung gelangten, muss der späteren Umplanung der Kuppel zugeschrieben werden.

**Abb. 102. Vergleich der Kuppelentwürfe Agostino Barellis von 1671 und 1672 (Montage durch Verfasser).**

Als direkte Reaktion auf den von Pater Khuen berichteten Zusammenbruch eines Vierungsbogens muss der Vierungsbogenplan Barellis von 1671 (Abb. 99) gesehen werden, der drei alternative Mauerungen für den Vierungsbogen zeigt.[316] Darauf ist ganz rechts die Lösung des Problems mittels einer Aneinanderreihung von Entlastungsbögen in der Aufmauerung des Tambours zu sehen. Außerdem sind hier die Tonnenwölbung über einem Querhausarm und eine Alternative für Kapellenöffnungen und Emporenoratorien dargestellt. Die mittlere und linke Zeichnung zeigen lediglich den Vierungsbogen, die Vierungspfeiler und die Tambourmauer. Mit diesen drei Alternativen versuchte Barelli eine möglichst effektive Lösung für die gleichmäßige Ableitung des Kuppelschubs über die Vierungsbögen in die Vierungspfeiler zu finden.

Bei einer Inaugenscheinnahme konnte die mittlere Lösung als die tatsächlich realisierte konstatiert werden (Abb. 100). Dabei wird durch eine einheitliche Mauerung des Vierungsbogens, der zu seinem Scheitel hin stärker wird und in einer stumpfen Spitze gipfelt, das Gewicht der Kuppel möglichst vertikal in die Vierungspfeiler abgeleitet, also ohne einen großen Seitwärtsdruck zu erzeugen. Problematisch sind hierbei jedoch die immer breiter werdenden Lagerfugen am Bogenrücken, die eine Instabilität der Mauerung zur Folge haben können. Diesem Problem könnte man mit der Mauerung eines zusätzlichen Schalenbogens entgegenwirken, wie ihn die linke und rechte Variante zeigen. Bei beiden Varianten würde das Gewicht auf verschiedenen Widerlagerlinien in die Vierungspfeiler abgeleitet werden. Links läuft die untere Mauerschicht wie in der mittleren Variante am Bogenrücken stumpfspitzig zu, ist dabei jedoch mit einer zweiten Mauerschicht darüber verstärkt, die zum Bogenscheitel hin ausläuft. Bei der rechten Lösung verlaufen die beiden Bogenschichten gleichmäßig konzentrisch, wobei noch eine dritte, flachere Mauerschicht gestrichelt angedeutet ist. Trotz ihrer größeren Stabilität liegt der Nachteil beider Lösungen in dem durch die unterschiedlichen Widerlagerlinien verursachten stärkeren Seitwärtsdruck auf die Vierungspfeiler und das anschließende Mauerwerk. Daher stellt die von Barelli gewählte Variante die baulich einfachste und sinnvollste Lösung dar und bestätigt damit seine Fähigkeit, auch ökonomisch zu denken.

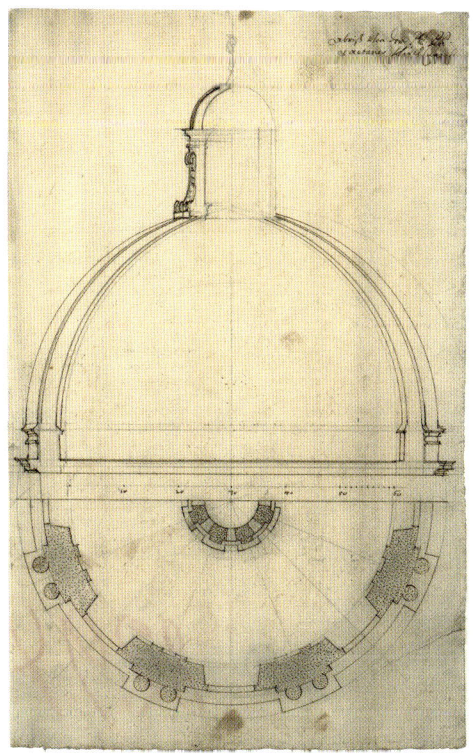

Abb. 103. Enrico Zuccalli, Querschnittsplan für die Kuppel der Theatinerkirche (PlSlg. 8294), 1672.

Abb. 104. Enrico Zuccalli, Aufrissplan für die Kuppel der Theatinerkirche (PlSlg. 8295), 1672.

### 6.7.3 Zweiter, korrigierter Kuppelentwurf

Als Konsequenz Barellis aus dem Zusammenbruch des Vierungsbogens muss der Querschnitts- und Aufrissplan der Kuppel von 1672 gesehen werden (Abb. 101). Auf diesem ist die zuvor noch sehr hohe Attika deutlich verkleinert. Darüber erhebt sich nun eine deutlich flachere und im Ansatz gegenüber dem Entwurf von 1667 respektive 1671 noch etwas zurückversetzte Kuppelwölbung (Abb. 102). Beide Veränderungen haben sowohl ein geringeres Gewicht als auch eine größere Stabilität der Kuppel zu Folge. Der Gewichtsreduzierung dienen auch die großen Rechteckfenster, die abwechselnd mit einem Dreiecks- und einem Segmentbogengiebel versehen sind. Fünf Gründe sprechen angesichts dieser Umplanungen Barellis gegen die bis heute tradierte These, Zuccalli habe einen aktiven Beitrag[317] zum Kuppelbau der Theatinerkirche geleistet oder gar hierfür die Leitung[318] übernommen:

1. Barelli zeigte spätestens mit dem Fassadenplan von 1667, dass ihm das Problem des zu hohen Kuppelgewichts bewusst war.
2. Mit dem Plan zur Vierungsbogenverstärkung stellte er sein konstruktives Können unter Beweis.
3. Die von ihm vorgenommenen Veränderungen zur Gewichtsreduzierung und Stabilisierung der Kuppel sind konstruktiv naheliegend.
4. Die skizzenhaften Pläne Zuccallis (Abb. 103, 104), die als Arbeitsprobe im Zusam-

menhang mit seiner Bewerbung 1672 gesehen werden können, wirken gegenüber Barellis zweitem Entwurf geradezu plump und sind auch in konstruktiver Hinsicht ohne nennenswerte Vorteile.

5. Die Kuppel wurde nahezu zur Gänze nach dem Querschnitts- und Aufrissplan Barellis von 1672 ausgeführt.

**Abb. 105. Theatinerkirche St. Kajetan und Adelheid, München – Kuppellaterne.**

Hingegen wurden die einfachere Pilastergliederung im Inneren des Tambours, die Felderung zwischen den Doppelsäulen am Tambouräußeren und die Laterne nach dem Weggang Barellis ab Juni 1674 unter der Leitung Zuccallis ausgeführt. Gerade die Laterne entspricht mit den Volutenklammern zwischen den hohen Fenstern (Abb. 105), wie schon Paulus feststellte, ganz der Formensprache Zuccallis (Kap. 7.5.1).[319] Daher kann Spinellis Angabe, die Laterne sei nach seiner Idee gestaltet, durchaus berechtigt in Frage gestellt werden.

## 6.7.4 Zuccallis Fassadenplan

In seinem Fassadenplan von 1672 übernimmt Zuccalli Barellis Grunddisposition einer zweigeschossigen Fassade zu fünf Achsen im ersten und drei Achsen im zweiten Geschoss (Abb. 106). Auch entsprechen die zwei achsengerechten Seiteneingänge dem schon nach Barellis Plan errichteten Rohbau der Kirche. Die in Barellis drittem Fassadenplan von 1671 (Abb. 89) angelegte kontrastreiche Stufung und äußerst plastische wie lebendige Gliederung des Fassadenmittelteils reduziert Zuccalli jedoch stark. Er betont nun vor allem die Mittelachse, indem er in beiden Geschossen der Mitteltravée Einzelsäulen verwendet und diese mit einer einfachen Pilasterrücklage versieht. Diese wird zur Seite hin durch einen Eckpilaster abgestuft, der jeweils zusammen mit einer äußeren, einfachen Pilasterstellung die anschließende Travée rahmt. Es folgen noch je zwei weitere Eckpilaster zu den beiden äußersten Travéen hin, die gegenüber den Türmen durch eine doppelte Pilasterstellung abgeschlossen werden. Mit der einfachen Säulenrahmung der Mitteltravée und den darauf folgenden, flachen Pilastern nähert sich Zuccalli – was sich auch in dem Segmentbogengiebel über dem Hauptportal widerspiegelt – der Fassade von Sant'Ignazio di Loyola in Campo Marzio an, die bereits als eines der Vorbilder für Barelli genannt wurde (Abb. 72). Hierdurch wird die Stufung der Travéen untereinander betont und eine deutlich strengere und klarere Wirkung der Fassade erzielt. Unterstrichen wird dieser Eindruck noch durch die Verwendung der strengeren dorischen Ordnung im ersten Geschoss mit den dazu gehörigen Triglyphen im Gebälk. Im zweiten Geschoss herrscht die ionische Ordnung und die seitlichen Anläufe sind mit den für Zuccalli typischen Festons geschmückt. Diese ungewöhnliche Ordnungsfolge findet sich, allerdings aufgrund einer Superposition mit einer korinthischen Ordnung in den Tumgeschossen, nur an der Fassade von Giacomo della Portas Sant'Atanasio dei Greci in Rom von 1580 bis 1583 (Abb. 107). Darüber hinaus reduziert und vereinheitlicht Zuccalli auch den gesamten Dekor

Abb. 106. Enrico Zuccalli, Fassadenplan (PlSlg. 8299), 1672.

**Abb. 107. Giacomo della Porta, Fassade von Sant'Atanasio dei Greci in Rom.**

der Fassade. So umschließt er die Figurennischen nur noch mit einer einfachen, geohrten Rahmung und positioniert über den Segmentbogen- und Dreiecksgiebeln hochovale, leere Felder. Selbst das Hauptportal erhält nur eine einfache Rechteckrahmung mit Konsolen, die das Gebälk mit dem gesprengten Giebel und die eingestellte Inschriftentafel tragen. Nur das Mittelfenster des zweiten Geschosses behält seine Säulenrahmung bei und wird dadurch besonders betont. Zuccalli entwickelt in seinem Fassadenplan eine strenge, klare und im Vergleich zu Barelli wenig raumhaltige Fassade, die schon fast klassizistisch zu nennen ist.[320]

Besonders aufschlussreich hinsichtlich der These eines Zusammenhangs mit der Bewerbung Zuccallis am Münchner Hof (Kap. 7.1) ist die figurale Ausstattung der Fassade. Sowohl auf dem Giebel als auch auf den großen Voluten stehen Vasenakroterien, wie wir sie auch bei Sant'Andrea della Valle finden. Entsprechend diesem Vorbild geben auch die Fassadenfiguren die Heiligen Sebastian, Petrus, Paulus und Andreas im ersten sowie Jesus und Maria im zweiten Geschoss wieder. Neben den Voluten des zweiten Geschosses befinden sich die Statuen einer Herrscherin mit Krone und Zepter, möglicherweise die Verkörperung der Namenspatronin der Kurfürstin, und eines Herrschers mit gleichen Attributen. Weitere, gänzlich attributlose Heiligenfiguren stellte Zuccalli in die Außennischen des Kuppeltambours und ersetzte dort die auf Ferdinand Maria und Henriette Adelaide bezogenen Akroterien Barellis durch einfache, kleine Vasen. Offensichtlich hat diese Neuausstattung also im Unterschied zu allen vorherigen Fassadenplänen Barellis kaum einen Bezug zum Theatinerorden, zu den Stiftern oder zum Stiftungsgrund. Zu dieser Unkenntnis der Bauabsicht gesellt sich der Unwille, den Baukörper der Kirche architektonisch korrekt wiederzugeben. Betrachtet man das kegelförmige „Etwas", das die Fassade mit der Kuppel verbinden soll, fragt man sich wohl zu Recht, ob Zuccalli sich hier überhaupt mit einem dezidierten Auftrag auseinandergesetzt haben kann. Vielmehr untermauert dies die These einer auftragsungebundenen Lösung im Rahmen von Zuccallis Bewerbung im Jahre 1672.

## 6.8 1674: Weggang Barellis und Übernahme der Bauleitung durch Zuccalli

Die möglichen Gründe für den Weggang Barellis aus München wurden bisher aus einem Eintrag in Pater Khuens *Diarium Latinum* abgeleitet. So berichtet dieser im Zusammenhang mit der Weihe der Theatinerkirche:

> „So kam es [im Jahre 1675], dass man [die Kirche] weihen konnte, obwohl aufgrund von ungenügender Erfahrung in der [Bau-] Kunst Fehler begangen worden waren; unterdessen [lat. dum] war im zurückliegenden Jahr [1674] nach dem Vierten [Monat] der Architekt Barelli gänzlich entlassen worden."[321]

Wie schon in seinem Bericht über den Bau der Kuppel stellt Pater Khuen nun erneut fest, dass beim Bau einige Fehler begangen wurden, die Kirche aber trotzdem am 11. Juli 1675 geweiht werden konnte. Die lateinische Konjunktion „dum" wurde dabei bis jetzt als „solange bis" interpretiert und damit Barelli eine direkte Schuld an den Fehlern zugewiesen.[322] Sie lässt sich aber genauso gut mit „unterdessen" übersetzen und kennzeichnet so die beiden Satzteile als gleichwertig. Anhand dieses Satzes lässt sich also kein kausaler Zusammenhang zwischen der „ungenügenden Erfahrung in der Baukunst" und der Entlassung Barellis ablesen. Wahrscheinlich wurden die erwähnten baulichen Fehler während der Amtszeit Barellis von den ausführenden Bauleuten begangen, und Barelli hat sie dann mit seinem zweiten, tatsächlich auch umgesetzten Kuppelentwurf von 1672 korrigiert. Darüber hinaus wurde ein Scheitern Barellis auch im Zusammenhang mit der Korrektur des Grundrisses im Jahre 1664 (Kap. 6.3) sowie der irrtümlich konstatierten Entbindung Barellis von der Bauleitung 1669 gesehen (Kap. 6.5).[323] Beide Vorgänge konnten jedoch bereits zu Gunsten Barellis geklärt werden. Die Unschuldsvermutung wird auch durch das schon erwähnte Entlastungsschreiben Pater Spinellis vom 10. Juli 1674 gestützt, das Barelli die „Leitung der Baustelle der neuen Kirche der Heiligen Adelheid und Kajetan ... vom 13. April 1669 bis zum 13. Juni 1674"[324] zuspricht. Pater Spinelli stellte darüber hinaus klar, dass Barelli die Zahlungen an die Arbeiter „mit schönster Ordnung und großer Pünktlichkeit"[325] durchführte. Dieser 13. Juni 1674[326] muss also als Tag der planmäßigen Übernahme der künstlerischen Bauleitung der Theatinerkirche durch den bereits seit dem 1. November 1672 in Diensten stehenden Hofbaumeister Enrico Zuccalli gelten. Bekräftigt wird die positive Beurteilung Barellis durch das Empfehlungsschreiben der Kurfürstin vom 10. Juli 1674:

> „So erteilen Wir diesem unserem Architekten Agostino Barelli, Bürger von Bologna, die Erlaubnis, in seine Heimat zurückzukehren. Wir wollen, dass er von diesem unserem Empfehlungsschreiben und [damit] unserer uneingeschränkten Zufriedenheit begleitet wird, die Wir durch sein Wirken über den Zeitraum von dreizehn Jahren bei der Errichtung der Kirche, die in unserem Auftrag für den Orden der Theatiner unter seiner Leitung und nach seinem Entwurf durchgeführt wurde, erfahren haben."[327]

Ein solches Empfehlungsschreiben wurde auch nach Rom und möglicherweise auch an andere Fürstenhöfe gesandt. Denn am 29. September 1674 bedankte sich Palluzo Kardinal Palluzi Altieri degli Albertoni, der Wahlnepote und de facto Leiter der Amtsgeschäfte von Papst Clemens X., für die freundliche Empfehlung des Architekten Barelli.[328] Dieser ungewöhnliche Vorgang spricht für die große Wertschätzung des Architekten durch die Kurfürstin. Dem kurfürstlichen Begleitschreiben vom 10. Juli 1674 ist darüber hinaus noch zu entnehmen, dass Barelli in Begleitung seiner Frau und seiner Schwester nach Italien zurückkehrte.[329] Dieser 10. Juli kann also als letzter Aufenthaltstag Barellis in München gelten.

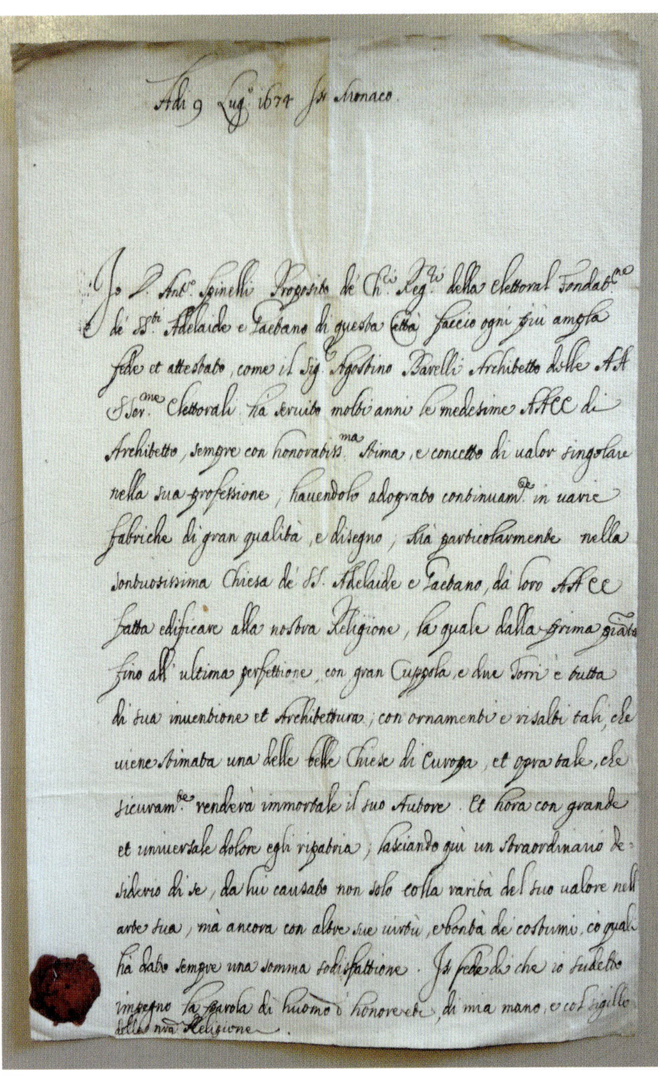

Adì 9 Lug.° 1674 in Monaco.

Io D. Ant.° Spinelli Preposito de' Ch.ci Reg.ri della Elettoral Fondat.ne de' SS.ti Adelaide e Gaetano di questa Città faccio ogni più ampla fede et attestato, come il Sig.r Agostino Barelli Architetto delle A.A. S.S.me Elettorali ha servito molti anni le medesime A.A.E.E. di Architetto, sempre con honoratiss.ma stima, e concetto di valor singolare nella sua professione, havendolo adoprato continuam.te in varie fabriche di gran qualità, e disegno, sia particolarmente nella sontuosissima Chiesa de' SS. Adelaide e Gaetano, da loro A.A.E.E. fatta edificare alla nostra Religione, la quale dalla prima pianta fino all'ultima perfettione, con gran Cuppola, e due Torri è tutta di sua inventione et Architettura, con ornamenti e risalti tali, che viene stimata una delle belle Chiese di Europa, et opra tale, che sicuram.te renderà immortale il suo Autore. Et hora con grande et universale dolore egli ripatria, lasciando qui un straordinario desiderio di se, da lui causato non solo colla rarità del suo valore nell'arte sua, mà ancora con altre sue virtù, e bontà de costumi, co' quali hà dato sempre una somma sodisfattione. In fede di che io sudetto impegno la parola di huomo honorevole, di mia mano, e col sigillo della nostra Religione.

**Abb. 108. Antonio Spinelli, Empfehlungsschreiben für Agostino Barelli, 9. Juli 1674.**

Besonders überraschend und aufschlussreich ist jedoch das Empfehlungsschreiben, das Pater Antonio Spinclli am 9. Juli 1674 für Barelli verfasste (Abb. 108):

> „Ich, Don Antonio Spinelli, beglaubige und bestätige, dass Herr Architekt Agostino Barelli immer zur vorzüglichsten Zufriedenheit [sowie] mit einzigartigem Einfallsreichtum in seinem Fach und seinen Entwürfen [gedient hat], den er immerfort bei verschiedenen Bauten von hoher Güte [an den Tag legte], besonders [aber] bei der prächtigen Kirche der Heiligen Adelheid und Kajetan, die vom ersten Entwurf bis zur Vollendung mit großer Kuppel und zwei Türmen ganz nach seinen Ideen und Fachkenntnissen [sowie] mit Ornamenten und plastischer Wandgestaltung [ausgeführt wurde]. Sie wird als eine der schönsten Kirchen Europas geschätzt. Von großem und tiefem Schmerz begleitet, kehrt er zurück und hinterlässt hier eine außergewöhnliche Sehnsucht nach ihm, die nicht nur durch die Seltenheit seines künstlerischen Könnens, sondern auch durch seine anderen Werte und die Güte seiner Sittsamkeit, die mir immer ein besonderes Wohlgefallen waren, bedingt ist."[330]

Die Worte Spinellis mögen fast ironisch klingen, sie offenbaren aber eindeutig die Wertschätzung, die Barelli von dem bisher meist in Opposition gesehenen Pater Spinelli entgegenbracht wurde.[331] Entscheidend für uns ist dabei Spinellis Anmerkung, dass Barelli für den gesamten Entwurf und dessen Ausführung verantwortlich war. Einen deutlicheren Beleg für Barellis künstlerische wie ausführende Leitung und die Verbindlichkeit seiner Entwürfe beim Bau der Theatinerkirche kann man sich kaum wünschen. Von einer „fluchtartigen Aufgabe des Baus"[332], wie man in der Literatur des Öfteren liest, kann also nicht die Rede sein. Als tatsächlicher Grund für Barellis Weggang kann auf Grundlage von Spinellis Empfehlungsschreiben nur die Fertigstellung des Rohbaus der Theatinerkirche gesehen werden. Gemäß der bereits getroffenen Feststellung einer Arbeitsteilung zwischen Architekt und Baumeister war Barelli nach Vollendung des Rohbaus als entwerfender Architekt entbehrlich geworden – ein Vorgang, wie er später bei vielen Kirchenbauten des Barock üblich werden sollte.[333]

1 ThB II 1908, S. 491; AKL VII 1993, S. 45 f.

2 Taufbescheinigung für Agostino Barelli vom 12. Dezember 1646: „Die 12. Mensis Decembris 1646: / Attesto ego infrascriptus ad officialem baptismale Ecclesia Metropolitana Bononiensis depectus, me invenisse in libris baptismalibus predictas, infrascriptam nativitatem, sub hac forma notata, videlicet Die 31. Mensis Octobris 1626. / Augustinus filius de Don Iohannes Baptista de Barellis, et de Donna Francisca de Zechis eius conjuga, natus die 26. huius mensae Cappella S. Procali batisabatur ...", ASB, Corporazioni religiose, Fondo demaniale, San Bartolomeo, 12/1089, Fasz. D, Nr. 2.

3 Masini 1666, S. 60: „Capo Mastro Giovanni Battista Barelli ... ."

4 So z. B. Hierl-Deronco 2001, S. 114.

5 ASB, Senato, Partiti, Nr. 27, fol. 162v: „[Die 29. Decembris 1686] Item Augustinum de Barellis ab originis paterna quo tantum laborat defectu genus suffragia novem ac viginti affirmativa gratiose habilitarunt ut locum inconsilio Societatis fabrum Signariorum consequi proquam Arte inter Massarios[?] Dominorum Tribue Plebis valeat imbursari ... ."

6 Pellegrino Barelli wird in Pietro Zanis *Enciclopedia metodica critico-ragionata delle belli arti* auch als diletierender Architekt aufgeführt: Zani 1820, S. 78.

7 ASB, Corporazioni religiose, Fondo demaniale, San Bartolomeo, 12/1089, Fasz. D, Nr. 102, Libro dell'Artigianati, fol. 1: „Adi 22 per tute di 27 di novembra 1649 / facio arichordo dele opere che si faranno al stalla del Signore Alisandro di di Orsi nella contrada di Chaldarese per prima opere 5 di Gian Batista di Barella ... per piu opere 5 di Agostino Barella ... piu opere 5 di Pelechrino Barella ... ."

8 Albergati Capacelli 1837, S. 6.

9 Quittungsbeleg vom 1. Februar 1659: ASB, Corporazioni religiose, Fondo demaniale, San Bartolomeo, 12/1089, Fasz. D, Nr. 2.

10 Nicoletti 2010, S. 159.

11 ASB, Senato, Filze, Nr. 13, fol. 760r et v: „Agostino Barella humo di buona avvenenza, ed' tratti civili, hà servito le Altezze Sereneissime di Baviera come Architetto circa tredici Anni conforme comprovati da Bonserviuti autentici conceduti al medesimo e che hà essibiti, ne quali viene pienamente confirmato il buon servito che vi hano quelli Altezze ricevuto in occasione di diverse fabbriche producendo ancora altre attenstationi di Reverendi Padri Theatini di una loro Chiesa fatta di pianta in Monaco con disegno del mededssimo Barella riuscita di molta Sodisfaccione delle Serenissime Altezze medesime con assertioni appreso de Padre sopraintendente a detta fabrica, che detto Barello maneggiabi molti denari di tal attenenza ne hà resi però esattissimo, e fedelissimo conto. In hoggi hà presentato all'Associati alcuni suoi disegni, di fabriche ultimam.[ent]i da lui fatte, e incarninate qui in Bologna, molto bene delineati, e li aggiunge, che olte alla perizia nel designare, ha essercitato, ed essercita anche occorrendo manualmente il muratore."

12 ASB, Corporazioni religiose, Fondo demaniale, San Bartolomeo, 12/1089, Fasz. D, Nr. 2: „Istromenti ... ."

13 ASB, Corporazioni religiose, Fondo demaniale, San Bartolomeo, 12/1089, Fasz. D, Nr. 2: „Libri ... ."

14 Ravaglia 1909, S. 107.

15 ASB, Corporazioni religiose, Fondo demaniale, San Bartolomeo, 21/1089: „La Chiesa data alli Padri non era con alcuna buona architettura e consisteva in una sola nave, longha ma non larga a proportione."

16 Nicht mit „Giovanni Battista Natali" zu identifizieren. Vgl. Nicoletti 2010, S. 162, Anm. 21.

17 San Bartolomeo 1987, S. 13: „Sino dall'anno 1627 fu fatto un disegno del celebre pubblico architetto Gianbattista Falzetta."

18 San Bartolomeo 1987, S. 14: „si diede principio a dì 22 giugno 1653, giornata Domenica." In Malvasias *Le Pitture di Bologna* von 1755 wird noch das Jahr 1655 als Datum des Baubeginns genannt, Barelli allerdings als Architekt nicht erwähnt: Malvasia 1755, S. 338.

19 So z. B. AKL VII 1993, S. 47 f.; Krems 2012B, S. 178

20 San Bartolomeo 1987, S. 14: „Circa a tutto il restante della pianta e disegno del Falzetta venne approvato da Agostino Barelli ... ."

21 San Bartolomeo 1987, S. 13 f.: „[Barelli] stimò bene farvi qualche cangiamento. Dove prima il Falzetta voleva la nave di mezzo spartita dalle navi laterali con maestosi pilastroni ..., il Barella vi mise all'opposto colonnati sostenenti quattro archi, a ciascun de quali corrisponde una cappella ... ."

22 Einen Überblick bietet Graziella Colmuto, Chiese barocche liguri a colonne binate, in: *Quaderno dell'Università degli Studi di Genova. Facoltà di architettura* 2, Genua 1970, S. 97–184.

23 Vgl. Hanke 2012, S. 139 ff. Dort auch weiterführende Literatur unter Anm. 1 und 2 wie z. B. Franco Boggero, *Chiesa di San Siro*, Genua 1977.

24 Fiorentini 1976, S. 190/191; Còccioli-Mastroviti 1989, S. 331–341.

25 Nicoletti 2010, S. 164.

26 Vgl. Savarese 1986, S. 104 ff.

27 San Bartolomeo 1987, S. 14: „Questo nuovo tempio fu con molta prestezza ridotto a perfectione quanto alle tre navate, poiché alli 14 ottobre del 1664 si vide aperta et uffiziata un tal parte di Chiesa, la quale fu ancora in detto giorno benedetta dal Padre Dron Antonio Meglio cremonese in qualità di Superiore."

28 Paulus 1912, S. 38.

29 BayHStA, KL, Fasz. 471, Lit. A, fol. 95r et 95v: „Adi 20. [Giugno 1662] ... Trattò circa il disegno il Serenissimo à cui piaceva assaississimo quel di San Andrea della Valle di Roma, e dicendogli il Padre Pepe, esser quegli troppo vasto, e di troppo grande spesa gli rispose che bisgonava haver animo à cosa magnifiche, e non mirar a alcune spesa."

30 Ursprung wohl bei Paulus 1912, S. 41: „San Andrea della Valle zu Rom, der Mutterkirche der Theatiner, welche auf der Kurfürstin Wunsch zum Vorbild dienen sollte." Rezipiert z. B. bei: Hempel 1965, S. 76; AKL VII 1993, S. 47 f.; Habel 2009, S. 1122; Knobling 2014, S. 221.

31 BayHStA, KL, Fasz. 471, Lit. E, Fol. 35r: „Aprile 1677 ... Signore Agostino Barella Architetto, per tutto il tempo, che fù adoprato; e furono molti anni, cioè 13 in circa."

32 ASB, Corporazioni religiose, Fondo demaniale, San Bartolomeo, 12/1089, Fasz. D, Nr. 2: „Adi 10. Luglio 1674 in Monaco / Confesso Io infrascritto di haver ricevuto dal Signore Agostino Barelli Architetto delle Altezze Serenissime Elettorali, tutti li conti della sua amministratione della Fabrica della nova Chiesa de'Santi Adelaide, e Gaetano, da lui tenuta dalli 13. Aprile 1669, fino li 13. Giugno 1674."

33 Wahrscheinlich geht diese These auf Richard Paulus zurück, der allerdings im Zusammenhang mit der Audienz am 7. Oktober 1662 nur angibt: „[Barelli] langte alsbald, mit der Post[kutsche] aus Italien kommend, in München an"; Paulus 1912, S. 38 f.

34 BayHStA, KB HZA, Nr. 110, fol. 419r.

35 Vgl. Silos II 1780, S. 169.

36 BayHStA, KL, Fasz. 471, Lit. A, fol. 108v: „Adi 7. [Ottobre 1662] comparne all udienza dell Serenissima Elettrice l'Archittetto Signore Agostino Barella fatto veniva di posta da Italia per il disegno della nostra chiesa e casa, e presentendole il disegno, che pensava di ponere in opera; fu' interrogato della Serenissima quanto sarebbe costata la chiesa sola, se un Millione? disse che non tanto l'archittetto; di che ella poco lieta disse. Temo che habbiata riguardo à spesa. non fatte questo: mà solo attendete che habbia ad essere la più bella, e di maggior voluta di qualunque altra della Città, etiam dio di quella de'Padri Gesuiti di che amirato il Padre Pepe, che era presente le disse. Non tanto Serenissima Vostra Altezze Elettorale non miri tanto alla persona, che la fà fare quanto à noi che siam poveri Religiosi. Non dica mai più Vostro Reverende simili parole prestamate gli replicò la Serenissima la chiesa deve esser degna della sua Religione, che è la prima del Mondo, e poi anche devesi considerar chi la fà, e cosi restò terminata la lite di ciò."

37 BayHStA, KL, Fasz. 471, Lit. A, Fol. 42r: „[Il] Collegio, che trapassa ogn'altra da me veduta, fuor del Germanico in Roma, la bellezza, e vastità della chiesa, ornata con tanta splendidezza, le argenterie, i Reliquiarii pretiotissimi, le gioie, li paramenti degli Altari."

38 So bei: Paulus 1912, S. 40; Peroni 1958, S. 24; Riedl 1973, S. 113; Heym 1997, S. 116; Habel 2009, S. 1122; Krems 2012B, S. 179.

39 BayHStA, KL, Fasz. 471, Lit. A, fol. 112v et seq.: „Adi 15. [Decembre 1662] venendo l'Archittetto per mostrarle il disegno della chiesa, essa appena lo vide, che invece di chieder da quegli qualche sottigliezza dell'arte, dimando in qual luogo di detta chiesa havrebbe fatto il sepolcro per lei."

40 ASB, Corporazioni religiose, Fondo demaniale, San Bartolomeo, 12/1089, Fasz. D, Nr. 2: „Ferdinando Maria ... / Partendosi da questa nostra Città, e Residenza Elettorale di Monaco ... Agostino Barelli nostro Architetto ... à concedergli libero e sicuro transito così nel andare, come nel suo ritorno .... In Monaco li 26. Genaro 1663."

41 BayHStA, KL, Fasz. 471, Lit. A, fol. 121r: „Adi 14. [Aprile 1663] arrivarono da Bologna partiti, l'Archittetto, un Capo Maestro intendentissimo di farbriche, et altri di tal arte inviati dal Padre Don Agostino Castano, lettore in quella Città, ad istanza della Serenissima, non volendo alla cometter à Todeschi più idioti nell' edificare una fabrica di tanta importanza, come frà le disegnava."

42 ACB, De Ceppis Giovanni Battista di Stefano, Morbio Superiore 1693–94, Nr. 2009: „Dominus Laurentii [Pertis] de Rovena Jurisdicitonis." Der bisher angenommene Geburtsort „Como" muss daher revidiert werden. Vgl. z. B. ThB XXVI, S. 448.

43 Auf einer Entlohnungsliste für die Baustelle von Kirche und Kloster aus dem Jahres 1677, die Lorenzo Perti in der Nachfolge Barellis ab 1674 führte, wurde später nachgetragen: „Egli [Lorenzo Perti] arrivò a Monaco nel 1663 a 14. aprile", BayHStA, KL, Fasz. 474, Nr. 3.

44 Diese glaubwürdige Quellenangabe von Richard Paulus konnte in den Hofzahlamtsrechnungen nicht mehr aufgefunden werden: „Bei solchem Pau vom 15. April anno 1663 bis letzten Dezembris 1666", zit. nach Paulus 1912, S. 212, Anm. 37.

45 BayHStA, KL, Fasz. 471, Lit. E, fol. 190r: „26. [Gennaro 1692] Si hebbe l'avviso della morte del Signore Loren-

zo Perti Capo-Mastro di questa Fondatione, andato per poco tempo alla Patria a radrizzare gl'interessi di Casa sua, ove arrivò ammalato, ed'in breve vi mori. Persona nel suo Mestiere incomparabile; che fin adhora servi infataicabilmente fino dalla prima pietra questo grande edificio. La sua morte sucesse li 2 del punto mese. Dies bestatigt auch sein Sohn Nicolò in einem Bittschreiben um Auszahlung des noch ausstehenden Quartallohns des Vaters an Kurfürst Max II. Emanuel vom 3. Juni 1693: „mein Vatter Lorenz Perti Maurmeister der Herren Patres Theatiner gepau in die 27. Jahr gethreu und vleissig gewesen, nunmehro aber den 2. Januarii 1692 diss zeitliche beschlossen", BayHStA, KL, Fasz. 474, Nr. 1/5, fol. 1r.

46 BayHStA, KL, Fasz. 474, Nr. 2/1, fol. 4v: „Maister Antonio Pedroti ..., Maister Frannzen Fontana und Bonifacio Perti ..., Rocco de la Porta ... ."

47 So Lipp 1944, S. 19; Peroni 1958, S. 22; Hempel 1965, S. 76; Riedl 1973, S. 115; Montesano 2000, S. 18; Schütz 2000, S. 67; Knobling 2014, S. 221.

48 BayHStA, KL, Fasz. 471, Lit. B, S. 84: „voluit quippe Serenissima plus fidere Ideatum Aedificium suis Italis, quam Germanis, quos imperitos credidisse videtur, quamquam in modo perficiendi, et construendi designatam fabricam ... nec imperiti sint Germani ... ."

49 So noch gedeutet bei Paulus 1912, S. 39.

50 So zum Beispiel in der Woche vom 17. bis 24. August 1680 beim Bau des Bibliothekstraktes: „Maurer / hans kotterer, hans liebl, georg vossl ... Zimerleit / marx anders, georg winkhler, hans gölner ... Tagwerkher / urban stolzen, michael äschbäu, christoff anzinger, georg häberl, lorenz schwind, martin miller ...", BayHStA, KL, Fasz. 475, Nr. 4/1680, Beleg Nr. 97.

51 Lieb 1941, S. 14, Anm. 28.

52 MStA, RP, Nr. 63, S. 87v.

53 Vgl. Chronik der Stadt München II 2005, S. 604.

54 So z. B. Paulus 1912, S. 39 f.; AKL VII 1993, S. 47.

55 BayHStA, KL, Fasz. 471, Lit. A, fol. 121r et v: „Adi 21. [Aprile 1663] Il Serenissimo Elettore, e Serernissima Elettrice andaron in persona à vedere tirare le linee della Chiesa (che havevasi à fondare per noi). Vi fù presente il Padre Pepe et il Padre Bozomo il quale credendosi partire per Roma nel giorno appresso fà arestanto da Serernissimi fin doppo il giorno, che di doveva buttar la prima pietra, volendo eglino che detto Padre facesse la predica."

56 BayHStA, KL, Fasz. 471, Lit. E, fol. 71v: „Mà queste speranze [del progresso presto] ben tosto sparirono; perche a pena incominciati a cavarsi li fondamenti del choro, si vidde escavarsi altro fondamenti al loro confine."

57 BayHStA, KL, Fasz. 471, Lit. A, fol. 114v: „Adi 18. [Genaro 1663] il Serenissimo e Eccellentissimo Signore Conte di Firstenberg Gran Mareschiale di questa Corte ... vide che la fabrica della nuova Chiesa, e Casa, che si dovevano fabricare, non sarebbesi potuta zirar avanzi con quella prestezza e procusione de'necessarii senza l'assistenza di qualche supremo Ministro ... percio si offeri spontamamente ... per esser egli."

58 Paulus spricht hier irtümlich vom „23. April": Paulus 1912, S. 40.

59 BayHStA, KL, Fasz. 417, Lit. A, fol. 121r: „Adi 29. Aprile [1663] fece la Solennità di buttar la prima pietra ... la Serenissima Elettrice Regnante scesero con due pietre, nelle quali vi erano intagliate in una grossa lastra di argento dorata le seguenti parole * . Le Ceremonie Pontificali furono fatte dal Reverendissimo Abbaté da Monte Santo, Benedettino, molto charo alla Serernissima Elettrice per esser Prelato di gran talenti; Perciò ella fece delegarlo dal Serenissimo Reverendissimo Vescovo (per non esser egli ancora sacerdote) volendo che precedesse ad ogni altro, massime che sapeva esser quegli amorevolissimo nostro. Dopo fatte le predette funttioni si portorono tutti ... alla Chiesa nostra di Santa Adelaide [per il] discorso dal Padre Bozomo ... [e la] Messa colla Musica Elettorale ... ."

60 Nicht vom „Kurfürsten" wie z. B. Kaiser 2010, S. 2, annimmt.

61 Die Zustimmung des Fürstbischofs Albrecht Sigismund von Freising erfolgte am 23. April 1663. In ihr wird die Grundsteinlegung „in defectu einem suffraganeis, iemandt anderen comittiert", BayHStA, KL, Fasz. 474, Nr. 1/4, fol. 5.

62 Originalentwurf: BayHStA, KL, Fasz. 474, Nr. 1/6, fol. 1r: „Auspice Deo Optimo Maximo / In honorem Sanctae Adelaidis Imperatricis, / et Beatus Caetani Thienaei, / Ferdinandus Maria Elector, Dux Bavariae / et Henrietta Adelais Princeps Regalis / Sabaudiae, eius Uxor / ex Voto / Ecclesiam hanc cum adiuncta Domo / Patribus Clericis Regularibus / fundaverunt, et primum / Lapidem posuerunt / anno ab orbe redempto / MDCLXIII. /die XXIX. aprilis."

63 BayHStA, KL, Fasz. 474, Nr. 2/1, fol. 4v: „Erstlichen den 23. Junii Anno 1663 dem Maister Antonio Pedroti 6. taglohn iedes zu 50 Kreuzer bezalt, 5 Gulden / Mehr dem Maister Frannzen Fontana und Bonifacio Perti auf 6. taglohn, iedem deß tags 40 Kreuzer bezahlt, 8 Gulden / Imgleichen dem Rocco de la Porta 6. taglohn ieden tag 30 Kreuzer zahlt, 3 Gulden / Dann einem Täutschen Maurer für 6. taglohn ieden tag 23 Kreuzer geben, 2 Gulden 18 Kreuzer / So ist 40. angestollten Tagewerkhern ieden des tags 16 Kreuzer: mit Setzung 7 taglohn zahlt worden 62 Gulden."

64 BayHStA, KL, Fasz. 471, Lit. A, fol. 131v: „In questo giorno [17. Decembre 1663] restarono finite le fondamenta della Chiesa nostra non essendosi molto affrettati quest'anno, perche fù consigliato di lasciar ben fare presa alla sudetta fabrica, per poter poi nell'anno futuro proseguirla con maggior sicurezza. Si posero però in opera oltre numero innumerabile di macigni di piettre cotte dalche si può argomentare quanto sarà vasto il baso del tempio se negli soli fondamenti su buttò tanto."

65 So findet sich im Baurechnungsbuch gerade zu Beginn des Jahres 1664 häufig die Angabe „[Dem 12. Januarii] sindt vier tagwerker welche ... die zieglstain abzuladen und zuzöhlen gebraucht ...", BayHStA, KL, Fasz. 474, Nr. 2/2, fol. 2v.

66 BayHStA, KL, Fasz. 474, Nr. 2/2, fol. 10v: „Rückgab auf die Zieglmaister zu München Egmating und Schwaben."

67 So wird für den 12. Januar Francesco Fontana für „2 750 ausgearbeitete Pfeierstain" bezahlt, BayHStA, KL, Fasz. 474, Nr. 2/2, fol. 9v.

68 Pest 1937, S. 62.

69 BayHStA, KL, Fasz. 474, Nr. 2/2, fol. 3r: „Dann den 8. Märtii dem Maister Frannzen so bei dem Pau gearbeith 6. taglohn ... bezahlt."

70 BayHStA, KL, Fasz. 474, Nr. 2/3, fol. 3v: „28. April noch 3. welsche Maurer zu der Arbeit angestellt."

71 BayHStA, KL, Fasz. 474, Nr. 2/3, fol 4r: „Am 3. Maii dem Roco della Porta und Battista Vanoti auf iedem 5. taglohn deß tags 30 Kreuzer bezahlt, 5 Gulden / Dann dem Johann Beltramaz und Barolomeo della Torre iedem 5. taglohn deß tags 24. Kreuzer bezahlt, 4 Gulden."

72 Vgl. Dischinger I 1988, Nr. 321.

73 Vgl. Dischinger I 1988, Nr. 322.

74 So Paulus 1912, S. 213, Anm. 41.

75 Hier wird der Argumentation von Gabriele Dischinger gefolgt: Dischinger I 1988, S. 138.

76 Vgl. Vega 1803, fünfte Tafel.

77 BayHStA, PlSlg. 7807b: „Va la chiesa alta otto piedi é mezo di piu di quello, che era il primo disegno e di monaco sono piedi 10,3."

78 Die Definition dieses Schemas bei Schlimme 1999, S. 11 ff. Seinen Ursprung hat die reliefierte Kirchenfront vor allem in Norditalien: so zum Beispiel in der zwischen 1140 und 1170 errichteten Fassade von San Miniato al Monte in Florenz oder der um 1200 entstandenen Fassade von San Francesco in San Gimignano. Vgl. Schlimme 1999, S. 30.

79 Die Proprotionierung eines Giebels blieb über die gesamte Frühe Neuzeit verbindlich und wurde von Alberti in einer Höhe von 1/4 bis 1/5 der Breite, ohne Sima, festgelegt: „Nam ex frontis latitudine quae ad coronas est, pars ne plus quarte sumitur, ne minus quarta, ad quam vertex hoc est culminis supremus agulus attollatur ...", Alberti 1975, S. 127.

80 Serlio 1537, fol. 54v.

81 Dieser Terminus scheint deswegen unzureichend, da er sich alleine auf den Querschnitt des Kirchenraumes bezieht und dabei den eigentlich Aufbau der Fassade vernachlässigt.

82 Bei Madernos Tod im Jahre 1629 war die Fassade nur bis zu den Säulenschäften des ersten Geschosses gediehen; Hibbard 2001, S. 192 ff. Sein Nachfolger Carlo Rainaldi vollendete die Fassade dann unter Mitwirkung seines Schülers Carlo Fontana von 1661 bis 1667 mit einer vereinfachten, stärker additiv gedachten Lösung. Vgl. Furio Fasolo, Carlo Rainaldi e il prospetto di S. Andrea della Valle, in: *Palladio*, Neue Serie 1, Rom 1951, S. 34–38.

83 Hibbard 2001, S. 206.

84 Den Typus der Dreiviertelsäule definierte Serlio: „conciosia cosa, che in alcun edificio si veggon di cosi fatte ascender all'altezza d'intorno a nove grossezze e mezza, e massimamente nell Coliseo di Roma ne l'opera Dorica, si come si dimostra nella terza colonna C, e tanto piu sono aiutante, quando hanno da i lati le parastati ò vero i pilastri", Serlio 1537, fol. 65v.

85 Die Säulenpaare werden hier jedoch von dem nur teilweise verkröpften Gebälk unterschiedlich zusammengefasst, was zu einem spannungsreichen Kontrast führt (Säulenpaare der mittleren Travée).

86 Eine analoge Fassadenstruktur, jedoch nur mit Pilastern im zweiten Geschoss, findet sich bei Santa Susanna in Rom, die 1603 von Carlo Maderno vollendet wurde.

87 Eine entsprechende Fassadenstruktur, allerdings mit einer Pilastergliederung stark vereinfacht, findet sich in Rom bei Santo Spirito in Sassia von Antonio da Sangallo d. J. 1538–1544 und bei San Girolamo degli Schiavoni von Martino Longi d. Ä. ab 1588.

88 Das Motiv der doppelten Gliederungselemente stammt ursprünglich aus dem westlichen Oberitalien: so zum Beispiel als Doppelpilaster am Obergeschoss der ab 1422 von Filippo Brunelleschi erbauten Cappella dei Pazzi in Florenz oder der von Donato Bramante ab 1472 errichteten Kirche Santa Maria presso San Satiro in Mailand. In Rom taucht das Motiv zum ersten Mal bei Donato Bramante in seinen Entwürfen für St. Peter ab 1504 auf

und findet dann, als Halbsäulenpaar im zweiten Geschoss, bei seinem Palazzo Caprini ab 1514 Anwendung.

89 Mit der Verkröpfung folgte Barelli, im Gegensatz zu Sant'Andrea della Valle, den Vorgaben Serlios zur Einbindung der Säule in die Wand: „Si puote ancora tirar una colonna fuori del muro, due terzi, e mettervi meza colonna piana [pilastro] per banda: le quali mezze colonne daranno tal aiuto a quella di mezo, che la sua altezza si potra levare una grossezza piu de l'altre, e in questo caso l Architrave, fregio, è la cornice potra risaltare in fuori sopra la colonna tonda, ò piana che si fusse ...", Serlio 1537, fol. 65v.

90 Befänden sich die beiden Seitenportale in den Travéen direkt neben dem Hauptportal, könnte man von einem Triumphbogenmotiv sprechen, wie es idealtypisch bei Leon Battista Albertis Sant'Andrea in Mantua ab 1472 vorgegeben ist. Vgl. Lorenz 1976, S. 94.

91 Eine analoge Fassadenstruktur findet sich in Rom nur bei den beiden späteren Kirchen Santa Maria in Campitelli von Carlo Reinaldi 1662–1667 und San Giovanni dei Fiorentini von Alessandro Galilei 1733–1736.

92 Dies vermutet auch Krems 2012B, S. 180.

93 Ertl 1690, S. 121.

94 Vgl. Savarese 1986, S. 112.

95 BayHStA, KB HBA, Nr. 200.

96 Knöbling 2012, S. 221 ff.; Holzer 2008, S. 93.

97 Holzer 2008, S. 93.

98 Vgl. Knöbling 2014, S. 223 f. Dort auch Abbildung der Bauaufnahme von August von Voit.

99 BayHStA, KL, Fasz. 474, Nr. 2/5, fol. 15r: „am 1. Septembris ... fünf Zimerleith ... den zu der Khürchen gehörigen Dachstuel auszuarbeiten angefangen."

100 Knöbling 2014, S. 227.

101 Vgl. BayHStA, KL, Fasz. 471, Lit. B, S. 168 ff.

102 HSTA, KL, Fasz. 471, Lit. E, fol. 74r–75v: **Quellenanhang Nr. 1**.

103 BayHStA, KL, Fasz. 474, Nr. 2/3, fol. 5v.

104 BayHStA, KL, Fasz. 474, Nr. 2/3, fol. 17r.

105 So zum Beispiel bei dem einzig überlieferten Architekturtheoretiker der Antike Vitruv im fünften Buch seiner *De Architectura libri decem*. Dort heißt es, bezogen auf den basilikalen Grundriss: „Der Säulengang [das Seitenschiff] soll mit 1/3 der Breite des Mittelschiffs bestimmt werden", Vitruv 1964, S. 207 ff.

106 BayHStA, KL, Fasz. 471, Lit. A, fol. 95r et 95v: „Adi 20. [Giugno 1662] ... Trattò circa il disegno il Serenissimo à cui piaceva assaississimo quel di San Andrea della Valle di Roma ... ."

107 Zum ersten Mal wurde dieser „Fehler" von Koegel aufgezeigt: Koegel 1899, S. 18. Darauf folgte Paulus 1912, S. 40 ff. Dieser schrieb sogar einen eigenen Artikel mit Transkription der entsprechenden Textstelle: Richard Paulus, Ein Schönheitsfehler der Theatinerkirche, in: *Das Bayerland* 24, Nr. 16, München 1913, S. 242–244. Später rezipiert bei: Riedl 1973, S. 113; Bauer 1985, S. 131; Hufnagel 1992, S. 42 f.; Krems 2012B, S. 181.

108 Koegel 1899, S. 18. Offenbar bezog sich Koegel dabei auf den Vorgang am 5. April 1669, als die Bauleitung tatsächlich kurzfristig, aber aus anderen Gründen von ihren Aufgaben entbunden wurde (Kap. 6.5).

109 So Paulus 1912, S. 42 (Schon Paulus stellte aber fest, dass die von Koegel für dieses Datum genannte Übernahme der künstlerischen Bauleitung durch Enrico Zuccalli nicht belegbar ist: Paulus 1912, S. 44); Bary 1980, S. 229; Heym 1984, S. 34; Hufnagel 1992, S. 43; Habel 2009, S. 1122; Purrmann 2011, S. 179.

110 Dischinger I 1988, Nr. 323.

111 Paulus 1912, S. 42.

112 So Hautmann 1921, S. 130 f.; Riedl 1973, S. 115; Reitzenstein 1983, S. 363; Heym 1984, S. 32. Bei dem Bauschema einer Kuppelbasilika müssten die Abseiten als eigenständige Seitenschiffe ausgeprägt sein.

113 So Hermann 2008, S. 168, Kaiser 2010, S. 8. Bei dem Bauschema einer Wandpfeilerkirche müssten die Abseiten in das Gewölbe des Hauptraumes einschneiden und eine einheitliche Raumwirkung und Gewölbezone bewirken. Dadurch würden die Wandpfeiler selbst zum entscheidenden Element für die Gliederung des Schiffs. Im Falle der Theatinerkirche bleiben jedoch die Abseiten eigenständig und wird das Schiff alleine durch die Gliederungselemente der gekuppelten Säulen bestimmt.

114 So Habel 2009, S. 1125. Das Bauschema einer Kreuzkuppelkirche ist charakteristisch für den byzantinischen Kirchenbau. Es geht von dem Grundriss eines griechischen Kreuzes aus, bei dem die Kreuzarme tönnengewölbt, der zentrale Raum sowie die Eckräume zwischen den Kreuzarmen jedoch von Kuppeln überfangen sind. Wie bereits erwähnt, findet es sich jedoch auch in der barnabitischen Bautradition, so z. B. in der ab 1602 von Lorenzo Binago erbauten Kirche Sant'Alessandro in Zebedia in Mailand. Nur als „kreuzförmige Kuppelkirche" bei Barthel 1971, S. 13.

115 So Schütz 2000, S. 67.

116 „la pratica stretta che teneva de essi Theatini ...", zit. nach Pastor VII 1920, S. 657.

117 Vgl. Frascarelli 2003, S. 246 f.

118 Costamagna 2003, S. 28 ff.
119 Hibbard 2001, S. 192 ff.; Costamagna 2003, S. 37 ff.
120 Costamagna 2003, S. 48 ff.
121 Vgl. Gianni Mezzanotte, Gli architetti Lorenzo Binago e Giovanni Ambrogio Mazenta, in: *L'arte* 60, Mailand 1961, S. 231–294.
122 So sah zunächst Dorith Riedl die von Giovanni Ambrogio Mazenta 1606–1611 erbaute Bologneser Barnabitenkirche San Paolo Maggiore als Vorbild. Dort findet sich aber im Unterschied zu Santa Lucia eine rhythmische Travée, also die wechselnde Folge von Ganzjochen (mit tonnengewölbten Kapellen) und Halbjochen (mit Beichtstuhlnischen und Emporenoratorien), die für die Langhausgestaltung des Ordens typisch ist. Vgl. Riedl 1973, S. 123. Später auch: Bauer 1985, S. 132; Schütz 2000, S. 68, Anm. 192.
123 Dies stellte bisher allein Peroni heraus, ohne jedoch den Ursprung der Lösung bei Aleotti zu suchen oder Quellen zu konsultieren: Peroni 1958, S. 28 f.
124 Malvasia 1782, S. 284: „Il nobile portico [di Santa Lucia] fu architettato da Agostino Barelli."
125 ThB I 1907, S. 252 f.; AKL II 1992, S. 349 f.
126 Foschi 1988, S. 33.
127 Foschi 1988, S. 33 ff.
128 Brief von Pater Fabrizio Franceschi an Flaminio Ruffini vom 26. Dezember 1636: „Alla nostra chiesa di Bologna non mancano cappelle alcune, ma bensì a quella die Roma le due prime cappellette appresso le porte, per scarsezza di sito, e sappi che la predetta nostra è tutti il Gesù corretto", zit. nach Bösel 1989, S. 251.
129 So auch Schütz 2000, S. 68.
130 BayHStA, KL, Fasz. 474, Nr. 2/4, fol. 4r: „Am 17. April ... dem Hanns Georgen Poro auf 6 taglohn des tags 30. Kreuzer geben, 3 Gulden ... Dem 24. April dem Maister Alberto Calligeri und Maister Bartolomeo Quadri iedem 5. taglohn und einen des tags 45. Kreuzer bezahlt, 7 Gulden 30 Kreuzer."
131 BayHStA, KL, Fasz. 474, Nr. 2/4, fol. 6v: „So den 22. Maii ... hat man einem Welschen Maurer Giovan Batista Prentano 6. taglohn ieden tag 45. Kreuzer bezahlt, 4 Gulden 30 Kreuzer."
132 BayHStA, KL, Fasz. 474, Nr. 2/4, fol. 7v: „Den 29. Maii ... Andreen Fontana auch 6 taglohn ieden tag 24. Kreuzer geben, 2 Gulden 24 Kreuzer."
133 BayHStA, KL, Fasz. 474, Nr. 2/4, fol. 3v: „Erstlich dem 10. April ... Albrechten Wölkhl Mauerer auf 6. taglohn iedes zu 20. Kreuzer geben, 2 Gulden."
134 BayHStA, KL, Fasz. 474, Nr. 2/4, fol. 9r: „Den 19. Junii dem Sebastian Säbler Mauerer 4. taglohn des tags 23. Kreuzer geben, 1 Gulden 32 Kreuzer."
135 BayHStA, KL, Fasz. 474, Nr. 2/4, fol. 10v: „Den 10. Julii ... Stephan Dinstl ... 6 taglohn einen des tags 23. Kreuzer bezahlt worden, ... ."
136 BayHStA, KL, Fasz. 474, Nr. 2/4, fol. 14r: „Den 21. August ... Casparn Schnabl Mauerer 6. taglohn des tags 23. Kreuzer bezahlt mit, 2 Gulden 18 Kreuzer."
137 BayHStA, KL, Fasz. 474, Nr. 2/5, fol. 15r.
138 Richard Paulus las hier falsch „1668": Paulus 1912, S. 42.
139 BayHStA, KL, Fasz. 474, Nr. 2/5, fol. 24r.
140 Dischinger I 1988, Nr. 324.
141 Die selige Ludovica von Savoyen, Tochter Herzog Amadeus' IX. und Gemahlin Hugos II. von Chalon, trat nach dem Tod ihres Mannes in den Klarissenorden ein und starb im Ruf der Heiligkeit. Tatsächlich wurde sie trotz lokaler und dynastischer Verehrung erst durch Gregor XVI. 1839 seliggesprochen. Vgl. BS VIII 1967, Sp. 297. Irrtümlich wurde sie – trotz Beschriftung – auch schon als „Birgitta von Schweden" identifiziert bei: Lieb 1977, S. 13; Auer 1955, S. 8. Ebenso wenig kann sie als die selige Römerin „Ludovica degli Albertoni" gelten wie bei: Ausst.-Kat. Max Emanuel II 1976, S. 9, Purrmann 2011, S. 195. Dagegen richtig bei Altmann 1978, S. 11 f.
142 Margareta von Savoyen war die Tochter des Fürsten Amadeus von Savoyen-Acaia und Gemahlin Theodors II. von Montferrat. Nach dem Tod ihres Mannes und der Verweigerung einer zweiten Heirat trat sie in den Dominikanerinnenorden ein und wurde durch Clemens IX. 1669 seliggesprochen. Ihre Attribute sind drei Lanzen oder eine Geißel mit drei Schwänzen, die ihre drei Martern versinnbilden: Krankheit, Verleumdung und Verfolgung. Vgl. LCI VII 1974, Sp. 505.
143 Ausst.-Kat. Max Emanuel II 1976, S. 9.
144 Vgl. LCI V 1973, Sp. 106. Irrtümlich auch mit „Karl dem Großen" identifiziert bei: Lieb 1977, S. 133; Auer 1955, S. 8. Dagegen richtig bei Altmann 1978, S. 12.
145 Vgl. LCI V 1973, Sp. 31 f.
146 In diesem Sinne wurden die Prüfungen ihres Lebens schon in der zeitgenössischen Adelheid-Biographie des heiligen Odilo von Cluny gedeutet: „Gott wollte sie durch so viele Schläge züchtigen, auf daß sie nicht nach den Worten des Apostels Paulus als Witwe lebendig in Lüsten erstürbe", Odilo von Cluny 1856, S. 5.

147 Vgl. Ausst.-Kat. Max Emanuel II 1976, S. 9.

148 „Dubbio che l'ornare di colone tonde, è il più nobile, et vago: ma perche queste con base, o'piedistali arecca spesso impediamento non picciolo all'aula di mezzo; però si pone in consideratione, ... mezze colone, ... overo stare nelli pilastri quadri con le due ale secondo parerà all'inventione dell'Architetto", zit. nach Bösel 1988, S. 22.

149 So z. B. Deppen 1953, S. 32; Hermann 2014, S. 326.

150 Vgl. grundlegend: Graziella Colmuto, Chiese barocche liguri a colonne binate, in: *Quaderno dell'Università degli Studi di Genova. Facoltà di architettura* 3, Genua 1970, S. 99–184.

151 Vgl. Bösel 1989, S. 241.

152 Vgl. Timothy Barton Thurber, Tra „magnificentia" e „comodià": la ricostruzione della cattedrale di Bologna dal tardo Cinquecento all inizio del Seicento, in: Roberto Terra (Hrsg.), *La Cattedrale di Bologna*, Mailand 1997, S. 56–65.

153 Vgl. Elisabeth Traversa, L'attività architettonica di Giovanni Ambrogio Mazenta a Bologna: scritti e disgeni inediti, in: *Il carrobbio* 10, Bologna 1984, S. 319–335.

154 Vgl. Foratti 1914, S. 156–159; Traversa 1984, S. 323–325; Stabenow 2011, S. 169 ff.

155 So z. B. Peroni 1958, S. 30 f.

156 Vgl. zur Genese der Vollsäulen von Santissimo Salvatore: Stabenow 2011, S. 201 ff.

157 Alberti 1975, S. 108: „In tota re aedificatoria primarium certe ornamentum incolumnis est."

158 Forssman 1961, S. 18.

159 Scamozzi 1615, S. 121: „Essendo l'ordine Romano tanto riguardevole, e cosi per quei grandi Heroi .... Questo ordine si convenirà molto à quegli edifici sacri, ò seculari, i quali saranno di maggior consideratione, ed importanza, come i più celebri, e famosi Tempii, che faranno in honore di Dio .... Poi de'seculari il Palazzo del Principe ..., e quegli edifici, che si sogliono ereggere per memoria delle cose fatte in beneficio, e honor di essa ... ."

160 Forssman 1961, S. 89 f.

161 BayHStA, KL, Fasz. 471, Lit. A, fol. 46r: „Adi 13. [Giugno 1662] ... fatto venire à Se il Padre Pepe, la Serenissima Elettrice gli disse come ella stando vicina al parto, ne sapendo l'esito di quello, il quale il più dette volte alle persone di complessione debole, come la sua, suol cangionar la morte haveva fatto gia Testamento, in cui haveva lasciato che fosse fabricata à Padri Chiesa, e Casa con tutte le commodità possibili, e d'ogni loro gusto, e sodisfattione."

162 Originaltestament: BayHStA, GHA, Korr. Akt. 668 I, fol. 1r–9v.

163 BayHStA, GHA, Korr. Akt. 668 I, fol. 10r–12r.

164 BayHStA, GHA, Korr. Akt. 668 I, fol. 12v–13r.

165 BayHStA, GHA, Korr. Akt. 668 I, fol. 1v–3r: **Quellenanhang Nr. 2**.

166 BayHStA, GHA, Korr. Akt. 668 I, fol. 10r: „et in ciò vi porta credere pienamente et haverne informatione dal Padre Spinelli mio confe che è pienamente informato della mia intentione."

167 BayHStA, KL, Fasz. 471, Lit. E, fol. 76v: „Ciò segni nel principio dell'anno sudetto 1669."

168 BayHStA, KL, Fasz. 471, Lit. E, fol. 76r: „E bene Padre Spinell, come và la fabbrica di Santa Adelaide? Io doppo esserm profindamente inchinato, risposi di non saperlo. ... Perche , risposi, quandi ci capitiamo, dobbiamo udira da quegli Officiali; e cosa hanno che far qui questi Pfaffi?"

169 BayHStA, KL, Fasz. 471, Lit. E, fol. 76r: „E questo hanno ardire di dire contro de'miei Teatini?"

170 BayHStA, KL, Fasz. 471, Lit. E, fol. 76r: „loro Altezzi Elettorali hanno bensì fatto Voto di fabbricare una Chiesa e Convento ad honore di San Gaetano; mà non lo hanno già fatto di darlo alla Religione Teatina."

171 BayHStA, KL, Fasz. 471, Lit. E, fol. 76v: „verso la metà di Aprile [1669] ... ."

172 BayHStA, KL, Fasz. 471, Lit. E, fol. 77r: „accioche il Mondo più non creda, che il mio Serenissimo Elettore, et Io habbiamo fatto il voto di questa Fondatione ad'honore di San Gaetano; mà non di darla a Teatini; et accioche quelli dalla Fabbrica vedano, che loro Padri vi hanno pur troppo che fare, e li ricevano in avvenire come Patroni d'essa: ecco, che il Serenissimo Elettore et Io facciamo un dono pienissimo alla Religinoe Teatina della Chiesa e Convento da fabbricarsi tutto a nostre spese."

173 BayHStA, KL, Fasz. 471, Lit. A, fol. 209v: „Adi 10. Aprile [1669] ... non hebbi doppo che uscii da Turino cosa mai più à cuore che fondare la loro santa Religione iddio benedetto mi fece la gratia di farlo, e di vederli stabiliti in parte quanto al rimanente stà quì l'obligo, e l'assecuratione di accertino, che io fuisono, e sarò sempre Teatina, perche tale voglio morire."

174 BayHStA, KL, Fasz. 477, Nr. 12a, fol. 7r–8v: **Quellenanhang Nr. 3**.

175 Falsches Datum „9. Februar" bei Koegel 1899, S. 22. Später rezipiert bei Hufnagel 1992, S. 46.

176 BayHStA, GHA, Korr. Akt. 666 ½, fol. 169r–174r: **Quellenanhang Nr. 4**. Originalurkunde: BayHStA, Urkunden, München Theatinerkloster, 9. April 1669. Weitere Kopie: BayHStA, KL, München Theatiner, Nr. 2, fol. 1r–3v.

177 BayHStA, KL, Fasz. 471, Lit. E, fol. 179v: „Mia Clementissima Patrona la sua regia Minficenza và meditando un convento sontuoso nel Zwingher."

220 BayHStA, GHA, Korr. Akt. 666 ½.

221 Abschrift des Originalbriefes vom 28. November 1664: „ast ego, huic Beato, ob caelestia Dona meae Electorali Domui liberalius collata, prae caeteris obstrictus, meas humillimas preces in eum finem merito efficacius interpono", BayHStA, KL, Fasz. 477, Nr. 12a, fol. 3r. Übersetzung bei Lüben 1883, S. 274.

222 Abschrift des Originalbriefes vom 28. November 1664: „Novum providentia Divina prodigium Caietanus tantis iam indies, ac ubi[que] locorum clarescit miraculis, ut non immeritò fidelis omnes illius ad mirentur santitatem, et Canonizationem affectint ... non solùm desidero; verúm ex corde, summè, ac humillime rogo", BayHStA, KL, Fasz. 471, Nr. 12a, fol. 4r.

223 Abschrift eines Briefes vom 13. Januar 1665: „Praedecessor noster Ferdinandus Tertius Augustae memoriae iam tum decimâ quartâ Augusti Anni 1655; cùm intelligeret de Beati Caietani Fundatoris Ordinis Theatinorum Canonizatione in Curia tractari, eius operis Christiano Orbi tam plausibus determinationem Sanctitati Vestrae comendaverit", BayHStA, GHA, Korr. Akt. 666 ½, fol. 152r.

224 Briefentwurf: BayHStA, GHA, Korr. Akt. 666 ½, fol. 168r.

225 BayHStA, KL, Fasz. 477, Nr. 12a, fol. 5r: „quella ch'hò havuta sempre più d'ogni altra à cuore, è stato il negozio della Canonizatione del nostro Beato Padre, particolarmente in questo tempo del felice Pontificato di Papa Clemente ... bene affetto alla nostra Religione."

226 BayHStA, LK, Fasz. 471, Lit. A, fol. 192r: „Il Padre Generale Maraviglia pensiero di far presentare il procetto della Canonizatione del Beato Gaetano [e] di procurar le Lettere da Principi di Germania ... e Cardinale di Salzburg e quelle di tutte le Maestà."

227 Entwurf des Schreibens an Papst Clemens X.: „Eius canonizatione exoptint ...", BayHStA, GHA, Korr. Akt. 666 ½, fol. 198r.

228 BayHStA, GHA, Korr. Akt. 666 ½, fol. 199.

229 BayHStA, GHA, Korr. Akt. 666 ½, fol. 200: „[è] terminata la Causa di Sua sospirata Canonizatione [e] Ella contributio di molto in questa Causa."

230 AGCRR, Acta originalia Capitulorum Generalium Congregationis Clericorum Regularium ab anno 1658 usque ad annum 1720, Band IV, Kassette 39, Nr. 18c: „Che si scriva alle Altezze di Baviera et renderLe immense grazie dell'elemosina mandata per la Canonizzazione del nostro Santo Fondatore e di quanto continuamente restano servite di fare a pro della nostra Religione."

231 BayHStA, KL, Fasz. 471, Lit. A, fol. 224r: „Adi 22. [Novembre 1670] la Serenissima Elettrice determinò dar quattro milla fiorini per la Cononizatione del Beato Gaetano di cui s'attendeva il Decreto."

232 BayHStA, LK, Fasz. 471, Bd. 1, fol. 224r: „Adi 26. [Novembre 1670] arrivò il Decreto della Canonizatione in aprir il quale la Serenissima Elettrice pianse di allegrezza, e il Serenissimo hebbe giubilo inesplicabile si come pure tutti i Serenissimi Principi. e il Serenissimo Elettore determinò dare otto milla fiorini per la sua portione anch'egli per la solennità della Canonizatione."

233 BayHStA, KL, Fasz. 471, Lit. A, fol. 229r: „Adi 29. [Aprile 1671] arrivò l'avviso sopra tutti desiderato della Canonizatione del Beato nostro Patriarca Gaetano seguita li 12 del corrente con la più gran pompa, e solennità. Non è credibile quasi la gioia che si vide in tutta questa Città, mà particolarmente ne' Serenissimi Patroni, e nella nobilità, che participò gratie infinite della protettione del medesimo."

234 BayHStA, KL, Fasz. 471, Lit. A, fol. 229r et v: „Adi 7. [Maggio 1671] giorno dell' Ascensione, essendo terminato l'apparato grandioso per festeggiare la solennità della Canonizatione del gloriso Patriarca San Gaetano si diede principio alla festa cosi celebre. L'apparto in Chiesa consistè sù altari in argenterie fiori, frutti, gioie, fumio, tutti distribuiti con tal arte, che facevano un armonia brillarrissima, e divota; alle pareti della Chiesa stavano broccatoni d'oro ... Fuori della Chiesa tutta la strada era parata e resa quasi un altra Chiesa [con] quaranta miracoli pinti à fresco, ed esposti in quadronio di quà e di là della strada sopra le tarcellerie. Ne'capi alta strada stavan due gran Archi trionfali tutti pinti à fresco ed havevano due faciate per ciascuno in modo che dentro, e fuori delli Archi si miravano inscrittioni figure rappresentanti le virtù del Santo ... alla porta del Palazzo in visto della strada era un'altr'arco trionfale via assai magnifico stringeva in seno il quadro del Santo come sara nella nuova Chiesa con la rappresentation della peste di Napoli, era incondato da inscrittioni, e virtu del Santo veniva coronato dall'armi intrecciate della Elettorale Casa di Baviera, e la Real di Savoia." Vgl. auch Diani 1672, S. 37.

235 Diani 1672, S. 38: „Divo Caietanus / Thienaeus / Die ipsi sacrà Neapolim peste liberat. / Unidque mors, horror regnant luctusque pavorque / Vix tantae species urbis in urbe manet: / Sacra Thienaeo quae lux percenset honores / Instat, et in votum gens lue pressa ruit, / tum mage grassantem morbum senioque potentem / O mirum! subitò depulit illa dies."

236 BayHStA, KL, Fasz. 489, Nr. 32, fol. 6r.

237 BayHStA, KL, Fasz. 489, Nr. 32, fol. 20v et seq: „als haben Wir nach züffer deliberation unser zu den geistlichen sachen verordneten Rhäten, vor aine hoch nottürfft erachtet, obbermelten beiden in contovers stehenten thaillen, zu abwendung grösserer orgernüß betürfftige Inhibitions Decret [zukommen lassen]. ... Freising den 9. Februari 1672."

238 BayHStA, KL, Fasz. 471, Lit. A, fol. 232r: „Adi 4. Agosto giorno di Domenica si fece publicar l'Indulgenza Plenaria venuta per la festa del Beato nostro Padrone in tutte le Chiese della nostra Religione."

239 Seine Tätigkeit am kurfürstlichen Hof ist näherhin nachgewiesen bei: Schiedermair 1902, S. 136.

240 Vgl. Purrmann 2011, S. 199, Anm. 21.

241 Rittershausen 1788, S. 114 f.: „Wäre diese Kirche nach dem Modell aufgeführt, wie sie noch in der ersten Kupferplatte gesehen wird ... ."

242 Es handelt sich bei dem versteigerten Exemplar also weder um eine gänzlich unbekannte, noch um eine einmalige Druckgraphik wie Purrmann behauptet: Purrmann 2011, S. 179.

243 Vgl. Frank Purrmann, Agostino Barellis Doppelturmplanung für die Fassade der Theatinerkirche in München. Zu einem neu entdeckten Kupferstich des Jean Sauvé, in: *Münchner Jahrbuch der bildenden Kunst*, 3. Folge, Bd. 62, München 2011, S. 179–202. Das versteigerte Exemplar stammt mit einiger Wahrscheinlichkeit aus dem Kloster Tegernsee und befindet sich heute in der Kunstsammlung der Erzabtei St. Peter zu Salzburg.

244 Im lateinischen Original: „Templum Sanctis Adelaidis, et Caietani, / quod / Serenissimus Ferdinandus Maria ... / nec non / Serenissima Henrietta Maria Adelais ... / ex voto suscepti à Dominus Caietano Electoralis Principis, Religioni Theatinae / Monachii extruxerunt / Operis munificentissimi iconismum hunc eisdem Electoralibus Celsitudinibus / Augustinus Barella Architectus Bononiensis / humillime dicat."

245 ASB, Corporazioni religiose, Fondo demaniale, San Bartolomeo, 12/1089, Fasz. D, Nr. 2: „Adi 13. Novembre 1670. In Monaco. / Essendo convenuti il Signore Agostino Barelli Architetto di Sue Altezze Elettorali e il Signore Giovanni Sovve per contrattare intorno all'intaglio della Chiesa di San Adelaide di Monaco disegnato dal sudetto Signore Architetto. Sono convenuti, che il Signore Sovve intaglierà la detta Chiesa in Rame con le torri, e cuppola, ornato il tetto con suoi ombreggiamenti e statue e nello spatio di sei mesi, cominciando dal giorno della data della presente scrittura. E che il Signore Agostino Architetto si obliga di dare la fattura trecento fiorini, con patto però che restarono i Rami intagliati al medesimo Signore Agostino Architetto. Dichiarandosi, che l'intaglio della Chiesa, torri, cuppola, sia della medesima grandezza, iusta il disegno fatto dal Signore Architetto Barelli."

246 Die Entlohnung Sauvés in Höhe von 300 Gulden bestätigte schon Schiedermair 1902, S. 136, Anm. 3.

247 So Forster 1895, S. 146; Gurlitt 1889, S. 128; Bezold 1902B, S. 958; Geiger 1930, S. 2; Auer 1955, S. 3; Peroni 1958, S. 24; Riedl 1973, S. 113; Ausst.-Kat. Max Emanuel II 1976, S. 8; Lieb 1977, S. 135; Heym 1984, S. 34; Bauer 1985, S. 132; Montesano 2000, S. 19, Anm. 34; Schütz 2000, S. 156 ff.; Kaiser 2010, S. 2. Lediglich Paulus sieht die Doppeltürme als Idee der Kurfürstin und spricht sie mit einem „vielleicht" Barelli zu: Paulus 1912, S. 49.

248 Ewald 1960, S. 261.

249 Vgl. Purrmann 2011, S. 190.

250 Altmann 1994, S. 18.

251 Vgl. Pfister 1983, S. 23 ff.; Altmann 1994, S. 1 ff.; Huber 2014, S. 495 f.

252 Der von Gabriele Dischinger angeführte, rein konstruktive Grund, durch die Doppeltürme die Breitenwirkung der Fassade zu verstärken, scheint kaum hinreichend: Dischinger I 1988, S. 139.

253 Bauer 1985, S. 82 ff.

254 Niedersteiner wies in diesem Zusammenhang auf Madernos Santissima Trinità dei Monti in Rom hin und schloss daraus auf einen Aufenthalt Domenico Cristoforos in Rom. Wahrscheinlicher ist jedoch, wie schon angesprochen, die Orientierung an Architekturtrakten wie Serlios *Regole generali di architettura*. Vgl. Niedersteiner 1997, S. 275.

255 Hibbard 2001, S. 79ff.; McPhee 2002, S. 14 ff.

256 McPhee 2002, S. 36 ff.

257 Serlio 1547, fol. 26v.

258 Vgl. Altmann 1978, S. 7; Purrmann 2011, S. 186 f.

259 Rittershausen 1788, S. 114 f. Ähnlich auch Hübner 1803, S. 249.

260 Notifikation des Kurfürsten Ferdinand Maria über die Geburt von Joseph Clemens am 6. Dezember 1671: „dass Gott der Allmächtig meiner liebsten Frau Gemahlin, die vergangene nacht ein viertel nach ailf uhrn, Ihrer getragenen schweren leibsfrucht glücklich entbunden, und Uns ... mit einem Prinzen gnediglich gesegnet. ... München, den 6. Dezembris Anno 1671", BayHStA, Fürstensachen, Nr. 652/1, fol. 32r.

261 Abschrift des Originalbriefes: „Von Gottes Gnaden, Wir Ferdinand Maria ... zu dem Heiligen Caietano, Stifftern der Regulierten Priestern, eine sonderbare Devotion profitieren, und die Unserm Chur-Hauß jüngst von Gott verlyhene weitere Succession, auch durch dessen Vorbitt hergeflossen zuseyn, billich erkennen, dahero auch resolviert haben, ermelten grossen und wunderthätigen Patriarchen Caietanum nicht allein für Unseren, sambt hochgedacht Unserer geliebsten Ehegemahlin Durchlauchten, und Chur-Fürstlich gliebten Jugendt, sondern auch Unserer ganzen Churfürstenthumb und Landen, sonderbahren Partonen und Beschüzern zu halten, und solches nägst kommenten Sonntag den 17 diss alhier auch eben solches zu männiglichen Wissenschafft,

und daß der Heilige Caietanus darfür verehret werde, verkünden: und folgent ferners in oberwehnt Unseren Landen publicieren zu lassen. ... [hierfür den] bischöflichen Conses förderlich verlangen ... . München 12. Januar Anno 1672", BayHStA, KL, Fasz. 477, Nr. 12a, fol. 21r. Entwurf: BayHStA, KL, Fasz. 489, Nr. 32, fol. 2r et v.

262 Schmid 1999, S. 501.

263 Vgl. Gerhard P. Woeckel, *Pietas Bavarica. Höfische Kunst und Bayerische Frömmigkeit 1550–1848*, Weißenhorn 1992; Hans Pörnbacher, Pietas Bavarica. Zum Wesen einer „bayerischen Frömmigkeit", in: Alois Schmid und Hermann Rumschöttel (Hrsg.), *Wittelsbach-Studien. Festgabe für Herzog Franz von Bayern zum 80. Geburtstag*, München 2013, S. 305–309.

264 Woeckel, 1992, S. 236.

265 Vgl. Peter Pfister, *Der heilige Benno. Patron Münchens und Bayerns*, München 1984.

266 Schattenhofer 1970, S. 9.

267 Vgl. Michael Hartig, *Patrona Bavariae. Die Schutzfrau Bayerns*, München 1948.

268 Schmid 1999, S. 509.

269 BayHStA, KL, Fasz. 489, Nr. 32, fol. 3v: „daß der Heilige Caietanus neben anderen in deme Churfürstenthumn Bayern von alters hero erwöhlt- und wohnenten Patronen, so weith Wür nemblichen zu consentiern befuegt, gleich falls für einen Schutzherrn und Patron erwöhlt, respective adiungiert, und auf den Canzeln offentlich verkhündet werde Authoritate Nostra Ordinaria hiermit gewilliget ... . Freysing den 14. Januarius 1672."

270 BayHStA, KL, Fasz. 489, Nr. 32, fol. 3v.

271 Originaldekret in gedruckter Form, mit kurfürstlichem Siegel und Unterschrift des Sekretärs: BayHStA, KL, Fasz. 477, Nr. 12a, fol. 30v. Abschrift und Beschreibung der Festivitäten bei Hufnagel 1992, S. 8 f.; 75 ff.

272 Gedruckte Verlautbarung vom 22. Januar 1672: BayHStA, KL, Fasz. 489, Nr. 32, fol. 15v.

273 Diani 1672, S. 5 f.: „esaudi il Santo le preghiere; promette di eternare l'Elettorale Casa con avergli concessa la prole desiderata. ... in satisfazione de'loro voti introdussero ne'loro stati l'Ordine [e] nell'animo di tutti la divozione a San Gaetano ... . Vollero, che s'inalzasse da'fondamenti qui in Monaco sotto il titolo de'Santi Adelaide, e Gaetano una Chiesa, nell'ampiezza, e maestà della quale non resta cosa alcuna da aggiungersi ad una reale magnificenza."

274 Max Joseph Hufnagel, St. Cajetan, ein wenig bekannter Schutzpatron Bayerns. Geschichtlicher Beitrag zu seiner Verehrung in Bayern, in: *Jahrbuch für altbayerische Kirchengeschichte* 24, München 1966, S. 45–103. Dieser Artikel erschien 1992 als die hier zitierte Monographie in St. Ottilien.

275 Die Entwicklung der Verehrung Kajetans in den ersten Jahren fasst der Theatinerpater Cajetan Nemmich in einem Brief vom 22. Februar 1687 an den Theatinergeneral Carlo Clodinio in Rom zusammen: BayHStA, KL, Fasz. 477, Nr. 12 b, fol. 150r et seq.

276 Hufnagel 1992, S. 27: „kein anderes Cajetans-Patrozinium für eine Kirche oder für einen Altar besteht."

277 BayHStA, KL, Fasz. 471, Lit. E, fol. 64r: „6. [Agosto 1681] si cantò l'Officio a San Gaetano per la liberatione della Peste."

278 BayHStA, KL, Fasz. 471, Lit. E, fol. 54r: „11. [Ottobre 1679] ... s'incominciò una solennissima Novenna [con] tanta devotione de' popoli ... alla sua immagine ... per rappresentarsi in essa la liberatione della peste di Napoli."

279 Ein eindrückliches Beispiel hierfür ist der Kolikanfall des Johann Jakob Freiherrn von und zu Weichs im Dezember 1662: Hufnagel 1992, S. 54 f.

280 Vgl. BayHStA, KL, Fasz. 477, Nr. 12b.

281 Krausen 1972, S. 169.

282 Krausen 1972, S. 168.

283 BayHStA, KL, Fasz. 471, Lit. A, Fol. 143r: „In Burkhausen una delle prime Città di Baviera, di ergere ivi un Altare al Beato Gaetano e havendo passate infinite oppositioni da Lei (la Signora Claudia Frizimattioli, nobile Trentina) ultimamente superate coll'autorità del Consistorio di Salisburgo, in cui fu'determinato, che potesse alzar detto Altare nella Chiesa maggiore."

284 Braun 1928, S. 120.

285 Mittermeier 1936, S. 156.

286 Bezold 1905, S. 2157.

287 Die Beschreibung der Vision bei Bergamo 1754, S. 72 ff. Hufnagel behauptete noch, dass dieses Bildmotiv in Deutschland völlig unbekannt sei: Hufnagel 1992, S. 107. Zur allgemeinen Verbreitung dieses Darstellungstypus in Italien, gerade in der Zeit vor seiner Heiligsprechung: Chiminelli 1948, S. 1003 ff.

288 Bomhard 1954, S. 199 ff.

289 BayHStA, KL, Fasz. 471, Lit. A, fol. 231v: „Adi 27. [Maggio 1671] doppo cena [il Serenissimo Elettore] hebbe la bontà di portarsi alla fabrica della nostra Chiesa, dove fossim il Padre Marimont, ed io à servirlo. Sali fin in cima à veder la Cuppola, che si fabrica con gran accuratezza."

290 Bisher wurden für den Beginn der Arbeiten an der Kuppel nicht näher belegte Daten geliefert. So z. B. „1674“ bei Heym 1984, S. 34.

291 Diese beiden Probleme führen auch an: Paulus 1912, S. 46; Bary 1984, S. 229; Dischinger I 1988, S. 141.

292 BayHStA, KL, Fasz. 471, Lit. B, S. 177: „Nec remanere voluerat ultra, videns imperitos praevalere in ordinando, quod non didicerant, Zuccallius autem subingrederetur, ceu Ministri cuiusdam familiaris, qui directioni inhiabat; vel ex hoc conjiciet lector, quod tholum Ecclesiae (Cupulam vocant) aggressi bis frustra laborarint, cum regulas non observarent, semel enim fornicum cui insidere debuerat, rumpebatur, altera vero vice tholum minorem, seu magno superpositum e lapidibus conficere volentes sero videre cogebantum, quod illud pondus tholi inferioris fornicus non pateretur, sicque catenis ligare, tholum majorem, superiorem verò iterum dejicere, et ex ligno construere coacti sunt, expensis interum non exiguis in aera sparsis.“

293 Paulus sprach hier ungenau von einem „Gewölbe, welchem es [die Kuppel] hätte aufgesetzt werden müssen“: Paulus 1912, S. 46.

294 Vgl. Dischinger II 1988, Nr. 325.

295 Dischinger I 1988, Nr. 7812.

296 Zuschreibung an „Zuccalli“ bei Paulus 1912, Abb. 36, 37.

297 BayHStA, KB HZA, Nr. 1086, Beleg Nr. 65.

298 BayHStA, KL, Fasz. 471, Lit. E, fol. 2r: „20. [Marzo 1674] ... s'incominciò a stuccare la Cuppola di Santa Adelaide e Gaetano.“

299 Laut Schuldbegleichung im Baurechnungsbuch des Jahres 1677 für den Kupferschmied Jakob Mayr: „Jacoben Mayr Kupferschmid ... das er in anno 1674 ein grossen kupfern kuopf gemacht und auf der grossen kuppel 1364 pfund kupfer aufedöckht“, BayHStA, KL, Fasz. 474, Nr. 2/6, fol. 31r.

300 BayHStA, KL, Fasz. 471, Lit. E, fol. 3r: „2. [Aprile 1674] Item posi la prima pietra nel Laternino della Cuppola.“ Paulus deutet dies irrtümlich als Beginn der grundsätzlichen Arbeiten an der Kuppel: Paulus 1912, S. 46, Anm. 58.

301 Paulus berichtet wiederum recht zweideutig von einem zu „kleinen Kuppeldach ..., das in den Raum hinabgestürzt wäre“ und später durch eine Lösung aus Holz ersetzt worden sei. Die hölzerne Lösung bezieht sich aber eindeutig auf die Kuppellaterne. Dafür, dass diese eingestürzt sei, findet sich jedoch kein Hinweis. Im Gegenteil: Dem widersprechen sowohl Khuens Anmerkung, dass man das zu hohe Gewicht der Laterne rechtzeitig festgestellt habe, als auch Spinellis Ausführungen hierzu. Vgl. Paulus 1912, S. 46.

302 BayHStA, KL, Fasz. 471, Lit. E, fol. 4r: „Questa settimana si fece levare il Laternino fabbricato, quasi totalmente, di pietra, per esser troppo grave e grande, onde veniva a patire. E si ordinò che si facesse di legno, e minore. Fece il dissegno il Padre Don Aantonio Spinelli.“

303 Dischinger I 1988, Nr. 330.

304 Dischinger I 1988, Nr. 331.

305 Dieser heiratete 1689 eine Nichte Zuccallis. Vgl. Heym 1984, S. 19.

306 In dem nicht näher datierten Schreiben Zuccallis von 1695 über „all das, was er für nötig erachtet, um seinen Dienst für den Kurfürsten ausführen zu können,“ sagt er über Trubillio: „Per il primo che Giovanni Torbigli sia dichiarato sotto Architetto, il quale in absenza mia accudirà à tutte le fabriche, ... tutti li artifici, lo riconoscerano come Capo, e consequentmente esseguirano li suoi ordini dategli per le Servitro Elettorale“, BayHStA, HR I, Fasz. 96/26, fol. 33r et v.

307 BayHStA, KB HZA, Nr. 734, fol. 166r: „Johann Troubili Underpaumaister Gulden 500.“

308 Dies bemerkte schon Paulus, der etwas ungenau konstatierte, dass Zuccalli die Kuppel „mehr zusammen [drückte], wodurch sie stärker gewölbt wurde“: Paulus 1912, S. 47.

309 So Heym 1984, S. 34; Dischinger I 1988, S. 140 f.

310 Dischinger I 1988, Nr. 345.

311 So Lieb 1977, S. 139 f.; Wolf 1967, S. 102; Woeckel 1975, S. 510

312 So Heym 1984, S. 34; Dischinger I 1988, S. 145.

313 So auch Wolf 1967, S. 102.

314 Vgl. Villani 2008, S. 96 f.

315 Rittershausen 1788, S. 115.

316 Dabei handelt es sich nicht, wie Richard Paulus meinte, um die „Höhenregulierung des Haupt- und Seitenschiffes“: Paulus 1912, S. 43.

317 So z. B. Hempel 1965, S. 76; Wolf 1967, S. 102; Riedl 1973, S. 113; Hufnagel 1992, S. 43. Heym 1997, S. 116; Habel 2009, S. 1123

318 So z. B. Heym 1984, S. 34 f.; Dischinger I 1988, S. 140; Holzer 2008, S. 125 f.

319 So auch Paulus 1912, S. 47; Wolf 1967, S. 102; Heym 1984, S. 36.

320 So auch Paulus 1912, S. 59.

321 BayHStA, KL, Fasz. 471, Lit. B, S. 177: „Eo devenit [1675], ut consecrari potuerit [ecclesiam], quod autem errores commissi fuerint ab non satis peritis in arte, dum annos rursus [1674] post quaternos Architectus Barella omninò dimissus fuerat."

322 So z. B. Geiger 1930, S. 2.

323 So Koegel 1899, S. 18; Paulus 1912, S. 43 ff.

324 ASB, Corporazioni religiose, Fondo demaniale, San Bartolomeo, 12/1089, Fasz. D, Nr. 2: „sua amministratione della Fabrica della nova Chiesa de'Santi Adelaide, e Gaetano, da lui tenuta dalli 13. Aprile 1669, fino li 13. Giugno 1674."

325 ASB, Corporazioni religiose, Fondo demaniale, San Bartolomeo, 12/1089, Fasz. D, Nr. 2: „con ordine belissimo, e gran puntualità ... ."

326 Teilweise wurde die Übernahme der Bauleitung ohne nähere Begründung bereits in das Jahr 1669 gelegt. So z. B. Hemmeter 2004, S. 100.

327 ASB, Corporazioni religiose, Fondo demaniale, San Bartolomeo, 12/1089, Fasz. D, Nr. 2: „Havendo Noi concessa al presente Nostro Architetto Agostino Barella Cittadino di Bologna la licenza di ritrarsi in Patria; habbiamo voluto che fosse accompagnato di questi nostro Attestato della intiera sodisfattione che habbiamo ricevuta dell'opera sua durante lo spatio di tredici anni nella construttione del Tempio da Noi fatto fabricare alla Religione Teatina sotto la sua direttione, e disegno."

328 ASB, Corporazioni religiose, Fondo demaniale, San Bartolomeo, 12/1089, Fasz. D, Nr. 2: „Serenissima Signora ... / La protezione, che hà Vostra Altezza dell'Architetto Agostino Barelli sarà per me un efficace di considerarlo nelle occasioni, le quali si offerissero di giovargli, per secondare anche in particolar modo gli uffici dell'Aletzza Vostra."

329 ASB, Corporazioni religiose, Fondo demaniale, San Bartolomeo, 12/1089, Fasz. D, Nr. 2: „Ferdinando Maria ... / Partendo di ritorno per Italia da questa nostra Città e Residenza ... Agostino Barella Bolognese Nostro Architetto, con sua moglie, e sorella ... ."

330 ASB, Corporazioni religiose, Fondo demaniale, San Bartolomeo, 12/1089, Fasz. D, Nr. 2: „Io Don Antonio Spinelli ... faccio ogni più ampla fede et attesto, come il Signore Agostino Barelli Architetto ... hà servito ..., sempre con honoratissima stima, e concetto di valor singolare nella sua professione, havendolo adoprato continuamente in varie fabriche di gran qualità, e disegno; Mà particolarmente nella sontuosissima Chiesa de'Santi Adelaide e Gaetano ..., la quale dalla prima pianta fino all'ultima perfettione, con gran Cuppola, e due Torri è tutta di sua inventione e Architettura; con ornamenti e risaliti tali, che viene stimata una delle belle Chiese di Europa, ... con grande e universale dolore egli ripatria; lasciando qui un straordinario desiderio di se, da lui causato non solo colla rarità del suo valore nell'arte sua, mà ancora con altre sue virtù, e bonità dei costumi, cò quali hà sempre una somma sodisfattione."

331 So Peroni 1958, S. 23; Riedl 1973, S. 113; Bauer 1985, S. 131; Kaiser 2010, S. 2.

332 So noch Purrmann 2011, S. 194.

333 Pest 1937, S. 11.

# 7 Zweite Bauphase unter Enrico Zuccalli

# 7.1 Enrico Zuccalli und seine erste Tätigkeit in München

Enrico Zuccalli wurde um das Jahr 1642 in Roveredo im Schweizer Kanton Graubünden geboren.[1] Entgegen der bis heute verbreiteten Meinung, Enricos Vater Giovanni sei auch schon Maurermeister oder sogar Stuckator gewesen[2], konnte dieser durch Cesare Santi als „Beamter"[3] identifiziert werden.[4] Durch den Stand seines Vaters bedingt, genoss Enrico Zuccalli wahrscheinlich eine höhere Schulbildung und möglicherweise in der Zeit zwischen 1657 und 1660 eine baumeisterliche Ausbildung in Mailand.[5]

Hierauf weisen jedenfalls seine sprachlichen Fähigkeiten hin, die er in zahlreichen Briefen an die Kurfürstin und den Kurfürsten unter Beweis stellte. Zuccalli stand zwar aufgrund seiner Herkunft aus dem Misoxtal in der Tradition der Graubündner Bauleute, hinsichtlich seiner Ausbildung muss dies jedoch relativiert werden.[6] Anhand eines Briefes von Zuccalli an einen Freund aus dem Jahre 1694 ist bereits für 1660/61 ein erster Aufenthalt in Rom belegt.[7] Eine Tätigkeit in Paris als „Hauptpaumeister" wurde bisher aufgrund der im Juni 1668 verfassten Bewerbung seines Schwagers Gaspare I[8] um die Hofmaurermeisterstelle in München vermutet.[9] Tatsächlich findet sich in einem Baurechnungsbuch des französischen Hofes ein „Zuccaty", der für seine zweimonatige Arbeit an einem Modell des Louvre 168 Pfund erhielt.[10] Dieses Modell könnte nach dem (nicht realisierten) Louvre-Entwurf Gian Lorenzo Berninis geschaffen worden sein, der 1667 König Ludwig XIV. vorgestellt wurde.[11] Diese These einer Zusammenarbeit von Zuccalli und Bernini im Jahre 1667 kann durch ein Zitat aus dem Mund des Militäringenieurs und Mitarbeiters Berninis in Rom, Giulio Cerruti, aus dem Jahr 1668 bestätigt werden. Demnach soll Enrico Zuccalli „im Jahr zuvor zusammen mit [sic!][12] dem Herrn Ritter Bernini in Frankreich gewesen"[13] sein. Dass Enrico Zuccalli tatsächlich Mitarbeiter Berninis war, ergibt sich aus seiner eingehenden Kenntnis der Bauten Berninis und dessen Meisterschülers Carlo Fontana.[14]

Dem bereits erwähnten Schwager Gaspare I kam für Zuccallis Laufbahn in München eine besondere Rolle zu. Jener war mit Zuccallis Schwester Domenica verheiratet und schon seit Mitte der 1640er Jahre zusammen mit seinem Vetter Domenico Cristoforo[15] in Bayern und München tätig.[16] Nachdem Gaspare I Zuccalli sich im Juni 1668 erfolgreich um die Stelle des Hofmaurermeisters in München beworben hatte und zum 1. August mit 200 Gulden[17] Jahresgehalt angestellt worden war, reiste er mit einem am 7. November 1668[18] ausgestellten kurfürstlichen Passierschein nach Italien, um von dort seine Frau und seine Kinder nach München zu holen. Im Reisebrief vom 28. Januar 1669 heißt es dann:

> „Herr Gaspare ..., genannt Zuccalli, [im Alter] von 40 Jahren [reist] mit seiner Frau [und] Herrin Gemahlin und drei Kindern, einem Jungen und zwei Mädchen, sowie einem anderen Burschen in seiner Begleitung."[19]

Bisher ging man davon aus, dass es sich bei diesem „Burschen" um Gaspares Schwager Enrico Zuccalli handelte, der damit bereits 1668 nach München gekommen wäre.[20]

Allerdings gilt es festzuhalten, dass die Bezeichnung „giovine" meist für unerfahrene, junge Mitarbeiter und einfache Handwerker in den Werkstätten großer Meister benutzt wurde.[21] Unter diesem Gesichtspunkt und mit dem Wissen um Enricos vorherige Tätigkeiten stellt sich jedoch die Frage, ob sich dieser zwischen 1668 und seiner Bewerbung als Hofbaumeister 1672 wirklich mit der Mitarbeit im Umfeld seines Schwagers zufriedengegeben haben könnte. So identifizierte etwa Sebastiano Roberto mit Enrico Zuccalli einen „capomastro Arrigo", der den Hochaltar in

Sant'Ignazio in Pistoia und die Villa di Spicchio in Lamporecchio unweit von Pistoia errichtete (Abb. 109).[22] Der Auftrag hierzu stammte von der Familie Rospigliosi, aus der auch Papst Clemens IX. hervorging. Zwar war zunächst Berninis bevorzugter Schüler Mattia de'Rossi mit der Ausarbeitung der Pläne beauftragt worden, die Bauleitung vor Ort zwischen 1669 und 1670 kann jedoch Enrico Zuccalli zugeschrieben werden. Dieser Zeitraum würde sich auch mit Zuccallis eigenen Angaben zu einem Aufenthalt in Pistoia nach seiner Rückkehr aus Paris in dem bereits erwähnten Brief aus dem Jahre 1694 decken.[23] Zuccallis Bericht folgend, hielt er sich danach in Rom auf, um dort noch offene Schulden zu begleichen und sein erwirtschaftetes Geld in verschiedene Projekte zu investieren.[24]

**Abb. 109. Villa di Spicchio (Rospigliosi), Lamporecchio – Fassadenansicht.**

Es muss also davon ausgegangen werden, dass Zuccalli frühestens 1671, und zwar direkt aus Rom, nach München kam und nicht, wie bisher angenommen, bereits 1668. Damit wird auch eine des Öfteren behauptete frühere Tätigkeit Zuccallis an der Theatinerkirche ausgeschlossen.[25]

Von einem ausgeprägten Selbstbewusstsein zeugt sein eigenhändiges, nicht näher datiertes Bewerbungsschreiben aus dem Jahre 1672, in dem „der arme Bittsteller" die Kurfürstin darum ersuchte, sein „Amt als Architekt [ausführen zu dürfen], ohne dem Urteil von Personen unterworfen zu sein, die von diesem Beruf nichts verstehen"[26]. Darüber hinaus merkte er hinsichtlich der kurfürstlichen Bauprojekte an, dass

> „… Eurer kurfürstlichen Hoheit ansonsten nicht gut gedient ist und die Kosten immer höher werden, da sich mit dem Tun und Lassen wie bisher die Ausgaben vermehren und das Werk unvollkommen bleiben wird. So wird man [auch] nie wissen, wo der Mangel lag, wie Eure kurfürstliche Hoheit durch die Skandale aufgrund der doppelten Kosten täglich bemerken werden. Ich kenne den Mangel nicht, aber die Sorge darüber sollte in den Händen des Architekten liegen, wie es überall auf der Welt Brauch ist."[27]

Dass Zuccalli in seinem Bewerbungsschreiben seine künstlerischen Leistungen nicht explizit erwähnte, kann als Beleg seines bereits erworbenen Renommees gelten.[28]

Dies zeigt aber auch, dass sich Zuccalli in Bayern vor allem dem organisatorischen, sprich ökonomischen Aspekt des Bauens verpflichtet fühlte. Bei den Bauwerken, die nach Zuccallis Aussagen durch eine unsachgemäße Bauführung zu hohe Kosten verursachten und damit einen schlechten Ruf nach sich zogen, wird es sich zum einen um die Bauvorhaben in Altötting gehandelt haben, in die Zuccallis Schwager Gaspare I und dessen Vetter Domenico Cristoforo bereits seit 1657 involviert waren und die auf Geheiß des Kurfürsten ab 1672 verstärkt fortgeführt wurden.[29] Zum anderen wird auch die Theatinerkirche gemeint gewesen sein, für die Zuccalli in seinen Kuppelentwürfen und dem Fassadenplan, die wohl im Rahmen seiner Bewerbung entstanden, einfachere und kostengünstigere Lösungen vorschlug. Auf seine Initiative und seine kritische Offenheit hin wurde Zuccalli am 16. Februar 1673[30], rückwirkend zum 1. November 1672[31], als Hofbaumeister mit einer Entlohnung von 500 Gulden pro Jahr angestellt.

Abb. 110. Enrico Zuccalli, Grundrissplan für Altötting „Projekt C“ (PlSlg. 8307), um 1674.

Abb. 111. Enrico Zuccalli, Querschnittsplan von Santa Maria dell’Assunzione in Ariccia (PlSlg. 8296), um 1671.

Seine erste eigenständige Bauaufgabe fand sich tatsächlich ab 1672 in Altötting, wo sein in mehreren Projekten[32] entworfener Zentralbau[33] die mittelalterliche Gnadenkapelle im Chorbereich wie ein Reliquiar umfassen sollte. Bereits bei diesem ersten Bau Zuccallis in Bayern zeigt sich die große Verbundenheit mit seinem Lehrmeister Bernini. Gerade in der zweiten Entwurfsphase mit den Chorflankentürmen um 1674, dem „Projekt C“ (PlSlg. 8307, Abb. 110)[34], lehnte er sich stark an Berninis Plan für Santa Maria dell'Assunzione (1662–1664) in Ariccia an.[35] Für diesen Kirchenbau ist sogar ein kleinformatiger Querschnittsplan von der Hand Zuccallis[36] überliefert (PlSlg. 8296, Abb. 111)[37]. Am 29. September 1677[38] wurde Zuccalli dann vom Kurfürsten zum Oberhofbaumeister mit 1 000 Gulden Jahresgehalt befördert.[39] Als Ferdinand Maria am 26. Mai 1679 für immer die Augen schloss, war jedoch erst das Fundament des Altöttinger Kirchenbaus gelegt. Unter der Regierung Max Emanuels wurde dieses Projekt dann, ähnlich wie bei der Fassade der Theatinerkirche, nicht mehr weiter verfolgt.

Besondere Förderung erfuhr Zuccalli stets durch den Geheimen Rat und späteren Testamentsvollstrecker der Kurfürstin Anton Graf Berchem[40], der Zuccalli 1676 mit dem Umbau seines Palazzos[41] in der Flucht des Theatinerklosters an der Hinteren Schwabinger Gasse beauftragte. Im Winter des Jahres 1681 kehrte Zuccalli, nachdem er zuvor ein Haus in der Burgstraße für 5 000 Gulden erworben hatte[42], zum letzten Mal in seine Heimat Roveredo zurück, um dort Maria Magdalena Carduffin aus Marmels (heute Marmorea) zu heiraten.[43] Vom 8. Juli 1684 an reiste er auf Wunsch des Kurfürsten nach Paris, wo er sich die Werke der etablierten französischen Architekten wie Hardouin-Mansard, Gossier, Lemercier oder Perrault ansehen sollte.[44] Als Zuccalli am 3. März 1685 wieder nach München zurückkam, hatte sich Giovanni Antonio Viscardi,

Abb. 112. Schloss Lustheim, München – Fassadenansicht.

Abb. 113. Renatuskapelle (Schloss Lustheim), München – Innenansicht.

der bislang noch unter Zuccalli als Bauführer in Altötting gewirkt hatte, bereits erfolgreich um die Stelle des am 26. Januar 1684 entlassenen Hofbaumeisters Johann Franz Schinnagl[45] beworben und zusätzlich auch noch die Gunst Graf Berchems errungen.[46]

Nachdem Max Emanuel am 15. Juli 1685 Maria Antonia, die Tochter Kaiser Leopolds I., geheiratet hatte, erhielt der Bau des Schlosses Lustheim bei Schleißheim als Brautgeschenk erste Priorität und wurde 1688 vollendet (Abb. 112). Auch hier orientierte sich Zuccalli an Bernini: Der klare, kompakte H-förmige Grundriss von Lustheim[47] lehnt sich an Berninis bereits erwähnten Entwurf zur Villa di Spicchio in Lamporecchio an.[48] Die im südlichen Pavillon zwischen 1686 und 1688 über langsovalem Grundriss errichtete Kapelle des heiligen Renatus ist der einzig erhaltene Sakralraum Zuccallis. Sie hat Berninis Sant'Andrea al Quirinale[49] zum Vorbild. Ihr von Carlo Brentano-Moretti geschaffenes Ranken- und Akanthusstuckwerk zeigt eine große Nähe zu dessen Arbeiten in der Theatinerkirche (Abb. 113).

DIVO CA
MAXIMILIAN
H.M. ADEL
ÆTERNÆ MON

BAVARIAM
POSVERE.

# 7.2 1674/75: Weihe der Kirche, zweite Stiftung und Platz für den Klosterbau

Durch eine von dem Hoffräulein Jeanne de la Pérouse vergessene Kerze wurde in der Nacht vom 9. auf den 10. April 1674[50] eine Brandkatastrophe verursacht, die große Teile des Nord- und mehrere Bereiche des Westtraktes der Münchner Residenz zerstörte. Dabei gingen sowohl die sogenannten Kaiserzimmer[51] als auch Teile der jüngsthin durch Agostino Barelli neu eingerichteten Privatgemächer der Kurfürstin verloren. Wie der Bauleiter der Theatinerkirche Lorenzo Perti in einem Bittschreiben an Kurfürst Max Emanuel im Jahre 1680 berichtete, konnte er unter Einsatz seines Lebens der Feuersbrunst Einhalt gebieten.[52] Dieses Ereignis sollte die ohnehin angeschlagene Gesundheit der Kurfürstin, die sich selbst als tapfere Retterin ihrer Kinder gezeigt hatte, für die letzten Jahre ihres Lebens prägen. Aus diesem Grund drängte sie nun auf eine möglichst baldige Fertigstellung und Weihe ihrer Kirche.[53]

Knapp ein Jahr später, am 28. April 1675, stattete das Kurfürstenpaar der bereits weit gediehenen Theatinerkirche einen Besuch ab und verkündete bei dieser Gelegenheit, dass sie deren Weihe auf den 11. Juli diesen Jahres festgelegt hätten, den dreizehnten Geburtstag des Kurprinzen.[54] Am 8. Mai 1675 fuhr Pater Marimont dann nach Freising, um mit dem Fürstbischof die Details der Weihe zu besprechen.[55] Albrecht Sigismund besuchte daraufhin persönlich am 13. Juni den Kirchenbau und kündigte sein Erscheinen zur Weihe an.[56] Da er zum Datum der Weihe jedoch erkrankte, reiste am 10. Juli 1675 an seiner Stelle Weihbischof Johann Kaspar Kühner in Begleitung von sechs weiteren Prälaten an.[57] Noch am selben Abend wurden von ihm die beiden von Johann Melchior Ernst[58] im Jahre 1673 gegossenen Glocken auf die heilige Adelheid und den heiligen Kajetan geweiht.[59]

**Abb. 114. Theatinerkirche St. Kajetan und Adelheid, München – Weiheinschrift auf der Fassadenrückwand.**

Am Weihetag der Kirche, dem 11. Juli 1675, begannen bereits um fünf Uhr morgens die Glocken der Stadt zu läuten.[60] Gegen acht Uhr begab sich die kurfürstliche Familie mit ihrem Hofstaat von der Residenz durch die Dienergasse zur neuen Hofkirche. Vor dem Portal wurden sie von den Prälaten, den Theatinern und der Geistlichkeit der Stadt, darunter auch die Jesuiten, empfangen.[61] Zunächst wurde dann das kurfürstliche Emporenoratorium im Norden des Presbyteriums geweiht.[62] Im Anschluss legten dort Max Emanuel und Maria Anna Christina bei Pater Spinelli die Heilige Beichte ab und empfingen ihre erste Heilige Kommunion.[63] Dann wurde der Hochaltar der Kirche geweiht, der folglich zu diesem Zeitpunkt schon vollendet gewesen sein muss.[64]

Am Ende der anschließend an ebendiesem Hochaltar zelebrierten Heiligen Messe empfingen der Kurprinz und die Kurprinzessin auch noch die Heilige Firmung durch Weihbischof Johann

**S. 204/205: Theatinerkirche St. Kajetan und Adelheid, München – Fassadenrückwand.**

Kaspar Kühner.[65] Die damals an der Fassadenrückwand angebrachte Weiheinschrift verkündet in goldenen Lettern auf schwarzem Fond den Grund für die Stiftung der Kirche (Abb. 114):

„Dem heiligen Kajetan von Thiene,
Gründer der Regularkleriker,
ihrem verehrtesten Fürsprecher,
haben im Jahre des Heils 1675 – wie gelobt –
Kurfürst Ferdinand Maria und
Kurfürstin Henriette Maria Adelaide
als Denkmal ewiger Dankbarkeit
dieses Gotteshaus errichtet,
da ihnen der kurfürstliche Prinz
Maximilian Emanuel
als Garant für den sicheren Fortbestand Bayerns
geschenkt wurde."[66]

Nach den Feierlichkeiten in der Kirche versammelten sich die Gäste zu einem üppigen Festmahl im Palazzo Kurz. Gegen Abend hielt schließlich Jesuitenpater Schmitt in Gegenwart des Hofes die Kirchweihpredigt.[67] Wahrscheinlich bezog er sich in der nicht überlieferten Homilie auf den programmatischen Satz aus der Offenbarung des Johannes (Joh 21,2):

„Und ich, Johannes, sah die Heilige Stadt, das neue Jerusalem, von Gott aus dem Himmel herabfahren, bereitet als eine geschmückte Braut ihrem Mann."[68]

Über den Zeitraum der Kirchweihoktav hinweg wurden auch die Seitenaltäre der Theatinerkirche geweiht: am 12. Juli 1675[69] die Querhausaltäre des heiligen Kajetan und der Heiligen Familie, am 13. Juli[70] die Altäre des seligen Andreas Avellinus und der heiligen Margareta von Savoyen, am 14. Juli[71] der Kreuzabnahmealtar und der Schutzengelaltar sowie abschließend am 15. Juli[72] der Altar der Unbefleckten Empfängnis Mariens und der Jungfrauenaltar[73]. Am Oktavtag selbst, dem 18. Juli, fanden die Feierlichkeiten zur Weihe der Theatinerkirche ihr Ende in einer Predigt des Theatiners Amedeo Hamilton.

Wie Pater Spinelli bereits 1663 im Zusammenhang mit der Festlegung der Größe der Kirche feststellte, war eine Erweiterung der Stiftung für den Bau eines Klosters unumgänglich (Kap. 6.2).[74] Bereits zu Beginn des Jahres 1675 waren die Theatiner vom Palazzo Kurz in die sogenannten Preyhamischen Häuser (heute Theatinerstraße 20), den ehemaligen Alterssitz der Kurfürstinmutter Maria Anna, gezogen[75] (Abb. 57, Haus H).[76] Darin waren seit ihrer Einführung durch Kurfürstin Henriette Adelaide im Jahre 1667 die Salesianerinnen untergebracht.[77] Unter Mitwirkung Spinellis siedelten diese am 5. Juli 1675 in Gebäude bei der Annakapelle im Hackenviertel über.[78] An der Ecke Hintere Schwabinger Gasse/Kühgasse gelegen, befanden sich die Preyhamischen Häuser jedoch nur in mittelbarer Nähe zur Theatinerkirche.[79] So wurde drei Tage nach der Weihe der Kirche, am 14. Juli 1675, auf Wunsch Spinellis das für einen neuen Klosterbau erforderliche Areal von Zuccalli abgesteckt.[80] Am 22. Oktober[81] wurde dann eine zweite Schenkungsurkunde ausgefertigt, die nun neben den Preyhamischen Häusern auch den gesamten Falkenhof[82] als Bauplatz vorsah. Zu dieser Schenkungsurkunde gehört auch ein prachtvoll verzierter Plan (PlSlg. 7805, Abb. 115)[83] mit der Unterschrift der kurfürstlichen Stifter und Enrico Zuccallis. Darauf ist genau die damalige örtliche Situation unter Benennung der einzelnen Häuser festgehalten.[84] Die feierliche Übergabe der Urkunde durch das Kurfürstenpaar erfolgte am 20. Februar 1676[85]. Spinelli bemerkte in seinem *Libro originale* hierzu, dass die Unterschrift der Kurfürstin auf diesem Dokument die letzten geschriebenen Worte ihres Lebens gewesen seien.[86]

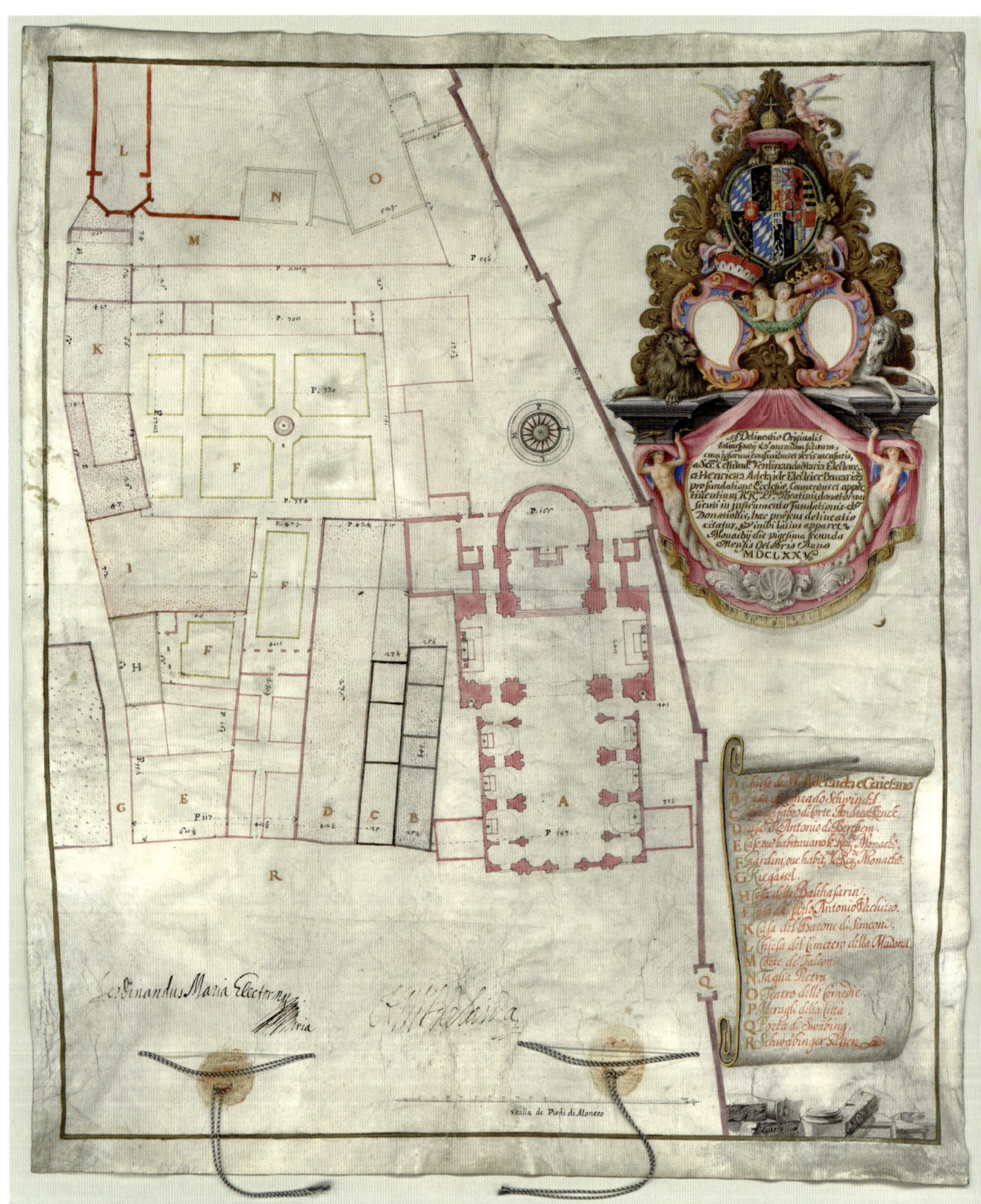

Abb. 115. Enrico Zuccalli, Plan zur Schenkungsurkunde vom 22. Oktober 1675 (PlSlg. 7805).

## 7.3 1675/76: Nichtrealisierte Vorhaben, unvollendetes Testament und Ankauf weiterer Häuser für den Klosterbau

Mit dem neuen Wohnsitz in den Preyhamischen Häusern und dem beginnenden Bau des Klosters entstanden aber auch ausgiebige Streitigkeiten mit der benachbarten Familie des Barons Simeoni, die selbst dabei war, ihr Wohnhaus neben dem ehemaligen Falkenhof an der Kühgasse standesgemäß auszubauen.[87] Deswegen wandte sich Pater Spinelli im November 1675 an die Kurfürstin, um sie für die Position der Theatiner zu gewinnen.[88] Doch schon wenige Tage später steckte die Kurfürstin dem verdutzten Pater einen versiegelten Brief zu, in dem sie diesem mitteilte, dass er die Familie Simeoni zu unterstützen habe und ihr nun baldmöglichst mitteilen solle, wann das Kloster nun endlich vollendet würde. Sie und ihr Gemahl seien es leid, einem Bittgesuch nach dem anderen nachzukommen.[89] Nach angemessenen Worten ob dieses Vertrauensentzugs ringend, schrieb Spinelli in seinem *Libro Originale* den Gedankengang seines Antwortschreibens nieder, in dem er offen an das Gewissen der Kurfürstin appelliert:

> „Und dieses unerträgliche Unrecht, dass sie sich selbst zufügt [hat]! Denn wer [außer mir] bekennt sonst, [dass sie sich nach] dem Ansporn ... zu einem Großmut ohnegleichen [sehnte]? Wer stellte denn eine Frage nach der anderen, einen Anspruch nach dem anderen? Mehrmals bot man [die Theatiner] dem Bedürfnis ihrer kurfürstlichen Hoheit Einhalt, [denn] vieles mehr hätte sie mit ihrer großen und königlichen Freigiebigkeit gewollt.“[90]

Und dieses „vieles mehr“, vor dem die Theatiner die Kurfürstin bewahrt haben sollen, spezifiziert Spinelli nun im Folgenden:

> „Alle Postamente rund um die Kirche wollte sie bis zur Basis der Säulen aus Salzburger [d. i. Untersberger] Marmor machen lassen; und diese [die Marmorplatten] waren schon bestellt. Besser noch, man hatte sogar schon eine Anzahlung hierzu gemacht. Die Kosten hätten sich auf nicht weniger als 80 000 Gulden belaufen, und wer hat sie davon abgebracht? Die ganze große Anzahl von ausgedehnten Säulenreihen, Portalrahmen und Balustern, all dies wollte sie aus dem feinsten bemalten Marmor [Stuckmarmor], der noch seltener und teurer ist als der echte und mit dem die vornehmsten Partien der hiesigen kaiserlichen [sic!] Residenz geziert sind. Auf wie viel Hunderttausende [Gulden] wären [dann] die Ausgaben gestiegen, und wer war es, der [deshalb] davon abgeraten hat? Ebenfalls hatte sie schon entschieden, die ganze Kirche von dem großen Maler [Angelo Michele] Colonna aus Bologna ausmalen zu lassen. Und waren nicht schon von Pater Castano und Herrn Pistorini die Verträge abgeschlossen [mit einem Honorar] in Höhe von einem römischen Goldtaler je Elle, das sind vier florentinische Goldtaler? Und diese Summe, [hochgerechnet] entsprechend den Ausmaßen der zu bemalenden Flächen einschließlich der großen [Kuppel] und der kleinen Kuppeln, wäre auf 100 000 Florentiner Goldtaler angestiegen bzw. auf die entsprechende Summe in römischen Goldtalern. ... Dieses und vieles andere mehr hätten zu Ozeanen [Fluten], ja wahren Abgründen von Ausgaben geführt, vor denen ihre kurfürstliche Hoheit durch die Theatiner bewahrt wurde ... . Wann wäre jemals etwas aus dem Munde oder

der Feder eines Theatiners gekommen, worauf ihre kurfürstliche Hoheit uns gegenüber zu Recht eine solche Verärgerung hätte zurückführen können? Wenn sie damit auf das Projekt der [jüngst] gestifteten Gärten und Häuser abzielt ..., wäre da nicht der einzi ge Beweggrund der Vorteil und der Nutzen für sie selbst gewesen? ... Oder wenn [dabei] ihre kurfürstliche Hoheit ihr Versprechen von Gulden aus Florenz im Kopf haben sollte ..., hatte je ein Theatiner sie zu diesem Versprechen gedrängt?"[91]

Die immens teuren Vorhaben der Kurfürstin wie die Sockelverkleidung der Kirche mit Untersberger Marmor, ein Dekor aus Stuckmarmor oder die Ausmalung der Kirche, wahrscheinlich im Bereich der leeren Gewölbeflächen, schienen dabei nicht nur reine Hirngespinste gewesen zu sein, sondern waren nach Spinellis Angaben sogar schon teilweise in Auftrag gegeben worden. So galt der aus Cernobbio bei Como stammende Maler Angelo Michele Colonna tatsächlich zu jener Zeit als einer der führenden Quadraturmaler Europas, der nicht nur den Palazzo Albergati in Bologna oder den Palazzo Pitti in Florenz ausmalte, sondern auch am Hof des spanischen Königs Philipp IV. tätig war.[92] Welch grundsätzlich andere Wirkung hätte die Theatinerkirche gehabt, wäre sie mit illusionistischen Quadraturmalereien ausgestattet worden! Ob es tatsächlich die Theatiner waren, welche die Kurfürstin vor diesen Ausgaben bewahrt haben, oder einfach die enormen Kosten eine Ausführung verhinderten, sei dahingestellt.

Mit dem Hinweis auf die „gestifteten Gärten und Häuser" spielte Spinelli natürlich auf die kurz zuvor gemachte zweite Stiftung und damit auch auf den anstehenden Bau des Theatinerklosters an. In diesen Zusammenhang gehören auch die „Gulden aus Florenz", womit Spinelli eine Erbschaft aus dem Vermögen des 1670 verstorbenen Großherzogs der Toskana, Ferdinando II. de' Medici, in Höhe von 100 000 Gulden meinte, wovon die Kurfürstin Ende August 1675[93] den Theatinern ein Drittel zur Erbauung des Klosters versprochen hatte.[94] Da Henriette Adelaide von der Gesamtsumme aber bis zu diesem Zeitpunkt nur 40 000 Gulden erhalten hatte, wurden den Theatinern zunächst auch nur 8 000 Gulden zur Verfügung gestellt.[95]

Der Anordnung der Kurfürstin Folge leistend, stellte Spinelli die noch der Vollendung des Baukomplexes entgegenstehenden Punkte zusammen.[96] Dabei vermutete er zu Recht die Probleme mit der Familie Simeoni als Hauptgrund für die Verstimmung der Kurfürstin.[97] Wahrscheinlich, um sie günstig zu stimmen, gab Spinelli in diesem Bericht an, dass der Bau eigentlich schon fast fertig sei und man über die bereits zugestandenen Geldmittel hinaus keine weiteren mehr benötige.[98] Diesen Brief überreichte er Henriette Adelaide am 7. Dezember 1675[99]. Bereits einen Tag später gestand diese zerknirscht ein, dass „all dies in einem kleinen, unbedachten Moment geschehen sei"[100]. Sie versprach zugleich, dass die Theatiner ohne Rücksicht auf die Simeonis weiterbauen dürften[101] und die Stiftung nach den Wünschen Spinellis vollendet werden würde[102]. Um dies sicherzustellen, würde sie auch ein neues Testament aufsetzen, das die noch offenen Punkte berücksichtige.[103] Tatsächlich existiert ein unvollendetes Testament der Kurfürstin, das sich dezidiert und fast ausschließlich mit den Fragen zur Vollendung der Stiftung auseinandersetzt. Es ist also nicht, wie bisher angenommen, um 1673[104], sondern gegen Ende des Jahres 1675 entstanden. Darin legt die Kurfürstin unter anderem fest:

„... Ich möchte darüber hinaus, dass man die Stiftung [den Kloster- und Kirchenbau] der Patres Theatiner, die durch mich begonnen und auf den Weg gebracht wurde, zu einem angemessenen Ende führt. Hierzu möchte ich auch meine Erben verpflichten, da sie wissen, dass ich mich zur Ehre Gottes mit einem Gelübde und aus aller Dankbarkeit gebunden habe, dieses [Werk] zu vollenden. Ich habe durch den heiligen Gründer [Kajetan] die Gnade der Nachkommen und eines Thronfolgers für diesen Staat erhalten. Und mit größter Deutlichkeit sage ich [daher], dass ich für den Fall, dass bei meinem Tod noch etwas [von meiner Stiftung] unvollendet ist oder noch gar nicht begonnen sein sollte, besonders wünsche, dass in Bezug auf die Kirche die im Folgenden aufgezählten Dinge durchgeführt werden: Erstens, die gesamte Fassade der Kirche soll mit Säulen aus Backstein gebaut und zur Stabilisierung verputzt werden; die Mauervorsprünge der Gliederungselemente sollen mit einem Material abgedeckt werden, das dem Zahn der Zeit widerstehen kann. Die beiden Türme sollen in gleicher Weise mit Säulen aus Ziegelsteinen und Putz versehen werden sowie drei Viertel der Kuppelhöhe nicht überschreiten. Dies alles soll entsprechend dem bereits in Umsetzung begriffenen Plan [Barellis] und dem durch Pater Spinelli modifizierten Entwurf ausgeführt werden. Wenn die Kuppel vollendet ist, soll sie mit stabilem und ausreichend widerstandsfähigem Material gedeckt werden, um sie so zu schützen, dass sie nicht in wenigen Monaten beschädigt und damit zu einer Gefahr für die Passanten wird. Das ist es, was mit viel Mühen und Kosten auch an den beiden Türmen gemacht werden soll. Man stabilisiere [also] mit [geeignetem] Material [Kupfer] auch die selbige Kuppel von außen sowie die ganze Kirche von Grund auf mit Gesimsen, die [ebenfalls] mit geeignetem Material [Kupfer] gedeckt werden sollen, um sie vor Regen und Kälte zu schützen.

Man soll auch den Chorraum der Kirche vollenden, der dahinter [hinter dem Altar] bleiben soll [Psallierchor]. Man soll alle Altäre mit Gemälden oder Ähnlichem ausstatten, entsprechend den Aufträgen, die ich bereits nach Paris, Venedig und Augsburg vergeben habe. Es sollen Gitter oder Brüstungen aus Eisen an allen Kapellen angebracht werden, entsprechend den zwei bereits vollendeten [Exemplaren]. Man pflastere die ganze Kirche mit Marmor. Alle Stufen sollen mit Brüstungen versehen werden, ausgenommen dort, wo Bänke sind. Es sollen die Beichtstühle zweckmäßig nach dem Ermessen der Patres gemacht werden, das heißt in einer Anzahl und für Orte, die sie [noch] festlegen werden. Man vollende meine Grablege und die meiner Kinder an dem Ort unter dem Hochaltar, wo gerade die Gewölbe eingezogen werden. [Das gilt] ebenso für die Grablege der Patres an dem von ihnen festgelegten Ort und an keinem anderen [aus Gründen] der Annehmlichkeit für die Öffentlichkeit. Ich möchte, dass der Aufbewahrungsort oder Tabernakel des Allerheiligsten Sakramentes in schönster Form und in einem diesen hohen Zweck angemessenen Material angefertigt wird. Es ist mein Wunsch, dass er aus Marmor oder einem anderen wertvollen Material besteht. Mit diesem Material sollen auch die kleinen Durchgänge, die in den Chor führen, und alle unteren Teile des Sakramentsaltares verkleidet werden. Ich wünsche, dass die Sakristei mit Bänken und einer angemessenen Ausstattung aus stabilem Holz versehen wird, [sowie] mit den Schlössern und Eisenriegeln, die vonnöten sind, [das gilt] ebenso [für] die [dortigen] wertvollen Möbel; dies ist [bereits] in Auftrag gegeben und sichergestellt. Hinter der Sakristei in Richtung der Türme [also östlich der Sakristei] schaffe man einen kleinen Raum, in dem ein Ofen stehen soll und sich die Geistlichen ihre Hände waschen können. Ich wünsche und möchte, dass das Heilige Haus von Loreto für die Gemeinschaft der Sklavinnen [Mariens] nachgebaut wird, gemäß meinem speziellen Gelübde, und [auch] das Heilige Grab in den wahren Maßen, [jeweils] als Teil der Kirche jenseits der Nebenportale, an dem Ort, den mein Beichtvater Pater Spinelli kennt; und sie sollen mit allen möglichen geistlichen Schätzen ausgestattet werden.

Es soll vom kleinen Raum östlich der Sakristei aus ein schmaler Gang angelegt werden, damit man geschützt zum Läuten der Glocken gehen kann. Auch sollen [zusätzlich] zu den zwei [bereits] vorhandenen Glocken zwei weitere angeschafft werden: die eine größer [als die vorhandenen], die andere kleiner oder [auch] größer, je nachdem wie es gemäß dem Urteil der Fachleute für den [harmonischen] Zusammenklang notwendig ist. Was die Orgel betrifft, vertraue ich ganz auf den Willen der Patres und meiner Erben, aber sie soll die Architektur der Kirche nicht verschandeln. Für das Haus oder den Konvent möchte ich, dass das Wohngebäude zweckmäßig, vernünftig und angenehm für die Geistlichen vollendet wird, entsprechend den zugrundeliegenden Regeln der Theatiner. Ich möchte, dass es genug Zimmer gibt, um mindestens sechzig Patres separat beherbergen zu können, darüber hinaus noch einige Fremde [Gäste]. Damit sind [so viele Patres] einkalkuliert, wie für eine standesgemäße Gottesdienstordnung in dieser Kirche notwendig sind. Wir verstehen nicht, warum am langen Gang [im Westtrakt] vierzehn oder fünfzehn Zimmer liegen sollen, an dem bei der Kirche aber nur fünf oder sechs viel größere für Respektspersonen ... , [zumindest] nach dem Entwurf, der mir von Pater Spinelli gezeigt wurde. ... Und darüber hinaus wünsche und will ich, dass meine Erben verpflichtet sind, Zahlungen zu leisten, sowohl was die Kirche als auch das Kloster betrifft ..., wenn dies nötig sein sollte."[105]

Als Spinelli die Kurfürstin kurz vor ihrem Dahinscheiden am 13. Juni 1676 nochmals auf dieses Testament ansprach, gestand diese ein, dass es über die Einleitung und die Angaben Spinellis hinaus, zu denen sie noch einige Dinge hinzugefügt habe, nicht weiter gediehen sei.[106] Die Frage, warum das Testament unvollendet blieb, lässt sich also mit dem Gesundheitszustand und dem baldigen Tod der Kurfürstin beantworten. Dabei gilt es herauszustellen, dass es sich bei den von der Kurfürstin in ihrem unvollendeten Testament angeführten Punkten offenbar zu einem Großteil um die Wünsche Pater Spinellis handelt. Zur Verwahrung vertraute die Kurfürstin ihr unvollendetes, versiegeltes Testament auch noch Spinelli an, der es nach ihrem Tod dem Kurfürsten übergeben sollte.[107]

In diesem unvollendeten Testament bestand die Kurfürstin erneut auf dem Bau einer Loreto-Kapelle und eines Heiligen Grabes. Sie verpflichtete darin zudem ihre Erben, nicht mehr nur den Bau zu vollenden, sondern auch für zukünftige Ausgaben aufzukommen. Des Weiteren legte sie fest, dass die Fassade und die Türme mit Säulen instrumentiert und gegen Verwitterung geschützt werden sollten. Auch wünschte sie sich Eisengitter und Brüstungen an den Altären, einen würdigen Hochaltar, einen Fußboden aus Marmor, eine die Architektur nicht verschandelnde Orgel, eine gut ausgestattete Sakristei und einen Laufgang zum Südturm, dessen Geläut auf vier Glocken aufgestockt werden sollte. Außerdem erfahren wir, dass sie bereits Aufträge für die Altargemälde nach Paris, Venedig und Augsburg vergeben hatte. Die Kurfürstin betonte auch die Notwendigkeit der Einrichtung eines Psallierchors, wie er durch den heiligen Kajetan vorgesehen war (Kap. 10.1). Darüber hinaus umriss sie die Größe des Klosters, das bis zu sechzig Patres beherbergen und in dem an die Kirche anschließenden Trakt einige größere Räume für höherstehende Gäste aufweisen sollte. Besonders interessant ist jedoch die Anmerkung der Kurfürstin hinsichtlich der Höhe der Türme, die drei Viertel der Kuppelhöhe nicht überschreiten sollten. Obwohl inzwischen Zuccalli die Bauleitung übernommen hatte, bezog sich diese Angabe aber eindeutig noch auf Barellis dritten Fassadenplan von 1671, wie sich gleich zeigen wird.

Der Zeitpunkt der Umplanung der Türme lässt sich anhand der Entwurfszeichnungen Zanchis für das Hochaltarblatt genau festlegen (Abb. 213): Wie bereits erwähnt, weist die Rötelzeichnung von 1672 noch die überhöhten Türme aus Barellis drittem Fassadenplan von 1671 auf. Der entsprechende Ölbozzetto in den Bayerischen Staatsgemäldesammlungen von 1673 bringt hingegen schon eine auf vier Geschosse reduzierte Doppelturmfassade (Abb. 214). Die Idee einer niedrigeren und damit leichter realisierbaren Fassadenturmlösung muss folglich schon um 1672, also noch in der Zeit Barellis, entstanden sein. Da die Kurfürstin aber erst in ihrem unvollendeten Testament von 1675 von einem „durch Pater Spinelli modifizierten Entwurf" spricht, kann diese Aussage nicht, wie bisher üblich, als Beleg für eine Opposition zu dem bereits seit zwei Jahren abwesenden Barelli gesehen werden. Vielmehr ist sie ein Beweis für die Relevanz von Barellis Planung und die Dominanz Spinellis gegenüber Zuccalli zu Lebzeiten der Kurfürstin.

Die bereits erwähnten 8 000 Gulden aus der toskanischen Erbschaft wollte Spinelli gemäß dem in der zweiten Schenkungsurkunde zugestandenen Areal für den Ankauf der drei zwischen den Preyhamischen Häusern und der Theatinerkirche gelegenen Häuser verwenden.[108] Namentlich waren dies der Palazzo des Grafen Berchem, das Haus des Hufschmieds Andreas Renck[109] und das des uns bereits bekannten Hofbauamtsschreibers Konrad Schwindl[110] (Abb. 57, Häuser G, F, E). Als Argument für den Kauf der Häuser betonte Spinelli gegenüber der Kurfürstin den schlechten Zustand dieser Gebäude, die damit nicht zu der prächtigen Kirche in nächster Nachbarschaft passen würden.[111] Ebenso würde eine Trennung von Kirche und Kloster durch diese Anwesen zu Unannehmlichkeiten für die Patres führen[112] und habe im Volk sogar schon zu Spott über die angebliche Freigebigkeit der Kurfürstin geführt.[113] Aus diesen Gründen sei es sinnvoll, wenn nun ein der Kirche ebenbürtiger und einheitlich gestalteter Klostertrakt im Anschluss an das Gotteshaus entstünde.[114] Diese und andere Gedanken zur Vollendung der Stiftung hielt Spinelli auf kleinen Zetteln fest, nachdem die Kurfürstin hierzu jeweils ihr Einverständnis erklärt hatte.[115] Als Spinelli sich nun daran machte, sich über die Kaufsummen der Gebäude zu informieren[116], stellte sich heraus, dass Graf Berchem alleine 8 000 Gulden für seinen Palazzo verlangte und die beiden anderen Häuser jeweils 4 000 Gulden kosten sollten.[117] So kam Spinelli auf die Idee, die Preyhamischen Häuser im Wert von 11 000 Gulden[118] mit dem Palazzo des Grafen Berchem zu tauschen, der wohl schon länger ein Auge auf die stattlicheren Preyhamischen Häuser geworfen hatte.[119] Berchem erklärte sich natürlich mit dem gewinnbringenden Tausch einverstanden[120], der am 29. Januar 1676 „zu vorhabend Erpauung deren Closter"[121] vollzogen wurde. Darüber hinaus richtete Graf Berchem zum Dank noch eine Stiftung in Höhe von 10 000 Gulden ein, welche die gute Nachbarschaft besiegeln sollte.[122] Die Kurfürstin selbst kaufte hingegen die Häuser des Hufschmieds Renk sowie des Bauamtsschreibers Schwindl[123] für zusammen 8 000 Gulden.[124] So erreichten die Stiftung und das Areal für das Kloster ihre endgültige Größe. Mit dem Bau des Westtraktes war bereits zuvor am 25. Januar 1676 begonnen worden.[125]

## 7.4 1676/77: Tod der Kurfürstin und testamentarischer Wille

Als am 12. Juni 1675 Henriette Adelaides geschätzter Bruder Karl Emanuel II. verstarb und dessen Gemahlin Maria Johanna die Regentschaft für den erst neunjährigen Viktor Amadeus übernahm, verlor die Kurfürstin auch den letzten Kontakt zu ihrer vielgeliebten Heimat. Von Krankheit und Trauer gezeichnet, erhielt sie am 25. Februar 1676 aus den Händen ihres Beichtvaters Spinelli die Letzte Ölung.[126] „In articulo mortis" empfing sie am 1. März[127] von Pater Bonomo die „letzte Wegzehrung" (heilige Kommunion) und die Absolution von ihren Sünden, bevor sie in der Nacht vom 17. auf den 18. März 1676[128] im Alter von nur 39 Jahren aus dem Leben schied. Pater Spinelli schrieb über diese schwere Stunde:

> „[Am] 18. März 1676, nach zwölf Uhr [nachts], genauer um drei viertel eins, verschied in unseren [Spinellis] Händen unsere gnädigste und großmütigste Stifterin, unsere allerliebste und wahrhaftigste Mutter. Ein unendlich unglücklicher Tag für unsere Stiftung."[129]

Wie sie es in ihrem vollendeten Testament von 1669 festgelegt hatte, wurde Henriette Adelaide im Habit der Sklavinnen Mariens zunächst in ihren Gemächern in der Residenz aufgebahrt, bevor sie am 30. März 1676 in die Theatinerkirche überführt wurde. Bei ihrem Requiem hielt Theatinerpater Amadeus Hamilton die Trauerrede, die noch im gleichen Jahr in München unter dem Titel *Glorwürdige Lobgedächtnuß Der Bayrischen Amalasunthae, oder Leich-Ehren-Predig* veröffentlicht wurde.[130] Aus ganz Europa erreichten Beileidsbekundungen den Münchner Hof.[131] Bereits am 29. März 1676 hatte Ferdinand Maria für seine verstorbene Gemahlin einen „Ewigen Jahrestag" mit einer Summe von 6 000 Gulden sowie eine tägliche Seelenmesse um neun Uhr morgens am Kajetansaltar gestiftet.[132] Louis Morsak betont in seiner Abhandlung über die Sakralkultur der bayerischen Hofkirchen, dass tägliche Stiftermessen eine Besonderheit darstellten und „die Hofkirche zum dynastischen Heiligtum emporstilisierten"[133].

Zu Recht bezeichnete Pater Spinelli das Dahinscheiden der Kurfürstin als „unendlich unglücklichen Tag für unsere Stiftung". Denn er hatte nicht nur eine Schwächung seiner eigenen Position zu befürchten, wie es sich 1678 im zeitweiligen Verlust der Beichtvaterschaft für den Kurprinzen Max Emanuel an die Jesuiten bewahrheiten sollte, sondern auch die des Theatinerordens.[134] Pflichtgemäß überreichte er am Tag nach dem Tod der Kurfürstin ihrem Gemahl Ferdinand Maria das unvollendete Testament.[135] Noch an ihrem Totenbett hatte der Kurfürst seiner Gemahlin versprochen, dass er auch ihr unvollendetes Testament befolgen werde.[136] Doch auch Spinelli war sich des unvollständigen und rechtsunverbindlichen Charakters dieses Testamentes bewusst:

> „Es ist wichtig anzumerken, dass dieses Testament unvollendet war. Zum großen Teil [zwar] von der eigenen Hand der durchlauchtigsten Kurfürstin [geschrieben], wie es sein sollte. Teilweise [finden sich] jedoch von derselben Hand ... einfache Gedächtnisnotizen. Diese konnte sie, vom Leiden befallen, nicht mehr weiter ausführen. ... Und es gilt auch anzumerken, dass der größte Teil des Testaments ... nur den Fortgang und die Vollendung der Kirche und des ganzen Konventes betrifft."[137]

Am 25. Mai 1676 erging schließlich das Dekret des Kurfürsten, in dem er feststellte, dass zwar sowohl das vollständige Testament von 1669 aufgrund der Entfernung eines Siegels als auch das zweite Testament von 1675 aufgrund seiner Unvollständigkeit ungültig seien, er sie aber beide wegen seines am Totenbett gegebenen Versprechens erfüllen werde:

> „... weilen sich bezaigt, dass das anfangs gemachte Testament mit hinwegschneidung des Sigilli cancellirt, die neue disposition aber nit ganz ausgemacht worden ... dass die vorhandene dispositionen und darzue gehörige zetl dergestalt zur execution und volziehung gebracht werden sollen, als wann alle zu deren gültigkeit erforderte requisita vorhanden weren ... ."[138]

Nichtsdestominder versuchte Pater Spinelli auch in den Tagen nach dem Tod der Kurfürstin ihren Gemahl für eine weitere Unterstützung der Theatiner einzunehmen.[139] In der Folgezeit sollte es aber trotz des Dekretes des Kurfürsten durch den eingesetzten Testamentsvollstrecker Anton Graf Berchem zu größeren Diskussionen um die Stiftung kommen. Spinelli gab an, dass einige juristische Berater den Kurfürsten lediglich als eine Art „nießbrauchenden Erben" sehen wollten, der im Gegensatz zum „direkten Erben" Max Emanuel nicht dazu verpflichtet sei, das Testament zu erfüllen.[140] Diese juristische Spitzfindigkeit, die Ferdinand Maria viel Geld sparen sollte, zog Spinelli naturgemäß in Zweifel.[141] Erst am 30. März 1677 entschied der Kurfürst, dass auch die Theatinerstiftung nach dem Willen seiner Gemahlin zu Ende geführt werden sollte. Dazu Spinelli:

„[Am] 30. März 1677 beschloss man die Unterstützung für eine gute Vollendung des Baus der Kirche und des Klosters, einiger anderer Stiftungen und der finanziellen Ausstattung für uns. Alles in Übereinstimmung mit dem Testament der Durchlauchtigsten [Kurfürstin], unserer Gründerin. Darüber gab es viele, viele Diskussionen und Sorgen bei den ersten Ministern, wodurch der Pater Propst Spinelli krank wurde. Schlussendlich siegte die Güte des durchlauchtigsten Kurfürsten gegen alle Hindernisse, die von den Ministern kamen, und er beschloss, dass er die Unterstützung in dieser Form machen werde."[142]

Die entsprechenden drei Dekrete[143] wurden am 3. April 1677 vom Kurfürsten unterzeichnet: Das erste behandelt die Summe, die zur Vollendung der Stiftung, zur Begleichung bisheriger Ausstände und zum Unterhalt der Theatiner als notwendig erachtet wurden.[144] Das zweite Dekret setzt sich mit der Einrichtung einer Bruderschaft für die Sterbenden in Fortführung der Sterbenden-Bruderschaft Pater Pepes aus dem Jahre 1662 auseinander, durch welche die Gläubigen mittels des Läutens der großen Glocke zu einer Andacht für Sterbende eingeladen werden sollten.[145] Und das dritte Dekret beinhaltet den Unterhalt der Theatinerkirche.[146] Spinelli fasste den Inhalt der drei Dekrete in seinem *Libro Originale* in sieben Punkten zusammen:

1. Von der Hofkammer werden 100 000 Gulden zur Fortführung des Baus von Kirche und Kloster gewährt.
2. Weitere 18 842 Gulden werden bezahlt, um die aufgelaufenen Bauschulden zu begleichen.
3. Das nötige Bauholz und das Beschlagmaterial [Kupferblech], das nicht von der Stiftung der Kurfürstin abgedeckt wird, wird vom Kurfürsten als Spende bis zu einem Betrag von 12 000 Gulden bezahlt.
4. Die von der Kurfürstin vorgesehene Stiftungssumme von 10 000 Gulden wird, wie im Testament von 1669 festgelegt, ausbezahlt.
5. Aus einem Kapital von 8 000 Gulden [das] bei der Hofkammer [verwahrt ist] sollen den Theatinern jährlich 400 Gulden, wie in dem unvollendeten Testament festgelegt, in perpetuo[147] für den Unterhalt der Kirche ausbezahlt werden.
6. Der Zinsertrag aus weiteren 8 000 Gulden, jährlich 400 Gulden, soll der Bruderschaft für die Sterbenden zugutekommen.
7. Der Ertrag von 1 000 Gulden, jährlich 50 Gulden, soll für Kosten von Heiligen Messen verwendet werden, die von Gastpriestern gefeiert würden, die durch die Schönheit und Pracht der Kirche angezogen werden.[148]

Die Auszahlung der Gesamtsumme von 128 842 Gulden wurde dabei auf einen Zeitraum von dreizehn Jahren festgelegt, wobei jährlich 10 000 Gulden zu bezahlen waren.[149] Die Verwendung dieser jährlichen 10 000 Gulden teilte sich wie folgt auf: 1677 gab es 7 000 Gulden für den Kirchenbau und 3 000 Gulden für die Begleichung von Schulden; von 1678 bis 1681 jährlich 6 000 Gulden für den Kirchenbau und 4 000 Gulden für die Zurückzahlung von Schulden (die damit abgegolten waren); von 1682 bis 1686 jährlich 8 000 Gulden für den Kirchenbau und 2 000 Gulden Rücklage für die Stiftungssumme (von dann insgesamt 10 000 Gulden); von 1687 bis 1689 jährlich 8 000 Gulden nur noch für den Kirchenbau und abschließend 1690 hierfür nochmals 5 000 Gulden.[150] Noch kurz vor Ferdinand Marias Tod wurde am 4. Februar 1679 der vorgesehene Auszahlungsmodus der Stiftungssumme von 10 000 Gulden verändert, da die Theatiner „ein starckhes schuldig verblieben, zu dessen entrichtung sie kein ander Mittel herzunemmen wüssen, [als] ihnen mit einer anticipation gnädigst geholffen werden möchte"[151]. So wurde die Stiftungssumme von 1679 bis 1684 in einer jährlichen Rate von 1 000 Gulden sowie abschließend 1685 und 1686 in zwei Raten von jeweils 2 000 Gulden ausbezahlt.[152] Dass diese hohen Summen zum Teil

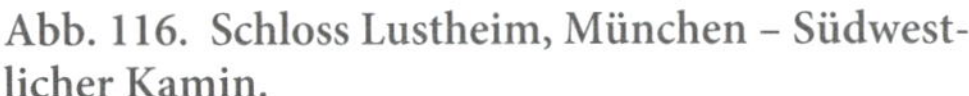

**Abb. 116. Schloss Lustheim, München – Südwestlicher Kamin.**

**Abb. 117. Santi Luca e Martina al Foro Romano, Rom – Kuppel.**

aus der Mitgift der Kurfürstin bestritten wurden, belegt ein juristischer Kommentar im Testamentsakt der Kurfürstin, der explizit die rechtmäßige Inanspruchnahme der Mitgift durch den Kurfürsten „zu Befürderung der Ehr Gottes und dieses Göttlichen werkhs und gebeus“[153] bestätigt. Spinelli beklagte jedoch hinsichtlich der Testamentsvollstreckung, dass das Testament von den Beratern des Kurfürsten teilweise neu ausgelegt und der aktuellen Finanzlage angeglichen worden sei. So sei zum Beispiel die von der Kurfürstin eingerichtete Bruderschaft für die Sterbenden anstatt mit 500 Gulden nur noch mit 400 Gulden pro Jahr bedacht worden.[154] Darüber hinaus sah er die von Zuccalli „ohne unsere Beteiligung“ errechnete Summe von 100 000 Gulden für die Vollendung von Kirche und Kloster als unzureichend an. Denn darin seien die Bedürfnisse der Theatiner hinsichtlich der Ausstattung nicht berücksichtigt worden, was nicht dem Testament der Kurfürstin entspräche.[155] Obwohl Spinelli dies alles als unerhört gegenüber dem Willen der Kurfürstin empfand, nahm er als Propst der Theatiner die Testamentsvollstreckung in dieser Form am 4. Mai 1677 an.[156] Damit erklärte er sich zwangsläufig auch mit dem Passus des ersten Dekrets einverstanden, „wohl content und zufriden zu sein“[157] und keine weiteren Forderungen mehr zu stellen.[158] Natürlich hielt er sich nicht an diesen Passus, sondern setzte sich weiter vehement für die Interessen seines Ordens ein und erklärte auch offen seinen Widerspruch.[159] So bestand er zum Beispiel darauf, dass alle Altäre mit der versprochenen Ausstattung versehen werden[160] oder die im Testament zugesagte Monstranz aus purem Gold nach dem Vorbild einer Arbeit für Kaiserin Maria Anna von Österreich, die 100 000 Gulden gekostet haben soll, angefertigt wird[161]. Da die Verzichtserklärung seiner Meinung nach sowieso Unrecht war, hoffte er darauf, dass sich die Lage für die Theatiner unter der Herrschaft Max Emanuels wieder verbessern werde.[162]

## 7.5 1677–1679: Pater Antonio Spinelli und Enrico Zuccalli

Durch seinen Einsatz zum Wohl der Stiftung stand Pater Spinelli nicht selten in Opposition zu Graf Berchem, der als Testamentsvollstrecker der Kurfürstin Spinellis Meinung nach selbst „nach der Leitung dieser Baustelle trachtete“[163]. Zunächst einigte man sich darauf, die Entlohnungsmodalitäten wie zu Barellis Zeiten, nur jetzt eben mit der Unterschrift Zuccallis, weiterzuführen.[164] Spinelli selbst merkte aber bereits am 20. Oktober 1676 an, dass sowohl das Konvent als auch die Baustelle aufgrund seiner vielen Verpflichtungen und der „Vielzahl der weltlichen Meister und Bauleute [in einen] schlechten Zustand“[165] geraten seien. Dies kann als Grund dafür gesehen werden, dass sich Graf Berchem schon kurze Zeit danach tatsächlich zum Leiter der Baustelle erklärte.[166] Nachdem Spinelli sich jedoch energisch darüber beim Kurfürsten beschwert hatte, setzte dieser wieder Spinelli in das Amt ein und garantierte ihm „absolut Unabhängigkeit“[167]. Spinelli klagte aber nicht nur über die despotische Art des Grafen Berchem, sondern auch darüber, dass dieser

> „bereits vor dem Tod der Durchlauchtigsten [Kurfürstin] den Architekten Zuccalli, sein Geschöpf, hier eingeführt hatte als Ersatz für den weggezogenen Barelli. Es war dieser [Zuccalli], der die Maße für die zweite Stiftung [den Klosterbau] nahm, wie es für den 14. Juli 1675 vermerkt ist, und den kurfürstlichen Originalplan machte.“[168]

Interessanterweise spricht Spinelli hier also nicht von einer selbständigen Übernahme der künstlerischen Leitung durch Zuccalli nach Barellis Weggang, sondern von dessen „Einführung“ durch Graf Berchem[169] sowie von dessen Berechnungen für den Klosterbau im Rahmen der kurfürstlichen Dekrete. Der Begriff „Geschöpf“ darf dabei aber nicht als abwertend verstanden werden, sondern im Sinne von „Schützling“. So bezeichnete Spinelli auch den von ihm hochgeschätzten Graf Kurz, in dessen Palazzo die Theatiner zunächst untergebracht waren, als „Geschöpf der [Kurfürstin] Maria Anna“[170]. Allerdings konstatierte Spinelli, dass sich Zuccalli in den Belangen der Theatinerkirche und des Klosters meist nur mit Graf Berchem beratschlagte und dies, seiner Meinung nach, zum Nachteil der Theatiner.[171] Auch im Fortgang der Bauarbeiten beschwerte sich Spinelli immer wieder über Eigenmächtigkeiten Zuccallis sowie dessen „Entfremdung“ von der Baustelle. Als Grund hierfür sah er vor allem Zuccallis Tätigkeit in Altötting und dessen Neigung, sich nicht „von anderen abhängig“ machen zu wollen.[172] Gerade dieser Umstand hatte zeitweise sogar dazu geführt, dass Zuccalli Rechnungen nicht abzeichnete und es dadurch zu Verzögerungen kam.[173] Am meisten schien Spinelli aber geärgert zu haben, dass die Entscheidungen Zuccallis

> „ohne jegliche Beteiligung unsererseits vorgenommen wurden und ohne von uns über die Vorschriften und Notwendigkeiten unserer Einrichtung informiert zu sein; [und das] obwohl vieles [davon] im Testament der durchlauchtigsten Kurfürstin festgeschrieben steht.“[174]

Die gerügten Eigenmächtigkeiten Zuccallis bezogen sich dabei vor allem auf die Änderungen an den Doppeltürmen und der Fassade. So beklagt Spinelli weiter, dass

> „auch die Gestalt der Türme von diesem Zuccalli entgegen dem Wunsch der durchlauchtigsten Gründerin verstümmelt und stark vereinfacht wurde. Sie sollten immer mit einer Säulengliederung entsprechend der Kuppel versehen werden und von größerem Umfang sein als jetzt diese mageren Türme und in allem von größter Erhabenheit.

Aber er gestaltete die Säulen ohne unsere Zustimmung [in Pilaster] um und vereinfachte das Aussehen [der Türme] erheblich, und selbiges tat er auch mit der Fassade der Kirche ... ."[175]

Hinsichtlich der Änderung der Gliederung und der Vereinfachung der Ausgestaltung der Türme bezog sich Spinelli auf Zuccallis bereits erwähnten Fassadenplan von 1672 (Abb. 106), der nach dem Tod der Kurfürstin nun offenbar für die Weiterführung des Baus herangezogen wurde. In die Zeit um 1677/78[176] muss folglich auch der ausgesprochen groblinig gezeichnete und somit sicherlich zu Recht Pater Spinelli zugeschriebene[177] Fassadenturmentwurf (PlSlg. 7808, Abb. 118)[178] datiert werden, auf dem ein Turm Zuccallis auf drei Geschosse verkürzt ist und an den ehemals zwei Alternativentwürfe[179] Spinellis für den Turmhelm Zuccallis (PlSlg. 7810, 7811; Abb. 119, 120)[180] angeheftet waren. Neben dem von Spinelli kritisierten Baustil Zuccallis waren ein weiterer Grund für die Vereinfachung der Fassadentürme auch die schlechteren finanziellen Verhältnisse der Stiftung nach dem Tod der Kurfürstin (Kap. 7.8). So bemängelte Spinelli sowohl den „offensichtlich notorischen" Sparzwang Graf Berchems, durch den er dem Kurfürsten gefallen und in ein hohes Amt aufsteigen wolle, als auch denjenigen Zuccallis, durch den er seine eigenen finanziellen „Verhältnisse zu verbessern" suche.[181]

## 7.5.1 Anpassung der Fassadentürme

Es konnte bereits gezeigt werden, dass Zuccallis Fassadenplan von 1672 (Abb. 106) mit den beiden Alternativen für die Fassadentürme als erster Beleg für die Suche nach einer realisierbaren, viergeschossigen Turmlösung gesehen werden muss, wie sie die Kurfürstin auch in ihrem unvollendeten Testament von 1675 forderte und wie sie dann ab 1679 bis 1692 auch verwirklicht wurde. Entgegen dem dritten Fassadenplan Barellis von 1671 (Abb. 89) setzte Zuccalli dabei die Türme gegenüber dem Fassadenmittelteil ein wenig zurück, wie es zum Beispiel die Entwürfe Bramantes und Sangallos d. J. für St. Peter in Rom vorsahen. Durch die klarere Abstufung seiner vereinfachten Fassade, die sich nun in den äußeren Achsen in einer Ebene mit den Fassadentürmen befindet, werden diese auch stärker eingebunden. Sie erscheinen somit als integraler Bestandteil der Gesamtfassade, die sich nun klar zur Mittelachse hin entwickelt.

**Abb. 118. Antonio Spinelli, Fassadenturmentwurf (PlSlg. 7808), 1677/78.**

Die rechte Fassadenturmlösung Zuccallis zeichnet sich in den beiden unteren Geschossen durch eine doppelte Pilasterstellung aus, die im ersten Geschoss lediglich durch eine ausgesprochen flache, durchgehende Postament- und Gebälkzone ohne ausgeprägte Ordnung zusammengehalten wird. Im zweiten Geschoss sind die Pilaster mit ionischen Kapitellen versehen, deren Voluten mit Festons verbunden sind. Im dritten, mit korinthischen Kapitellen versehenen Turmgeschoss ist der rechteckige Grundriss an den Ecken gekappt, so dass ein unregelmäßiges Oktogon entsteht. Dieses wird in einem niedrigen Uhrengeschoss mit hochovalen Öffnungen weitergeführt, das in einer Zwiebelhaube mit Turmkreuz endet. Die linke Variante zeigt hingegen in den ersten beiden Geschossen eine einfache Pilasterstellung mit Pilasterrücklage. Die Pilaster sind im ersten Geschoss entsprechend der eigentlichen Fassade mit dorischen und im zweiten Geschoss mit ionischen Kapitellen versehen. Das dritte Geschoss besitzt in Superposition korinthische Kapitelle. Das vierte, nun regelmäßig oktogonale Turmgeschoss ist in Anlehnung an die Gestaltung der Kuppellaterne mit großen Rundbogenöffnungen versehen, die von unten stärker ausgewölbten Volutenklammern getrennt werden. Darauf folgt eine von Akroterien umsäumte, flache Kuppel mit Patriarchenkreuz.

**Abb. 119. Antonio Spinelli, Alternativentwurf für das Turmobergeschoss (PlSlg. 7810), 1677/78.**

Die Abfolge der Ordnungen wurde aber offenbar bereits während der Bauzeit in Bezug auf die Korinthia im dritten Geschoss von Spinelli kritisiert. So schreibt Spinelli in seinem *Libro Originale*:

> „Man wisse daher, dass die Ordnungen der Türme nicht absolut, sondern relativ sind. Jene, welche die Fassadenhöhe der Kirche nicht überschreiten, sollten den Ordnungen eben dieser Fassade entsprechen. Aber jene, die sie überschreiten, sollten den Ordnungen der Kuppel entsprechen, da sie von weitem einheitlich aussehen und mit dieser eine Verwandtschaft eingehen sollen, getrennt von der Verwandtschaft mit der Fassade."[182]

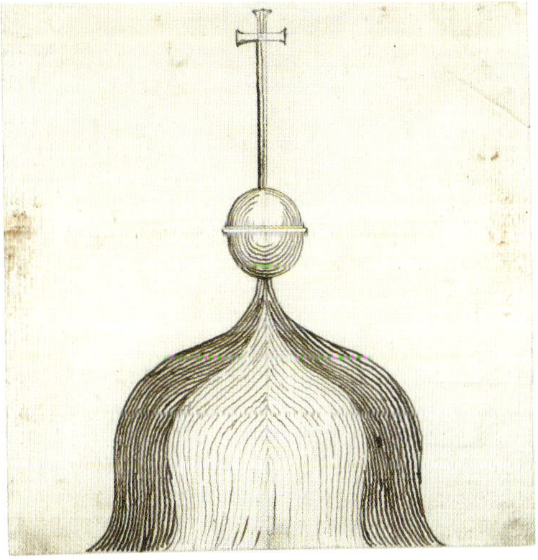

**Abb. 120. Antonio Spinelli, Alternativentwurf für den Turmhelm (PlSlg. 7811), 1677/78.**

Entgegen dem Entwurf Zuccallis findet sich daher heute im dritten Geschoss der Fassadentürme eine ionische Ordnung wie am Tambour der Kuppel, jedoch ohne die Festons des zweiten Geschosses. Auch die Rundbogenöffnungen der Türme wurden verkleinert und die Triglyphen im ersten Geschoss weggelassen. Spinelli scheint also auch nach dem Tod der Kurfürstin noch Einfluss auf künstlerische Fragen gehabt zu haben, auch wenn man sich bei der Ausführung der Fassadentürme an der linken Turmlösung Zuccallis orientierte. So kann das stilistische Element

**Abb. 121. Santa Maria della Salute, Venedig – Kuppel.**

der Volutenklammern am obersten Turmgeschoss der Formensprache Zuccallis zugeordnet werden. Es findet sich sowohl bei der verkleinerten Kuppellaterne auf seinem Fassadenplan als auch zum Beispiel bei den großen Stützvoluten der Kamine von Schloss Lustheim wieder (Abb. 116). Bereits Paulus erkannte darin die „dem Zuccalli ganz eigenen Schnörkel“[183]. Ein mögliches Vorbild hierfür bietet in Rom die von Pietro da Cortona zwischen 1640 und 1650 gebaute Kirche Santi Luca e Martina al Foro Romano, deren Kuppellaterne unterhalb der kurzen Pilaster ähnliche Voluten aufweist (Abb. 117).

Betrachtet man hierzu den von Spinelli stammenden Fassadenturmentwurf von 1677/78 (Abb. 118), so wird zunächst die Orientierung an der linken Turmlösung Zuccallis deutlich. Den Turmhelm dieser Lösung vergrößerte er jedoch ins Monumentale und lieferte darüber hinaus auch zwei Alternativen zu Zuccallis rechter Zwiebelhaube (Abb. 119, 120). Spinelli gelang jedoch bei den Volutenklammern nur eine misslungene perspektivische Ansicht, die wohl nur deren räumliche Präsenz demonstrieren sollte.

Zwischen diesen Volutenklammern findet sich nunmehr jeweils ein einfaches Rechteckfenster mit einer Okuliöffnung darüber. Über einem kräftigen Gebälk folgt dann eine mit kräftigen Rippen versehene, leicht gestelzte Kuppel.[184] Als Vorbild für diese gerne als „Schnecken“ bezeichneten Volutenklammern Spinellis wird häufig die Laternenlösung der unter Baldassare Longhena ab 1631 errichteten Kirche Santa Maria della Salute in Venedig angeführt (Abb. 121).[185] Da Pater Spinelli vor seiner Münchner Zeit in jener Stadt als Novizenmeister tätig war, konstruierte man daraus eine motivische Genese seiner Turmbekrönung. Wie aber bereits gezeigt werden konnte, handelt es sich hierbei eindeutig um eine Idee Zuccallis. Darüber hinaus finden sich an Santa Maria della Salute monumentale, nach unten hin ausgeformte Schneckenkonsolen als Stützen für den Kuppeltambour, wie sie in klein eben auch bei Santi Luca e Martina al Foro Romano in Rom oder als riesige Volutenklammern bei den Fassaden römischer Kirchen wie Santissima Trinità dei Pellegrini von Martino Longi d. Ä. 1587–1597 (Abb. 122) vorkommen.

**Abb. 122. Santissima Trinità dei Pellegrini, Rom – Fassadenansicht.**

## 7.6 1679: Tod Ferdinand Marias und Regierungsantritt Max Emanuels

Nach dem Dahinscheiden seiner geliebten Gemahlin zog sich Ferdinand Maria in den darauffolgenden Monaten immer häufiger auf seine Besitzungen im Umkreis Münchens zurück. Anfang Mai 1679 verletzte er sich während einer Jagd am Bein und verstarb daraufhin an Wundbrand am 26. Mai 1679 auf Schloss Schleißheim.[186] Wiederum war es Pater Spinelli, der seinem Kurfürsten noch beim letzten Atemzug die Absolution von den Sünden erteilte.[187] Nachdem Spinelli eilig ein rührseliges Schreiben an Max Emanuel verfasst hatte, in dem er dafür plädierte, dass Ferdinand Maria in der Theatinerkirche beigesetzt wird, „weil er unser Stifter ist, hier seine Ehefrau ruht und vier ihrer Kinder beigesetzt sind"[188], wurde der Leichnam des Kurfürsten am 1. Juni nach St. Kajetan überführt[189]. Die Regierungsgeschäfte des damals erst sechzehnjährigen Kurfürsten Max II. Emanuel wurden bis zu seiner Volljährigkeit von seinem Vormund und Onkel Maximilian Philipp von Bayern-Leuchtenberg geführt.[190] Dass Spinelli auch unter der neuen Herrschaft noch die Leitung der Theatinerbaustelle innehatte, erwähnt er in seinem *Libro Originale* unter dem 19. Oktober 1679.[191] Als Max Emanuel dann am 11. Juli 1680 die Amtsführung von seinem Onkel übernahm[192], wurde ein feierliches Hochamt in der Theatinerkirche gehalten und hierzu die noch unvollendete Fassade mit drei aus Holzgerüsten und bemalten Leinwänden bestehenden Portalen geschmückt.[193] Pater Spinelli begleitete Max Emanuel vom 7. bis 10. März 1681 zu einem Treffen mit Kaiser Leopold I. nach Altötting. Die Regierungsübernahme durch den jungen Kurfürsten scheint also zunächst auf den Bau der Theatinerkirche und des Klosters keine größeren Auswirkungen gehabt zu haben.

## 7.7 1678–1685: Vollendung der Kuppel und Bau des Südturms

Aus Pater Spinellis *Libro Originale* erfahren wir, dass die Pultdächer des Querhauses, die zuvor offensichtlich nur aus Brettern bestanden hatten, erst im Juli 1678 mit Ziegeln eingedeckt und die Gesimse an den Außenwänden der Kirche angebracht und verputzt wurden.[194] Am 11. September war dann die Beschlagung der Vierungskuppel mit einer doppelten Lage Blech abgeschlossen.[195] Dass dieses Material nicht dem Wunsch der Kurfürstin in ihrem unvollendeten Testament von 1675 entsprach und sich später auch als ungeeignet erweisen sollte, berichtet Pater Spinelli in seinem *Libro Secondo* im November 1701, als aufgrund von einsickerndem Wasser Teile des Stucks in der Kuppel herunterfielen und ein aufwändiges Gerüst zu dessen Sicherung eingezogen werden musste.[196] Die Vollendung des Dekors am Kuppeläußeren erfolgte jedoch, möglicherweise aufgrund finanzieller Engpässe, erst ab dem 26. April 1683. Denn unter diesem Datum hält Spinelli fest, dass „man begann, die Kuppel von außen zu vollenden"[197]. Um den 24. April 1683 arbeiteten noch fünf Maurer „an dem Haubtgesimbs ... der neuen Kuppl"[198], und erst 1684 ist vermerkt, dass das Gerüst zur Hälfte abgebaut und das Kuppeldach, möglicherweise nach ersten Reparaturen, „wieder zugericht"[199] ist. Im Zeitraum vom 25. April bis 9. Juni 1685 wurde dann nur noch ein Steinmetz für „verrichte arbeith beim Haubtgesimbs"[200] entlohnt. Da die Kuppel in den Baurechnungsbüchern danach nicht mehr erwähnt wird, muss sie im Jahre 1685 als vollendet gelten.

Die Aufmauerung des Südturms wurde am 1. Mai 1679[201] von sechs Maurern, vier Zimmerleuten und 17 Tagwerkern begonnen und im selben Jahr auf „46. schuech hoch aufgefahren"[202].

Bei einem bayerischen Fußmaß von 0,292 m[203] waren dies ca. 13,5 m, was ungefähr der Höhe des ersten Geschosses entspricht. Erst am 25. November 1683 berichtet Spinelli in seinem *Libro Originale*, dass der Turm „gegen die Stadt schon weit aufgerichtet“[204] sei. Und das Baurechnungsbuch jenes Jahres präzisiert, dass der Südturm bereits „92. schuech hoch und die Maur 5 1/2 schuech dickh aufgemauert“[205] war. Mit ca. 27,0 m war damit die Oberkante des zweiten Turmgeschosses erreicht. Im Jahr darauf wurde der Turm um weitere „81. schuech ... außgeführt und zümlich weith herab gebuezt“[206]. Seine endgültige Höhe von 64,6 m erreichte er schließlich im Jahre 1685. So war es möglich, im Juli 1685 den Glockenstuhl einzubauen[207] und die vier Glocken aufzuziehen[208]. Auch die Turmhaube samt ihren „Schnirgeln“ wurde damals mit Kupfer eingedeckt.[209] Ebenfalls in der ersten Juliwoche brachte Niccolò Perti mit seinem Gesellen „in 10. Wochen 48. Capitell am Thurm“[210] an. Ab dem 15. September 1685 wurde der Turm noch fertig verputzt und das Gerüst abgebaut.[211] Dann muss der Südturm als vollendet gelten, was das Baurechnungsbuch jenes Jahres bestätigt.[212] Im Jahre 1686 wurde dann die Turmuhr installiert[213], wozu Dominikus Faistenberger das Ziffernblatt malte[214]. Außerdem wurden noch zwei weitere Glocken gegossen und aufgezogen.[215]

## 7.8 1683–1692: Finanzielle Probleme, Baubeginn der Fassade, Bau des Nordturms und Abschluss der Bauarbeiten

Nachdem Max Emanuel am 13. Januar 1683 mit Kaiser Leopold I. eine Defensivallianz gegen Frankreich und das Osmanische Reich geschlossen hatte, zog er noch im selben Jahr in den Krieg gegen die Osmanen und errang in der Schlacht am Kahlenberg seinen ersten militärischen Sieg. Wahrscheinlich waren die hohen Kriegsausgaben der darauffolgenden Jahre der ausschlaggebende Grund dafür, dass der Kurfürst in einem Dekret vom 22. April 1688 die Anweisung erteilte, dass den Theatinern von den avisierten jährlichen 8 000 Gulden nur noch 4 000 Gulden für die Fortführung des Baus bezahlt werden sollten:

> „[Von den] legierten ainhundert tausent Gulden noch eine gewisse Summa im ausstandt verbleibt und nun ... darüber gnädigst resolviert, daß Ihnen Theatinern hinfiran zu solchem Pau iahrlich ohne ainig weitere antrag vier tausent Gulden zu quartaln eingethailter von dero Hofzahlambt abgegeben.“[216]

So wird auch im Baurechnungsbuch des Jahres 1689 hervorgehoben, dass man „von den gnädigst angeschafften 4 000 Gulden nur 1 000 Gulden empfangen“[217] habe und daher nur wenig habe bauen können.[218] Demgegenüber bestätigte der Bauschreiber Konrad Schwindl die Auszahlung der 4 000 Gulden, allerdings in ungewöhnlichen Tranchen von 1 500 Gulden am 14. März, 800 Gulden am 3. Juli, 700 Gulden am 20. Juli und 1 000 Gulden am 12. Dezember.[219] Die Veränderung des Zahlungsmodus kann als deutliches Zeichen für eine schwierige finanzielle Lage während des Großen Türkenkrieges gesehen werden. Im Jahre 1690 wurden die Tranchen dann noch weiter aufgeteilt. So erhielten die Theatiner am 8. Februar 500 Gulden, am 12. Mai 500 Gulden, am 18. Juni 1 000 Gulden, am 4. August 500 Gulden, am 1. September 500 Gulden und am 30. September 1 000 Gulden.[220] Ein ähnliches Bild bot sich auch 1691[221], 1692[222] und 1693[223]. Im Jahre 1694 wurden abschließend[224] insgesamt nur noch 3 000 Gulden[225] ausbezahlt. Das Jahr 1694 muss also, wenn man von der dauerhaften Unterhaltszahlung von 400 Gulden absieht, die im Zuge der Vollstreckung des Testamentes der Kurfürstin 1677 festgelegt wurde, als Ende der eigentlichen Baufinanzierung von Theatinerkirche und -kloster gelten. Die finanziellen Engpässe jener Jahre bestätigte im Nachhinein auch Spinelli in seinem *Libro Secondo* und schrieb ihnen – neben (nachträglich) notwendigen Veränderungen, den örtlichen Begebenheiten und den Umständen beim Ankauf der Grundstücke – die Probleme und Mängel bei der Vollendung der Kirche und des Klosters zu.[226]

Aus der beschriebenen Situation heraus wurde die Errichtung der Fassade erst vier Jahre nach Beginn der Arbeiten am Südturm, nämlich am 28. Juni 1683, in Angriff genommen. Damals wurde ein Steinmetz für die Arbeit „an den Schafftgesimbs von Tufft zur Fazata“[227] und am 16. Oktober für seine Tätigkeit „an den Naglstuckhen zur Fazata“[228] entlohnt. Bei den „Naglstuckhen“ handelte es sich um größere Steinplatten, die mittels Nägel am Fassadensockel befestigt wurden. Bei den zur gleichen Zeit entlohnten Maurern hieß es denn auch, dass sie „die Postamenta von Naglstuckhen bey der Kürchen Porten eingesetzt und ausgemaurt“[229] haben. Im gleichen Jahr war zuvor „das Postament an der Vorwand bey der Kürchen Thür 12. schuech hoch mit Tufftstuckhen aufgefierth“[230] worden, also bis auf ca. 3,5 m Höhe. Dem entspricht, dass von zwei Steinmetzen am 2. und 9. April 1685 Arbeiten „an dem fueßgesimbs zur Fazata von Tufft“[231], also in der Zone der Pilasterbasen, abgerechnet wurden. Da weitere Tätigkeiten an der Fassade in den vorhandenen Baurechnungsbüchern nicht mehr erwähnt werden, ist davon auszugehen, dass deren Bau 1685 aufgrund der erwähnten finanziellen Schwierigkeiten eingestellt wurde. Der damit erreichte Zustand der Fassade lässt sich auf dem zwölften Emblem in Johannes Edlweckhs *Triumphus virtutum in funere Caroli VII.* von 1745 erkennen (Abb. 123). Die unvollendete Fassade wurde allerdings zu mehreren Anlässen mit bemalten Tüchern verhängt: so zum Beispiel mit verschiedenen Emblemen beim Besuch von Christiane Eberhardine, Kurfürstin von Sachsen und Gemahlin des Königs von Polen-Litauen, am 28. Mai 1701[232] oder bei den Begräbnisfeierlichkeiten für Max Emanuel 1726. In dem emblematischen Werk *Magnus in Ortu*, das von dem Theatiner Joseph Cajetan Khuen zu diesem Anlass 1727 verfasst wurde, erblickt man auf einem Emblem wiederum die unvollendete Fassade (Abb. 124).[233] Darunter findet sich das schöne Lemma: „Oriens sua funera spectat“, zu Deutsch „Im Aufgang ich schon schaue, wo

Abb. 123. 12. Emblem: In tenebris clarior, aus: Johannes Edlweckh, *Triumphus virtutum in funere Caroli VII.*, 1645, S. 79

Die wenigen noch ausstehenden Arbeiten scheinen also aufgrund der bereits angeführten schlechten finanziellen Situation zu jener Zeit kaum noch vorangekommen zu sein, so dass man den Sinn einer so wohldotierten Baumeisterstelle in Frage stellte, noch dazu wo Zuccalli immer noch die Verantwortung für den Bau trug. Daher erhielt Viscardi ab dem 13. April 1693 nur noch ein Gehalt „interim und bis die Sachen der Paumeisterstöll bey deren Patres Theatinern und selbig besoltung resolvirt werden [von] zweyhundert Gulden".[272] Natürlich beschwerte sich Viscardi am 12. September beim Kurfürsten über die ungerechte Behandlung durch das Generalbaudirektorium und erklärte, dass ihm der Lohn Pertis zustünde.[273] Zwar wurde ihm infolgedessen am 1. Oktober 1693 nachträglich der Sold Pertis in Höhe von 864 Gulden für die Jahre 1692 und 1693 gewährt[274], aber ab 1694 wird in den Besoldungsbüchern für ihn wieder ein Jahresgehalt von 500 Gulden angeführt[275].

Als der Kurfürst am 3. Februar 1695 Auskunft über die „noch verbliebenen außgaben"[276] für die Kirche und das Kloster der Theatiner verlangte, warf das Generalbaudirektorium am 12. Februar erneut und eindringlich die Frage auf, ob die Stelle Viscardis überhaupt vonnöten sei, da in den letzten drei Jahren „nichts sonderbares gebapaut [worden und nur noch wenig] an den Thürmen und der Kürchen außzumachen"[277] sei. Darüber hinaus habe man sich bei Pater Spinelli, der den Bau ja über Jahre geleitet habe, erkundigt und feststellen müssen, dass einerseits Zuccalli die Baustelle über Jahre vernachlässigt und andererseits Viscardi es versäumt habe, den Kurfürsten über die noch ausstehenden Arbeiten zu unterrichten wie beispielsweise die Pflasterung des Kirchenbodens, die Anbringung der Gitter vor den Seitenaltären, die Fertigstellung der Fassade und Kirchenportale sowie die Eindeckung der architektonischen Gliederungselemente mit Kupfer oder die Sicherung einiger Gewölbeteile und der großen Kuppel, die bisher nur mit Blech gedeckt sei und daher in den letzten Jahren stark gelitten habe.[278] Für all dies würde man noch mindestens weitere 50 000 Gulden benötigen. Daher wurde am 26. Februar 1695 beschlossen, „daß dem Viscardi ferner nichts mehr geraicht werde"[279] und man die anfallenden Kosten, auch wenn sie 50 000 Gulden betrügen, zu übernehmen bereit wäre. So beschwerte sich Viscardi erneut am 29. Juni über die Geringschätzung seiner Arbeit, wo er doch „allerzeitlichen contento obhandten [vorhanden] gewest".[280] Aufgrund der offensichtlichen Überforderung Graf Wahls löste Max Emanuel dann das Generalbaudirektorium am 7. März 1695 auf.[281] Und am 12. August 1695 wurde Zuccalli mit einem stattlichen Gehalt von 1 600 Gulden[282] erneut zum Oberhofbaumeister ernannt.[283] Das wieder eingesetzte Hofbauamt hatte bereits am 27. Juli festgestellt, dass das Generalbaudirektorium Viscardi ungerecht behandelt habe und er:

> „vill eher nur Gnad gehofft, als dergleichen Verordnung, oder genzliche abdankhung besorgt haben würde, allermassen wir ihme die zugestatt geben khönnen, daß er seiner funktion als paumaister, wol verstandten, und dieienig, waß er angeben und gepaut, bestand gehabt, und nit geendt werden dürfen."[284]

Viscardis Ausscheiden aus der Baustelle der Theatinerkirche war jedoch mit dem Beschluss vom 26. Februar 1695 endgültig besiegelt, weswegen sich seine Unterschrift zuletzt auf einem Beleg vom 26. November 1695 findet[285]. Doch machte Viscardi noch bis 1697 Ansprüche auf ausstehende Zahlungen geltend. Ohnehin betrachtete er diesen Zeitraum nur als Interim bis zur Wiedereinstellung als Baumeister, während dessen er

> „die Theatiner Khürchen und Klostergepeu mit grossem fleis abgewarttet, in der undthenigisten ganz zuversüchtlichen hoffnung ... zu meiner vorigen diensten-verrichtung in churfürstlichen Gnaden zugelangen [und] dem Oberpaumaister Zugalii möglich alhin in dero landten zu wassern und landt stetten vorstallenten Gepeien [als Paumaister] zu gnädigster satifsfaction allein abwartten zu können."[286]

Erwartungsgemäß sprach sich Zuccalli in einem Brief vom 13. Februar 1696 gegen eine erneute Anstellung Viscardis als Baumeister aus, da er „alß Ober Architetto überall solche Gepeu zu Wasser, und am Landt, die inspection ... zu dirigieren habe [und] nicht sehen khan wie dem supplicant zu seinem intent zuverhelffen were"[287]. Mit diesen klaren Worten Zuccallis lässt sich auch Viscardis Rolle beim Bau der Theatinerkirche beschreiben. Die wiederholte Einschätzung, dass er Wesentliches zur „Durchführung des Klosterbaus, [und zu] der Fertigstellung der Kuppel und eines Turmes der Kirche"[288] beigetragen habe, kann also nicht geteilt werden.[289] Die Vollendung der Ausstattung – jedoch nicht der offenbar zu aufwendigen und teuren Fassade – erfolgte daher in den darauffolgenden zwei Jahren weiter unter der halbherzigen Leitung Zuccallis.[290]

1 Der von Richard Paulus als Beleg für das Geburtsjahr angeführte Vermerk, Zuccalli sei bei seinem Tod „etlich 80 Jahre alt" gewesen, konnte in den Personalakten des Bayerischen Hauptstaatsarchivs, möglicherweise aufgrund von Umarchivierungen, nicht mehr nachgewiesen werden: Paulus 1912, S. 204, Anm. 3.

2 So Paulus 1912, S. 6 f.; Heym 1984, S. 11; Pfister 1993, S. 297. Der Maurermeister und Stuckator gleichen Namens kann mit Giovanni Battista Zuccalli, gest. 1678, identifiziert werden.

3 Santi 1979, S. 246, Anm. 6: „due lettere di Enrico da Monaco al padre Ministeriale Giovanni a Roveredo."

4 Vgl. Niedersteiner 1997, S. 251.

5 Niedersteiner 1997, S. 303.

6 In der Graubündner Tradition sehen ihn noch z. B. Heym 1984, S. 12.

7 So schrieb Zuccalli 1694 in einem Brief an einen Freund in seiner Heimt hinsichtlich einer finanziellen Streitigkeit mit seiner ehemaligen römischen Herbergsfamilie: „Monaco li 15. Aprille 1694. ... le spese che io feci in Casa Sua [Jacomo Matio] in Roma nelli primi Anni delle qualle me conservo bonissima memoria ... che sono già 22 hani che andai in casa sua a Roma", zit. nach Santi 1979, S. 245.

8 Zu unterscheiden von Gaspare II (1637–1717), Architekt in Oberbayern und Österreich. Gaspare I wurde um 1629 in Roveredo geboren und starb am 15. April 1678 in München. Vgl. Paulus 1912, S. 9; Zumpf 1992, S. 29 ff.; Niedersteiner 1997, S. 282–289.

9 BayHStA, HR I, Fasz. 96/26, fol. 1r–2r: „Nachdem ich vernommen, daß Euer Churfürstliche Durchlaucht Hofmaurmeister alhir zu München vor etlich wochen verstorben, und mein vernemmen nach noch ungewiß, ob dessen Sohn aus Niderlandt hiheri khommen werd, habe Euer Churfürstlichen Durchlaucht ich underthänigist hinderbringen wollen, daß massen ich etlich und 20. jahr continuir ... bey dero vornembsten geist- und weltlichen standespersonen, klöster, schlösser, absonderlich aber Gottes spittal, prauhäuser, kheller und dergleichen thails von grundt und fundament sich aus erhebt: ... ob ich woll sonsten von grabbindten bin, und main ganze ferwandschaft bey der paukhunst vorkhommend, ia sogar bey Ihrer Königlichen Mayestät in Frankhreich dermallen main nachster bluets verwandter in erpauung der königlichen Residenz untr den vornembsten haubtpaumeistern ist ... ."

10 Pfister 1992, S. 126 f.

11 Blunt 1973, S. 332.

12 Es gilt hier anzumerken, dass Bernini Paris bereits nach der Louvre-Grundsteinlegung zum Winter 1665 wieder verlassen hatte und Zuccalli deswegen unter der Anleitung von dessen bevorzugtem Schüler Mattia de'Rossi an dem Modell gearbeitet haben muss; dieser weilte nachweislich von Mai 1666 bis Mai 1667 in Paris. Vgl. Menichella 1985, S. 22 f.

13 Der Gesandte Niccolò di Raffaele Gozze schrieb am 19. Mai 1668 an den Senat der Stadt Ragusa, in dessen Auftrag er nach dem verheerenden Erdbeben von 1667 auf Sizilien einen Architekten zum Wiederaufbau der Stadt suchte: „L'architetto proposto dal Signor Cavalier Giulio Ceruti Henrico Zuccali havnedomi detto che l'anno adietro fù in Francia con Signor Cavalier Bernino", zit. nach Gudelj 2014, S. 5.

14 Schütz 2000, S. 28.

15 Nicht wie häufig (so z. B. bei Heym 1997, S. 112) zu verwechseln mit dem jüngeren Cristoforo Domenico (1647–170?). Domenico Cristoforo wurde um 1621 in Roveredo geboren und starb ebendort am 6. Dezember 1688. Sein erster Arbeitsnachweis findet sich um 1651 in Schärding am Inn, wo er am Ausbau des heute niedergelegten Schlosses beteiligt war. Vgl. Niedersteiner 1997, S. 272–282.

16 Das Datum ergibt sich aus seinem Bewerbungsschreiben um die Hofmaurerstelle im Juli 1668, in dem er von mehr als zwanzig Jahren spricht, die er schon in bayerischen Diensten stehe: „was massen ich ehtlich und zwanzig jahr continuir", BayHStA, HR, Fasz. 96/26, fol. 1r.

17 BayHStA, KB HZA, Fasz. 706, fol. 259v: „Caspar Zuckhalli ist laut Ordinanz für einen Hofpaumaister vom 1. Augusti diss 1668 Jahres angeschafft worden mit jerlich ... Gulden 200."

18 BayHStA, HR I, Fasz. 96/26, fol. 7r.

19 BayHStA, HR I, Fasz. 96/26, fol. 9r: „Il Signore Gasparo ... detto Zuccali d'anni 40 ... con la Signora Domina sua consorte et 3 figlioli un maschio, et due femine, con altro giovine in loro compagnia."

20 So Paulus 1912, S. 9; Lieb 1941, S. 15; Heym 1984, S. 11 f.; Hufnagel 1992, S. 43.

21 Montagu 1989, S. 126 f.

22 Roberto 2004, S. 224, Anm. 33.

23 „Monaco li 15. Aprille 1694. ... e dopo alcuno tempo havanti la mia partenza di Roma a Franza [e] dopo il mio ritorno di Francia e da Pistoia a Roma ...", zit. nach Santi 1979, S. 245.

24 Vgl. Santi 1979, S. 245.

25 So Heym 1997, S. 116.

26 Sabine Heym interpretierte diese eindeutig rhetorische Selbstbezeichnung als Beleg dafür, dass Zuccalli in „prekärer finanzieller Lage ... bereits einige Zeit in München verbracht haben muss". Ein Beleg für eine „untergeordnete und schlecht dotierte Stelle" kann hierin aber nicht gesehen werden: Heym 1984, S. 8.

27 BayHStA, HR I, Fasz. 96/26, fol. 309r: „Altezza Serenissima Elettorale / Henrico Zuccalli Architetto, e servo devotissimo di Vostra Altezza Sua Elettorale, humilmente la supplica che voglia far gratia di impenare appreso il Serenissimo Elettore che il povero supplicante sia stabelito di una certa provesione ragionevole accio possa vivivere quiezo, e non havere bisogno di fare debiti per aiutarsi conforme sin hora si ritrova di haver fatti similmente la supplica a favorirlo di dar ordine che egli possa literamente essercitare il suo offizio d'Architetto di porrere e levare gli operarii a Sua dispositione et al proposito secondo il bisogno senza esser sotto posto al guidizio di persone non intendenti di tal profesione, altrimenti Vostra Altezza Sua Elettorale non sara mai ben servita e le spese sarrano sempre maggiori perche con il fare, e disfare, a modo di questo, e di quell'altero si molteplicheno le spese, e l'opera riescheno imperfette ne mai si sapera di chi sia il mancamento come giornalmente sara ben notto a Vostra Altezza Sua Elettorale per l'scandali che si fanno le opere riescheno per li ordinario alle doplicare spese, non sapendo il mancamento ma essendo la cura in mano del Architetto come li usa per luniveso le sara ben guidatta sara sua lode se altrimenti sara biasmo del isteso, favorischa di scusare la litera della Penna poiche il tuto si dice affine meglio, e piu fedelmente resti servita Vostra Altezza Sua Elettorale ... ."

28 Vgl. Heym 1984, S. 8.

29 Paulus 1912, S. 14.

30 Rechenschaftsbericht des Hofbauamtes um 1705 über die bisherige Entlohung Zuccallis: „Vermöge gnädigsten Decres des dato 16. Februari anno 1673 Heinrichen Zucchali für einen HofPaumaister mit iehrlichen 500 Gulden Soldt sambt teglich anderthalbe maß wein und sonst gewohnlich pier und brot gnädigst angestellt worden", BayHStA, HR I, Fasz. 96/26, fol. 259r.

31 BayHStA, KB HZA, Fasz. 711, fol. 271r: „Hainrichen Zucchali ist laut Ordinanz vom 1. Novembris anno 1672 für einen Hofpaumaister angeschafft worden, mit ierlichen Gulden 500."

32 Einteilung nach Richard Paulus: Projekt A/B um 1673: BayHStA, PlSlg. 8308–8312; Projekt C um 1674: BayHStA, PlSlg. 8305–8307; Projekt D um 1678: BayHStA, PlSlg. 8303. Vgl. auch Heym 1984, S. 27 ff.; Dischinger 1988, Nr. 18–26.

33 Ein Idealtypus für den Zentralbau ist das 609 der Santa Maria ad Martyres geweihte Pantheon in Rom.

34 Die Planung umfasst: BayHStA, PlSlg. 8305; 8306; 8307. Vgl. auch Dischinger I 1988, Nr. 23–25.

35 Vgl. auch Petrucci 1998, S. 55 ff.

36 So schon Lippert 1969, S. 44 ff.; Reinle 1973, S. 230 f.

37 Vgl. Heym 1984, S. 24 f.; Dischinger I 1988, Nr. 27.

38 Nicht „Oktober", wie Paulus behauptete: Paulus 1912, S. 54.

39 BayHStA, HR I, Fasz. 96/26, fol. 305v: „dero Architecto Heinrich Zuggali den titl dero OberPaumeister gnädigst bewilligt ... 29. Septembris 1677."

40 Biographische Notitz bei Raster 1995, S. 912 ff.

41 Häuserbuch II 1960, S. 338 f.

42 Häuserbuch I 1958, S. 21. Das Haus blieb bis 1736 im Besitz der Familie.

43 Paulus 1912, S. 76, Anm. 122.

44 Bericht des Hofbauamtes über eine Entlohnungsstreitigkeit vom 25. Juni 1685: „vom 8. Julii anno 1684 bis 3. Merz dis Jahr, damahlen er Zuccalli nacher Paris verraist ...", BayHStA, HR I, Fasz. 96/26, fol. 278r.

45 Sohn des Hofbaumeisters Marx Schinnagl (1612–1681), der unter anderem das Komödienhaus nach den Plänen Santurinis erbaute. Er wurde auf Bitten der Witwe am 22. Juli 1681 als Nachfolger seines Vaters eingestellt. Vgl. Paulus 1912, S. 39, Anm. 40; Lieb 1941, S. 50.

46 Paulus 1912, S. 83, Anm. 129.

47 Zunächst hatte Zuccalli einen X-förmigen Grundriss vorgesehen, bei dem sich vier optisch selbstständige, einzeln überdachte Pavillons dem Mittelbau mit dem Belvedere angegliedert hätten. Erst durch die Einfügung breiter, geradläufiger Treppenanlagen an den Seiten (zuvor waren dort bereits kleine Spindeltreppen angelegt) und eines Querdaches, in welches das Belevedere eingespannt war, entstand die heutige Bauform, die gerade in den Seitenansichten und mit dem an den Querdächern anstoßenden Konsolgesims des Mittelbaus nicht befriedigt. Vgl. Heym 1984, S. 45 ff.

48 BayHStA, KL, Fasz. 471, Lit. E, fol. 181v: „che potrò veder la Fondatione de Teatini finita avanti la mia morte, che sempre credo sarà in breve ... ."

49 Hierbei ist besonders Zuccallis zweites, kleinformatiges Studienblatt mit einem Querschnittsplan nach Sant'Andrea al Quirinale (PlSlg. 8297) in der Plansammlung des Bayerischen Hauptstaatsarchives von Interesse, das eine Deckenkassettierung und Emporenoratorien wie in der Renatuskapelle aufweist. Vgl. Dischinger I 1988, Nr. 28.

50 BayHStA, KL, Fasz. 471, Lit. E, fol. 3v: „La notte di detto giorno [9. Aprile 1674] che fù Lunedi venendo il Martedi alle hore dieci incominciò ad ardere la Residenza Elettorale, con gravissimo danno, e pericolo maggiore."

51 Diese wurden durch Enrico Zuccalli in den Jahren 1680 bis 1701 wiederhergestellt. Vgl. Paulus 1912, S. 65 ff.

52 BayHStA, GHA, Korr. Akt. 668 I, Nr. 3, fol. 105: „Quando fu l'incindio in questa Eletorale Risidenzia io fui per stinguere il focco, mi faticai sempre sina all'ulltimo con esponermi piu volte al piricolo di restare dale fiome abruggiato, et in piu parte del corpo ne porto ancora li segni." Anstelle Pertis wurde der lange unbekannte Baumeister von Trautmann als „Antonio Viscardi" identifiziert: Trautmann 1879, S. 177. Haeutle glaubte, Enrico Zuccalli diese Heldentat zuschreiben zu können: Haeutle 1883, S. 85, Anm. 1.

53 BayHStA, KL, Fasz. 471, Lit. E, fol. 181v: „che potrò veder la Fondatione de Teatini finita avanti la mia morte, che sempre credo sarà in breve ... ."

54 BayHStA, KL, Fasz. 471, Lit. E, fol. 12r: „28. [Aprile 1675] Domenica, furono le Altezze Elettorali a vedere la nova Chiesa e li siti di dietro per il convento, havendo determinato di voler fare la Consecratione alli 11. di Luglio, giorno natale del Serenissimo Principe Elettorale."

55 BayHStA, KL, Fasz. 471, Lit. E, fol. 12r: „Detto [8. Maggio 1675] il Padre Marimont col compagno giardimero andò a Frisinga per accordare col Suffraganeo li particolari della Consecratione della nova chiesa."

56 BayHStA, KL, Fasz. 471, Lit. E, fol. 13r: „13. [Giugno 1675] ... fù a visitare la nova Chiesa il Serenissimo Vescovo di Frisinga, e si esibi di venir in persona per la Consecratione."

57 Vgl. Lipowsky 1831, S. 139.

58 Vgl. Forster 1895, S. 147.

59 BayHStA, KL, Fasz. 471, Lit. E, fol. 14v: „10. [Luglio 1675] il Signore Suffraganeo [Johann Kaspar Kühner] di Frisinga venne alla nova Chiesa e pose all'ordine le cose per la Consecratione: Benedisse anco le due campane, chiamando la maggiore Adelaida, l'altra Gaetano."

60 Adrover 1954, S. 35.

61 Lipowsky 1831, S. 139.

62 BayHStA, KL, Fasz. 471, Lit. E, fol. 14v: „Si dicchiarò dal Suffraganeo esser anco consacrato l'oratorio de Serenissimi Principi vicino alla tribuna, come parte della Chiesa."

63 BayHStA, KL, Fasz. 471, Lit. E, fol. 14v: „Subito in detto oratorio si confessarono e communicarono (durante la Messe solennissima dall medesimo Suffraganeo celebrato) li due Serenissimi Principe e Principessa Elettorali, dal Padre Spinelli."

64 BayHStA, KL, Fasz. 471, Lit. E, fol. 14v: „si fece la sudetta Dedicatione e Consacratione, dedicandola a Santi Gaetano e Adelaide, e detto giorno si consacrò ancò l'altare maggiore."

65 BayHStA, KL, Fasz. 471, Lit. E, fol. 14v–15r: „E finita della Messa ... all'altar maggiore furono cresimati li due sui detti Serenissimi Principi Elettorali."

66 Im lateinischen Original: „DIVO CAIETANO THIENAEO / CLERICORU[M] REGULARIU[M] FUNDATORI / OB DATU[M] EX VOTO ELECTORALE[M] PRINCIPE[M] / MAXIMILIANUM EMMANUELEM / PROTECTAMQ[UE] AMPLIORI PROLE BAVARIAM / PATRONO CHARISSIMO / FERDINANDUS M.[ARIA] ELECTOR / H [ENRIETTA] M.[ARIA] ADELAIDIS ELECTRIX / AETERNAE MONUMENTU[M] GRATITUDINIS / TEMPLUM HOC POSVERE / AN:[NO] SAL:[UTIS] MDCLXXV."

67 Vgl. Hugo Schnell, Begriff und Symbol des Gotteshauses im Spiegel der spätbarocken süddeutschen Kirchweihpredigt, in: *Sankt Wiborada. Ein Jahrbuch für Bücherfreunde* 7, Augsburg 1940, S. 79–84; Hawel 1987, S. 23 ff.; Ralf M. W. Stammberger und Claudia Sticher zusammen mit Annekatrin Warnke (Hrsg.), *„Das Haus Gottes, das seid ihr selbst". Mittelalterliches und barockes Kirchenverständnis im Spiegel der Kirchweihe*, Berlin 2006.

68 Schnell 1940, S. 81.

69 BayHStA, KL, Fasz. 471, Lit. E, fol. 15r: „12. [Luglio 1675] la mattina il Suffraganeo consacrò il secondo altare, che è il laterale di San Gaetano ...; e il terzo che è il altro laterale dedicandolo alla Beata Vergine et a tutta la sacra Famiglia."

70 BayHStA, KL, Fasz. 471, Lit. E, fol. 15v: „13. Luglio consacrò il quarto altare in honore del nostro Beato Andrea Avellino, et il quinto in honore della Beata Margareta di Savoia."

71 BayHStA, KL, Fasz. 471, Lit. E, fol. 15v: „Adi 14. [Luglio 1675] consacrò il sesto altare in honore di Nostro Signore deposto di croce, et il settimo in honore delli Santi Angeli Custodi."

72 BayHStA, KL, Fasz. 471, Lit. E, fol. 15v–16r: „Adi 15. [Luglio 1675] consacrò l'Altare ottavo in honore dell'immaculata Concettione della Beatissima Vergine; et il nono in honore delle Sante quattro Vergini e Martiri Lucia, Apollonia, Margarita, e Vittoria."

73 Vgl. Deutinger 1849, S. 238 ff.

74 BayHStA, KL, Fasz. 471, Lit. E, fol. 71r: „Benche questo sito fosse bastante alla desiderata grandezza del Tempio, niente pero di spatio lasciava alla necessaria struttura della Sacristia e del Convento ... ."

75 Dabei handelt es sich nicht um einen bereits erbauten Teil des Klosters, wie vielfach irrtümlich angenommen: Bauer 1985, S. 128; Hufnagel 1992, S. 46.

76 Häuserbuch II 1960, S. 339: Haus B1 und B2.

77 BayHStA, KL, Fasz. 471, Lit. E, fol. 176r: „havevano li Serenissimi deliberato, di concedere pro interim a Noi Teatini l'abitatione delle Madri della Visitatione, cioè le Case e Giardini amplissimi che già la Serenissima Elettrice Marianna haveva in testamento lasciate al Serenissimo Elettore suo Figlio, nelle quali esse ad interim habitavano."

78 BayHStA, KL, Fasz. 471, Lit. E, fol. 177v: „luogo opportuno ad uni stabile Monasteri per le Madri Salesiane. Il migliore fù quello dove hora sono con la Chiesetta di Sant'Anna, Case, e Giardini." Vgl. auch Lipowsky II 1815, S. 388 ff.; Muggenthaler 1894, S. 96 ff.

79 BayHStA, KL, Fasz. 471, Lit. E, fol. 176r: „E ciò per non v'essere altra habitatione contigua alla Chiesa nuova ... ."

80 BayHStA, KL, Fasz. 471, Lit. E, fol. 15v: „La Serenissima Elettrice volle assistere in persona al prendere le misure de siti ... assistè anco e prese le misure, dicchiarando li siti e confini con li aspetti il Padre Spinelli con l'opera del nuovo Architetto Zuccali."

81 BayHStA, GHA, Korr. Akt. 666 ½, fol. 298r–302v: **Quellenanhang Nr. 4** (Die von der Schenkungsurkunde vom 9. April 1669 abweichenden Textteile von 1675 befinden sich in eckigen Klammern). Originalurkunde: BayHStA, Urkunden, München Theatinerkloster, 22. Oktober 1675.

82 BayHStA, KL, Fasz. 471, Lit. E, fol. 181v: „Si dicchiaro anco di donarci tutta quella parte del Falkenhoff, che giudicassimo convenirsi ad un corrispondente Corridore della fabbrica premeditata."

83 Dischinger I 1988, Nr. 339. Zu diesem Plan existiert auch noch eine unvollständige Vorzeichnung mit durchgestochenen Fixpunkten, wahrscheinlich von der Hand eines Geometers (PlSlg. 7806): Dischinger I 1988, Nr. 340. Auch eine um 1754 entstandene Kopie des Stiftungsplanes von der Hand des Ingenieur-Leutnants Franz Xaver Pusch hat sich erhalten (PlSlg. 20234): Dischinger I 1988, Nr. 350.

84 BayHStA, KL, Fasz. 471, Lit. E, fol. 202r: „e commessogli in oltre di farne formare anco per tutta la Fondatione in modo solenne li Disegni, et il Diploma Elettorale."

85 BayHStA, KL, Fasz. 471, Lit. E, fol. 24r: „20. [Febraro 1676] Li Serenissimi Elettori donarono al Padre Preposito e Padri il Diplomo della Donatione delle sibi del nostro Convento con la Chiesa. Et è da avvertire, che già molto anni ne fù donato dà loro Altezze Elettorale un'altro, il quale pure si conserva nel nostro Archivio, mà perche quelli sibi erano mancanti, per ciò aggiunte le donationi del Giardino e Case dove habitavano le Monache della Visitatione, come sopra a suo luogo si disse, loro Altezze Elettorale hanno aggiunto quest'altro Diploma più amplo."

86 BayHStA, KL, Fasz. 471, Lit. E, fol. 203r: „Queste furono le ultime parole che la Serernissima Elettrice scrivesse in Sua vita."

87 BayHStA, KL, Fasz. 471, Lit. E, fol. 194v: „stesse [Signori Simeoni] haveriano fabbricato un apparamento più alto di quello facevano, e ci haverebbero tutto il Concento dominato. ... levandogli quell'alzata il Sole e l'aura benigna del mezo giorno, per almeno due terzi di anno."

88 BayHStA, KL, Fasz. 471, Lit. E, fol. 196r: „Adi 27. di Novembre 1675 ... ."

89 BayHStA, KL, Fasz. 471, Lit. E, fol. 196v: „di favorire in tutto il possibile li detti Signori [e] di dargli in nota, quanto mancava a finire questa Fondatione; perche cessassimo unavolta di aggiungere domande a domande, e pretensioni a pretensioni."

90 BayHStA, KL, Fasz. 471, Lit. E, fol. 197v: „questo si intolerabil torto fanno dunque che lei inferisca a se stessa; e che confessi di haver havuto bisogno di sprone alle sue magnanimità senza pari? Che aggiungere domande a domande, e pretensioni a pretensione? Di freno di freno vi è stato sempre con Vostra Altezza Elettorale bisogno, [perché] tant' alto volò sempre con la sua più che regia Munificenza."

91 BayHStA, KL, Fasz. 471, Lit. E, fol. 197v–198r: „Tutti li postamenti di marmo di Salisburgo attorno tutta la Chiesa, fino all'altezze delle colonne volea si facessero; ed'erano già ordinati, anzi di più datene le caparre. Non arrivava forse ad'ottanta milla fiorini questa spesa: e chi fù che la dissuase da essa? Tutta quella gran quantità di vastissime colonnate, e portali, e balaustri, tutta voleva di que'finissimi marmi pinti, più rari e più pretiosi che i veri, de quali sono ornate le parti più nobili di questa Imperial Residenza. Ed'a quante centinaia di migliaia sarebbe arrivato questo diluvio: e chi fù che ne la dissuase? Parimente haveva già deliberato di far dipingere tutta la Chiesa dal gran Pittore [Angelo Michele] Colonna Bolognese; e dal Pater Castano, e dal Signore Domino Pistorini n'erano già conclusi li trattati in uni Scudo Romano per ogni braccio quadro Fiorentino: e questa somma, prese esatamente le misure de spatii da dipingersi, compresa la grande e le picciole cuppole, ascendeva a cento milla braccia Fiorentine, cioè ad'altretanti Scudi Romani. ... Quelli e molti altri simili erano Oceani, erano Abissi veri di spese, da quali Vostra Altezza Elettorale liberorno li Teatini ... . E quando mai è uscito di bocca, ò di penna a Teatini, onde Vostra Altezza Elettorale potesse con giustitia una tanta indiseretezza rimproverargli? Se con ciò hà mirato al progetto de' giardini e Case donateci; ... che l'unico motivo n'era l'avantaggio e l'utilita di lei stessa? ... da lei ricevuto come un progetto del Cielo? ... O se pure Vostra Altezza Elettorale in questo parole hà havuto in mente il suo voto per li dinari di Firenze ...: Mà fù alcun Teatino forse a parte di questo voto?"

92 Vgl. ThB VII 1912, S. 253 ff.

93 BayHStA, KL, Fasz. 471, Lit. E, fol. 193r: „Era in circa verso la fine d'Agosto del 1675 ... ."

94 BayHStA, KL, Fasz. 471, Lit. E, fol. 193r et seq.: „a beneficio di questa Fondatione il Terzo di quanto potesse affettivamente riscuotere di un suo Credito, che haveva col Gran Duca di Firenze; per una cessione fattagli dal Serernissimo Elettore, che consisteva in alcuni interessi del gran Capitale perito in que'Monti, e spettante a questa Elettoral Casa. Il credito era di centomilla Fiorini ... ." Ebenso Pater Khuen: „Cesserat Serenissimus Elector amatissimae suae Consorti Summam centum milium florenorum, quam debuerat Magnus Hetruriae Dux tanquam censum magni illius thesauri quondam in Aloes illas Hetruscas bellorum tempore transmisi, ut securior esset, quamquam ex deposito transieris dehinc in substantiam depositariis, et solum modo magis aperto marte perisset invasione hostium, et forsam minus sensibili modo, quam in manibus amicis. Hanc Summam, it caelitibus propitiis obtineret Serenissima voto ses obstinxerat applicandi tertiam partem obtinendae Summae in beneficium suae fundationis, et nostrum favorem ... non solum Templum, set etiam pars magnificae Domus urbi pateret", BayHStA, KL, Fasz. 471, Lit. B, S. 179B.

95 BayHStA, KL, Fasz. 471, Lit. E, fol. 194v: „La Serernissima havrebbe ottenuto cinquanta milla Fiorini di effetivo dinaro ... . Che con la summa di otto milla fiorini resterebbe soddisfatto il suo Voto, da esborsarsi quando ricevesse da Firenze il pagamento effettivo."

96 BayHStA, KL, Fasz. 471, Lit. E, fol. 198v: „Presto poi mi spedii dall'ordine datomi di porgli in nota quanto mancasse a finire la Fondatione ... ."

97 BayHStA, KL, Fasz. 471, Lit. E, fol. 198v: „tutto ciò che a Signori Simeoni spettava, ch'erano stati l'ogetto principale della di lei molto diffusa lettera."

98 BayHStA, KL, Fasz. 471, Lit. E, fol. 198v: „esser già terminata la Fondatione: nè occorrervi più spesa alcuna. E questo, io che pur troppo conosco il di lei genio, stimai il picciol aculei, ch'avesse a porre in mille smanie quel Regio Leone ... ."

99 BayHStA, KL, Fasz. 471, Lit. E, fol. 198v: „la vigilia della Sacratissima Concettione di Maria Vergine ... ."

100 BayHStA, KL, Fasz. 471, Lit. E, fol. 199r: „tutto ciò fù in un minutissimo momento."

101 BayHStA, KL, Fasz. 471, Lit. E, fol. 199v: „facoltà di fabbricare quanto e come ci paresse ne' confini Simeoni, senza riguardo veruno a lei ... ."

102 BayHStA, KL, Fasz. 471, Lit. E, fol. 199v: „Mi reglico adunque il comando di pargli con tutta esatezza, e sollecitudine una lista, o catalogo di tutti li particolari, ch'io stimano necessarii e convenienti per condurre ad uno stato perfettissimo questa sua Fondatione."

103 BayHStA, KL, Fasz. 471, Lit. E, fol. 199v: „haverne urgenza nel cuore, il suo ultimo Testamento, in cui per capo principale voleva provedere alla Fondatione medesima."

104 So schreibt Bary „begann 1673 mit dem zweiten [Testament]": Bary 1980, S. 314.

105 BayHStA, GHA, Korr. Akt. 668 I, fol. 22r–26r: **Quellenanhang Nr. 5**.

106 BayHStA, KL, Fasz. 471, Lit. E, fol. 204r: „Rispose, che in forma non haveva scritto, senon l'introduttione, e quanto spettava a terminare la nostra Fondatione, conforme la nota da me [Spinelli] datagli, a cui alcune cose haveva aggiunte."

107 BayHStA, KL, Fasz. 471, Lit. E, fol. 205r: „Si noti che la sera di detto giorno la Serenissima Elettrice mi fè consegnare dalla Faila Kriechin sua Dama dalla chiave d'oro, in un sacchetto di veluto, chiuso con chiave, tutto ciò che spettava al predetto sui Testamento, in sua presenza con instanze urgentissimo di portarla al Serenissimo Elettore subito che fosse morta."

108 BayHStA, KL, Fasz. 471, Lit. E, fol. 193v: „nell'acquisto delle tre case co'loro giardini, che sopra la strada maestra stavano in mezo frà la nostra Chiesa, e le due case delle Monache già acquistateci."

109 Häuserbuch II 1960, S. 341 f.: Haus 3.

110 Häuserbuch II 1960, S. 342: Haus 4.

111 BayHStA, KL, Fasz. 471, Lit. E, fol. 193v: „pure nel davanti sarebbe riuscito assai difettoso, nè corrispondente alle minificenza de suoi Regii pensieri; ove pure era il sito più esposto all'aspetto della Cità e del Mondo; che havrebbe potuto maravigliarsi, come a Chiesa si sontuosa … ."

112 BayHStA, KL, Fasz. 471, Lit. E, fol. 193v: „per tanto tratto disgiungenti la Chiesa dal Convento, con grande improprietà, e maggior incommodo … ."

113 BayHStA, KL, Fasz. 471, Lit. E, fol. 193v: „Onde il publico havrebbe potuto formarne concetti per giudiciarli alla Magnanimità, ed'alla Pietà delle Sererinissima Fondatrice."

114 BayHStA, KL, Fasz. 471, Lit. E, fol. 194r: „L'aspetto sontuoso che havrebbe principalmente nella fronte esposta al pubblico in unione e corrispondenza con la Chiesa … ."

115 BayHStA, KL, Fasz. 471, Lit. E, fol. 193v et seq.: „preso in foglio di carta dal suo tavolino presso cui sedevamo, le feci con le semplice piegature vedere la forma perfetta di tutto il convento apunti come hora si ritrova già fatto … . Mi disse finalmente, cosi dover essere … ."

116 BayHStA, KL, Fasz. 471, Lit. E, fol. 200r: „incominciai a dar ordini, e far cumulare provisioni … . Io m'informai con tutta sollecitudine, mà dissimulate, de'prezzi loro."

117 BayHStA, KL, Fasz. 471, Lit. E, fol. 200r: „Quella del Signor di Perkam, otto milla; et altretanti le altre due insieme."

118 BayHStA, KL, Fasz. 471, Lit. E, fol. 200v: „La Nostra Casa sudetta dell'angolo, e fuori dell'accennata squadra al di dietro, era valutata in circa undici milla Fiorini, e piu tosto che aiutare imbogliava la regolar coporatura di tutta la fabbrica. All'incontro la Casa del Signor Perkam, a noi per l'effetto stesso si necessaria … ."

119 BayHStA, KL, Fasz. 471, Lit. E, fol. 200v: „Il cambio della detta nostra Casa von quella del Signor di Perkam, per aggiustare li sudetti incommodi … ch'egli già qualche tempo aspirava alla Casa dell'angolo."

120 BayHStA, KL, Fasz. 471, Lit. E, fol. 201r: „Subito egli bacciatagli la veste, disse, Già è fatto."

121 Originalurkunde: BayHStA, GU, München Theatiner, 29. Januar 1676: „dem hoch- und wollehrwürdigen Herrn Don Pater Antonio Spinelli der Zeit Praeposito und dem loblichen Convent der Clericorum Regularium alhir die Theatiner genant, unser bishero aigenthomblich ingehebte zway behausung und gärtl … gegen der uns angetauschten Erkhbehausung und gärtl …, auch dessen iezig und konfftigen Herrn Praepositis angezogene zway behausung …, zu vorhabend Erpauung deren Closter … hinlassen … ." Vgl. auch Häuserbuch II 1960, S. 341: Haus 1 und 2.

122 BayHStA, KL, Fasz. 471, Lit. E, fol. 201v: „lascio a medesimi Padri un Legato di dieci milla Fiorini … ."

123 BayHStA, Urkunden, München Theatinerkloster, 29. Januar 1676: „Conradten Schwindl Churfürstlicher Rechnungs Commisarii … und [seine Tochter] Monica Teresia Hilzin noch ledig … als unser gnädigsten Frauen gnädigste Intention, und vorhabend Erpauung der Herrn Theatiner Closter anfrecht und redlich verkaufft … umb ain benandte summa gelts … ."

124 BayHStA, KL, Fasz. 471, Lit. E, fol. 201r: „la compra dell'altre due Case elle intendo fare … ."

125 BayHStA, KL, Fasz. 471, Lit. E, fol. 201v: „feci incominciare que'fondamenti: mà fù alli 25. di Genaro 1676, che principiossi ad'edificarli."

126 BayHStA, KL, Fasz. 471, Lit. E, fol. 24v: „25. [Febraro 1676] giorno di Santo Mattia Apostolo venne una mortalissima convulsione alla Serenissima Elettrice la mattina; e la sera si confessò e communicò per viatico, e li fù dato anco l'aglio Santo. Seguiti la malattia con horribili vicende, assistendo la sempre a Corte giorno e notte il Padre Proposito Spinelli, il Padre Visitator Bonomo … ."

127 BayHStA, KL, Fasz. 471, Lit. E, fol. 24v: „Primo Marzo si confessò la Serenissima Elettrice dal solito, mà si communico dal Padre Bonomo, essendo in gravissimo periculo di morte, e se si fecero dare dette le assolutioni in articulo mortis."

128 Notifikation Kurfürst Ferdinand Marias über das Ableben seiner Gemahlin vom 18. März 1676: „Unser freuntlich gebliebte Frau Gemahlin Leben, nachdem sie an die vier wochen lang eine schwer und schmerzliche krankheit mit hechster geduldt und fassung ausgestandten, und mit allen heiligen Sacramenten versehen worden, heutige nacht ein viertel vor ain uhr, aus diesem zeitlichen unzweiflich zu sich in das ewige leben … abgefordert. … München, den 18. Martii 1676", BayHStA, Fürstensachen, Nr. 652/1, fol. 43r. Adrover nennt ein falsches Datum mit dem „16. März": Adrover 1954, S. 43.

129 BayHStA, KL, Fasz. 471, Lit. E, fol. 24v: „18. [Marzo 1676] doppo le hore dodeci, cioè alli 3 quarti avanti le una spirò in mano de nostri, la nostra clementissima e generossima Fondatrice, la nostra carissima e verissima Madre. giornata eternamente infelice per questa Fondatione."

130 BayHStA, KL, Fasz. 471, Lit. E, fol. 26v: „31. [Marzo 1676] si ciminciarono il Lunedi Santo li funerali solennissimi in Chiesa nostra con Catafalco sontuosissimo et apparata di negro detta la Chiesa.“

131 Vgl. BayHStA, GHA, Korr. Akt. 667.

132 Entwurf: BayHStA, GHA, Korr. Akt. 670, Nr. 3, fol. 1r–2r: „einen ewigen Jahrestag und eine tägliche ewige Seel Messen, darin ihr [Henriette Adelaide] Namen in der Collect ... und in der commemoration ihrer gedacht werden soll ... also und dergestalten, das ihr Jahrestag hochgedenk unserer geliebsten Gemahlin ... dem 18. Martii in Sankt Adelhaid der Patrum Theatiner Kürchen ... solenniter gehalten, die tägliche Mess aber auf Sanct Caietani als einem priveligirten Altar und der 9.ten stund gelesen werden soll. Darzu schaffen und verordtnen wir sechs taussent gulden Kapital [davon] jährlichen Interesse ... 250 Gulden trifft, deren Patris Theatinis [die] ihr absonderliche affection gehabt.“ Annahme der Stiftung durch die Theatiner vom 28. November 1676: BayHStA, KB HZA, Nr. 1128, Beleg 712. Bestätigung der Stiftung durch den Fürstbischof von Freising Albrecht Sigismund vom 10. Dezember 1676: BayHStA, KL, Fasz. 489, Nr. 30. Dekret an die Hofkammer vom 1. September und an das Hofzahlamt vom 28. September 1676: BayHStA, KB HK, Fasz. 2501. Belege zu den quartalsmäßig ausbezahlten 62 Gulden z. B. im Jahre 1678: BayHStA, KB HZA, Nr. 1147, Belege Nr. 952–955.

133 Morsak 1984, S. 188.

134 BayHStA, KL, Fasz. 471, Lit. E, fol. 39r: „19. [Marzo 1678] ... Padre Spinelli, il quale ancora cadente da una mortale informità ... per levare occasione a Padri emoli, cioè Giesuiti d'introdursi alle Confessioni de Principi Elettorali.“

135 BayHStA, KL, Fasz. 471, Lit. E, fol. 25v: „Il giorno seguente alla morte della Serenissima Elettrice ... Lo stesso Padre Spinelli presentò a Sua Altezza un Sacchetto di veluto pavonazzo, chiuso con serratura e chiave, che in se conteneva il testamento la medesima, duranta la sua ultima infermità haveva confidato nelle mani del detto Padre Spinelli, doppò ottenuta ne la confermatione che si dirà, dal Serenissimo Elettore.“

136 BayHStA, KL, Fasz. 471, Lit. E, fol. 204v: „gli promette di far adempire quanto in ordine ad'esso Testamento di propria mano di lei si trverà scritto come se fosse un solenne e valido Testamento.“

137 BayHStA, KL, Fasz. 471, Lit. E, fol. 25v: „Ed'è grandemente da notare, che detto Testamento era imperfetto; parte esteso di mano propria della Serenissima Elettrice come doveva essere, e parte, bensi della medesima mano, ma in semplici cartucelle da memoria; mentre prevenuta dal male non lo haveva potuto perfettionare. ... Ed'è pure da notare, che la parte estesa del Testamento ... solo conteneva ... il proseguimento e fine dilla Chiesa, e di tutti il convento.“

138 BayHStA, GHA, Korr. Akt. 668 I, fol. 27r.

139 BayHStA, KL, Fasz. 471, Lit. E, fol. 25v: „Il giorno sequente [...] il Padre Proposito Spinelli ... fù a condolersi col Serenissimo Elettore et a raccomandargli questa Fondazione. Ne riportò clementissime, e replicate promesse, che agli effetti non ci sariamo accorti della mancanza della Serenissima Elettrice.“

140 BayHStA, KL, Fasz. 471, Lit. E, fol. 82r: „Di giustitia Sua Altezza Elettorale, egli vivendo, non essere tenuta ad'adempire cos'alcuna de Legati della Serenissima essendo solamente erede usufruttuario; ma l'adempimente de'medesimi spettare a sui figlio Primogenito ete erede diretto.“

141 BayHStA, KL. Fasz. 471, Lit. E, fol. 82r: „Posso ben porre fondatamente in dubio, se la Serenissima lo havesse nè pur erede usufruttuario lasciato ... .“

142 BayHStA, KL, Fasz. 471, Lit. E, fol. 34r: „30. Marzo [1677] si conchiusero li stabilimenti per il buon proseguimente sino alla fine, della Chiesa, e fabrica, e di alcune altre fondationi, e legate pecuniario per noi; tutto in vigore del testamento della Serenissima nostra Fondatrice. Ne che vi furono molte e molte discussioni e travagli co'Ministri primarii, onde il Padre Proposito Spinelli ne divenne amalato. Finalmente la benignita del Serenissimo Elettore giunse ogni ostacolo fatto da Ministri, e volse che si facessero li stabilimenti in questa forma.“

143 BayHStA, GHA, Korr. Akt. 668 III, Nr. 140, fol. 3r–6r: **Quellenanhang Nr. 6**.

144 BayHStA, GHA, Korr. Akt. 668 III, Nr. 140, fol. 3r et v.

145 BayHStA, GHA, Korr. Akt. 668 III, Nr. 140, fol. 4r et v. Vgl. auch die handschriftlichen Ausführungen von Pater Spinelli: BayHStA, GHA, Korr. Akt. 668 III, Nr. 141, fol. 1r–2r. Die Stiftung wurde noch im gleichen Jahr von Pater Charles Marimont in seinem theologischen Traktat *Die Hochlöbliche und gottselige Stifftung* ausführlich beschrieben.

146 BayHStA, GHA, Korr. Akt. 668 III, Nr. 140, fol. 5v et 6r.

147 Tatsächlich blieb diese Summe zum Unterhalt der Kirche dauerhaft bestehen, wie z. B. ein Antrag des Propstes Philippo Neri de Luca auf eine Sonderzahlung vom 3. Dezember 1759 belegt. „Ferdinand Maria mildseeligsten angeordneten, vermög gnädigsten Decrets de dato 3.ter april anno 1677 zu kuenfftig ewiger Unterhaltung Ihrer Uns gnädigst übergebenen Churfürstlichen Hof-Kirchen, und Kloster-Gebäuden 400 Gulden jährlich aus dem von Unser durchlauchtigsten Stüffterin Churfürstin Adlheit höchstderoselben ... Guth ...“, BayHStA, KL, Fasz. 473, Nr. 1, fol. 18r.

148 BayHStA, KL, Fasz. 471, Lit. E, fol. 34r et v: „1. Che fosse assegnato Capitale nella Camera Elettorale di cento milla fiorini effettivi per fabricare. 2. Che fosse assegnato di disnove milla effettivi per pagare tutti li debiti decorsi per la fabbrica. 3. Si espresse voler egli del sui (poiche tutto il resti era della Dote della Serenissima Fondatrice) pagare tutto il legname, e ferramenti che fossero bisognati per la fabrica, a titolo di elemosina spontanea quali per il computo devano atcendere ad undeci in dodici migliara di fiorini. 4. Volse obligarsi a pagare a noi tutto il legato pecuniario lasciatoci della Serenissima Elettrice, che è di dieci milla fiorini, né tempi e modi, come né diplomi. 5. Assegnò nella Camera Elettorale un Capitale di ottomilla fiorini del quale in perpetuo fossero dati a Noi li frutti di 400 fiorini annui, per risarcire le nostre fabriche. 6. Assegnò in altro Capitale nella sudetta Camera di altri ottomilla fiorini, per haverne noi li prò, ò frutti annui di altri 400 fiorini, per l'aggravio assuntoci di licenza del Padre Generale Pignatelli, dell'espositioni et orationi e Messe degli agonizanti, devotione insigne instituita nel suo testamento dalla Serenissima Elettrice, a raccordo e persuasione de nostri. 7. Assegnò un'altro Capitale ut supra di mille fiorini, da essigersene da noi li frutti di fiorini 50 annui, per le spese delle Messe forastiere, che la belezza e magnificenza della fabrica trahe a se."

149 Belege für die quartalsmäßige Auszahlung der jeweils 2 500 Gulden finden sich in den Akten des kurbayerischen Hofzahlamtes. So z. B. für das Jahr 1677 am 7. Mai (1. und 2. Quartal), 3. Juli (3. Quartal) und 31. Oktober (4. Quartal), BayHStA, KB HZA, Nr. 1139, Belege zu Nr. 918.

150 Die Auflistung der zu leistenden Zahlungen nach dem Dekret vom 3. April 1677 findet sich in: BayHStA, KB HZA, Nr. 1155, Beleg zu Nr. 968. Die Auflistung der geleisteten Zahlungen bis zum Jahre 1687: BayHStA, KL, Fasz. 487, Nr. 24.

151 Entwurf des Dekretes vom 4. Februar 1679: BayHStA, GHA, Korr. Akt. 666 1/2, fol. 291r–292r. Abschriften: BayHStA, KL, Fasz. 487, Nr. 24; BayHStA, KB HZA, Nr. 1155, Beleg Nr. 869.

152 So ausgeführt bei der ersten Quartalszahlung am 26. März 1679: „dem, des 4. Februar Anno 1679 ergangenen gnädigsten Decret gemeß, für besagt erstes quartal 250 Gulden zusammen zwaytausend siebenhundert und fünffzig gulden", BayHStA, KB HZA, Nr. 1155, Beleg Nr. 865. Die weiteren Auszahlungsbelege finden sich in: BayHStA, KL, Fasz. 475, Nr. 4/1680–1696.

153 BayHStA, GHA, Korr. Akt. 669, S. 32: „Obwohln nun hechstgedacht Irer Churfürstliche Durchlaucht von selbsten bekhandt, auch den Rechten, und anstgerichten Heyrats Pactis, mit weniger ihr hinderblibenem disposition selbst gemess, deßgleichen von diesem verordneten Commißarien zu mehrmahen underthenigst erinert worden ist, das hechstgedacht Ier Churfürstliche Durchlaucht das hereingebrachte Heyrastgurtt ad dies vitae ohne Schmöllerung völlig zugemessen, und ganz hermit schuldigkeit haben, bey Iren lebzeitten vil oder wenig davon herzugeheben, die in Gott ruhente Churfürsliche Durchlaucht auch die Morgengab niemandt anderem, als Ier Chur- und Fürstlichen Succeßion verlassen könden, und dahero Ihre Churfürstliche Durchlaucht Unserem gnädigsten Herren vi Partia Potestatis noch ausweisung der Rechten, die nutzniessung ad dies vitae gleichfahls gebürt. So haben Sie iedoch zu Befürderung der Ehr Gottes und dieses Göttlichen werkhs und gebeus die verordtnung gethan."

154 BayHStA, KL, Fasz. 471, Lit. E, fol. 80v: „vollero assegnarci forse, che Fiorini quattrocento annui, non istante che la Serenissima Elettrice nel suo Testamento ce ne havesse espressamente lasciati cinquecento."

155 BayHStA, KL, Fasz. 471, Lit. E, fol. 81r: „Perche li computi fatti dal Zuccali sudetto e nominati da Diplomi, furini da lui fatti senza alcuna nostra participatione, e senza da noi informatsi delle nostre occurrenze e necessità condormial nostro Instituto, benche molte fossero descritte nel Testamento della Serenissima Elettrice."

156 BayHStA, KL, Fasz. 471, Lit. E, fol. 35v: „4. [Maggio 1677] ci furono consegnati in quattro Diplomi Elettorali in forma autentica ... ."

157 Originalurkunde: BayHStA, GHA, Korr. Akt. 668 III, Nr. 140, fol. 3r.

158 BayHStA, KL, Fasz. 471, Lit. E, fol. 81r: „Perkam da me assolutamente coluta una Quietanza in forma, a nome della Religione, di essere pienamente soddisfatti d quanto eramo Creditori in vigore del sudetto Testamento ... ."

159 BayHStA, KL, Fasz. 471, Lit. E, fol. 81r: „Io non tralasciai di tentare il ricorso al Serenissimo Elettore, come havevo fatto in molte altre contrarietà ... ."

160 BayHStA, KL, Fasz. 471, Lit. E, fol. 81r: „Che tutti li Altari della Chiesa fossero decorosamente provisti e forniti con Argenteria ... ."

161 BayHStA, KL, Fasz. 471, Lit. E, fol. 81r: „Di più quell'ostensorio ... di oro massiccio, ... imitatione di quello lasciato da Marianna del Austriaca à Padri Giesuiti, valutato 100 000 fiorini."

162 BayHStA, KL, Fasz. 471, Lit. E, fol. 82v: „E certo che tal Quietanza era invalida; sperando in oltre, che il Serenissimo Erede a tempo e luogo, haverebbe supplito e risarcito, non solo per clemenza, mà per obbligo di conscienza ad'un tanto agravio, che allora ci veniva inferito."

163 BayHStA, KL, Fasz. 471, Lit. E, fol. 79r: „Stato io raccomndargli la nostra Fondatione, ottenuta che hebbe la sudetta comissione esecutoria del Testamento, da quale ne dipendeva la perfettione, m'accorsi, che aspirava egli

al maneggio di questa Fabbrica."

164 BayHStA, KL, Fasz. 471, Lit. E, fol. 79v: „Si accordò con quel Ministro, di Consenso Elettorale, che proseguisse come al principio, cioè a tempi dell'Architetto Barelli, con le sottoscrittioni del Zuccalli, e del Perti, poi con le mie."

165 BayHStA, KL, Fasz. 471, Lit. E, fol. 31r: „Si noti che in questi tempi l'osservanza in Casa era in cattivo stato; per più ragioni; frà le quali le palesi erano, la quasi continua absenza (benche necessaria) con la Corte del Padre Proposito, l'habitatione molto incongrua per l'osservanza; essendo in case vecchie e disparate; e la fabrica; che per la moltitudine de secolari maestri, e lavoratori impossibilitava rimediare a molte inconvenienze."

166 BayHStA, KL, Fasz. 471, Lit. E, Fol. 79v: „Bensì nominò se stesso [von Berchem] per Sopraintendente ad essa Fabbrica."

167 BayHStA, KL, Fasz. 471, Lit. E, fol. 79v: „Bensì nominò se stesso per Sopraintendente ad essa Fabbrica ... [Sua Altezza Elettorale] mi assicurò d'un pronto rimedio ... che il Padre Spinelli restava nella carica stessa di prima, cioè nella Sopraintendenza, e cura della Fabbrica, con assoluta dispositione, et independenza da tutti, ... eccetto che dallo stesso Serenissimo Elettore."

168 BayHStA, KL, Fasz. 471. Lit. E, fol. 79r: „Aspirava chiaramente questo Ministro ad'un maneggio, in tutte le materie, massime economiche, quasi despotico, al quale pur anco arrivò. ... E già vi haveva introdotto fin d'avanti la morte della Serenissima l'Architetto Zuccali sua Creatura, in luogo del partito Barella, e fù quello che cui furono prese le misure della seconda Donatione, come si notò li 14. Luglio 1675 e poi ne fece il Disegno autentico Elettorale."

169 So auch Ow 1975, S. 170 ff.

170 BayHStA, KL, Fasz. 471, Lit. E, fol. 70r: „Conte Curtio ... creatura di Marianna Austriava Elettrice Vedova, e Suoceva della nostra Serenissima Fondatrice."

171 BayHStA, KL, Fasz. 471, Lit. E, fol. 81v: „si consigliò mai con altri, che col sudetto Signore di Perkam, da quale era intima cratura, e sempre a nostro discapito ... ."

172 BayHStA, KL, Fasz. 471, Lit. E, fol. 80r: „Mà il Zuccali poco inclinato a dipendere da altri, e pieno de metodi di Etinga, molto alieni e diversi da questi nostri per varie occorrenze entrò presto in aperta alienatione e dispiacere; ricusando anco di tanto in tanto le sottoscrittioni alle polizze, nè capitando in Fabbrica."

173 So zum Beispiel bei einer Schlosserrechnung in Höhe von 532 Gulden vom 29. Oktober 1680, zu der es heißt: „Herr Zuccalli hat erinnert, weilen er von dieser hier specificierten schlosserarbeit nicht gesehen, so könne er solche nit ferner handschrifftlich attestieren", BayHStA, KL, Fasz. 475, Nr. 4/1680, Beleg Nr. 125.

174 BayHStA, KL, Fasz. 471, Lit. E, Fol. 81r: „Perche le computi ..., furono da lui fatti senza alcuna nostra participatione, e senza da noi informarsi delle nostre occurrenze e necessità conformi al nostro Instituti, benche molte fossero descritte nel Testamento della Serenissima Elettrice."

175 BayHStA, KL, Fasz. 471, Lit. E, fol. 81v: „Si aggiunga, che anco nelle forma delle Torri fù dal medesimo Zuccalli prevaricata e molto sminuita l'intentione della Serenissima Fondatrice, che fù sempre di farle con ornamenti di colonnate corrispondenti alla cuppola, e di maggiore grossezza di qesto sonoesse torri adesso e in tutto di maggiore maestà. Mà egli senza nostro consenso le riformò nelle colonne, e nel corpo notabilmente le smincri; et il simile fece nella facciata della Chiesa ... ."

176 Bisher „1675/76": Dischinger I 1988, S. 145.

177 So auch Dischinger I 1988, S. 145.

178 Dischinger I 1988, Nr. 342.

179 Der von Gabriele Dischinger verwendete Begriff der „Tektur" scheint in diesem Zusammenhang nicht passend, da es sich hier nicht um spätere Verbesserungen, sondern um Alternativlösungen handelt: Dischinger I 1988, S. 145.

180 Dischinger I 1988, Nr. 343, 344.

181 BayHStA, KL, Fasz. 471, Lit. E, fol. 81v. „Mà quanto a que'computi furono irragionevendi bastando ad'ambidue loro di potersi acreditare solamente com mostrare a Sua Altezza Elettorale, ecco qui Serenissimo, tanti e tanti migliaia se li sono risparmiati, e ciò è publicamente notorio; sapendosi, che il Signore di Perkam con quest'arte s'incaminò al gran Ministerio, et il Zuccali a quegli avantaggi che a tutti vanno rasembrando superare le conditioni sue."

182 BayHStA, KL, Fasz. 471, Lit. F, fol. 15v. „il che da chi non ne sà la cagione, può essere stimato contro le regole dell'architettura, vedendosi immediatemente sotto di quello ordine corintio. Sappiasi adunque, che gli ordini delle torri non sono assoluti, mà respettivi; quelli che non sormontano l'altezza della facciata della Chiesa, devono corrispondere agli ordini della medesima facciata; ma quelli che la sormontano, devono corrispondere alli ordini della Cuppola, veggendosi di lontano ugguali, e facendo un medesimo paraggio, distinto dal paraggio con la facciata; il che anche si vede ne'cuppolini delle medesime torri, rispetto al cuppolino, et al con-

vesso della cuppola. Hora perche quando si finirono le torri, la cuppola era già da alcuni anni finita, e con l'ordine ionico, per ciò, discussa la materia con più persone intendenti, fù stimato di fare anco quell'ordine delle torri d'architettura ionica, corrispondente alla Cuppola."

183 Paulus 1912, S. 47.

184 Sicherlich ist diese Lösung nicht als genuin bayerischer „Zwiebelturm" zu bezeichnen wie bei Bosl 1967, S. 523.

185 So Biller 1965, S. 30; Heym 1997, S. 118; Habel 2009, S. 1123.

186 BayHStA, KL, Fasz. 471, Lit. E, fol. 50r: „26. [Maggio 1679] venerdi ... il Serenissimo Ferdinando Maria Elettore, e clementissimo fondator nostro: fù imprivisamente sopreso il doppo pranzo alle uno e mezza da un mortalissimo accidente, dubbio se fosse apopletico, ò di gangrena occulta per un male segreto et in mez hora di combatto passò all' altra vita." Todesanzeige für Ferdinand Maria durch Max Emanuels Vormund Maximilian Philipp von Bayern vom 29. Mai 1679: BayHStA, Fürstensachen, Nr. 645, fol. 250r et v.

187 BayHStA, KL, Fasz. 471, Lit. E, fol. 50v: „Ma trovò il Serenissimo, che nel accesso a pena il conobbe, e nominò interrotamente; e agravandosi in quell'istante l'accidente, apena hebbe tempo di darli l'assolutione sub conditione, e spirò nelle mani di detto Padre Spinelli."

188 BayHStA, KL, Fasz. 471, Lit E, fol. 50v: „Fu presentatio dal Padre Spinelli als Serenissimo Principe Elettorale, una scrittura e supplica in nome della Religione, con le ragioni nostre per ottenere, che il corpo del Serenissimo Elettore defonto fosse sepellito nella nostra chiesa. E consistesono principalmente: Per esser Fondatore, Per aver qui la moglie. Per haver egli fatto seppelire qui 4 suoi figlioli."

189 BayHStA, KL, Fasz. 471, Lit. E, fol. 52r: „1. [Giugno 1679] La sera fù potato a sepellire in Chiesa nostra il corpo del Serenissomo Elettore."

190 BayHStA, Fürstensachen, Nr. 648a. Vgl. auch Lipowsky 1831, S. 244.

191 BayHStA, KL, Fasz. 471, Lit. E, fol. 54v: „19. [Ottobre 1679] venne a Monaco da Schlaisam e ritornò fuori il Padre Spinelli ... per occorrenze della fabrica, della quale già molti e molti anni esso Padre Spinelli haveva independente sopraintendenza, conferitali da Serenissimi Fondatori."

192 BayHStA, KL, Fasz. 471, Lit. E, fol. 60r: „11. [Giugno 1680] il Serenissimo Massimiliano Emmanuele Elettore ... arrivato all'età di poter egli governare li suoi Stati."

193 BayHStA, KL, Fasz. 471, Lit. E, fol. 60r: „Fece la predica il Padre Hamilton ... e il fretto Giovanni Gaetano [unl.] si fecero tre porte bellissime finte, da illuminarsi, alle 3 porte della Chiesa nel di fuori."

194 BayHStA, KL, Fasz. 471, Lit. E, fol. 42r: „Da questi tempi [Luglio 1678] si coprirono di coppi ambidue li bracci della Chiesa, che fin hora erano stati coperti di asse. Se si fecero li corniccioni, e si stabilirono al di fuora di bianco." Ebenso: „Ist biß ain weniges das Hauptgesimbs auswendig der Kürchen verputzt", BayHStA, KL, Fasz. 474, Nr. 2/7, fol. 53r.

195 BayHStA, KL, Fasz. 471, Lit. E, fol. 43r: „Al principio di questa settimana [10. Settembre 1678] fù finita di coprire la cuppola di latta doppia." Ebenso BayHStA, KL, Fasz. 474, Nr. 2/7, fol. 53r: „Ist die grosse Kupl biß an den Haubtgesimbs mit weissen plöch völlig eingedöckht worden."

196 BayHStA, KL, Fasz. 471, Lit. F, fol. 4v: „[Novembre 1701] In circa questi tempi per li danni de'stucchi nella Cuppola, fù necessario farci un ponte mastro al di dentro, dove commincia il convesso; cagionati dalli danni dalla copertura di latta, cioè plech, mentre havrebbe dovuto essere di rame."

197 BayHStA, KL, Fasz. 471, Lit. E, fol. 67v: „26. [Aprile 1683] si cominciò a finire la Cuppola al di fuori dal corniccione in giù."

198 BayHStA, HR II, Fasz. 3/1, Nr. 27, fol. 18v.

199 BayHStA, HR II, Fasz. 3/1, Nr. 28, fol. 45r.

200 BayHStA, HR II, Fasz. 3/1, Nr. 29, fol. 10r.

201 BayHStA, KL, Fasz. 474, Nr. 2/8, fol. 19v: „Wochen des 6. Mai. 6 Mauerer 4. Zimmermanner und 17. Tagwerkher, daß sie an dem Thurm und der Porten angefangen aufzumauern." Nicht „5. April" wie Paulus 1912, S. 48; Dischinger I 1988, S. 146.

202 BayHStA, KL, Fasz. 474, Nr. 2/8, fol. 56r.

203 Vgl. Vega 1803, Fünfte Tafel.

204 BayHStA, KL, Fasz. 471, Lit. E, fol. 101r: „25. [Novembre 1683] É perche ritrovai la Torre verso la Cità già innalzata molto ... ."

205 BayHStA, HR II, Fasz. 3/1, Nr. 27, fol. 49v.

206 BayHStA, HR II, Fasz. 3/1, Nr. 28, fol. 45v.

207 BayHStA, HR II, Fasz. 3/1, Nr. 29, fol. 16v: „Mathiasen Higler Hofzimmermaister und seinen Gsöllen, von verferttigung des Glockhenstuls."

208 BayHStA, HR II, Fasz. 3/1, Nr. 29, fol. 46r: „die 4. glockhen aufgezogen."

209 BayHStA, HR II, Fasz. 3/1, Nr. 29, fol. 27r: „daß an dem neuen Thurm 8. claine, und sovil grosse Schnirgel,

sambt dem gesimbsen und rachung mit kupfer gedeckt."

210 BayHStA, HR II, Fasz. 3/1, Nr. 29, fol. 16v.

211 BayHStA, HR II, Fasz. 3/1, Nr. 29, fol. 17r: „Dann in der Wöche deß 15. dito [Septembris] von herabbuz- und abkristung des Thurms … ."

212 BayHStA, HR II, Fasz. 3/1, Nr. 29, fol. 46r: „Erstlich hat mann den ainen Thurm völlig ausgemacht, 8 grosse, und 8 claine Schnirckhl mit Kupfer gedöckht, und solchen von oben bis auf den poden herab gebuzt, auch das krist abgebrochen."

213 Baurechnungsbuch für das Jahr 1686: „Ist auf dem einen Thurm ain perpendicular Uhr … verferttiget und würckhlich aufgesezt", BayHStA, HR II, Fasz. 3/2, Nr. 30, fol. 48r.

214 BayHStA, KL, Fasz. 475, Nr. 4/1686, Beleg Nr. 112: „zu deren grossen Uhr … 2 grosse zaiger auf 4 klainen … fein golt … ausgefertigt … 12 kleine biehl [Zahlen?] … den 9. Octobris 1686 / Dominicus Faistenberger."

215 BayHStA, HR II, Fasz. 3/2, Nr. 30, fol. 46v: „Zwo neue Glockhen … gegossen und würckhlich aufgehengt."

216 BayHStA, KB HZA, Nr. 1234, Beleg Nr. 747; BayHStA, KL, Fasz. 475, Nr. 4/1688, Beleg Nr. 1; BayHStA, KL, Fasz. 487, Nr. 24.

217 BayHStA, HR II, Fasz. 3/2, Nr. 33, fol. 40r.

218 Dies bestätigen auch die wenigen Belege zum Baurechnungsbuch des Jahres 1689, nach denen teilweise pro Woche für die noch ausstehenden Arbeiten am Kloster nur ein Maurer und zwei Tagwerker eingesetzt waren: BayHStA, KL, Fasz. 475, Nr. 4/1689.

219 BayHStA, KB HZA, Nr. 1242, Belege ad Nr. 649.

220 BayHStA, KB HZA, Nr. 1249, Belege ad Nr. 693.

221 BayHStA, KB HZA, Nr. 1254, Belege ad Nr. 667.

222 BayHStA, KB HZA, Nr. 1263, Belege ad Nr. 669.

223 BayHStA, KB HZA, Nr. 1269, Belege ad Nr. 658.

224 Keine Stiftungszahlungen für den Bau mehr ab 1695: BayHStA, KB HZA, Nr. 1284.

225 BayHStA, KB HZA, Nr. 1277, Belege ad Nr. 679.

226 BayHStA, KL, Fasz. 471, Lit. F, fol. 15v: „Lo stesso dovrebbesi notare di molti altri particulari di questa fabrica, li quelli a chi non ne sà le caggioni, potrebbero parere difettosi; mà sapplasi, che li difetti non sono nati dal non havere esaminate e con persone intendenti consigliate le cose; mà da pura et inevitabile necessità ò del sito, ò del modo e conditioni degli acquisti, ò della strettezza de'dinari, od' altre simile emergenze … ."

227 BayHStA, HR II, Fasz. 3/1, Nr. 27, fol. 9v.

228 BayHStA, HR II, Fasz. 3/1, Nr. 27, fol. 10v.

229 BayHStA, HR II, Fasz. 3/1, Nr. 27, fol. 20v.

230 BayHStA, HR II, Fasz. 3/1, Nr. 27, fol. 49v.

231 BayHStA, HR II, Fasz. 3/1, Nr. 29, fol. 9r.

232 BayHStA, KL, Fasz. 471, Lit. F, fol. 3r: „24. [Maggio 1701] Si fece il solenne ingresso della Serenissima Elertrice del Re di Polonia. … Noi illuminammo con emblemi tutta la nostra facciata."

233 Khuen 1727, fol. 10v: „Ob dem mitteren Kirchen-Thor aber von aussen ware zu sehen ein grosses Sinn-Gemählde mit erwelchen Versen, so die Jahr-Zahl enthalteten."

234 Khuen 1727, S. 24.

235 Khuen 1727, S. 2. Ebenso beschreibt dies Fischer 1726, S. 17.

236 BayHStA, KL, Fasz. 471, Lit. E, fol. 134r: „16. [Maggio 1683] Fu incomminciato ad'innalzare la Torre dal sito in cui era, assai bassa … ."

237 BayHStA, HR II, Fasz. 3/1, Nr. 27, fol. 19r: „Dann in der Woche deß 16. May … sechs mauerer … auch am Thurm angefangen aufzumauern."

238 BayHStA, HR II, Fasz. 3/1, Nr. 29, fol. 46r.

239 Vgl. BayHStA, KL, Fasz. 475, Nr. 4/1686, Beleg Nr. 55 ff.

240 BayHStA, HR II, Fasz. 3/2, Nr. 30, fol. 48r.

241 BayHStA, HR II, Fasz. 3/2, Nr. 31, fol. 13r: „an der neuen Capellen im anderen Thurm gearbeit."

242 BayHStA, HR II, Fasz. 3/2, Nr. 31, fol. 15v: „Wochen des ersten Maii. 2. Maurer … so zu auffiehrung deß anderen Kürchen Thurmes angangen kalch einzummauern und hinauf zu gerüsten." Ebenso der Beleg der Woche des 8. bis 15. Mai 1688: „In arbeit befindlich … als an den anderen turrm …", BayHStA, KL, Fasz. 475, Nr. 4/1688, Beleg Nr. 85.

243 BayHStA, HR II, Fasz. 3/2, Nr. 32, fol. 47r: „Dis jahr ist die maiste arbeit an auffiehrung des anderen Kürchen Thrums geschehen, inmassen mann mit dessen höche yber halb kommen."

244 BayHStA, KL, Fasz. 475, Nr. 4/1690, Beleg Nr. 49: „von 25. Marti bis den 1. Aprill 1690 … an dem thurm ober der capeln."

245 BayHStA, KL, Fasz. 475, Nr. 4/1692, Beleg Nr. 24.
246 BayHStA, KL, Fasz. 475, Nr. 4/1692, Beleg Nr. 63.
247 Vgl. BayHStA, KL, Fasz. 475, Nr. 4/1693.
248 Lippert 1969, S. 127.
249 ThB XXXIV, S. 401.
250 Lippert 1969, S. 128.
251 Lippert 1969, S. 11.
252 Lippert 1969, S. 128.
253 BayHStA, KB HZA, Fasz. 716, fol. 243v: „Laut ordonanz ist Johann Anthoni Wiscardi für einen HofMauermaister vom 5.ten Marti dis Jar [1678] angeschafft mit jerlichen Gulden 200."
254 BayHStA, KB HZA, Nr. 719, fol. 239r: „deß 1. diesen [Monats] darin Er gestorben ... . 9. Marti 1681." Marx Schinnagl verstarb also nicht erst im Juli wie bisher angenommen. Zu diesem Zeitpunkt übernahm nur sein Sohn sein Amt als Hofbaumeister.
255 BayHStA, KB HZA, Nr. 719, fol. 239r: „verwegen einer weiteren ordinanz so des Schinagels Sohn, Franz für einen Paumaister vom 1. Juli 1681 angeschafft worden mit ierlichen 500 Gulden."
256 BayHStA, HR I, Fasz. 96, Nr. 25, fol. 20r et v: „daß der Paumaister Schinnagl seinen Dienst zu genügen nit gewesen ... und an sein statt der bisher gewessen Hofmaurmaister Antonio Viscardi für einen Paumaister angestellt ... den 26. Januar 1685."
257 BayHStA, KB HZA, Nr. 723, fol. 208r: „Vermaln ordinanz sei der Viscardi an stath des Schinnals angestellt und ime von besagtem Schinnagl seit dem 23. Martii diss jar 200 Gulden angeschafft worden."
258 Dieser erhielt zunächst als Wartgeld 300 Gulden: „Frannz Schinnagl gewesster Hoff Paumaister, bis Er anderwerthig acomodiert wirdt, als ain warttgelt diss jahres 300 Gulden", BayHStA, KB HZA, Nr. 724, fol. 87r. Ab 1687 war er als „Schlos: unnd Hauspfleger zu Linhtenberg, das jahr 400 Gulden" eingesetzt, BayHStA, KB HZA, Nr. 725, fol. 85r.
259 BayHStA, HR I, Fasz. 96, Nr. 25.
260 Das Hofbauamt war in finanzieller Hinsicht der Hofkammer unterstellt. Das Generalbaudirektorium erhielt hingegen eigene Einkünfte, z. B. aus den Scharwerksgeldern der vier bayerischen Rentämter.
261 So befand Max Emanuel am 14. März 1688: „Da er ungenugsamb und zwar mit grossem Schaden und hiedurch verursachter höchster Unlust selbsten in gar viel Weg erfahren, wie das bei dero Gepäu hin und wieder in dem Land grosse Nachlässigkeiten und Untreu vorbeigegangen ... jemandem Vertrauten die Generalobsicht über all Gepäu in dero selben Landen zu übergeben", zit. nach Paulus 1912, Anm. 83.
262 Seine Berichte an den Kurfürsten Max Emanuel finden sich in BayHStA, Kasten schwarz, Fasz. 368/14; Fasz. 542/26.
263 Paulus 1912, S. 84, Anm. 130.
264 Eingabe des Hofbauamtes beim Kurfürsten hinsichtlich seiner Wiedereinstellung als Baumeister vom 12. September 1695: „daß in anno 1689 als das GeneralPauudirectorium angeordnet worden, der Herr Graf von der Wahl, als GeneralPauDirector, allen Pauambtsbedienten ins gesambt abgedankht ...", BayHStA, HR I, Fasz. 96, Nr. 25, fol. 60r.
265 Lippert 1969, S. 76 ff. Vgl. allgemein: Werner Schiedermair (Hrsg.), *Kloster Fürstenfeld*, Lindenberg im Allgäu 2006.
266 BayHStA, KL, Fasz. 471, Lit. E, fol. 190r: „26. [Gennaro 1692] Si hebbe l'avviso della morte del Signore Lorenzo Perti Capo-Mastro di questa Fondatione, andato per pocco tempo alla Patria a radrizzare gli interessi di casa sua, dove arrivò ammalato, ed'in breve vi mori. Persona nel suo Mestiere incomparabile; che final hora servi infaticabilmente fino dall prima pietra questo grande edificio. La sua Morte successe li 2. del punte mese." Ebenso das Gesuch seines Sohnes Niccolò um Auszahlung des letzten Quartallohns seines Vaters vom 3. Juni 1693: „den 2. Januarii 1692 diss zeitliche beschlossen ...", BayHStA, KL, Fasz. 474, Nr. 1/5, fol. 1r.
267 Nicht „Petrus Zuccalli", wie Paulus fälschlich behauptete: Paulus 1912, S. 56.
268 BayHStA, HR I, Nr. 96, Nr. 25: „Euer Churfürstliche Durchlaucht haben ... Paumaisters Johann Annthonnis Viscardi umb er anstatt des jüngst verstorbenen Lorenzen Perto für ainen Paumaister bey dem noch fürwehrenten Theatinernpaus ... unnder 15. Martii abhin [1692] ... zum Paumaister aufgestellt ... ." Ebenso BayHStA, KL, Fasz. 474, Nr. 1/5, fol. 2r. Nicht erst „1694" wie Lipowsky II 1810, S. 272.
269 BayHStA, HR I, Fasz. 96, Nr. 25: „der negst verstorbene Maurmaister Lorenz Perti alle Jar 864 Gulden paar gelt ... ."
270 BayHStA, KB HZA, Nr. 731, fol. 82r: „Vermöge einer anderen ordinanz, ist dem Viscardi das ratum zurück vom 15. Marti anno 1692, und zwar von des Perti gehalten völligen 864 Gulden iedoch aber nur bis letzten Marti diss Jars angeschafft worden. ... vom 1. Appril diss Jars angeschafft worden 500 Gulden."

271 BayHStA, HR I, Fasz. 96, Nr. 25.

272 BayHStA, HR I, Fasz. 96, Nr. 25.

273 BayHStA, HR I, Fasz. 96, Nr. 25: „gnädigist aufgestölten Hofpaumaister, bisanhero schon im 12. Jahrgang threu und gehorsambist gedienet, doch aber bey dem Graf Wahlischen neuen Pauambten Einrichtung unverschuldter dingen ganz ... zunichten gemacht werden. ... undt mir erwenten Lorenzen Perti bemissigte Paumaisterstöll sowollen mit dessen gehabten Geltsoldt ... gnädigst zu conferieren."

274 BayHStA, HR I, Fasz. 96, Nr. 25: „Johann Antoni Viscardi die dem 15. Marii anno 1692 bewillte 864 Gulden besoldtung ... bezahlt werden soll. 1. Octorbris anno 1693."

275 BayHStA, KB HZA, Nr. 732, fol. 73r: „Johann Anthoni Viscardi Paumaister bei denen Herren Theatinern Gulden 500."

276 BayHStA, HR I, Fasz. 96, Nr. 25.

277 BayHStA, HR I, Fasz. 96, Nr. 25, fol. 43r: „Die zu der Herrn Theatiner Kirchen und Klossterpau verordenete 128 842 Gulden nunmehr völlig bezahlt, ob dem Viscardi Paumeister der Soldt noch lenger verraicht ... zu bewilligen, sodann, weil derselbe in dem negst verwichnen drei Jahren 1779 Gulden 21 Kreuzer paar Geldt empfangen, dagegen wißlich, daß nichts Sonderbares gepaut: sonder nur die ausstehend verbliebene Schulden bezahlt worden, wie er solche besoldung verdienet, nit weniger auch herkommen lassen solle, waß noch an den Thürmen und die Kürchen außzumachen, auf wiviel der darüber ergehend uncosten sich belauffen möchte und ob die mitl solches ins werkh zu setzen vorhanden."

278 BayHStA, HR I, Fasz. 96, Nr. 25, fol. 43r et v: „ain und anderem ... bei Herrn Pater Spinelli, als durch welchen solcher Pau bishero dirigiert und gefirth worden, der sach notwendig erkundigen müssen, von deme ... verstaendigt, daß, weilen Zuccaly anfangs die sach zu wenig überlegt, weder ihne, noch iemand anderen gefraget, waß noch aigentlich zu pauen seye, hete er gleich für sich selbst obenhin 100 000 Gulden außgeworffen, welche Ihro Churfürstliche Durchlaucht Herzog Ferdinand Maria, höchstseligsten gedechtnus zwar gnedigst bewilliget, die Theatiner aber des ohne weitere erinderung, dabey müssen bewenden lassen. Nachdem aber nach der handt und de facto das werkh gezaiget, daß darmit nit außzulangen, hete er unlängst Ihro Churfürstliche Durchlaucht die Sach nacher Brüssel umbstendig: und haubtsächlich sovil berichtet, daß das kürchenpflasster, stiel und gländer, dann die fazata, kürchen Portall und Begräbnus in der kürchen, wie auch die eindöckhung der schnirkhel mit kupfer, unterschidliche gewölbe zu fiehren und mehr anderes noch zu verferttigen seye, welches wenigst in die 50 000 Gulden erfordern werde, worüber nun die gnädigste Resolution zu erwarten stehe; und weil man zu vollendung solchen paus gleichwol erfahrenen Mannes, allermaßen der Viscardi einer sey, höchstens vonnötten, so hab er nit maß zu geben, wie Ihro Churfürstliche Durchlaucht deme, alß über dero aigene kürchen und closster Pauwesen bestöllter Paumeister wollen besolden lassen. Die vergangenen drei Jahr habe er solche besoldung mit öfter gefahr seines lebens bey übergehen und außbesserung der mit plöch gedöckhten aber nunmehr sehr schadhafften großen Kuppel, derbey unwiderbringlicher schaden erfolgen köndten, wol verdiennt."

279 BayHStA, HR I, Fasz. 96, Nr. 25: „Ihero Viscardi des vorigen Paumaisters Lorenzen Perso soldt und ambt, so er seinem anstandt gehabt, bewilligt worden. Weilen Euer Churfürstliche Durchlaucht kheine obligation haben, den Patres Theatinern über die Ihnen zum closter und kürchenpau bewilligte summa noch absondlich einen Paumeister zu besoldten, angesehen dessen belohnung wie der anderen handwerksleuth, und den angeschlagenen paukosten begriffen gewesen, daß auch der pau bereits mehrenthails vollendet seye, und der Viscardi seines Antecessoris Besoldung darbei nit verdienen könne ... so haben wir beim Hofzahlambt verfiegt, daß dem Viscardi ferner nichts mehr geraicht werde. Sollte aber khonfftig zu genzlicher ausmachung der kirchen, besonders Thurm und ander nothwendigkheiten, so dem vernemmen nach wol in die 50 000 Gulden noch erfordern sollen, weiteres ein paucosten gnedigst bewilliget werden." Vgl. auch das Besoldungsbuch für das Jahr 1696, in dem Viscardi nicht mehr aufgeführt wird: BayHStA, KB HZA, Nr. 734, fol. 166r et seq.

280 BayHStA, HR I, Fasz. 96, Nr. 25.

281 BayHStA, HR I, Fasz. 523, Nr. 1,1. Vgl. auch Münch 1979, S. 70 ff.

282 BayHStA, HR I, Fasz. 96/26, fol. 381r: „mit allein gnädigster Resolution ... 1 600 Gulden Soldt ... ." Vgl. auch Besoldungsbuch: „vermög ordinanz, sint dem Heinrich Zuccali nebenstehende 1600 Gulden [zugestanden worden]", BayHStA, KB HZA, Nr. 734, fol. 166r.

283 BayHStA, HR I, Fasz. 96/26, fol. 26r: „Dem Churfürstlichen Truchsessen Heinrich Zuccali wird die illimitierte Hofkammerratsstelle, vornehmblich aber die Charge höchstdero Oberarchitekten in Baiern gnädigst conferieret, und demselben die Direction aller Churfürstlichen Gebäu ... und folglich die Disposition über die künstler, handwerkher und arbeiter ... anvertraut. Der Tourbilli aber als Unterarchitekt und des Zuccali Subaltern aufgenohmen ... ." Das kurfürstliche Dekret in: BayHStA, HR I, Fasz. 96/26, fol. 72r.

284 BayHStA, HR I, Fasz. 96, Nr. 25: „nit mehr bedacht worden [sei], welches ihme dann, wie leicht zuerachten,

umb sovil schwer gefallen sein muß, weil er, wegen seines jederzeit bezaigten fleißes, vill eher eine genad erhofft, als dergleichen wöndung, oder gänzliche abdankung besorgt haben würdet, allermaßen wir ihme die zeugschafft geben können, daß er seiner funktion als paumaister, wol verstandten, und dieienig, waß er angeben und gepaut, bestand gehabt, und nit geendt werden dürfen."

285 BayHStA, KL, Fasz. 475, Nr. 4/1695, Beleg Nr. 39.

286 Einspruch Viscardis vom 3. September 1695: BayHStA, HR I, Fasz. 96, Nr. 25.

287 BayHStA, HR I, Fasz. 96, Nr. 26.

288 Lippert 1969, S. 139.

289 So z. B. auch ThB XXXIV, S. 402; AKL XXII 1999, S. 227 ff.

290 So findet sich eine letzte „Gehosambste Erwiderung ... was in negst verwichenem 1697 jahr wegen der Herrn Theatiner Kürchen und Closter Paus ausgegeben worden" in den Belegen zu den Baurechnungsbüchern für den 13. Februar 1698: BayHStA, KL, Fasz. 475, Nr. 4/1695.

# 8

# Dritte Bauphase unter François de Cuvilliés d. Ä.

# 8.1 François de Cuvilliés d. Ä.

François Cuvilliés d. Ä. wurde am 23. Oktober 1695 in Soignies (heute Belgien) geboren[1] und von Max Emanuel bei seiner Rückkehr aus den Spanischen Niederlanden 1715 als „Hofzwerg"[2] mit nach München gebracht[3]. Hier fand er ab 1716 Anstellung als „dessinateur" im Lustbauwesen[4], zunächst unter Enrico Zuccalli und ab 1717 unter dem neuen Hofbaumeister Joseph Effner[5]. Von 1720 bis 1724 wurde Cuvilliés von Max Emanuel nach Paris geschickt, um unter anderem bei Jean-François II Blondel die französische Baukunst zu erlernen.[6] Blondel wurde 1728 Mitglied der 1671 unter Ludwig XIV. gegründeten Académie royale d'architecture. Dort kultivierte man spätestens seit 1715 den nach dem Thronverweser des minderjährigen Ludwigs XV., Philipp II. Herzog von Orléans, benannten Régence-Stil, der als maßgeblicher Vorläufer des Rokoko gilt.[7] Nach seiner Rückkehr nach München wurde Cuvilliés dann am 15. September 1725 zum Hofbaumeister ernannt.[8]

**Abb. 126. Amalienburg, München – Fassadenansicht.**

Nachdem Max Emanuel am 26. Februar 1726 verstorben war, wurde Cuvilliés durch Kurfürst Karl Albrecht, den späteren Kaiser Karl VII., am 31. Mai 1728 dem Oberhofbaumeister Joseph Effner gleichgestellt.[9] Unter Karl Albrecht wirkte Cuvilliés vor allem bei der Ausgestaltung der sogenannten Reichen Zimmer der Münchner Residenz nach dem verheerenden Brand vom 22. Oktober 1729[10] mit und errichtete die Amalienburg im Park von Schloss Nymphenburg für Kurfürstin Maria Amalia ab 1734[11] (Abb. 126). Daneben stand er aber ab Oktober 1728 auch bei Clemens August von Bayern, Erzbischof und Kurfürst von Köln, in Diensten.[12] Interessanterweise sind neben den zahlreichen Adelspalästen keinerlei kirchliche Aufträge für Cuvilliés nachweisbar. Die Klosterkirche von Schäftlarn wurde zwar nach seinen Entwürfen 1733 begonnen, jedoch erst nach dem Österreichischen Erbfolgekrieg und dem Tod des 1742 zum Kaiser gekrönten Karl VII. im Jahre 1745 zwischen 1751 und 1760 unter Johann Baptist Gunetzrhainer und Johann Michael Fischer vollendet.[13] Deren Dominanz gerade im Kirchenbau mag auch der Grund für Cuvilliés' fehlende Aufträge in diesem Bereich gewesen sein.

**Abb. 127. François de Cuvilliés d. J., Längsschnitt durch das Cuvilliéstheater in der Residenz München (Ausschnitt), 1768.**

Unter dem erst achtzehnjährigen Max III. Joseph wurde Gunetzrhainer nach Effners Tod am 5. Juli 1745 zum Oberhofbaumeister befördert.[14] Cuvilliés bewarb sich hingegen, offenbar aus gesundheitlichen Gründen[15], um die Stelle des leitenden Hofgartenarchitekten.[16] Die damit einhergehende „Degradierung" zu einem Unterhofbaumeister erfolgte also wahrscheinlich aus eigenem Antrieb und nicht aus einer Konkurrenzsituation gegenüber Gunetzrhainer, wie bisher oft vermutet.[17] Erst nachdem beim Brand der Neuveste im März 1750 der bisher für Theateraufführungen genutzte Georgensaal den Flammen zum Opfer fiel, wurde Cuvilliés, der zuvor Landgraf Wilhelm von Hessen-Kassel Entwürfe für ein Komödienhaus entworfen hatte, mit dem Bau eines neuen Opernhauses südöstlich der Residenz beauftragt (Abb. 127).[18] Bei diesem Projekt ist auch zum ersten Mal die Mitarbeit seines Sohnes François Cuvilliés d. J. nachweisbar.[19] Bei Vollendung dieses Baus wurde Cuvilliés d. Ä. am 25. Januar 1753 wieder zum Oberhofbaumeister ernannt.[20] Nach einem erneuten Aufenthalt an der Académie d'Architecture in Paris 1755[21], an der auf Bitten Cuvilliés' zugleich sein Sohn in der Bau- und Zeichenkunst unterwiesen wurde, wirkte er bei der Ausgestaltung des Festsaales von Schloss Nymphenburg mit (Abb. 128) und wurde am 16. Januar 1758 aufgrund seiner „in der pau-kunst besizenden vortrefflichen erfahrenheit"[22] zum Hofkammerrath ernannt. Als Gunetzrhainer 1763 verstarb, wurde Cuvilliés auf seine eigene Bitte hin[23] am 2. Dezember die Gesamtleitung aller kurfürstlichen Bauten übertragen[24]. Hierdurch kam er auch in Verantwortung für den Bau der Fassade der Theatinerkirche.

**Abb. 128. Schloss Nymphenburg, München – Großer Festsaal.**

## 8.2 1756–1768: Cuvilliés' Fassade

Bereits am 26. Mai 1756[25] hatte Propst Johannes Edlweckh ein persönliches Bittschreiben an den seit 1745 regierenden Kurfürsten Max III. Joseph übersandt, in dem er betonte:

> „Von langer zeit her ist den Patres Theatinern allhier schon bekannt, wie geneigt sich Euer Churfürstliche Durchlaucht selbst zum öftern gezeigt, um das von dero durchlauchtigsten Voreltern zum danck, lob und ehr des heiligen Patriarchen Cajetan, unseres ordens-stifters, und Churbayrischen statt, land- und hof-Patrons gelübdemässig angefangenen gepäu unserer kirchen mit endlicher herstellung der schon über 90. jahr immer mangelnder Facciata gnädigst ausmachen zu lassen."[26]

Die Finanzierung dieses Vorhabens sollte, so fasste das Hofzahlamt die Vorstellungen Pater Edlweckhs am 2. Juni 1756 zusammen, durch „solche Subsidien [erfolgen], die ohne dem zu dergleichen milden werkhen ..."[27] verwendet würden. Namentlich seien dies „sowohl der salz-kreu-

**Abb. 129. Augustiner-Chorherrenstiftskirche St. Margarethen, Baumburg – Presbyterium.**

zer als der sogenannte Vass-groschen, [die] alzeit hilfreiche Adminicula für Clöster, Stätt und Märkht [gewesen seien]"[28]. Schon Ende Mai hatte der Kurfürst den Theatinern Erträge aus diesen Zöllen „zur erpauung ihrer Kürchen[fassade]" zugesagt.[29] Offenbar wurde zunächst der Oberhofbaumeister Johann Baptist Gunetzrhainer mit einem Entwurf beauftragt, so heißt es im Inventarband des Theatinerarchivs, dass „der Churfürstliche Pau-Maister Gunetsrainer, ... den Riß zumachen anbefohlen ist"[30]. In einem Memorial des Hofbauamtes vom 4. Juli wurde die für die Fassadenvollendung nötige Summe auf 24 000 Gulden veranschlagt und festgehalten, dass die Theatiner hierfür den „Salzcreuzer so nit in totum, iedoch quoad partem [und] auch der Vass Per Pfennig" erhalten.[31] Offenbar reichte jedoch das aus den zugestandenen Subsidien fließende Geld nicht für die Finanzierung der Fassade aus und auch ein Entwurf von Gunetzrhainer ist nicht erhalten.

Erst 1765 beschloss Max III. Joseph, der zwei Jahre nach seinem Regierungsantritt am 9. Juli 1747 Maria Anna von Sachsen geheiratet hatte, sich dem Gelübde seiner Ahnen Ferdinand Maria und Henriette Adelaide anzuschließen und im Anliegen seines eigenen Kinderwunsches die Fassade der Theatinerkirche zu vollenden.[32] Im gleichen Anliegen stiftete das Kurfürstenpaar bereits 1756 das Hochaltarbild der Augustiner-Chorherrenstiftskirche St. Margarethen in Baumburg, auf dem der Augsburger Maler Joseph Hartmann das französische Königspaar Ludwig XIV. und Maria Theresia von Spanien darstellte, wie es der hl. Margareta von Antiochia für die Geburt ihres Sohnes dankt (Abb. 129).[33] Über die Konfrontation der Theatiner mit der Idee des Kurfürsten berichtet Pater Edlweckh in seinem *Diarium* unter dem 31. August 1765:

> „Morgens wurde der hochwürdige Pater Propst [Edlweckh] an den Hof zitiert, wo er vom durchlauchtigsten Kurfürst vernahm, dass dieser den festen Entschluss gefasst habe, die Straßenfront zu vollenden, das heißt die Fassade oder [bzw.] die Portale unserer Kirche. Hierfür werden uns zwischenzeitlich zehntausend Gulden überwiesen mit der Auflage, sie in unserem Namen und nicht dem des durchlauchtigsten Kurfürsten, auch unabhängig von dem kurfürstlichen Hofbauamt zu verbauen, jedoch unter der Leitung des kurfürstlichen Oberhofbaumeisters Herrn Cuvilliés, der von diesem durchlauchtigsten Kurfürsten in Gegenwart des hochwürdigen Herrn Propstes beauftragt wurde, dieses Werk prächtig zu vollenden. So blieb nur noch, die notwendigen Mittel für die [zum Bestreiten der] Ausgaben zu beschaffen, die der durchlauchtigste Kurfürst von Zeit zu Zeit beisteuerte. Zwischenzeitlich sorgten wir für die [Beschaffung der] Baumaterialien. So hoffte der große Kurfürst, dass der heilige Kajetan seine Fürbitte erhöre und heute wie damals dem Haus Bayern auf seine Fürsprache einen Thronfolger schenke."[34]

Die entscheidende Vorgabe des ansonsten so sparsamen Kurfürsten[35] für die Gestaltung der Fassade war es also, sie „ebenso prächtig" wie die Theatinerkirche selbst auszuführen. Dass die Initiative hierzu vom Kurfürsten selbst und nicht vom Propst ausging, betonte Edlweckh nochmals ausdrücklich in seiner späteren Stellungnahme vom 1. Juli 1768.[36]

Bereits am 27. September 1765 legte Cuvilliés d. Ä. den hocherfreuten Patres seinen „schönsten" Fassadenentwurf vor.[37] Am 25. Oktober wurde schließlich das Projekt öffentlich bekannt gemacht und die Patres waren sich nun sicher, dass ihre Fassade endlich gebaut würde.[38] Leider hat sich der Entwurf von Cuvilliés d. Ä nicht erhalten. Von Leo von Klenze wird berichtet, dass er als Hofbauintendant die Pläne seiner Vorgänger und ihres „Geschnörkels" auf einem Wagen habe ins Dachauer Moor fahren lassen, um sie dort zu versenken.[39] Erst nach dem Tod Cuvilliés d. Ä am 14. April 1768[40] präsentierte sein Sohn den Theatinern am 31. Dezember 1769 den großformatigen, in Kupfer gestochenen Fassadenaufriss mit Fassadengrundriss, der sich in den Klosterliteralien der Theatiner im Bayerischen Hauptstaatsarchiv erhalten hat (Abb. 130). Diesem Fassadenaufriss entspricht auch die kleinere, von Karl Albert von Lespilliez gestochene Illustration in der von Cuvilliés d. J. herausgegebenen letzten Auflage der *École de l'architecture bavaroise* von 1770.[41] In der Bildlegende findet sich der Hinweis:

> „... vollständig und uneigennützig gebaut unter der Aufsicht zunächst von François Cuvilliés, kurfürstlichem Oberhofbaumeister, und dann, nach dessen überraschendem Dahinscheiden, von seinem Sohn François Cuvilliés, Militärbaumeister und kurfürstlichem Architekten."[42]

Der Hinweis, dass dies überraschend geschehen sei, lässt vermuten, dass sowohl der Plan wie auch der Großteil der Fassade unter der Leitung des Vaters entstanden. So wurden die Arbeiten ab dem Jahr 1768 unter der Leitung des Sohnes vollendet. Welchen Anteil dieser zuvor an der Planung und Ausführung der Fassade hatte, lässt sich nicht mehr weiter eruieren.

Für den Ausbau der Fassade hatte der Kurfürst am 30. Oktober 1765 zunächst 6 000 Gulden an die Theatiner auszahlen lassen, damit sie die Baumaterialien hatten beschaffen können.[43] Mit den Baumaßnahmen selbst wurde dann am 25. April 1766 ohne große Festlichkeiten begonnen.[44] Am 9. August wurden dann, wohl auch aufgrund einer Kostensteigerung, weitere 4 000 Gulden zur Fortführung der Bautätigkeit ausbezahlt.[45] Am 22. August 1766 fuhr Propst Edlweck persönlich nach Schloss Nymphenburg, um dem Kurfürsten die von ihm ersonnene Weiheinschrift zu unterbreiten.[46] Unter dem 19. Februar 1767 findet sich dann, mit der Anmerkung, dass man „2 alte Bostament oder fuess Maur ... hat abgebrochen"[47], ein an die Hofkammer übermittelter Überschlag der Finanzkomission über die Gesamtkosten für die Fassade von der „im abgelaufenen Jahr, dero anfang gemacht, auch fast der dritte Theil hieran vollendet worden" war. Die Gesamtkosten für den weit fortgeschrittenen Bau wurden dabei auf 17 855 Gulden geschätzt, die sich aus 8 000 Gulden für das Jahr 1766 und 9 855 Gulden für 1767 zusammensetzten. Am 19. November 1767 wurden dann die wichtigsten Mitarbeiter anlässlich der Vollendung des Rohbaus in das Theatinerkloster eingeladen und dort reich verköstigt.[48] Darunter befanden sich unter anderem der Schöpfer der Fassadenfiguren Roman Anton Boos, ein Steinmetz namens Matthias und der Leiter der Baustelle Ferdinand Baader[49]. Nach dem Baurechnungsbuch[50] für den Bauzeitraum von Oktober 1765 bis Dezember 1768 wurde die Fassade am 10. Dezember 1768[51] für eine Gesamtsumme von 27 855 Gulden[52] fertig gebaut. Sie überstieg damit die avisierten Kosten um ganze 10 000 Gulden und deswegen blieben die „Kirchen-Thüren-Stafel, und zwey Pyramiden"[53] zunächst unvollendet. Ebenso hatte sich wohl aufgrund einer unzureichenden Abdeckung eines der beiden großen Wappen gespalten und musste noch 1770 gänzlich erneuert werden.[54] Da weitere Belege nicht überliefert sind, muss davon ausgegangen werden, dass die Stufenanlage des Portals wahrscheinlich noch 1770 vollendet wurde.

Abb. 130. François de Cuvilliés d. J., Fassadenaufriss und Fassadengrundriss der Theatinerkirche nach François de Cuvilliés d. Ä., 1769.

Die zur Einweihung an der Fassade angebrachte Inschriftentafel aus Adneter Marmor dokumentiert die Vollendung des Gelübdes seiner Urgroßeltern durch Max III. Joseph in Verbindung mit dem eigenen Wunsch nach der Geburt eines Thronfolgers.

Diese Kirche
wurde von den kurfürstlichen Stammeltern
aufgrund eines Gelübdes
von Grund auf erbaut
und ist nun mit der Außenfassade
vollendet worden,
einer prächtigen
Eingangsfront, wie man sie
hier erwartet, von
Maximilian Joseph,
Herzog von Bayern und Kurfürst
des Heiligen Römischen Reiches,
mit demselben frommen Gelübde und der Hoffnung,
ausschmückt und zur Gänze vervollständigt.
Im Jahre des Heils 1768.“[55]

Trotz aller Bemühungen sollte dem Kurfürsten jedoch sein Kinderwunsch nicht erfüllt werden. Als er am 30. Dezember 1777 starb, endete tragischerweise auch die bayerische Linie der Wittelsbacher, deren Fortbestand Henriette Adelaide und Ferdinand Maria mit ihrem Gelübde und der Geburt Max Emanuels noch fur fast 120 Jahre gesichert hatten.[56] Mit Karl Theodor, Pfalzgraf und Kurfürst von der Pfalz, bestieg nun die Pfälzer Linie der Wittelsbacher den bayerischen Kurfürstenthron.

## 8.2.1 Cuvilliés‘ Fassadenplan

Der großformatige, in Kupfer gestochene Fassadenplan nach Cuvilliés d. Ä. aus dem Jahre 1769 stellt seinen letzten großen Architekturentwurf dar (Abb. 130). Dieser wurde in seiner Grunddisposition maßgeblich von den bereits vorhandenen Teilen der Kirche, etwa ihrer Kuppel, ihren beiden Fassadentürmen oder dem Fassadensockel, bestimmt. Hierdurch waren sowohl die Geschosseinteilung wie auch die Achsen und sogar die Stufung der Wand vorbestimmt. Cuvilliés‘ recht undankbare Aufgabe bestand also darin, auf dieser Grundlage einen harmonischen Aufbau für den Hauptteil der Fassade zu entwickeln. Zwangsläufig übernahm er vom Fassadenplan Zuccallis aus dem Jahre 1672 (Abb. 106) die Pilastergliederung an den die mittlere Travée flankierenden Fassadenteilen und die bestehende Ordnungsfolge der Fassadentürme. Entgegen Zuccalli verkröpfte Cuvilliés jedoch die jeweils äußerste Pilasterstellung und schuf dadurch eine klarere Abtrennung gegenüber den Fassadentürmen. Von Barellis drittem Fassadenplan des Jahres 1671 (Abb. 89) übernahm Cuvilliés die starke Zurückstufung der Mitteltravée, die damit nicht, wie teilweise behauptet, als seine eigene Idee gelten kann![57] Er betonte sie aber noch durch das neue Rahmenelement der innerhalb des Mauerrücksprungs freigestellten Vollsäulen, die sich sowohl im ersten wie auch im zweiten Geschoss finden. Durch diese Nobilitierung der mittleren Achse erzielte Cuvilliés einen geschickten Ausgleich zur Dominanz der beiden Fassadentürme. Als eigene Ideen müssen darüber hinaus die einfachen kleinen Anläufe an den Seiten des zweiten Geschosses und die ungebrochenen Giebelschrägen gelten. Ein großes Allianzwappen im Tympanon sprengt den Giebel unten. Cuvilliés erzielte also durch die Kombination des klaren Stils Zuccallis mit dem Einfallsreichtum Barellis und unter Aufwertung der Mittelachse eine ausgewogene Lösung im Widerstreit mit den dominanten Doppeltürmen. Diese klare, die Fassade nicht plastisch zerteilende, sondern als Einheit zusammenfassende Sprache muss dabei als Kennzeichen des klassizistischen Spätstils von Cuvilliés d. Ä. gelten, der maßgeblich durch seine zweite Frankreichreise 1754/55 beeinflusst worden war.[58]

Von dem galanten und sprühenden Rokoko, das Cuvilliés‘ Werk über Jahrzehnte prägte und ihm seine Bedeutung innerhalb der Architekturgeschichte sicherte, zeugt hingegen in leisen Tönen noch das Dekor der Fassade. So finden sich auf den äußersten Postamenten des zweiten Geschosses und des Giebels dekorative Vasenpaare und in den Friesen von Blumenfestons und Laubwerk umspielte liturgische Geräte sowie auf Wolken schwebende Engelchen. Die in die Mauer gehöhlten Figurennischen bestehen nur noch aus einer von (unterschiedlichen) Konsolen getragenen Standplatte, einer einfachen Rahmung, einem entsprechenden Gebälk und einer glatten Kalotte. Darüber fügte Cuvilliés, Barellis erstem Fassadenplan von 1662 (Abb. 69) folgend, wieder Stuckreliefs mit den Attributen der jeweiligen Heiligenfiguren ein. So findet sich unten links, auf der heraldischen Ehrenseite, der Kirchenpatron St. Kajetan und rechts der heilige Maximilian, Bischof von Lorch und Namenspatron sowohl Max‘ III. Josephs als auch Max Emanuels. An den benachbarten äußeren Travéen sind über blinden Fenstern mit einfacher Ädikularahmung zwei Tondi mit den Reliefs der Heiligen Petrus und Paulus angebracht. Im zweiten Geschoss folgt links die Nischenfigur der zweiten Kirchenpatronin, der heiligen Kaiserin Adelheid, zugleich Namenspatronin der kurfürstlichen Stifterin, und rechts die des Patrons des Stifters, des heiligen Königs Ferdinand III. von Kastillien. Auf den Reliefs über ihnen ziehen Engelchen Vorhänge zur Seite, um Symbole des Neuen und Alten Bundes zu präsentieren: einen Kelch mit Hostie sowie die Bibel. Mit dieser Ikonographie änderte Cuvilliés das von Henriette Adelaide vorgesehene Lob des Hauses Savoyen in eine Skizzierung der Geschichte dieser Kirche, wodurch die Fassade erneut in Konkurrenz zu jener der Jesuitenkirche St. Michael tritt. Das Bildprogramm hält fest, dass die Theatinerkirche von Henriette Adelaide und Ferdinand Maria gestiftet und dem heiligen Kajetan als Dank für die Geburt Max Emanuels geweiht wurde. Zudem sind Max III. Joseph und seine Gemahlin Maria Anna sowohl in dem prominenten Allianzwappen als auch in der von Zuccallis Plan übernommenen Inschrifttafel über dem Portal verewigt. Diese verkündet auch den Wunsch von Max III. Joseph, dass ihm mit der Vollendung der Kirche entsprechend dem Gelübde seiner Vorfahren selbst ein Kindersegen zuteilwerden möge. Noch stärker wäre der historisierende Charakter des Fassadenprogramms unterstrichen worden, wenn die zwei für Max III. Joseph und Maria Anna neben dem Hauptportal vorgesehenen Kenotaphe, wahrscheinlich die zuvor bereits erwähnten „Pyramiden“, realisiert worden wären.

## Exkurs: Zur Farbigkeit der Fassade

Nach einer Untersuchung durch die Restaurierungswerkstatt Michael Hornsteiner im September 2005 und Januar 2006 konnten bis zu acht Fassungen an der Fassade der Theatinerkirche nachgewiesen werden. Für die Erbauungszeit um 1766/68 wurde eine „einheitliche Weißfassung für die gesamte Giebelfassade ... mit vereinzelten gelblichen und grauen Partikeln“[59] festgestellt. Diesen Zustand dokumentiert exemplarisch Joseph Carl Cogels Vedute *Das Schwabinger Tor mit der Theatinerkirche* von 1814 (Abb. 131). Nach Meinung Michael Hornsteiners wurde die Fassade (nach einer Überarbeitungs- und Instandsetzungskampagne um 1830) gegen 1853 mit einem monochromen Hellocker überzogen; dabei erhielten auch die Skulpturen von Roman Anton

Boos eine farbige Fassung.[60] Diese Fassadenfarbe wurde dann 1920/21 durch einen dunkleren, bräunlichen Ockerton ersetzt, auf den 1947/48 ein bräunlich orangegelber Ocker folgte. Im Jahre 1961 wurde die Fassade in einem hellgelben Ockerton gestrichen. Zu jener Zeit kamen auch die ersten Diskussionen über die Farbigkeit der Fassade auf.[61] Ein weiterer Anstrich erfolgte 1971–1976, und zwar im gleichen Farbton wie 1961.[62] Durch die 2015 begonnene Generalsanierung erstrahlt die Fassade seit 2017 wieder in dem leichten und lichten Hellocker der 1850er Jahre, der dem Bau eine italienische Wärme und Leichtigkeit verleiht (Kap. 5.2). Die Entscheidung für diesen Farbton fiel vor allem im Hinblick auf die heute noch gültige Gestaltung des Odeonsplatzes unter Leo von Klenze.

**Abb. 131. Joseph Carl Cogel, Das Schwabinger Tor mit der Theatinerkirche, 1814.**

## 8.3 Fassadenfiguren von Roman Anton Boos und Johann Baptist Straub

**Abb. 132. Zisterzienser-Stiftskirche Mariä Himmelfahrt, Fürstenfeld – Roman Anton Boos, Stifterfigur Kaiser Ludwigs des Bayern, 1766.**

Roman Anton Boos wurde am 28. Februar 1733 in Bischofswang bei Roßhaupten im Allgäu als Sohn des Bauern Joseph Boos und seiner Frau Katharina geboren.[63] Zunächst ging Boos auf Betreiben seines Vaters bei dem Bildhauer Anton Sturm in Füssen in die Lehre, bevor er in die Werkstatt des damals führenden Münchner Bildhauers Johann Baptist Straub eintrat.[64] Von München aus besuchte Boos 1763 die Akademie in Wien, an der zehn Jahre zuvor auch Ignaz Günther studiert hatte. Nach Boos‘ Rückkehr ließ er sich in München als Bildhauermeister nieder

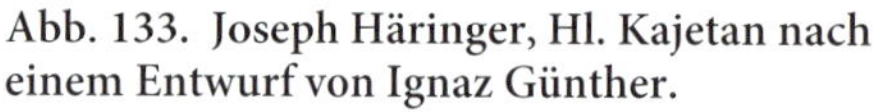
Abb. 133. Joseph Häringer, Hl. Kajetan nach einem Entwurf von Ignaz Günther.

Abb. 134. Ignaz Günther, Bozzetto des hl. Kajetan, 1765/66.

und erhielt auf Empfehlung Straubs am 11. April 1765 einen nicht näher bekannten ersten Auftrag vom Münchner Hof.[65] Im selben Jahr gründete Boos zusammen mit dem Maler Franz Ignaz Oefele und dem Stuckator Franz Xaver Feichtmayr eine private Zeichenschule, um damit Kurbayern von den ausländischen Akademien unabhängig zu machen. Bereits 1770 wandelte Max III. Joseph diese „Zeichenschule, respektive Maler und Bildhauer Academie zur Beförderung und Aufnahm der Künste“[66] in eine öffentliche Institution um. Als Boos‘ erste eigenständige Werke gelten die 1766 geschaffenen Stifterfiguren Ludwigs des Strengen und Ludwigs des Bayern in der Zisterzienser-Stiftskirche Mariä Himmelfahrt in Fürstenfeld (Abb. 132). Beide Figuren zeichnen sich durch den geschlossenen, strengen Charakter ihrer Ponderation und Mimik aus. Bereits als nächster großer Auftrag des jungen Boos müssen die vier Fassadenfiguren des heiligen Kajetan, des heiligen Bischofs Maximilian von Lorch, der heiligen Kaiserin Adelheid und des heiligen Königs Ferdinand von Kastilien in den Nischen der Fassade der Theatinerkirche gelten. Zunächst sollten diese von dem älteren und durchaus berühmteren Schüler Straubs, dem Bildschnitzer Ignaz Günther, geschaffen werden. Dessen Tätigkeit für diesen Auftrag begann wohl bereits im Herbst 1765, denn am 17. Juli 1766 wurde vom Magistrat der Stadt bei einem Streit Günthers mit seinen Nachbarn über die Errichtung einer eigenen Bildhauerwerkstatt vor seinem Haus zu seinen Gunsten entschieden.[67] Der Vertrag über die Lieferung der Steine zu den Skulpturen mit dem Steinmetz Johannes Marx aus Kelheim stammt vom 14. Oktober 1766. Dort heißt es:

> „4 Stücke zu der Statuen bey der Facciata der Theatiner Kirchen ... in der länge halten muss 11 schuch, in der breitte aber 4 schuch 5 zoll, die dicke 2 schuch 6 zoll.“[68]

Abb. 135. Roman Anton Boos, Bozzetto des hl. Maximilian, 1766.

Abb. 136. Theatinerkirche St. Kajetan und Adelheid, München – Roman Anton Boos, Figur des hl. Maximilian in der Fassade, 1767.

Abb. 137. Theatinerkirche St. Kajetan und Adelheid, München – Roman Anton Boos, Figur des hl. Kajetan in der Fassade, 1767.

Cuvilliés stellte dann am 11. Februar 1767 eine detaillierte Kostenübersicht über „dis grosse doppelte churfürstlich Wappen welches 13 schue hoch, gegen 19 schue breit ist ... 6 vassa, a 8 schue hoch ... 4 figurrn toto gegen 9 schue hoch [für den Gesamtpreis von] 3 890 Gulden“[69] auf. Von Günthers Entwürfen sind Nachzeichnungen seines Schülers Joseph Häringer in der Staatlichen Graphischen Sammlung München (Abb. 133) und ein Terrakottabozzetto des heiligen Kajetan in der Desdner Skulpturensammlung erhalten (Abb. 134).[70] Doch bereits am 29. September 1766 war ein neuer Vertrag mit Roman Anton Boos geschlossen worden.[71] In Bezug auf diesen heißt es in einer Eingabe des Steinmetzen Marx wegen einer ausstehenden Bezahlung am 8. Juli 1768, dass die Steine größer geschnitten hätten werden müssen, „weillen es bei den alten Mustern [Günthers] nit darbei geblieben“.[72] Günther dürfte also nie mit

**Abb. 138. Theatinerkirche St. Kajetan und Adelheid, München – Roman Anton Boos, Figuren der hll. Adelheid und Ferdinand in der Fassade, 1767.**

den Arbeiten am Stein begonnen haben. Auch von Boos ist ein Terrakottamodell hierfür erhalten, das des heiligen Maximilian im Bayerischen Nationalmuseum (Abb. 135).

Gerade in der Gegenüberstellung mit Günthers gezierter, S-förmig ponderierter und überaus lebendiger Kajetansstatue wird die geschlossene Komposition der C-förmig ponderierten Maximiliansfigur von Boos überdeutlich. Diese Vereinfachung in Darstellung und Komposition

**Abb. 139. Theatinerkirche St. Kajetan und Adelheid, München – Roman Anton Boos, Relieftondi der hll. Petrus und Paulus in der Fassade, 1767.**

**Abb. 140. Roman Anton Boos, Bozzetti für die Relieftondi der hll. Petrus und Paulus, 1766/67.**

zugunsten einer wurdevollen Schwere ist bei der Umsetzung der Entwürfe noch gesteigert (Abb. 136). Die bei Günther vom heiligen Maximilian gehaltenen Attribute von Schwert und Märtyrerpalme verbannte Boos in das Stuckrelief über der Figur. Ähnliches gilt für die Statue des heiligen Kajetan: Im Relief über ihr sind dessen Attribute, das Füllhorn mit Früchten und Blumen sowie die Ährengarbe, zu sehen (Abb. 137). Boos' Figur hat ihr Gesicht zum Himmel erhoben und trägt ein aufgeschlagenes Neues Testament mit dem für den Theatinerorden so programmatischen Herrenwort der Bergpredigt in ihrer Rechten: „Quaerite primum regnum Dei, et iustitiam eius" („Euch aber muss es zuerst um sein Reich und seine Gerechtigkeit gehen", Mt 6,33). Die Figur des heiligen Kajetan ist noch statischer als die des heiligen Maximilian. Kajetans Matthäuszitat wird im Übrigen auf Maximilians geschlossener Bibel wohl in Anspielung auf die Geburt Max Emanuels vervollständigt: „et haec omnia adiicientur vobis" („dann wird euch alles andere dazugegeben"). Bei Boos' Figuren der Heiligen Adelheid und Ferdinand schlagen stärker die Entwürfe Günthers durch, etwa in Bezug auf die S förmige Ponderation und die lebendigere Gewanddrapierung (Abb. 138). Gerade in dieser Abhängigkeit von Günther wird deutlich, dass sich Boos hier noch am Anfang seines Schaffens befand. Diese Tatsache konnte Boos auch nicht durch seinen Kommentar

**Abb. 141. Theatinerkirche St. Kajetan und Adelheid, München – Johann Baptist Straub, Allianzwappen in der Fassade, 1767/68.**

**Abb. 142. Theatinerkirche St. Kajetan und Adelheid, München – Johann Baptist Straub, Putten in der Postamentzone des zweiten Geschosses der Fassade, 1768.**

**Abb. 143. Theatinerkirche St. Kajetan und Adelheid, München – Johann Baptist Straub, Trophäen im Fries des ersten Geschosses der Fassade, 1768.**

in einem Brief an den Geheimen Rat Johann Caspar von Lippert vom 10. November 1770 verbergen, in dem er darauf verwies, dass es „dem Ginder ... gegangen an der Theadiner Kirch ... warum kombt man zu mir, guett machen, was andere verdarben? ... wan andere die Stein verstimbleten, hat man mich beruffen ...“[73]. Möglicherweise war der in der Holzschnitzerei geübte Günther tatsächlich mit der Bearbeitung von Stein überfordert. Freier und unabhängiger als bei den Nischenstatuen zeigte sich Boos bei der Gestaltung der Relieftondi der Heiligen Petrus und Paulus in den Außentravéen des ersten Fassadengeschosses (Abb. 139). Für beide haben sich Terrakottabozzetti im Bayerischen Nationalmuseum erhalten (Abb. 140). Sie besitzen einen durch-

**Abb. 144. Theatinerkirche St. Kajetan und Adelheid, München – Johann Baptist Straub, Stuckreliefs über den Figuren der hll. Adelheid und Ferdinand in der Fassade, 1768.**

**Abb. 145. Ignaz Günther, Bozzetti für die Stuckreliefs über den Figuren der hll. Adelheid und Ferdinand, 1766.**

aus ausdrucksstarken, ruhigen und gravitätischen Ausdruck, der auf Boos' spätere Arbeiten vorausweist.

Die anderen plastischen Arbeiten an der Fassade der Theatinerkirche können Boos' Meister Johann Baptist Straub zugeordnet werden:[74] das vollplastische, von einer Fama und zwei Engeln präsentierte Allianzwappen Bayerns und Sachsens im Tympanon (Abb. 141), die umwölkten Putti in der Postamentzone des zweiten Geschosses mit dem zentralen Psalmwort „Adorate Dominum in atrio sancto eius" („Betet den Herrn an in seinem Heiligtum", Ps 96,8) (Abb. 142) und die verschiedenen liturgischen Geräte wie Weihwasserkessel, Glocken oder Rauchfass im Fries des ersten Geschosses (Abb. 143). Für diese Zuschreibung spricht die Nennung Straubs, neben der von Boos, in einer undatierten Rechnung in Höhe von 2 255 Gulden.[75] Straubs Arbeiten weisen einen lebendigeren und gerade bei den Putten teilweise verspielten Stil auf, den Boos gezielt vermied.[76] Allerdings müssen für Straubs Stuckreliefs über der heiligen Adelheid mit den zwei Putti, die einen Vorhang vor dem neutestamentlichen Symbol von Kelch und Hostie beiseiteziehen, sowie das über dem heiligen Ferdinand mit der gleichen Rahmenszene und den alttestamentlichen Gesetzestafeln des Mose (Abb. 144), frühe Entwürfe Günthers als Vorbilder gelten. Diese sind in zwei Terrakottabozzetti im Bayerischen Nationalmuseum überliefert (Abb. 145)[77] und zeigen deutlich Günthers geschickte Draperien und fleischige Putti, die von Straub lediglich um die beiden Bundessymbole ergänzt wurden.

Kurfürst Max III. Joseph war offenbar mit Boos' Arbeiten so zufrieden, dass er ihn „in huldreichster erwegung seiner besitzenden und mit verschiedenen arbeithen erprobten vorzüglichen geschicklichkheit"[78] am 23. Juli 1773 zum Hofbildhauer ernannte.

anderen Dokumente finden sich in: BayHStA, KL, Fasz. 474, Nr. 3.

51 BayHStA, KL, Fasz. 474, Nr. 2/9, Titelseite: „von 19ten Octobris Anno 1765 bis 10ten Decebris Anno 1768."

52 BayHStA, KL, Fasz. 474, Nr. 2/9, fol. 1v.

53 BayHStA, KL, Fasz. 493, Nr. 48, Bd. 1, Rubrica V., Nr. 1.

54 BayHStA, KL, Fasz. 493, Nr. 48, Bd. 1, Rubrica V., Nr. 1: „weiter hat sich angeben, dass das Gesims ober der Churfürstlich Wappen nicht wohl mit Kupfer bedeckht gewesen; auch eines von beyden Wappen den Witner hinsich sich gespaltet hatte ..., so hat man besagtes Gesims noch in diesem Jahr 1770 besser mit Kupfer decken, und beide Wappen ganz neu vom Stuccador machen müssen."

55 Im lateinischen Original: „Templum hoc / a Serenissimis olim Progenitoribus / ex voto / a fundamentis erectum / et ad extimam duntaxat faciem / perductum / splendidissimo propylaeo/ quod heic adspectandum se praebet / MAXIMILIANUS IOSEPHUS / Bavariae Dux Sacrum Romanorum Imperium Elector / eadem voti religione ac spe / exornavit ex asse complevit / Anno Salus MDXXLCVII."

56 Elhardt 1996, S. 242 ff.

57 So Wolf 1967, S. 103; Braunfels 1986, S. 166; Schütz 2000, S. 157.

58 Vgl. Wolf 1967, S. 74 ff.; Braunfels 1986, S. 140 ff.

59 BLfD, Dokumentationsarchiv, München Theatinerkirche St. Kajetan: Voruntersuchung der Giebel und Nordturmfassade durch Restaurierungswerkstätte Michael Hornsteiner September 2005/Januar 2006, S. 4

60 BLfD, Dokumentationsarchiv, München Theatinerkirche St. Kajetan: Voruntersuchung der Giebel und Nordturmfassade durch Restaurierungswerkstätte Michael Hornsteiner September 2005 / Januar 2006, S. 5.

61 So vermutete Walther Bertram, dass die von ihm anhand historischer Ansichten rekonstruierte Farbigkeit, „rötliches Weiß im Fond, dazu graugrünliche Gliederung", Leo von Klenze bei seiner Planung der Ludwigstraße nicht gestört hätte. Im Gegenteil hätte dieser die „im Sinne des Klassizismus farbig kühl gehaltene" Farbigkeit wahrscheinlich bevorzugt. Vgl. Walther Bertram, Die ursprüngliche Farbigkeit der Theatinerkirche in München im Zusammenhang mit der Ludwigstrasse, in: *18. Bericht des Bayerischen Landesamtes für Denkmalpflege 1959*, München 1960, S. 46–50.

62 BLfD, Dokumentationsarchiv, München Theatinerkirche St. Kajetan: Voruntersuchung der Giebel und Nordturmfassade durch Restaurierungswerkstätte Michael Hornsteiner September 2005/Januar 2006, S. 5 f.

63 Schedler 1985, S. 9.

64 ThB XXXII 1938, S. 251 f.

65 BayHStA, HR I, Fasz. 281, Nr. 78, fol. 1r: „Wir befehlen den hirmit gnädigst des in über anschlüssig von samenth hiesigen Hof und Stadt Bildhauern besagter Roman Boß Bildhauergselle von Füssen underthänigst überbrachtes anlangen gehorsambst, und was es mit denen bildhauern articuln für einbeschaffenen heit habe, bericht erstatten, ... welcher als ein sonderbarer künstler angerühmt wird ... . München den 11. April 1765."

66 Erlass Max' III. Josephs vom 4. März 1770: BayHStA, HR I, Fasz. 279, Nr. 14.

67 Vgl. Woeckel 1949, S. 256 f.; Schoenberger 1954, S. 64; Woeckel 1975, S. 517.

68 BayHStA, KL, Fasz. 474, Nr. 3.

69 BayHStA, KL, Fasz. 474, Nr. 3. Übersicht nicht von „Günther", wie behauptet von Johen 1937/38, S. 282; Woeckel 1975, S. 512.

70 Woeckel 1975, Nr. 86–89.

71 Dieser Vertrag ist heute nicht mehr erhalten, wird aber von Paulus im Nachlass Cuvilliés' aufgeführt: Paulus 1912B, S. 117.

72 BayHStA, KL, Fasz. 474, Nr. 3.

73 Zit. nach Messerer 1972, S. 57.

74 Woeckel 1975, S. 514 ff.

75 BayHStA, KL, Fasz. 474, Nr. 2/9, fol. 4r: „Beweis gegenwärthiger Abrechnung Nr. 10 mit Johann Baptist Straub, und Roman Antoni Booß ist deren Schuldigkeit bestandten in 2 255 Gulden."

76 Volk 1980, S. 113.

77 Vgl. Woeckel 1975, S. 514.

78 BayHStA, MF, Nr. 10978.

**S. 259: Theatinerkirche St. Kajetan und Adelheid, München – Voluten des Nordturmes.**

# 9 Der Stuckdekor

## 9.1 Der Stuckdekor und seine Meister

Als wichtigstes Ausstattungselement der Theatinerkirche muss der überaus prächtige und vielgestaltige Stuckdekor gelten. Bereits Johann Georg Keyssler schrieb darüber anerkennend in seinem Bericht *Neueste Reise durch Teutschland* aus dem Jahre 1740:

> „Was die geistlichen Gebäude [von München] anbelangt, so [verdient die Kirche] der Theatiner wegen ihrer Stuccatur-Arbeit gesehen zu werden."[1]

Über die beteiligten Meister bestanden aber bisher nur widersprüchliche und unbefriedigende Angaben.[2] Doch lassen nun sich anhand einer handschriftlichen Anmerkung im ersten Inventarband des Theatinerarchivs von 1752 in Bezug auf das Hauptjahr der Ausstattung 1673 die entscheidenden Stuckatoren eindeutig benennen. Dort heißt es:

> „Die Stuckhadoren von unserer Kürchen waren. 1. Johannes Petrus Legony. 2. Joann Jacob Legony. 3. Joann Georg Gurnier. 4. Antonius Perti. 5. Prosper Prenno. 6. Joannes Peloni. 7. Johann Baptist Prenno. 8. Paulus Perozi. 9. Peter Paul Ballerer. 10. Paulus Marin. 11. Hans Peter Neurone. 12. Carolus Brentani. 13. Joannes Baptista Brentani. Also geben die Auszügl von Pau-Rechnungen besonders de anno 1673."[3]

Offensichtlich hatte der damalige Archivar des Theatinerklosters also noch Zugang zu den heute verlorengegangenen Baurechnungen des Jahres 1673. Damit bestätigt sich zunächst die Beteiligung Carlo Brentano-Morettis, der als Hauptmeister gelten muss[4], sowie Prospero und Giovanni Battista II Brennis. Erst ab 1674 ist hingegen die Tätigkeit Wolfgang Leuthners belegt, der auf Anordnung Henriette Adelaides verschiedene „kindt"[5], also Putten und Engel, schuf. Überraschenderweise fehlt jedoch der bisher häufig als „leitender Meister"[6], zumindest für die späteren Jahre[7], bezeichnete Niccolò Perti[8], der Sohn des Bauleiters Lorenzo Perti. Tatsächlich kann Niccolòs Tätigkeit dokumentarisch erst für das Jahr 1685 am Südturm[9] und dem kurfürstlichen Oratorium[10], für 1687 am Heiligen Grab[11] und für 1688 an der Heiligen Stiege[12] belegt werden. Ab 1689 arbeitete er dann in Schloss Schleißheim und ab 1693 in der Münchner Residenz.[13] Ähnliches wie für Niccolò Perti gilt auch für Pietro Christofori Zuccalli[14], der nachweislich lediglich 1692 die Kapitelle des Südturmes stuckierte[15].

Anhand eines Vergleichs der über den gesamten Kirchenraum verteilten figuralen Stuckaturen mit den für einzelne Künstler gesicherten Werken andernorts sollen nun zumindest die einzelnen Ausstattungsphasen den genannten Meistern zugeordnet werden. Dass diese Phasen trotz ihrer grundsätzlichen stilistischen Einheitlichkeit voneinander geschieden werden können, belegt die Beurteilung der geleisteten Arbeiten durch Pater Spinelli. Schon er stellte fest, dass „die zweiten Arbeiten nicht mit den ersten übereinstimmen, [auch wenn] die sich gut zusammenfügen"[16]. Darüber hinaus muss auch betont werden, dass die einzelnen Meister nicht alleine, sondern mit ihren Trupps, den sogenannten Compagnien arbeiteten.[17] Eine Händescheidung bei jedem einzelnen Stuckelement ist daher von vorneherein nicht möglich. Abgesehen von Niccolò Perti können interessanterweise nach ihrer Tätigkeit an der Theatinerkirche für die Meister nördlich der Alpen nur wenige weitere Werke nachgewiesen werden. Dies liegt wahrscheinlich auch an der Organisation dieser Compagnien, die sich nach Erfüllung eines Auftrages häufig wieder auflösten, teilweise nach Italien zurückkehrten und so nur selten in der gleichen Besetzung einen neuen Auftrag übernehmen konnten.[18]

**S. 260: Theatinerkirche St. Kajetan und Adelheid, München – Detail der Wölbung des südwestlichen Querhausarms.**

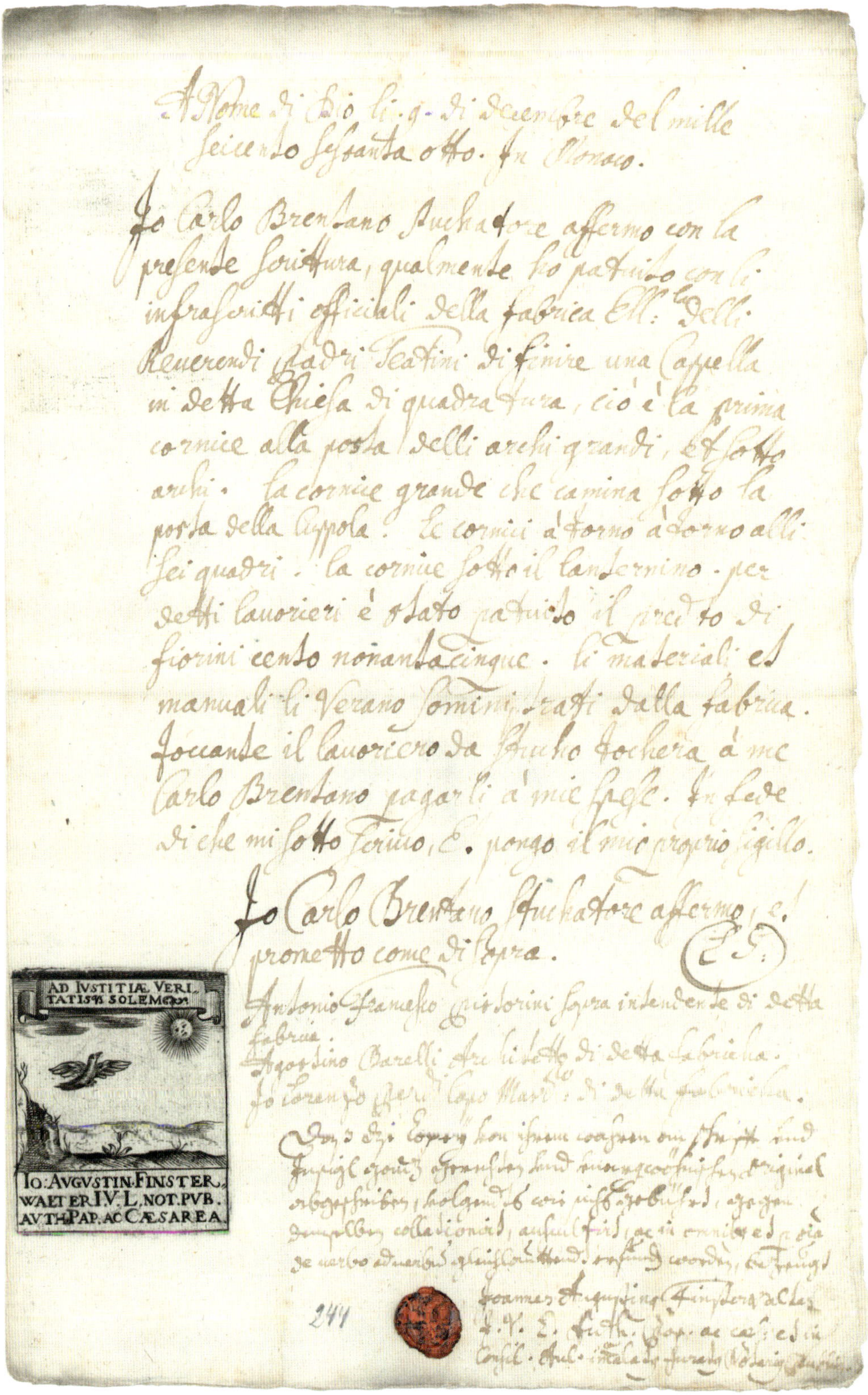

A Nome di Dio li 9. di decembre del mille seicento sessanta otto. In Monaco.

Io Carlo Brentano Stuchatore affermo con la presente scrittura, qualmente ho pattuito con li infrascritti officiali della fabrica Ell:te delli Reverendi Padri Teatini di finire una Cappella in detta Chiesa di quadratura, ciò è la prima cornice alla posta delli archi grandi, et sotto archi. la cornice grande che camina sotto la porta della Cuppola. Le cornici à torno à torno alli sei quadri. la cornice sotto il lanternino. per detti lavorieri è stato pattuito il precio di fiorini cento novanta cinque. li materiali et manuali li veranno somministrati dalla fabrica. toccante il lavoriero da stucho toccherà à me Carlo Brentano pagarli à mie spese. In fede di che mi sotto scrivo, e pongo il mio proprio sigillo.

Io Carlo Brentano Stuchatore affermo, e prometto come di sopra. (L.S.)

Antonio Francesco Pistorini Sopra intendente di detta fabrica

Agostino Barelli Architetto di detta fabricha.

Io Lorenzo Perti Capo Mastro di detta fabricha.

[illegible] de verbo ad verbum [illegible]

Joannes Augustinus Finsterwalder [illegible]



Abb. 146. Beglaubigte Abschrift des Vertrages zwischen Carlo-Brentano-Moretti, Antonio Pistorini, Agostino Barelli und Lorenzo Perti vom 9. Dezember 1668.

## 9.1.1 Carlo Brentano-Moretti und die Comascener Stucktradition

Carlo Brentano-Moretti wurde um 1634 als Sohn des Lederhändlers Giovanni Battista in Azzano am Westufer des Comer Sees geboren.[19] Zunächst war Carlo im Geschäft des Vaters tätig.[20] Erst ab 1662 ist er in Nürnberg nachweisbar[21], wo sein 1637 geborener Bruder Giovanni Battista[22] bereits als Stuckator arbeitete.[23] Seinen ersten Auftrag erhielt Carlo dort am 15. März 1662: die Stuckierung der (im Zweiten Weltkrieg zerstörten) Heilig-Geist-Kirche.[24] Im April desselben Jahres stuckierte er für Markgraf Christian Ernst von Brandenburg-Bayreuth mehrere Zimmer in der Plassenburg ob Kulmbach; davon hat sich nur eine Stuckkartusche erhalten.[25] Ein Grund für Carlos Weggang aus Nürnberg mag eine Rechtsstreitigkeit mit einem Kollegen gewesen sein.[26] In einer Bittschrift an Kurfürst Ferdinand Maria vom Herbst 1673, in der sich Carlo über eine ausbleibende Entlohnung durch Pater Spinelli beklagt, erwähnt er, dass er durch Vermittlung eines italienischen Zitrushändlers namens Andrea Mainoni am 9. September 1668 aus Kassel, wo er möglicherweise für das Haus Hessen-Kassel tätig gewesen war, nach München gekommen sei.[27] Hierfür habe er sogar einen Auftrag des Herzogs von Celle zur Planung eines neuen Schlosses abgelehnt. Möglicherweise handelte es sich hierbei um den Umbau des Gutshofs Herrenhausen zur Sommerresidenz von Herzog Johann Friedrich.[28] Pater Spinelli gab später an, Carlo sei seinerzeit durch den Zahlmeister Antonio Pistorini protegiert worden und nur deshalb an die Theatinerkirche gekommen.[29]

Das früheste Dokument zu der erwähnten Lohnstreitigkeit mit Pater Spinelli ist die notariell beglaubigte Abschrift eines Vertrages zur Stuckierung der sechs Seitenkapellen der Theatinerkirche vom 9. Dezember 1668 (Abb. 146). Dort ist zu lesen:

> „Ich, Carlo Brentano, Stuckator, bestätige [den Auftrag zur Stuckierung] einer rechteckigen Kapelle in dieser Kirche, genauer: des ersten Gesimses an der Stelle der großen Bögen und des großen Gesimses unter den Bögen, das bis zum Ansatz der Kuppel reicht. Hinzu [kommen] die Gesimse an den Seiten der sechs rechteckigen [Kapellen und] das Gesims unter den kleinen Laternen [der Abseitenkuppeln]. Für diese Arbeiten [ist jeweils] der Preis von einhundertfünfundneunzig Gulden [vereinbart]. Das Material und das Werkzeug werden von der Baustelle gestellt."[30]

Dass es sich bei diesem Vertrag lediglich um eine Bewerbung Carlos für die Stuckarbeiten handeln soll, wie Niedersteiner annahm, ist nicht einleuchtend.[31] Die Auftragserteilung von 1668 bestätigt Spinelli in seiner Gegendarstellung, wobei er aber behauptet, dass dieser Vertrag gar nicht gültig gewesen sei, da der Rohbau zu jener Zeit noch nicht fertig war:

> „[Schon] der erste Punkt ist falsch, nämlich dass er [Brentano-Moretti] jemals hierher bestellt wurde, um diese Kirche zu stuckieren. Ich möchte nichts weiter, als Euren kurfürstlichen Hoheiten klarmachen, dass die Versicherungen dieses Agostino [Barelli] und dieses Lorenzo [Perti] sich nur auf das Jahr des Vertrages beziehen. Nur *sie* sagen, er sei von 1668. Man nimmt [also] an, dass der Bau ein Jahr vor meiner Übernahme der Bauleitung [im Jahre 1669] schon so weit gewesen war, stuckiert zu werden. In der Geschwindigkeit, mit der man damals arbeitete, hätte man aber noch viele Jahre [hierfür] gebraucht. Hingegen konnte man [mit der Stuckierung], trotz all meines Eifers, den ich aufgewendet habe, erst nach vier Jahren beginnen. So ist es eine untragbare Unverschämtheit von ihm [Brentano-Moretti] zu behaupten, dass er jahrelang große Summen vorgestreckt habe. Wie will er [denn] die Stuckaturen noch vor [Fertigstellung der] Mauern, der Überdachung und der Wölbung gemacht haben? Sobald ich die Verantwortung übernommen hatte, forderte ich ihn auf, [hier] keine Zeit zu verlieren, sondern

sich etwas anderes zu suchen. Und diese Forderung wiederholte ich in den folgenden Jahren mehrmals. ... Ebenso machte ich ihm klar, dass ich diesen Vertrag nicht aner kennen würde. ... Erstens war das kein richtig geschlossener Vertrag mit einer beglaubigten Kopie, unterschrieben und gesiegelt. ... Das war bloß eine Skizze oder die Idee eines Vertrages. ... Zweitens war mir alles suspekt, was mit der vorherigen Bauleitung zu tun hatte. ... Drittens wollte ich diesen Vertrag wegen der Exorbitanz und der Unangemessenheit des Preises nie anerkennen. Für jede Kapelle 195 Gulden. Aber listigerweise sagt er [Brentano-Moretti] nun, dass der [von ihm geforderte] Lohn nicht nur für die [Ausführung der] Gesimse in den rechteckigen [Kapellen] sei, wie es in dieser Schrift zum Ausdruck kommt, sondern auch für die Ausarbeitung und das Anbringen der Figuren, die den Großteil der Kosten ausgemacht hätten. Das sei in einem anderen Vertrag festgelegt worden. So seien schlussendlich 400 Gulden für jede Kapelle zusammengekommen. Bei sechs Kapellen ergäbe das 2 400 Gulden. Ich hätte diese Arbeiten für weniger als 1 000 Gulden ausführen lassen können.[32]

Nach den Angaben Spinellis, der, wie bereits erwähnt, mit der ersten Schenkungsurkunde im April 1669 die Verantwortung für den Bau übernommen hatte (Kap. 6.5), konnte mit der Stuckierung trotz aller Bemühungen also erst im Jahre 1672 begonnen werden. Daher habe er Brentano-Moretti von Anfang an klargemacht, dass dieser sich etwas anderes suchen müsse, da der mit der vorherigen Bauleitung vereinbarte Vertrag aufgrund von Formfehlern und der hohen Kosten von ihm nicht anerkannt würde. Dass Brentano-Moretti tatsächlich nicht direkt nach Abschluss des Vertrages mit den Arbeiten begann, bestätigt er selbst in seiner Bittschrift. Er habe damals aber damit gerechnet, zu Beginn des nächsten Jahres damit anfangen zu können.[33] Da aber auch dies nicht möglich gewesen und er daraufhin über drei Jahre immer wieder vertröstet worden sei, habe er sich stets in München bereithalten und drei auf seine Kosten angestellte Gesellen wieder nach Italien zurückschicken müssen.[34]

Am 9. April 1672 wurde dann ein neuer Vertrag mit Carlo Brentano-Moretti für die anstehenden Stuckaturarbeiten abgeschlossen. Dieser im Original erhaltene Vertrag hat folgenden Wortlaut:

> „Man vereinbart mit Herrn Carlo Brentani, Stuckator, dass sich dieser verpflichtet, den Stuck des Schiffs von der Hälfte bis zur Vierung der neuen Kirche ... entsprechend den Entwürfen von Agostino Barelli, dem Architekten dieser Kirche, für den Gesamtpreis von zweitausend Gulden zu machen. Und er verpflichtet sich, sie [die Stuckaturen] gut zu machen und, wenn etwas davon herunterfällt, das auf seine Kosten zu erneuern ... Man vereinbart [zudem] ..., dass dieser Herr Carlo nicht die [Stuck-]Ornamente des Chors machen soll, auch wenn sie in die Zeichnung eingetragen sind."[35]

**Abb. 147. Fembohaus, Nürnberg – Vestibül im ersten Obergeschoss.**

Für die Summe von 2 000 Gulden sollte nun also die zweite Hälfte des Schiffs bis zur Vierung stuckiert werden. Auch diesen Auftrag bestätigt

**Abb. 148. Theatinerkirche St. Kajetan und Adelheid, München – Detail aus dem Fries der nördlichen Kirchenschiffwand.**

Brentano-Moretti in seiner Bittschrift und fügt hinzu, dass er nun, also 1673, bereits fast vollständig ausgeführt sei.[36] Besonders interessant ist der Hinweis, dass all diese Arbeiten nach Entwürfen Barellis ausgeführt werden sollten. Damit muss als belegt gelten, dass auch die Pläne für die Innenausstattung auf Barelli zurückgehen und nicht, wie häufig angenommen, auf Enrico Zuccalli, der ja erst im Juni 1674 die Bauleitung übernahm.[37]

**Abb. 149. Santa Maria dei Miracoli, Morbio Inferiore – Innenansicht.**

Die vereinbarte Summe reichte allerdings für die Ausführung der Arbeiten nicht aus, da Spinelli „größere Perfektion"[38] einforderte. So wurde im Rahmen eines weiteren Vertrages am 20. August 1672 zwar eine Zahlung für Nacharbeiten in Höhe von 500 Gulden vereinbart, die jedoch von Spinelli als nicht erforderlich angesehen wurde.[39] Auch den Abschluss dieses Vertrages mit der Zusatzzahlung für die „vill khöstlicher"[40] erneuerten Stuckaturen bestätigt Brentano-Moretti in seiner Bittschrift, fügt aber hinzu, dass trotz der weitestgehenden Erfüllung beider Verträge erst 985 der 2 500 Gulden ausbezahlt worden seien. Schlussendlich ging es ihm also um die ausstehenden Zahlungen für die gemäß den Ansprüchen Spinellis ausgeführten Stuckaturen im Schiff. Mit der Stuckierung der sechs Kapellen, die Gegenstand des Vertrages von 1668 gewesen war, wurde aber erst zur Zeit der Bittschrift begonnen.[41] Dies bestätigt eine von Barelli abgezeichnete Gipsrechnung für den Herbst 1672, „um den Stuck bei zwei Kapellen zu machen".[42]

Auf Brentano-Morettis Bittschrift und die Gegendarstellung Pater Spinellis hin entschied die kurfürstliche Kanzlei am 14. Januar 1673, dass zwar der Vertrag des Jahres 1668 für die Stuckierung der Kapellen gültig, der darin festgeschriebene Lohn aber in den 2 500 Gulden des Vertrags von 1672 enthalten sei. Deshalb müsse sich Brentano-Moretti mit den noch ausstehenden Arbeiten beeilen und alles zur vollsten Zufriedenheit Pater Spinellis fertigstellen.[43] Dieser notierte unter dem 20. März 1674 in seinem *Libro Originale*, dass er zusätzlich 400 Gulden vom Kurfürsten erhalten habe, um die im Winter abgeschlossenen Stuckierungen der ersten vier Kapellen zu entlohnen.[44] Mit der Erfüllung der vertraglich vereinbarten Arbeiten muss also auch der Weggang Carlo Brentano-Morettis Ende im Winter 1673/74 vermutet werden. Unter seiner Leitung wurden folglich von April 1672 bis Anfang 1673 das Schiff und von Herbst 1672 bis einschließlich Winter 1673/74 die Seitenkapellen stuckiert.

Den Weggang Carlo Brentano-Morettis aus München im Winter 1673/74 bestätigt ein Beleg, nach dem er 1674 erneut für den Nürnberger Patrizier Christoph Jakob Behaim in dessen Palazzo tätig war.[45] Die dort bis heute im Vestibül des zweiten, repräsentativen Obergeschosses erhaltenen Stuckierungen können als aufschlussreiche Beispiele für den Stil Brentano-Morettis dienen (Abb. 147). So entfaltet sich dort über einer einfachen Wandvertäfelung ein äußerst plastischer und wuchtiger Fries mit reichem Akanthuswerk und Harpyien, der eine nahe Verwandtschaft zum Stuckdekor der Theatinerkirche offenbart (Abb. 148). Die Decke selbst ist mit bauchigen Kartuschen und tiefgreifendem Rollwerk um zwei Figurenspiegel mit der Darstellung von Venus und Amor gestaltet. Das Ganze wirkt hier jedoch freier, feiner und großzügiger als in der Theatinerkirche. Einzelne Grundelemente wie die Stuckrahmen mit Rollwerkkartuschen, der plastische Akanthus, die Fruchtschnüre und die aus der Fläche heraustretenden Figuren lassen sich in der Comer-See-Region schon um 1600 finden, zum Beispiel in der von Francesco Silva stuckierten Kirche Santa Maria dei Miracoli in Morbio Inferiore (Abb. 149).[46] Diese Elemente gelangten das erste Mal mit den stuckierten Gemälderahmen Giuseppe Bassarinos im Salzburger Dom um 1628 in den Raum nördlich der Alpen.[47] Hier hatte bereits der Stuckdekor mit der „Münchner Schule"[48] und ihrem Hauptwerk, der Jesuitenkirche St. Michael in München, um 1590 umfassend einen Kirchenraum durchwirkt (Abb. 150). Der dortige Quadraturstuck leitet sich aber trotz italienischer Einflüsse hauptsächlich von den geometrischen Zierformen der Gotik ab und vermeidet noch weitestgehend vegetabile Elemente. In der Comascener Tradition mit ihrer additiven Reihung von vegetabilen Dekorelementen steht hingegen die schon erwähnte Sakristei der Karmelitenkirche in München (Abb. 36) sowie die ab 1660 von Giovanni Zuccalli[49] stuckierte Abteikirche St. Lorenz in Kempten.[50] Aber selbst dort zeigen sich die vegetabilen Elemente noch innerhalb einer festgefügte Quadraturrahmung. Im Laufe der ersten Hälfte des 17. Jahrhunderts wurde dieser additive Stil dann in Italien durch ein übergreifendes Ordnungsschema abgelöst, und zwar im Umfeld Giovanni Antonio Colombas, dessen komplexer, plastischer und

**Abb. 150. Jesuitenkirche St. Michael, München – Stuck in der Wölbung des Presbyteriums.**

Abb. 151. Santo Stefano, Arogno – Innenansicht.

figurenreicher Stil um 1630/40 entscheidend zur Entwicklung des Stuckdekors beitrug.[51] Außer an seinem bedeutenden Sakramentsaltar im Dom von Valenza aus dem Jahre 1633 lässt sich dies sehr gut am mit seinen Initialen versehenen Stuck der Marienkapelle von Santo Stefano in Arogno um 1630 belegen (Abb. 151).[52] Die Putti und das Akanthuswerk erinnern dort in ihrer Plastizität, Ausdruckskraft und Vielfalt schon deutlich an die Arbeiten Carlo Brentano-Morettis in der Theatinerkirche zu München. Carlo Brentano-Moretti muss also mit seiner in der Nachfolge Colombas stehenden Formensprache – einer Mischung aus kräftigem, plastischem sowie vielgestaltigem Akanthuswerk und figurativen Elementen – nicht nur für seine Compagnie als stilbildend gelten, sondern auch für die anderen Meister der Theatinerkirche. Damit hat er maßgeblich die nachfolgende Entwicklung des nordalpinen Stuckdekors beeinflusst.[53] Daher muss Ernst Guldans Einschätzung widersprochen werden, wonach die Theatinerkirche aufgrund „des Zusammenwirkens verschiedener, jedoch nicht in einer Gemeinschaft einer Werkstatt gesammelter Kräfte“[54] keine Schulwirkung entfaltet habe.

## 9.1.2 Prospero und Giovanni Battista II Brenni

Prospero Brenni wurde um 1638[55] in Salorino im heutigen Kanton Tessin geboren. Sein jüngerer Bruder Giovanni Battista II[56] kam am 28. Mai 1649[57] ebendort zur Welt. Da die Familie viele künstlerisch tätige Wanderarbeiter aufwies, liegt die Vermutung nahe, dass auch die Gebrüder Brenni innerhalb dieses Clans ausgebildet wurden.[58] Der erste Nachweis für Prosperos Tätigkeit im heutigen bayerischen Raum findet sich für den 23. Februar 1671[59], als er den Sitzungssaal im Roten Bau des Würzburger Rathauses stuckierte.[60] Wegen Kriegsschäden sind von seinen dortigen Arbeiten aber nur noch die Nischenfiguren der Nordwand erhalten. Aus der bereits zitierten Anmerkung im ersten Inventarband des Theatinerarchives lässt sich schließen, dass Prospero zusammen mit seinem Bruder Giovanni Battista II spätestens 1673, wahrscheinlich im Gefolge Carlo Brentano-Morettis, auf die Baustelle der Theatinerkirche gekommen ist. Somit kann Guldans Annahme[61] als widerlegt gelten, dass Prospero erst am 7. März 1675 die Nachfolge von Carlo Brentano-Moretti antrat, um „zusammen mit anderen ungenannten Stukkatoren unter Enrico Zuccallis Bauleitung mit den Stuckarbeiten in der Theatinerkirche“[62] zu beginnen. Wie anhand der Stilanalyse noch gezeigt werden kann, übernahmen die Gebrüder Brenni spätestens nach dem Weggang Carlo Brentano-Morettis im Winter 1673/74 die Vollendung der Stuckaturen nach den Entwürfen Barellis im Querhaus und Chor. Dass dies angesichts einer möglichst baldigen Weihe unter großem Zeitdruck geschah, bestätigt Pater Spinellis Bericht vom 10. Dezember 1675, als erneut Stuckteile herunterbrachen.[63] Bereits am 11. November 1675 wurde von Pater Spinelli der Beginn der Weißelung der Stuckaturen verzeichnet:

> „Am 11. November 1675 begann man die Stuckaturen mit Kreidepulver zu versehen. Und in drei Tagen versah man den Chor und die Arme.“[64]

Spätestens zu diesem Zeitpunkt muss also auch die Stuckierung von Querhaus und Chor vollendet worden sein. Die Weißelung kann

**Abb. 152. Augustiner-Chorherrenstiftskirche Mariä Himmelfahrt und St. Radegund, Gars am Inn – Makey-Kapelle.**

**Abb. 154. Theatinerkirche St. Kajetan und Adelheid, München – Nördliches Stuckrelief der Apsis mit Maria als Himmelskönigin.**

**Abb. 153. St. Stephan, Braunau – Herzogkapelle.**

darüber hinaus auch als Beleg für eine ursprünglich einheitliche Weißfassung des Stuckdekors der Theatinerkirche gelten (Kap. 9.3).

Erst für die Zeit zwischen 1679 und 1681 kann den Gebrüdern Brenni eine Beteiligung an drei Kapellendekors in der Pfarrkirche St. Stephan in Braunau zugeschrieben werden, einem Ort im damals bayerischen Innviertel, der aufgrund seiner Befestigungsanlage zum Zuständigkeitsbereich des Hofbaumeisters Zuccalli gehörte.[65] Während die Stuckarbeiten in der Makey-Kapelle der Augustiner-Chorherrenstiftskirche Maria Himmelfahrt und St. Radegund in Gars am Inn aus dem Jahre 1682 (Abb. 152), die einen übersichtlicheren und eher flächigen Charakter an den Tag legen[66], sicher Giovanni Battista II zuzuordnen sind, kann der Stuck

**Abb. 155. Theatinerkirche St. Kajetan und Adelheid, München – Detail aus der Attikazone des nordwestlichen Querhausarm.**

in der Frauenstein- und der Herzogskapelle von St. Stephan (Abb. 153) mit seinen kräftigen Eichenlaubstäben, den plastischen, gestuften Rosetten und den fleischigen Puttenkopfagraffen Prospero zugesprochen werden.[67] Sicher belegt ist Prosperos Beteiligung, „welcher bei den Herrn Theatinern in arbeith geweset"[68], dagegen beim Stuckdekor der sogenannten Sommerzimmer der Münchner Residenz, die unter der Leitung von Zuccalli von 1680 bis 1685 wiederhergestellt wurden. Im heute noch teilweise erhaltenen vierten Sommerzimmer, das Prospero ab 1681[69] stuckierte, zeigt sich vor allem in der Deckenstuckatur mit gebändertem Lorbeerblattstab, Akanthuskelchen, kräftigen Scheitelagraffen und bewegten Harpyien eine Stil- und Formensprache, die jener der Theatinerkirche gleicht. Eben diese Plastizität, der Detailreichtum des Ornaments, die Körperlichkeit der Kleinfiguren und die feinen Gesichtszüge der Großfiguren legen Prosperos Tätigkeit auch am Hochaltarauszug, an den Stuckreliefs der Apsisrundung und in den Querhausarmen der Theatinerkirche nahe (Abb. 154). So finden sich besonders in den Stuckreliefs die gebänderten Lorbeerblattstäbe, das detailreiche Akanthuswerk, die fleischigen Engelchen und die fein geschnittenen Karyatiden Prosperos. Dass auch bei diesen Motiven Barellis Vorgaben bestimmend waren, zeigt deren Ähnlichkeit mit der Umrahmung des hochovalen, von Engeln gerahmten Feldes über dem Hauptportal auf Barellis zweitem Fassadenplan von 1667 (Abb. 83). Von den Stuckreliefs der Apsis ausgehend, können entsprechend gestaltete Engelchen auch am Hochaltarauszug und in der Attikazone der Querhausarme ausgemacht werden (Abb. 155). Die feinen Gesichtszüge der Karyatiden finden sich dann auch in den schlanken sitzenden Seraphim neben den Allianzwappen der Querhausaltäre wieder. Unter der Leitung Prospero Brennis wurden also spätestens von 1673 bis zum November 1675 die Querhausarme und der Chor mit allen drei Hauptaltären stuckiert.

## 9.1.3 Wolfgang Leuthner, Francesco Marazzi und Giovanni Battista Carlone

Über den Stuckator Wolfgang Leuthner ist bisher nur wenig bekannt. Zum ersten Mal wird er nach dem Abschluss seiner sechsjährigen Lehrzeit bei dem Münchner Hofbildhauer Balthasar Ableitner in einer Quittung des Hofzahlamtes vom 19. Februar 1653 erwähnt.[70] Sein Geburtsjahr muss also um 1635 angesetzt werden. Nach einer Angabe Heinrich Sterns erhielt er 1661 insgesamt 306 Gulden für seinen Unterhalt in Rom, wo er offenbar einige Zeit während seiner Wanderjahre verbrachte.[71] Am 10. Januar 1662 wurde er dann als Hofbildhauer mit einem Jahresgehalt von 200 Gulden in München angestellt.[72] Über seine Arbeiten in der Theatinerkirche erfahren wir Näheres in einer Eingabe Leuthners wegen der Zahlung ausstehender Löhne im Rahmen der von Graf Berchem geleiteten Vollstreckung des Testaments von Kurfürstin Henriette Adelaide. So heißt es dort:

> „dass ich [Leuthner] in Anno 1674, von Monath Jenner an bis zum Ende des Monats October und zwar von Euer Churfürstlichen Durchlaucht hochgeehrtesten, geliebsten Frauen Gemahlin, per gnädigstem befehl in der Herrn Theatiner neu erbauten Kürchen

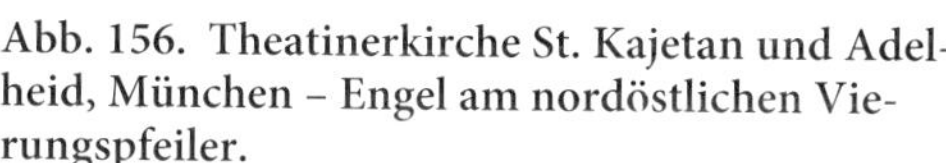

**Abb. 156. Theatinerkirche St. Kajetan und Adelheid, München – Engel am nordöstlichen Vierungspfeiler.**

**Abb. 157. Jesuitenkirche St. Michael, München – Engel aus der Wölbung der mittleren westlichen Kapelle.**

> in die Kupl 16. grosse kindl, iedes 10. schuech lang, dan 4. dergleichen zu 5. schuech, und in das lang Haus 14. dito iedes zu 5., auch in die Seiten Capellen 10. dergleichen auch zu 5., letztlichen in dem Chor 6. kindl iedes zu 5. schuech lang von gips arbeith mit sonderen angewendten fleis und mühe verförtiget … . Hierzu neben mir von obgemelter Zeit an eines gesöllen auf die 237 lauter werchtag negst nottwendig habe einstöllen und zu diser arbeith gebrauchen, nit weniger ihme die 10 ganze monathen … die khost … reichen müssen … .“[73]

Leuthner verfertigte also zusammen mit einem Gesellen von Januar bis Oktober 1674 insgesamt 49 „kindl“ für die Theatinerkirche. Eindeutig lassen sich anhand der Anzahl zunächst die vier Engel unterhalb der Kuppelpendentifs Leuthner zuordnen (Abb. 156). Als Merkmale weisen diese Engel eine besonders ausgeprägte Stirnpartie, Flügelchen mit einer gleichmäßig S-förmigen Außenlinie und ein togaähnliches Gewand auf. In stilistischer Hinsicht erinnern sie an frühe Arbeiten der schon erwähnten Münchner Schule, wie wir sie in der nahen Jesuitenkirche St. Michael finden (Abb. 157). Die gleichen Merkmale wie die genannten vier Engel weisen auch die beiden stehenden Engel neben dem Fenster der Fassadenrückwand, die zwölf stehenden Engel neben den Fenstern am Wölbungsfuß des Schiffs sowie die sechs stehenden Engel neben den beiden Fenstern und dem Theatinerwappen in der Apsis auf (Abb. 158). Die auf den Giebeln der Fenster sitzenden Engelchen kommen jedoch aufgrund ihrer kleineren, hakenförmigen Flügelchen für Leuthner nicht in Betracht (Abb. 159). Bisweilen wurden die in Leuthners Eingabe erwähnten „16. grossen kindl“ für die Kuppel mit den vier Kirchenvätern in den Querhausarmen und den acht Seligpreisungen im Tambour identifiziert.[74]

**Abb. 158. Theatinerkirche St. Kajetan und Adelheid, München – Engel neben dem mittleren nördlichen Langhausfenster.**

**Abb. 159. Theatinerkirche St. Kajetan und Adelheid, München – Engel über dem Giebel des mittleren nördlichen Langhausfensters.**

Doch schon die unpassende Bezeichnung „kindl" lässt hier Zweifel aufkommen. Einen Hinweis zu ihrer Lokalisierung liefert das von Jeremias Renner gestochene Frontispiz der 1676 erschienenen Trauerrede Pater Hamiltons für Henriette Adelaide, welches das von Zuccalli entworfene Trauergerüst darstellt (Abb. 160). Auf diesem Stich kann man in den Kuppelpendentifs jeweils zwei riesige Engel entdecken, die den aufliegenden Tambour zu halten scheinen. Zu diesen gesellen sich acht weitere stehende Engel neben den Stuckreliefs am Wölbungsfuß der Querhausarme (Abb. 161). Im Februar 1717 berichtet Pater Khuen in seinem *Diarium Latinum* von großen Schäden an der Kuppel aufgrund von einsickerndem Wasser.[75] Dabei wurden wahrscheinlich auch die Pendentifengel in Mitleidenschaft gezogen, die sich auf Renners Stich noch als männliche Figuren und auf Barellis Längsschnittsplan von 1667 sogar als Apostel zeigen (Abb. 84). In seinen *Merkwürdigkeiten* schreibt Cajetan Maria von Reisach 1789 über die Stuckaturen der Kuppel:

> „In ... der Kuppel mußte man schon vor langer Zeit, da die schwereren herunterfielen, leichtere Stukadorverzierungen anbringen."[76]

Für 1720 sind dann umfangreiche Renovierungsarbeiten an der Kuppel nachzuweisen. Hierbei ist in einer Hofzahlamtsrechnung der aus dem Mendrisio stammende Stuckator Francesco Marazzi[77], ein Schüler Prospero Brennis, genannt, der

> „[wegen] Ausmachung der Kirchen Kuppl von Stuckhator Arbeith, auch abbrechnung etwelch geschnittner Arbeith, und Figurn, die ihme vermög geschlossener Contracti pactirte 750 Gulden [erhalten hat]."[78]

**Abb. 160. Jeremias Renner, Castrum doloris für Kurfürstin Henriette Adelaide, 1676.**

**Abb. 161. Theatinerkirche St. Kajetan und Adelheid, München – Engel neben dem Stuckrelief im nordöstlichen Querhausarm.**

Tatsächlich sind die aufgrund ihrer großen Entfernung zum Betrachter ungewöhnlich ausdrucksstark und groblinig gearbeiteten weiblichen Tambourfiguren der acht Seligpreisungen aufgrund ihrer voluminösen Draperie, der präsenten Körperlichkeit, der variantenreichen Ponderation, der offen gezeigten Nacktheit und der teilweise klassisch geschnittenen Gesichter einem italienisch geschulten Meister zuzuordnen (Abb. 183). Da aber für Marazzi trotz zahlreicher Arbeiten, zum Beispiel 1709/10 in der Sakristei und dem Kapitelsaal der Benediktinerreichsabei Irsee[79], und trotz seiner Ernennung zum Hofstuckator nur klar geschnittene und flächige vegetabile Stuckaturen, hingegen keine figurativen Arbeiten nachweisbar sind, können ihm die Tambourfiguren auch nicht sicher zugeschrieben werden. Dass Marazzi in der Theatinerkirche nach einem Entwurf des zunächst ebenso für die Ausführung in Betracht gezogenen, aber nahezu unbekannten Georg Joseph Bader[80] arbeitete, der am 26. Juni 1720 in einem Bittschreiben um eine Gratifikation nachsuchte, da er „die regi [d. i. Planung oder Entwurf] gemacht und die sach dahin gebracht, daß wirkhlich mit mir der contract geschlossen worden, nut allein vill gering schaden zu eriden hatte“[81], ist jedoch eher unwahrscheinlich.[82]

Stilistisch gänzlich anders stellen sich die vier Kirchenväter in den Querhausarmen dar (Abb. 181). Vor allem die leicht geknautschten Gesichter der Putti, die geschickte Draperie und die ausdrucksstarke, klare Physiognomie finden nichts Vergleichbares in der Theatinerkirche.[83] Die dreifach geknotete, von Engeln gehaltene Draperie um die Ädikulanische findet sich allerdings in einer Seitenkapelle der Passauer Jesuitenkirche St. Michael wieder, die von dem um 1642 in Scaria geborenen Giovanni Battista Carlone zwischen 1675 und 1677 stuckiert wurde (Abb. 162).[84]

Abb. 162. Jesuitenkirche St. Michael, Passau – Stuckrelief in der südöstlichen Seitenkapelle.

**Abb. 163. Zisterzienser-Stiftskirche Mariä Himmelfahrt und Johannes Evangelist, Waldsassen – Hl. Ambrosius.**

Ebenso lassen sich große Ähnlichkeiten mit Carlones von 1695 bis 1698 geschaffenen Kirchenvätern an den Vierungspfeilern sowie mit seinen über den Kirchenraum verteilten Engelchen in der Zisterzienser-Stiftskirche Mariä Himmelfahrt und Johannes Evangelist zu Waldsassen feststellen. Diese Stuckfiguren legen allerdings einen reiferen, bewegteren Ausdruck an den Tag (Abb. 163). Schon Ursula Berndl vermutete angesichts der Stuckaturen im Passauer Dom St. Stephan, dass Carlone seinen Formenschatz von der Theatinerkirche abgeleitet haben könnte (Abb. 164).[85]

Möglicherweise handelt es sich bei den vier Kirchenvätern der Theatinerkirche, die vor der für Carlone belegbaren Zeit in Passau ab 1675 entstanden sind, um die ersten nordalpinen Arbeiten dieses Meisters, der am

**Abb. 164. Dom St. Stephan, Passau – Detail aus der südlichen Kirchenschiffwand**

Abb. 165. Theatinerkirche St. Kajetan und Adelheid, München – Südliches Stuckrelief der Fassadenrückwand.

Abb. 166. Säulenordnungen Corintio und Composito, aus: Giovanni Battista Montano, *Libro d'Architettura con diversi ornamenti cavati dall'antico*, 1638, Tafel 30.

römischen Barock möglicherweise unter Antonio Raggi geschult war.[86] Damit würde eine Mitarbeit Carlones bei Carlo Brentano-Moretti oder Prospero Brenni wahrscheinlich.[87] Dies könnte auch den Mangel an gesonderten Quellen zu den Statuen der Kirchenväter erklären. Ebenso würde Carlones Stil- und Formensprache in einem neuen Licht erscheinen, nämlich in einer Abhängigkeit von den Arbeiten Carlo Brentano-Morettis und Prospero Brennis in der Theatinerkirche.

## 9.2 Motivik und Deutung

Wie Carlo Brentano-Morettis Vertrag vom 9. April 1672 belegt (Kap. 9.1.1), wurden die Stuckaturen der Theatinerkirche nach Entwürfen Agostino Barellis geschaffen und nicht, wie bis heute behauptet, nach denen Enrico Zuccallis.[88] Barellis Vorgaben müssen dabei nicht nur für Brentano-Moretti, sondern, wie die Einheitlichkeit des ausgeführten Stuckdekors zeigt, auch für die anderen Stuckatoren verbindlich gewesen sein. Die Grundzüge von Barellis Vorstellungen können bereits auf dem Längsschnittsplan von 1667 ausgemacht werden (Abb. 84). Ob es weitere Stuckierungspläne von seiner Hand gab, ist fraglich. Auf dem Längsschnittsplan von 1667 deuten die leeren Kartuschen über den Arkaden und in der Attikazone auf einen zu jener Zeit durchaus üblichen Freiraum für die ausführenden Meister hin.[89] So bat sich zum Beispiel der bereits erwähnte Giovanni Battista Carlone gegenüber dem Passauer Fürstbischof bei der Stuckierung des Domes 1677 aus:

„Begehre auch die gewöhnliche libertet, alles und iedes zu endern, mehren und mindtern, wie es sich zum bessten schickhet.“[90]

Grundlegend für Barellis Entwurf ist, wie bereits erwähnt, die komposite Säulenordnung, mit der er den gesamten Kirchenraum gliederte. Diese gewährte auch hinsichtlich des zugehörigen Dekors zum Beispiel im Bereich des Frieses besondere Freiheiten im Gegensatz zum strengen Akanthuswerk der Korinthia.[91] Zwar bildet der Akanthus auch das Hauptmotiv des Stuckdekors der Theatinerkirche, er wird hier aber durch Knospen, Blütenkelche, Rosetten, Harpyien und andere, vor allem figurative Elemente bereichert (Abb. 165). Vorlagen hierzu könnte Barelli in Traktaten seiner Zeit gefunden haben, wie sie auch für seine Bibliothek überliefert sind, beispielsweise in dem bereits erwähnten ersten, 1624 als Einzelpublikation erschienenen Band *Libro d'Architettura con diversi ornamenti cavati dall'antico* von Giovanni Battista Montanos *Cinque libri di architettura* (Abb. 166). Ornamente sind aber nicht nur schmückendes Beiwerk (das heißt „Dekor“, von lateinisch „decet“, „es ziemt sich“) einer aus der Antike abgeleiteten Ordnung, sondern auch Bedeutungsträger, wie es Günter Bandmann in seinem Artikel *Ikonologie des Ornaments und der Dekoration* hervorhebt.[92] In der Theatinerkirche lassen sich die Motive des Stuckdekors in eine vegetabile und eine figurative Gruppe unterteilen.

Die vegetabilen Motive wie Pflanzen, Blumen und Früchte, die sich über den ganzen Kirchenraum verteilen, können zunächst als Symbole für die Schöpfung Gottes gedeutet werden (Abb. 167). Sie verweisen aber auch auf den Anspruch der Liturgie und des Kirchenraums, ein Stück vom Himmel auf die Erde zu holen, einen Blick in das himmlische Paradies zu ermöglichen.[93] In diesem Zusammenhang müssen auch die unzähligen Putten und Engelchen gesehen

Abb. 167. Theatinerkirche St. Kajetan und Adelheid, München – Detail des Gurtbogens zur Vierung.

Abb. 168. Theatinerkirche St. Kajetan und Adelheid, München – Putti an den Säulen des Nordquerhausaltars.

DI CESARE RIPA. 413

ſare all'aria, hà la coda che gli ſerue per coprirſi contra l'ardore de' raggi del Sole,& contra l'impeto de venti,& delle pioggie preuedendo per iſtinto naturale la mutatione del tempo.

Le due teſte, dimoſtrano,che per preuedere le coſe da venire, gioua aſſai la cognitione delle coſe paſſate; però ſi vede che la eſperienza, è cagione della prudenza ne gli huomini,& vn'huomo prudente, è faciliſſimo à preuedere; eſſendo il Preuedere,& il Prouedere effetti proprij della Prudenza,onde ſi dice vtile alla vita humana,la cognitione di molte hiſtorie, & di caſi ſucceſſi di molti tempi,generando in noi prudenza per giudicare le coſe da venire, le quali ſenza queſto fine ſarebbono mera curioſità, & perdimento di tempo.

Il Compaſſo, moſtra, che per preuedere le coſe, ſi deuono miſurare le qualità,gli ordini, le diſpoſitioni, i tempi,& tutti gli accidenti col diſcorſo di ſauio giuditio, & di diſcretto penſiero.

PRODIGALITÀ.

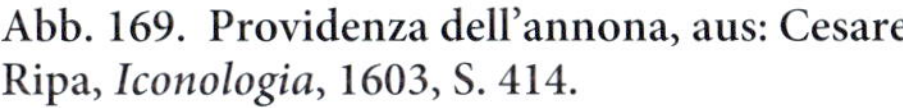

Abb. 169. Providenza dell'annona, aus: Cesare Ripa, *Iconologia*, 1603, S. 414.

Abb. 170. Franz Xaver Jungwirth, Hl. Kajetan von Thiene, um 1745.

werden, die in ihrer kindlichen Unschuld die himmlischen Heerscharen nach dem Psalmwort „Aus dem Munde der Kinder, ja der Säuglinge hast Du Dir ein Lob bereitet" (Ps 8,3) verkörpern (Abb. 168).[94] In spezifischer Hinsicht lassen sich die Blumen (Lilien, Rosen oder Korbblütler) und die zahlreichen Früchte (Äpfel, Granatäpfel und Zitrusfrüchten oder auch Ähren) zudem als Attribute des heiligen Kajetan deuten.[95] Nach Cesare Ripas *Iconologia* von 1603 sind sie, aus einem Füllhorn hervorquellend, Symbole der göttlichen Vorsehung, der „providenza dell'annona"[96] (Abb. 169). Gerade das Vertrauen auf die göttliche Vorsehung galt, wie bereits ausgeführt, als eines der Hauptmerkmale der theatinischen Frömmigkeit. So schrieb Gaetano Maria da Bergamo in seiner Biographie des heiligen Kajetan:

> „In diesem Heiligen seie der Glauben, das Vertrauen auf Gott … übergroß gewesen, … gestalten er sich gänzlich auf den Himmel gesteiffet, und von demselben allein, sowohl für sich, als für seine Kinder die Lebens-Nahrung erwartet hatte."[97]

Als Beispiel für eine entsprechende Darstellung Kajetans soll ein Stich Franz Xaver Jungwirths von 1765 dienen, auf dem der Heilige von Lilien und Ähren umkranzt wird (Abb. 170). Die Ähre kann aber auch als Symbol der Eucharistie verstanden werden.[98] Sie ist dadurch irdische wie himmlische Speise. Die Lilie hingegen steht mit ihrer rein-weißen Blüte nicht nur für die Heiligen, sondern auch für Christus, die Gottesmutter Maria und sogar die Kirche.[99] Die Blumen und Früchte symbolisieren also über die allgegenwärtige Präsenz des Kirchenpatrons hinaus die eigentlichste Funktion eines Kirchenraums als Ort der Begegnung der Gläubigen mit dem Schöpfungs- und Erlösungswerk Gottes.

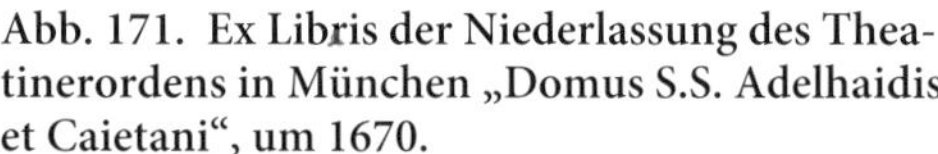


Abb. 171. Ex Libris der Niederlassung des Theatinerordens in München „Domus S.S. Adelhaidis et Caietani“, um 1670.

Abb. 172. Theatinerkirche St. Kajetan und Adelheid, München – Theatinerwappen im Stuckrelief des nordwestlichen Querhausarms.

Die zweite, also figurative Motivgruppe lässt sich in zwei Kategorien unterteilen: Die erste beinhaltet das Motiv des Theatinerwappens, das sich aus einem Kreuz auf drei Hügeln und einer Helmkrone zusammensetzt (Abb. 171). Es findet sich zum Beispiel in der Ädikularahmung der Durchgänge der Seitenkapellen oder an der Attika des Schiffs unter dem Ansatz der Gurtbögen (Abb. 172). Das Kreuz auf drei Hügeln lässt sich auf den Stiftungstag des Theatinerordens am Fest Kreuzerhöhung sowie auf eine Vision des heiligen Kajetan zurückführen, in der ihm der Apostelfürst Petrus:

> „das Creutz dargereichet, auf daß er es zu einem Fahnen seines Ordens aufstecken, und sicher sodann unter desselben Schatten wider die Feind der Kirchen streiten möchte. ... Was dem Kaiser Constantino versprochen worden: In hoc Signo vinces.“[100]

Abb. 173. Theatinerkirche St. Kajetan und Adelheid, München – Attikazone der südlichen Kirchenschiffwand.

S. 278/279: Theatinerkirche St. Kajetan und Adelheid, München – Nördliche Kirchenschiffwand und Wölbung.

Abb. 174. Pierre Mignard, Kurfürst Ferdinand Maria, um 1670.

Am Fest der Kreuzerhöhung, dem 14. September, wird der Rückführung des Kreuzes in die Grabeskirche durch den oströmischen Kaiser Herakleios gedacht. Die drei Hügel des Theatinerwappens können daher als Verweis auf den Kreuzigungshügel Golgota in Jerusalem gesehen werden: Dort standen neben dem Kreuz Christi die Kreuze des gerechten Schächers Dismas und des ungläubigen Schächers Gesmas. Die über dem Kreuz abgebildete Helmkrone muss hingegen als Zeichen des Sieges des wahren Glaubens gerade auch im Kontext der Reformation gedeutet werden. Im Theatinerwappen finden sich also eine Erweiterung der Ikonographie Kajetans auf seinen Orden und das Ziel seiner Glaubenserneuerung hin.

Die zweite Untergruppe umfasst die kurfürstlich konnotierten Motive der Fürstenkrone, des Reichsapfels und der Muschel, die vor allem in der Attikazone zu sehen sind, häufig emporgehalten von zwei Engeln (Abb. 173). Die irrtümlich bis heute als „Kurhut"[101] bezeichnete Krone stellt tatsächlich eine einfache, fürstliche Bügelkrone dar, wie sie schon Kurfürst Maximilian I. im Wappen der Wittelsbacher führte.[102] Die Fürstenkrone zeichnet sich durch einen Hermelinbesatz des Rings, die darüber folgende Mütze und die vier sie überspannenden Bügel sowie den abschließenden, kleinen Reichsapfel aus. Die zu dieser Zeit übliche Form des Kurhutes besitzt im Gegensatz dazu keine Bügel, sondern lediglich einen Hermelinschweif als Abschluss der Mütze. In dieser Ausführung finden wir den Kurhut zum Beispiel auf einem ganzfigurigen Portrait Ferdinand Marias von Pierre Mignard um 1670 in den Bayerischen Staatsgemäldesammlungen (Abb. 174). Die zusätzliche Wiedergabe des Reichsapfels muss gegenüber der allgemeinen Fürstenkrone aber als spezifisches Symbol der bayerischen Kurwürde gesehen werden.[103] Denn die heraldische Führung dieses Herrschaftssymbols war neben dem Kaiser nur noch dem Erztruchsess des Heiligen Römischen Reiches Deutscher Nation gestattet. Dieses erbliche Amt war mit der pfälzischen Kurwürde unter Maximilian I. im Jahre 1623 auf die bayerische Linie der Wittelsbacher übergegangen. Auch dies verdeutlicht das genannte Portrait Mignards, auf dem Ferdinand Maria seine linke Hand demonstrativ auf den Reichsapfel legt und dabei den dahinterliegenden Kurhut fast verdeckt. Der Reichsapfel stand aber auch für

Abb. 175. 24. Emblem: In aeternum, aus: Gateano Felice Verani, *Monumentum extremi honoris ...*, 1679.

die Annäherung von weltlicher und göttlicher Herrschaft sowie für den Sieg des christlichen Glaubens in der Welt, symbolisiert durch die Bügel, welche die Erdkugel in allen vier Himmelsrichtungen umspannen, und das bekrönende Kreuz. In dieser Deutung zeigt der Theatiner Gaetano Felice Verani den Reichsapfel, von einem aus Lorbeer geflochtenen Siegeskranz umfangen, in der Pictura des 24. Emblems[104] seiner Druckschrift *Monumentum extrem honoris* zum Tode Ferdinand Marias 1679 (Abb. 175). Der Sieg kann gemäß diesem Emblem nur durch den wahren Glauben, symbolisiert durch eine betende Frau, und die Tapferkeit, dargestellt durch den brüllenden bayerischen Löwen, errungen werden.

**Abb. 176. Frontispiz, aus: Andreas Brunner, *Theatrum virtutis et gloriae Boicae*, 1680.**

In der Theatinerkirche taucht der Reichsapfel häufig zusammen mit einer Muschel auf, wie zum Beispiel in der Attikazone der Querhausarme (Abb. 174). Dieses Motiv muss im Zusammenhang mit der bereits erläuterten Perlen- und Muschelsymbolik um Henriette Adelaide und Max Emanuel gedeutet werden (Kap. 3.4). So zeigt das von Bartholomäus Kilian gestochene Frontispiz der 1680 veröffentlichten Lobschrift von Andreas Brunner auf das Kurhaus Bayern mit dem Titel *Theatum virtutis et gloriae Boicae* unter dem Portrait Max Emanuels den Reichsapfel anstelle einer Perle in einer Muschel (Abb. 176).[105] Die unter Maximilian I. für das Haus Bayern errungene Kurwürde wird damit als kostbarer Schatz gezeigt, dessen Erhalt Henriette Adelaide auf die Fürbitte Kajetans hin durch die Geburt Max Emanuels gewährleistet hat. Max Emanuel kommt es nun als Perle aus dem Schoß seiner Mutter zu, die Kurwürde für sein Haus weiterzutragen.

**Abb. 177. Theatinerkirche St. Kajetan und Adelheid, München – Darstellung von Bad Heilbrunn auf der Fassadenrückwand.**

Über diese Motivgruppen hinaus gibt es aber auch Einzelmotive, zwischen denen sich ein komplexes Bedeutungsfeld entspannt, das beim Betreten der Kirche an der Fassadenrückwand beginnt und auch wieder endet. Dort findet sich die Inschriftentafel zur Weihe der Kirche im Jahre 1675, auf welcher die Theatinerkirche als Votivbau zu Ehren des heiligen Kajetan als Fürsprecher der kurfürstlichen Familie ausgewiesen wird. Bisher von der Forschung unberücksichtigt, ist unterhalb dieser Tafel eine kleine, von einer Rollwerkkartusche gerahmte Landschaftsdarstellung mit einigen Bäumen im Vordergrund und einer Kapelle auf einem Hügel im Hintergrund zu sehen (Abb. 177). Dieses Stuckrelief kann als Vedute von Bad Heilbrunn identifiziert werden, dem Kurort der Kurfürstin. Damit wurde eine der für den Kindersegen der Kurfürstin wichtigsten irdischen Stätten mit in die Ikonographie der Kirche aufgenommen. Zur Erfüllung des Gelübdes an den heiligen Kajetan bedurfte es hingegen zweier Voraussetzungen, die als Personifikationen neben der Weiheinschrift erscheinen, wie Lothar Altmann zuerst richtig erkannte (Abb. 114): zur Linken der Glaube, nach Ripa die „religione“[106], mit dem Kreuzstab, der Bibel und der Flamme des Heiligen Geistes (Abb. 178), zur Rechten die Hochherzigkeit, nach Ripa die „magnanimità“ bzw. die „magnificenza“[107], mit einem Füllhorn voller Münzen und einem Grundriss der Kirche.[108] Neben dem wahren Glauben benötigte man eben auch die finanziellen Mittel und den künstlerischen Entwurf, um eine solche Kirche erbauen zu können. Der Besucher geht im Schiff weiter und wird dabei von den auf den Arkadenscheiteln sitzenden Engeln auf die christlichen, von Gregor dem Großen geprägten Tugenden hingewiesen.[109] Der erste Engel auf der Nordseite (Abb. 179) verkörpert mit seinen verschränkten Armen die

430 ICONOLOGIA

Cur innixa Cruci? Crux mihi grata quies
Cur alata? homines doceo super astra volare
Cur radians? mentis discutio tenebras
Quid docet hoc frænum? mentis cohibere furores
Cur tibi mors præmitur? mors quia mortis ego.

RELIGIONE.

DONNA alla quale, vn sottil velo cuopra il viso, tenga nella destra mano vn Libro, & vna Croce, con la sinistra vna fiamma di fuoco, & appresso detta figura sia vn'Elefante.

Secondo la diffinitione di S. Tomaso nella 2. della 2. parte, alla quest. 71 & art. 7. & alla quest. 84. art. 2. & gl'altri Scolastici, è virtù morale, per la quale l'huomo porta honore, & riuerenza interiormente nell'animo, & esteriormente col corpo al vero Dio. E' anco ne gli huomini talmente

inserta

Abb. 178. Religione, aus: Cesare Ripa, *Iconologia*, 1603, S. 430.

Abb. 179. Theatinerkirche St. Kajetan und Adelheid, München – Die Engel über den Arkaden der Nordseite des Kirchenschiffes.

Abb. 180. Theatinerkirche St. Kajetan und Adelheid, München – Die Engel über den Arkaden der Südseite des Kirchenschiffes.

„temperantia", die Mäßigung, der zweite mit dem Finger auf dem Herzen die „caritas", die Liebe, und der dritte mit dem Finger der Linken vor dem Mund und dem der Rechten in Richtung des Altares zeigend die „fides", den Glauben. Auf der Südseite (Abb. 180) deutet der erste Engel auf seinen Oberarmmuskel; er steht für die „fortitudo", die Tapferkeit. Der mittlere Engel gibt sich mit ausgebreiteten Armen ganz der „iustitia", der Gerechtigkeit oder Wahrhaftigkeit, hin. Der letzte Engel deutet wiederum in Richtung Altar und gibt mit offenen Armen sowie leicht geöffnetem Mund Zeugnis von seiner Hoffnung, der „spes".

Dieser Tugenden gemahnt, begegnet der Besucher auf seinem weiteren Weg durch die Kirche in den Querhausarmen den überlebensgroßen Nischenstatuen der vier lateinischen Kirchenväter. Sie stehen stellvertretend für die Lehre der Kirche, die von der Kanzel

S. 284/285: Theatinerkirche St. Kajetan und Adelheid, München – Südliche Kirchenschiffwand und Wölbung.

Abb. 181. Theatinerkirche St. Kajetan und Adelheid, München – Die Kirchenväter in den Querhausarmen.

am Vierungspfeiler aus verkündet wird (Abb. 181).[110] Der heilige Mönchspapst Gregor der Große mit Tiara und Ferula ist an der Westseite des südlichen Querhausarmes zu sehen. Ihm gegenüber steht der große Kirchenlehrer und heilige Bischof Augustinus von Hippo mit Mitra, Krummstab, einem Buch als Zeichen seiner Gelehrsamkeit und einem flammenden Herzen als Symbol seiner brennenden Gottesliebe. An der Westseite des nördlichen Querhausarmes ist der bedeutende Glaubensverteidiger und heilige Bischof von Mailand Ambrosius mit Mitra, Pluviale, einer Geißel als Zeichen seiner Strenge gegenüber den Häresien und zu seinen Füßen den Bienen, die ihn in seiner Kindheit genährt haben sollen, dargestellt. Auf der Ostseite findet sich schließlich der Verfasser der Vulgata im Kardinalsrang, der heilige Hieronymus, mit Galero, dem Kruzifix als Zeichen der steten Betrachtung der Leiden Christi, einem Stein als Symbol seiner Bußfertigkeit und dem zahmen Löwen zu seinen Füßen, dem er einen Dorn aus der Pranke gezogen haben soll. Nachdem der Gläubige zu seiner Prüfung im Schiff auf die christlichen Tugenden und im Querhaus auf die Lehre der Kirche hingewiesen wurde, ist er nun darauf vorbereitet, im Presbyterium Jesus Christus im Sakrament des Altares zu begegnen. Für die Wahrhaftigkeit dieses Erlösungswerkes stehen die vier Evangelisten neben dem Hochaltar mit dem Tabernakel ein, die das Wort Gottes niedergeschrieben und weitergegeben haben. Schlussendlich blicken der in den Himmel entrückte Christus als Salvator mundi mit Weltkugel sowie seine ohne Erbsünde empfangene Mutter Maria als Himmelskönigin mit Fürstenkrone von den Stuckreliefs der Apsisrundung auf den Altar hernieder (Abb. 154, 182). Der Gläubige wird, gestärkt mit den Segnungen der Kirche, nach der Heiligen Messe mit den Worten „Ite, missa est" („Gehet hin, ihr seid entlassen") wieder in die Welt entsandt. Die empfangenen Gnaden gilt es nun auch praktisch umzusetzen, um eines Tages in den wirklichen Himmel zu gelangen.

Wo könnte dieser Anspruch besser dargestellt werden als in der zum Himmel strebenden Kuppel mit den Personifikationen der acht[111] Seligpreisungen aus der Bergpredigt Jesu (Mt 5,1–12) (Abb. 183).[112] Im Westen, über dem Presbyteriumszugang, steht eine weibliche Statue mit entblößter Brust und einem Olivenzweig in der rechten Hand: „Selig, die Frieden stiften; denn sie werden Söhne Gottes genannt werden". Ihr zur Rechten befindet sich eine Figur, die einen Laib Brot bricht und Stücke unter die nackten Kinder zu ihren Füßen verteilt: „Selig die Barmherzigen; denn sie werden Erbarmen finden". Dann folgt eine Statue, die ihr Herz über einer Flamme läutert: „Selig, die ein reines Herz haben; denn sie werden Gott schauen". Die darauf folgende Personifikation trägt ein kleines Lamm unter ihrem rechten Arm: „Selig, die keine Gewalt anwenden; denn sie werden das Land erben". Die Figur im Osten hält ein Trinkgefäß an einem Henkel sowie einen Gehstock in ihrer Hand und blickt mit weiten, leeren Augen gen Himmel: „Selig, die arm sind vor Gott; denn ihnen gehört das Himmelreich". Ihr zur Seite wischt sich ein Standbild Tränen aus den Augen: „Selig die Trauernden; denn sie werden getröstet werden". Die wütende Gerechtigkeit daneben schlägt mit dem Schwert auf einen gehörnten Teufel zu ihren Füßen ein, während sie in der anderen Hand sicher die Waage führt: „Selig, die hungern und dürsten nach der Gerechtigkeit; denn sie werden satt werden". Die letzte Personifikation hält ein Kreuz und einen geflochtenen Strick in ihrer Rechten und wehrt mit ihrer Linken einen kläffenden Hund von sich ab: „Selig, die um der Gerechtigkeit willen verfolgt werden; denn ihnen gehört das Himmelreich". Im Evangelium spricht Jesus nach den Seligpreisungen: „Freut euch und jubelt: Euer Lohn im Himmel wird groß sein." Und so ist man dem ewigen Ziel auch in der Theatinerkirche näher, als man zunächst vermutet, nämlich im Bildnis Gottvaters auf dem Gemälde im Scheitel der lichtdurchfluteten Kuppel (Abb. 184).[113]

Schon Cajetan Maria von Reisach nannte in seinen *Merkwüdigkeiten* von 1789 den Venezianer Jacopo Amigoni[114] als Maler dieses Werkes und berichtete weiter, dass 1764 Joseph Ignaz Schilling das durch Feuchtigkeit stark beschädigte Bild nach dem Original kopierte. Der genaue Wortlaut heißt:

Abb. 182. Theatinerkirche St. Kajetan und Adelheid, München – Südliches Stuckrelief der Apsis mit Christus als Salvator mundi.

Abb. 183. Theatinerkirche St. Kajetan und Adelheid, München – Die acht Seligpreisungen im Tambour der Kuppel.

**Abb. 184. Theatinerkirche St. Kajetan und Adelheid, München – Joseph Ignaz Schilling nach Jacobo Amigoni, Gottvater im Himmel, 1764.**

> „In der obersten Kirchenkuppel, oder in der Kuppellaterne sieht man Gott Vatter, welchen ehemals Jakob Amigoni gemalet; weil aber das Gemälde durch das Einregnen vollkommen verdorben war, hat es Ignatz Schilling hiesiger Maler im Jahr 1764 ganz neu gemalt, Amigonis Zeichnung aber beybehalten."[115]

Das Ölgemälde auf Leinwand, das ganze 2,80 m im Durchmesser misst, zeigt Gottvater in Untersicht, auf Wolken schwebend und von Engeln getragen. Seine Rechte hat er zum Segen erhoben, seine Linke ruht auf der Weltkugel. Er ist als Vater im Himmel der Zielpunkt allen irdischen Seins und sein Bildnis der „künstlerische" Höhepunkt der Theatinerkirche als ein zu Stein gewordenes Abbild des christlichen Glaubensweges. Dieser Weg hat mit den Tugenden begonnen, wurde in der Lehre der Kirche geformt, durch die Sakramente gestärkt und in der Verwirklichung der Seligpreisungen auf den Himmel hin ausgerichtet. In die Welt hinausgesandt, ist der Gläubige nun dazu aufgefordert, seinen Glauben in praktischen Werken zu bezeugen. Eine Möglichkeit war auch der Bau einer Kirche, wie sie Henriette Adelaide und Ferdinand Maria als sichtbares Zeichen ihrer Hoffnung auf den Fortbestand ihrer Familie stifteten. Hiervon zeugt die eingangs erwähnte Fassadenrückwand, durch die der Besucher die Kirche wieder verlässt.

Die bis heute häufig vertretene Interpretation des Kirchenraumes als „via triumphalis"[116] ist dabei in zweierlei Hinsicht nur zum Teil zutreffend. Zunächst konnte anhand der Deutung der

Stuckmotive gezeigt werden, dass es sich beim Kirchenschiff weniger um eine „Straße" des Triumphes Christi und des wahren Glaubens handelt, sondern vielmehr um eine „Straße" des christlichen Glaubens, eine „via fidei christiana", die für den, der sie beschreitet, zur „via triumphalis" werden kann. Darüber hinaus leitete Hans Sedlmayr diesen Begriff in seinem Artikel *Zur Revision der Renaissance* von 1956 formal von Leon Battista Albertis Kirchenbau Sant'Andrea in Mantua ab, dessen Fassade dem klassischen Schema eines Triumphbogens, etwa des Konstantinbogens in Rom, folgt. Dieses Schema lässt sich dann im Kirchenraum auf den Aufriss des Schiffs, den Aufriss des Querhauses im Übergang zum Presbyterium usw. übertragen. Dabei stellt es, wie bereits Sedlmayr bemerkte, „eine bis zum Ende des Barock ... tragende Idee"[117] dar, die also keinen spezifischen Charakter ausprägt und somit auch nur wenig zur Deutung des Innenraumes der Theatinerkirche beitragen kann.

## 9.3 Farbigkeit und Raumwirkung

Wie bereits anhand des Berichtes von Pater Spinelli belegt werden konnte[118], wurden die gesamten Stuckaturen der Theatinerkirche im Jahre 1675 „mit Kreidepulver ... versehen"[119]. Diese Fassung bestätigt auch Joseph Sebastian Rittershausen 1788, der – dem Geschmack seiner Zeit folgend – klagte:

> „Dann bliebe kein Wunsch mehr übrig, als dass ... auf milchweißem Grunde das Laubwerk, die Pfeifen der Säulen, ihre Kapitäl und Schaftgesimse vergoldet wären".[120]

Auch die Untersuchungen durch den Restaurator Erwin Wiegerling in den Jahren 1995/96 belegen, dass unter den verschiedenen späteren Fassungsschichten der Raumschale eine „als original anzunehmende dünn weiße Kalktünche" konstatiert werden muss, die teilweise, meist im Bereich des Dekors (Girlanden, Fries), sogar „stucksichtig" blieb.[121] Aufgrund der unterschiedlichen Beschaffenheit von Wandfläche und Stuckdekor dürfte es dabei auch zu geringen farblichen Unterschieden gekommen sein, die aber auf die Gesamtwirkung der Kirche keinen nennenswerten Einfluss hatten.[122] Lediglich in der Kuppelwölbung konnte eine Tünchung der Gurtfüllungen aus der Zeit um 1675 mit einer ockergelben Farbe nachgewiesen werden.[123]

Abb. 185. San Giorgio Maggiore, Venedig – Innenansicht.

In ihrer Weißfassung steht die Theatinerkirche also in der Tradition der unweit gelegenen Jesuitenkirche St. Michael und vieler, häufig norditalienischer Kirchenbauten des Barock, deren Raumschale seit Andrea Palladios San Giorgio Maggiore in Venedig aus dem Jahre 1568 einheitlich weiß oder grau gehalten wurde (Abb. 185).[124] Aber auch Francesco Borromini ließ seine Kirchenbauten sowohl innen wie auch außen weiß tünchen, wie zum Beispiel Sant'Ivo alla Sapienza (erbaut 1643–1664).[125] Die damit symbolisierte Reinheit des Kirchenraumes forderte schon Leon Battista Alberti im zehnten Kapitel des siebten Buches seines Traktates *De re aedificatoria* von 1485:

> „Ich bin jedenfalls ganz davon überzeugt, dass die Himmlischen an der Einfachheit und der Reinheit der Farbe und des Lebens am meisten Gefallen finden. So ziemt es sich auch nicht, in den Tempeln Dinge zu haben, welche die Seele von der geistlichen Betrachtung mit verschiedenen Sinnesreizen und Gefälligkeiten ablenken."[126]

Die Deutung des Innenraumes der Theatinerkirche als „Marmorsaal"[127], wie sie Rainer Schmid neuerdings vertritt, scheint allerdings angesichts der ursprünglich pudrigen Oberflächenwirkung der Stuckaturen unzutreffend. Vielmehr nimmt gerade die matte Oberfläche das einfallende Sonnenlicht viel stärker in sich auf und beleuchtet damit den Raum indirekt und gleichmäßig. Dadurch werfen die überaus plastischen Stuckaturen keine Schlagschatten und werden im Detail unleserlich, sondern zeichnen sich in facettenreichen Zwischentönen ab. Auch die zugrundeliegende Architektur wird somit nicht überstrahlt, wie es bei Marmor der Fall wäre. Vielmehr unterstreichen die Stuckaturen in der Vereinheitlichung von Material, Farbe und Form die tragende und raumschaffende Funktion der Architektur und ihrer Gliederung.[128] Dieses Raumgefühl, das auf eine architektonische Einheit hinwirkt, suchte auch schon Borromini in seinen Bauten zu erreichen. Über dessen Vermeidung jeglicher Sichtbarmachung von Unterschieden in der Materialität schrieb Hans Sedlmayr: „Die Materie, in der die Gebilde Borrominis gedacht werden, ist kein bestimmter wirklicher Stoff"[129]. Alle Materie, ob Ziegel, Stein oder Stuck, fügt sich zu einer Architektur zusammen, die durch die Unterschiedslosigkeit des Materials ihren eigensten Charakter zurückgewinnt, den einer den Raum nicht nur begrenzenden, sondern selbst raumgreifenden Hülle. Die in der Theatinerkirche gelungene, untrennbare Verschmelzung von Raum und Dekor, die zuvor von der Münchner Schule noch zugunsten der Architektur vermieden worden war und später in der Nachfolge Carlones zugunsten des Dekors aufgegeben wurde, sollte in dieser Form nördlich der Alpen nicht mehr erreicht werden.

1 Keyssler 1740, S. 71.

2 Dies stellte auch Norbert Jocher fest: Jocher 1997, S. 186.

3 BayHStA, KL, Fasz. 493, Nr. 48, Bd. 1, Rubrica III., Nr. 18. Vgl. auch Heunoske 2004, S. 119, Anm. 36.

4 So auch Guldan 1964, S. 210 f.; Niedersteiner 1997, S. 337.

5 BayHStA, GHA, Korr. Akt. 668 II, Nr. 66.

6 So Lieb 1941, S. 14; Reitzenstein 1983, S. 363; Beard 1988, S. 64; Jocher 1997, S. 186; Kaiser 2010, S. 2.

7 Die Einschränkung auf die späteren Jahre vertrat auch Guldan: Guldan 1964, S. 171.

8 ThB XXVI 1932, S. 448; Guldan 1964, S. 270; Heunoske 2004, S. 119, Anm. 25.

9 BayHStA, HR II, Fasz. 3/1, Nr. 29, fol. 16r et v: „der Wochen deß 7. Julii [1685] ... Nieclasen Perti Stuckhatoren daß Er mit seinem Gesölln in 10. Wochen 48. Capitell am Thurm ausgemacht. 40 Gulden."

10 BayHStA, KL, Fasz. 475, Nr. 4/1685, Beleg Nr. 77: „Das ich ... bey der Herrn Patres Theatiner neuen Kirchen gepäu ihn der churfürstlichen oridoriumb von stokhador abeit gemachte deck wie inder khopl die capidol wie von 1. Jener bis den 30. Februar 1685 ... 78 Gulden ... Nicolass Perty Stokhador."

11 BayHStA, KL, Fasz. 475, Nr. 4/1687, Beleg Nr. 41: „die decke ausserhalb des grabes von stuckator arbeitt ausgemacht ... mehr eine decke innerhalb des grabes eben von Stucator-Arbeitt, sambt 2 altären, mit 2 altärbätter von stuccator arbeit völlig erhebt. ... den 31. Januarii 1687."

12 BayHStA, KL, Fasz. 475, Nr. 4/1688, Beleg Nr. 155: „Das ich undenstehender sambt vier gesölln drey Monat lang hab die allerheiligst Capeln ober der heiligen Stiegen von Stokhador arbeit ganz völig ausgemacht mit allerley zieratten sambt den polastern alles ganz fertig ..., den 13. Juli Anno 1688."

13 Vgl. Lieb 1941, S. 219, Guldan 1964, S. 270.

14 Wie Enrico stammte auch Pietro Christofori Zuccalli aus Roveredo. Näheren Lebensdaten sind nicht bekannt. Er schuf um 1688 die Stuckaturen in St. Michael zu Sachrang und in der Wallfahrtskirche Heilig Blut zu Rosenheim. Vgl. Zumpf 1992, S. 53 ff.; Pfister 1993, S. 297.

15 BayHStA, KL, Fasz. 475, Nr. 4/1692, Beleg Nr. 63: „wegen der an dero andten kürchen thrum, von stuckhator arbeith ausgemachte semmtlich Capitellen gegen den Graben hinaus, mit Herrn Joann Antoni Viscardi Churfurstlicher Hof Paumaister alhier, mir angedingt ... Munchen den 17. Octobris Anno 1692 / Petrus Zuchallo Stucator." Vgl. auch Pfister 1993, S. 297.

16 BayHStA, GHA, Korr. Akt. 666 ½, fol. 236r: „le parte seconde non corrispondevono alle prime, fatte bene per allettarmi ... ."

17 Zur allgemeinen Organisation der Bautrupps jener Zeit: Lieb 1976, S. 15 ff.

18 Vgl. Guldan 1964, S. 171.

19 Vgl. Berninger 2014, S. 179.

20 Engelmann 1974, S. 131.

21 In einem Lehrbrief des Stadtbaumeister Friedrich Volckamer vom 16. Februar 1662 erscheint Carlo Brentano-Moretti als Bürge für einen Hanns Seiffert. Vgl. Niedersteiner 1997, S. 342.

22 Engelmann 1974, S. 135.

23 Vgl. auch Grieb I 2007, S. 179.

24 Guldan 1964, S. 211; Niedersteiner 1997, S. 243.

25 Guldan 1964, S. 211.

26 So heißt es in einem Ratserlass vom 7. Juni 1688: „Carl Brentani, Stucadors Clag, und seines Gegenteils Tomas Carli auch Stucador darauf erstatten Gegenbericht, soll man bei einem Herrn Hochgelärten bedenken lassen, wie sie zu verabscheiden, oder ob nicht beede zur Ausführung an behörige Orth zu weisen ...", zit. nach Schulz 1933, S. 232.

27 BayHStA, GHA, Korr. Akt. 666 ½, fol. 250r: „durch den allhiesigen Zittronis Craemer Andrea Mainoni, mich bis aus Hessen von Kassel, nach München alhero beschriben, gestalten sei dann auf meine ankunfft, underm 9. Septembris ermelten Jahres ... ."

28 BayHStA, GHA, Korr. Akt. 666 ½, fol. 250v: „Ich hab auch nit allein inmitten all ander mir angetragene vorneme Stukhator arbeithen auf: und abkünden: und verlassen; in specie zwar bei Ihro Durchlaucht Herzogen von Cell in Braunschweig, erweislichen ain ganz Schloß Pau zu formirn."

29 BayHStA, GHA, Korr. Akt. 666 ½, fol. 235r: „Hora poi, che il Pistorini da tanti anni non hà che fare nella fabrica, e che hà protetto sempre il Brentano."

30 BayHStA, GHA, Korr. Akt. 666 ½, fol. 244r: „Io Carlo Brentano Stuckatore affermo ... di finire una Cappella in detta Chiesa di quadratura, ciò è la prima cornice alla posta delli archi grandi, et sotto archi la cornice grande che camina sotto la porta della Cuppola. Le cornici à torno à torno alli sei quadri. La cornice sotto il lanternino. Per detti lavorieri ... il prezo di fiorini cento nonantacinque. Li materiali et manuali li verano forministrati dalla fabrica."

31 Vgl. Niedersteiner 1997, S. 342.

32 BayHStA, GHA, Korr. Akt. 666 ½, fol. 235r et v: „Il primo punto è falso, cioè, che egli mai sia stato chiamato a stuccare questa Chiesa. Non voglio che facciano chiaro Vostre Altezze Elettorale delle testimonianze di medesimo Agostino, e di medesimo Lorenzo, si quali hanno giurato il contrario solo osservino l'anno. Egli dice che fù del 1668. Si degnino ponderare se la Fabrica un'anno avanti del mio maneggio, era in stato da potersi stuccare; e se era verisimile (alla maniera che si lavorava allora) poterla cominciare a stuccare in molti anni; mentre con tutti il fervore usato da me apena s'è potuta incominciare doppo quatro anni. Onde viene ad'essere una intolerabile insolenza quella di lui, mentre dice che si è andato stirando di anno in anno con sue gravissime spese. Che, dunque voleva fare li stucchi prima di far li muri, prima di coprire, e prima di far le volte? Io subito venuto al maneggio gli feci intimare, che non perdesse tempo, si provedesse altrove. Ciò gli ho fatto intimare ogni anno molte volte.Venuto io al maneggio l'anno 1669 subito intimai, che non volevo stare a quel contratto. ... Prima, perche non era vero contratto stipulato e giurato con copia autentica sottoscritta e sigillata. ... era un semplice schizzo, ò idea di contratto ... . Secondo, perche il tutto mi era sospetto de'maneggi precedenti ... . Terzo, non volsi stare a quel contratto per la grande essorbitanza et ingiustitia del prezzo. Di ogni capella era prezzo di 195 fiorini, mà l'astuto non dice che era detto dinaro per le sole cornici della quadratura, come viene espresso nella scrittura, mà poi li rilevi e li destagli e lavori figurati, che fanni il maggior prezzo, dovevano esser accordatio in un'altro contratto; si che non sariano bastati 400 fiorini per ogni Capella, e così in sei Capelle, più che 24 centinara di fiorini di spesa. Et io hora le fò fare ... con meno di undici centinara di fiorini."

33 BayHStA, GHA, Korr. Akt. 666 ½, fol. 250r: „mithin schon auf damalig negsten Früelings Zeit, den anfang zumachen ... ."

34 BayHStA, GHA, Korr. Akt. 666 ½, fol. 250v–251r: „sondern auch auf die bestimbte Zeit sowohlen mich selbst persönlich zu München einfunden: als auch zu dem hin noch 3. annder Stukhator gesellen, aus welschlandt hirhero bringen lassen: iedoch weillen man das mir angedingte versprechen im wenigsten nit gehalten, sonndern drey gannzer jahr lang, von ainer zeit zur anndern, mich vergeblich aufgezogen: ich gleichwohlen erwente

87 So auch Beard 1988, S. 63.
88 So u. a. bei Guldan 1964, S. 209; Barthel 1971, S. 14.
89 Vgl. Heunoske 2004, S. 120.
90 Zit. nach Guldan 1964, S. 169.
91 Vgl. Forssman 1961, S. 89 f.
92 Bandmann 1958/59, S. 232 ff.
93 Vgl. Bandmann 1958/59, S. 244; Hawel 1987, S. 275 ff., 331 ff.
94 Messerer 1962, S. 11 f.
95 Vgl. LCI VII 1974, Sp. 261 ff.
96 Ripa 1603, S. 414 f.: „che nella mano destra tiene un mazzo di spighe di grano, e nella sinistra un Cornucopia, con un vaso in terra pieno medesimamente di spighe."
97 Bergamo 1754, S. 236.
98 LCI I 1968, Sp. 81 f.
99 LCI III 1971, Sp. 100 ff.
100 Bergamo 1754, S. 213.
101 So z. B. Altmann 1978, S. 17; Kaiser 2010, S. 10.
102 Vgl. Volkert 1976, S. 31.
103 Vgl. Seelig 1976, S. 2.
104 Verani 1679, S. 146 f.
105 Vgl. Seelig 1976, S. 8.
106 Ripa 1603, S. 430: „alla quale, un sottil velo cuopra il viso, tenga nell destra mano un Libro, e una Croce, con la sinistra una fiamma di fuoco ... ." Vgl. auch LCI IV 1972, Sp. 379 ff.
107 Ripa 1603, S. 300: „un cornucopia [con] monete d'oro"; Ripa 1603, S. 301: „un ovato, in mezzo al quale [è] dipinta una pianta di sontuosa fabrica."
108 Vgl. Altmann 1978, S. 8.
109 Vgl. LCI IV 1972, Sp. 364 ff.
110 Vgl. LCI II 1970, Sp. 529 ff.
111 Die neunte Preisung „Selig seid ihr, wenn ihr um meinetwillen beschimpft und verfolgt und auf alle mögliche Weise verleumdet werdet" (Mt 5,11) wurde wahrscheinlich unter der „Verfolgung um der Gerechtigkeit willen" subsumiert.
112 LCI IV 1972, Sp. 148 f.
113 Vgl. Bauer 1987, S. 57.
114 ThB I 1907, S. 407 f.
115 Reisach 1789, S. 24 f.
116 So z. B. Riedl 1973, S. 123; Heym 1997, S. 16; Habel 2009, S. 1126; Kaiser 2010, S. 9.
117 Sedlmayr 1959, S. 217.
118 Vermutet hat diese Kalkung auch Rainer Schmid: Schmid 2010B, S. 40.
119 BayHStA, KL, Fasz. 471, Lit. E, fol. 20r: „11. [Novembre 1675] s'incominciarono a nettare dalla polvere li stucci della Chiesa. Et in 3 giorni si nettorono il Coro e li bracci."
120 Rittershausen 1788, S. 116.
121 BLfD, Dokumentationsarchiv, München Theatinerkirche St. Kajetan, Wand Bd. 1: Raumschale, Querhausaltäre. Fassungen. Vorläufiger Befund 1995/96, S. 3 ff.
122 BLfD, Dokumentationsarchiv, München Theatinerkirche St. Kajetan, Wand Bd. 3: Voruntersuchungen. Untere Bereiche der Raumschale 1996/1997, S. 14.
123 BLfD, Dokumentationsarchiv, München Theatinerkirche St. Kajetan, Wand Bd. 6: Erste Untersuchung der Raumschale 1996/97 durch Erwin Wiegerling, S. 15.
124 Palladio 1570, S. 7: „Tra tutti i colori niuno è, che si convenga più à i Tempii, della bianchezza: conciosiache la purità del colore, e della vita sia simmamente grata à DIO."
125 Vgl. Pacini 1970, S. 336 ff.; Raspe 1994, S. 109 ff.
126 Alberti 1975, S. 125: „Mihi quidem perfacile persuadebitur coloris aeque atque vitae puritate et simplicitate superis optimis gratissima esse: et habere in templis quae animos a meditatione religionis ad varia sensus illectamenta et amoenitates avertant non convenit."
127 Schmid 2010B, S. 40.
128 Vgl. Sedlmayr 1978, S. 23 f.; Hawel 1987, S. 346.
129 Sedlmayr 1939, S. 93.

# 10
# Die Ausstattung

# 10.1 Hochaltar

Bereits in seinem Grundrissplan von 1664 legte Barelli für die Theatinerkirche eine Lösung des Hochaltares fest (Abb. 79). Dieser besteht aus einem auf vier Stufen erhöhten Altar, hinter dem sich – einem mittelalterlichen Kreuzaltar nicht unähnlich[1] – eine Chorschranke mit zwei Durchgängen erstreckt. Diese Chorschranke grenzt jedoch innerhalb des Presbyteriums den Psallierchor für das Stundengebet der Geistlichkeit ab, hinter dem sich das Altarretabel im Apsisrund erhebt. Diese Lösung hatte trotz der Bombenschäden vom 7. Januar 1945 und gegenteiliger Behauptungen[2] bis nach dem Zweiten Weltkrieg Bestand (Abb. 186).[3] Erst danach wurden der Hochaltar und die Chorschranke auf Initiative des 1944 zum Interimskirchenrektor ernannten Johann Michl abgetragen. Dieser schrieb zur Rechtfertigung seines Vorhabens in die *Chronik der Kollegiatstiftskirche St. Kajetan*:

> „Die Bogenanlage wirkt kulissenmäßig und macht einen für eine Kirche wenig befriedigenden Eindruck. Bei der bisherigen Anlage hatte der Klerus im Chorgestühl keinen Blick zum Altar, und die im Chore betenden Priester konnten von den Gläubigen in der Kirche nur gehört, nicht gesehen werden ... . Sollte man nicht jetzt diese überholte Anlage beseitigen und etwas schaffen, das unseren liturgischen Anschauungen, die in mancher Hinsicht den früheren gegenüber richtiger sein dürften, besser entspricht?“[4]

Gerade die Verhinderung des Blicks vom Chorgestühl aus ins Volk aber war ein entscheidender Aspekt, warum der heilige Kajetan eine solche Altarlösung bevorzugte und forderte. Für ihn standen die Ungestörtheit der Geistlichkeit bei der Verrichtung ihres Stundengebetes sowie die Konzentration der im Kirchenschiff versammelten Gläubigen auf die Handlungen der Heiligen Messe im Vordergrund. Die Patres selbst wohnten dabei einer Heiligen Messe grundsätzlich nicht vom Psallierchor aus bei.[5] Dementsprechend berichtet Gaetano Maria da Bergamo in seiner Lebensbeschreibung des heiligen Kajetan:

> „Er liesse also den Chor hinter dem Hochaltar zurücksetzen, und zugleich auf beyden Seiten Fürhäng vorziehen, auf dass die Psallierende weder sehen, noch vom Volck gesehen werden moechten. Dise so heilige Erfindung, den Chor von einem offen- und sichtbarlichem, in einen verborgen- und geschlossenen Ort zu versetzen, ist von allen, sowohl von geist- als auch weltlichen Persohnen, gutgeheissen, und belobet worden. Deme ist Pater Magister Frederico Ambrosius, Prior und Vorsteher des Closters beim heiligen Martyrer Petro [in Neapel], nachgefolget, und hat es in seiner Dominicaner-Kirchen alsogleich nachgethan. Hernach wurde es von Zeit zu Zeit auch in anderen Kirchen zu Neapel; wie nicht minder hin und her inn- und ausser dem Welschland also gerichtet. Erkennt dahero die Majestäet und Zucht, mit der man dermahlen das Lob Gottes in einem abgesoenderten Ort singet, unseren Heiligen für den ersten Urheber.“[6]

Die Einrichtung eines so gestalteten Hochaltars muss also als eines der entscheidenden Merkmale theatinischer Kirchenbauten gelten und wurde nach dem Vorbild von San Paolo Maggiore in Neapel auch in vielen anderen Ordenskirchen wie Santi Bartolomeo e Gaetano in Bologna oder St. Kajetan in Salzburg umgesetzt.[7] Der häufig geäußerten Vermutung, dass der Psallierchor von Anfang an auch für die musikalische Rahmung der Gottesdienste mit Orgel und Chor genutzt wurde, muss dabei widersprochen werden.[8] Die erste Orgel in der Theatinerkirche wurde 1685 in der südlichen Seitenloge beziehungsweise in dem dahinter befindlichen Emporenoratorium eingerichtet.[9] Wahrscheinlich sang in dieser Loge auch die kurfürstliche Hofkapelle. Die Orgel unterhalb des Hochaltarretabels hingegen, wo sich bis 1902 ein direkter Zugang zum Kloster befand,

Abb. 186. Theatinerkirche St. Kajetan und Adelheid, München – Innenansicht, um 1945.

Abb. 187. Theatinerkirche St. Kajetan und Adelheid, München – Innenansicht, um 1905.

wurde erst 1782 unter Max IV. Joseph angeschafft.[10] Lothar Altmanns Deutung des Gesangs aus dem Psallierchor als unsichtbare „vox angelica", also als „Stimme der Engel", und der Kirchenmusik als „musica coelestis", als „himmlische Musik", ist also eine schöne Idee und liturgisch sicher durchaus bedenkenswert, muss jedoch in historischer Hinsicht als unzutreffend bezeichnet werden.[11]

Bereits vor dem Zweiten Weltkrieg war unter dem seit 1923[12] amtierenden und außerordentlich verdienstvollen Stiftsdekan Sebastian Staudhamer zwischen 1927 und 1931 eine teilweise Rekonstruktion des als ursprünglich[13] erkannten Hochaltares durchgeführt worden.[14] Hierzu findet sich im Archiv der Theatinerkirche München und in den Akten der Ortsregistratur des Bayerischen Landesamtes für Denkmalpflege eine äußerst aufschlussreiche Korrespondenz zwischen Stiftsdekan Staudhamer, dem Generalkonservator der Kunstdenkmale und Altertümer Bayerns Georg Hager und anderen Beteiligten. Die Wiederherstellung war damals von Staudhamer als notwendig erachtet worden, nachdem man bereits im August 1856 unter dem seit 1850 amtierenden Stiftsdekan Jakob Wiefling den vorderen Teil des Tempiettotabernakels des Hochaltares abgebrochen hatte, um ihm ein neobarockes Altarretabel vorzublenden (Abb. 187).[15] Der Stiftspropst Jakob von Türk kommentierte diese Veränderung Ende März 1900 mit den Worten:

> „Bei der Restaurierung der Kirche [1856] wurde der eigentliche Hochaltar ... restauriert, jedoch in einer für jene Zeit zu entschuldigenden Form, dass eine Bretterwand angebracht wurde."[16]

**Abb. 188. Theatinerkirche St. Kajetan und Adelheid, München – Rückseite des Hochaltares an der Chorschranke, um 1928.**

Als Anhaltspunkte zur Rekonstruktion dienten Staudhamer und dem mit ihm befreundeten Architekten Hermann Selzer der damals noch erhaltene hintere Teil des Tempiettos sowie Gipsabdrücke des abgebrochenen vorderen Teils auf der Mensa (Abb. 188).[17] Zum ersten Mal kann in diesem Zusammenhang neben einer Photographie des wiederhergestellten Hochaltares (Abb. 189) auch eine Abbildung des von Selzer um 1927 hierzu verfertigten und leider verlorengegangenen Modells veröffentlicht werden (Abb. 190). Zur Herleitung des Dekors bemerkte Staudhamer in einem von ihm erstellten Gutachten aus dem Jahr 1927:

> „Man darf weiter gehen und behaupten, dass der Entwerfer des freistehenden Hochaltar-Tabernakelbaus die auf der Rückseite noch vorhandenen Konstruktions- und Ornamentierungsmotive auf den ganzen Tabernakel anwendete. Es ist nicht anzunehmen, dass er vorne etwa mit Säulchen und dergleichen operiert hätte … .“[18]

**Abb. 189. Theatinerkirche St. Kajetan und Adelheid, München – Presbyterium, um 1932.**

Die von Staudhamer vermutete Zugehörigkeit des von ihm rekonstruierten Hochaltares zur Originalausstattung der Kirche lässt sich nun anhand einer vom Verfasser im Zuge eines hochauflösenden Auflichtscans der Pläne des Bayerischen Hauptstaatsarchivs entdeckten Vorzeichnung zum südlichen Querhausaltar auf dem Längsschnittsplan Barellis von 1667 bestätigen (Abb. 191). Auch auf diesem findet sich über einem auf mehreren Stufen erhöhten Altar ein hoher, polygonaler Tempiettotabernakel mit einer zentralen Nische, einer Kuppel und einem bekrönenden Kreuz. Da, wie noch gezeigt werden kann (Kap. 10.4), der architektonische Aufbau der Querhausaltarretabel dem des Hochaltarretabels folgt, wird dies auch für deren Tabernakel gegolten haben. Hermann Selzer urteilte also richtig, wenn er in seinem Gutachten von 1930 über den „Tabernakel-Altar“ schreibt, dass dieser „ursprünglich von Agostino Barelli geplant und ausgeführt“[19] wurde. Tatsächlich entspricht die schwere und reich dekorierte Lösung Staudhamers und Selzers nicht nur der Stilsprache Barellis, sondern korrespondiert in der Übernahme der Grundform der Vierungskuppel auch in besonderer Weise mit dem architektonischen Gesamtgefüge der Kirche. Durch die Angleichung der Silhouette des Tempiettos an die Rahmung des Hochaltarblattes und durch die Staffelung der einzelnen Elemente des Hochaltares, von den Evangelisten über die Portale zum Tempietto, wird der Tabernakel als Mittelpunkt des Presbyteriums und Zielpunkt der gesamten Kirche ausgewiesen.

**Abb. 190. Hermann Selzer, Modell zur Rekonstruktion des Hochaltars der Theatinerkirche, 1927.**

Gänzlich neu ist die Idee eines Tempiettotabernakels nördlich der Alpen jedoch nicht. So findet sich im Dom St. Rupert und Virgil zu Salzburg ein um 1630/35 entstandener, sechseckiger Tempietto als Tabernakel am nördlichen Querhausaltar (Abb. 192).[20] Als entscheidendes Vorbild muss jedoch die Altarbaukunst Berninis gelten. Innerhalb dieser ragt der zweigeschossige, zwischen 1673 und 1675 gefertigte Tempiettotabernakel auf rundem Grundriss in der Sakramentskapelle von St. Peter hervor, der nach dem Vorbild eines antiken Tholos geschaffen wurde (Abb. 193).[21] Dass dieser Tabernakeltypus zu Barellis Zeit durchaus allgemein präsent war, belegt das fünfte Buch *Tabernacoli Diversi* der bereits erwähnten *Cinque libri di architettura* von Giovanni Battista Montano (Kap. 6.1). Dort findet sich auch ein Entwurf für einen achteckigen Tempiettotabernakel, dessen Kuppel stark an jene von Sant'Andrea della Valle erinnert (Abb. 194).

Wie bereits erwähnt, forderte Carlo Borromeo in seinen *Instructiones*, dass der longitudinale Kirchenbau auf den Hochaltar[22] mit dem Tabernakel[23] ausgerichtet sein soll. Zudem erschien ihm eine Übereinstimmung der Form des Tabernakels mit jener der Kirche wünschenswert:

> „Seine Form, ob achteckig, sechseckig, viereckig oder rund, sollte diejenige sein, die in Würde und Heiligkeit am ehesten der Form der Kirche entspricht.“[24]

Der Zentralbau galt bekanntlich seit der Renaissance als Idealform des Kirchenbaus.[25] Hierzu trug unter anderem auch das idealisierte Vorbild des salomonischen Tempels in Jerusalem bei, der irrtümlich mit dem oktogonalen muslimischen Felsendom gleichgesetzt wurde.[26] Beispiele hierfür sind die erwähnten Tabernakel im Dom zu Salzburg oder der Entwurf Montanos. In der christlichen Symbolik wird die Oktogonalität auch als Zeichen der himmlischen Vollkommenheit

Abb. 191. Sichtbargemachte Vorzeichnung zum südlichen Querhausaltar aus: Agostino Barelli, Längsschnittsplan (PlSlg. 7859), 1667.

Abb. 192. Dom St. Rupert und Virgil, Salzburg – Tabernakel des nördlichen Querhausaltars.

Abb. 194. Entwurf eines Tempiettotabernakels, aus: Giovanni Battista Montano, *Tabernacoli diversi*, 1684, Tafel 2.

Abb. 193. St. Peter, Rom – Tabernakel des Altars in der Sakramentskapelle.

und des Neuen Bundes gesehen, den Gott in Jesus Christus mit den Menschen geschlossen hat.[27] Diese Symbolik erklärt, warum der oktogonale Zentralbau auch auf Kirchen übertragen und häufig der Personifikation der „Ecclesia“ als Attribut beigegeben wurde.[28]
In diesem architekturhistorisch und theologisch bedeutsamen Kontext und dem dezidierten Rombezug muss auch der Tempietto des Hochaltares der Theatinerkirche gesehen werden. In seiner Funktion als „Zelt“ des leiblich gegenwärtigen Herrn bildete er nicht nur das Zentrum des Kirchenbaus, sondern war auch ein Kennzeichen des katholischen Glaubens, den es auch nach dem Dreißigjährigen Krieg immer noch zu bekennen galt.

### 10.1.1 Ein Kugeltabernakel nach Antonio Spinelli und ein Tabernakelneubau um 1717?

Zur Gestaltung des Hochaltares existiert noch ein weiterer Entwurf (PlSlg. 7816)[29] (Abb. 195), der aufgrund der Beschriftung, der ungelenken Figuren und der groben, skizzenhaften Linienführung wohl zu Recht Antonio Spinelli zugesprochen werden kann.[30] Dieser

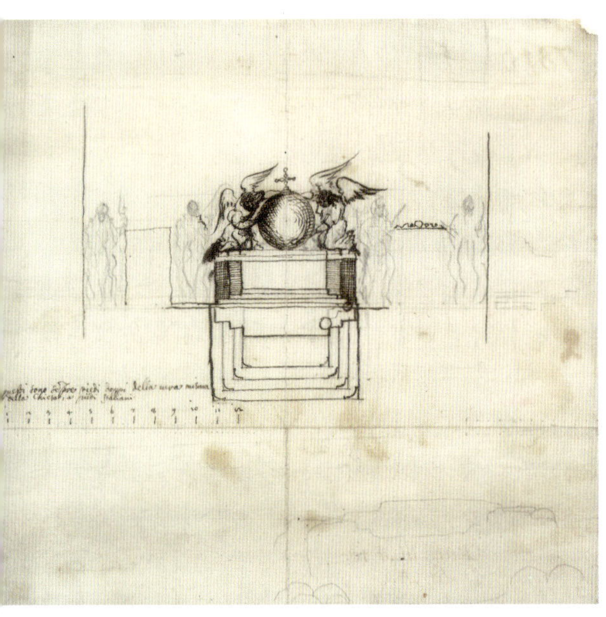

**Abb. 195. Antonio Spinelli, Entwurf für den Hochaltar der Theatinerkirche (PlSlg. 7816), um 1668.**

zeigt in einer Bleistiftvorzeichnung eine Chorschranke mit zwei Durchgängen und vier Evangelistenfiguren. Als Tabernakel erscheint eine von zwei monumentalen, knienden Engeln gehaltene riesige Sphaira mit bekrönendem Kreuz. Ein Vorbild für diese ungewöhnliche Lösung könnte Spinelli bekanntermaßen in dem um 1591–1593 entstandenen, zu jener Zeit solitären Hochaltar Girolamo Campagnas in der bereits erwähnten Kirche San Giorgio Maggiore in Venedig gefunden haben (Abb. 185).[31]

Bei der Verwirklichung von Spinellis Lösung wäre in der Theatinerkirche eine interessante Korrespondenz zwischen der Form des Tabernakels und dem übergroßen Reichsapfel auf Zanchis Hochaltargemälde entstanden (Kap. 10.4.1, Abb. 212).[32] Seit langem wird deshalb darüber diskutiert, ob dieser Entwurf tatsächlich realisiert wurde oder nicht. Der Kugeltabernakel wäre dann ein Vorgänger des bereits vorgestellten Tempiettotabernakels gewesen.[33] Zuletzt behauptete dies Thomas Reiser in seinem 2012 veröffentlichten Artikel *St. Kajetan's of Munich "Main Altar of 1675" in the Year 1675.*[34] Reiser stützt sich dabei auf Spinellis Bericht in seinem *Libro Originale* über die Translation der verstorbenen Prinzen Ludwig Amadeus und Kajetan Maria sowie der Prinzessin Luise Margarete von der Jesuitenkirche St. Michael in die Theatinerkirche am 19. September 1675. Dort schreibt Spinelli:

> „Am 19. September 1675, abends um sieben Uhr, wurden von der Kirche der Patres Jesuiten die Leichname der drei kurfürstlichen Prinzen [in die Theatinerkirche] überführt. Sie befanden sich in drei schönen, aus Blei gefertigten Särgen ..., die wir vorübergehend im Chor auf der Seite des großen, knienden Engels, beim Allerheiligsten auf der Evangelienseite wenig unter dem Fußboden abstellten. Danach wurden sie eingemauert und das Türchen mit seinen Holzschnitzereien mit Schlüsseln verschlossen."[35]

Bei einer wortgenauen Übersetzung wird aber offensichtlich, dass es sich bei dem einzelnen, „großen, knienden Engel" („Angelo grande genuflesso") um eine Orientierungsangabe innerhalb des Psallierchors handeln muss. Denn nur dieser kann im engeren, liturgischen Sinne als „coro" bezeichnet werden.[36] Aber welche Einzelfigur eines knienden Engels könnte dann damit gemeint gewesen sein? Tatsächlich war der westlichste Hermenengel der südlichen Loge, der sich direkt über Ableitners heiligem Markus der Chorschranke befand, in kniender Position dargestellt (Abb. 196). Trotz seiner verschränkten Arme, ein Demutsgestus, der uns bereits von einem Engelchen über einer Arkade im Schiff bekannt ist (Kap. 9.2), verehrte er mit seinem gesenkten Blick jedoch weniger das Allerheiligste im Tabernakel, sondern ertrug vielmehr stumm seine schwere Last. Auch bezieht sich die Angabe „beim Allerheiligsten" („al Santissimo Sagramento") nicht auf den Engel, sondern präzisiert den späteren Aufbewahrungsort der Särge in den Cubicula des Altarstipes und zwar auf der Evangelienseite, sprich links des Tabernakels (Abb. 188).

Infolge der irrtümlichen Annahme einer Realisierung von Spinellis Kugeltabernakel wird bis heute auch die These des Neubaus eines Tempiettotabernakels für das Jahr 1717 vertreten.[37] Er wird im Zusammenhang mit den Renovierungsarbeiten gesehen, über die Propst Joseph Kajetan

Khuen im Jahr 1717 in seinem *Diarium Latinum* berichtet.[38] Er spricht dabei zunächst von Schäden am Kuppelgewölbe, die aber wegen Geldmangels[39] tatsächlich erst 1734/35 behoben werden konnten.[40] Darüber hinaus merkt Khuen an, „dass der allerheiligste Leib Christi im Tabernakel unwürdig aufbewahrt“[41] werde. Bei genauerer Inspektion sei der Tabernakel als zu „wenig stabil“ befunden worden und man habe deshalb beschlossen, dass „ein anderer, feinerer gefertigt“, „golden und reich verziert“ und der bisherige „ersetzt werden“ solle.[42] Khuen meint hiermit allerdings nur den Tabernakelschrein und nicht den ganzen Tabernakelaufbau. Es kann nämlich lediglich der Tabernakelschrein zu wenig „stabil“, sprich sicher gewesen, in Gesamtheit ausgetauscht und golden verziert worden sein. Dieser befand sich unterhalb der Aussetzungsnische des Tempiettos und war damit gut für den zelebrierenden Priester erreichbar. Den Austausch des Tabernakelschreins für 100 Gulden am 20. Februar 1717 bestätigt auch die Auflistung der baulichen Ausgaben der Theatiner für die Jahre 1705 bis 1724.[43] Weitere Veränderungen oder gar ein gänzlicher Neubau des Hochaltares können anhand der Rechnungsbücher der Hofkammer dann sogar für die Jahre bis 1770 ausgeschlossen werden.[44]

Sowohl die These der Existenz eines Kugeltabernakels aus der Bauzeit der Kirche als auch der Neubau eines Tempiettotabernakels um 1717 können also als widerlegt gelten, dies gerade auch im Licht der neu entdeckten Vorzeichnung zu einem Tempiettotabernakel für den südlichen Querhausaltar auf dem Längsschnittsplan Barellis von 1667. Darüber hinaus wäre eine so ungewöhnliche und prächtige Lösung wie der Kugeltabernakel nach Antonio Spinelli sicherlich nicht von Pater Khuen als „unwürdig“ abgetan worden und einer der wortreichen Chronisten, ein stolzer Stifter oder ein aufmerksamer Besucher wie Anton Wilhelm Ertl im Jahre 1690 hätten, ähnlich wie bei der vermuteten verlorenen ersten Planserie (Kap. 6.2), diesen mit Sicherheit erwähnt. Hingegen empfand man die schon zur Bautzeit realisierte Tempiettolösung wohl als durchaus ins Ensemble passend und daher nicht weiter erwähnenswert.

**Abb. 196. Theatinerkirche St. Kajetan und Adelheid, München – Südliche Chorloge, um 1930.**

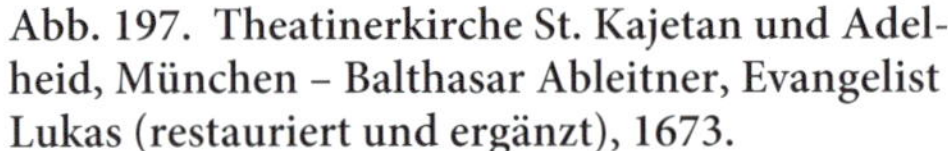

**Abb. 197. Theatinerkirche St. Kajetan und Adelheid, München – Balthasar Ableitner, Evangelist Lukas (restauriert und ergänzt), 1673.**

**Abb. 198. Theatinerkirche St. Kajetan und Adelheid, München – Giuseppe Ducrot und Gregor Prugger, Evangelist Matthäus nach Balthasar Ableitner, 2017.**

## 10.2 Evangelistenfiguren und Chorlogen

Die von Balthasar Ableitner geschaffenen, monumentalen Evangelistenstatuen der Chorschranke sowie die Hermenengel der beiden Logen des Vorchorjochs wurden bei dem Luftangriff am 7. Januar 1945 beschädigt.[45] Dabei wurden durch die herunterfallenden, brennenden Säulen des Hochaltarretabels die Logen, die Figur des heiligen Matthäus rechts außen und der Putto über dem rechten Durchgang gänzlich sowie die daneben stehende Statue des heiligen Lukas zum Teil zerstört (Abb. 186).[46]

Im Rahmen eines Studienprojektes des Lehrstuhls für Restaurierung, Kunsttechnologie und Konservierungswissenschaft an der TU München wurde unter der Leitung von Erwin Emmerling 2004 ein detailgetreues Modell der Chorschranke erstellt. Im Zuge dessen wurden auch die nach dem Krieg auf die Giebel der Querhausaltäre versetzten Figuren der Evangelisten Markus und Johannes wieder an ihren angestammten Ort verbracht. Die Statue des heiligen Lukas wurde 2005 aus mehreren Bruchstücken, die sich unter anderem in der Theatinerkirche und im Münchner Stadtmuseum befanden, wieder zusammengesetzt. Dabei wurde festgestellt, dass die aus Lindenholz geschnitzten Figuren ursprünglich einheitlich mit einer weißen Kalktünche überzogen

Abb. 199. Theatinerkirche St. Kajetan und Adelheid, München – Balthasar Ableitner, Die vier Evangelisten, 1673 (Aufnahmen um 1930).

waren.[47] Von 2008 bis 2015 wurden dann die verbrannten Teile der Lukasstatue durch den Bildhauer Prof. Joerg Maxzin von der TH Deggendorf mit Hilfe eines aufwendigen 3D-Rekonstruktionsverfahrens ergänzt (Abb. 197).[48] Im Jahre 2017 wurde schließlich die Figur des Evangelisten Matthäus zur Gänze nach photographischen Vorlagen des Bayerischen Landesamtes für Denkmalpflege aus den 1930er Jahren und einem Bozzetto des bekannten römischen Bildhauers Giuseppe Ducrot durch den Südtiroler Bildschnitzer Gregor Prugger neu geschaffen (Abb. 198). Nun würde also zur Komplettierung des Ensembles nur noch der Hochaltar mit Tempiettotabernakel und Chorschranke nach den Entwürfen Barellis fehlen, das einstige Herzstück der Kirche.

Johannes Ableitner bezeichnete in einer Bittschrift des Jahres 1705 seinen im April verstorbenen Vater Balthasar als 92 Jahre alt.[49] Balthasar Ableitner wurde also wahrscheinlich um 1613 in Miesbach geboren, wo er zunächst bei seinem Vater Hans lernte. Nach dem Abschluss der Lehre bei dem kurfürstlichen Hofdrechsler Christof Angermair und einem längeren, von Herzog Albrecht VI. von Bayern-Leuchtenberg geförderten Aufenthalt in Rom von 1635 bis 1642 wurde er am 13. April 1644 als Meister in München aufgenommen.[50] Am 13. Februar 1650 erhielt er dann 100 Gulden vom Münchner Hof für die sechsjährige Ausbildung von Wolfgang Leuthner.[51] Zum Hofbildhauer wurde Ableitner am 4. Oktober 1653[52] rückwirkend zum 1. Juli 1653[53] ernannt. Im Jahre 1664 erhielt er den Auftrag für „4. bilter auß lindten holz“[54] für die schon erwähnte Münchner Karmelitenkirche St. Nikolaus, 1666/67 arbeitete bei der Ausstattung der „Reichen Zimmer“ in der Residenz mit.[55]

Der erste Nachweis für Ableitners Tätigkeit an der Theatinerkirche findet sich in einer Rechnung vom 9. Oktober 1670, die Ableitner für mit seinen Söhnen Johannes und Antonius vom 9. April bis 20. Dezember 1670 ausgeführte Arbeiten ausstellte:

> „bei dem Schwabingerthore alhier, alß in der Herrn Patres Theatiner Khürchen ... denen von Lindten Holz geschnidten hilzern Bülttern zu den Altären.“[56]

Bei diesen „Bülttern“ handelt es sich mit größter Wahrscheinlichkeit um die Evangelistenfiguren und die Hermenengel. Sie waren spätestens 1673 vollendet, da eine letzte Rechnung Ableitners bezüglich der Theatinerkirche für den Zeitraum vom 20. August bis 9. November 1673 nachweisbar ist.[57] Da Ableitner damals als einziger an der Theatinerkirche beschäftigter Bildhauer die hohe Summe von insgesamt 1 300 Gulden erhielt, kann seine Urheberschaft für die angeführten Arbeiten als sicher gelten.[58]

Für die Beschreibung der Evangelistenfiguren von links nach rechts lässt sich trefflich Joseph Sebastian Rittershausen zitieren (Abb. 199):

> „Der Tisch des Choraltars ist nach römischer Art freygesetzt. Ihm zur Seite stehen die Evangelisten von der künstlichen Hand Ableithners im Holz geschnitten ... . Ganz in Gedanken verwickelt, melancholischen Tiefsinns, das Kleid über dem Kopf zusammengefaltet, daß ihn Zerstreuung nicht störe, scheint der ältere Markus die Schwierigkeit einiger Stellen [des Evangeliums] auseinander zu setzen; neben ihm liegt der brummende Löw. Jüngling Johannes, im lockig herabwallenden Haar mit heiterem Blick, denkt an die Freuden des himmlischen Jerusalems; sein empor geschwungener Arm gibt ihm das Ansehen eines höheren Apostels, und das Sinnbild des Strahlen trinkenden Adlers. Lukas, ein feuriger Mann, auf dem Kopf eine Glatz, in breites Gewand eingeschlagen, den einten Fuß zwischen dem Horn des liegenden Stiers, scheint voll Tiefsinn ein großes Buch [d. i. das von ihm verfasste Evangelium] zu durchblättern. ... Matthäus, von dem Engel belehrt, hat der Zufriedenheit Miene, daß er mit leichtem Kiele des Heilands Geschlechtsregister verfaßte.“[59]

Abb. 200. Theatinerkirche St. Kajetan und Adelheid, München – Nördliche Chorloge, um 1930.

Abb. 201. Theatinerkirche St. Kajetan und Adelheid, München – Blick nach Nordwesten zur fürstlichen Chorloge im Presbyterium, um 1930.

In stilistischer Hinsicht zeichnen sich die Figuren Ableitners neben ihrer monumentalen Größe von über 2,50 m vor allem durch ihre für diese Zeit im Norden ungewöhnliche innere und äußere Bewegtheit aus. Ihre Gesichter offenbaren durch die niedergeschlagenen oder weit geöffneten Augen, eine in Falten gelegte Stirn oder einen leicht geöffneten Mund verschiedenste Gemütsbewegungen. Gerade ihre innere Bewegtheit, die hier wohl zum ersten Mal in der altbayerischen Barockplastik auftaucht, sollte später in den Werken Johann Baptist Straubs und Ignaz Günthers wiederkehren und dort zu einem entscheidenden Merkmal werden.[60] Die italienische Schulung Ableitners lässt sich aber noch mehr an den insgesamt acht Hermenengeln der Seitenlogen erkennen (Abb. 196, 200). In ihrer Körperlichkeit, dem Spiel ihrer Muskeln, dem entblößten Oberkörper und den ausdrucksstarken Gesten zeugen sie nicht nur von einem fundierten anatomischen Wissen, sondern auch von einem über die Geschlossenheit der einzelnen Evangelistenfiguren hinausgreifenden, fast szenischen Einfallsreichtum.

In theologischer Hinsicht ist die Beiordnung der Evangelisten zum Altar durchaus konsequent. Als Verfasser der Evangelien, der „frohen Botschaft" vom Leben, Wirken und Sterben Jesu Christi, stehen sie für die Wahrheit seines Erlösungswerkes ein. Dieses findet einen Höhepunkt in der unblutigen Erneuerung des Kreuzesopfers auf dem Altar. Die Eucharistie und damit der Tabernakel, in dem sie aufbewahrt wird, stellen, wie bereits betont, den Zielpunkt des gesamten Kirchenraums dar. So erklärt sich auch, warum die Logen, von denen die nördliche mit dem Oratorium den Fürsten als Ort ihrer Teilnahme an der Heiligen Messe diente, gerade an dieser Stelle zu finden waren (Abb. 201). Für den Aspekt der Repraesentatio Maiestatis war es entscheidend, dass der Herrscher am wichtigsten Ort der Kirche präsent war und dabei vom Volk gesehen werden konnte. Damit verpflichtete er sich nicht nur auf die Offenbarung und das Erlösungswerk Jesu Christi, sondern auch auf eine christliche und gottgefällige Herrschaft (Kap. 1.1).

# 10.3 Kanzel

Sowohl die imposante Kanzel wie auch die hier aufgrund ihrer Unauffälligkeit nicht näher behandelten Beichtstühle[61] (Abb. 202) der Theatinerkiche wurden von dem am 29. November 1646 in Kitzbühel (Tirol) geborenen Andreas Faistenberger geschaffen.[62] Seine Lehre hatte er bei seinem Vater Benedikt absolviert; danach, um 1665, war er auf Wanderschaft gegangen.[63] Spätestens 1668 ist er dann als Geselle bei Balthasar Ableitner in München nachweisbar und arbeitete als solcher wahrscheinlich auch bei der Ausstattung der „Reichen Zimmer" in der Residenz mit.[64] Nach der Gesellenzeit hielt sich Faistenberger nachweislich „1672/73"[65] in Rom auf und erhielt dort möglicherweise sogar einen Preis für eine seiner Schnitzarbeiten.[66] Über eine stilistische Nähe zu dem venezianischen Bildhauer Giovanni Giuliani, der kurzzeitig Faistenbergers Schüler war, schloss man ebenso auf eine venezianische Prägung.[67] Im Februar des Jahres 1679 heiratete er in München Maria Anna, Tochter des Bildhauers Matthias Schütz. Damit erhielt Faistenberger sowohl das Meister- als auch das Bürgerrecht der Stadt.[68] Just in diesem Jahr sind auch seine ersten eigenhändigen Arbeiten bei der Ausstattung der großen Sommersakristei der Theatinerkirche nachweisbar.[69] Ein Jahr darauf stattete Faistenberger die Bibliothek des Klosters mit allerlei Zierrat aus.[70] Ab 1686 war er dann mit der Ausstattung der Loretokapelle beschäftigt[71] Fast gleichzeitig schuf er zusammen mit dem Kistler Jakob Porer[72] die Kanzel. Da Porer noch 1686 verstarb, erhielt seine Witwe den Lohn für den von ihm begonnenen Schalldeckel.[73] Porers Anteil am Kanzelkorpus muss zu jener Zeit schon gänzlich vollendet gewesen sein, denn im Quittungsbeleg vom 29. Oktober 1686 sind nur noch Arbeiten zur figuralen Ausstattung von der Hand Faistenbergers aufgeführt:

**Abb. 202. Theatinerkirche St. Kajetan und Adelheid, München – Andreas Faistenberger, Beichtstuhl, um 1688.**

> „von bilthauer arbeith ... 7 tragende termes oder aroue mit fliglen und ... laubwerkh bey 3 werkschuech lang mit mihsamber schwaiffung, mer in 2 fillung mitten der canzl 2 schene müehsambe blumen geheng, jede mit einer mäschen und hangenden bänden gebunden, mer sein 7 kragstein, und hab 7 capitellen 14 feston von blumenwerk geschnitzt und 14 rosen in die mitten und seiten bemalte cappitel, für in rosen und feston ... ."[74]

Zunächst wurden also die gliedernden und dekorativen Elemente wie die Hermen, das Laubwerk und die Blumen angefertigt. Am 16. November 1686 folgte dann eine Abrechnung über

> „4 fast lebent grosse brustbildter gemacht und in selbig nischen aufgesäzt, nemblich in die mitten bemerkter canzl die 2 bilter des Salvator und Unser Lieben Frauen, auf die Seitn Sanct Caitan und Beato Andreas.“[75]

Damit sind die vier Büsten des Kanzelkorpus gemeint, die Christus und Maria auf der Vorderseite, den heiligen Kajetan zur Linken und den seligen Andreas Avellinus zur Rechten darstellen. Der Kanzelkorpus war damit bereits 1686 vollendet.[76] Der bereits begonnene Schalldeckel wurde hingegen von den Kistlergesellen Hans Wünckhler und Jakob Mittermayr erst am 3. Januar 1688[77] fertiggestellt. Seine figurale Ausstattung vollendete Faistenberger im Juli 1688 mit

> „10 kragstain oder arpied, beyde 4 1/2 werkh schuch hoch, mit engel köpf und fligeln und anderes laubwerkh ... 7 kleine kragstain von laubwerk auf 3 saithen ... 10 kleinen capitellen in jeden 4 feston und 3 rosl geschnizt.“[78]

**Abb. 203. Theatinerkirche St. Kajetan und Adelheid, München – Andreas Faistenberger, Kanzel, 1688 (um 1930).**

Die Kanzel der Theatinerkirche ist in einem Winkel von 45 Grad am südöstlichen Pfeiler der Vierung angebracht (Abb. 203). Korpus und Deckel besitzen eine querrechteckige, an den Ecken eingebuchtete Grundform und türmen sich über die gesamte Höhe des Schaftes der angrenzenden Säulen hin auf. Der architektonische Aufbau wird von einer Vielzahl an Zierrat wie Konsolen, Fruchtfestons oder Putten überlagert. Gegliedert wird die Kanzelbrüstung von Pilastern, die unten in Voluten ausgewölbt sind. Dazwischen sind in Muschelnischen die vier genannten, fast lebensgroßen Büsten eingestellt. Korpus und Schalldeckel sind durch zwei voluminöse, geschnitzte Vorhänge verbunden, die von zwei geflügelten Putten über die Vierungssäulen hinweg zur Seite gezogen werden. Der gewaltige, über den Kanzelkorpus vorkragende Schalldeckel ist mit seinem mehrstufigen Aufbau und den reichen Detailformen sehr dominant. Zwischen den großen Volutenkonsolen mit Puttenköpfen spannen sich üppige Festons mit herabhängenden Blumengebinden. Den oberen Abschluss findet der Deckel in einem von ausladenden Volutenklammern getragenen Sockel mit einer von einem gedrechselten Kreuz bekronten (Erd-)Kugel. Die in einem spannungsreichen Kontrast zum Weiß des Stuckdekors stehende, frappierende Schwärze der Kanzel darf nicht als ursprünglich angesehen werden. Bei einer Untersuchung durch das Bayerische Landesamt für Denkmalpflege im Jahre 1974 wurde festgestellt, dass das Eichenholz zunächst mit einem kaum getönten, lackartigen Überzug versehen war. Erst später wurde darüber ein schwarzbrauner Anstrich aufgetragen, der stark nachdunkelte.[79]

In stilistischer Sicht erinnert der architektonische Aufbau gerade des Kanzeldeckels an die additive Kompositionsweise der Möbelkunst der nordalpinen Renaissance, wie sie sich zum Bei-

Abb. 204. Dom Unserer Lieben Frau (Frauenkirche), München – Hans Krumpper, Kenotaph für Kaiser Ludwig den Bayern, 1622.

spiel noch in Hans Krumppers Kenotaph für Kaiser Ludwig den Bayern von 1622 in der Frauenkirche zeigt (Abb. 204). Die Überfrachtung der Architekturglieder mit kleinteiligem Knorpelwerk kommt hingegen aus der Tradition der Gotik, wie sie auch an dem von Wendel Dietrich von 1586 bis 1589 errichteten Hochaltar in der Jesuitenkirche St. Michael zu finden ist (Abb. 27). Allein die Fruchtfestons und Fruchtkörbe erinnern – sich dem Stuckdekor annähernd – an die norditalienische Dekorkunst. Ebenso zeugen die fein geschnittenen Figuren und Putten in ihren fast lieblichen Affekten von der Kenntnis zeitgenössischer norditalienischer Bildhauerei. Die Kanzel erscheint jedoch in ihrer Gesamtkonzeption als uneinheitliches Konglomerat, das nur schwer mit den klaren und großen Gesten der Architektur Barellis in Einklang zu bringen ist. Diese stilistische Einordnung widerspricht auch der schon geäußerten Vermutung, die Kanzel könnte von Spinelli entworfen worden sein.[80]

Abb. 205. Jesuitenkirche St. Michael, München – Kanzel, 1697.

In etwa zeitgenössische Kanzeln wie die von St. Michael aus dem Jahre 1697 besitzen im Vergleich nur eine niedrige Höhe, eine einfache, rechteckige Grundform, eine klare Gliederung mit wenigen architektonischen Elementen und meist schweres Knorpelwerk (Abb. 205). Die Stärke Faistenbergers muss daher vor allem in der feinsinnigen Darstellung der Figuren und der einfallsreichen Verbindung des Kanzelkorpus mit dem Schalldeckel und dem Vierungspfeiler gesehen werden. So stellt die Kanzel der Theatinerkirche eines der frühesten Beispiele für eine übergreifende Gesamtkonzeption und Einbindung von Kanzeln in die architektonische Umgebung dar, mit der sie freilich noch nicht verschmilzt.[81] Die entscheidende Bedeutung der Kanzel für die Interpretation der Theatinerkirche zeigt sich jedoch in ihrer dezidierten Ausrichtung auf die Loge des Landesfürsten. Wie kaum ein anderes Element der Ausstattung unterstreicht sie damit den Charakter der Theatinerkirche als Hofkirche.

# 10.4 Altarretabel in Presbyterium und Querhaus

Vom Hochaltar ausgehend, entfalten das größtenteils gemauerte und stuckierte Hochaltarretabel sowie die beiden Querhausaltäre ein eigenständiges, komplexes Bezugssystem. Aufgrund ihrer sich gleichenden architektonischen Grundstruktur können sie als eine zusammengehörige Gruppe betrachtet werden. Ihre Dedikation legte Henriette Adelaide in ihrem Testament vom 12. März 1669 wie folgt fest:

> „Dieses beinhaltet auch, wie ich gesagt habe, den Hauptaltar, von dem ich wünsche, dass er derjenige der heiligen Adelheid sei, und die zwei Seitenaltäre [in den Querhausarmen], der eine [soll] der Heiligen Familie, der andere dem heiligen Kajetan [geweiht sein].“[82]

Analog zum Hochaltar kann auch die Planung der drei großen Altarretabel der Theatinerkirche durch die neu aufgefundene Vorzeichnung auf dem Längsschnittsplan Barellis in die Zeit um 1667 datiert werden (Abb. 191). Auf dieser Vorzeichnung erkennt man einen auf drei Stufen stehenden Altarbau, an dessen Seiten sich die hohen, mehrfach gestuften Postamente mit den gekuppelten und nach außen hin gestaffelten Säulen erheben. Diese flankieren eine kleinere Säulenarkade, die das Altargemälde umrahmt. Auf den großen Säulen ruht ein kräftiges, verkröpftes Gebälk, das einen gesprengten Dreiecksgiebel trägt. Der darüber sich erhebende Altarauszug übernimmt im Unterschied zu den ausgeführten Altaraufbauten die Breite der äußeren Säulenstellung und wiederholt den darunterliegenden Aufbau in verkleinertem Maßstab. Obwohl einige Details nur schemenhaft erkennbar sind, stellt diese Vorzeichnung eine äußerst wertvolle Ergänzung zu dem Presbyteriumsgrundrissplan (PlSlg. 7814)[83] dar, der die Anordnung der Säulen beim Hochaltarretabel entsprechend dem Apsisrund zurückgestuft zeigt (Abb. 206). Dischinger ordnete diesen Plan noch Spinelli zu.[84] Dagegen sprechen aber der exakte, planerische Zeichenstil mit den für Barelli typischen Überschneidungen der Linienenden sowie die Tatsache, dass nicht erst Spinelli den Hochaltar an einer Chorschranke mit dem durch einen Psallierchor abgetrennten Altarretabel plante, sondern bereits Barelli, wie der Grundrissplan von 1664 belegt (Abb. 79). Damit ist der Presbyteriumsgrundrissplan ebenso in die Zeit der Planung des Querhausaltares um 1667 einzuordnen und nicht wie bisher zwischen 1672 und 1675.

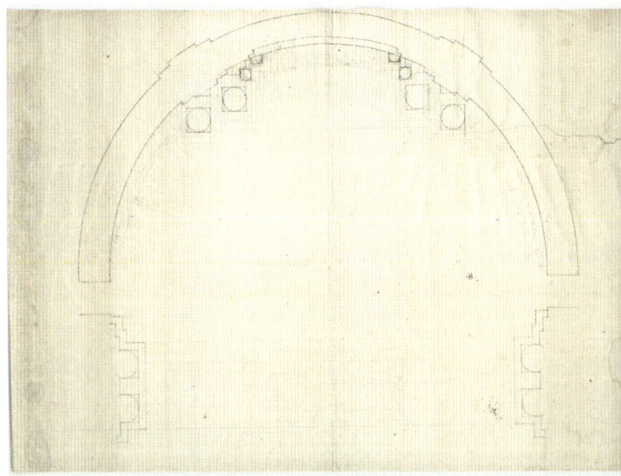

**Abb. 206. Agostino Barelli, Presbyteriumsgrundrissplan (PlSlg. 7814), um 1667.**

Wie bereits gezeigt, wurden die Altäre von Prospero Brenni zwischen 1673 und 1675 stuckiert. Bei der späteren Ausführung wurden die im Entwurf glatt erscheinenden Säulen jedoch durch gewundene Säulen ersetzt, die bei den Querhausaltären nach außen und beim Hochaltarretabel nach innen gedreht, mit Laubwerk umrankt und durch Putten bevölkert sind. Aufgrund der Trennung des Hochaltarretabels von dem zugehörigen Altar an der Chorschranke und um dem darunter befindlichen Chorgestühl Platz zu machen standen dort die Postamente der Säulen bis zu ihrer Zerstörung im Zweiten Weltkrieg auf von Engeln getragenen Konsolen. Heute reichen die

Abb. 207. Theatinerkirche St. Kajetan und Adelheid, München – Nördlicher Querhausaltar.

**Abb. 208. Theatinerkirche St. Kajetan und Adelheid, München – Apsis mit Hochaltarretabel (um 1930).**

Postamente hingegen bis zum Boden des Presbyteriums. In den gesprengten Segmentgiebeln der Querhausaltäre ist das von Seraphim getragene und mit einer Fürstenkrone versehene Allianzwappen der Häuser Bayern und Savoyen eingesetzt (Abb. 207). In dem zu den Seiten hin S-förmig ausschwingenden Sprenggiebel des Hochaltarretabels ist hingegen das Allianzwappen bis auf den Scheitel der Altargemälderahmung abgesenkt (Abb. 208). Die beiden unteren Enden des Allianzwappens werden dabei von je einem Putto aufgefangen und die Wappenschilde oben von einem Putto zusammengehalten, auf dem eine Fürstenkrone lastet. Auf den gesprengten Giebeln der Retabel stehen monumentalen Heiligenfiguren. Die Altarauszüge wiederholen jeweils den darunterliegenden Aufbau und rahmen ein großes, hochformatiges Stichbogenfenster. Über dem Altarauszug des Hochaltarretabels füllt noch das von Putten getragene und von Fruchtfestons begleitete Theatinerwappen die Stichkappe des Fensters. Die Integration dieser drei Altarretabel in den Kirchenraum wird vor allem durch den Einschluss der Fenster, durch die Übernahme und Steigerung der die Architektur prägenden Säulen sowie – bei den Querhausaltären – durch die Volutenklammern zu den Seiten des Auszugs erreicht.[85] Die heute einheitliche Farbigkeit der drei Retabel muss jedoch kritisch betrachtet werden. Nach einer Befunduntersuchung der Restaurierungswerkstätten Erwin Wiegerling aus dem Jahre 2000 waren sie zumindest zeitweise in Teilen farbig gefasst. So wurde über einem gebrochenen Weißton eine zweite, „warme goldockerfarbene Fassung an den Querhausaltären [gefunden], die den Eindruck einer Goldfläche vermittelte, sowie eine goldockerfarbene Fassung und Schildpattfragmente am Hochaltar der Apsis“[86].

Der in den drei Altaraufbauten vorherrschende Typus eines Ädikula-Altares leitet sich aus der italienischen Renaissance ab.[87] Ausgehend von den mittelalterlichen Altaraufbauten mit Predella, Tafelretabel und Altarauszug entwickelte sich dort im 15. Jahrhundert die Tafelrahmung zu einer eigenständigen, der Wand vorgestellten Ädikula.[88] Deren Aufbau folgt mit Sockelzone, Säulenstellung, Gebälk und Giebel dem antiker Tempelfronten, wie sie zum Beispiel auch in Andrea Palladios 1570 in Venedig erschienenem *Quarto libro dell'architettura* gezeigt werden. Normalerweise wurden Ädikulen in der Antike als Rahmungen für Fenster, Portale oder Nischen verwendet. Deren erste Übernahme im Zusammenhang mit einem Altar, typologisch gesehen jedoch als Halbciborium[89], ist im Pantheon zu Rom zu finden. Der Prototyp eines Ädikula-Altars findet sich jedoch in der 1550–1552 von Giorgio Vasari entworfenen und von Michelangelo überarbeiteten Cappella del Monte von San Pietro in Montorio zu Rom (Abb. 209). Dort stehen auf

**Abb. 209. San Pietro in Montorio, Rom – Capella del Monte.**

der Postamentzone über der Altarmensa einfache, von flachen Pilastern hinterfangene ionische Säulen, die von einem kräftigen Gebälk und einem Segmentbogengiebel überfangen werden. In der Folgezeit wird dieser Typus durch eine zwischen Altarmensa und Altarbild eingefügte Predella, weitere Säulen und Pilaster, ein verkröpftes Gebälk oder einen Altarauszug ergänzt.[90] Zur Vollendung brachte die barocke Altarbaukunst in Rom schließlich Gian Lorenzo Bernini mit seinem Cathedra-Petri-Altar in St. Peter von 1662 (Abb. 210).[91] Bei diesem ist neben der Öffnung des Altars in den Raum vor allem die Integration des „Göttlichen Lichts"[92] durch das Fenster im Altarauszug entscheidend, die sich auch in der Theatinerkirche findet. In der Gotik war es noch üblich gewesen, an dieser Stelle die Trinität, meist in einer Figurengruppe darzustellen.[93] Von Berninis Papstaltar-Baldachin in St. Peter ist hingegen das Motiv der gewundenen Säulen übernommen.[94] Dieser Baldachin entstand unter Papst Urban VIII. ab 1624. Seine Säulen sind den von der heiligen Kaiserin Helena nach Rom verbrachten Säulen des Salomonischen Tempels nachgebildet, die in der frühchristlichen Petersbasilika aufgestellt waren.[95] Der Überlieferung entsprechend, dass Christus sich an diese Säulen des Salomonischen Tempels gelehnt habe, symbolisieren sie auch die Überwindung des Alten Bundes.[96] Folgerichtig kennzeichnen sie in St. Peter das Grab des Apostelfürsten Petrus, des ersten Stellvertreters Jesu Christi auf Erden. Man kann die Verwendung der gewundenen Säule also als ein spezifisch katholisches Element in der Altarbaukunst des Barock verstehen.

**Abb. 210. St. Peter, Rom – Papstaltarbaldachin und Cathedra-Petri-Altar.**

## 10.4.1 Hochaltarretabel

Der von der Kurfürstin in ihrem Testament 1669 festgehaltene Plan (Kap. 6.5), dass „der Hochaltar ... derjenige der heiligen Adelheid sei"[97], muss schon kurze Zeit danach erweitert und präzisiert worden sein. Das zeigt eine Rötelzeichnung zum Hochaltargemälde der Theatinerkirche von der Hand Joachim von Sandrarts im Kupferstichkabinett des Kunstmuseums Basel (Abb. 211).[98] Diese entstand wahrscheinlich im Zusammenhang mit dem 1670 vollendeten Gemälde Sandrarts für den Kajetansaltar und kann so auf 1668/69 datiert werden. In der ungewöhnlichen Darstellung leiten die auf üppigen Wolken sitzenden und von Engeln begleiteten Kirchenpatrone, die heilige Kaiserin Adelheid zur Rechten und der noch selige Kajetan zur Linken, einen von der Heiligen Dreifaltigkeit im Himmel ausgehenden Gnadenstrahl im Zickzack zum Kurfürstenpaar, das unter einem Baldachin rechts im Vordergrund kniet. Auf diesem Gnadenstrahl wird der in Tüchern gehüllte Max Emanuel von Engeln seinen Eltern entgegengetragen. Eine ähnliche Darstellung begegnet uns schon auf der bereits erwähnten Votivtafel zur Geburt Ferdinand Marias, auf welcher der Kurprinz in einem Gnadenstrahl aus dem Herzen der Gottesmutter seinen Eltern entgegenschwebt (Abb. 4). Das Motiv des Gnadenstrahls ist zu dieser Zeit äußerst beliebt und findet sich zum Beispiel auch in weitverbreiteten Thesenblättern.[99] Für die Nichtausführung des Entwurfes von Sandrart können mehrere Gründe vermutet werden: So weist Reinhold Baumstark bereits auf das mangelnde „decorum [des Entwurfes hin], das an so prominenter Platzierung im Kirchengebäude gewahrt werden muss"[100]. Dies könnte aber auch mit dem bereits erwähnten Streit zwischen den Theatinern und den Jesuiten nach der öffentlichen Zurschaustellung des Kajetansgemäldes Sandrarts zusammenhängen.

Das schließlich verwirklichte Hochaltargemälde stammt hingegen von dem schon zu Sandrarts[101] Lebzeiten berühmten, 1631 in Este geborenen Antonio Zanchi.[102] Als Schüler des in Venedig tätigen Francesco Ruschi zeichnet er sich als Tenebrist in der Nachfolge Caravaggios besonders durch seine bewegten Kompositionen, die satte Farbigkeit und das ausgeprägte Helldunkel aus. Leider ging das Hochaltargemälde durch einen Brand infolge des Luftangriffs am 7. Januar 1945[103] zusammen mit den Holzsäulen des Hochaltarretabels gänzlich zugrunde. An seiner Stelle wurde nach dem Zweiten Weltkrieg ein wesentlich kleineres Gemälde des flämischen Rubensschülers Caspar de Crayer aus dem Jahre 1646 dem rekonstruierten Retabel eingefügt und durch einen altrosafarbenen Stuckvorhang der originalgroßen Aussparung angepasst. Es zeigt in Annäherung an das Thema des Frauenaltars eine Sacra Conversazione (Abb. 54). Einen Eindruck von der Komposition des Hochaltargemäldes Zanchis kann eine Schwarzweißphotographie des Bayerischen

**Abb. 211. Joachim von Sandrart, Entwurfszeichnung für das Hochaltargemälde der Theatinerkirche, 1668/69.**

**Abb. 212. Theatinerkirche St. Kajetan und Adelheid, München – Antonio Zanchi, Kurfürst Ferdinand Maria und Henriette Adelaide von Savoyen mit Familie als Stifter sowie Apotheose der hll. Adelheid und Kajetan, 1674 (um 1930).**

Landesamtes für Denkmalpflege vermitteln (Abb. 212). Glücklicherweise erhielten sich darüber hinaus auch noch eine kleinformatige Rötelzeichnung in der Collection of Drawings des Victoria & Albert Museum in London und ein großformatiger Ölbozzetto in den Bayerischen Staatsgemäldesammlungen in München.[104]

Die querformatige Rötelzeichnung zeigt nur das untere Drittel des Gemäldes mit der Stiftergruppe (Abb. 213): In der Blattmitte knien auf einem mehrstufigen Podest Kurfürst Ferdinand Maria mit Zepter und übergroßem Reichsapfel sowie zur seiner Linken Henriette Adelaide im Gebet. Zwischen dem Kurfürstenpaar kniet, direkt unterhalb des großen Reichsapfels, der junge Kurprinz Max Emanuel. Zur Linken der Kurfürstin betet sodann die erstgeborene Prinzessin Maria Anna Christina und vor ihr, auf einer Stufe sitzend, der kleine Kurprinz Joseph Clemens. Neben diesem kniet ganz außen, mit erhobenem Zeigefinger, die Erzieherin der Kinder Felicitas Gräfin Wolkenstein. Zur Rechten des Kurfürsten ist der Leibarzt der Kurfürstin Stefano Baron Simeoni abgebildet. Zu Füßen des Kurfürsten hält diesem ein Page die Fürstenkrone entgegen und vor Max Emanuel tragen vier weitere Pagen das offensichtlich schwere Modell der als Dank für seine Geburt erbauten Theatinerkirche herbei. Vor Gräfin Wolkenstein kniet noch eine weitere Dienerin, die der Kurfürstin etwas zu Füßen legen möchte. Im Hintergrund der Stiftergruppe tummeln sich weitere Hofangehörige und man erkennt wage die Silhouette der Münchner Frauenkirche.

Da diese Komposition nahezu identisch im Ölbozzetto wiedergegeben ist und die Quadrierung der Zeichnung auf eine vorgesehene Übertragung in ein größeres Format hinweist, kann man davon ausgehen, dass es sich bei Letzterer nicht nur um eine Studie, sondern schon um einen mit den Auftraggebern abgesprochenen Entwurf handelt.[105] Auf dem Ölbozzetto ist die Stiftergruppe nur insoweit verändert, als die vier Pagen mit dem Modell der Kirche im Vordergrund nun auf zwei reduziert wurden, die zusätzliche Dienerin weggefallen ist und die Erzieherin Gräfin Wölkenstein die am 23. Januar 1673 geborene Prinzessin Violante Beatrix auf dem Arm trägt (Abb. 214). Da das Kurfürstenpaar auf der Rötelzeichnung ausgesprochen jugendliche Gesichtszüge trägt, mutmaßte Gerhard Ewald, dass Zanchi den Auftrag vielleicht schon während des Venedigaufenthaltes des Kurfürstenpaares 1667 erhalten und damals Skizzen angefertigt haben könnte.[106] Zanchi hielt sich nachweislich 1672 in München auf. Danach hat er das inzwischen fortgeschrittene Alter der Dargestellten und die Neugeborene auf dem Ölbozzetto nachgetragen.[107] Damit kann die Rötelzeichnung auf spätestens 1671 datiert werden, der Ölbozzetto hingegen auf 1673.

Der aufgeräumt wirkende Vordergrund des breiter angelegten Ölbozzettos kontrastiert mit dem nun zum Bersten gefüllten oberen Teil des Bildes. Zu der Stiftergruppe hat sich eine Heiligen-

**Abb. 213. Antonio Zanchi, Entwurfszeichnung für das Hochaltargemälde der Theatinerkirche in München, 1671.**

apotheose gesellt: Durch eine Schar von Engeln auf schweren Wolken werden die beiden Kirchenpatrone, der mittlerweile heiliggesprochene Kajetan rechts und die heilige Kaiserin Adelheid links, der Heiligsten Dreifaltigkeit im Himmel entgegengetragen. In Zanchis ausgeführtem Hochaltargemälde, das nach dem Bericht Pater Spinellis am 19. Juni 1675[108] aus Venedig in München eintraf, wurde die Komposition des Ölbozzettos weitestgehend übernommen, jedoch dem etwas schlankeren Bildformat angepasst, wie die Schwarzweißphotographie belegt.

Im Kern handelte es sich also bei Zanchis Hochaltarbild um ein Stifterbild der kurfürstlichen Familie rund um Ferdinand Maria und Henriette Adelaide. Die neuzeitliche Tradition des Stifterbildes findet sich bei den Wittelsbachern schon unter Herzog Albrecht V. in dem von Hans Mielich 1572 geschaffenen Hochaltar des Ingolstädter Münsters Zur Schönen Unserer Lieben Frau (Abb. 215). Dort kniet Herzog Albrecht V. mit seiner Gemahlin Anna von Österreich in Verehrung vor der Himmelskönigin und wird von zwei Rittern und zwei Hofdamen mit den Wappen der Stifter begleitet. Ein weiteres Beispiel ist das bereits erwähnte Hochaltargemälde der Karmelitenkirche St. Nikolaus von Karl Nikolaus Pfleger, das Kurfürst Maximilian I. als Stifter der Münchner Karmeliten während der Schlacht am Weißen Berg zeigt (Abb. 37). In der Verbindung mit einer Heiligenapotheose erfuhr das Stifterbild jedoch durch Zanchi eine entscheidende Erweiterung. Zum einen war im Bild, von oben nach unten gelesen, der Grund für die Stiftung der Kirche dargestellt: Durch die Fürsprache der beiden Kirchenpatrone bei Gott war dem Kurfürstenpaar ein Erbe geschenkt worden; als Dank dafür wurde die Theatinerkirche errichtet, deren Modell zu Füßen des Thronfolgers niedergelegt wird. Zum anderen wird die Kurwürde der bayerischen Wittelsbacher als Reichserztruchsesse des Heiligen Römischen Reiches Deutscher Nation durch den übergroßen Reichsapfel symbolisiert. Die zu Füßen des Landesherrn herangetragene Fürstenkrone verliert dabei allein schon aufgrund ihrer geringeren Größe an Bedeutung. Durch

Abb. 214. Antonio Zanchi, Ölbozzetto für das Hochaltargemälde der Theatinerkirche in München, 1673.

die hier dokumentierte Erfüllung ihres Kinderwunsches auf die Fürsprache der beiden Kirchenpatrone wird die Herrschaft des Kurfürstenpaares göttlich legitimiert und durch dessen direkten Blickkontakt der Betrachter dazu aufgefordert, ebenfalls für den Erhalt des Kurhauses zu beten.[109]

Dieser Interpretationsansatz lässt sich auch auf den Dekor des Altarretabels übertragen (Abb. 208): So kann der ungeflügelte Putto, der über dem Gemälde die beiden Wappen zusammenhält, als Verkörperung Max Emanuels gesehen werden, der zukünftig die Bürde des Kurfürstenamtes zu tragen hat.[110] Das durch das Fenster im Altarauszug darüber einströmende „göttliche Licht“ muss aufgrund der dort stuckierten Weinranken und der gewundenen Altarsäulen zunächst einmal auf den Erlösungstod Jesu Christi und die unblutige Erneuerung des Kreuzesopfers am Altar bezogen werden. Zum anderen liegt aber auch die Assoziation zum göttlichen Gnadenstrahl auf Sandrarts Rötelzeichnung nahe, auf dem Max Emanuel symbolisch in die Welt kommt.[111] Im Kontext des Kirchenbaus deutet dies so tatsächlich Joseph Cajetan Khuen in seiner bereits erwähnten Trauerschrift zu Max Emanuels Tod *Magnus in Ortu* von 1727:

**Abb. 215. Münster Zur Schönen Unserer Lieben Frau, Ingolstadt – Hans Mielich, Herzog Albrecht V. und Anna von Österreich mit Familie als Stifter sowie Krönung Mariens, 1572.**

„Wann ihr [Ferdinand und Adelheid] beschlossen habt, daß wo entsteht die Sonn,
Und in dem Aufgang scheint, man soll den Tempel stellen,
Den prächtig, kostbahr, schön, ihr weißlich bauen wöllen,
Dem der Euch geben hat, ein also grossen Sohn,
Und in dem Sohn ein LIECHT, daß SONNEN Tituls-werth,
Dann solcher Tempel solt nit nur ein Denckmahl werden, Dem
MAXIMILIAN deß Ursprungs hier auf Erden,
Und daß dem Bayren Ihn hab CAJETAN beschert.“[112]

Ähnlich formuliert es auch der Jesuit Matthäus Rader in der Zueignung seiner *Bavaria Sancta et Pia* an Max Emanuel, in der er dessen Namen anagrammatisch deutete als:

„Sintemahl EMMANUEL, durch ein Buchstaben Wechsel ist:
A Me Lumen, von Dem alles Liecht herstrahlet.“[113]

Begleitet wird Max Emanuel bei seiner „Erscheinung“ in der Welt von einem Hofstaat aus Putti, die auf den gewundenen, von Lorbeerblättern umrankten Altarsäulen mit ihm herabsteigen. In dieser Funktion als körperlich manifestierte Boten göttlicher Gnade finden sie sich auch auf Sandrarts Rötelzeichnung.[114] Der immergrüne Lorbeer kann dabei über seine seit der Antike über-

**Abb. 216. Graf Deuring, Thesenblatt zu Ehren Ferdinand Marias und Max Emanuels, 1663.**

lieferte allgemeine Bedeutung als Siegeszeichen hinaus[115] auch auf die Herrschaft Max Emanuels übertragen werden. Als „Laurus Boica", sprich „Bayerischer Lorbeer", steht er für die erhoffte Unvergänglichkeit der Wittelsbacher-Herrschaft, wie es auch das zeitgenössische Thesenblatt eines Grafen Deuring aus dem Jahr 1663 zu Ehren Ferdinand Marias und Max Emanuels ausdrückt (Abb. 216): Dort erwächst über dem Haupt des bayerischen Kurfürsten ein Lorbeerbaum, der mit den auf einem Spruchband verewigten Worten „Florebit in Aevo" („Blühe in Ewigkeit") auf dessen Herrschaft bezogen ist.[116] Zusammen mit dem Rom- und Jerusalembezug der gewundenen Altarsäulen muss diese unvergängliche Herrschaft in der Theatinerkirche dezidiert auch als eine katholische verstanden werden.

Dem bayerischen Herrscherlob gegenüber stehen in der Übernahme der Ikonographie aus Barellis zweitem und drittem Fassadenentwurf die zum Teil nach dem Krieg etwas ungelenk wiedererstandenen Heiligenfiguren der „Genealogia Religiosa Sabaudiae", des „religiösen Stammbaums Savoyens" auf dem gesprengten Giebel des Hochaltarretabels: Es erscheinen von links nach rechts die selige Ludovica von Savoyen[117] in ihrem Klarissinenhabit und neben ihr die Figur ihres seligen Vaters Herzog Amadeus IX.[118], auf der anderen Altarretabelseite der heilige König Ludwig IX. von Frankreich mit dem Attribut der drei Kreuzesnägel im Dornenkranz Christi[119] und rechts außen die heilige Margareta von Savoyen in ihrem Dominikanerinnenhabit. Alle Heiligen vereinen in sich sowohl eine fürstliche Herkunft wie auch eine religiöse Berufung und gemahnen damit sowohl die bayerischen Herrscher wie auch deren Untertanen im Sinne eines christlichen Fürstenspiegels eines gerechten und gottgefälligen Lebens.

### 10.4.2 Kajetansaltar

Das Gemälde des Kajetansaltars an der Südwand des Querhauses wurde von dem „teutschen apelles"[120] Joachim von Sandrart geschaffen. Der 1606 in Frankfurt am Main geborene Maler und Künstlerbiograph lernte unter anderem bei Sebastian Stoßkopf und kam bei Gerrit van Honthorst in Utrecht mit dem Werk von Peter Paul Rubens in Berührung. Sandrarts von vielen Stationen geprägtes Leben führte ihn unter anderem nach Prag, London, Venedig, Bologna, Rom und München.[121] In seinem Werk mischt sich die lebendige Erzählweise flämischer Malerei mit dem klaren Kolorit und der an der Antike geschulten Körperlichkeit italienischer Malerei. Zu Sandrarts

Gemälde am Kajetansaltar[122] haben sich ein Ölbozzetto[123] in den Bayerischen Staatsgemäldesammlungen sowie eine ausführliche Beschreibung Sandrarts in seiner *Teutschen Academie* von 1675[124] erhalten. Bereits im Baurechnungsbuch 1667/68 ist eine erste Abschlagszahlung in Höhe von 300 Gulden für den Auftrag in der Theatinerkirche angeführt.[125] Damit muss dieses früheste Altargemälde der Theatinerkirche sowohl als Zeichen der Dankbarkeit der Auftraggeber gegenüber dem seligen Fürsprecher als auch quasi als Vorwegnahme von Kajetans Heiligsprechung gesehen werden (Kap. 6.6).[126]

Das Thema des Gemäldes ist die Erhörung der Fürbitte Kajetans bei Gott während der Pest in Neapel im Jahre 1656. Der 1547 verstorbene Kajetan galt als Pestpatron, da er zu Lebzeiten 1528 in Venedig die Pest bekämpft und sich dabei mit größter Hingabe um die daran Erkrankten gekümmert hatte.[127] Auf dem um 1668 entstandenen Ölbozzetto ist im Vordergrund die leidende und siechende Bevölkerung Neapels zu sehen, die zu einem auf mehreren Stufen erhöhten und andeutungsweise mit einem Baldachin nobilitierten Altar vor den Pforten eines Lazaretts unweit des feuerspeienden Vesuv pilgert (Abb. 217). Neben dem Altar, auf dem das Allerheiligste ausgesetzt ist, wird ein Bildnis des seligen Kajetan, das entsprechend seiner Ikonographie mit Blumen und Früchten umkränzt ist, durch zwei Knaben dem Volk gezeigt, das ihn um seine Fürbitte anruft.[128] Am rechten oberen Bildrand erscheint der Selige, von Wolken getragen und Engeln gestützt, aus dem Licht des Himmels, einen Ölzweig als Zeichen des Friedens in seiner rechten Hand haltend. Die Erhörung seiner Fürbitte bei Gott wird durch einen Gnadenstrahl symbolisiert, der auf das Bildnis des Seligen trifft. Das Ende der göttlichen Strafe wird durch den „Wurg-Engel [Todesengel], der das blutige und flammende Schwerd des Zorns Gottes“[129] in die Scheide steckt, angezeigt. Damit folgte Sandrart den zeitgenössischen Lebensbeschreibungen Kajetans, wie zum Beispiel der in Pater Pepes 1671 erschienenem Werk *Leben deß heiligen Cajetani Thiene*.[130]

**Abb. 217. Joachim von Sandrart, Ölbozzetto für das Gemälde des Kajetansaltars der Theatinerkirche in München, 1668.**

Wie Esther Meier überzeugend darlegte[131], orientierte sich Sandrart in Teilen seiner Komposition, wie dem längs niedergestreckten Toten und der toten Mutter mit Kind, an dem 1655 von Johann Heinrich Schönfeld geschaffenen Altargemälde für den Salzburger Dom mit der Darstellung des heiligen Carlo Borromeo, der im 17. Jahrhundert (neben Sebastian und Rochus) als der bedeutendste Pestheilige verehrt wurde (Abb. 218).[132] Sandrart hielt sich vom 15. November bis 21. Dezember 1670 in München auf, um möglicherweise letzte Korrekturen an dem Altargemäl-

**Abb. 218. Dom St. Rupert und Virgil, Salzburg – Johann Heinrich Schönfeld, Der hl. Carlo Borromeo, 1655.**

de mit dem Kurfürstenpaar zu besprechen.[133] Das nach seinen eigenen Angaben „zu Augsburg verrichtete“[134] Gemälde wurde dort vor seiner Überführung nach München auch öffentlich ausgestellt.[135] Über die Ankunft des Altargemäldes in München berichtet Pater Meazza im *Diarium Italicum* unter dem 19. Januar 1671[136] mit dem Hinweis:

> „Die Kurfürstin ließ es anfertigen; es kostete mehr als ein Geschenk an den Maler, welcher der erste Deutschlands ist, [nämlich] 800 Gulden.“[137]

Wie bereits mehrfach erwähnt, wurde es zunächst im Zuge der Feierlichkeiten zur Heiligsprechung Kajetans am 12. Mai 1671 öffentlich vor der Residenz zur Schau gestellt und danach einstweilen verwahrt (Kap. 6.6). Anstelle dieses Bildes war bis zur Weihe des Altares am 12. Juni 1675[138] nur der Ölbozzetto dort angebracht[139].

Im Altargemälde ist weitgehend die Komposition des Ölbozzettos übernommen. Sie wirkt aber durch die Anpassung an das schmalere Bildformat konzentrierter und dynamischer (Abb. 219). Das Bildnis des Heiligen wird seitlich des sehr hoch gelegenen Altars präsentiert; der Gnadenstrahl ist weggelassen. Versucht man weitere Details zu erkennen, kann man nur in die Klage Joseph Sebastian Rittershausens von 1788 mit einstimmen: „der Ton des Kolorits ist hier etwas zu dunkel“[140]. Nach dem Bericht der letzten Restaurierung durch Erwin Wiegerling von 1995/96 wurde der stark nachgedunkelte, aber historische Firnis aus konservatorischen Gründen nie abgenommen.[141]

Die von Sandrart dargestellte Szene der erfolgreichen Fürsprache des seligen Kajetan bei der Pest in Neapel 1656 stellt ein eher ungewöhnliches Bildthema für einen Altar dar. Vielmehr würde man hier eine Begebenheit aus dem Leben des Altarpatrons erwarten. Setzt man das Thema des Kajetansaltars in Bezug zu der im Hochaltargemälde Zanchis bezeugten Erhörung der Fürbitte des Kurfürstenpaares, wird Kajetan in der Theatinerkirche nicht nur als Beschützer und Helfer Neapels und des Kurhauses vor Augen geführt, sondern indirekt auch des bayerischen Volkes. Diese Interpretation gilt umso mehr, als Kajetan 1672 zum Landespatron Bayerns erwählt wurde (siehe Exkurs). Wie Ester Meier anhand des Vergleichs mit dem 1735 für die Salzburger Kajetanerkirche geschaffenen Altargemälde Paul Trogers zeigen konnte, ist auf dem Altarblatt Sandrarts dem Moment des Flehens der neapolitanischen Bevölkerung vor dem Bild des Seligen besondere Beachtung zugemessen.[142] Da die Idolatrie[143], der Glaube an die Wundertätigkeit von Bildern, vom Konzil von Trient klar verworfen wurde, wendet sich das Volk hier flehentlich und nicht anbetend an den Seligen auf dem Bild. Erst dieser faltet dann seine Hände zum Gebet und trägt somit die Bitte des Volkes vor den Thron Gottes im Himmel. Möglicherweise war sich Sandrart, obwohl Protestant, dieser Feinheit katholischer Bildtheologie bewusst.

Die Deutung des Altarblatts lässt sich wiederum auch auf das gesamte Retabel des Kajetansaltars übertragen: So haben die Blumen und Früchten aus Stuck hier nun ihre eigentliche Heimat

Abb. 219. Theatinerkirche St. Kajetan und Adelheid, München – Joachim von Sandrart, Die Erhörung der Fürbitte des sl. Kajetan bei der Pest in Neapel 1656, 1671.

gefunden. An den gewundenen Säulen rankt Eichenlaub empor. Ähnlich dem Lorbeer galt es seit der Antike als Symbol der Macht, Treue und Beständigkeit. Die machtvolle Fürsprache Kajetans kann nur durch Treue und Beständigkeit im Glauben erwirkt werden. Die auf dem Giebel stehenden Heiligenfiguren vertiefen dieses Vertrauen in seine Fürsprache mit einem Fokus auf dem erhaltenen Kindersegen des Kurfürstenpaares: So gilt die heilige Katharina von Alexandrien rechts außen mit dem zerbrochenem Rad und dem Schwert ihrer Marter auch als Schutzpatronin der Ehefrauen. Dazu passend wird der heilige Antonius von Padua neben ihr mit dem Jesuskind auf dem rechten Arm als Patron der Liebenden, der Ehe und der Familie verehrt. Die Statue von Johannes dem Täufer, der als letzter großer Prophet und Wegbereiter Jesu gilt, wurde leider im Krieg zerstört. Unter anderem wurde Johannes auch als Beschützer vor Kinderkrankheiten angerufen. Dazu kommt unerwartet die Statue der heiligen Cäcilia von Rom, der Schutzpatronin der Kirchenmusik; ihre Bruderschaft wurde erst 1749 an der Theatinerkirche eingeführt.[144] Am Kajetansaltar wird dem Betrachter also die erfolgreiche Fürbitte des seligen Kajetan für die notleidende Bevölkerung Neapels vor Augen geführt und diese zugleich durch die beigesellten Familienpatrone wieder auf den Kinderwunsch des Kurfürstenpaares übertragen.

### 10.4.3 Sippenaltar

Das Gemälde des nördlichen Querhausaltars mit der Heiligen Familie und König David[145] wurde von dem letzten großen Meister der Bologneser Schule, Carlo Cignani[146], gemalt. Cajetan Maria von Reisach beschrieb es treffend als „das schönste Altarblatt, welches sich in dieser Kirche befindet“[147]. Obwohl Schüler Giovanni Battista Cairos und Francesco Albanis, stand Cignani vor allem in der Nachfolge von Albanis Konkurrenten Guido Reni. Cignanis Werk zeichnet sich besonders durch die Ausgewogenheit von Komposition, Licht und Farbe aus, ohne dabei jedoch der Kühle von Renis Kolorit zu verfallen. Während seiner Schaffenszeit nahm Cignani wiederholt Aufträge vom Theatinerorden an, sowohl in Rom als auch in Bologna. So schuf er zum Beispiel zur Heiligsprechung Kajetans einen ganzen Festapparat für die Bologneser Theatinerkirche Santi Bartolomeo e Gaetano.[148] Beatrice Buscaroli-Fabbri ist es zu verdanken, dass der Vertrag zwischen Cignani und dem Bologneser Theatinerpater Pellegrino Barelli, dem Bruder Agostino Barellis, über das Altargemälde der Münchner Theatinerkirche vom 10. Mai 1672 im Archivio di Stato in Bologna wiederentdeckt wurde.[149] Die bereits früher vermutete Auftragsvermittlung durch Agostino Barelli[150] scheint damit wahrscheinlicher als ein Sieg Cignanis in einem Wettbewerb, wie ihn sein Biograph Ippolito Zanelli konstruiert hat[151]. In dem Vertrag wurde unter anderem festgehalten:

> „… Herr [Cignani] verpflichtet sich, dieses Gemälde mit seiner eigenen Hand zu fertigen … genau entsprechend dem Entwurf, der schon dem hochwürdigsten Pater [Barelli] ausgehändigt wurde … dieses gehörig und gänzlich zu liefern innerhalb von zwei Jahren [spätestens] bis zum 10. Mai des Jahres 1674 und nicht anders. Und dies für den Preis [von] achthundert [Bologneser] Scudi.“[152]

Überlegungen hierzu muss es also bereits früher gegeben haben, wahrscheinlich 1671, da Pater Barelli bereits ein Entwurf vorlag. Cignani quittierte den Erhalt der vereinbarten Gesamtsumme am 23. August 1674 für „besagtes Leinwandgemälde …, vollendet … in den vergangenen Tagen“[153]. In München langte das Gemälde zusammen mit dem Hochaltargemälde Zanchis am 19. Juni 1674 an.[154]

Bereits Giovanni Lodovico Bianconi bemerkte zu dem Altarbild Cignanis in seinen *Lettere al Marchese Filippo Hercolani Ciamberlano* von 1763: „Wenn man dennoch etwas gegen dieses Gemälde sagen möchte, ist es die nahezu kolossale Größe der Figuren. Cignani glaubte vielleicht,

Abb. 220. Theatinerkirche St. Kajetan und Adelheid, München – Carlo Cignani, Heilige Familie und König David (Sippenaltar), 1674.

dass es höher angebracht werde, womit er sich aber täuschte."[155] Wahrscheinlich nährte diese Einschätzung die spätere Behauptung, das Gemälde sei ursprünglich für den Hochaltar gedacht gewesen.[156] Das Altarbild wurde beim Luftangriff am 7. Januar 1945 stark beschädigt, wobei die rechte Bildhälfte fast gänzlich zerstört und der Firnis zum Schmelzen gebracht wurde. Nach dem Krieg wurde es mit hohem Aufwand durch Franz Söker restauriert.[157]

Im Gemälde des Frauenaltars sitzt Maria erhöht auf einem goldenen Muschelthron und hält, unterstützt von ihrer Mutter Anna, den stehenden Jesusknaben auf ihrem Schoß fest (Abb. 220). Dieser reckt sich Gottvater und dem Heiligen Geist im von Engeln bevölkerten Himmel entgegen. Links folgen auf Anna der den Betrachter anblickende Joseph, der Nährvater Jesu, und Joachim, der Gemahl Annas und Vater Mariens. Rechts neben Maria steht der kleine Johannesknabe, der auf Jesus als das Lamm Gottes hinweist. Ihm zur Seite finden sich seine Eltern Elisabeth und Zacharias, der gemäß der Überlieferung (Lk 1,5–25) in das Gewand eines Hohepriesters gekleidet ist. Im Bildvordergrund hat sich der alttestamentliche König David auf einem Schemel niedergelassen und schlägt seine Harfe. Ihm assistieren zwei musizierende Engel hinter ihm und zwei Putten vor ihm, die eine Schriftrolle mit einer Passage aus dem 132. Psalm halten: „De fructu ventris tui ponam super sedem tuam" („Einen Spross aus deinem Geschlecht will ich setzen auf deinen Thron"). Mit diesen Worten sagte der Stammvater Jesu die Geburt des Erlösers voraus. Dementsprechend wird der Muschelthron Mariens als Sinnbild für die jungfräuliche Geburt Jesu gedeutet und der Gottessohn selbst als Perle, die aus dem Schoß Mariens erwächst.[158]

Damit ist eine Parallelität zu der bereits mehrfach beschriebenen Ikonographie Henriette Adelaides und Max Emanuels geschaffen (Kap. 3.4). Als biblisches Herrschervorbild verkörpert König David aber auch einen Anspruch an die zukünftige Herrschaft Max Emanuels. Auch an diesem Altarretabel steht das Eichenlaub für die Macht der göttlichen Vorsehung sowie die Treue und Beständigkeit des Glaubens. Die Heiligenfiguren des Giebels unterstreichen erneut die Bedeutung dieses Altars für die Familie: So ist rechts die heilige Margareta von Antiochien, die Patronin der Schwangeren und Gebärenden, mit dem von ihr im Traum durch das Kreuz verjagten Drachen zu ihren Füßen dargestellt.[159] Neben ihr stand einst die Figur des heiligen Rochus von Montpellier[160] als Patron der Ärzte mit der (später wunderbar verheilten) Pestbeule am entblößten Oberschenkel.[161] Links folgt der Namenspatron Max Emanuels, der heilige Bischof Maximilian von Lorch[162], und eine ohne ihre Attribute nicht näher zu identifizierende Märtyrerin[163].

## 10.5 Seitenkapellen

Wie bereits im Zusammenhang mit dem Querschnittsplan Barellis von 1662 erwähnt, war die Beleuchtungssituation der kuppelgewölbten Seitenkapellen vor dem Abbruch ihrer Laternen im Jahre 1735 gänzlich anders (Kap. 6.2.2). Der reiche Stuck der Kuppelwölbungen, den Carlo Brentano-Moretti bis zum Winter 1673/74 schuf, wurde bereits im Sommer des Jahres 1695 entfernt. So beklagte der damalige Propst der Theatiner Johann Baptist Lerchenfeld im Juli 1685, dass die Kuppeln der sechs Kapellen aufgrund undichter Stellen in der Überdachung durchnässt seien und Stuck in großen Mengen herabbreche. Bei den darauffolgenden Sanierungsarbeiten wurden die Stuckaturen abgetragen und durch einfache Gurte ersetzt.[164] Die einzelnen Seitenkapellen sind untereinander durch halbrund abschließende Durchgänge mit einer sie umfangenden Ädikula verbunden (Abb. 221). Die Rahmungen bestehen aus einer Postamentzone, kompositen Pilastern mit einfachen Pilasterrücklagen, einem kräftigen Gebälk und einem gesprengten Segmentbogengiebel mit einer eingestellten, kleinen Ädikula. Darin prangt das von einem gebänderten Lorbeerkranz und Rollwerk umfangene Wappen der Theatiner. Die Pilaster, die Zwickel über den Durchgängen sowie das Gebälk sind mit reichem Akanthuswerk gefüllt. Motivisch schließt sich das Dekor nahtlos an die Thematik des Schiffs an. Die Dedikation der an den Außenwänden der Abseiten stehenden Seitenaltäre legte die Kurfürstin auch in ihrem Testament aus dem Jahre 1669 fest:

> „Die anderen [Seitenaltäre] seien die des seligen Amadeus von Savoyen, des seligen Andreas Avellinus, der heiligen Apollonia, der heiligen Maria Magdalena, der Schutzengel und der Armen Seelen."[165]

Von diesen wurden die Altäre des seligen Andreas Avellinus, der heiligen Apollonia im Kreis von vier heiligen Jungfrauen, der Schutzengel und der Armen Seelen (Kreuzigungsaltar) ausgeführt. Der Altar des seligen Amadeus von Savoyen wurde jedoch durch den der seligen Margareta von Savoyen und jener der Maria Magdalena durch den der Immaculata (der ohne Erbsünde empfangenen Maria) ersetzt. Bereits am 15. Januar 1670 hatte Henriette Adelaide Pater Spinelli daran erinnert, dass die hölzernen Seitenaltarretabel nun baldmöglichst von „geeigneten" Handwerkern begonnen werden müssten, um mit der Bauentwicklung Schritt zu halten.[166] Mit den Schnitzarbeiten für die Altäre wurde wiederum Balthasar Ableitner beauftragt, der seit April 1670 mit den monumentalen Evangelistenfiguren und den Hermenengeln der Logen beschäftigt war.[167] Spätestens nach dem Abschluss der Langhauswölbungen 1671 dürfte Ableitner auch mit den Arbeiten an den Seitenaltären begonnen haben. Für die Zeiträume vom 1. Mai bis 12. November 1672[168], vom 13. November 1672 bis 1. April 1673[169], vom 2. April bis 20. August[170] und vom 20. August bis 9. November 1673[171] stellte Ableitner „arbaithen an denen bildthern und zierrathen zu den althären geherig"[172] in Rechnung. Unter den dabei angeführten Mitarbeitern finden sich neben seinen Söhnen Johannes, Franziskus und Antonius auch die Gesellen Simon Frieß und Hans Jacob. Da mindestens drei Jahre an den Altären gearbeitet und hierfür nachweislich ab 1672 auch die kleinteiligen „zierrathen" verfertigt wurden, muss davon ausgegangen werden, dass die Altäre spätestens 1674 vollendet waren. Der kolorierte Grund- und Aufrissentwurf Barellis zu einem dieser Seitenaltäre (PlSlg. 7819, Abb. 222)[173], der bisher in die Zeit zwischen 1672 und

**Abb. 221. Theatinerkirche St. Kajetan und Adelheid, München – Ädikularahmung der südwestlichen Kapelle nach Westen.**

1675[174] datiert wurde, muss daher bereits um 1670 entstanden sein. In der Ausführung kommt diesem der Andreas-Avellinus-Altar am nächsten (Abb. 223). Dabei wird deutlich, dass der Ädikula-Aufbau der Seitenaltäre in reduzierter Form dem der drei Hauptaltäre folgt. Im Gegensatz zu deren weißen und mit Stuck gezierten Retabeln sind die der hölzernen Seitenaltäre jedoch teilweise farbig gefasst, vergoldet und – in zwei Fällen – in ihren Feldern sowie an den Säulen sogar mit gemaltem Schildpatt versehen.

Abb. 222. Agostino Barelli, Grund- und Aufrissplan eines Seitenaltars (PlSlg. 7819), 1670.

## 10.5.1 Kapellenaltäre der Südseite

Das Gemälde des südwestlichen Altars, das den Tod des Theatiners Andreas Avellinus[175] darstellt, wurde von Johann Carl Loth, gen. Carlotto, dem Sohn des bayerischen Hofmalers Johann Ulrich Loth[176], geschaffen. Nachdem Johann Carl bei seinem Vater die Lehre abgeschlossen hatte, reiste er zu Beginn der 1650er Jahre nach Rom, um dort die Kunst Caravaggios zu studieren. Im Jahre 1656 siedelte er nach Venedig über, wo er mit Pietro Liberi und Antonio Zanchi in Kontakt kam.[177] Möglicherweise begegnete das Kurfürstenpaar Loth auf ihrer Italienreise 1667.[178] Eine von Cajetan Maria von Reisach in der Sakristei der Theatinerkirche angeführte Entwurfsskizze ist leider im Zweiten Weltkrieg verbrannt.[179] München erreichte das Altargemälde Loths am 19. Dezember 1677, knapp zweieinhalb Jahre nach der Weihe des Altars. Nach dem Bericht Bonomos in seinem *Diario Cominciato* hatte es drei Jahre gedauert, bis Loth mit seinem Werk „seine Heimat ehren und seine Kunst zeigen konnte“[180]. Der Auftrag, den die Kurfürstin auch in ihrem Testament von 1675 erwähnt, muss also um 1674 erteilt worden sein. Bemerkenswert erscheint dabei, dass Andreas Avellinus damals noch ein Seliger war und erst am 22. Mai 1712 durch Papst Clemens XI. heiliggesprochen wurde.[181] Der Altar muss also – dem Kajetansaltar entsprechend – als Zeichen der besonderen Verehrung der Kurfürstin und der Theatiner für diesen Seligen gesehen werden.

Das Altargemälde zeigt, wie der Tod Andreas Avellinus in seinem 86. Lebensjahr bei der Feier der Heiligen Messe ereilt (Abb. 223). Er sinkt auf den Stufen des Altars am rechten Bildrand in sich zusammen und wird dabei von einem Messdiener zu seiner Rechten und zwei Männern hinter ihm aufgefangen. Im Bildvordergrund verfolgt eine Gruppe von zwei Männern und einer Frau mit Kind erschrocken die Szene. Dem Sterbenden eilt von oben eine Schar von Engeln auf lichtumsäumten Wolken entgegen, um seine Seele in den Himmel zu führen. Der Bildhintergrund, ein Kircheninneres mit kannelierten Säulen und einem sich zum Himmel öffnenden Bogen, lässt keine wirkliche Raumvorstellung zu. Deutlich erkennt man aber auf dem heute leider nachgedunkelten Gemälde das starke Spiel von Licht und Schatten in der Caravaggio-Nachfolge.[182]

**Abb. 223. Theatinerkirche St. Kajetan und Adelheid, München – Johann Carl Loth, Tod des Theatiners Andreas Avellinus, 1677.**

Das Gemälde der Kreuzabnahme Jesu am mittleren Seitenaltar stammt von dem bereits 1594 verstorbenen venezianischen Maler Jacopo Robusti, gen. Tintoretto. Dieser wurde 1518 in Venedig geboren und ging möglicherweise bei Bonfazio oder Paris Bordone in die Lehre.[183] Sein Werk steht mit dem gedeckten, warmen Kolorit aber in der Nachfolge Tizians. Häufig strebte Tintoretto bei seinen religiösen Gemälden eine vielgestaltige Komposition mit unterschiedlichsten Perspektiven an. Über dessen Bild der Kreuzabnahme in der Theatinerkirche erfahren wir in Pater Meazzas *Diarium Italicum*, dass es von der Kurfürstin einem verarmten Adligen in Venedig für den verhältnismäßig hohen Preis von 200 venezianischen Dukaten abgekauft worden war und am 28. Juni 1670 in München anlangte.[184] Wahrscheinlich war Henriette Adelaide bei ihrer Italienreise 1667 auf das Gemälde aufmerksam geworden. Pater Meazza schreibt weiter, dass ein „Conte Ridolfio", möglicherweise ein Mitglied der Florentiner Adelsfamilie der Ridolfi, berichtet habe, dass das Werk zuvor nur wenig geschätzt worden sei. Jetzt aber solle es durch die Kurfürstin einen angemessenen Platz auf dem Altar für die Armen Seelen erhalten. Als das Altargemälde in München ankam, stellte man jedoch fest, dass es für den vorgesehenen Seitenaltar zu hoch und zu breit war, weshalb man den Altaraufbau verändern musste.[185] Cajetan Maria von Reisach berichtet darüber hinaus, dass es zu dem Gemälde auch „eine Originalskizze in der Sakristei"[186]

**Abb. 224. Theatinerkirche St. Kajetan und Adelheid, München – Jacopo Rusti, gen. Tintoretto, Kreuzabnahme, um 1570.**

gegeben habe, die beweise, dass Tintoretto der Entwerfer des Bildes sei. Auch Sandrart bestätigt in seiner *Teutschen Academie*, dass das Gemälde „von dem berühmten Jacob Tintoret zu Venedig" stammt und um einen „hohen Preiß"[187] angekauft wurde. In der Literatur wird es zunächst von Henry Thode 1901 noch als eigenhändiges Werk Tintorettos geführt.[188] Schon Erich von der Bercken relativiert diese Zuordnung 1942 als „Werk eines Schülers"[189] und das Werkverzeichnis von Carlo Benari aus dem Jahr 1970 stellt es als „Werk Tintoretto zugeschrieben"[190] zur Diskussion. In neueren Katalogen kommt es jedoch nicht mehr zur Sprache. Entstanden ist es wahrscheinlich in den 1570er Jahren. Auf dem Altargemälde erblickt man in der oberen Hälfte den Leichnam Jesu, der durch vier Männer vom Kreuz abgenommen wird (Abb. 224). Dabei werden sie von vier Bischöfen mit Mitra und Pluviale beobachtet. Die Szene wird von einem dunklen, mit schweren Wolkenbändern durchsetzten Himmel hinterfangen. Zu Füßen des Kreuzes ist Maria, die Mutter Jesu, in den Armen zweier Frauen ohnmächtig in sich zusammengesunken. Eine dritte Frau eilt wehklagend hinzu. Im Gegensatz zur Fülle an Personen in der unteren Bildhälfte erscheint die Kreuzabnahme selbst klar und mächtig komponiert. Das Gemälde vermag trotz des wohl stark nachgedunkelten, gedeckten Kolorits den Betrachter noch immer zu berühren.

Beim Luftangriff am 7. Januar 1945 wurde der gesamte Immaculata-Altar in der südöstlichen Seitenkapelle vernichtet. Das dortige Altargemälde mit der Darstellung der unbefleckt empfangenen Maria stammte von dem 1610 verstorbenen Sieneser Maler Francesco Vanni und wurde wie das Gemälde Tintorettos wohl gezielt für die Theatinerkirche angekauft. Vanni, der zunächst bei seinem Stiefvater Arcangelo Salimbeni, gen. Bevilaqua, und später bei dem Bologneser Bartolomeo Passaroti und dem Römer Giovanni de Vecchi gelernt hatte, war zu Lebzeiten ein über die Grenzen Italiens hinaus bekannter Kirchenmaler.[191] Seine vielgestaltigen Kompositionen und das feine Kolorit wurden aber nicht nur von seinen Zeitgenossen bewundert. So schrieb noch Cajetan Maria Reisach 1789 über dessen Altargemälde in der Theatinerkirche:

„Natur mit Einfalt und Schönheit gepaart, Colorit, als man in einigen Tizians Stücken nicht sieht, Ausdrücke des Raphaels würdig, machen dieses Blat zu einem Meisterstücke der Kunst, und zur Freude des Geschmacks.“[192]

Eine Beschreibung des lediglich in einer Schwarzweißaufnahme überlieferten Gemäldes finden wir bei Joseph Sebastian Rittershausen (Abb. 225):

> „Die heilige Maria ... steht auf einer Wolke im Rosengewand, von einem lichtblauen Mantel umflogen, beide Hände über die Brust gelegt, das schöne jugendliche Angesicht mit inniglichem Gefühl einer überschwenglichen Seligkeit zum Himmel gewendet. Zu ihren Füßen kniet im reichen Pontifikalgewande Papst Xystus [Reisach 1789, S. 18: ‚Pabst Clemens‘], mit gefalteten Händen andächtig zu seiner Fürsprecherin hinaufbethend, und Jüngling Laurentius in Diakonalparamenten, das Evangelienbuch unter dem Arm blickt er mit feurigem Heldenmuth aus der Tafel.“[193]

**225. Theatinerkirche St. Kajetan und Adelheid, München – Francesco Vanni, Unbefleckte Empfängnis Mariens, um 1600 (um 1930).**

Heute befindet sich an der Stelle des Immaculata-Altars das von einem einfachen, weißen Rahmen umgebene Altargemälde der seligen Margareta von Savoyen von Antonio Triva. Es gehörte ursprünglich zum Altar der Seligen, der beim Bau des Mausoleums für König Maximilian II. Joseph und Marie Friederike von Preußen beseitigt wurde (Kap. 10.5.2).

## 10.5.2 Kapellenaltäre der Nordseite

Das Altargemälde der nordöstlichen Seitenkapelle mit der Darstellung der vier heiligen Jungfrauen stammt von dem in Padua geborenen und in Venedig tätigen Pietro Liberi. Dieser ging in Venedig bei Alessandro Varotari, gen. Padovanino, in die Lehre und kam später in Rom mit den Werken Michelangelos, Raffaels und der Carracci in Berührung.[194] Nach einer bewegten Tätig-

**Abb. 226. Theatinerkirche St. Kajetan und Adelheid, München – Pietro Liberi, Die vier heiligen Jungfrauen, 1675.**

keit als Handlungsreisender, die ihn unter anderem nach Konstantinopel und Tunis führte, wurde Liberi Hofmaler Kaiser Leopolds I. in Wien. Er verstarb 1687 in Venedig. Beim Eintreffen des Altargemäldes am 10. Juli 1676 in München war Pater Spinelli darüber verwundert, dass Liberi anstatt der heiligen Victoria von Rom im Kreise der Heiligen Lucia von Syrakus, Apollonia von Alexandrien und Margareta von Antiochia, wie es die Kurfürstin gewünscht hatte, die heilige Agatha von Catania gemalt hatte. Der Altar musste daher auf diese vier Jungfrauen umgewidmet werden.[195] Die vier heiligen Jungfrauen sind auf einer mächtigen Wolke in der unteren Hälfte des Altargemäldes versammelt (Abb. 226). Traditionsgemäß sind sie mit den Attributen ihrer Martyrien abgebildet: So steht links die heilige Margareta auf dem Kopf des Drachens, den sie während ihrer Folter im Kerker als Verkörperung ihres Peinigers, des Stadtpräfekten Olibirus, mit dem Zeichen des Kreuzes verjagt haben soll.[196] Die heilige Lucia trägt ihre beiden Augen auf einem Silbertablett, die sie sich der Legende nach bei ihrer standhaften Weigerung, sich verheiraten zu lassen, ausriss, um sie als deutliche Absage an den ihr zugeteilten Bräutigam zu senden.[197] Die heilige Agatha führt ihre beiden Brüste auf einem Silbertablett mit sich, die ihr während der Folter abgeschnitten wurden.[198] Schließlich folgt die heilige Apollonia ganz rechts mit einem Märtyrerpalmzweig und einer Zange, mit der man ihr bei der Folter ihre Zähne ausgerissen haben soll.[199] Überfangen wird die Gruppe von einem Reigen aus Engeln, in deren Mitte die Heiliggeisttaube im warmen Licht des Himmels ihre Flügel ausbreitet. Das ausgewogene Kolorit Liberis erinnert stark an jenes von Raffael, die etwas akademisch wirkende, abgeklärte Komposition dagegen an den Stil von Annibale Carracci.

Das Altargemälde der nach Westen folgenden Kapelle mit den „Schutzengeln der Menschheit“[200] von Antonio Zanchi, dem Meister des Hochaltarblatts, traf erst am 4. August 1677 aus Venedig in München ein.[201] Pater Bonomo bemerkt in seinem *Diario Cominciato* hierzu, dass auch dieses Gemälde zu groß für den Altaraufbau war und deswegen beschnitten werden musste.

In der unteren Bildhälfte schreitet ein großer Schutzengel mit ausgebreiteten Flügeln und wallendem Gewand nach links (Abb. 227). An seiner linken Hand führt er ein junges Mädchen mit Hirtenstab, das wohl gerade verstorben ist, wie die entfleuchte Seele als Stern über dessen Haupt andeutet. Mit seiner Rechten weist der Schutzengel gen Himmel, wo zwei Engel je eine andere Seele zur Heiligen Dreifaltigkeit in der Mitte der oberen Bildhälfte geleiten. Neben dem zentralen Schutzengel verweisen zwei Engel einen sitzenden älteren Mann rechts und ein um Hilfe flehendes Kind links auf die himmlische Glückseligkeit. Interessanterweise wird in diesem Bild der Beistand der Schutzengel vor allem hinsichtlich der Erlangung des ewigen Lebens gesehen. Nichts hier unten in der düsteren Welt kann die Seele eines Menschen vom rechten Weg abbringen, wenn er nur gläubig und betend seinen Lebensweg auf Gott ausrichtet. Dieses Altargemälde vermag dabei auch einen Eindruck von der lebendigen Komposition, dem vielgestaltigen Faltenwurf, der satten Farbigkeit und dem ausgeglichenen Helldunkel des zerstörten Hochaltargemäldes zu vermitteln.

**Abb. 227. Theatinerkirche St. Kajetan und Adelheid, München – Antonio Zanchi, Die Schutzengel der Menschheit, 1676.**

Das schon erwähnte Altargemälde der seligen Margareta von Savoyen[202], das sich ursprünglich in der westlichsten Kapelle der Nordseite befand, stammt von dem uns bereits von seinen Arbeiten in der Residenz und dem Schloss Nymphenburg bekannten Maler Antonio Triva, der seit 1669 als Hofmaler in München angestellt war. Für das Gemälde ist eine Rechnung des Künstlers vom 4. November 1676 in Höhe von 685 Gulden überliefert.[203] Dem Altarretabel wurde das Bild dem Bericht Pater Spinellis zufolge am 5. Dezember 1676 eingefügt.[204]

Dargestellt ist die Apotheose der Seligen, bei der sie aus der Hand des aus den Wolken des Himmels herabsteigenden Erlösers drei Pfeile oder kleine Lanzen als Symbole der von ihr erlittenen Krankheit, Verleumdung und Verfolgung empfangt (Abb. 228).[205] Christus, der mit der Linken sein Kreuz umfasst, ist von einer großen Schar aus Engeln umgeben. Manche von ihnen musizieren. Einer trägt ein rotes Buch mit einer Krone darauf herbei. Entgegen deren Identifizierung durch Lucia Longo als Attribute der heiligen „Margarete von Ungarn“[206] können Buch und Krone durchaus auch der Savoyardin zugeordnet werden: Als Tochter des Fürsten Amadeus von Savoyen-Achaia und Gemahlin Theodors II. von Montferrat war sie von fürstlichem Stand. Auch galt sie nach ihrem Eintritt in den Dominikanerinnenorden als gelehrsame Dienerin des Herrn. Die

**Abb. 228. Theatinerkirche St. Kajetan und Adelheid, München – Antonio Triva, Die sl. Margareta von Savoyen, 1676.**

Lilien am Fuße des Kreuzes können als Symbol ihrer Reinheit gedeutet werden. Der Hirsch, den ein Engelchen in der rechten, unteren Bildecke sanft umarmt, geht auf einen Bericht zurück, wonach sich Margareta in ihrem Kloster ein zahmes Exemplar dieser Gattung gehalten haben soll. Besonders auffallend ist bei diesem Altargemälde das ausgeprägte Helldunkel, das der Darstellungen einen durchaus expressiven Charakter verleiht.

Da der am 10. März 1864 verstorbene König Max II. Joseph sich gewünscht hatte, einst neben seiner protestantischen Gemahlin Marie Friederike von Preußen zu ruhen, wurde noch im gleichen Jahr der Hofbauinspektor und Architekt Eduard von Riedel durch König Ludwig II. damit beauftragt, außerhalb der Theatinerkirche, und zwar hinter dem Margareta-Altar, ein Mausoleum zu errichten.[207] Nachdem dieses im Jahr danach eingeweiht und der königliche Leichnam darin beigesetzt worden war, konvertierte Marie Friederike jedoch im Oktober 1874. Daraufhin wurde der Sarg des Königs an die Westwand verlagert, die Tür in der Nordwand zugemauert, ein Altar davor errichtet, der Margareta-Altar abgerissen und das Mausoleum mit einem Durchbruch dem Kirchenraum angegliedert (Abb. 229). Der Altar des Mausoleums wurde im August 1890 geweiht und die bereits zuvor am 17. Mai 1889 verstorbene Königin dort beigesetzt.[208] An den Schildwänden des Mausoleums finden sich von Georg Zell, einem Schüler Ludwig von Schwanthalers, geschaffene Tondi mit den klassizistischen Reliefs der „Religion“ und des „Adels“.[209]

## 10.5.3 Seitenaltäre am östlichen Halbjoch

In den beiden Anräumen des östlichen Halbjochs wurden im 18. Jahrhundert zwei weitere, kleinere Altäre errichtet. Hiervon ist heute lediglich noch der Georgsaltar im Süden erhalten (Abb. 230). Er wurde von dem kurfürstlichen Kammerdiener Georges Boullié gestiftet, am 23. April 1750 aufgestellt und am Tag darauf geweiht.[210] Das im Stil des Rokoko gestaltete, farbig gefasste Holz-

**Abb. 229. Theatinerkirche St. Kajetan und Adelheid, München – Das Mausoleum von König Max II. Joseph und Marie Friederike von Preußen.**

**Abb. 230. Theatinerkirche St. Kajetan und Adelheid, München – Joseph Weiß, Der hl. Georg, 1728.**

retabel umrahmt ein Altargemälde, das den heiligen Georg im Kampf gegen den Drachen zeigt und von dem 1735 zum Hofmaler ernannten Joseph Weiß (Weyss) geschaffen wurde, der als Schüler von George Desmarées gilt.[211]

Der gegenüber im nördlichen Anraum stehende Seitenaltar wurde von der kurfürstlichen Dienerin Karoline Hieber gestiftet und am 28. Februar 1728 errichtet. Er führte dem Betrachter auf einem Gemälde Christus im Kerker vor Augen.[212]

Die beiden erst nachträglich der ursprünglichen Ausstattung hinzugefügten Seitenaltäre waren also als Stiftungen von Hofbediensteten deren persönlichem Seelenheil zugedacht. Sie können als Zeugnisse für das auch während des 18. Jahrhunderts noch anhaltende Engagement des Hofes in der Theatinerkirche gesehen werden.

1 Die mittelalterlichen Chorschranken, an denen ein sogenannter Kreuzaltar aufgestellt war, dienten zur Trennung des Mönchschores – der sich bis in das Kirchenschiff hinein erstrecken konnte – vom Laienraum.
2 So zuletzt z. B. Kaiser 2010, S. 3; Reuter 2010, S. 64, Anm. 4.
3 Vgl. ATM, Chronik der Kollegiatstiftskirche St. Kajetan, S. 355.
4 ATM, Chronik der Kollegiatstiftskirche St. Kajetan, S. 392 f.
5 Frascarelli 2003, S. 238 f.
6 Bergamo 1754, S. 503.
7 Vgl. zu San Paolo Maggiore in Neapel: Bosante 1994, S. 106.
8 So Geiger 1930, S. 10; Altmann 1978, S. 11.

9 BayHStA, KL, Fasz. 471, Lit. C, Fol. 131v: „7. [Agosto 1685] festa del nostro Patriarca Gaetano d'adoprò per la prima volta l'organo affatto novo fatto dal Serenissimo e fabrica per la nostra Chiesa ottimo, e belissimo posto alla tribuna altra a divimpetto di quella dei Prencipi."

10 Antrag des Propstes Andreas Avellinus Gobel vom 11. Januar 1782 an Kurfürst Max III. Joseph: „anstatt des in selber [Kirche] vorhandenen Positivs, welches bei wohlbeseztem orchestro sehr schlechte Dienste laisten kann, eine mit der größe dieses Gotteshauses, uns zugleich hofkirchen übereinkommende gute und dauerhafte orgel ... herstellen zu lassen ... . München den 11. Januari 1782", BayHStA, KB HK, Archivalien, Nr. 2517, fol. 1r. Hierauf werden vom Kurfürsten mit dem Dekret vom 21. Mai 1782 insgesamt 700 Gulden zur Anschaffung der neuen Orgel gewährt: „Um die bezahlung der ihnen in ihrem Gotteshaus und zugleich Hofkirche zu kauffen angebothene große Orgel im gnädigsten beytrag hierzu noch mangelnde 700 Gulden in höchsten gnaden bewilliget", BayHStA, KB HK, Archivalien, Nr. 2517, fol. 2v. Ihr neuer Standort wird in einem Bericht des Hofmusikintendanten Joseph Anton Graf Seeau vom 4. Mai 1782 bestätigt: „die Orgel nach ihrer vorhin führenden Intention in ihren chor zu ebenen Erde unter dem Hochaltarblatt schicklich anzubringen trachten sollen ...", BayHStA, KB HK, Archivalien, Nr. 2517, fol. 7r.

11 Altmann 1978, S. 11.

12 ATM, Chronik der Kollegiatstiftskirche St. Kajetan, S. 9.

13 ATM, Akten Kirchenbau, Gutachten Sebastian Staudhamers vom 2. März 1927, S. 1: „Der ursprüngliche Altar wurde im Jahre 1675 geweiht. Eine Abbildung desselben fand sich nirgends, trotz intensiver Nachforschungen. Wenn der ursprüngliche Plan von den Theatinern aufbewahrt war, so mag er beim Brand der Bibliothek zugrunde gegangen sein (Jan. 1771)."

14 Vgl. auch Emmerling 2005, S. 67–99.

15 ATM, Chronik der Kollegiatstiftskirche St. Kajetan, S. 146.

16 ATM, Chronik der Kollegiatstiftskirche St. Kajetan, S. 147.

17 Vgl. ATM, Chronik der Kollegiatstiftskirche St. Kajetan, S. 190–210.

18 ATM, Akten Kirchenbau, Gutachten Sebastian Staudhamers vom 2. März 1927, S. 2.

19 BLfD, Ortsregistratur, Theatinerkirche St. Cajetan, Akten 1926–31, Gutachten Hermann Selzer um 1930.

20 Vgl. Schommers 2003, S. 117–120.

21 Vgl. Ackermann 2007, S. 207–219.

22 Borromeo 2000, S. 28: „Situs igitur huius cappellae in capite ecclesiae loco eminentiori, e cuius regione ianua primaria sit deligi, debet: eius pars posterior in orientem omnino vergat."

23 Borromeo 2000, S. 36: „Quoniam vero ex decreto Provinciali tabernaculum sanctissimae Eucharestiae in altari maiori collocari oportet ... ."

24 Borromeo 2000, S. 36: „Forma vel octangula, vel sexangula, vel quadrata, vel rotunda, prout decentius, et religiosius accomodata videbitur ad ecclesiae formam."

25 Wittkower 1962, S. I; vgl. auch Hamm 2010, S. 63 f.

26 Naredi-Rainer 1994, S. 130 f.

27 LCI I 1968, Sp. 40 f.

28 LCI I 1968, Sp. 562 f.

29 Dischinger I 1988, Nr. 332.

30 Vgl. Ausst.-Kat. Max Emanuel II 1976, Nr. 14.

31 Vgl. McTavish 1980, S. 165 ff.

32 Vgl. Altmann 1978, S. 11.

33 So z. B. Emmerling 2005, S. 70.

34 Bes. Reiser 2012, S. 97 ff.

35 BayHStA, KL, Fasz. 471, Lit. E, fol. 18r et v: „19. [Settembre 1675] ... la sera alle sette furono trasferiti dalla Chiesa de' Padri Giesuiti li corpi delli tre Serenissimi Principini [nella Chiesa dei Teatini]. Erano in tre cassette di piombo ben fatte ..., e li deponessimo pro interim nel Coro sotto il sito dell'Angelo grande genuflesso al Santissimo Sagramento dal lato dell'Evangelo, bassi sotto il pavimento, poi si fece murare, di più si chiuse con chiave la portina dell'ornamento di legno."

36 Vgl. Braun 1924, S. 62.

37 So z. B. Emmerling 2005, S. 70.

38 BayHStA, KL, Fasz. 471, Lit. B, S. 233 f.: „Institerat quoque Reverendus Pater Praepositus apud Serenissimum et Clementissimum Electorem, ut pro innata sibi Munificentia succurrere dignaretur Tholo Ecclesia â Clementia sui Serenissimi Domini Parentis tam magnfice aedificatae, minitabatur enim aqua pluribus in locis fornicem dicti tholi, offendens majora aliqua damna, cum tectum illius laminibus valde tenuibus coopertum undique hiatus aperiret, unde auricalco, seu cupro tegi omnino deposcebat, quoad etiam denique et ontes intra tholum pendentes aufferri postent, et tholus ipse ex integro restitutus pateret." Der entsprechende Bericht an die

Hofkammer vom 26. November 1717 findet sich in: BayHStA, KB HBA, Nr. 200.

39 BayHStA, KL, Fasz. 471, Lit. B, S. 234: „Qua tamen Camera aulica antiquam recoquebat crambem deficientis pecuniae, hoc anno factum est nihil."

40 Die entsprechenden Anträge, Überschläge und Rechnungen finden sich unter: BayHStA, KB HBA, Nr. 200.

41 BayHStA, KL, Fasz. 471, Lit. B, S. 238: „Martius [1717] Interea opera et cura Pater Praepositi, qui indignum esse credebat Sanctissimum Christi Corpus intra Tabernaculum servar."

42 BayHStA, KL, Fasz. 471, Lit. B, S. 238: „quod ut exactius inspiciebatur non luridissime tantum factum cernebatur, verum et stabulo similius canum, quam Domunculae Sacramentati Numinis, surgebat aliud et perbelle fabrefactum, et deargentatum in totum, auro quoque copioso ornatum."

43 BayHStA, KL, Fasz. 487, Nr. 24: „Zur aufrichtung eines neuen Tabernackhul im Chor-Altar ..., den 20. Februari Anno 1717. 100 Gulden."

44 BayHStA, KB HK, Archivalien, Nr. 2518.

45 Rittershausen 1788, S. 118: „Zwey Nebenchöre werden von Engeln getragen, welche sowohl in der Wendung Zerschiedenheit, als der Bestimmung der Muskeln, und prächtigem Gewandwurfe Meisterstücke eben dieses Meisters [Ableitner] sind." Ebenso Forster 1895, S. 148: „[die Nebenchöre], deren Karyatiden, Engelsgestalten, ebenfalls von Ableitner sind."

46 ATM, Chronik der Kollegiatstiftskirche St. Kajetan, S. 355: „Am 7. Januar 1945 abends erfolgten hintereinander zwei Angriffe, die schwersten des ganzen Krieges. Wiederum war ich am Montag früh der erste Geistliche, der nachsah, von der Stiftsgeistlichkeit erschien niemand. Verbrannt ist der Hochaltar [d. i. das Retabel] mit dem geschichtlich bedeutsamen Stifterbild, ferner die Orgel, das Chorgestühl ... ."

47 BLfD, Dokumentationsarchiv, München Theatinerkirche St. Kajetan: Dokumentation der Arbeiten an den Evangelistenfiguren der Theatinerkirche (Mai–Juli 2005) durch die Restauratorinnen Martina Klukas und Stefanie Gerzer.

48 Vgl. Technische Hochschule Deggendorf (Hrsg.), *Lukas aus der Asche*, Lindenberg im Allgäu 2016.

49 BayHStA, HR I, Fasz. 280, Nr. 39, fol. 11r: „Weillen nun derselbe im verwichenen Monath April im 92sten Jahr seines alters dies Zeitliche beschlossen."

50 Ableitner 1934, S. III f.

51 Quittung Ableitners vom 19. Februar 1653 über die ersten 50 Gulden: „Auf Ihro churfürstliche Durchlaucht gnädigsten befehl ist mier erstbenandten zum jar 1650 den 13. dag febrarius, ein iungen auff dingen lassen auf 6. jar lang die bilthauerey bey mier zulernen ... ain hundtert gulden. davon ich empfangen fünffzig gulden", HBayHStA, HR I, Fasz. 280, Nr. 36, fol. 1r.

52 BayHStA, HR I, Fasz. 280, Nr. 36, fol. 5r: „Balthasar Ableithner Bürger und Bilthauer alhir dergestalt ernannt worden, daß er die fürfallende Bilthauer Arbeit, ... Geldsoldt Gulden 200, täglich zwo maß Pier, und zway Brodt ... und zwar von dem ersten July diß Jahr an ... angeschafft worden. Signatum München den 4. Oktobris 1653." Ebenso: BayHStA, KB HZA, Nr. 691, fol. 82v: „umb daß er die vorfallende Bildhauer arbeit von Edl und auch anderen Stain, Holz, und was imo zumahlen anbedacht wird verferttigen soll, zu ierlichem Soldt angeschafft worden. 200 Gulden."

53 Die häufige irrtümliche Annahme einer Anstellung Ableitners bereits im Jahre 1652 geht wohl auf eine eigenhändige Eingabe des betagten Bildhauers beim Kurfürsten aus dem Jahre 1692 zurück: „lauth in handen habendt churfürstlichen Decretsm beraiths zu anfang des 1652sten Jahres, mit dieser condition, für einen Hofbildhauer dnägist an und aufgenommen worden. ... 17. Juny 1692", BayHStA, HR I, Fasz. 280, Nr. 36, fol. 13r.

54 BayHStA, HR I, Fasz. 280, Nr. 37, fol. 1r.

55 Ableitner 1934, S. VII.

56 BayHStA, KB HZA, Nr. 1075.

57 Rechnung vom 19. Dezember 1673: BayHStA, KB HZA, Nr. 1105.

58 Vgl. Stern 1932, S. 166; Ableitner 1934, S. IX.

59 Rittershausen 1788, S. 116 f.

60 Vgl. Stern 1932, S. 166.

61 Insgesamt existieren heute noch vier Beichtstühle von der Hand Faistenbergers. Sie fußen auf einem querrechteckigen Grundriss und werden von kräftigen Pilastern mit figuralen Kapitellen klar gegliedert. Stilistisch ähneln die Beichtstühle vor allem der Ausstattung der großen Sommersakristei. Vgl. Stern 1932, S. 187.

62 ThB XI 1915, S. 201; Stern 1932, S. 175; Rösner 1988, S. 2; Faistenberger 2007, S. 280.

63 Liedke 1978, S. 50: „Andreas Faistenberger, von Küzbichl der fürstlichen grafschaft Tyrol gebirtig, habe die kunst der bilthauerey bey meinem vater erlehrneth ..."; Faistenberger 2007, S. 280 f.

64 Rösner 1988, S. 4 f.

65 Noack 1927, Bd. 2, S. 169.

66 Faistenberger 2007, S. 282.

67 Stern 1932, S. 184; Lieb 1977, S. 138.

68 Rösner 1988, S. 9 ff.; Faistenberger 2007, S. 284.

69 BayHStA, KL, Fasz. 474, Nr. 2/8, fol. 27r: „Andreen Faistenberger Bildhauer, für in die Sacristey gemachte underschidliche Ziehraden in 26. stückhen bestehend."

70 BayHStA, HR II, Fasz. 3/1, Nr. 25, fol. 23r: „Andreas Faistenberger Bildhauer, so in die Bibliothek des Capitels die Feston, Rosen ... gemacht."

71 Für das Jahr 1687 ist belegt, dass er „ein frauen bild sambt dem Christkündl, item leichter und anders in Sankt Loretha und Heilig Grab capellen" verfertigt hat: BayHStA, HR II, Fasz. 3/2, Nr. 31, fol. 23r.

72 BayHStA, HR II, Fasz. 3/2, Nr. 30, fol. 21r: „Jacob Porer Küstler, für die in der Kürchen gemachte Canzl, wie vor augen, doch ohne den döckhl ... ."

73 BayHStA, HR II, Fasz. 3/2, Nr. 30, fol. 21r et seq.: „Nach abstorben seinem Porer dessen hinderlassenen Wittib Anna ... doch nit völlig ausgemachte arbeith, als drei grosse Portall- oder Thürklaidern, des döckhls ... über die Canzl, und zwey bittstel ... bezahlt."

74 BayHStA, KL, Fasz. 475, Nr. 4/1686, Beleg Nr. 113. Vgl. auch BayHStA, HR II, Fasz. 3/2, Nr. 30, fol. 24r.

75 BayHStA, KL, Fasz. 475, Nr. 4/1686, Beleg Nr. 114.

76 BayHStA, HR II, Fasz. 3/2, Nr. 30, fol. 48r: „Haben die Küstler die Canzl völlig, am döckhl aber ein thail ... gemacht."

77 BayHStA, HR II, Fasz. 3/2, Nr. 32, fol. 14r: „Wochen des 3. January 2 Küstler so noch dem döckhl des Predigstuels gearbeitet."

78 BayHStA, KL, Fasz. 475, Nr. 4/1688, Beleg Nr. 153. Vgl. auch: BayHStA, HR II, Fasz. 3/2, Nr. 32, fol. 25r.

79 BLfD, Dokumentationsarchiv, München Theatinerkirche St. Kajetan: Untersuchung zur Kanzel vom 17. bis 20. September 1974.

80 Rösner 1988, S. 72.

81 Vgl. Henle 1933, S. 3 f, 16 f.

82 BayHStA, GHA, Korr. Akt. 668 I, fol. 2v: **Quellenanhang Nr. 2**

83 Dischinger I 1988, Nr. 333.

84 Dischinger I 1988, S. 141.

85 Vgl. Riedl 1973, S. 124 f.; Reuter 2002, S. 33.

86 BLfD, Ortsregistratur, Theatinerkirche St. Cajetan, Akten 2000–02, Protokoll der Sitzung vom 10. Oktober 2002, Befunduntersuchung Restaurierungswerkstätten Erwin Wiegerling.

87 Immer noch grundlegend zur Entwicklungsgeschichte des christlichen Altars: Joseph Braun, *Der christliche Altar in seiner geschichtlichen Entwicklung*, 2 Bde., München 1924. Zur Entwicklung des Barockaltars in Rom: Renate Jürgens, *Die Entwicklung des Barockaltars in Rom*, maschinenschr. Diss., Hamburg 1956.

88 Braun II 1924, S. 370.

89 Vgl. Braun II 1924, S. 370.

90 Zum Beispiel bei dem 1578 nach dem Entwurf von Giacomo della Porta vollendeten Altar der Cappella Gregoriana in St. Peter zu Rom. Vgl. Bellini 2002, S. 333 ff.; Ackermann 2007, S. 16 f.

91 Vgl. Ackermann 2007, S. 96 ff., 179 ff.

92 Hoffmann 1905, S. 136; Hawel 1987, S. 346.

93 Noehles 1995, S. 342.

94 Zu Berninis Papstaltar in St. Peter: Ackermann 2007, S. 179 ff.

95 Vgl. Thelen 1967, S. 10, 46 ff.; Kirwin 1981, S. 158 f.

96 Schmidt 1978, S. 24; Naredi-Rainer 1994, S. 139 f.

97 BayHStA, GHA, Korr. Akt. 666 I, fol. 2r: **Quellenanhang Nr. 2.**

98 Vgl. Falk 1973, Nr. 16; Ausst.-Kat. Max Emanuel II 1976, Nr. 15; Mazzetti di Pietralata 2011, Nr. 375; Meier 2012, S. 121 ff.

99 Vgl. zum Beispiel das Thesenblatt Bartholomäus Kilians nach Egid Schor aus dem Jahr 1674 mit der Darstellung Kaiser Leopolds I. und seiner Gemahlin Claudia Felicitas beim Ersuchen der Gottesmutter um Fürbitte für die Geburt eines Thronfolgers. Vgl. Appuhn-Radtke 1988, Nr. 9.

100 Baumstark 1977, S. 320.

101 Interessanterweise erwähnt Joachim von Sandrart das von Antonio Zanchi geschaffene Hochaltargemälde in der Vita des italienischen Künstlers im dritten Teil seiner 1683 in Nürnberg für das Ausland in Latein erschienenen *Academia nobilissimae artis pictoriae* mit keinem Wort. Vgl. Sandrart 1683, S. 398.

102 ThB XXXVI 1947, S. 400.

103 Auer 1955, S. 8.

104 Vgl. auch Ausst.-Kat. Max Emanuel II 1976, Nr. 16; Zampetti 1987, Nr. 72.

105 Vgl. Ewald 1960, S. 261.

106 Ewald 1960, S. 261; Riccoboni 1969, S. 232 f.; Zampetti 1987, S. 396.

107 Ausst.-Kat. Max Emanuel II 1976, S. 10.

108 BayHStA, KL, Fasz. 471, Lit. E, fol. 13v. „19. [Giugno 1675] detto vennero da Venetia le due gran palle da altare per la nova Chiesa, cioè quella dell' altar maggiore fatta da Zanchi in Venentia, e quella della Santa famiglia fatta dal Cignani in Bologna."

109 Zur Überschreitung der ästhetischen Grenze vgl. Ernst Michalski, *Die Bedeutung der ästhetischen Grenze für die Methode der Kunstgeschichte*, Berlin 1932.

110 Altmann 1978, S. 10.

111 So auch Riedl 1973, S. 124.

112 Khuen 1726, S. 24 f.

113 Rader I 1714, fol. 3r.

114 Messerer 1962, S. 12.

115 LCI III 1971, Sp. 106 f.

116 Vgl. Ausst.-Kat. Max Emanuel II 1976, Nr. 8.

117 Altmann 1978, S. 11 f.

118 Altmann 1978, S. 12.

119 Vgl. LCI VII 1974, Sp. 427.

120 So bezeichnete ihn sein Neffe Jacob Sandrart in der Legende zu einem Kupferstich nach einem Selbstportrait Joachim von Sandrarts. Vgl. Klemm 1986, S. 141.

121 ThB XXIX 1935, S.397 f. Zu Joachim von Sandrart allgemein: Christian Klemm, *Joachim von Sandrart. Kunstwerke und Lebenslauf*, Berlin 1986.

122 Klemm 1986, Nr. 136.

123 Vgl. Ausst.-Kat. Max Emanuel II 1976, Nr. 17; Klemm 1986, S. 284; Meier 2012, S. 112 ff.

124 Sandrart 1675, Lebenslauf, S. 24.

125 BayHStA, KL, Fasz. 474, Nr. 2/4: fol. 78v: „Herrn Joachim Sandrart Mallern von Stokhan wegen des ihme angedingten altarplats vermög ausgerichtem contracts in abschlag bezahlt. 300 Gulden." Ebenso sprechen von einer Auftragserteilung „1667": Koegel 1899, S. 32; Huggenberger 1931, S. 64.

126 Vgl. Ausst.-Kat. Max Emanuel II 1976, Nr. 17.

127 Bergamo 1754, S. 395.

128 Sowohl die Deutung Ester Meiers im Zusammenhang mit Rubens' Blumenkranzmadonna als auch der Hinweis auf den Brauch, Bilder mit Blumen zu schmücken, führen von der hier offensichtlichen Kajetansikonographie weg: Meier 2012, S. 120.

129 Sandrart 1675, Lebenslauf, S. 24.

130 Pepe 1671, S. 469 f.: „Drey Tag vor dem gemelten Fest [des heiligen Kajetan am 7. August], hab ich einen überauß schön und köstlichen Altar mit allermöglichster Zier vor dem Thor deß gemelten Lazarets auffrichten, und selbige drey Täg hindurch Fewer und Liechter brennen lassen ... ."

131 Vgl. Meier 2012, S. 113 f.

132 Vgl. Klemm 1986, S. 280.

133 Rechnung des Wirts Michael Stolz an die Hofzahlkammer: „15. Novembris 1670 ist bey mier ambkommen gestrenger Herr Joachim vonn Sandrath ... mit einschlüsslich 21. Dezembris ...", zit. nach Klemm 1986, S. 345.

134 Sandrart 1675, Lebenslauf, S. 24. Nicht „Regenspurg" wie Reisach 1789, S. 23.

135 Huggenberger 1931, S. 64.

136 Nicht „1970" wie Ausst.-Kat. Max Emanuel II 1976, S. 11.

137 BayHStA, KL, Fasz. 471, Lit. A, fol. 226r: „Alli 29. giorno [1671] ... in questo tempo havessimo il bellissimo quadro del Signore Sandrart per la Chiesa nuova. Rappresenta la peste di Napoli, e si bene gli affetti de' mori tondi, e le positive de'morti, ch' è uno stupore. Dopoi la figura Principale del Beato, ch'esposta per souvenir à tanto male è tanto ben tirata, ch' è di maraviglia. La Serenissima Elettrice il fece fare, e cost'oltre un regalo al pittore, ch'è il primo di Germania, ottocento tallerio Imperiale."

138 BayHStA, KL, Fasz. 471, Lit. E, fol. 15r: „12. [Luglio 1675] la mattina il Suffraganeo consacrò il secondo altare, che è il laterale di San Gaetano ..., e il terzo che è il altro laterale dedicandolo alla Beata Vergine et a tutta la sacra Famiglia."

139 Huggenberger 1931, S. 64.

140 Rittershausen 1788, S. 122.

141 Eine erste Überarbeitung fand 1751 durch Augustin Albrecht statt. Nach den Kriegsschäden wurde das Gemälde 1947/48 durch Hans Söker und 1995/96 durch Erwin Wiegerling restauriert. Vgl. BLfD, Dokumentationsarchiv, München Theatinerkirche St. Kajetan: Restaurierungsbericht von Erwin Wiegerling 1995/96.

142 Vgl. Meier 2012, S. 117 f.

# 11

# Sakristeien, Grüfte und Gnadenorte

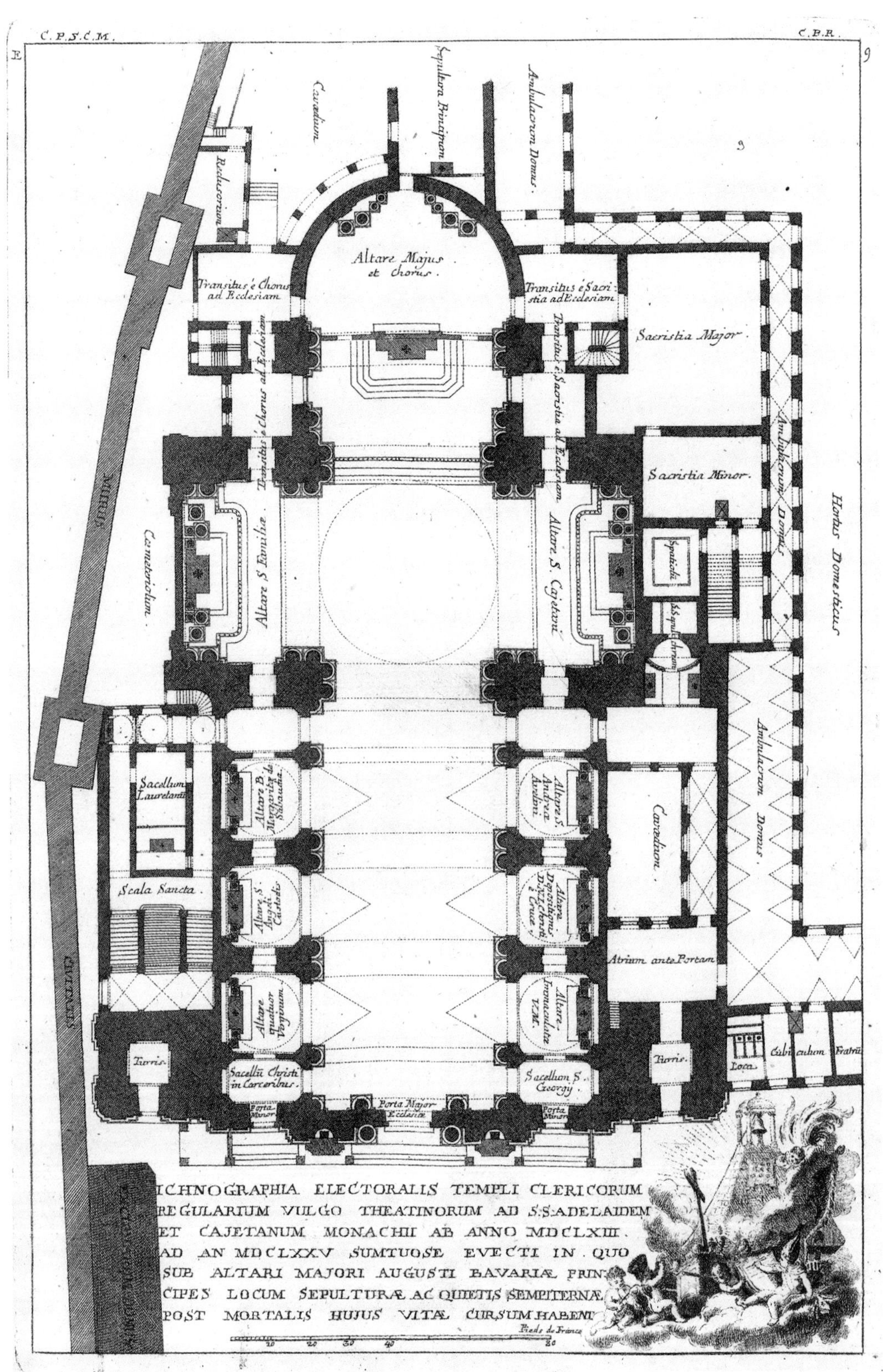


Abb. 231. François de Cuvilliés d. J., Grundriss der Theatinerkirche in München (seitenverkehrt), aus: François de Cuvilliés d. J., *Oeuvres*, 1772, fol. 65.

S. 346: Theatinerkirche St. Kajetan und Adelheid, München – Blick in die nordöstliche Seitenkapelle.

# 11.1 Sommer- und Wintersakristei

Über die Gestalt und Ausstattung sowohl der Sommer- als auch der Wintersakristei sind wir aufgrund deren vollständiger Zerstörung durch Bomben am 7. Januar 1945 leider nur unzureichend unterrichtet.[1] Ihre grundsätzliche Disposition kann aber anhand des (seitenverkehrten) Grundrisses der Theatinerkirche von François Cuvilliés d. J. um 1772 beschrieben werden (Abb. 231). So befand sich die große, L-förmig angelegte Sommersakristei südlich des Presbyteriums der Kirche. Man betrat sie vom Kloster aus durch einen Vorraum, der grob den Ausmaßen der heutigen Sakreistei entsprach. Von diesem führte nördlich auch eine Tür in den Psallierchor der Kirche sowie östlich eine in den südlichen Anraum des Vorchorjochs. Die kleinere, querrechteckige Wintersakristei schloss sich östlich an die Sommersakristei an und war mit dieser durch eine schmale Türe verbunden. Von der prachtvollen Innenausstattung beider Sakristeien zeugen noch einige historische Photographien aus der Zeit um 1930 im Archiv der Theatinerkirche. Eine davon zeigt die Westwand der großen Sommersakristei mit den Sakristeischränken, dem Sakristeikreuz in einer Ädikulanische und darüber dem Bild der Stifterin Henriette Adelaide im Gewand der Sklavinnen Mariens (Abb. 232).

**Abb. 232. Theatinerkirche St. Kajetan und Adelheid, München – Große Sommersakristei, um 1930.**

Der Bau der beiden Sakristeien wurde wahrscheinlich erst nach der Weihe der Kirche im Jahre 1675 begonnen. So erfahren wir 1677, dass der Münchner Kistlermeister Franz Hainmüller für die Sommersakristei verschiedene „Kästen" fertigte.[2] Die Ausstattung der Wintersakristei folgte erst ab 11. September 1678.[3] Sie muss im Vergleich zu jener der Sommersakristei eher bescheiden gewesen sein, denn sie wurde noch im selben Jahr vollendet.[4] Der Ausbau der Sommersakristei war am 22. September 1678 abgeschlossen.[5] Die sich daran anschließende dekorative Ausstattung mit Schnitzwerk wurde bis 1679 von Andreas Faistenberger geleistet.[6] Dieses stellt damit die früheste in München nachweisbare Arbeit des aus Kitzbühel stammenden Bildhauers dar. Heinrich Stern beschreibt sie 1932 als die „wirkungsvollsten aus [jener] Zeit"[7]. Wie auf der obigen Photographie ersichtlich, zeichnen sich Faistenbergers Schnitzereien durch eine ornamental bestimmte Formensprache aus, deren Ursprung in Italien und wahrscheinlich in der Grunddisposition ebenfalls bei Barelli zu suchen ist. Von den unzähligen Kunstwerken in beiden Sakristeien legt heute lediglich noch eine ausführliche Beschreibung in Cajetan Maria von Reisachs *Merkwürdigkeiten* von 1789 Zeugnis ab. So berichtet Reisach zum Beispiel, dass die Decke der Sommersakristei ein Gemälde aufwies, das die traumhafte Begegnung einer Nonne mit Andreas Avellinus darstellte.[8] Dieses Deckenbild soll vom venezianischen Maler Hieronimo Miani[9] geschaffen worden sein, der allerdings erst zu Beginn des 18. Jahrhunderts nachgewiesen werden kann.

## 11.2 Begräbnisstätten und Grüfte

Da Kurfürst Max III. Joseph die Fürstengruft unter dem Presbyterium der Theatinerkirche 1775 erneuern, König Max I. Joseph sie 1824 bedeutend erweitern, Kronprinz Rupprecht die Särge 1935 neu anordnen und die Gruft schließlich 1952 sanieren ließ, lässt sich die ursprüngliche Anlage heute im Detail nicht mehr nachvollziehen.[10] Cajetan Maria Reisach spricht in seinen *Merkwürdigkeiten* von 1789 von drei kreuzförmig angelegten Räumen: einen „zur rechten Hand, [einen] zur linken Hand, [und einen] mittleren“[11].

Die heutige Fürstengruft ist über eine Treppe vom nördlichen Anraum des Vorchorjochs zu betreten. Über dem Zugang prangt eine von Max Emanuel in Auftrag gegebene Tafel mit der Inschrift: „Augusti Bavariae Principes hic quod mortale habent deponunt“ („Was sterblich ist an ihnen, hinterließen hier Bayerns erlauchte Fürsten“). Die Treppe führt zunächst zu einem von Norden nach Süden verlaufenden Gang hinab, an dessen Ostseite drei querrechteckige Grabräume liegen (Abb. 233). Im ersten dieser Grabräume hat neben Henriette Adelaide, Ferdinand Maria, Max Emanuel und Therese Kunigunde auch Max III. Joseph seine letzte Ruhe gefunden. Der Gang weitet sich danach in einem Halbrund nach Westen. Der dadurch entstandene zentrale Raum ist durch ein Gitter in der Deckenwölbung (wie die Fürstengruft von St. Michael) in den Psallierchor und im Westen in einen Umgang mit fünf weiteren Grabräumen geöffnet. Wie bereits erwähnt, hatte sich Kurfürstin Henriette Adelaide noch vor Beginn der eigentlichen Bauarbeiten im Dezember 1662 bei Agostino Barelli nach dem Ort ihres künftigen Grabes in der Kirche erkundigt (Kap. 6.2).[12] Von Anfang an gehörte also auch die Anlage einer fürstlichen Begräbnisstätte zu den zentralen Wünschen der Stifterin. So verwundert es nicht, dass sie diesen Wunsch auch in ihrem Testament vom 12. März 1669 ausführlich und an erster Stelle behandelte:

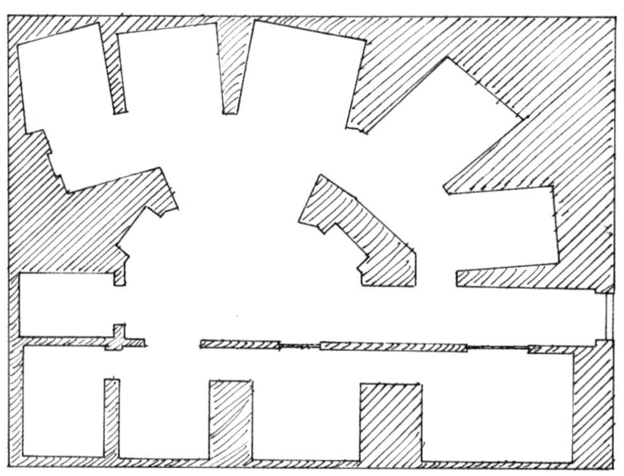

**Abb. 233. Theatinerkirche St. Kajetan und Adelheid, München – Grundriss der Fürstengruft.**

> „Aber der letzte Ort soll, sobald sie beendet sein wird, die Kirche der heiligen Adelheid … sein, die von mir gegründet wurde, um … als Grablege …, deren Bau unter dem Hauptaltar dieser Kirche ich hiermit anordne, die letzte Ruhestätte für mich und meine Kinder zu sein.“[13]

Damit war die Theatinerkirche nach der Frauenkirche und der Jesuitenkirche St. Michael zur dritten und schließlich bevorzugten Grablege des Hauses Wittelsbach in München bestimmt worden.[14] Schon vor der Weihe der Kirche im Jahre 1675 hatte man eine bis heute aus zwei getrennten Räumen bestehende Gruft unterhalb des Frauenaltars im Nordarm des Querhauses angelegt, die „Sepoltura della Madonna“[15] (Abb. 234). In diese wurden am 20. August 1675 die sterblichen Überreste der bis dahin in der Kapelle des Palazzo Kurz beigesetzten Theatinerpatres überführt.[16] Mit dem Bau der Fürstengruft unter dem Presbyterium begann man hingegen erst drei Jahre nach dem Tod Henriette Adelaides. Hierzu berichtet Pater Spinelli am 2. Januar 1680 in seinem *Libro Originale*:

**Abb. 234. Theatinerkirche St. Kajetan und Adelheid, München – Gruft des Sippenaltars.**

> „... man begann die Grabnischen unter dem Chor an der Seite des Gangs in Richtung Stadtmauer zu graben. Und obwohl die drei Gewölbe für die Prinzen schon fertig waren, galt dies nicht für die unter dem Chor. Hier war noch alles voll von Erde."[17]

Man hatte also kurz zuvor, wahrscheinlich im Dezember 1679, schon drei Nischen für die verstorbenen Prinzen angelegt und erst dann angefangen, die eigentliche Gruft unter dem Presbyterium auszuheben.[18] Im März 1681 wurde diese dann ausgemauert[19] und ihre Wölbung begonnen[20]. Im Jahre 1682 waren die Gruft und die dazugehörigen Kapellen gänzlich eingewölbt sowie die den „Fürsten Persohnen" vorbehaltenen Grabkammern verputzt und gepflastert.[21] Am 1. September 1685 wurde Johann Caspar Sing für die Altarbilder und die Ausmalung des Altarraums in der Fürstengruft mit den „armen sölln im fekhfeür und an der atopendiumb toten kopf über sich an gewölbe veldungen und zieraten darin"[22] entlohnt.

Noch 1682 erfahren wir auch von einer kleineren Gruft „an dem ortt wo die Patres begraben werden"[23], die in diesem Jahr begonnen und mit „10 zellen"[24] auch vollendet wurde. Dabei handelte es sich um eine zweite, östlich der Fürstengruft unter dem Altarbereich des Presbyteriums gelegene Grabstätte für die Theatiner, wie die Beisetzung des 1682 verstorbenen Laienbruders Giuseppe Regen „unter dem Chor in der ersten Nische rechts"[25] belegt. Am 1. Februar 1685 wurde der Leichnam Peter Pepes von der Gruft unter dem Frauenaltar in die neue Theatinergruft überfuhrt.[26] Bis die Fürstengruft vollendet war, waren die Särge von Henriette Adelaides, Ferdinand Marias sowie ihrer verstorbenen Kinder im Stipes des Hochaltars verwahrt. Deren „Cubicula" (Kammern) sind noch auf dem Photo Staudhamers von der Rückseite des Tempiettotabernakels zu erkennen (Kap. 10.1.1, Abb. 174).[27] Erst am 11. März 1690 wurden sie auf Befehl Max Emanuels in die Fürstengruft transloziert.[28] In dieser fanden danach zahlreiche Mitglieder des Hauses Wittelsbach ihre letzte Ruhe, bis hin zu dem 1955 verstorbenen Prinzregenten Rupprecht, dem Sohn des letzten bayerischen Königs Ludwig III.[29] In der Theatinergruft wurden bis zur Erweiterung der

Fürstengruft unter Max I. Joseph im Jahre 1824 insgesamt 91 Patres beigesetzt.[30] Danach wurden 74 von ihnen auf den bereits am 24. November 1696[31] geweihten allgemeinen Friedhof nördlich der Theatinerkirche zwischen Stadtmauer und Loretokapelle umgebettet.[32] Viele verstorbene Mitglieder des Hofes sowie von meist italienischstämmigen Familien aus München wie den Mancini, Pistorini, Veroni oder Barnabei wurden in der Gruft unter dem Frauenaltar beigesetzt.[33] Es befinden sich bis heute in der Theatinerkirche noch weitere Grüfte: so die für die Familie des Grafen Anton von Berchem unter dem Andreas-Avellinus-Altar seit 1679[34], die für die Familie des Kammerdieners Carlo Antonio Vacheri am Ort des ehemaligen Immaculata-Altars seit 1680[35], die für den Propst von St. Andreas in Freising Antonio Graf Lantieri unter dem Schutzengelaltar aus dem Jahre 1707[36], die für die kurfürstliche Kammerdienerin Caroline Hieber unter dem ehemaligen Christus-im Kerker-Altar, den sie 1728[37] gestiftet hatte, oder die für den Kammerdiener Georges Vollier unter dem Georgsaltar, den er 1749[38] hatte errichten lassen.[39] Im Zusammenhang mit der Anlegung des eben genannten Friedhofes neben der Theatinerkirche im Jahre 1696 erfahren wir auch etwas über die damaligen Kosten einer Grabstätte: So musste man für eine in der Kirche unter dem Frauenaltar 50 und für eine auf dem Friedhof 30 Gulden entrichten.[40]
Vom Kurfürstenpaar Ferdinand Maria und Henriette Adelaide über ihren Sohn Max Emanuel bis hin zu Prinzregent Rupprecht diente die Theatinerkirche also als eine der wichtigsten Begräbnisstätten der Wittelsbacher. Neben den dort ebenfalls beigesetzten Theatinern fand aber auch eine stattliche Anzahl von Adeligen und sogar Bürgern in der Theatinerkirche ihre letzte Ruhe. Dies belegt erneut die tiefe Verwurzelung der Theatinerkirche im Leben des Hofes und der Bürger Münchens bis hinein ins 20. Jahrhundert (Kap. 2.6).

## 11.3 Die Gnadenorte

Als Gnadenorte werden die drei der Theatinerkirche angegliederten Bauten der Loretokapelle und der Heiligen Stiege im Norden sowie der Heiliggrabkapelle im Süden verstanden. Die nördlichen Anbauten wurden jedoch schon gegen Ende des 18. Jahrhunderts für die Öffentlichkeit geschlossen und im Zuge von Sanierungsarbeiten an der Kirche 1820 abgerissen.[41] Die Heiliggrabkapelle im Süden hatte hingegen bis zu ihrer Zerstörung im Zweiten Weltkrieg Bestand.[42]
Die Disposition der Gnadenorte lässt sich wiederum nur anhand des Kirchengrundrisses von Cuvilliés d. J. um 1772 erschließen (Abb. 231): Demnach gelangte man von der Kirche aus durch die Beiräume des der Vierung vorgelagerten Halbjochs zu den Gnadenorten. Im Norden betrat man zunächst einen von mehreren Gurtbögen und drei Kuppeln überwölbten Gang, an dessen Ende sich wahrscheinlich ein Kreuzaltar befand.[43] Nach Osten hin schloss sich an diesen Gang die Loretokapelle an, die von zwei Gängen flankiert wurde, von denen aus man die Kapelle betreten konnte. Die Kapelle selbst, ein Nachbau der Santa Casa von Loreto, des angeblichen Hauses Mariens in Nazaret, war längsrechteckig und besaß hinter dem Altar ein kleines Südfenster, durch das der Verkündigungsengel der Überlieferung nach in das Haus gekommen sein soll.[44] Am Ende der beiden seitlichen Gänge befand sich der Vorraum zur Heiligen Stiege. Einen Eindruck von deren Anlage vermittelt eine etwas idealisierte Darstellung aus Johann Stridbecks *Theatrum der vornehmsten Kirchen* von 1697, die mit *La Scala Santa, oder die Heilige Stiegen in der Theatiner Kirchen zu München* überschrieben ist (Abb. 235).

Auf Stridbecks Illustration ist in der Mitte eine achtundzwanzigstufige Treppe – die Kopie der Heiligen Stiege in Rom – zu sehen, die von zwei schmäleren Treppenanlagen begleitet wird. Alle drei Treppen sind mit je einer Längstonne überwölbt und enden in einem querrechteckigen, dreijochigen Raum mit Kreuzgratgewölbe. Als Zielpunkt der mittleren Treppe prangt ein großes

Abb. 235. La Scala Santa, oder die Heilige Stiegen in der Theatiner Kirchen zu München, aus: Johann Stridbeck, *Theatrum der vonehmsten Kirchen …*, 1697, Tafel 9.

Kreuz vor einem Gittertor. Hinter diesem führten mehrere Stufen in einen bis heute erhaltenen Kapellenraum (Abb. 236), der im Nordturm der Theatinerkirche liegt und bisher von der Forschung völlig übersehen wurde. Seine Zugehörigkeit zur Heiligen Stiege zeigt sich an einer reich gegliederten Türbekrönung in halber Höhe der Westwand, die als oberer Abschluss eines Durchgangs zu deuten ist. Der oktogonale Kapellenraum wird von kannelierten Pilastern mit ionischen Kapitellen und einfacher Pilasterrücklage eingefasst. Zwischen den Pilastern öffnen sich vier kurze, von Längstonnen überwölbte Kreuzarme. Über dem kräftigen, verkröpften Gebälk sind an den Zwickeln der Böhmischen Kappe vier Rollwerk-Kartuschen mit Stuckreliefs von Abraham, Isaak, Jakob und Mose angebracht (Abb. 237). Zwischen diesen halten auf Fruchtfestons sitzende Putten den runden Lorbeerblattrahmen der bewegten Darstellung Gottvaters im Zenit. Dieser, im Vergleich mit dem des kurfürstlichen Oratoriums äußerst reiche Stuckdekor, lässt auf einen einst

Abb. 236. Theatinerkirche St. Kajetan und Adelheid, München – Kapelle des Nordturms nach Westen.

**Abb. 237. Theatinerkirche St. Kajetan und Adelheid, München – Deckenstuck der Kapelle des Nordturms.**

besonders würdevollen Andachtsraum schließen, der dem Anspruch des Vorbilds, der Papstkapelle Sancta Sanctorum in Rom, durchaus gerecht wurde. Der Reiseschriftsteller Johann Georg Keyssler beschrieb den Bußakt der Gläubigen auf der Heiligen Stiege der Theatinerkirche in seinem 1740 verlegten Werk *Neueste Reise durch Teutschland* wie folgt:

> „Zur Rechten [der Theatinerkirche findet sich] eine Scala Santa von 28. Tritten oder Staffeln, wie zu Rom. Es ist niemanden erlaubet, hinauf zu gehen, sondern man kniet von einer Stufe zur anderen, nachdem man auf jeder eine gewisse Anzahl Vater Unser und Ave Maria gebetet hat. Es muß dieses sonderlich denjenigen mühsam vorkommen, welche, wie ich gesehen, mit ausgestreckten Armen die ganze Andacht verrichten, auf welcher sie beinahe eine halbe Stunde zubringen. Ehe ich dergleichen Gebet sahe, wußte ich nicht, was die Betteljungen wollten, wenn sie sich erboten, vor etliche Pfennige das Pater Noster mit ausgespannten Armen vor die Wohlfahrt ihres Wohlthäters zu beten."[45]

Im Süden der Kirche gelangte man zunächst in einen einfachen, ungegliederten Rechteckraum und von dort aus in Richtung Westen in die Heiliggrabkapelle, die aus einem Vorraum mit zwei seitlichen Altären und einer halbrunden Apsis bestand. Von dieser aus betrat man durch einen kleinen Durchgang die eigentliche Nachbildung des Heiligen Grabes von Jerusalem, dessen Liegefläche des Leichnams Jesu an der Nordseite des Raumes angebracht war (Abb. 238).

Der Bau dieser Gnadenorte an der Theatinerkirche wurde von Kurfürstin Henriette Adelaide schon in ihrem ersten Testament aus dem Jahre 1669 festgelegt:

> „Außerdem ordne ich an und wünsche ich, dass man in der Kirche dieser Patres Theatiner ein Haus von Loreto nach den wahren Maßen baut ... und an der anderen Ecke das Heilige Grab nach den Originalmaßen ... ."[46]

Diesen Wunsch wiederholte sie auch in ihrem unvollendeten Testament von 1675 (Kap. 7.3).[47] Da der Bau der Heiligen Stiege dabei nicht explizit erwähnt wird, diese aber in den Komplex der Loretokapelle eingebunden war, müssen beide als Einheit betrachtet werden. Mit den Arbeiten an der Heiliggrabkapelle, der Loretokapelle und der Heiligen Stiege wurde wahrscheinlich um 1684 unter der Leitung Enrico Zuccallis begonnen, da bereits im Baurechnungsbuch des Jahres 1686 vermerkt ist:

> „Sint sowohl die Maurn an dem Heilig Grab, als auch Loretha Capellen von grund auf gerichtet, selbige sambt den gengen und gewölben (außer des Pflassters) völlig ausgemacht, verpuzt und gemahlt."[48]

Hierbei muss hervorgehoben werden, dass der Architekt bei der künstlerischen Planung der Gnadenorte aufgrund der langen, meist kanonischen Überlieferungstradition nur geringe gestalterische Freiheiten hatte. Noch 1686 versah Dominikus Faistenberger das Gewölbe der Loretokapelle mit einem gestirnten Nachthimmel und dem zentral in einer Glorie platzierten Monogramm Jesu.[49] Im Jahre 1687 malte er noch ein „Maria bildt mit dem khindl (nach einer coppie zaichnung mit allen fleiß in Ittalle befind)"[50] und fasste 1688 ein „Maria bild von holz geschnitzt"[51]. Die Stuckierungsarbeiten der Heiliggrabkapelle durch Niccolò Perti sind für den 31. Januar 1687 mit folgenden Details beschrieben:

> „Die döckhen ausserhalb des Heiligen Grabs gemacht, und ein döckhen innerhalb solch Heiligen Grabs, sambt zwey altärn und mit zwey altar platten von stukhator arbeit völlig erhebt."[52]

**Abb. 238. F. Waibler, Die Grabkapelle in der Theatinerkirche zu München an Charfreitag, 1868.**

Die Fundamente der Heiligen Stiege wurden erst im Jahre 1686 gelegt.[53] Die Aufrichtung des Baus muss dann 1687 vonstattengegangen sein. Denn bereits im April des Jahres wurde an der „oberen Capellen" der Heiligen Stiege gearbeitet.[54] Diese Kapelle wurde im Jahre 1688 von Niccolò Perti stuckiert.[55] Von der gänzlichen Vollendung der Heiligen Stiege erfahren wir ebenso im Jahre 1688.[56]

Die Loretokapelle und die Heilige Stiege wurden am 15. Mai 1688[57] und die Heiliggrabkapelle am Tag darauf vom Freisinger Weihbischof Simon Schmid geweiht.[58] Anwesend war auch der noch minderjährige Bruder Max Emanuels, Joseph Clemens, der seit 1685 auf dem Bischofsthron von Regensburg und Freising saß.[59]

Alle drei Gnadenorte stellen Nachbildungen historischer Orte des Lebens und Sterbens Jesu Christi dar: Die Loretokapelle ging auf die sogenannte Santa Casa im italienischen Wallfahrtsort Loreto zurück. Der Überlieferung nach ist die 1518 nach den Plänen Donato Bramantes umbaute Santa Casa die Hütte, in der Maria aufwuchs und in der ihr der Engel Gabriel die Geburt ihres Sohnes mit den Worten verkündigte: „Du wirst ein Kind empfangen, einen Sohn wirst du gebären: dem sollst du den Namen Jesus geben" (Lk 1,31). Die Heilige Stiege hatte ihr Vorbild in den achtundzwanzig Stufen, die sich im Palast des Stadthalters von Jerusalem, Pontius Pilatus, befunden haben sollen. Diese erklomm Jesus nach seiner Geißelung, um mit den Worten „Siehe, der Mensch!" (Joh 9,15) dem Volk vorgeführt zu werden. Der Legende nach fand die heilige Kaiserin Helena die Stufen im Schutt des zerstörten Jerusalem und ließ sie nach Rom, das neue Jerusalem, bringen. Dort wurden sie zunächst in die Zugangstreppe zum Lateranspalast eingebaut, dann ab 1589 von Domenico Fontana im Auftrag von Papst Sixtus V. in einen eigenen Gebäudekomplex integriert.

Die Heiliggrabkapelle barg eine Nachbildung des Grabes von Josef von Arimathäa unterhalb des Golgotahügels, in das Jesus nach seinem Tod am Kreuz gelegt wurde (Lk 23,50 ff.). An diesem Ort fand auch das zentrale Ereignis seines Erlösungswerkes statt, nämlich seine Auferstehung, welche die beiden Engel den Frauen mit den Worten verkündeten: „Was sucht ihr den Lebenden bei den Toten?" (Lk 24, 5). Nach der Auffindung des Grabes durch Kaiserin Helena wurde von ihrem Sohn Kaiser Konstantin darüber im Jahre 326 der Bau der Grabeskirche befohlen.

Anders als die Tradition der Heiligen Gräber, die bereits seit dem frühen Mittelalter auch nördlich der Alpen gepflegt wurde, wie zum Beispiel vor 1166 als Teil des später überbauten Schottenklosters in Eichstätt[60] oder in St. Anna im nahen Augsburg vor 1506[61], kam die der Heiligen Stiegen erst im 16./17. Jahrhundert auf.[62] So fand sich eine erste Nachbildung in München um 1650 im Klarissinnenkloster von St. Jakob am Anger[63] und später, auf Wunsch des Salzburger Erzbischofs Franz Anton Fürst Harrach vom 1. April 1712, auch im Salzburger Theatinerkloster als „ein Gleichnis der zu Rom befindlichen heiligen Stiege"[64] (Abb. 239).[65]

**Abb. 239. St. Kajetan (Kajetanerkirche), Salzburg – Heilige Stiege.**

Die Nachbildungen der Santa Casa von Loreto kamen hingegen vor allem in der Zeit des Dreißigjährigen Krieges auf und standen mit der Betonung der Unbefleckten Empfängnis Mariens auch für die ersehnte Reinheit des katholischen Glaubens.[66] So ließ Eleonora Gonzaga, die zweite Gemahlin Kaiser Ferdinands II., ab 1622 in der Wiener Hofkirche der Augustiner eine Santa Casa errichten. Bereits 1624 wurde dieses „Capell gebey in form der heiligen Capellen ... unser lieben frau von Loreto" vollendet und von Franz Seraph Kardinal Dietrichstein geweiht.[67] Diese darf als direkte Anregung für Henriette Adelaide gelten, sich auch bei ihrer Hofkirche eine Loretokapelle erbauen zu lassen.

Die an der Theatinerkirche errichteten Gnadenorte, die von der Geburt bis zur Auferstehung das ganze irdische Leben Jesu für die Gläubigen nachvollziehbar vor Augen führten, machten diese kurfürstliche Stiftung also zu einer zentralen Stätte für das Glaubensleben der Münchner Bürger. Sie müssen gleichzeitig auch als Spezifikum barocker Frömmigkeitskultur gesehen werden, die man später, in der Zeit der Aufklärung und vor allem während der Säkularisation, gerne gering achtete.[68]

1 ATM, Chronik der Kollegiatstiftskirche St. Kajetan, S. 355: „Am 7. Januar 1945 abends erfolgten hintereinander zwei Angriffe, die schwersten des ganzen Krieges, ... Völlig ausgebrannt sind alle Nebenräume der Südseite, sowie der Südturm."

2 BayHStA, KL, Fasz. 474, Nr. 2/6, fol. 21r: „Drüben gedahter Hainmüller et consortes sind drey kästen, ieder 13. schuech hoch und 25. schuech prait in die Sacristey von Lindenholz geformiert." Ebenso BayHStA, KL, Fasz. 471, Lit. E, fol. 55r: „1. [Decembre 1679] ... in questo tempo morto il bravo Franz che haveva fatto la Sagrestià e Confessionali di Chiesa."

3 BayHStA, KL, Fasz. 471, Lit. E, fol. 43r: „Al principio di questa settimana [10. Settembre 1678] s'incominciò a fabricare la seconda sacristia, per la stuffa, lavatorio, e simili funtioni."

4 BayHStA, KL, Fasz. 474, Nr. 2/7, fol. 53r: „Die kleiner Sacristey sambt ainen darin gemachten ofen ... verferttiget worden."

5 BayHStA, KL, Fasz. 471, Lit. E, fol. 43v: „22. [Settembre 1678] da questo tempo si terminò la seconda sagristia, e si ridussero alla fine li stippi della prima."

6 Baurechnungsbuch des Jahre 1679: „Andreen Faistenberger Bildhauer, für in die Sacristey gemachte underschidliche Ziehraden in 26. stückhen bestehend", BayHStA, KL, Fasz. 474, Nr. 2/8, fol. 27r.

7 Stern 1932, S. 185.

8 Reisach 1789, S. 40: „Zuletzt giebt man noch einen Blick auf die Decke, daran zwar im Ganzen nichts schönes zu sehen, in dem es von einem unbedeutenden Maller Hiernoymus Miani mit Namen, gemalet worden, dennoch loben Kenner einen oder den anderen größeren Engel. Das Gemälde stellet vor eine fromme Klosterfrau, welche den heiligen Andreas Avellinus nach seinem Tode in der Glory soll gesehen haben."

9 ThB XXIV 1930, S. 504.

10 Rall 1979, S. 79 f.

11 Vgl. Reisach 1789, S. 46, 62, 76.

12 BayHStA, KL, Fasz. 471, Lit. A, fol. 112v et seq.: „Adi 15. [Decembre 1662] venendo l'Archittetto per mostrarle il disegno della chiesa, essa appena lo vide, che invece di chieder da quegli qualche sottigliezza dell'arte, dimando in qual luogo di detta chiesa havrebbe fatto il sepolcro per lei."

13 BayHStA, GHA, Korr. Akt. 668 I, fol. 1v: **Quellenanhang Nr. 2.**

14 Hierzu grundlegend: Louis C. Morsak, *Zur Rechts- und Sakralkultur bayerischer Pfalzkapellen und Hofkirchen unter Berücksichtigung der Hausklöster*, Freiburg (Schweiz) 1984.

15 BayHStA, KL, Fasz. 471, Lit. C, fol. 118v.

16 BayHStA, KL, Fasz. 471, Lit. E, fol. 17r: „Si erano trasferiti dal loco primiero dell'altra habitatione tutti li corpi morti, che ivi erano sepellito ... . De nostri furono trasferiti il corpo del Padre Don Stefano Pepe, Fundatore, e quello del fratello Pietro Romano. ... mà li nostri furono posti ivi dentro in un camerino separato dalli altri." Vgl. auch: BayHStA, KL, Fasz. 494, Nr. 49, Bd. 1, S. 2: „collocato nella comune sepoltura della Madonna e fu alli 20. Agosto 1675."

17 BayHStA, KL, Fasz. 471, Lit. E, fol. 56r: „2. [Gennaro 1680] s'incominciarono a cavare le sepolture sotto il choro dal lato dell'andito verso le mura della Cità. E benche li 3 archi dei Principi fossero già voltati, non era però voltato il sotto choro; e questo e questi erano tutti pieni di terra."

18 Ebenso BayHStA, HR II, Fasz. 3/1, Nr. 24, fol. 15r: „In der Woche des 6. Januarii 2. Zimmermannen und 11. Tagwercher, des sie in der Grufft ausgraben und des Kott außtragen."

19 BayHStA, KL, Fasz. 471, Lit. E, fol. 63r: „19. [Marzo 1681] si fecero li muri nel sotto choro."

20 BayHStA, HR II, Fasz. 3/1, Nr. 25, fol. 48r: „Hat man in der Grufft ... auch darin verschiedenliche mauern ausfirchen und gewölben lassen."

21 BayHStA, HR II, Fasz. 3/1, Nr. 26, fol. 47r: „In der Grufft ein gewölb von 55. schuech lang und 8. schuech prait ... auch die Capellen völlig gewölbt: und ... die 3. gewölbe, alwo die Fürsten Persohnen ihr begräbnis haben, ganz außgepuzt und außgepflasstert."

22 BayHStA, KL, Fasz. 475, Nr. 4/1685, Beleg Nr. 125.

23 BayHStA, HR II, Fasz. 3/1, Nr. 26, fol. 47r: „an dem ortt aber wo die Patres begraben werden, ist auf 25. chuech lang, 14. schuech prait und 11. schuech hoch ausgraben und das kott ausgeschierth worden."

24 BayHStA, HR II, Fasz. 3/1, Nr. 27, fol. 49r: „der geistlichen Herren ..., so in 10 zellen besteht, die ausgraben und austragen, alles gewölbt und völlig ausgemacht."

25 BayHStA, KL, Fasz. 471, Lit. C, fol. 117v: „fu sepolta sotto il Coro nell primo nicchio a man dritta."

26 BayHStA, KL, Fasz. 494, Nr. 49, Bd. 1, S. 2: „appreso, terminate le nostre proprie sepolture sotto il Coro, fu ivi riposto ... ."

27 BayHStA, KL, Fasz. 494, Nr. 49, Bd. 1, S. 31: „si trasferiron dallo stippo del Coro dietro l'Altar Maggiore ... ."

28 BayHStA, KL, Fasz. 489, Nr. 30: „dass dero Herrn Vattern Churfürst Ferdinandt Maria, und Frauen Muttern Henriete Adlheit, ... wie auch ihr abgelebte Prinz und Princessinen, bishero in der Herrn Patres Theatinerkir-

che, under dem Chor Altar in Gott geruhete Cörper, in die hernach hierzue absonderlich erpaute Grufft in besagter Khirchen transferiert und beigesezt wurden ..., den 11. Martii Anno 1690."

29 Ausführliche Auflistung mit biographischen Notizen bei: Held 1874; Rall 1979, S. 78–127. Vgl. auch Reisach 1789, S. 46 ff.; Koegel 1899, S. 59 ff.

30 Vgl. die Totenbücher der Theatinerkirche: BayHStA, KL, Fasz. 494, Nr. 49, Bd. 2: 1689–1742; BayHStA, KL, Fasz. 479, Nr. 13/14: 1665–1748. Eine Auflistung liefert Koegel 1899, S. 56 ff.

31 BayHStA, KL, Fasz. 471, Lit. A, fol. 267r: „24. [Novembre 1696] il Padre Preposito [Spinelli] benedisse co'le solite Ceremonie, e l'assistenza de Padri giovani, e Chierici, il Cemitero fatto fra le mura della Citta, Capella di Loreto e la Chiesa." Offenbar wurden dort bereits zuvor Personen beigesetzt, so heißt es am 3. Januar 1692: „3. [Gennaro 1692] cavato una gran fossa, e benedetta nel Cortile dietro la Cappella grande laterale della Madonna, furono traportati mortali corpi della sepoltura commune ...", BayHStA, KL, Fasz. 494, Nr. 49, Bd. 1, S. 39.

32 Vgl. Koegel 1899, S. 55.

33 Vgl. die Totenbücher der Theatinerkirche: BayHStA, KL, Fasz. 494, Nr. 49, Bd. 1: 1665–1690; BayHStA, KL, Fasz. 479, Nr. 13/14: 1665–1748. Eine Auflistung liefert Koegel 1899, S. 64 ff. In den Jahren 1696, 1733, 1752 und 1775 wurden viele dieser Verstorbenen auf den allgemeinen Friedhof umgebettet.

34 BayHStA, KL, Fasz. 494, Nr. 49, Bd. 1, S. 11: „3. [Giugno 1679] fu sepolta nella Capella del Andrea una figlia dell'Illustrissime Signore di Perkem ... ."

35 BayHStA, KL, Fasz. 494, Nr. 49, Bd. 1, S. 14: „29. [Decembre 1680] fu sepollito avanti la Capella della Concezione il Signore Carlo Antonio Vacheri ... ."

36 BayHStA, KL, Fasz. 479, Nr. 13/14: „Der Hochwürdig, Hochgeborne Herr Graf Antonius von Lantieri gewehster Propst bei Sankt André zu Freising, begraben 22. September 1707."

37 BayHStA, KL, Fasz. 479, Nr. 13/14: „Gleichfalls hatte sie Anno 1728 den 13. Februari auf ihr unkosten den Altar von der Gefängnuß Christi aufrichten lassen."

38 BayHStA, KL, Fasz. 479, Nr. 13/14: „Anno 1749 dem 18. Dezember wurde dem Herrn Georg Volier Churfürstlicher Cammer-Portier, ... dass er nach seinem tod bey obbesagtem Altar S. Gregorii, den er [hat] verferttigen lassen, ... begraben werde."

39 Vgl. Koegel 1899, S. 71 ff.

40 BayHStA, KL, Fasz. 471, Lit. A, fol. 267r: „Li 18. [Novembre 1696] ... Fu ancora determinato co'la pluralita de voti di chiamare per l'avenire per la Sepoltura nella Chiesa almeno fiorini 50. non potendosi a tutti darla gratis per il pregiuditio grande; e per quella nel Cimetero fatto, come sopra fu accennato fiorini 30."

41 Paulus 1912, S. 56.

42 Geiger 1930, S. 14.

43 Wahrscheinlich handelte es sich dabei um die sogenannte Heiligkreuzkapelle, die Reisach mit einem Hinweis auf den außerordentlich tief am Kreuz hängenden Christus erwähnt: Reisach 1789, S. 15.

44 Vgl. Thaddäus J. Küppers, *Das Heilige Haus von Loreto*, Regensburg 1994.

45 Keyssler 1740, S. 71.

46 BayHStA, GHA, Korr. Akt. 668 I, fol. 2v: **Quellenanhang Nr. 2.**

47 BayHStA, GHA, Korr. Akt 668 I, fol. 24r: „Intendo e voglio che siano fabricate la Santa Casa di Loreto per Capilla delle Schiave, e per voto mio particularmente, et il Santo Sepocro nelle vere misure onò per parte della Chiesa, fuori delle portine laterali, nel sito che sà il Padre Spinelli mio Confessore, e siano arrichite di tutti i Tesori Spirituali possibili."

48 BayHStA, HR II, Fasz. 3/2, Nr. 30, fol. 48r. Nicht „1687" wie Paulus 1912, S. 56.

49 BayHStA, KL, Fasz. 475, Nr. 4/1686, Beleg Nr. 111: „in der Heiliigen Loreta Capeln von Mallerey gemacht ..., in anstig den himbl iber sich oben auf 2 mall plau an gestaig und mit sternen gemacht ... iber sich am himbel ain glory und in der miten den Namen Jesu gemalt, ... herundter an der staig 2 gemalte stuck und vorn Unser liebe Frau darin kindl." Vgl. auch BayHStA, HR II, Fasz. 3/2, Nr. 30, fol. 23r.

50 BayHStA, KL, Fasz. 475, Nr. 4/1687, Beleg Nr. 108. Vgl. auch BayHStA, HR II, Fasz. 3/2, Nr. 31, fol. 23r.

51 BayHStA, KL, Fasz. 475, Nr. 4/1688, Beleg Nr. 149.

52 BayHStA, HR II, Fasz. 3/2, Nr. 31, fol. 13v.

53 BayHStA, HR II, Fasz. 3/2, Nr. 30, fol. 48r: „Ist der grund zu der Heiligen Stieg herauß gemaurt ... ."

54 BayHStA, HR II, Fasz. 3/2, Nr. 30, fol. 14v: „Wochen des 12. Aprilis. 4. Maurer ... wegem verrochter arbeit an der Heiligen Stiegen und der oberen Capellen."

55 BayHStA, HR II, Fasz. 3/2, Nr. 32, fol. 26r: „Johann Niclasen Perti Stuckhatormaister, das er die Stuckhatorarbeit in der Capelln ober der Heiligen Stiegen ausgemacht."

56 BayHStA, HR II, Fasz. 3/2, Nr. 32, fol. 47r: „Ist die Capellen ober der Heilig Stieg völlig ausgemacht."

57 Auszug und Bestätigung der Weihe am 15. Mai 1688: „15. Mensis Maii [1688] consecravi apud Reverendi Patris Theatinos Monachii Capellam in honorem Beata Virgine Maria Laurentanae ...", BayHStA, KL, Fasz. 477,

Nr.11a, fol. 67r. Paulus gab irrtümlich den „5. Mai“ als Weihedatum an: Paulus 1912, S. 56. Dieser Fehler geht auf die undeutliche Schreibweise Spinellis im *Libro Originale* zurück: BayHStA, KL, Fasz. 471, Lit. E, fol. 165r.

58 Auszug und Bestätigung der Weihe: „Ibidem die 16. Mensis Maii [1688] consecravi Capellam in memoriam ac venerationem Sancti Sepulcri Domine Nostri Iesu Christi ...“, BayHStA, KL, Fasz. 477, Nr. 11a, fol. 67r. Ebenso BayHStA, KL, Fasz. 471, Lit. E, fol. 165v.

59 Paulus 1912, S. 56.

60 Vgl. Ausst.-Kat. Jerusalemskirchen 2003, S. 36 ff.

61 Vgl. Ausst.-Kat. Jerusalemskirchen 2003, S. 48 ff.

62 Vgl. Schulten 1964, S. 89 ff.

63 Nachgewiesen zum Beispiel in Barnabas Kirchhuebers Werk *Gnaden-Anger* von 1703: „welcher andächtig die heilige Stiegen hinauff steiget, so 28. Staffeln hat, ... erlanget 7. Jahr Ablaß“, zit. nach Kirchhueber 1703, Kap. IV.

64 Zit. nach Sedlmayr 1973, S. 47.

65 Schulten 1964, S. 111 ff.

66 Vgl. Coreth 1959, S. 44, Anm. 101.

67 Wolfsgruber 1886, S. 5.

68 Vgl. Schattenhofer 1960, S. 143 ff.; Woeckel 1992, S. 14 ff. und 133 ff.

AMBA
AMBA

# 12
# Das Theatinerkloster

## 12.1 Planungs- und Baugeschichte

Während des verheerenden Luftangriffs auf München am 17. Dezember 1944 wurden der Ost-, Nord- und Südtrakt des ehemaligen Theatinerklosters gänzlich zerstört (Abb. 240).[1] Der teilweise erhaltene Westtrakt wurde nach dem Zweiten Weltkrieg, wie man an einer Bruchlinie im Mauerwerk oberhalb des zweiten Geschosses gut erkennen kann, um ein Stockwerk erhöht. Teile der Klosteranlage waren bereits vor Auflösung der Theatinerniederlassung im Jahre 1801 als Sitz verschiedener Ministerien umgenutzt worden, so 1799 für das Departement der Auswärtigen Staatsgeschäfte. Nach 1801 zogen die Ministerien für Finanzen, Justiz und Geistlichen Sachen ein. Von der Originalsubstanz des Theatinerklosters und seiner Disposition ist somit auf unsere Zeit nichts mehr Wesentliches überkommen.

**Abb. 240. Zerstörtes Theatinerkloster mit Theatinerkirche St. Kajetan und Adelheid in München, um 1945.**

Daher muss bei einer Analyse des Theatinerklosters zunächst auf schriftliche Quellen zurückgegriffen werden. So lieferte Joseph Koegel in seiner *Geschichte der St. Kajetans-Hofkirche* von 1899 eine erste, grundsätzliche Beschreibung, die anhand der Planungs- und Baugeschichte noch präzisiert werden kann.[2] Das Theatinerkloster war eine Vierflügelanlage um einen T-förmigen Innenhof. Erst nach dem Zweiten Weltkrieg wurden weitere Innenhöfe hinzugefügt und der Komplex bis an die heutige Salvatorstraße ausgedehnt. Das ehemalige Theatinerkloster besaß an der Hinteren Schwabinger Gasse (heute Theatinerstraße) einen dreigeschossigen Osttrakt mit den Wohnräumen der Angestellten und den Wirtschaftsräumen. Bei der Salvatorkirche (heute Salvatorplatz) lag der zweigeschossige Westtrakt mit den Zimmern der Patres im Erdgeschoss und dem Noviziat im ersten Obergeschoss. Nicht so einheitlich gestaltet wie diese beiden Straßentrakte war der Nordtrakt (Abb. 241): Er schmiegte sich in seinem östlichen Teil direkt an die Kirche an, ging im Anschluss an den Chor in einen zweigeschossigen Zwischentrakt – in dem die Propstei untergebracht war – über und endete in einem dreigeschossigen, entsprechend dem Verlauf der Stadtmauer etwas schräg gestellten Bau mit dem Kapitelsaal im Erdgeschoss und der Bibliothek in den beiden darüberliegenden Geschossen. Der zweigeschossige Südtrakt mit dem Refektorium und der Küche hatte hingegen nur ein Drittel der Länge des gegenüberliegenden Nordtraktes inklusive der Kirche. Diese Grunddisposition wird in etwa auf der zeitgenössischen Ansicht des Klosters und der Kirche in Michael Wenings *Historico-Topographica Descriptio* von 1701 bestätigt (Abb. 242). Allerdings müssen die darauf ersichtliche Erstreckung des Südtraktes bis zum Osttrakt sowie die Altane an Süd- und Nordtrakt als idealisierende Ergänzungen angesehen werden.

**S. 360: Theatinerkirche St. Kajetan und Adelheid, München – Blick aus einem heutigen Innenhof des ehemaligen Theatinerklosters nach Norden.**

Wie bereits anhand der Planungs- und Baugeschichte der Theatinerkirche deutlich wurde, muss die bisher gültige Annahme eines gleichzeitigen Baubeginns von Kirche und Kloster als unhaltbar gelten.[3] So konnte im *Diarium Italicum* Pater Meazzas, das den Zeitraum von der Gründung der Niederlassung im Jahre 1662 bis zum Ende des Jahres 1671 abdeckt, kein Hinweis auf einen Klosterbau gefunden werden. In den entsprechenden Baurechnungsbüchern wird zwar ab 1664 von „Fernere Ausgab was in der Herren Patres Theatiner Wohnung und Closter an Pau Un-Costen ausgelegt worden“ gesprochen, doch sind diese Angaben mit der zeitgenössischen Anmerkung „auf dem Hofgraben in Graf Curzischen Haus“[4] versehen. Es handelte sich dabei also um Ausgaben für die zweite Münchner Niederlassung der Theatiner im Palazzo des Grafen Kurz. Gleiches gilt für die Baurechnungsbücher bis 1668.[5] Erst Pater Spinelli berichtet in seinem *Libro Originale*, das im Dezember 1672 einsetzt, ausführlich über den Klosterbau.[6]

**Abb. 241. Theatinerkloster, München – Blick vom Innenhof in Richtung des Nordtraktes, 1909.**

Ein erster Grund für die Verzögerung des Klosterbaus war die Entscheidung der Kurfürstin Henriette Adelaide vom 21. April 1662, zunächst mit der Errichtung der Kirche und nicht wie zuvor geplant mit der des Klosters zu beginnen (Kap. 5.1). Als zweiter Grund lässt sich die Notwendigkeit weiterer Grundstücksankäufe für das geplante Klosterareal feststellen, nachdem 1663 festgelegt worden war, dass auf den bis dahin angekauften Grundstücken nun allein die „prächtige Kirche“ Platz finden sollte und nicht auch das Kloster (Kap. 6.2). Daher rührt es, dass der Klosterbau erst in der ersten Schenkungsurkunde vom 9. April 1669 erwähnt wird:

> „... daß zu erfuhlung Unserer gefasten resolution obbesagte Patres neben gedachter kürchen auch ain ehrliche behausung, auf form und weiß, wie es zu heiligem institutum zuelast, haben sollen, in welchem Sie mit ruehigem gemieth Ihren geistlichen exercitis zu mehrer Ehr und dienst Gottes beharlich abwarten khünen, so alles auf unsere Cosstcn erpauth und vollendet werden soll.“[7]

Wo man diese „ehrliche behausung“ errichten sollte, war aber offenbar zu jener Zeit noch nicht entschieden. Denn die Kurfürstin stellte zugleich die Überlegung an, ob man das Kloster nicht nördlich der Kirche, also über den Stadtgraben hinaus, anlegen könnte. Diese Idee wurde jedoch aufgrund des sumpfigen Geländes und der damit verbundenen hohen Erschließungskos-

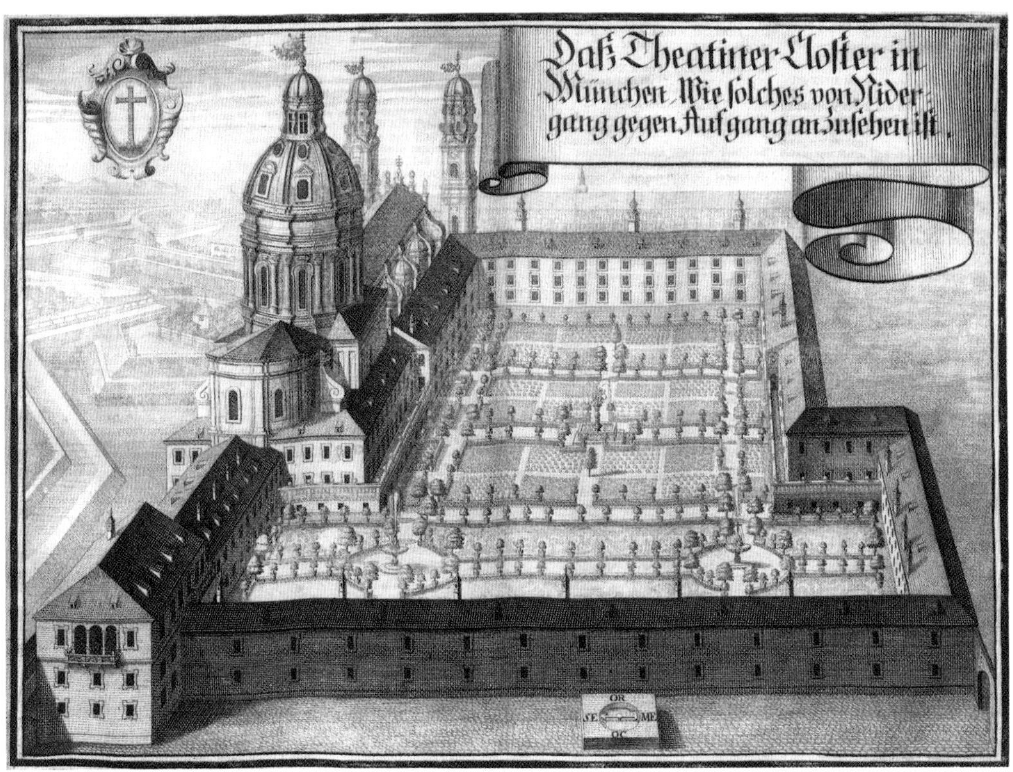


**Abb. 242. Michael Wening, Das Theatiner Closter in München, 1701.**

ten wieder aufgegeben. Zu Beginn des Jahres 1675 zogen die Theatiner vom Palazzo Kurz in den ehemaligen Alterssitz der Kurfürstinmutter Maria Anna, die Preyhamischen Häuser. Diese stellten jedoch nicht, wie häufig vermutet, einen ersten Bauabschnitt der neuen Klosteranlage dar.[8] Erst nach der Weihe der Kirche wurde in der zweiten Schenkungsurkunde vom 22. Oktober 1675 die endgültige Situation des Klosters auf dem südöstlich des Gotteshauses gelegenen Areal des ehemaligen Falkenhofes festgelegt. Zu eben dieser Schenkungsurkunde gehört auch der bereits erwähnte, prächtige Grundstücksplan von der Hand des seit 1674 amtierenden Architekten Enrico Zuccalli mit der detaillierten Benennung der einzelnen Gebäude (Abb. 115).[9]

Folgerichtig setzte sich die Kurfürstin in ihrem unvollendeten Testament vom Ende des Jahres 1675 intensiv auch mit der geplanten Klosteranlage auseinander:

> „Für das Haus oder den Konvent möchte ich, dass das Wohngebäude zweckmäßig, vernünftig und angenehm für die Geistlichen vollendet wird, entsprechend den zugrundeliegenden Regeln der Theatiner. Ich möchte, dass es genug Zimmer gibt, um mindestens sechzig Patres separat beherbergen zu können, darüber hinaus noch einige Fremde [Gäste]. Damit sind [so viele Patres] einkalkuliert, wie für eine standesgemäße Gottesdienstordnung in dieser Kirche notwendig sind. Wir verstehen nicht, warum am langen Gang [im Westtrakt] vierzehn oder fünfzehn Zimmer liegen sollen, an dem bei der Kirche aber nur fünf oder sechs viel größere für Respektspersonen ... , [zumindest] nach dem Entwurf, der mir von Pater Spinelli gezeigt wurde."[10]

Die Kurfürstin wünschte sich also ein „zweckmäßiges, vernünftiges und angenehmes“, aber doch recht großes Klostergebäude („für mindestens sechzig Patres“), das aber tatsächlich deutlich kleiner ausfallen sollte. Wiederum war Pater Spinelli entscheidend an der Planung beteiligt. Bereits am 29. Januar 1676 tauschten die Theatiner die Preyhamischen Häuser „zu vorhabend Erpauung deren Closter“[11] gegen den Palazzo des Grafen Berchem ein. Der Kurfürst kaufte daraufhin noch die zwischen der Kirche und dem Palazzo Berchem liegenden Häuser des Hufschmieds Renk sowie des Bauamtsschreibers Schwindl an. Damit erreichte das Klosterareal seine endgültige Größe.

Der Bau des Westtraktes auf dem Gelände des ehemaligen Falkenhofes wurde bereits am 2. August 1675, also noch vor Ausstellung der zweiten Schenkungsurkunde, begonnen und im Winter desselben Jahres im Rohbau fertiggestellt.[12] So konnten am 29. November 1676[13] die ersten Theatinerpatres ins Erdgeschoss und am 19. August 1677[14] die ersten Novizen ins erste Obergeschoss einziehen. Erst für den 24. August 1679 ist im *Diario Cominciato* des Paters Bonomo vermerkt, dass „der brüder zellen, sambt dem Gang, Thüren, Fußpöden und aller Zuegehör“[15] nun gänzlich vollendet wurden.[16] Auch der Südtrakt mit dem Refektorium und der Küche, der am 19. März 1676[17] begonnen worden war, fand seinen Abschluss schon Ende 1676[18]. Die Fundamente des Nordtraktes im Anschluss an den Chor der Kirche waren ab dem 11. Januar 1676[19] gelegt, mit seiner Hochführung wurde am 9. April[20] angefangen. Wahrscheinlich wurde der kleinere Zwischenbau (Propstei) ebenfalls noch 1676 vollendet. Mit dem Bau des Osttraktes wurde am 25. Januar 1676 begonnen, vier Tage vor dem offiziellen Tausch der Preyhamischen Häuser.[21] Der den Bedürfnissen der Patres angepasste Palazzo Berchem war dann im Jahre 1679 bezugsfertig.[22]

Die zwischen dem Palazzo Berchem und der Theatinerkirche gelegenen zwei Häuser von Renk und Schwindl wurden erst 1681 niedergelegt.[23] Der daraufhin ab 9. April 1681[24] errichtete Neubau wurde um sechs Fuß, also fast zwei Meter, von der Hinteren Schwabinger Gasse zurückversetzt, um eine einheitliche Fassade mit dem Palazzo Berchem zu erhalten.[25] Im Jahre 1683 wurden dann die Zimmer dieses Traktes eingewölbt[26] und 1684 „ein stiegen bis under das tach 3. gaden [Etagen] hoch“[27] eingefügt. Der Ostflügel muss also 1684 vollendet gewesen sein. Mit dem Bau des den Nordtrakt gegen das Komödienhaus abschließenden Gebäudes (beinhaltend Kapitelsaal und Bibliothek) wurde im Juli 1676 begonnen.[28] Die Decke der Bibliothek konnte noch am 31. Oktober[29] desselben Jahres eingezogen werden. Im Mai 1677 waren die Bibliothek mit dazugehörigem Treppenhaus sowie Teile des Kapitelsaals im Rohbau fertig.[30] Der Kapitelsaal wurde dann 1680[31] und die Bibliothek am 19. März 1681[32] vollendet. Im Mai 1685 lieferte Lukas Amort Schilder zu den verschiedenen Fachgebieten der Bibliothek[33], und im April jenes Jahres stattete Andreas Faistenberger selbige noch mit verschiedenem, geschnitztem Zierrat aus[34]. Erst am 14. September 1678 wurden die alten Gebäude unmittelbar südlich der Theatinerkirche niedergelegt[35], um an ihrer Stelle ab März 1679 die sich an das Gotteshaus anlehnenden Bauten als Verbindung zwischen Osttrakt und Nordtrakt zu errichten.[36] Im September 1679 wurden noch ein kleiner Verbindungsgang[37] und ein Jahr später weitere acht Zimmer fertiggestellt[38]. Die Pforte im Südturm sowie ein Gang dahinter wurden 1684 vollendet[39], ebenso ein Zimmer über der Sakristei[40]. Nach Abschluss der Bibliotheksausstattung 1685 sind keine weiteren Hinweise auf größere Arbeiten an der Klosteranlage mehr zu finden.[41] Das Theatinerkloster wurde also innerhalb von nur zehn Jahren (1675–1685) erbaut.

# 12.2 Plananalyse des Theatinerklosters

Zur ersten Planungsphase des Theatinerklosters gehört ein bisher vernachlässigter, großformatiger Grundrissplan (PlSlg. 20236, Abb. 243)[42], der schematisch den in der ersten Schen-

Abb. 243. Agostino Barelli, Grundrissplan des Theatinerklosters (PlSlg. 20236), um 1669.

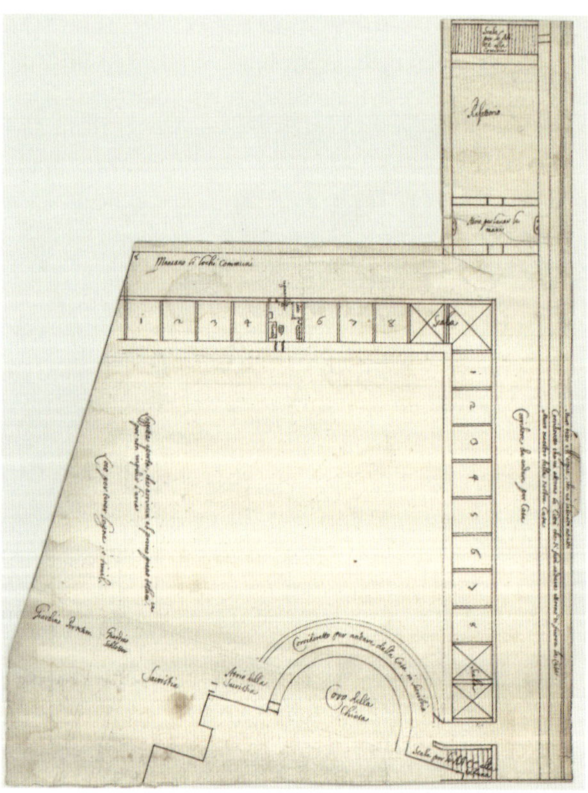

Abb. 244. Antonio Spinelli, Grundrissplan des Theatinerklosters (PlSlg. 7817), um 1670.

kungsurkunde 1669 zugestandenen[43] ersten Teil des ehemaligen Falkenhofes im Südwesten der Theatinerkirche zeigt. Auf ihm ist zunächst rechts die blau lavierte, schräg verlaufende Stadtmauer neben dem Chor der Theatinerkirche zu erkennen. Nach wenigen Metern wird sie von einer zweiten, nach Süden verlaufenden Mauer tangiert. Auf dem dadurch abgegrenzten kleinen Areal sind dann lediglich die rötlich lavierten Grundmauern von den um einen Innenhof gruppierten Gebäuden zu erkennen. Im Westen markieren zwei weitere, dünne Mauern zwei nicht näher definierbare Gebäudeeinheiten. Möglicherweise liegt hier eine erste Disposition für den späteren Westtrakt mit einem Gang und den Zimmern der Patres vor. Der Südtrakt mit einer teilweise ebenfalls schräg verlaufenden, südlichen Außenmauer wird nur in seinen Umrissen gezeigt. Da die Maßverhältnisse des Plans mit denen des Grundrissplans der Kirche von 1664 übereinstimmen (Abb. 79), deutet dies auf Agostino Barelli als Urheber hin. Auch entsprechen ihm Zeichenstil und Lavierungsart. Die für diesen Architekten etwas untypischen, eindeutig italienischen Maßangaben könnten hingegen von der Hand eines im Auftrag Barellis arbeitenden Geometers stammen.[44] Wahrscheinlich wollte Barelli mit diesem Plan eine erste, grobe Disposition gemäß den örtlichen Gegebenheiten nach der ersten Schenkungsurkunde um 1669 festhalten.

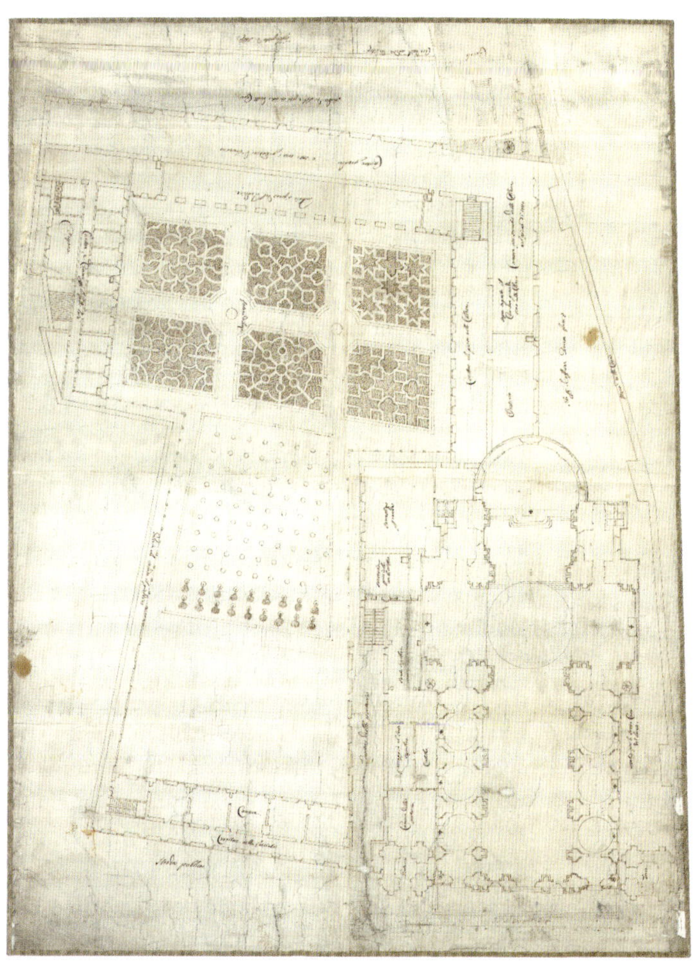

Abb. 245. Gaetano Bonomo, Grundrissplan des Theatinerklosters (PlSlg. 20235), 1675.

Für das gleiche, 1669 bestimmte Areal zeigt ein weiterer Grundrissplan (PlSlg. 7817, Abb. 244)[45] nun zum ersten Mal eine konkrete Klosteranlage. Anhand der Beschriftung und des typisch groblinigen Zeichenstils kann dieser Plan Pater Antonio Spinelli zugeordnet werden.[46] Der nur aus zwei Flügeln bestehende Komplex besitzt einen direkt an den Chor der Kirche anschließenden Nordtrakt, der entlang der Stadtmauer verläuft. An ihn schließt sich im rechten Winkel der Westtrakt an. Beide Trakte besitzen eine gleichmäßige Reihung von Zimmern zum Innenhof hin sowie einen an der Außenseite verlaufenden Gang. Im Süden der Anlage verbindet eine „Logetta aperta" den Westtrakt mit der Sakristei. Da dieser sehr schematische und in seiner schrägen Anlage mehr pragmatische als schöne Klosterentwurf noch weit von den Vorstellungen der Kurfürstin und Pater Spinellis im Jahre 1675 (Kap. 7.3) entfernt ist, muss er als eine erste Ideenfixierung Spinellis gesehen werden, die möglicherweise ebenfalls kurz nach Ausstellung der ersten Schenkungsurkunde, also um 1670 stattgefunden hat.[47]

Als entscheidender Entwurf für den ausgeführten Klosterbau muss hingegen ein dritter Grundrissplan (PlSlg. 20235, Abb. 245)[48] angesehen werden, der die Gesamtanlage in allen Details vor Augen führt. Die Klosteranlage erstreckt sich nun über das in der zweiten Schenkungsurkunde vom Oktober 1675 festgelegte und im Laufe des Jahres 1676 erworbene Areal (Kap. 7.3). Da mit dem Bau des Westtraktes schon im August 1675 begonnen wurde, der Klostergrundriss dort aber lediglich im Erdgeschoss eine „Galeria à piano del Giardino" sowie einen dahinter gelegenen „Corridore grande" zeigt, muss dieser Plan davor angesetzt werden. Der Zeichenstil wirkt im Bereich des Klosters recht schematisch und bei den Bäumen des Innenhofes geradezu naiv, so dass der Plan eher einem begabten Laien als einem Architekten zugeordnet werden kann. Die Beschriftung verweist auf Pater Gaetano Bonomo, den Verfasser des *Diario Cominciato*.[49] Wahrscheinlich fertigte er den Grundrissplan nach den Vorgaben Pater Spinellis und der Kurfürstin in der ersten Hälfte des Jahres 1675 an.

dieser erst sieben Jahre nach Abschluss der Bauarbeiten ins Amt des Klosterbaumeisters berufen wurde.

Anhand des Wunsches der Kurfürstin nach einem „zweckmäßigen Wohngebaude" sowie Pater Spinellis ungelenker Skizze von 1670 und der Vierflügelanlage, die Pater Bonomo im Grundrissplan von 1675 vor Augen führt, konnte gezeigt werden, dass es sich beim Theatinerkloster im Gegensatz zur Theatinerkirche um einen reinen Zweckbau handelte. So lässt sich zum Beispiel für die Außengestaltung des Westtraktes kaum eine einfachere Gliederung denken als die auf Bonomos Aufrissplan von 1675. Der Wunsch nach einem „zweckmäßigen, vernünftigen und angenehmen" Klosterbau lässt sich in der Blütezeit der regulierten Klerikerorden besonders gut bei den Jesuiten nachvollziehen. Dort hieß es auf der ersten Generalversammlung des Jahres 1558 über die Architektur der Ordenshäuser:

> „Die Art von Häusern und Kollegien, die uns entspricht, sei zum Wohnen und zur Verrichtung unserer Aufgaben zweckmäßig, gesund und kraftvoll; dennoch werde in diesen eine Erinnerung an unsere Armut sichtbar. Deshalb seien sie weder verschwenderisch noch außergewöhnlich."[66]

Mit diesen sehr offen formulierten Vorgaben waren die Grundeigenschaften der Klosterbauten für diesen zu jener Zeit stark im Wachstum begriffenen Orden festgehalten. Die Details der Ausgestaltung blieben den praktischen Bedürfnissen vor Ort vorbehalten.

Die grundsätzliche Anlage der Klöster der neuen Orden leitete sich dabei nicht von jener der außerhalb der Städte angesiedelten, kontemplativen Orden wie der Benediktiner oder Zisterzienser mit ihren Kreuzgängen und den angeschlossenen Wirtschaftsgebäuden oder von jener der an den Rändern der Städte gelegenen Bettelorden ab, sondern erhielt ihren Charakter vor allem durch die gezielt innerstädtische Lage. Das zeigt schon die äußerst prominente Lage von Il Gesù oder dem Collegio Romano an der unter Papst Sixtus V. ausgebauten Via Papalis, die den Lateran mit dem Kapitol und später mit St. Peter verbinden sollte.[67] Gleiches gilt auch für die Mutterkirche des Theatinerordens Sant'Andrea della Valle in Rom oder das Theatinerkloster von San Paolo Maggiore in Neapel, die „inmitten dieser Stadt, sozusagen am Nabel derselben"[68] liegen. So verwundert es nicht, dass die Anlage dieser Klöster vor allem vom Palastbau der Renaissance abgeleitet werden kann, in dem Praktikabilität und Repräsentation miteinander verbunden waren. Die Paläste jener Zeit gruppieren sich häufig als mehrstöckige, geschlossene Vierflügelanlagen um einen rechteckigen Innenhof, wie zum Beispiel in Rom der Palazzo Farnese von Antonio da Sangallo d. J. und

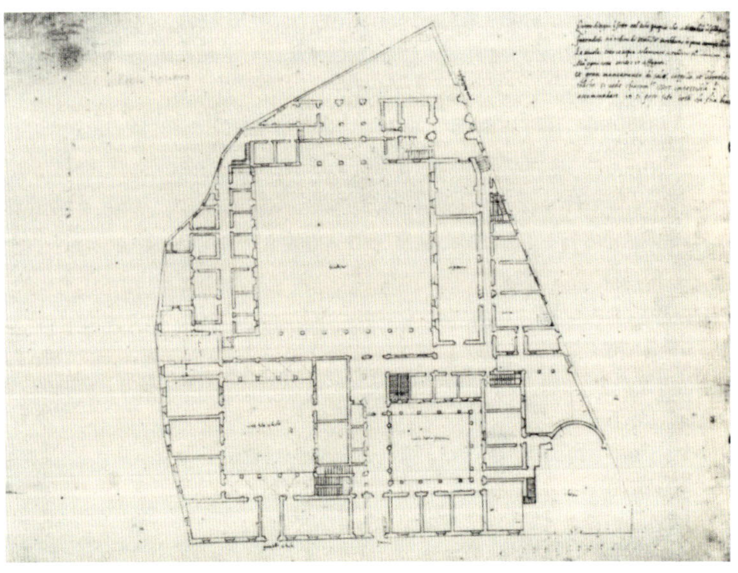

**Abb. 250. Giovanni Tristano, Entwurfsplan für das Collegio Romano, um 1560.**

Abb. 251. Michael Wening, Collegium und Kirchen der Societas Iesu in München, 1701.

Michelangelo 1534–1545 oder in Landshut die bereits erwähnte Stadtresidenz von Giulio Romano 1536–1543 (Kap. 3.1, Abb. 11).

Der Kirchenbau ist dabei an einer Ecke der Klosteranlage angesetzt, wie dies zum Beispiel in der frühen Planungsphase des Collegio Romano unter dem Ordensarchitekten Giovanni Tristano ab 1560 der Fall war (Abb. 250).[69] Dadurch sollten der Kloster- wie der Kirchenbau als eigenständige, in sich funktional geschlossene und doch zusammengehörige Komplexe gekennzeichnet werden. Darüber hinaus wurde die städtebauliche Bedeutung der Ordenskirche – gerade auch im Falle der Theatinerkirche mit ihrer Lage gegenüber der Residenz und der Sichtbarkeit ihrer Nordseite und Silhouette über die Stadtmauer hinaus – besonders betont (Abb. 131). Ein nahes Beispiel, das eine ähnliche Grunddisposition der Gebäude aufweist, ist die 1583–1597 errichtete Jesuitenkirche St. Michael mit dem um drei Innenhöfe gruppierten Kolleg, wie der Stich Michael Wenings aus seiner *Historico-Topographica Descriptio* von 1701 eindrücklicht zeigt (Abb. 251).[70] Sicherlich darf auch hier die Konkurrenzsituation zwischen Theatinern und Jesuiten im kurfüstlichen München nicht unterschätzt werden, wenn auch das Kloster der Theatiner, entsprechend der finanziellen Situation unter Max Emanuel, deutlich bescheidener ausfallen musste.

1 ATM, Chronik der Kollegiatstiftskirche St. Kajetan, S. 354: „Am 17. Dezember 1944 abends 10 Uhr war ein sehr schwerer Luftangriff. Die im Norden der Kirche gelegenen Häuser des Propagandaamtes und des Grafen Moy brannten völlig nieder, ebenso der im Westen anstoßende Flügel des Kultusministeriums. Eine Mine war am nördlichen Turm abgeprallt und ins anschließende Gebäude des Propagandaamtes gefallen."

2 Vgl. Koegel 1899, S. 24 f.

3 So Adrover 1954, S. 43; Hufnagel 1992, S. 46; Habel 2009, S. 1121.

4 BayHStA, KL, Fasz. 474, Nr. 2/3, fol. 61v.

5 BayHStA, KL, Fasz. 474, Nr. 2/4, fol. 68r: „auf dem Hofgraben im Graf Curzischen Haus."

6 Vgl. z. B. BayHStA, KL, Fasz. 471, Lit. E. fol. 20v.

7 BayHStA, GHA, Korr. Akt 666 ½, fol. 170v.

8 So Adrover 1954, S. 43; Hufnagel 1992, S. 46.

9 BayHStA, KL, Fasz. 471, Lit. E, fol. 202r: „e commessogli in oltre di farne formare anco per tutta la Fondatione in modo solenne li Disegni, et il Diploma Elettorale."

10 BayHStA, GHA, Korr. Akt. 668 I, fol. 25v: **Quellenanhang Nr. 5.**

11 Originalurkunde: BayHStA, GU, München Theatiner, 29. Januar 1676: „dem hoch- und wollehrwürdigen Herrn Don Pater Antonio Spinelli der Zeit Praeposito und dem loblichen Convent der Clericorum Regularium alhir die Theatiner genant, unser bishero aigenthomblich ingehebte zway behausung und gärtl ... gegen der uns angetauschten Erkhbehausung [Eckbehausung] und gärtl ..., auch dessen iezig und konfftigen Herrn Praepositis angezogene zway behausung ..., zu vorhabend Erpauung deren Closter ... hinlassen ... ." Vgl. auch Häuserbuch II 1960, S. 341: Haus 1 und 2.

12 BayHStA, KL, Fasz. 471, Lit. E, fol. 16r: „s'incominciò a fabricare il convento nel Falkenhoffen, tirando il muro del corridore, cioè il più estriore. E detto giorno del suo ritorno [Padre Spinelli] s'incominciarono ad alzare i muri delle stanze verso li Signori Simeoni."

13 BayHStA, KL, Fasz. 471, Lit. E, fol. 31v: „29. [Novembre 1676] ... si cominciò anco ad habitare nel nuovo gran Corridore." Ebenso Paulus 1912, S. 50.

14 BayHStA, KL, Fasz. 471, Lit. C, fol. 3v: „In questo giorno [19. Agosto 1677] il Padre Preposito fece ripassare li giovani Chierici dalle Case vecchie alla nuova habitatione del Corridore grande diviso."

15 BayHStA, KL, Fasz. 474, Nr. 2/7, fol. 53r.

16 Ebenso: BayHStA, KL, Fasz. 471, Lit. C, fol. 75v: „Li 24. [Agosto 1679] giorno di San Bartolomeo, essendo la fabbrica della Casa arrivata à buon termine e chiusa."

17 BayHStA, KL, Fasz. 471, Lit. E, fol. 25r: „19. [Marzo 1676] ... si fabbricò tutto il braccio dov'è il nostro Refettorio e Cuccina, da fondamenti, non senza granvi disturbi, che per degni riguardi hora si tacciono."

18 BayHStA, KL, Fasz. 471, Lit. E, fol. 31v: „29. [Novembre 1676] Si mangiò per la prima volta nel nuovo Refettorio ... ."

19 BayHStA, KL, Fasz. 471, Lit. E, fol. 22v: „si incominciarono li fondamenti del corridore e camere che dalla chiesa vanno verso ponente ad'atticcarsi con il lungo corridore, dal quale in questo inverno si stabiliscono le camere, e si fà la volta di legno per stabilirla a presto tempo."

20 BayHStA, KL, Fasz. 471, Lit. E, fol. 27r: „9. [Aprile 1676] si cominciò la fabrica del Corridore di Casa che và dalla Libraria al Choro."

21 BayHStA, KL, Fasz. 471, Lit. E, fol. 201v: „feci incominciare que'fondamenti: mà fù alli 25. di Genaro 1676, che principiossi ad'edificarli."

22 BayHStA, KL, Fasz, 474, Nr. 2/8, fol. 56r: „Aines Thail an der fordern Zimmer gegen Gassen aufgefirth."

23 BayHStA, HR II, Fasz. 3/1, Nr. 25, fol. 48r: „Drey Häusern, so gegen Ihro Gnaden Herrn von Perchems behausung in der Schwabinger gassn gelegen." Ein Überschlag zu den Baukosten dieses Jahres zur „auferpauung des vordern stockhs gegen die Schwäbingergassen" vom 4. März 1681: BayHStA, KL, Fasz. 487, Nr. 24.

24 BayHStA, KL, Fasz. 471, Lit. E, fol. 63r: „9. [Aprile 1681] Si cominciarnono li fondamenti del braccio di Convento sopra la strada."

25 BayHStA, KL, Fasz. 471, Lit. E, fol. 49v: „[Maggio 1679] In questi giorni stessi, fabricandosi il braccio vicino alla Torre della portaria si ritirassimo indietro col mura sei piedi più di quello che erano li muri vecchi, lasciando piu larga la strada pubblica, riscervandosi però la proprietà di esso sito. Mà ciò segui solo vicino alla Torre, perche la linea andava subito mancando, fino che finiva in punto senza alcuna larghezza vicino al Signore Consigliero Perkam."

26 BayHStA, HR II, Fasz. 3/1, Nr. 27, fol. 49r: „Hat man zwey Zimmer in herfordern stock ... gewölbt und ... völlig ausgemacht."

27 BayHStA, HR II, Fasz. 3/1, Nr. 28, fol. 45r.

28 BayHStA, KL, Fasz. 471, Lit. E, fol. 29r: „[Luglio 1676] Da questo tempo si cominciò da fondamenti la fabrica della nostra Libraria, e Capitolo, etc."

29 BayHStA, KL, Fasz. 471, Lit. E, fol. 31r: „31. [Ottobre 1676] Si pose in coperto la fabrica della Libraria.“ Vgl. auch: BayHStA, KL, Fasz. 474, Nr. 2/6, fol. 38r.

30 BayHStA, KL, Fasz. 471, Lit. E, fol. 25v: „[Maggio 1677] Da questi tempi si stabili la Libraria, e le scale di essa, e si fecero li lochi communi da qulla parte.“ Vgl. auch BayHStA, KL, Fasz. 474, Nr. 2/6, fol. 38r.

31 BayHStA, HR II, Fasz. 3/1, Nr. 24, fol. 52r: „Das grosse Zimmer, wie man in die Capitelstuben geht, ... sambt allem ausgemacht.“

32 BayHStA, KL, Fasz. 471, Lit. E, fol. 63r: „19. [Marzo 1681] In questo tempo si finirono li Armari della Libraria.“ Ebenso BayHStA, HR II, Fasz. 3/1, Nr. 25, fol. 48.

33 BayHStA, KL, Fasz. 475, Nr. 4/1685, Beleg Nr. 123: „In die Bibliothek dero hochwürdigen Herrn Patres Theatinern ... ailff grosse und gleiche schilt ... Lucas Amorth.“

34 BayHStA, KL, Fasz. 475, Nr. 4/1685, Beleg Nr. 126: „7. April 1685 ... Dan ist auf jeden Casten bemelter Bibliothek, deren 10 sind, auf jeden ein forniments oder auszug von romanischen laubwerkh ... Andreas Faistenperger.“

35 BayHStA, KL, Fasz. 471, Lit. E, fol. 44r: „14. [Settembre 1678] Da questo tempo in circa furono demolite le case verso il giardino e sacristia, che erano stabe del Schwindl, e dal fabro, e si cominciò a fondare il corridore, con le scale, che dalla sagrestià vanno alla Torre e Porteria.“

36 BayHStA, KL, Fasz. 471, Lit. E, fol. 47r: „[Marzo 1678] Da questo tempo si ripigliarono li fondamenti della Fabrica del Convento verso la Torre e portaria.“

37 BayHStA, KL, Fasz. 471, Lit. E, fol. 54r: „[Settembre 1679] Questa settimana si condusse a fine il picciolo corridoretto, che và dalla portaria, attorno la sagrestia, terminato pressa il grande.“

38 BayHStA, KL, Fasz. 471, Lit. E, fol. 61r: „[Settembre 1680] Da questo tempo si finirono di stabilire le 8 stanze delli due corridori dalla portaria o torre, verso la sagristia e scale ... .“

39 BayHStA, HR II, Fasz. 3/1, Nr. 28, fol. 45v: „Der gang bei der Porten auch völlig ausgemacht.“

40 BayHStA, HR II, Fasz. 3/1, Nr. 27, fol. 45v: „Ein Zimmern ober der Sacristei ausgemacht.“

41 Vgl. BayHStA, HR II, Fasz. 3/2, Nr. 30, fol. 48r et v.

42 Dischinger I 1988, Nr. 341.

43 Dischinger gab hier irrtümlich „1662/63“ für den Erwerb des Areals an: Dischinger I 1988, S. 142.

44 Die Zuordnung Gabriele Dischingers an Enrico Zuccalli scheitert vor allem an ihrem Hauptargument, der Beschriftung. So beginnt Zuccalli seine „3“ stets mit einem Strich nach oben und schreibt seine „8“ horizontal (vgl. PlSlg. 7805). Beides ist hier nicht der Fall. Vgl. Dischinger I 1988, S. 144.

45 Dischinger I 1988, Nr. 334.

46 Dischinger I 1988, S. 141 f.

47 Dischinger ordnete ihn nur „vor 1675“ ein: Dischinger I 1988, S. 142.

48 Dischinger I 1988, Nr. 335.

49 BayHStA, KL, Fasz. 471, Lit. C.

50 BayHStA, GHA, Korr. Akt. 668 I, fol. 25v.

51 Dischinger I 1988, Nr. 337.

52 Dischinger I 1988, Nr. 336.

53 Dischinger I 1988, Nr. 338. Dischinger identifizierte ihn irrtümlich als „Grundriss des Refektoriums“. Die geknickte Nordseite folgt aber dem Verlauf der damaligen Stadtmauer, wie man anhand des Klostergrundrissplans (PlSlg. 20235) ersehen kann. Der Plan lässt sich somit nur dem Kapitelsaal- und Bibliotheksbau im Nordwesten zuordnen.

54 Dischinger I 1988, Nr. 347.

55 Vgl. Dischinger I 1988, S. 146.

56 Vgl. BayHStA, KL, Fasz. 471, Lit. E.

57 So auch Paulus 1912, S. 53.

58 BayHStA, KL, Fasz. 471, Lit. B, S. 178: „aedificium in modernam formam reductum ... .“

59 BayHStA, KL, Fasz. 471, Lit. B, S. 178: „Ideae autem Serenissima et plura cogitantis Electricis non corresponderit, cum ipsa conventum Magnificum meditabatur erigendum dejectis maenibus correspondentem Structurae Palatii Electoralis ... .“

60 BayHStA, KL, Fasz. 471, Lit. B, S. 171B: „Ideam Serenissimae aedificandi Domum nostram ad Septentrionalem Ecclesiae partem; interim verò ipse Pater Spinellus in aere construebat Domum ad eam formam, quam suaserat Monialibus; in aere inquam, cum situs nondum fuerat acquisitus, nec amplius posset sperari obsistente promissione scripta, qua ultra rogare non licuit ampliationem acquisiti.“

61 BayHStA, KL, Fasz. 471, Lit. B, S. 178: „Nec hic discutimus, sive an non longe desiderabilior Patris fuisse poterat Idea tam perspicacis Principis ad actum reducta, reducenda verte magnae menti, si permissa fuisset, sive an minus constiterit Serenissimis caemptio caeterarum Domorum, et aedificium in modernam formam reductum,

quam excutio Ideae â Serenissima conceptae; à qua deterrita fuit repraesentatione voraginis immensae, quae thesauros absummeret, etsi forsan chimerica, et pannica."

62 BayHStA, KL, Fasz. 471, Lit. E, fol. 58v: „25. [Aprile 1680] E quest'ultima riforma cosistè nella degradatione uguale delle colonne di sotto, e de pilastri di sopra, item nella degradatione della galerietta, contra il volere dell'Architetto Ziuccali ... ."

63 BayHStA, KL, Fasz. 471, Lit. E, fol. 190r: „26. [Gennaro 1692] Si hebbe l'avviso della morte del Signore Lorenzo Perti Capo-Mastro di questa Fondatione, ... . Persona nel suo Mestiere incomparabile; che final hora servi infaticabilmente fino dall prima pietra questo grande edificio."

64 So z. B. Hübner 1803, S. 255: „Das Wohngebäude ist von Lorenzo Perti, einem Comascer erbaut worden."

65 So z. B. Lipowsky 1815, S. 423; Gurlitt 1889, S. 160.

66 „Modus imponatur aedificiis Dormitorium et Collegiorum, quod in nobis est, ut sint ad habitandum et officia nostra exercendum utilia, sana et fortia; in quibus tamen pauperitatis nostrae momres esse videamur. Unde nec sumptuosa sint, nec curiosa", zit. nach Vallery-Radot 1960, S. 6, Anm. 1.

67 Vgl. Schwager 1977, S. 254.

68 „nel mezzo di questa Città, quasi in umbilico Urbis", zit. nach Frascarelli 2001, S. 7.

69 Vgl. Bösel I 1985, S. 180 ff.; Kiene 1995, S. 244; Pirri 1955, S. 11 ff.; Vetere 2003, S. 33 ff.

70 Vgl. Terhalle 1997, S. 102 ff.

# 13
# Einordnung der Theatinerkirche

# 13.1 Nachfolge

Wie im Zusammenhang mit dem Bauschema sowie den Vorgängerbauten der Theatinerkirche dargelegt werden konnte (Kap. 3.2) und wie die Planungs- und Baugeschichte im Spiegel von Sant'Andrea della Valle in Rom und Santa Lucia in Bologna eindrücklich belegt (Kap. 6.3.1), ist die Theatinerkirche als überkuppelte Saalkirche mit Abseiten auf kreuzförmigem Grundriss zu definieren. Sie steht damit im Kontext der Katholischen Reform und der Reformorden. In Abgrenzung zu den sich aus der nordalpinen Gotik ableitenden Wandpfeilerkirchen müssen also auch die Nachfolgebauten der Theatinerkirche in der Tradition der italienischen Saalkirchen „mit basilikaler Überhöhung des Mittelschiffs“[1] gesehen werden, wie Wackernagel es formulierte.

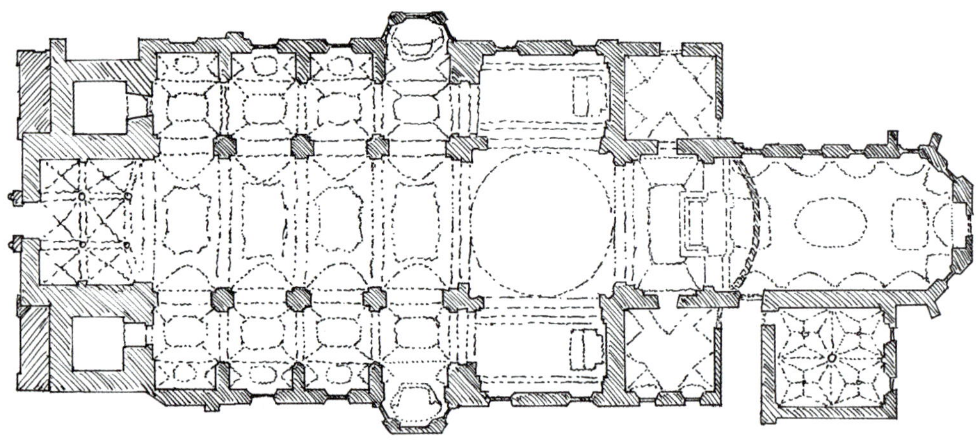

**Abb. 252. Grundriss der Benediktiner-Abteikirche St. Quirinus, Tegernsee.**

In Altbayern findet sich dieses Bauschema aber lediglich bei zwei anderen, zeitlich naheliegenden Kirchenbauten, bei denen schon früher eine Abhängigkeit von der Theatinerkirche in München erkannt wurde:

Zunächst ist die Benediktiner-Abteikirche St. Quirinus in Tegernsee zu nennen. Die spätgotische, im Jahre 1476 vollendete dreischiffige Pfeilerbasilika wurde ab 1678 wahrscheinlich von dem Graubündner Baumeister Antonio Riva grundlegend umgebaut. Riva war zuvor für Enrico Zuccalli tätig gewesen und somit sicherlich auch mit der Münchner Theatinerkirche vertraut.[2] Sixtus Lampl hat aufgrund eines aufgefundenen Vertrages mit Riva über den Umbau des Klosters sogar Zuccalli selbst als den eigentlichen Urheber von St. Quirinus vermutet.[3] Im Zuge des Umbaus wurde die Kirche um ein Querhaus mit ausgeschiedener Vierung sowie eine Flachkuppel ergänzt (Abb. 252).[4] Damit entspricht St. Quirinus dem Schema einer überkuppelten Saalkirche mit Abseiten auf kreuzförmigem Grundriss.[5] Die Verwandtschaft mit der Theatinerkirche in München zeigt sich gerade auch in der Strukturierung des Schiffs durch kannelierte und verstabte Gliederungselemente sowie in dem kräftigen, verkröpften Gebälk, der niedrigen Attika und dem Lichtgaden, in den dort jedoch die Stichkappentonne herabgezogen wurde. Wie bei der Theatinerkirche ist ein heller, klar strukturierter und die tragende Funktion der Architekturglieder betonender Innenraum entstanden (Abb. 253). Dieser Eindruck wird durch die kräftigen, von Johann Schmuzer geschaffenen Stuckaturen mit ihrem Akanthuswerk und ihren zahlreichen Fruchtfestons noch unterstrichen. Als einer der Hauptmeister der Wessobrunner Schule sollte Schmuzer diesen offensichtlich an den Arbeiten Carlo Brentano-Morettis in der Theatinerkirche orientierten Stil später noch in zahlreichen anderen Kirchen anwenden.[6]

Auch der erst 1716 geweihte, an die Chorschranken gerückte und von zwei Portalen flankierte Hochaltar entspricht trotz des etwas gedrungeneren Aufbaus dem Vorbild in der Theatinerkirche. Denn das kompakte Ädikularetabel mit seiner Kreuzigungsdarstellung von Johann Carl Loth, das sich heute direkt über dem Altar erhebt, war ursprünglich ebenso davon getrennt und in der Apsis des Psallierchores angebracht.[7] Leider wurde diese Disposition durch Leo von Klenze 1824/25 zerstört. Dieser ließ nämlich hinter dem Hochaltar eine Wand einziehen, um dahinter eine Verbindung zwischen Küche und Speisesaal des neuen Landsitzes der Wittelsbacher zu schaffen.[8]

Eine direkte Rezeption der Theatinerkirche (Abb. 254) muss auch in der geplanten Kirchenfassade von Tegernsee gesehen werden, die ebenso in Michael

**Abb. 253. Benediktiner-Abteikirche St. Quirinus, Tegernsee – Innenansicht.**

**Abb. 254. Michael Wening, Das Theatiner Closter in München, 1701.**

Abb. 255. Michael Wening, Closter Tegernsee, 1701.

Wenings *Historico-Topographica Descriptio* von 1701 abgebildet ist (Abb. 255). Die dreiachsige Mittelfassade sollte durch einfache Pilaster gegliedert werden sowie ein hohes Hauptgeschoss mit hervorgehobenem Portal, ein niedrigeres Obergeschoss mit seitlichen Figurennischen und einen unten gesprengten Giebel erhalten. Die schlanken, dreigeschossigen Fassadentürme sollten dabei stark hervortreten. Das gleiche Schema prägte im Übrigen auch die ebenso auf einem Wening-Stich abgebildete Fassade der Benediktiner-Abteikirche St. Peter und Paul von Wessobrunn, die ab 1680 errichtet und dann im Zuge der Säkularisation niedergelegt worden ist (Abb. 256).[9]

Es zeigt sich, dass in Tegernsee bei nahezu allen Aspekten der barocken Umgestaltung auf das Vorbild der Theatinerkirche in München Bezug genommen wurde. Dies mag auch erklären, warum Frank Purrmann wahrscheinlich zu Recht vermutete, dass der in München versteigerte Sauvé-Stich des dritten Fassadenplanes Barellis aus dieser Abtei stammt.[10]

Als zweiter Nachfolgebau der Theatinerkirche ist – mit Abstrichen – die Benediktiner-Abteikirche St. Benedikt in Benediktbeuern zu nennen, die unter dem kunstverständigen Abt Placidus Mayr 1681–1686 durch den Baumeister Caspar Feichtmayr errichtet wurde (Abb. 257).[11] Bereits 1924 stellte Anton Schmid fest, dass „die Stiftskirche ... sich in ihrem Stile der Münchner Theatinerkirche“[12] anschließt. Für eine solche Verbindung spricht auch das schon erwähnte freundschaftliche Verhältnis des Kurfürstenpaares zu den Äbten von Benediktbeuern, das zum Beispiel unter Abt Philipp Feischel die Stiftung eines wertvollen Ornats mit sich brachte (Kap. 1.2).[13]

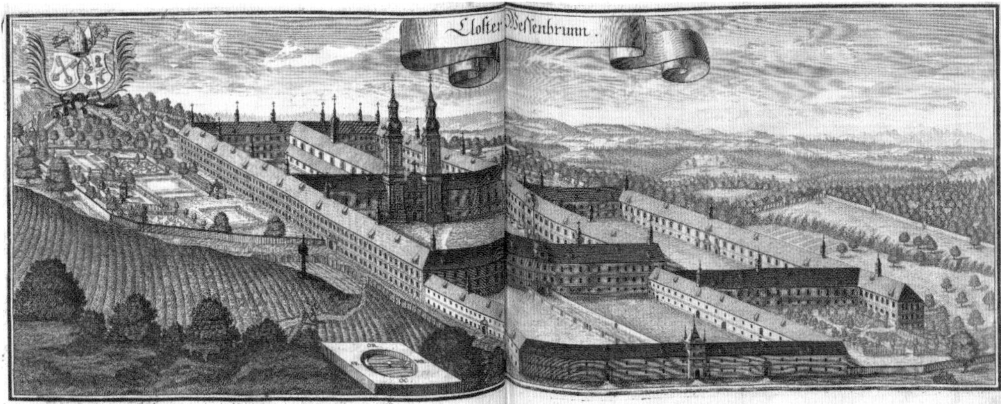


Abb. 256. Michael Wening, Closter Wessobrunn, 1701.

Auch St. Benedikt zeigt sich auf den ersten Blick als Saalkirche mit Abseiten, deren Arkadenwände von korinthischen Gliederungselementen strukturiert werden. Aber anders als in München besitzen die Seitenkapellen einen rechteckigen

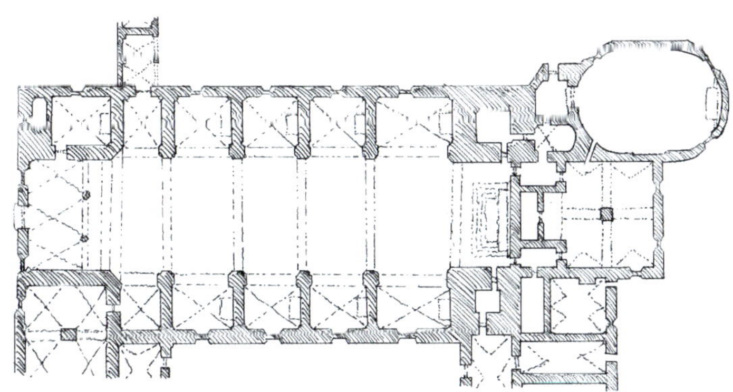

Abb. 257. **Grundriss der Benediktiner-Abteikirche St. Benedikt, Benediktbeuern.**

**Abb. 258. Benediktiner-Abteikirche St. Benedikt, Benediktbeuern – Innenansicht.**

Grundriss sowie Altäre, die an der Ostwand stehen, also in Richtung Presbyterium gestaffelt sind. Über den Kapellen sind dort zudem Emporen eingezogen, weswegen es auch keinen Lichtgaden gibt, sondern die Flachtonne direkt auf dem verkröpften, schmalen Gebälk sitzt. Darüber hinaus fehlen ein Querhaus und damit auch eine Vierung sowie eine Kuppel. Der Kirchenraum wirkt infolgedessen dunkel, gedrückt und schwer, ganz im Gegensatz zu dem von St. Kajetan oder St. Quirinus (Abb. 258). Auch die plastischen Stuckaturen mit dem reichen Rankenwerk und den eleganten Figuren können über diese Unterschiede nicht hinwegtäuschen. Sie wurden von Prospero Brenni und Niccolò Perti bis 1686 geschaffen und stehen damit in engem Bezug zu deren Arbeiten in der Theatinerkirche (Abb. 259).[14] Auch wenn Gisela Deppen in Benediktbeuern noch die „starke tektonische Durchgliederung bei ganz geschlossener Wand"[15] auf die Theatinerkirche zurückführt, muss diese als Vorbild für das Bauschema dort ausscheiden.[16]

**Abb. 259. Benediktiner-Abteikirche St. Benedikt, Benediktbeuern – Detail aus der Wölbung der nördlichen Kirchenschiffwand.**

Über die vorgestellten Kirchenbauten hinaus war die Theatinerkirche, wie bereits angeklungen, vor allem in Einzel-

**Abb. 260. Johannes Hörmann nach Heinrich Mayer, Fassade der Wallfahrtskirche Zu Unserer Lieben Frau in Schönenberg ob Ellwangen, 1682.**

aspekten, auch über die Grenzen Altbayerns, hinaus stilbildend:

Ihre geplante Doppelturmfassade fand vor allem durch die Vorarlberger Bauschule weite Verbreitung im süddeutschen Raum.[17] So treten zum Beispiel bei der von Michael Thumb entworfenen Wallfahrtskirche Zu Unserer Lieben Frau in Schönenberg ob Ellwangen aus dem Jahre 1682 die zwei dreigeschossige Fassadentürme über die zweigeschossige und einachsige Fassade vor (Abb. 260). Auch auf dem „Rusticaplan“ Caspar Moosbruggers aus dem Jahre 1705/06 für die Benediktiner-Abteikirche Mariä Himmelfahrt in Einsiedeln ragen neben der zweigeschossigen und durchgehend dreiachsigen Fassade mit rustizierter Gliederung zwei schmale, viergeschossige Fassadentürme empor. Ähnliches gilt für die Fassadenentwürfe des Vorarlberger Baumeisters Franz Beer für St. Ursen in Solothurn von 1708 oder für die Zisterzienser-Stiftskirche St. Urban bei Pfaffnau von 1711.

Die Stuckaturen der Theatinerkirche waren außer für die schon angeführte Wessobrunner Schule auch für das Schaffen Giovanni Battista Carlones stilbildend. Auch wenn dieses bisher mit seiner vegetabilen und figuralen Stil- und Formensprache „als Prototyp für Dekorationen nördlich der Alpen“[18] galt, muss es nun in Abhängigkeit von den Arbeiten Carlo Brentano-Morettis oder Prospero Brennis gesehen werden (Kap. 6.1.3). So findet sich in Carlones frühesten nachweisbaren Stuckaturen, denen in der von 1675 bis 1677 erbauten Passauer Jesuitenkirche St. Michael und im dortigen von 1677 bis 1683 ausgestatteten Dom St. Stephan (Abb. 261), ein Akanthuswerk, das trotz

**Abb. 261. Dom St. Stephan, Passau – Innenansicht.**

seiner gesteigerten Plastizität stark an das der Theatinerkirche in München erinnert.

Abb. 262. **Benediktiner-Abteikirche St. Johannes Evangelista, Mallersdorf – Innenansicht.**

Die Anlage des Hochaltares an einer Chorschranke wurde – wohl auch auf gemeinsame römische Wurzeln zurückgehend – vor allem in der Altarbaukunst der Gebrüder Asam zu einem gängigen Schema, wie zum Beispiel bei Egid Quirin in der Klosterkirche St. Anna im Lehel ab 1729. Sie findet sich, mit der Trennung von Altar und Retabel durch einen Psallierchor, sogar noch 1768–1770 im Hochaltar von Ignaz Günther in der Benediktiner-Abteikirche St. Johannes Evangelista in Mallersdorf (Abb. 262). Der architektonisch geprägte Aufbau der Altäre in der Theatinerkirche mit den gestuft angeordneten und gewundenen Säulen, dem gesprengten Giebel und dem plastischen Dekor fand ebenso große Nachfolge, so zum Beispiel in der Pfarrkiche Mariä Geburt in Anzing, die ab 1677 von dem aus Schliersee stammenden Jörg Zwerger errichtet wurde (Abb. 263).[19] Das dortige Hochaltarretabel besitzt wie in der Theatinerkirche gekuppelte, gewundene, mit Laub umkränzte und im unteren Drittel verstabte und nach innen gestaffelte Säulen. Ähnliches gilt für die Pfarrkirche St. Johannes der Täufer in Straußdorf (Grafing), die um 1697/98 von Thomas Mayr erbaut wurde. Die um 1701 entstandenen Altäre besitzen nun durchgehend gewundene, nach innen gestufte und gekuppelte Säulen, die von Weinlaub umrankt werden. Die Integration des Hochaltars in den Gesamtraum gelang hingegen bereits dem Münchner Maler Andreas Wolff zusammen mit dem Lehrer Egid Qui-

Abb. 263. **Mariä Geburt, Anzing – Innenansicht.**

rin Asams, dem auch an der Theatinerkirche tätigen Andreas Faistenberger, in der Münchner Bürgersaalkirche Mariä Verkündigung 1710/11.[20]

Trotz dieser Vielzahl an rezipierten Elementen der Münchner Theatinerkirche scheint es doch erstaunlich, dass ein durch seine kurfürstlichen Stifter und deren Intention so prominenter Bau in Altbayern lediglich in der Abteikirche St. Quirinus in Tegernsee eine direkte Nachfolge gefunden hat. Dieser Umstand lässt sich bemerkenswerterweise aber auch bei dem ersten Kirchenbau konstatieren, der das Bauschema einer überkuppelten Saalkirche mit Abseiten auf kreuzförmigem Grundriss nördlich der Alpen erst einführte, nämlich dem Dom St. Rupert und Virgil in Salzburg. Auch von diesem wurden zahlreiche Bestandteile wie die achteckige Vierungskuppel, der Trikonchos und die Stuckaturen, vor allem aber die Fassade rezipiert, doch fand der gesamte Bau außer in der möglicherweise ebenso von Solari[21] entworfenen und von 1626 bis 1646 erbauten Jesuitenkirche zur Heiligsten Dreifaltigkeit von Innsbruck[22] keine direkte Nachfolge.[23]

So stellt sich also die Frage, worin die Gründe für die geringe Rezeption dieser zwei epochalen Bauten liegen könnten. Ein Vergleich mit anderen, ebenso von italienischen Baumeistern errichteten Kirchen jener Zeit könnte zumindest im Fall der Theatinerkirche Anhaltspunkte liefern.

## 13.2 Vergleich

Als erste von italienischen Baumeistern nach dem Dreißigjährigen Krieg erbaute Kirche in Altbayern muss die Augustiner-Chorherrenstiftskirche Mariä Himmelfahrt und St. Radegundis in Gars am Inn gelten. Geplant wurde sie von den Graubündner Baumeistern Gaspare I und Domenico Cristoforo Zuccalli, Schwager bzw. Vetter von Enrico Zuccalli, in den Jahren 1661/62.[24] Ähnlich wie in Benediktbeuern zeigt sich die Klosterkirche in Gars als Saalkirche mit Abseiten und Emporen, aber ohne Querhaus (Abb. 264). Die breiten Arkaden werden von flachen Pilastern auf einfachen Rücklagen geschieden, die ein ebenso flaches, verkröpftes Gebälk tragen. Für Italien gänzlich untypisch, folgen die Emporen (wie in St. Michael zu München) erst darüber. In diese Zone reicht auch die Tonnenwölbung herab, deren schmale Stichkappen zum Gewölbe der Emporen überleiten. So wirkt der Raum gedrungen, was jedoch durch die hellbeleuchteten Emporen und Kapellen gemildert wird. In dieser Lichtfülle, in der räumlichen Annäherung der Wölbung der Emporen an die des Schiffes und in den an der Ostwand der Kapellen angeordneten Seitenaltären nähert sich Gars dem Schema der sich aus der Gotik ableitenden Wandpfeilerkirche (Kap. 3.2). Auf die italienische Schalenbauweise verweisen dabei nur noch die relativ geschlossenen Arkadenwände mit ihrer Gliederung und die darüber aufsteigende Tonne.

**Abb. 264. Augustiner-Chorherrenstiftskirche Mariä Himmelfahrt, Gars am Inn – Innenansicht.**

Es scheint also so, als ob sich schon die ersten nach dem Dreißigjährigen Krieg aus Italien berufenen Baumeister der nordalpinen Tradition der Wandpfeilerkirche angepasst hätten, die in St. Michael in München 1589 wieder aufgegriffen und in Mariä Himmelfahrt in Dillingen 1617 ausformuliert worden war.

Ein Beispiel für die gänzliche Adaption dieses Bauschemas durch Italiener ist die ebenfalls von Gaspare I Zuccalli ab 1675 erbaute Pfarrkirche St. Oswald in Traunstein.[25] Dort öffnet sich das Schiff, gemäß dem Wandpfeilerschema ohne Querhaus, mit bis in die Tonnenwölbung hinaufreichenden Arkaden zu den breiten Kapellen mit den lichten Emporen (Abb. 265). Die nach italienischem Vorbild massigen Quermauern, an denen die Seitenaltäre stehen, weisen zum Schiff hin flache Pilaster auf einfachen Rücklagen auf, die nun Kapellen- und Emporengeschoss zusammenfassen. Da das Gebälk nicht durchläuft, erhält der Raum einen merklich vertikalen Zug. Auch sind die Emporen etwas zurückgesetzt, so dass auch dadurch dem Raum eine lichte Weite verliehen wird, die sich in den rein italienischen, basilikal gestaffelten Saalkirchen mit Abseiten wie der Theatinerkirche nicht findet.

Abb. 265. St. Oswald, Traunstein – Innenansicht.

Eine letzte Angleichung an das Wandpfeilerschema unter italienischer Ägide zeigt sich in der Augustiner-Chorherrenstiftskirche St. Peter und Paul in Weyarn, die von 1687 bis 1693 durch den Graubündner Baumeister Lorenzo Sciasca erbaut wurde.[26] Hier nun lösen sich die Arkadenwände völlig auf und legen die schmalen Quermauern der wenig tiefen und emporenlosen Kapellen frei (Abb. 266).[27] Nicht nur an der Stirnseite, sondern auf allen drei Seiten mit Pilastern bestückt, gliedern alleine diese Quermauern den vertikal gestaffelten Raum, der nun von einem sogar die Kapellen umfassenden Gebälk optisch zusammengehalten wird. So ist ein leicht wirkender, weiter und lichtdurchfluteter Einheitsraum[28] entstanden, wie er in der Augustiner-Chorherrenstiftskirche Mariä Himmelfahrt von Dießen[29] vollendet werden sollte (Abb. 267). Ein solcher Raum aber war dem italienischen Barock unbekannt und steht auch der (schon von Spinelli kritisierten) Enge der Theatinerkirche (Kap. 6.3) oder der Dunkelheit des Salzburger Doms (Kap. 3.2) entgegen.

Abb. 266. Augustiner-Chorherrenstiftskirche St. Peter und Paul, Weyarn – Innenansicht.

Es muss also vermutet werden, dass gerade diese leichte, lichte und weite Wirkung der Kirchenräume spätestens ab den 1670er Jahren nicht nur von einheimischen Baumeis-

**Abb. 267. Augustiner-Chorherrenstiftskirche Mariä Himmelfahrt, Dießen – Innenansicht.**

tern und ihren Auftraggebern gesucht, sondern nun auch von den ausländischen Architekten eingefordert wurde. Die damit einhergehende Vereinheitlichung des Kirchenraumes entsprach in besonderem Maße dem Willen des nordalpinen Barock und später des Rokoko, auch die künstlerische Ausstattung in die Architektur zu integrieren, sie miteinander interagieren, ja, zu einem Gesamterlebnis werden zu lassen, das seinen Höhepunkt in der von Musik umrahmten Feier der Heiligen Messe finden sollte.[30] Im „Theatrum Sacrum", dem „Heiligen Schauspiel", sollte ein Vorgeschmack auf die himmlische Herrlichkeit[31] gegeben werden. Das wurde schließlich mustergültig in der von Johann Baptist und Dominikus Zimmermann zwischen 1745 und 1754 erbauten Wallfahrtskirche zum gegeißelten Heiland auf der Wies erreicht (Abb. 268).[32] Die Bevorzugung des Bauschemas der Wandpfeilerkirche in Altbayern und den angrenzenden Gebieten sowie ihre Durchmischung mit anderen Bauschemata – unter denen sich eben auch die aus Italien stammende, überkuppelte Saalkirche mit Abseiten auf kreuzförmigem Grundriss befindet – bis über die Mitte des 18. Jahrhunderts hinaus, können also als konsequente Entwicklung aus dem Willen zur Vereinheitlichung des Kirchenraumes gesehen werden.

Angesichts der schon frühen Anpassung der italienischen Baumeister an die Tradition der nordalpinen Wandpfeilerkirche und dem Streben nach weiten und lichten Einheitsräumen erscheint es also nur logisch, dass die Theatinerkirche damals nur eine eingeschränkte Nachfolge finden konnte. Warum aber bevorzugte man dann bei einem so repräsentativen Bau ein rein italienisches Bauschema, dessen Wurzeln im ausgehenden 16. Jahrhundert liegen und das der zeitgenössischen Entwicklung nördlich der Alpen offensichtlich entgegenstand? Hier fügen sich zahlreiche, sich häufig auch ergänzende Faktoren zu einer Antwort zusammen:

Wie gezeigt werden konnte, lebte in Kurfürst Ferdinand Maria noch die Begeisterung seines Vaters Maximilian I. für die italienische Hofkultur weiter, die erst unter Max Emanuel allmählich durch die französische ersetzt werden sollte (Kap. 3.4 und 7.6).[33] Damit einher geht auch das fürstliche Selbstverständnis im Sinne der Repraesentatio Maiestatis, dem entsprechend sich sowohl das bayerische Kurfürstenpaar als auch die französische Königin Anna von Österreich jeweils die „schönste und wertvollste" Kirche im Anliegen ihrer Nachkommen wünschten (Kap. 6.2 und 3.2). In beiden Fällen wurde das Gotteshaus als überkuppelte Saalkirche mit Abseiten auf kreuzförmigem Grundriss nach dem Typus von Il Gesù in Rom errichtet. Das örtlich und zeitlich naheliegendste Vorbild für München war der Dom zu Salzburg (Kap. 3.2). Die Wahl eines römischen Bauschemas steht dabei auch im Kontext des Bekenntnisses der Bauherren zu ihrer Katholizität, das sich auch in der Ausstattung zeigt, von den Gemälden über die Stuckaturen bis hin zu den Altaraufbauten. Darüber hinaus muss bei der Repraesentatio Maiestatis auch von einer politisch-dynastischen Rückbesinnung auf eine „heile" Zeit ausgegangen werden. Im Fall der Theatinerkirche war aber sicherlich auch die Andersartigkeit dieses Bauschemas gegenüber der Frauenkirche als gotischer Hallenkirche und der Jesuitenkirche St. Michael als Prototyp der Wandpfeilerkirche ausschlaggebend (Kap. 6.6 und 3.2). Ferdinand Marias ausdrücklicher Wunsch nach einer Orientierung an Sant'Andrea della Valle mag dabei als vorauseilender Gehorsam gegenüber dem von ihm und seiner Gemahlin herbeigesehnten Theatinerorden, aber ebenso als Ausdruck seiner Eigenständigkeit gegenüber der Tradition seiner Ahnherren gesehen werden (Kap. 6.2).

Nicht zuletzt wurde dieses Projekt aber auch von aktiv am Bau beteiligten Personen beeinflusst. Sowohl der entwerfende und ausführende Architekt Agostino Barelli als auch der vollendende Architekt Enrico Zuccalli konnten eine höhere Bildung vorweisen, die sich nicht nur in ihrer Kenntnis der zeitgenössischen Architektur Roms und Norditaliens zeigt, sondern sich auch von der rein praktischen Ausbildung der anderen Baumeister ihrer Zeit wie Gaspare I Zuccalli oder Lorenzo Sciasca absetzt (Kap. 6.1). Ein Wissen um die Kunst Italiens gab es sicherlich auch bei den beteiligten Bauleuten und Künstlern, die fast ausschließlich von dort stammten. Ebenso muss ein ordensspezifischer, das heißt ein sich aus ihrer italienischen Ordensgeschichte speisender Wille zur künstlerischen Selbstdarstellung auch für die Theatinerpatres angenommen werden. Vor allem gilt dies für Antonio Spinelli, der, wie gezeigt werden konnte, gerade nach dem Ableben der Kurfürstin größten Einfluss auf die Vollendung der Theatinerkirche hatte (Kap. 7.3).

**Abb. 268. Wallfahrtskirche zum gegeißelten Heiland auf der Wies, Steingaden – Innenansicht.**

Angesichts dieser Vielschichtigkeit, bei der sich fürstliches Selbstverständnis, identitätsstiftender Repräsentationswille, theatinische Tradition sowie Vorstellungen italienischer Architekten und Bauleute vermischen, spielte offenbar die Anpassung an zeitgenössische Strömungen im Inland nicht nur eine untergeordnete Rolle, sondern wurde erst gar nicht gewünscht![34] Dies erklärt den „retardierenden Effekt"[35], den Eberhard Hempel in seinem englischsprachigen Überblickswerk *Baroque art and architecture in central Europe* von 1965 als hemmend für die Entwicklung des bayerischen Barock sah. Im Gegenteil gab aber gerade die Theatinerkirche einen Anstoß für weitere und eigenständige Entwicklungen, besonders was Stuck und Altarbau in Süddeutschland anbelangt. Indem sie den einheimischen Auftraggebern und Baumeistern der damaligen Zeit ein Musterbeispiel italienischer Architektur des Hochbarock in aller Pracht vor Augen stellte, konnten diese erst zu neuen, eigenen Raum- und Ausstattungsschöpfungen gelangen.

1 Vgl. Wackernagel 1915, S. 123.
2 Bezold 1902, S. 1508; Hartig 1946, S. 85; Pfister 1993, S. 45.
3 Lampl 1975, S. 102 ff.
4 Lampl 1975, S. 67 ff.
5 So schon Hauttmann 1921, S. 152.
6 Für das allgemeine Vorbild der Theatinerkirche für die Wessobrunner Schule sprachen sich aus: Dalchow 1928, S. 21 f.; Beard 1988, S. 64.
7 Lampl 1975, S. 69 ff.; Harrer 1995, S. 65 ff.
8 Lampl 1975, S. 83 ff.
9 Vgl. Schütz 2000, S. 157.
10 Purrmann 2011, S. 198, Anm. 2.
11 Vgl. Jahn 1999, S. 207 ff.
12 Schmid 1924, S. 71.
13 Vgl. Schmid 1924, S. 72.
14 Jahn 1999, S. 103.
15 Deppen 1953, S. 64.
16 So auch Dischinger 1991, S. 192; Jahn 1999, S. 136.
17 Vgl. Oechslin 1973, S. 134 ff.
18 Dobler 2004, S. 394. Ebenso Kosel 1977, S. 13.
19 Lieb 1941, S. 63; ThB XXXVI 1947, S. 609.
20 Rösner 1988, S. 56 ff.
21 Dies vermutete in ihrer leider unveröffentlichten Dissertation Brigitte Schneider-Prettner, *Die Innsbrucker Jesuitenkirche*, Diss., Innsbruck 1985. Vgl. Rezension in *Das Münster* 40, 1987, S. 332.
22 Baugeschichte mit Zuschreibung an Karl Fontaner: Braun 1910, S. 167 ff.
23 Vgl. Lippmann 1999, S. 194; Bircher 2015, S. 70 f.
24 Hauttmann 1921, S. 152; Deppen 1957, S. 58 ff.; Ebermann 1985, S. 6; Heym 1997, S. 112.
25 Hauttmann 1921, S. 152; Schierghofer 1976, S. 4 f.; Heym 1997, S. 112.
26 Hauttmann 1921, S. 152; Deppen 1957, S. 100; Oberberger 1981, S. 6 ff.; Heym 1997, S. 122 ff.
27 Wundram 1989, S. 303 f.
28 Thierse 1989, S. 81 ff.
29 Wundram 1989, S. 303 f.
30 Vgl. Hubala 1970, S. 103 f.
31 Vgl. Hawel 1987, S. 340 ff.
32 Vgl. Schütz 2000, S. 23 ff.; Hermann und Anna Bauer, *Johann Baptist und Dominikus Zimmermann. Entstehung und Vollendung des Bayerischen Rokoko*, Regensburg 1985.
33 Vgl. auch Lipp 1944, S. 69 ff.
34 Dies auch im Licht von Eberhard Hempels Feststellung, in Bayern wäre damals ein zeitgemäßes italienisches Raumverständnis durchaus akzeptiert worden: „the Bavarians would have eagerly accepted Guarini's ideas of the interpretation of space ...", Hempel 1965, S. 76.
35 Hempel 1965, S. 76: „The church of the Theatines had a retarding effect on the development of Bavarian art ... ."

# 14 Synthese und Ausblick

# 14. Synthese und Ausblick

Das zu Beginn angesprochene Prinzip Hans Sedlmayrs, ein einzelnes Bauwerk in den Fokus der Betrachtungen zu stellen und dieses als ein historisches Gesamtkunstwerk zu verstehen, zeigt sich im Fall der Theatinerkirche und des angeschlossenen Klosters nicht als Einschränkung des Blickwinkels, sondern als schiere Notwendigkeit, um das komplexe Geflecht des Entstehungsprozesses nachzeichnen und erklären zu können.

Dieser Münchner Bau stellt, wie gezeigt werden konnte, die erste konsequente Rezeption des italienischen Barock in Altbayern dar. Sie umfasst dabei nicht nur die Architektur, sondern auch die Ausstattung. Mit der hier realisierten Idee einer Schöpfung „aus einem Guss" nahm die Theatinerkirche einen Aspekt vorweg, der für die weitere Entwicklung des nordalpinen Barock entscheidend werden sollte. Urheber dieser Idee war das Kurfürstenpaar Ferdinand Maria und Henriette Adelaide, das sich aus seiner Grundüberzeugung heraus, die Geburt ihrer Kinder der Fürsprache des damals noch seligen Kajetans zu verdanken, einen Kirchen- und Klosterbau wünschte, der sich nicht nur von allem Bisherigen im Land unterscheiden, sondern dies alles auch an Pracht und Würde überstrahlen sollte. Diesen Anspruch konnten nach dem Dreißigjährigen Krieg und mit dem nach Vätersitte gen Italien gerichteten Blick nur von dort stammende Künstler verwirklichen. Als zentrales Movens barocker Kunst verband sich hier also der fürstliche Herrschaftsanspruch des Hauses Wittelsbach mit den Absichten der (in diesem Fall vom Theatinerorden geprägten) Katholischen Reform.

Zum ersten Mal kamen in der Theatinerkirche auf altbayerischem Boden drei für den Barock entscheidende Faktoren zusammen:

Erstens: der Wille eines Fürstenhauses zur Selbstdarstellung in einem Kirchenbau, wobei hier hinzukommt, dass im Stuckdekor durch die Symbole von Fürstenkrone und Reichsapfel die besondere Würde des vom Kurfürsten ausgeübten Erztruchsessamtes unterstrichen wird (Kap. 9.2).

Zweitens: das Selbstverständnis eines Fürstenpaares als katholisch, das seinen Ausdruck in der gezielten Übernahme eines Bauschemas fand, das dem „Geschmacke des römischen Vatikans"[1] entsprach, wie es Lorenz Hübner in seiner *Beschreibung der kurbaierischen Haupt- und Residenzstadt München, und ihrer Umgebung, verbunden mit ihrer Geschichte* von 1803 umschrieb (Kap. 6.2).

War dies alles auch schon in St. Michael vorgezeichnet, so kam in der Theatinerkirche als Drittes nun noch die Sorge um den Fortbestand der Dynastie hinzu: Aus Dankbarkeit gegenüber dem seligen Fürsprecher Kajetan wurden Kirche und Kloster erbaut und ein neuer Orden in München angesiedelt sowie in der Hoffnung auf dessen erneuten Beistand fast einhundert Jahre später die Fassade vollendet (Kap. 8.2).

Der sich daraus ergebende und von Adriano Peroni betonte „singuläre Charakter"[2] der Theatinerkirche ist damit nicht als Mangel, sondern als Konsequenz aus der Verbindung dieser Faktoren zu sehen. Daher muss auch die von Thomas Ino Hermann vertretene These, dass der Bau der Theatinerkirche „ganz als politisch motiviert zu betrachten"[3] sei, als polemisch zurückgewiesen werden. Der von Hermann angeführte Brief Henriette Adelaides an Papst Alexander VII. aus dem Jahre 1655 stellt keineswegs ein Gesuch um Erlaubnis zum Bau einer Kirche zu Ehren des damals noch seligen Kajetan dar, sondern einen ersten Vorstoß der Kurfürstin zur Heiligsprechung ihres Schutzpatrons (Kap. 6.6).[4] Erst nach der Geburt Maria Anna Christinas 1661 wurde die Kurie in Rom um die Bewilligung der Weihe einer Kirche auf den Seligen ersucht und gleichzeitig Agostino Barelli mit der Planung dieser Kirche beauftragt (Kap. 2.2 und 6.2).

Jetzt kann auch die eingangs gestellte Leitfrage dieser Untersuchung nach dem gegenseitigen Verhältnis und den Absichten der am Bau der Theatinerkirche und des Klosters beteiligten Personen beantwortet werden:

Zunächst handelt es sich bei der Theatinerkirche um einen kurfürstlichen Repräsentationsbau, der aus einem Gelübde heraus und nach dem Willen des bayerischen Kurfürstenpaares Ferdinand Maria und Henriette Adelaide entstand. Henriette Adelaide war dabei diejenige, die sich seit ihrer Kindheit dem Theatinerorden und dem seligen Kajetan verbunden fühlte und diese Vorliebe auch an ihren Gemahl weitergeben konnte (Kap. 1.2). Ferdinand Maria hingegen ermöglichte erst durch seine umsichtige Regierung und Finanzpolitik das Bauvorhaben. Auch war er es, der – wohl von dem Theatiner Stefano Pepe angeregt und durch die Wertschätzung seiner Familie für die italienische Kunst beflügelt – die Mutterkirche des Theatinerordens Sant'Andrea della Valle in Rom als Vorbild für seine Kirche wünschte (Kap. 6.2). Entscheidend war dabei sicherlich auch der Wille, den kaiserlichen Anspruch der Frauenkirche als Grablege Ludwigs des Bayern zu erneuern und sich dabei von der Jesuitenkirche St. Michael abzusetzen (Kap. 6.6.1). Gerade die Abnabelung von den Jesuiten, die seit Herzog Wilhelm IV. eine dominierende Stellung am Wittelsbacher Hof einnahmen und nicht nur die Erziehung Ferdinand Marias, sondern auch die Henriette Adelaides bestimmt hatten, kann als ein Hauptgrund für die dezidierte Förderung der Theatiner gesehen werden. Ein solches Konkurrenzdenken war sogar schon im Vorbildbau Sant'Andrea della Valle gegeben, der bekanntermaßen nach dem Willen Alfonso Kardinal Gesualdos die Jesuitenkirche Il Gesù an Größe, Ausstattung und städtebaulicher Präsenz überbieten sollte.[5] Ein weitergehender Vergleich zwischen den verschiedenen Reformorden bezüglich Architektur und Kunstförderung wäre dabei sicherlich noch ein lohnendes Unterfangen.

Umgesetzt werden sollte das ehrgeizige Vorhaben des Kurfürstenpaares von Anfang an durch den Bologneser Architekten Agostino Barelli, der schon in seiner Heimatstadt den Bau der Theatinerkirche Santi Bartolomeo e Gaetano geleitet hatte und wahrscheinlich auch auf Vermittlung Stefano Pepes bereits 1661 mit der Planung der Münchner Kirche beauftragt worden war (Kap. 6.1). Mit seiner ersten, 1662 zu datierenden Planserie, die eine reliefierte Kirchenfront nach dem Entwurf Carlo Madernos für Sant'Andrea della Valle sowie von Laternen bekrönte Seitenkapellen wie in Santi Bartolomeo e Gaetano zeigt, offerierte er eine wenig spektakuläre, mit einem allgemein katholischen Figurenprogramm versehene Lösung, die den Forderungen des Kurfürstenpaares jedoch gänzlich entsprochen haben muss (Kap. 6.2). Kaum ein halbes Jahr später wurde nämlich der Grundriss der Kirche festgeschrieben und der Grundstein gelegt.

Es konnte gezeigt werden, dass es keinerlei Hinweise für eine bisher angenommene zweite Planserie im Jahre 1663 gibt und die beiden hierzu gezählten Pläne in Wirklichkeit die erste Planserie aus dem Jahr 1662 darstellen, von der man glaubte, dass sie verloren gegangen sei. Möglicherweise war auch schon zu jener Zeit die Idee einer Doppelturmfassade präsent, wie die Darstellung einer solchen Kirchenfront in der zur Geburt Max Emanuels erschienenen Festschrift *Fama Prognostica* nahelegt.

Spätestens im Jahre 1664 tritt bei einer Streitigkeit mit Theatinerpater Antonio Spinelli um die Richtigkeit der Grundrissmaße, die im „korrigierten“ Plan Barellis aus demselben Jahr überliefert sind, eine Einmischung seitens der Theatiner offen zutage (Kap. 6.3). Entgegen bisheriger Behauptungen konnte nun bewiesen werden, dass Barelli den Grundriss, wie gefordert, korrekt nach den Proportionen von Sant'Andrea della Valle in Rom konstruiert hatte. Nichtsdestominder konnte sich Pater Spinelli aufgrund seiner Vertrauensstellung als Beichtvater der Kurfürstin und Propst der Niederlassung durchsetzen, woraufhin mit großem finanziellen Aufwand die Fundamente im Süden verlegt wurden. Auch die bisherige Annahme einer Übertragung der Bauleitung an Pater Spinelli im Anschluss an diesen Vorfall konnte widerlegt werden.

Spätestens mit dem Beginn des Baus der Wölbung des Kirchenbaus 1666 wurde auch eine verbindliche Planung der Fassade und der Ausstattung des Innenraums notwendig, wofür Barelli 1667 einen großformatigen Fassaden- und Längsschnittsplan vorlegte. Dieser zweite Fassadenentwurf zeigt eine weit repräsentativere, klar durchgliederte Lösung mit einem dezidiert savoyardisch-religiösen Figurenprogramm. In Anlehnung an die Bologneser Jesuitenkirche Santa Lucia, die von ihren Bauherren als „verbesserter Il Gesù" gepriesen wurde, instrumentierte Barelli in seinem Längsschnittsplan die Kirche mit gekuppelten, kompositen Dreiviertelsäulen, die nach dem Architekturtheoretiker Scamozzi als würdigste Ordnung nur an den Bauten der Fürsten Verwendung finden sollten (Kap. 6.4.2). In diesem Plan legte Barelli auch schon die Grunddisposition des Stuckdekors – ebenfalls nach dem Vorbild von Santa Lucia – fest, weswegen Enrico Zuccalli ein aktiver Beitrag an der Ausgestaltung der Kirche schon an dieser Stelle abgesprochen werden kann.

Das Jahr 1669 brachte eine wichtige Entscheidung für die weitere Realisierung der Stiftung (Kap. 6.5): In einem ersten Testament verfügte Henriette Adelaide die Vollendung der Kirche und des Klosters auf ihre Kosten und benannte dabei auch die Patrozinien der Seitenaltäre. Bei der Erweiterung dieses Testaments 1671 erklärte sie, dass Antonio Spinelli bei der Umsetzung ihres Willens die entscheidende Rolle zukommen sollte. Im Zusammenhang mit dem Testament muss auch die Ausfertigung der ersten Stiftungsurkunde gesehen werden, durch welche die Theatiner im Allgemeinen und Pater Spinelli im Besonderen als Bauherren in die Pflicht genommen wurden.

Ein dritter Fassadenplan und damit die Doppelturmfassade können nun anhand des wieder aufgefundenen Vertrages mit dem Kupferstecher Jean Sauvé gänzlich Barelli zugeschrieben werden. Bei dem nach einer Vorlage Barellis geschaffenen Stich handelt es sich um einen Idealplan, der eine überaus dynamisch gestufte Fassade und fast 100 Meter hohe Türme vor Augen führt. Er entstand 1671 im Kontext der Heiligsprechung Kajetans, auf die das Kurfürstenpaar nach zahlreichen Quellen und wohl nicht zuletzt auch durch die Errichtung eines so prominenten Kirchenbaus zu Ehren des noch Seligen entscheidenden Einfluss genommen hatte. Gerade dieser letzte, große Fassadenentwurf zeigt Barelli als reifen und eigenständigen Architekten, auf den die Einschätzung Anna Bauer-Wilds, er sei „kein origineller Architekt"[6] gewesen, nicht zutrifft. Auch beim Bau der Vierungskuppel, die zunächst ebenso himmelsstrebend geplant war wie die Türme, offenbarte Barelli mit der Vorlage eines vereinfachten Entwurfs seine konstruktiven und lösungsorientierten Fähigkeiten.

Nachdem Barelli, wie es durchaus üblich war, bei Vollendung des Rohbaus 1674, unter größten Ehren sowie mit zahlreichen Empfehlungsschreiben ausgestattet, München verlassen hatte, übernahm Enrico Zuccalli als amtierender Hofbaumeister automatisch die Verantwortung für die Vollendung der Theatinerkirche (Kap. 6.8). Bei der Suche nach seiner ersten Tätigkeit in München konnte gezeigt werden, dass seine Entwürfe für die Kuppel und die Fassade lediglich als Arbeitsproben für seine Bewerbung im Jahre 1672 zu werten sind. Gesundheitlich stark angeschlagen drängte die Kurfürstin ab 1674 auf die Weihe ihrer Kirche, die dann am 11. Juli 1675 vollzogen werden konnte (Kap. 7.2).

In einer zweiten Stiftungsurkunde wurde nun auch das Areal für den Bau des Klosters festgelegt, der bis zu diesem Zeitpunkt entgegen bisheriger Annahmen noch nicht begonnen worden war. Aus Unwillen über die zahlreichen Änderungswünsche der Theatiner forderte die Kurfürstin Pater Spinelli auf, ihr umgehend mitzuteilen, wann die Kirche nun endlich fertiggestellt wurde (Kap. 7.3). In seinem Antwortbrief führte der Geistliche, um dem Vorwurf der Untätigkeit zu begegnen, all die Projekte auf, vor denen er die Kurfürstin angeblich bewahrt hatte: vor einer Inkrustation der Fassade mit Untersberger Marmor, vor der Verkleidung der Säulen mit Stuckmarmor und sogar vor der Ausmalung der Kirche durch den führenden Quadraturmaler der Zeit, Angelo Michele Colonna. Ob diese Vorhaben tatsächlich bestanden, mag dahingestellt bleiben. Sie zeigen jedoch erneut den hohen Anspruch des kurfürstlichen Baus und auch die Nähe zur aktuellen italienischen Kunstauffassung, war doch zum Beispiel 1668 in Il Gesù in Rom mit der Ausstattung der Kirchen mit Stuckmarmor und illusionistischer Malerei begonnen worden[7].

Danach gestand die Kurfürstin in ihrem zweiten, unvollendeten Testament Spinellis Ideen für die Theatinerkirche den Vorrang zu (Kap. 7.4). Dazu zählten der Unterhalt der Kirche durch das Kurhaus auf ewige Zeiten, der Schutz der Fassade gegen Verwitterung, ein würdiger Hochaltar, ein marmorner Fußboden oder auch der Bau eines Klosters für die stattliche Zahl von sechzig Patres. Besonders bemerkenswert ist die gleichzeitige Festlegung der Höhe der Fassadentürme, die offensichtlich auf einer Umplanung Barellis aus dem Jahre 1672 fußte. Dies alles lag nun in der Verantwortlichkeit von Pater Spinelli, der daraufhin auch die letzten Gebäude, die dem Bau des Klosters im Wege standen, ankaufte.

Nach dem Tod der Kurfürstin 1676 bangte Spinelli angesichts des unvollendeten Testaments nicht nur um seine Stellung am Hof, sondern auch um die weitere finanzielle Unterstützung des Bauvorhabens. Ferdinand Maria willigte jedoch ein, Kirche und Kloster nach dem Willen seiner Gemahlin zu vollenden (Kap. 7.5). Zu jener Zeit musste auch das Verhältnis Spinellis zu Zuccalli neu geklärt werden. Der Pater hatte sich über das Desinteresse des Hofbaumeisters an der Vollendung der Theatinerkirche beklagt, wozu Zuccalli naturgemäß kaum noch eigene Ideen beitragen konnte (Kap. 8.5).

Lediglich der Bau der Fassade stand noch aus, bei dem Zuccalli auf seinen Entwurf von 1672 zurückgreifen wollte. Doch auch diesen kritisierte Spinelli als „verstümmelt und stark vereinfacht" gegenüber dem dritten Fassadenentwurf Barellis. Dass Spinelli sich dabei tatsächlich gegenüber Zuccalli und nach dem Tod Ferdinand Marias 1679 auch gegenüber Max Emanuel durchsetzen konnte, beweist die Ausgestaltung der Fassadentürme, bei der Spinelli die Ordnung der Geschosse veränderte und die schon in der Zuccalli-Zeichnung vorhandenen „Schnecken" des obersten Turmgeschosses mittels eines eigenen Entwurfs ins Monumentale vergrößerte (Kap. 7.5.1). Das Desinteresse Zuccallis übertrug sich auch auf den Klosterbau, der nach den Vorgaben der Kurfürstin und Pater Spinellis von 1675 bis 1685 errichtet wurde. In seiner Einfachheit entsprach er einer durchaus gewünschten und zu jener Zeit noch üblichen Zweckmäßigkeit nach dem Vorbild der Jesuitenkollegien.

Unter Kurfürst Max Emanuel, dessen Engagement in den Türkenkriegen ab 1683 den Staatshaushalt stark beanspruchte, geriet die Vollendung des Kuppeläußeren und der Fassadentürme jedoch ins Stocken (Kap. 7.6). Der weitere Ausbau der bereits begonnenen Fassade wurde 1685 sogar völlig eingestellt. Die Türme wurden dann 1693 fertiggestellt (Kap. 7.7 und 7.8). Ein aktiver Beitrag Antonio Viscardis zur Theatinerkirche, der hier erst 1692 nach dem Tod Lorenzo Pertis als Baumeister verpflichtet wurde, kann damit gänzlich ausgeschlossen werden (Kap. 7.10).

Knapp einhundert Jahre später beschloss auf das seit 1756 nachweisbare Betreiben von Propst Johannes Edlweckh hin Kurfürst Max III. Joseph im Jahre 1765, in das Gelübde seiner Vorfahren für die Geburt von Nachkommen einzustimmen und die Fassade vollenden zu lassen. Durch den in seiner letzten Schaffensphase vom französischen Klassizismus geprägten François de Cuvilliés d. Ä. wurde diese schließlich bis 1768 unter Berücksichtigung der Gebäudedisposition Barellis und des bereits gebauten Sockels Zuccallis errichtet. In der Zusammenarbeit mit den Münchner Bildhauern Roman Anton Boos und Johann Baptist Straub gelang es Cuvilliés, eine einheitliche, klare und dem Geschmack der Zeit entsprechende Lösung zu finden, die in ihrem Figurenprogramm die Geschichte der Stiftung mit der Erneuerung des Gelübdes vereint.

Es ergibt sich also ein vielschichtiges und in den gegenseitigen Verhältnissen variables Bild der am Bau beteiligten Personen. Zu unterstreichen ist neben der bereits bekannten und das Vorhaben sogar noch über ihren Tod hinaus bestimmenden Hauptrolle der Kurfürstin Henriette Adelaide auch die aktive Förderung des Projekts durch ihren Gemahl Kurfürst Ferdinand Maria. Einerseits ermöglichte sein umsichtiges Wirtschaften die Errichtung von Kirche und Kloster ohne Schulden, was in allen Zeiten eine Ausnahme darstellt.[8] Andererseits unterstützte er das Vorhaben aktiv durch Gesuchs- und Empfehlungsschreiben und gab hierfür sogar Sant'Andrea della Valle als Leitbild vor. Obwohl die Kirche entsprechend dem Gelübde für seine eigene Geburt begonnen worden war, war Max Emanuels Interesse an deren Vollendung angesichts des von ihm unter großem finanziellen Aufwand errungenen Kriegsruhms eher gering. Daher wurde die Fassade erst fertiggestellt, als Max III. Joseph im gleichen Dilemma wie seine Urgroßeltern steckte und sich sehnlichst Kinder wünschte.

Die Theatinerkirche kann damit und hinsichtlich ihrer Funktion als wichtigste Grablege der Wittelsbacher als generationenverbindender Repräsentationsbau gelten, der erstmals die Kurwürde des bayerischen Herrscherhauses herausstellt. Der Votivbau wurde so, wie Louis C. Morsak es formulierte, „zum dynastischen Heiligtum emporstilisiert"[9]. In ähnlicher Weise konstatierte dies 2003 Jennifer G. Germann für die von Anna von Österreich gestiftete Kirche Val-de-Grâce, wenn sie sagt, dass diese eine große „dynastische Bedeutung" und eine besondere Stellung in der „Frömmigkeitsgeschichte der königlichen Familie"[10] besaß. Fortgeführt wurde die verbindende Intention in Bayern unter Kurfürstin Maria Amalia von Österreich, der Gemahlin des Sohns Max Emanuels, Karl Albrechts, mit der Grundsteinlegung von St. Anna im Lehel 1727 als Dank für die glückliche Geburt Max Josephs im gleichen Jahr.[11] Vereint wird die Votivgeschichte Bayerns und Frankreichs in der bereits erwähnten Stiftung des Hochaltarbildes der Augustiner-Chorherrenstiftskirche in Baumburg durch eben diesen Max Joseph, auf welchem Ludwig XIV. und seine Gemahlin Theresia von Spanien der hl. Margareta von Antiochia für die Geburt des Dauphins danken (Abb. 129). Im Unterschied zum Königspaar sollte der Kinderwunsch des Kurfürstenpaares jedoch unerfüllt bleiben.

Unter den drei am Bau der Theatinerkirche beteiligten Architekten muss Agostino Barelli die Hauptrolle zuerkannt werden, von Beginn der Planungen an bis zur Vollendung der Kirche, auch wenn es unter Zuccalli und Cuvilliés d. Ä. zu Umplanungen kam. Barelli übte einen entscheidenden Einfluss auf die Baugestalt aus, in der „zum ersten Mal in Bayern ... das vollständige Raumprogramm des römischen Kirchenschemas"[12] exemplarisch vorgeführt wurde, wie Peter Heinrich Jahn es ausdrückte. Barellis Einfluss muss aber auch für den Stuckdekor geltend gemacht werden, der durch Carlo Brentano-Moretti und Prospero Brenni realisiert wurde und nach Norbert Jocher als „reifste, bedeutendste, wirkungsvollste [Stuck-]Arbeit der zweiten Hälfte des 17. Jahrhunderts nördlich der Alpen"[13] gesehen werden muss.

Doch erschließt sich die Bedeutung der Theatinerkirche nicht allein aus kunsthistorischen Kriterien. Mit diesem Buch sollte gezeigt werden, dass Architektur nicht nur eine künstlerische Hülle ist, die auf dem Seziertisch der Stil- und Formengeschichte zerteilt und untersucht werden kann, sondern ein Ort, an dem sich die Planungs- und Baugeschichte als Ergebnis menschlicher Beziehungen, sozialer Gefüge und geschichtlicher Bedingtheiten offenbart. Die Theatinerkirche ist darüber hinaus ein Ort, an dem noch in unserer Zeit Glauben, Geschichte und damit auch eigene Identität gelebt werden und von dem es zu hoffen gilt, dass er mit dieser Bestimmung und Bedeutung noch vielen Generationen erhalten bleibt.

1 Hübner 1803, S. 249.
2 Vgl. Peroni 1958, S. 22.
3 Hermann 2008, S. 167.
4 Vgl. Hermann 2008, S. 167 f.
5 Costamagna 2003, S. 23 f.
6 Bauer-Wild 1986, S. 57.
7 Vgl. grundsätzlich Stefan Kummer, *Anfänge und Ausbreitung der Stuckdekoration im römischen Kirchenraum (1500–1600)*, Tübingen 1987.
8 Pest 1937, S. 150 f.
9 Morsak 1984, S. 188.
10 Germann 2003, S. 52.
11 Grän 2002, S. 3.
12 Jahn 1999, S. 133.
13 Jocher 1997, S. 186.

**S. 394: Theatinerkirche St. Kajetan und Adelheid, München – Blick nach Osten auf die Fassadenrückseite.**

DIVO CAIETANO THIENÆO
CLERICOR REGVLARIV̄ FVNDATORI,
OB DATV̄ EX VOTO ELECTORALĒ PRINCIPĒ
MAXIMILIANVM EMMANVELEM,
PROTECTAMQ AMPLIORI PROLE BAVARIAM
PATRONO CHARISSIMO
FERDINANDVS M. ELECTOR
H.M. ADELAIS ELECTRIX
ÆTERNÆ MONVMENTV̄ GRATITVDINIS
TEMPLVM HOC POSVERE.
AN:SAL:MDCLXXV.

# 15 Quellenanhang

# 15. Quellenanhang

## Nr. 1: Bericht Pater Antonio Spinellis über den von ihm konstatierten Fehler in den Grundrissmaßen der Theatinerkirche im Mai 1664

„Io Don Spinelli havevo la cura de' Novitii; nè quasi mai uscivo senon per accompagnarli a prender aria. Una volta il Signore m'inspirò di dare un'occhiata alla fabbrica della nuova Chiesa, che mai più havevo veduta. Entrato su la porta principale, che era assai vasta, mi sembrò che li pilastri delle tre cappelle a banda dritta (quali soli erano alzati fino alli archi (d'osse cappelle) e questi pure voltati) mi urtassero nel viso, tanto mi parvero vicini, ove la lunghezza della Chiesa era come è al presente. Applicatevi più esattamente le riflessioni, e fatti tutti li dovuti scandagli in ogni particolare circostanza, ritrovai esservi nel Diamentro della nave un grave errore, essentiale; cioè cinque piedi intieri essere stata per distraglio tenuta più stretta del conveniente; mentre pure poche oncie di variatione ne'Diametri fanno grandissima mutatione; il che non succede nelle lunghezze. Parlatone io, e quella ed'altre volte con l'Architetto Agostino Barelli, e col Capo Mastro Lorenzo Perti, ne hebbi risposte e ragioni poco a me soddisfacevoli, e quasi fossero miei visioni, etc. Vedevo bene la difficoltà, e quasi impossibilità di rimendiarvi, mentre li fondamenti di tutta la Chiesa e Cappelle e Choro erano già ridotti a fine. Tuttavia S. Gaetano efficacementa m'ispiro di ciò appalesare à Serenissimi Fondatore … . Io doppo li brevi miai mà umilissimi complimenti e sense, le palesai l'errore da me scoperto nella pianta della Chiesa. E le soggiosi essere quegli di tanta consequenze, che se non si emendava, tutta quella grandissima spesa da loro Altezze Elettorali meditata, sarebbe gettata nell'Isara. … Cioè d'esser pronto di far vedere e mantenere in presenza di loro Altezze Elettorali alli Architetti, et a chi si sia, sopra il loco, l'errore sudetto di cinque piedi in troppa angustia nel solo Diametro della Nave. Mi concessero dunque di ordinare in nome elettorale quanto bisognava per tal fontione. Li due sudetti cioè Architetto e Capo Mastro eredevano che li divessassi, ò delivassi, quando gli ordinai in nome elettorale di alzare dirimpetto a detti pilastri un'ordine di assi in luogo delli altri di muro, e nella magior lunghezza che fosse possibile, elli vegerono di communicarmi li dissegni. … Appuntato il giorno, e l'hora statuiti, comparvero le Altezze Elettorali in fabbrica, e con esse tutti li Grandi, li Consiglieri, Cavallieri, e quanti Capi Mastri, et Architetti si puotero havere. La Fabbrica benche tanto spatiosa, era affollata. … Entrate le Altezze Elettorali s'accostarono ad'un tavolino preparato nel mezo, con sopra d'esso due dissegni aperti, uno della pianta nostra, e l'altro di quella di S. Andrea della Valle. Ivi era l'Architetto Barella. Gli dissero li Serenissimi con gran benignità, ch'io li farei veder un'errore nella pianta. Egli rispose, che se fosse errore in questa pianta, sarebbe anco in quella di S. Andrea della Valle tanto famosa, le cui proportioni, benche non la stessa grandezza haveva seguitato. Ed'in che consistono, disse Io, queste proportioni? Rispose; In ciò; che la larghezza della Nave è il doppio del quella delle Cappelle; cioè quanto all'aria, non compresi li muri. Io gli disse; Benche la vera regola della larghezza debba prendersi dalla lunghezza della Chiesa, e non dalle Cappelle: delle quali la larghezza ò profondita deve dipendere dalla larghezza della Chiesa: voglio tuttavia sopra questo stesso punto di proportione da Voi prodotti, farvi toccar con mano l'errore, e da Voi stesso confessarlo. … Stando l'Architetto sospeso a tanta mia esibitione, l'interrogai con voce alta, quali onramenti fossero nella Nave di Sant'Andrea. Rispose, Pilastri. Domandai, di quanto sporto? Rispose d'un picciolo palmo-Romano. Mà quali ornamenti, replicai, in questa Chiesa? Colonne, mi disse. Di che sporto? Bene di due piedi e mezzo; per esser esse due terzi fuori del muro. … Ecco-lo convinto. Ed'a lui, che tremava; Mà vorrei sapere, dissi, se l'Architetto di Sant'Andrea habbia esclusi ò inclusi li suoi pochi ornamenti nell'aria della Nave duplicata di quella delle Cappelle; e se vi habbiate noi incluse li nostri tanto maggiori quanto è dal picciolo palmo-Romano, a due mezo de grandi piedi Bolognesi. ... Mi voltai allora a Serenissimi, e gli dissi, consistere in cio l'errore. Preso poi un Compasso gli feci vedere, come nella nostra pianta quelle colonne occupavano lo spatio dell'aria, che havrebbe dovuto restare totalmente libero; mentre l'Architetto di Sant'Andrea nè pure li stretti pilastri d'un picciolo palmo haveva osato d'includervi; il che pure feci minutamente osservare sul dissegno. Soggiunsi poi, che le colonnate da una parte e dall'altra levando di tanto e stringendo la larghezza dovuta all Nave; da quello provveniva che tanto appariva più stetta, quanto erano le duplicate colonne; e queste essende ogniuna fuori del muro due piedi e mezo Bolognesi; il duplicato spatio conteneva l'errore di tutto il Diametro, cioè cinque piedi, come havevo promesso. Pienamente persuasi me restarono li Serenissimi e tutti li circonstanti. Nissuno fè più parola in contrario. Commandarono, che per detti cinque piedi Bolognesi si rimovessero addietro li fondamenti già fatti dalla parte sinistra et qual si sia costo, che fù ben grande."[1]

## Nr. 2: Testament der Kurfürstin Henriette Adelaide vom 12. März 1669

„Voglio essere vestito del habito delle Schiave della Beatissima Vergine, e solo dalle sorelle di detta compagnia, senza alcuna pompa acompagnato alla sepoltura. Voglio essere per interim sepolta nella Chiesa Parochiale di Santa Maria dove intendo chè hano transferiti apresso da me i miei cari morti figlii, mà in deposito fino che hà finita la Chiesa di Santa Adelaide de Teatini da me fondato per eservi per tutti con mè transferiti nel sepolcro chè a questo effetto ordino chè hà fabricato sotto l'altar Maggiore di deta Chiesa per dover essere mia stabile sepoltura è de miei figlioli. ... / Item chè siano consignati in mano del Padre mio Confessore trè milla fiorini con carico à lui et obligatione d'impiegarli in opere veramente pie, come monacar ò maritar, povere Vergini, agiutar poveri vergognosi, familie distrutte cosi miserabili, ò cosi simili ... . / Intendo è voglio che si finita la Chiesa cominciata di Santa Adelaida conforme il modello et chè si data à Padri Teatini, à quali si fabbricata ance Casa conveniente à detta Chiesa accio si fornita è ben stabilita la loro fondatione come per voto loro obligata (chè si vede nelle parenti di fondatione sottoscritte dal Serenissimo Elletore mio Signore) et si come hò detto l'Altar Maggiore, chè intendo si quello di Santa Adelaida quelli de due bracci uno della Santa Famiglia l'altro del Beato Gaetano, gli altri sei del Beato Amedei di Savoia, dell Beato Andrea d'Avelino Santa Apolonia Santa Maria Madalena Angelo Custode è Morti. ... / Alli Padri Teatini dà me fondati in questa Città lascio dieci milla fiorini per servirsene è per la Chiesa, e per la Casa, e per i loro bisogni non intendendo pero per la fabrica. ... / Chè pero ordino et voglio chè nella Chiesa di essi Padri Teatini si fabricata la Santa Casa di Loretto confirme le vere misure et in quella ritenegli la Congregatione delle Schiave della Beata Vergine et dal altro canto si fabricato il Santo Sepulcro conforme le Misure per la Congregatione delle agonisanti."[2]

## Nr. 3: Entwurf der Schenkungsurkunde vom 8. März 1668

„Ferdinando Maria Elettore et Henrictta Adelaida / Desiderando Noi in ogni miglior modo, e forma di provedere all'intiero stabilimento della fondatione da noi eretta in questa nostra Città, ... alli Reverendi Padri Chierici Regolari Teatini, chiamati da noi da Italia con vivissime istanze ...; e volendo in seguito della fabrica della nuova Chiesa che già si stà edificando, cosi per sodisfattione del Voto da noi in particolare fatto, et unitamente ratificato per honore del Beato Gaetano loro Fondatore. ... insieme con la Chiesa mentovata habbiano i Padri sudetti una Casa decente nelmodo che vienne permesso dal loro Santo Instituto, in cui passano con ogni tranquillità di spirito stare

stare applicati alla continuatione de'spirituali ... Doniamo alli detti Reverendi Padri Chierici Regolari Teatini tutto quel sito dove stà presentemente fondata la fabrica della nuova Chiesa, insieme con quello che da levante confina dalla Chiesa medesima sino alla Casa dello scrivante delle fabriche in lunghezza di 144 piedi, misura di Monaco, e continuando nell'istesso posto in lunghezza di 90 piedi sino all'horto dell faltro, e seguitando nell'istessa linea arriva sino alla muraglia dell giardino delle Monache in distanze di 150 piedi sudetti. Verso la parte di Ponente principiando dalla punta del Choro continua in lunghezza di piedi 199 et oncie 4 et andando verso il Teatro delle Comedie si aggiunge tutto quel sito che stà trà il detto Teatro, et il muro dellla Città in lunghezza di piedi 90 e larghezza die piedi 50. Dalla parte di Tramontana cominciando dal muro della Città, venendo verso mezzo giorno sino all'Horto delle Monache in lunghezza di 182 piedi, nel modo che stà specificare nel Disegno rimesso alle medesimi Padri à parte. ... irrevocabile si da Noi, come da nostri Successori in perpetuo ... . Monaco li 8. di Marzo 1669."[3]

## Nr. 4: Schenkungsurkunde des Kurfürstenpaares Ferdinand Maria und Henriette Adelaide vom 9. April 1669 sowie in eckigen Klammern die Abweichungen in der zweiten Schenkungsurkunde vom 22. Oktober 1675

„Ferdinandus Maria et Henrietta Adelais Regina Princeps Sabaudia / Dei gratia utriusque Bavaria et Palatinatus Superoris Duces, Comites Palatini Rheni Sacrum Romanorum Imperium Electores, Landgravii Leichtenbergici etc. / Quandoquidem omnibus melioribus formis perficere statuimus, cupimusque in hac urbe nostra Electorali Monachii Fundationem Reverndi Patri Clericorum Regularium, vulgo Theatinorum, quos ex Italia efficacioribus epistolarum stimulis advocavimus et venientes peculiaribus, atque [ampioribus addictissimi animi ostensionibus excepimus, ut] pote dignos sacri illius ordinis filios, qui tantum catholcae militiae robur, Ecclesiae Romanae decus, atque Religiosis familiis ornamentum per spectatos tum virtutis, tum sanguinis Nobilitate Viros mirum in modum quotidie auget; non minus scilicet Divinam providentiam Heroico, singulari, et sanctissimo plane Instituto, quam animarium salutem, populorumque in spiritualibus utilitatem, et quidem (quod sane caeleste aliquid est) absque ullo penitus interesse insigniter, et felicissime promovendo: Idcirco cum mortales simus, et parati esse debeamus Domini Dei vocationi quovis tempore respondere, praesentes nostras litteras nunc effirmare Nobis placuit, eo vel magis, ad hoc urgentioribus titulis teneamur. Non uno quippe vinculo eorundem Reverendi Patri Patriarchae Beato [Sancto] Caietano Thienaeo nostram ligatam esse libenter aspicimus libertatem; Sed illo prosertim, quod optatam Summopere Prolem a Deo optimo maximae Nobis post conceptum Votum impetraverit; Nec non Haeredem masculum Maximilianum, nempe Emanuelem Principem Electoralem viventem, in nostrum, et subditarum Provinciarum solatium concesserit. Igitur notum quibusvis peristas manu nostra subscriptas sit. / Primo ad praedictam fundationem stabiliendam, nostras obstrictas esse conscientas, atque ita Nos non tam omnino velle, quam Voti Sacramento obligari, ad aedificandam, ac pro more necessariis, et opportunis quibuscumque juxta consectum ab Archietecto nostro Electorali modulum, exornandam sacram Eadem iam ex parte extructam in vicinia Electorali Residentiae nostrae, adeo ut in ipsa Divinorum cultus apte, et decenter fieri valeat. / Secundo pari obligatione esse nos vinctos ad contiguum eidem Ecclesiae Coenobium, seu Religiosum respectuie, conveniens habitaculum, nostris item sumptibus totum a fundamento, sicut, et praefatam Ecclesiam, totaliter erigendum, in quo memorati Patres cum omni Spiritus tranquillitate degere, Deo que inservire, ac Spiritualia sua exercitia commode, facileque peragere possint ad Instituti duntaxat normam. / Tertio Nos ante hac prodictis Patris iterato donasse, non solum totum illud spatium in quo Ecclesia erigitur, sed etiam quantum ad extruendum Coenobium ipsum, ac congruum in ipso Viridarium (cui rei et Sancti Patres sedulo prospicere visi sunt) aperiendum amenitati, atque devotae animorum recreationi suffciens inventum est. / Ut autem hac in re specialius nostram explicemus intentionem, ac determinationem, dona tum iisdem Patris a Nobis fuisse declaramus, atque in liberum, ac plenum Dominum traditum districtum universum, qui [in platea Schwabingana ex Orientali aspectu intercedit, a Moenibus inchoando, usque ad Domum, nunc ad nostrum Comissarium rationum Conradum Schwindl pertinentem, longitudinis videlicet centum nonaginta, septem pedum Monacensium. / Rursus in eadem facie et plaetea Schwabingana, incipiendo ab aedibus nostri Consiliarii et Secretarii intimi Antonii Berchem (ita ut huius, et aedes Ferrarii Andreae Renckens unacum antedicti Schwindls domo, et earum appertimentiis interiectae et exceptae maneant) secundum lineam rectam, usque ad angelum Plateae (vulgo Kuegaessl) nominatae, centum septendecim pedum. / Ab uti angulo retro in dictam plateolam, quae est ad meridiem sed occidentem versus procedendo nonaginta novem et dimidii pedis; etiam in lenea recta./ Ab hoc ultimo termino interiacent aedes Balthasari Luendners. / Caroli Antonii Vachieri, et Baronis Stephani de Simeoni nostri Consiliarii intimi, quae per se exceptae remanent.] / A posteriori parte aedium dicti Baronis autem, iterum incipiendo et pergendo per aream Falconum, versus septemtrionem in linea recta usque ad moenia ducentum octuaginta septem pedum et decem Unciarum. [Dehinc spatium quadrilongum, infra Amphitheatrum et Moenia, in longitudine a parte moeniorum, versus occidentem includens centum et tredecim, et in latitudine posteriori iterum a moenibus dimetiendo quadraginta quinque pedum, in longitudine anteriori ex parte amphiteatri, et areae Falconum iterum nonaginta et duorum pedum: et in latiudine anteriori quinquaginta novem pedum et dimidii. / Adhinc iuxta lineam Moeniorum, dimetiendo versus scalam, ex qua Principes Ecclesiam intrant, centum octuaginta quatuor pedum. / Rursus ad hac scala versus aedes Baronis de Simeoni et Vachieri erga orientem trecentos triginta quatuor pedum. / Iterum ab ipsis maeniis procedendo in linea paradella cum gallaria usque ad eiusdem aedes de Simeoni ubi inflectuntur, pedes trecentos triginta. / Item ab iisdem moeniis precedendo per longitudinem et mediam galleriam usque ad aedes de Simeoni pedes trecentos et octo. / Adhinc pergendo ab aedibus Vachieri usque ad situm suprascriptum, retro aedes de Simeoni, et areae Falconum procedendo versus occidente, sed respiciendo septentrionem centum septuaginta octo pedum dimidii. / Iterum spatium infra Hortos Berchemii et Vachieri quadraginta septem pedum, cum una sexta parte: cuius spatii longitudo inclusis aedibus ipsi Berchem, versus merdidiem confinibus, erga orientem ducentos et triginta pedes cum una tertia parte: Latitudo autem quadraginta octo pedes, et tres quartas partes continet. Sequitur Domus angularis versus Plateam (Kuegaessl) dictam, cuius latitudo anterior ad Orientem sexaginta octo pedes et unam quartam partem: Latitudo posterior erga Vachierum pedes sexaginta sex: et longitudo huius spatii ab aedibus Balthasari Lyndners se ad sexaginta sex pedes extendit. / Eundo ab aedibus Schwindelii usque ad moenia, ut supra scriptum est, spatium centum nonaginta septem pedum.] A facie plateae autem retro iucta moenia usque ad Scalam Oratorii Principium, ducentos quadraginta octo pedes. / A moenibus mensurando, usque ad Hortum Ferarii Renckens, versus meridiem, Latitudinem centum sextaginta sex: et longitudinem ab aedibus Schwindelii centum quadraginta novem. / [Latum a capite confini ad ipsum Ferrarium et Schwindelium viginti quinque et dimidium longum vero iuxta murum Sacristiae procendendo nonaginta quinque pedes. / Ut delineatio (per nostrum Architectum...)] ab Ecclesia usque ad domum adificiorum Electoralium Scribae, longitudinis videlicet centum quadraginta quatuor pedum Monacensium: Ex hoc vero termuni verus Tabri ferrarii hortum nonaginta pedum, atque in eadem linea continuando contra Reverendi Monialium Visitationis Beata Maria Virginis viridarium Centrum, et quadraginta pedum. Ex parte autem Occidentis incipiendo a Chori extremitate, necnon unicarum quattuor progrediendo tum ad comediarum Theatrum, una cum intercluso spatio illucusque id etiam spatium quod inter existentia de facto Cruitatis moenia, atque ipsum theatrum extat pedum scilicet quinquaginta. A Septentrione tandem ad Meridiem quidquid inter pronominata moenia,

Monalium Visitationis mediat loci longitudinis quidem pedum centum, et octoginta: omnium in summa, ut exigit delineatio quam per nostrum Architectum [Henricum Zuccali exacte facta, a Nobis, Manuum subscriptione et Sigillorum appositione signata et roborata, clarius demonstrat quam (ad manus...)] Augustinum Barellam fieri, et ad manus ipsorum Patris Theatinorum remitti mandavimus. / [(pars posterior emanet, annotatio auctoris)] Quarto quia Urbem hanc Electoralis Residentia nostram dilatare, Deo favente, decrevimus, in ea procipue parte in qua Ecclesia Patri nominante cedunt confina; ideo expressum hic volumus tanquam deliberatae voluntatis nostra Decretum: Quod si nobis placeret, pro ut ex parte mediatmur, ad maius Civitatis beneficium Coenobium Taribus versus moenia quae adhuc subsistunt construere, hoc Nobis sit liberum, ac tantum teneri Nos in hoc casu aequale superius recensito spatium, aut melius ibidem a sinistro Templi latere immediate ipsismet Patri praestare, in eoque Regulare Claustrum complete aedificare, ita ut suo apto, latoque sufficienter gaudeat interiori horto, ac singula forma, et comoditati vivendi eorundem Patri ex asse repsondeat: ne aliquid diserari Sancto operi atque Voti nostri debito cui satisfacere accurate intendimus, videatur. / Tandem cum ex promissis manifestata abunde fuerit inevocabilis voluntas nostra, tam quo ad Templum, et Domum Regularem sape nominatis Patri Theatinis, quaevis aere nostra Electorali ex integro conficienda, omnibusque, et singulis oneribus, aut gabellis exempta tribuenda, ne ulla unquam ipsis obveniat molestia, aut a Divino Servitio distractio, unicum adiungere necessarium ducimus; id est; Quod si Deo Optimo Maximo liberet Nos ex hac vita suscipere, deseripto hucusque faciendo pio opere imperfecto, illicò quiequid ad perficiendum remanserit, Haeredes nostri in infinitum quicumque nobis, nostrisque succedent, ex conscientia perfectioni consignare obligentur: Imperantes ex nunc quibus vis Ministris, ac Magistratibus, ut Donationem istam inter vivos factam, ac maturo Consilio roboratam in suo valore non tantum relinquant, sed et adimpleri studeant, non obstantibus cateris quibuscumque ad hoc ut Deo, Santisque quibus ex corde Vovimus ante omnia fiat satis. In firmissimum, et irretractabile huius rei complementum Nos hic subscripsimus, nostroque Sigillo Seripturam subsignari, nec non Patri Theatinis praeberi iussimus, quam Donationem etiam praedieti Reverendi Patri Theatini devoto animo susceperunt. Monachii die [vigesima secunda mensis Octobris MDCLXXV] IX. Aprilis. MDCLXIX. / Ferdinandus Maria Elector. / Henrietta Maria Adelaida / Carolus Begnudellis / Antonius Lanetrius Serenissima Eletricis Secretatrius.“[4]

## Nr. 5: Unvollendeter Testamentsentwurf der Kurfürstin Henriette Adelaide aus dem Jahre 1675

„Voglio in oltre che si condotta ad un ragionevol fine la fondatione de'Padri Teatini da me incominciata et incaminata, al che intendo di obligar i miei heredi, conoscendomi tenuta di metterla nella sua perfettione per gloria di Dio, per voto, e per ogni gratitudine, havendo ottenuto da questo Santo fondatore la gratia della Prole e sucecessori à questo stato, e per maggior chiarezza della mia intentione dico che in specie voglio, che quanto alla Chiesa, siano finite le cose infrascritte, in caso ch'alla mia morte fossero restate imperfette à alcuni di esse non incominciate. / Prima la facciata tutta della Chiesa con le colonate di mattoni, il tutto con suoi stabilimenti di materia e coperti li sporti delgi ornamenti di Robba che diffenda dalla ingiuria de'tempi. / Le due torri all'istessa maniera con le colonnate di mattoni e materia, alte non più che lo trè quarti del conesso della Cuppola, il tutto conforme alla pianta incominciata in opra, et al disegno regolato dal Padre Spinelli. / La Cuppola si finita di coprire di materia stabile e sufficiente à diffenderla lungamente, acciò in pochi mesi non si guasti con pericolo aneo de'popoli, ciò che con tanta applicatione e spesa si è fatto: ciso aneo le due Torri. / Si stabilita di materia la stessa Cuppola al di fuori, cosî tutta la Chiesa fin al basso con suoi cornicioni, che devono esser coperti di materia atta à difenderli dalle pioggie e geli. / Siano finite di stabilire le tribune della Chiesa, che fossero restate dietro. / Provisti tutti gli Altari delle sue pitture ò palle conforme gli ordini già dati da me à Parigi, Venetia e Augusta. / Siano fatte le grate ò balaustrate di ferro à tutte le Capelle di Chiesa, conforme alle due già finite. / Si lastricata tutta la Chiesa di marmo con le gradinate tutte balaustrate, eccetti i luoghi ove sono le banche. / Siano fatti li confessionarii convenienti ad arbitriò de'Padri, cioè nel numero e luoghi, che esse determinerano. / Si finita la mia sepoltura e de miei figliuolini nel luogo sotto l'Altare maggiore, ove hora sono fatte le volte. / Item la sepoltura de'Padri nel luogo determinato da loro, et aneo alcun altra per commodo publico della Città. / Voglio che la Custodia ò Tabernacolo del Santissimo Sacramento si rifatta in miglior forma e di materia più conveniente à si grand'impiego, essendosi fatta cosi di calce per poter comevar la Chiesa, essendo mia intentione che si è di marmo, ò d'alta materia pretiosa, così aneo siano migliorate di materia le portine con tutti li bassamenti d'esso Altare del Santissimo Sacramento, che vanno in choro. / Intendo che la Sagristia si provissa di banchi et armari conveniente di legno forte con loro serrature e ferramenti che saranno di bisognio, accio li mobili pretiosi, ordine e sicureta. Dietro la Sagrestia verso le Torri si fatto un picciol Gabinetto da tener la stuffa, e lavar le mani per li sacerdoti. / Intendo e voglio che siano fabricate la Santa Casa di Loreto per Capilla delle Schiave, e per voto mio particularmente, et il Santo Sepocro nelle vere misure onò per parte della Chiesa, fuori delle portine laterali, nel sito che sà il Padre Spinelli mio Confessore, e siano arrichite di tutti i Tesori Spirituali possibili. / Che dal Cabinetto dietro la Sagrestia verso la Torri si fatto un picciol passagio, acciò si possa andar à sonare le camapne al coperto. / Che siano aggiunte alle due che visono, due altre campane, una maggiore d'esse, l'altra di grandezza minor ò maggiore conforme si uddira il bisogno delle consonanza da giudicarti da periti. / Per l'organo vi rimetto al voler dei Padri et aneo de'miei heredi, perche per esso non si guasti l'architettura della chiesa. / Per la Casa poi ò Convento voglio che sia finita l'habitatione conveniente, ragionevole e commoda da Religiosi conforme l'Instituto Teatino che si fonda, e voglio che sia sufficiente per alloggiar in cette separate al meno sessanta Padri oltre alcune poche per i forrestieri, perche al meno s'è calcolato esser necessarie per officiare decorosamente qesta Chiesa, e perche non lungo corridore ... quattordeci on quindici stanze, e nell'altro verso la Chiesa solo cinque ò sei, che devano esser più larghe per persone di rispetto ... conforme al disegno mostratomi dal Padre Spinelli. ... Et sopra tutto intendi e voglio, che siano li miei heredi obligati alli risarcimenti tanto della Chiesa, quanto della Casa ... quando ne haveran di bisogno."[5]

## Nr. 6: Dekret des Kurfürsten Ferdinand Maria vom 4. April 1677 zur Vollstreckung des Testaments seiner Gemahlin Henriette Adelaide betreffs der Theatinerstiftung

„Von Gottes Gnaden Wür Ferdinand Maria ... Unser in Gott verstorben Gemahlin ... Henrietta Adelheid ... Aufgerichtung und hinterlassen dispositionen, noch ferner zu völliger auß und aufführung der Kirchen und Klosters bey denen Patres Theatinis alhir: Nit weniger zu bezahlung, der, von solchem Gebeu, herrührender schulden, und letztlich zu entrichtung deß ienigen, waß vorgedachte Patres Theatinis auß hochseelig ermelt Unter Gemahlin ... bereuts angezogenen dispositionen gebührt hette, das erstlich die gänzliche außmachung der Kürchen und Kloster gebäud, und was quovis modo mit denselben einlassen kann, ein Summa per Ainmalhundert tausend Gulden erfordert werde, und daß fürs ander, nach gepflogener abrechnung, mit denen praetendeten sich die alte schulden auf Achtzehentausend, Achthundert zwey und Vierzug Gulden 38 Kreuzer belauffen. Drittens auch die Patres Theatinei sich erklerent, allerdings wohl content und zufriden zu sein, wann ihnen für alles und iedes, waß ihnen auß dere dispositionen und zettln, uber das empfangene, noch immer gebüren und zustehend khundte, eine Summa gelte per Zehntausendt Gulden erstattet und bezahlt werden sollen, folglichen dise drey Kosten zusammen gesezter Ainmahlhundert Achtundzwanzigtausent achthundert zwey und Vierzig Gulden 38 Kreuzer machen und auswerffen ... inner den negsten dreyzehen Jahren dergestalt richtig bezahlen zu lassen, daß von Unserem Hofzahlambt (ohne daß zu diesem gebeu bedürfftigen Holz, Eisen und Gibß, welcher Wir alß eine Pausteur ferner forbeyschaffen wollen) zehntausent gulden järlich zu quartale eingethailter hergeben, und ihr gemachten außthailung nach, davon in diesem lauffend Jahr zu vorgenantem geben Sibentausent gulden, und zu bezahlung der Schulden die übrige dreytausend gulden, anno 1678 und darauf folgenden Jahren aber bis ad annum 1681 inclusive zu dem geben ... iährlich Sechstausend gulden, und die übrigen Viertausend gulden zu bezahlung der alten Schulden, und wan solches geschehen zu geben jährlich achttausend gulden die übrige Zweitausend aber zu entrichtung der Patres Theatiner angewendet, und darmit solang continuirt werden solle, biß gleichwohlen die, zu bestreittung obriger 3 Posten erforderliche Summa ... gänzlich entricht und guet gemacht sein wirdt .... München, dem dritten Monatstag Aprilis 1676."[6]

„Patris Theatinis die glaubhafft nachricht erthailt wirdt, wann: und wo eine in Zügen liegende person vorhanden, dass Sie die Patres mit ihrer größerer Gloggen etlichmahl anschlagen, Dadurch dem Volkh und aber gemain die zeit und stundt eines in todtesnöthen begenden Krankhens, andeitten, alßdann auf ihrm Hochen Altar, dass Hochwürdigiste Guet in dem gewohhnlichen Ciborio bey Zehen brennenden Liechtern außsezen, darvor eine stundt lang umb trost und Beystandt vor dengleichen agonizerenden Person, Gott inbrünstig anrueffen und betten, und nach verlauff solcher Zeit dem gesambten Volkh die Benediction geben. Dann aber dergleichen, daß das Volkh dabey nit erscheinen kundt, so Sie die Patres Theater ein alß anderem weg, vor dem höchsten Guet, diese andacht verrichten, nit weniger wann vormittags ihrgleichen agonizant vorhanden ist, gleich zu selbiger Zeit ein Heylig Meß für ihre seel: und glicklichen Eintritt lesen, oder wann es die Zeit nit zuliesse, und der krankhe entzwischen versturben, so baldt es die gelegenheit gibt, vor dieselbe des anderen morgens das opfer der Heyligen Meß verrichten. ... Und nun die sach mit denen Patres Theatinis fleissig überlegt, und für ein billigmessiges zu sein erachtet wirden, wann hierzur ein bestendiges gewisses Capital von Achttausend Gulden angesagt und außgeworffen , und ihnen Patribus zu verrichtung dieser Andacht und Gottesdienst die davon iährlich fallenden vierhundert gulden Zinnß alß ein allmuesen gezolgt werden."[7]

„dass zu conservation und erhaltung deß beraits mit grossen uncosten so weitgebrachten: und noch weiter bevorstehenden Kirchen und Kloster gebeud der Patres Theatinern alhir, und wendung aller künfftiger Paufähl eine gewisse Haubtsumma angesetzt: und davon daß jährlich fallende Interesse zu obigem ende fleissig und gewiß angewaendet werden solle ... wann hierzue ein bestendiges gewisses Capital von Achttausend Gulden determiniert, und ihnen Patribus zu bestreittung der sich in das künfftig in einem und anderen Jahr mehrer oder weniger begebender reparation und Paufahl, wie die auch sein mögen, daß davon jährlich verfallendes Interesse per Vierhundert Gulden als ein allmueß gefolgt würde. Alß thuen Wür für Uns, Unsere Erben und Nachkhommend Regierende Fürsten solches Capital der Achttausendt Gulden zu obuerstandenem Ende auf ewig über Uns nehmen, und Uns, wie auch Unsere Erben und Nachkommen bey wierkhlicher verpfründung unserer Haab und Guetter, sovil hierzur vonnethen, auf daß beste und bestendigiste obligation und verbinden. Nun hiefüran zu ewigen Zeiten, so lang diese Hauptsumma mit der Patres Theatiner gueten willen und einverstehen nit anderwerts wohl versichert angelegt sein wird, die von solcher Hauptsumma iährlich verfallende Vierhundert Gulden Zünß zu quartalen eingethailter durch Unseres ieziges und aller khünfftiger Hofzahlmaister gegen quittschein paar erfolgen zulassung und zuverzaichen. Von welchem Capital und Unteresse khein Steur oder abzüge genommen [werden sollen]."[8]

1 BayHStA, KL, Fasz. 471, Lit. E, fol. 74r–75v.
2 BayHStA, GHA, Korr. Akt. 668 I, fol. 1v–3r.
3 BayHStA, KL, Fasz. 477, Nr. 12a, fol. 7r–8v.
4 BayHStA, Urkunden, München Theatinerkloster, 9. April 1969; BayHStA, Urkunden, München Theatinerkloster, 22. Oktober 1675.
5 BayHStA, GHA, Korr. Akt. 668 I, fol. 22r–26r.
6 BayHStA, GHA, Korr. Akt. 668 III, Nr. 140, fol. 3r et v.
7 BayHStA, GHA, Korr. Akt. 668 III, Nr. 140, fol. 4r et v.
8 BayHStA, GHA, Korr. Akt. 668 III, Nr. 140, fol. 5v et 6r.

S. 404: Theatinerkirche St. Kajetan und Adelheid, München – Figur des Kirchenvaters Ambrosius im westlichen Nordquerhausarm.